Deutsche Reden

Herausgegeben von
Walter Hinderer

TEIL II

Von Ludwig Feuerbach
bis Werner Heisenberg

Philipp Reclam jun. Stuttgart

Universal-Bibliothek Nr. 9679-85
Alle Rechte vorbehalten. © Philipp Reclam jun. Stuttgart 1973
Schrift: Linotype Garamond-Antiqua. Printed in Germany 1973
Herstellung: Reclam Stuttgart
ISBN 3-15-009679-0

LUDWIG FEUERBACH

1804–1872

*Mit seiner Schrift »Das Wesen des Christentums« (1841) löste
sich Feuerbach deutlich von der Philosophie Hegels, begründete seinen atheistisch-materialistischen Humanismus und lieferte damit Marx den Ausgangspunkt für dessen Religions-
kritik. Von Heidelberger Studenten aufgefordert, hielt Feuerbach im städtischen Rathaussaal an drei Wochenabenden vom
1. Dezember 1848 bis 2. März 1849 »Vorlesungen über das
Wesen der Religion«, in denen er einer größeren Zuhörerschaft
seine Grundgedanken nicht ohne rhetorisches Geschick nahe-
brachte. Die hier abgedruckte »Dreißigste Vorlesung über das
Wesen der Religion« faßt die religionsphilosophischen Anschauungen zusammen, von denen ebenso gelten kann, was
Feuerbach in der ersten Vorlesung über seine politischen Anschauungen sentenzhaft so formuliert hat: »Wir haben uns
lange genug mit der Rede und Schrift beschäftigt und befriedigt; wir verlangen, daß endlich das Wort Fleisch, der Geist
Materie werde; wir haben ebenso wie den philosophischen den
politischen Idealismus satt; wir wollen jetzt politische Mate-
rialisten sein.«*

Dreißigste Vorlesung
über das Wesen der Religion

Ich bin mit dem Beweis, dass erst in der Unsterblichkeit der
Sinn und Zweck der Gottheit gefunden und erreicht wird,
dass die Gottheit und Unsterblichkeit eins sind, dass die Gottheit aus einem selbständigen Wesen, welches sie zuerst ist, am
Ende als Unsterblichkeit zu einer Eigenschaft des Menschen
wird, an das Ziel meiner Aufgabe und damit an den Schluss
meiner Vorlesungen gekommen. Ich wollte beweisen, dass der
Gott der Naturreligion die Natur, der Gott der Geistesreli-

gion, des Christenthums der Geist, überhaupt das Wesen des Menschen sei; und zwar zu dem Zwecke, dass der Mensch fürderhin *in sich selbst,* nicht mehr *ausser sich,* wie der Heide, noch *über sich,* wie der Christ, den Bestimmungsgrund seines Handelns, das Ziel seines Denkens, den Heilquell seiner Uebel und Leiden suche und finde. Ich konnte diesen Beweis namentlich in Beziehung auf das uns am meisten interessirende Christenthum natürlich nicht durch alle einzelnen Lehren und Vorstellungen des Christenthums hindurch führen; ich konnte ihn noch weniger bis auf die Geschichte der christlichen Philosophie ausdehnen, wie ich anfangs vorhatte. Es ist aber auch nicht nothwendig, wenigstens bei einem Gegenstand, wie es der Gegenstand dieser Vorlesungen war, bis auf's Einzelne und Besondere sein Thema durchzuführen. Die Hauptsache sind überall die Elemente, die ersten Sätze, die Grundsätze, aus welchen untergeordnete Sätze sich durch blosse Folgerung ergeben. Und diese, die Grundsätze meiner Lehre habe ich gegeben und zwar auf die möglichst klare Weise. Freilich hätte ich mich kürzer fassen können in den ersten Vorlesungen. Aber mich entschuldigt der Umstand, dass ich kein akademischer Docent, dass ich nicht an Vorlesungen gewöhnt bin, kein ausgearbeitetes Heft vor mir liegen hatte und daher meinen Stoff nicht nach der Elle akademischer Zeitrechnung zu messen und einzutheilen verstand. Ich würde jedoch mit einem Hiatus, einem Misston meine Vorlesungen schliessen, wenn ich mit dem in der letzten Stunde ausgeführten Beweise schliessen wollte; denn ich habe die Prämissen, die Vordersätze oder Voraussetzungen, von denen aus der Christ auf eine Gottheit und Unsterblichkeit schliesst, unangefochten bestehen lassen.

Gott, sagte ich, ist der Verwirklicher oder die Wirklichkeit der menschlichen Wünsche der Glückseligkeit, Vollkommenheit, Unsterblichkeit. Wer also, kann man hieraus schliessen, dem Menschen den Gott nimmt, der reisst ihm das Herz aus dem Leibe. Allein ich bestreite die Voraussetzungen, von welchen die Religion und Theologie auf die Nothwendigkeit und das

Dasein der Gottheit, oder – es ist eins – der Unsterblichkeit schliessen. Ich behaupte, dass die Wünsche, die sich nur in der Einbildung erfüllen, oder von denen aus auf das Dasein eines eingebildeten Wesens geschlossen wird, auch nur eingebildete, nicht wirkliche, wahre Wünsche des menschlichen Herzens sind; ich behaupte, dass die Schranken, welche die religiöse Einbildungskraft in der Gottheit oder Unsterblichkeit aufhebt, nothwendige Bestimmungen des menschlichen Wesens sind, welche von demselben nicht abgesondert werden können, folglich keine Schranken, ausser eben nur in der Einbildung des Menschen sind. So ist es z. B. keine Schranke des Menschen, dass er an Ort und Zeit gebunden ist, dass ihn »sein Leib an die Erde fesselt«, wie der Vernunftgläubige sagt, »und ihn daher verhindert zu wissen, was auf dem Monde, auf der Venus ist.« Die Schwere, die mich an die Erde bindet, ist nichts Anderes als die Erscheinung von meinem Zusammenhang mit der Erde, von meiner Unzertrennlichkeit von ihr; was bin ich, wenn ich diesen Zusammenhang mit der Erde aufhebe? Ein Phantom; denn ich bin wesentlich ein Erdwesen. Mein Wunsch, mich auf einen anderen Weltkörper zu versetzen, ist daher nur ein eingebildeter Wunsch. Könnte sich dieser Wunsch verwirklichen, so würde ich mich überzeugen, dass es nur ein phantastischer, thörichter Wunsch gewesen, denn ich würde mich höchst unbehaglich auf dem fremden Weltkörper befinden, und daher aber leider! zu spät einsehen, dass es besser und vernünftiger gewesen wäre, auf der Erde zu bleiben.

Es giebt viele Wünsche des Menschen, die man missversteht, wenn man glaubt, sie wollten verwirklicht werden. Sie wollen nur Wünsche bleiben, sie haben ihren Werth nur in der Einbildung; ihre Erfüllung wäre die bitterste Enttäuschung des Menschen. Ein solcher Wunsch ist auch der Wunsch des ewigen Lebens. Würde dieser Wunsch erfüllt, die Menschen würden das ewige Leben herzlich satt bekommen und sich nach dem Tode sehnen. In Wahrheit wünscht sich der Mensch nur keinen frühzeitigen, keinen gewaltsamen, keinen schrecklichen Tod.

Alles hat sein Maass, sagt ein heidnischer Philosoph, Alles bekommt man zuletzt satt, selbst das Leben, und der Mensch wünscht daher endlich auch den Tod. Der normale, naturgemässe Tod, der Tod des vollendeten Menschen, der sich ausgelebt hat, hat daher auch gar nichts Erschreckliches. Greise sehnen sich sogar oft nach dem Tode. Der deutsche Philosoph *Kant* konnte vor Ungeduld den Tod kaum erwarten, so sehnte er sich nach ihm, aber nicht, um wieder aufzuleben, sondern aus Verlangen nach seinem Ende. Nur der unnatürliche, der unglückliche Todesfall, der Tod des Kindes, des Jünglings, des Mannes in seiner vollen Manneskraft empört uns gegen den Tod und erzeugt den Wunsch eines neuen Lebens. Aber so schrecklich, so schmerzlich solche Unglücksfälle für die Ueberlebenden sind, so berechtigen sie uns doch zur Annahme eines Jenseits schon aus dem Grunde nicht, weil diese abnormen Fälle – abnorm sind sie, sollten sie gleich häufiger sein, als der naturgemässe Tod – nur auch ein abnormes Jenseits zur Folge haben, nur ein Jenseits für die gewaltsam oder zu früh Gestorbenen; aber ein solches absonderliches Jenseits wäre etwas Unglaubliches und Widersinniges.

Aber so wie der Wunsch des ewigen Lebens ist auch der Wunsch der Allwissenheit und unbegrenzter Vollkommenheit nur ein eingebildeter Wunsch, und der diesem Wunsch untergelegte unbeschränkte Wissens- und Vervollkommnungstrieb nur dem Menschen angedichtet, wie die tägliche Erfahrung und Geschichte beweist. Der Mensch will nicht Alles, er will nur wissen, wozu er eine besondere Vorliebe und Neigung hat. Selbst der Mensch von universellem Wissenstrieb, was eine seltene Erscheinung ist, will keineswegs Alles ohne Unterschied wissen; er will nicht alle Steine kennen, wie der Mineralog von Fach, nicht alle Pflanzen, wie der Botaniker; er begnügt sich mit dem Allgemeinen, weil dieses seinem allgemeinen Geist entspricht. Ebenso will der Mensch nicht Alles können, sondern nur das, wozu er einen besondern Trieb in sich verspürt; er strebt nicht nach einer unbegrenzten, unbestimmten Vollkommenheit, die nur in einem Gott oder endlosen

Jenseits sich verwirklicht, sondern nur nach einer bestimmten, begrenzten Vollkommenheit, nach der Vollkommenheit innerhalb einer bestimmten Sphäre. Nicht nur die einzelnen Menschen sehen wir daher stehen bleiben, wenn sie einmal auf einen bestimmten Standpunkt, auf einen bestimmten Grad der Ausbildung und Vervollkommnung ihrer Anlagen angelangt sind, sondern selbst ganze Völker sehen wir Jahrtausende lang unverrückt auf demselben Standpunkt stehen bleiben. So stehen die Chinesen, die Inder heute noch da, wo sie bereits vor Jahrtausenden standen. Wie reimen sich diese Erscheinungen mit dem schrankenlosen Vervollkommnungstrieb, den der Rationalist dem Menschen andichtet und dem er daher in einem unendlichen Jenseits einen Platz einzuräumen sucht? Der Mensch hat im Gegentheil nicht nur einen Trieb fortzuschreiten, sondern auch einen Trieb zu rasten, auf dem einmal gewonnenen, der Bestimmtheit seines Wesens entsprechenden Standpunkt zu beharren. Aus diesen entgegengesetzten Trieben entspringt der Kampf der Geschichte, der Kampf auch unserer Gegenwart. Die Progressisten, die sogenannten Revolutionäre, wollen vorwärts, die Conservativen wollen Alles beim Alten lassen, ob sie gleich, denn sie sind meistens auch Gläubige, in Beziehung auf den Tod nicht zu den Stabilen gehören, sondern im Jenseits, um ihr interessantes Dasein zu fristen, die radicalsten Veränderungen, die revolutionärsten Umgestaltungen ihres Wesens sich gefallen lassen. Aber auch die Revolutionäre wollen nicht bis ins Unendliche fortschreiten, sondern sie haben bestimmte Zwecke, mit deren Erreichung sie stehen bleiben, selbst stabil werden. Es sind daher immer nur andere, neue, junge Menschen, welche den Faden der Geschichte fortspinnen, den die alten Fortschrittsmänner abbrechen, so wie sie an das Ziel *ihrer* Wünsche und damit an die Grenze ihres Wesens und Verstandes gekommen sind.

Ebensowenig, wie einen unbeschränkten Wissens- und Vervollkommnungstrieb hat der Mensch einen unbeschränkten, unersättlichen, nicht durch die Güter der Erde zu befriedigenden Glückseligkeitstrieb. Der Mensch, selbst der Unsterblichkeitsgläubige, ist vielmehr vollkommen zufrieden mit dem irdischen Leben, wenigstens so lange es ihm wohlgeht, so lange es ihm nicht am Nothwendigsten fehlt, so lange ihn nicht besonderes, schweres Unglück trifft. Der Mensch will nur die Uebel dieses Lebens beseitigt wissen, aber kein wesentlich anderes Leben. »Die Grönländer z. B. versetzen den Ort der Seligen unter das Meer, weil sie aus dem Meer die meiste Nahrung bekommen. Da ist, sagen sie, gutes Wasser und ein Ueberfluss an Vögeln, Fischen, Seehunden und Rennthieren, die man ohne Mühe fangen kann oder gar in einem grossen Kessel lebendig gekocht findet.« Hier haben wir ein Beispiel, ein Bild des menschlichen Glückseligkeitstriebes. Die Wünsche des Grönländers gehen nicht über die Grenze seines Landes, seiner Natur hinaus. Er will nicht wesentlich andere Dinge, als sein Land ihm darbietet; er will nur das, was es ihm giebt, von *guter Qualität* und *in reichlicher Menge*. Er will auch im Jenseits nicht aufhören, Fische und Seehunde zu fangen, – das, was er ist, ist ihm keine Schranke, ist ihm nicht zur Last; er will nicht über seine Gattung, seinen wesentlichen Stand und Lebensberuf hinaus – er will nur Jenseits bequemer und leichter sich den Fang machen. Welch ein bescheidener Wunsch! Der Culturmensch, dessen Geist und Leben nicht an einen beschränkten Ort gebunden, wie des Wilden Geist und Leben, welcher nichts kennt, als sein Land, dessen Verstand sich nicht weiter als einige geographische Meilen erstreckt, hat natürlich auch keine so beschränkten Wünsche. Er wünscht sich nicht blos, um bei dem Beispiel stehen zu bleiben, die geniessbaren Thiere und Früchte seines Landes; er wünscht sich auch die Genüsse der fernsten Länder zu verschaffen; seine Genüsse und Wünsche sind im Vergleich zu denen des Wilden unendlich; aber gleichwohl gehen sie weder über die Natur der Erde, noch über die Natur des Menschen überhaupt hinaus. Der Gattung nach stimmt der Culturmensch mit dem Wilden überein; er will keine himmlischen Speisen, von denen er ja so nichts weiss; er will nur Erzeugnisse der Erde; er will nicht das Essen überhaupt, er will nur den rohen, ausschliesslich auf die

Erzeugnisse dieses Ortes beschränkten Genuss aufheben. Kurz: der vernünftige und naturgemässe Glückseligkeitstrieb geht nicht über das Wesen des Menschen, über das Wesen dieses Lebens, dieser Erde hinaus; er will nur *die* Uebel, *die* Beschränkungen aufheben, die wirklich aufzuheben, die nicht nothwendig sind, nicht zum Wesen des Lebens gehören.

Wünsche daher, die über die menschliche Natur oder Gattung hinausgehen, wie z. B. der Wunsch, gar nicht zu essen, nicht mehr überhaupt den leiblichen Bedürfnissen unterworfen zu sein, sind eingebildete, phantastische Wünsche, folglich auch das Wesen, das diese Wünsche erfüllt, das Leben, wo sie erfüllt werden, nur ein eingebildetes, phantastisches Wesen und Leben. Die Wünsche dagegen, welche nicht über die menschliche Gattung oder Natur hinausgehen, welche nicht blos in der bodenlosen Einbildung und in unnatürlicher Gefühlsschwelgerei, sondern in einem wirklichen Bedürfniss und Trieb der menschlichen Natur ihren Grund haben, finden auch innerhalb der menschlichen Gattung, im Laufe der menschlichen Geschichte ihre Erfüllung. Der Schluss auf ein religiöses oder theologisches Jenseits, ein zukünftiges Leben zum Behuf der Vervollkommnung der Menschen wäre daher nur dann gerechtfertigt, wenn die Menschheit immer auf demselben Flecke stehen bliebe, wenn es keine Geschichte, keine Vervollkommnung, keine Verbesserung des Menschengeschlechts auf Erden gäbe, obgleich auch in diesem Falle jener Schluss deswegen noch kein wahrer, wenngleich berechtigter wäre.

Allein es giebt eine Culturgeschichte der Menschheit: verändern und cultiviren sich doch selbst Thiere und Pflanzen im Laufe der Zeit so sehr, dass wir selbst nicht mehr ihre Stammeltern in der Natur auffinden und nachweisen können! Unzähliges, was unsere Vorfahren nicht konnten und wussten, *können* und *wissen* wir jetzt. Kopernikus – ein Beispiel, das ich schon in meiner Unsterblichkeitsfrage vom Standpunkt der Anthropologie anführte, aber mich nicht enthalten kann, hier zu wiederholen, weil es so treffend ist – betrauerte es noch auf seinem Sterbebette, dass er in seinem ganzen Leben den Planet

Merkur auch nicht ein einziges Mal gesehen, so sehr er es auch gewünscht und sich darum bemüht hätte. Jetzt sehen ihn die Astronomen mit ihren trefflichen Fernrohren am hellen Mittag. So erfüllen sich die Wünsche des Menschen, die keine eingebildeten, phantastischen sind, im Laufe der Geschichte, der Zukunft. So wird auch, was für uns jetzt nur Wunsch, einst erfüllt werden, Unzähliges, was den dünkelhaften Beschützern und Verfechtern der gegenwärtigen Glaubensvorstellungen und religiösen Institute, der gegenwärtigen socialen und politischen Zustände für Unmöglichkeit gilt, einst Wirklichkeit sein; Unzähliges, was wir jetzt nicht wissen, aber wissen möchten, werden unsere Nachkommen wissen. An die Stelle der Gottheit, in welcher sich nur die grundlosen luxuriösen Wünsche des Menschen erfüllen, haben wir daher die menschliche Gattung oder Natur, an die Stelle der Religion die Bildung, an die Stelle des Jenseits über unserem Grabe im Himmel das Jenseits über unserem Grabe auf Erden, die *geschichtliche Zukunft*, die Zukunft der Menschheit zu setzen.

Das Christenthum hat sich die Erfüllung der unerfüllbaren Wünsche des Menschen zum Ziel gesetzt, aber eben deswegen die erreichbaren Wünsche des Menschen ausser Acht gelassen; es hat den Menschen durch die Verheissung des ewigen Lebens um das zeitliche Leben, durch das Vertrauen auf Gottes Hilfe um das Vertrauen zu seinen eigenen Kräften, durch den Glauben an ein besseres Leben im Himmel um den Glauben an ein besseres Leben auf Erden und das Bestreben, ein solches zu verwirklichen, gebracht. Das Christenthum hat dem Menschen gegeben, was er in seiner Einbildung wünscht, aber eben deswegen nicht gegeben, was er in Wahrheit und Wirklichkeit verlangt und wünscht. In seiner Einbildung verlangt er ein himmlisches, überschwängliches, in Wahrheit aber ein irdisches, ein mässiges Glück. Zum irdischen Glück gehört freilich nicht Reichthum, Luxus, Ueppigkeit, Pracht, Glanz und anderer Tand, sondern nur das Nothwendige, nur das, ohne was der Mensch nicht menschlich existiren kann. Aber wie unzählig viele Menschen ermangeln des Nothwendigsten! Aus diesem Grunde erklären es die Christen für frevelhaft oder unmenschlich, das Jenseits zu leugnen und eben damit den Unglücklichen, Elenden dieser Erde den einzigen Trost, die Hoffnung eines besseren Jenseits zu rauben. Eben hierin finden sie auch jetzt noch die sittliche Bedeutung des Jenseits, die Einheit desselben mit der Gottheit; denn ohne Jenseits sei keine Vergeltung, keine Gerechtigkeit, welche den hier, wenigstens ohne ihre Schuld Leidenden und Unglücklichen ihr Elend im Himmel vergelten müsse. Allein dieser Vertheidigungsgrund des Jenseits ist nur ein Vorwand, denn aus diesem Grunde folgt nur ein Jenseits, eine Unsterblichkeit für die Unglücklichen; aber nicht für die, welche auf Erden schon so glücklich waren, die für die Befriedigung und Ausbildung ihrer menschlichen Bedürfnisse und Anlagen nothwendigen Mittel zu finden. Für diese ergiebt sich aus dem angeführten Grunde nur die Nothwendigkeit, dass sie entweder mit dem Tode aufhören, weil sie schon das Ziel der menschlichen Wünsche erreicht haben, oder dass es ihnen im Jenseits schlechter geht als im Diesseits, dass sie im Himmel die Stelle einnehmen, welche ihre Brüder einst auf Erden einnahmen. So glauben die Kamtschadalen[1] wirklich, dass Diejenigen, welche hier arm waren, in der anderen Welt reich, die Reichen hingegen arm sein werden, damit zwischen den beiden Zuständen in dieser und jener Welt eine gewisse Gleichheit bestehe. Aber das wollen und glauben die christlichen Herren nicht, die aus dem angeführten Grunde das Jenseits vertheidigen; sie wollen dort ebensogut leben, wie die Unglücklichen, die Armen.

Es ist mit diesem Grunde für das Jenseits ebenso wie mit dem Grunde für den Gottesglauben, welchen viele Gelehrte im Munde führen, indem sie sagen, der Atheismus sei zwar richtig, sie selbst seien Atheisten, aber der Atheismus sei nur eine Sache der gelehrten Herren, nicht der Menschen überhaupt, gehöre nicht für das allgemeine Publikum, nicht für das Volk; es sei daher unschicklich, unpractisch, ja frevelhaft, den Atheismus öffentlich zu lehren. Allein die Herren, die so reden, verstecken hinter dem unbestimmten, weitschichtigen

Wort: Volk oder Publikum nur ihre eigene Unentschieden-
heit, Unklarheit und Ungewissheit; das Volk ist ihnen nur
ein Vorwand. Wovon der Mensch wahrhaft überzeugt ist, das
scheut er sich nicht nur nicht, sondern das muss er auch öffentlich aussprechen. Was nicht den Muth hat, ans Licht hervorzutreten, das hat auch nicht die Kraft, das Licht zu vertragen.
Der lichtscheue Atheismus ist daher ein ganz nichtswürdiger
und hohler Atheismus. Er hat nichts zu sagen, darum traut er
sich auch nicht, sich auszusprechen. Der Privat- oder Krypto-
atheist sagt oder denkt nämlich nur bei sich: es ist kein Gott,
sein Atheismus fasst sich nur in diesen verneinenden Satz zusammen und dieser Satz steht obendrein bei ihm vereinzelt da,
so dass trotz seines Atheismus Alles bei ihm beim Alten bleibt.
Und allerdings, wenn der Atheismus nichts weiter wäre, als
eine Verneinung, ein blosses Leugnen ohne Inhalt, so taugte er
nicht für das Volk, d. h. nicht für den Menschen, nicht für das
öffentliche Leben; aber nur, weil er selbst nichts taugte. Allein
der Atheismus, wenigstens der wahre, der nicht lichtscheue, ist
zugleich Bejahung, der Atheismus verneint nur das vom Menschen abgezogene Wesen, welches eben Gott ist und heisst, um
das wirkliche Wesen des Menschen an die Stelle desselben als
das wahre zu setzen.
Der Theismus, der Gottesglaube dagegen ist verneinend; er
verneint die Natur, die Welt und Menschheit: *vor Gott ist die
Welt und der Mensch Nichts*, Gott ist und war, ehe Welt und
Menschen waren; er *kann ohne sie* sein; er ist das Nichts der
Welt und des Menschen; Gott kann die Welt, so glaubt der
strenge Gottesgläubige wenigstens, jeden Augenblick zu
Nichts machen; für den wahren Theisten giebt es keine Macht
und Schönheit der Natur, keine Tugend des Menschen; Alles
nimmt der gottesgläubige Mensch dem Menschen und der Natur, um damit seinen Gott auszuschmücken und zu ver-
herrlichen. *»Nur Gott allein ist zu lieben«*, sagt z. B. der heilige *Augustin*, *»diese ganze Welt* aber, d. h. alles Sinnliche, *ist
zu verachten«.* »Gott«, sagt *Luther* in einem lateinischen
Briefe, »will entweder *allein* oder *kein* Freund sein«. »Gott

allein«, sagt er in einem anderen Briefe, »gebührt Glaube,
Hoffnung, Liebe, daher sie auch die theologischen Tugenden
heissen«. Der Theismus ist daher »negativ und destructiv«;
nur auf die Nichtigkeit der Welt und des Menschen, d. h.
des wirklichen Menschen baut er seinen Glauben. Nun ist
aber Gott nichts Anderes, als das abgezogene, phantastische,
durch die Einbildungskraft verselbständigte Wesen des Menschen und der Natur; der Theismus opfert daher das wirkliche Leben und Wesen der Dinge und Menschen einem blossen
Gedanken- und Phantasiewesen auf. Der Atheismus dagegen opfert das Gedanken- und Phantasiewesen dem wirklichen Leben und Wesen auf. Der Atheismus ist daher positiv,
bejahend; er giebt der Natur und Menschheit die Bedeutung, die Würde wieder, die ihr der Theismus genommen;
er belebt die Natur und Menschheit, welchen der Theismus
die besten Kräfte ausgesogen. Gott ist eifersüchtig auf die
Natur, auf den Menschen, wie wir früher sahen; er allein
will verehrt, geliebt, bedient sein; er allein will Etwas, alles
Andere soll Nichts sein, d. h. der Theismus ist neidisch auf
den Menschen und die Welt; er gönnt ihnen nichts Gutes.
Neid, Missgunst, Eifersucht sind zerstörende, verneinende
Leidenschaften. Der Atheismus aber ist liberal, freigebig, frei-
sinnig; er gönnt jedem Wesen seinen Willen und sein Talent;
er erfreut sich von Herzen an der Schönheit der Natur und an
der Tugend des Menschen: die Freude, die Liebe zerstören
nicht, sondern beleben, bejahen.

Aber ebenso wie mit dem Atheismus ist es mit der von ihm
unzertrennlichen Aufhebung des Jenseits. Wenn diese Aufhebung nichts weiter als eine leere, inhalt- und erfolglose Verneinung wäre, so wäre es besser oder doch gleichgiltig, ob man
es stehen oder fallen liesse. Allein die Verneinung des Jenseits
hat die Bejahung des Diesseits zur Folge; die Aufhebung eines
besseren Lebens im Himmel schliesst die Forderung in sich: es
soll, es muss besser werden auf der Erde; sie verwandelt die
bessere Zukunft aus dem Gegenstand eines müssigen, that-
losen Glaubens in einen Gegenstand der Pflicht, der mensch-

lichen Selbstthätigkeit. Allerdings ist es eine himmelschreiende
Ungerechtigkeit, dass, während die einen Menschen Alles
haben, die anderen Nichts haben, während die einen in allen
Genüssen des Lebens, der Kunst und Wissenschaft schwelgen,
die anderen selbst das Nothwendigste entbehren. Allein es ist
thöricht, hierauf die Nothwendigkeit eines anderen Lebens zu
gründen, wo die Menschen für die Leiden und Entbehrungen
auf Erden entschädigt werden, so thöricht, als wenn ich aus den
Mängeln der geheimen Justiz, die bisher bei uns bestanden, auf
die Nothwendigkeit eines öffentlichen und mündlichen Ge-
richtsverfahrens erst im Himmel schliessen wollte. Die nothwendige Folgerung aus dem bestehenden Ungerechtigkeiten
und Uebeln des menschlichen Lebens ist einzig der Wille, das Bestreben, sie abzuändern, aber nicht der Glaube an ein Jenseits,
der vielmehr die Hände in den Schooss legt und die Uebel bestehen lässt. Aber, kann man dagegen einwenden, angenommen, dass die Uebelstände unserer bürgerlichen und politischen Welt gehoben werden können, was haben denn die
davon, die in Folge dieser Uebelstände gelitten und bereits
gestorben sind? Was haben die Vergangenen überhaupt von
einer besseren Zukunft? Die haben allerdings nichts davon,
aber sie haben auch nichts vom Jenseits. Das Jenseits
kommt immer mit seinen Curen zu spät; es heilt ein Uebel, nachdem
es vorbei ist, erst mit oder nach dem Tode, also da, wo der
Mensch kein Gefühl mehr des Uebels, folglich auch kein Bedürfnis der Heilung mehr hat; denn der Tod hat zwar das
Schlimme für uns, wenigstens so lange wir leben und uns ihn
vorstellen, dass er uns mit dem Leben auch die Empfindung,
das Bewusstsein des Guten, Schönen und Angenehmen raubt,
aber auch das Gute, dass er uns mit der Empfindung, mit dem
Bewusstsein von allen Uebeln, Leiden und Schmerzgefühlen
erlöst. Die Liebe, welche das Jenseits erzeugt hat, welche den
Leidenden mit dem Jenseits vertröstet, ist die Liebe, welche
den Kranken heilt, nachdem er gestorben, den Durstenden
labt, nachdem er verdurstet, den Hungernden speist, nachdem
er bereits verhungert ist.

Lassen wir daher die Todten in Frieden ruhen! Folgen wir hierin dem Beispiel der Heiden! »Die Heiden riefen«, sage ich in meiner Unsterblichkeitsfrage, »ihren geliebten Todten in das Grab nach: Sanft ruhen Deine Gebeine! oder: Ruhe in Frieden! während die Christen als Rationalisten dem Sterbenden ein lustiges vivas et crescas in infinitum[2] in die Ohren schreien, oder als pietistische Seelenärzte à la Doctor Eisenbart auf Rechnung der Todesfurcht die Gottesfurcht als Unterpfand seiner himmlischen Seligkeit einblöken«. Lassen wir also die Todten und kümmern uns nur um die Lebendigen! Wenn wir nicht mehr ein besseres Leben *glauben*, sondern *wollen*, aber nicht vereinzelt, sondern mit vereinigten Kräften wollen, so werden wir auch ein besseres Leben *schaffen*, so werden wir wenigstens die crassen, himmelschreienden, herzzerreissenden Ungerechtigkeiten und Uebelstände, an denen bisher die Menschheit litt, beseitigen. Aber, um dieses zu wollen und zu bewirken, müssen wir an die Stelle der Gottesliebe die Menschenliebe als die einzige, wahre Religion setzen, an die Stelle des Gottesglaubens den Glauben des Menschen an sich, an seine Kraft, den Glauben, dass das Schicksal der Menschheit nicht von einem Wesen ausser oder über ihr, sondern von ihr selbst abhängt, dass der einzige Teufel des Menschen der Mensch, der rohe, abergläubische, selbstsüchtige, böse Mensch, aber auch der einzige Gott des Menschen der Mensch selbst ist.

Mit diesen Worten, meine Herren, schliesse ich diese Vorlesungen und wünsche nur, dass ich die mir in diesen Vorlesungen gestellte, in einer der ersten Stunde ausgesprochene Aufgabe nicht verfehlt habe, die Aufgabe nämlich, Sie aus Gottesfreunden zu Menschenfreunden, aus Gläubigen zu Denkern, aus Betern zu Arbeitern, aus Candidaten des Jenseits zu Studenten des Diesseits, aus Christen, welche ihrem eigenen Bekenntniss und Geständniss zufolge *»halb Thier, halb Engel«* sind, zu *Menschen*, zu *ganzen* Menschen zu machen.

Quelle: Ludwig Feuerbach, Sämtliche Werke. Neu hrsg. von Wilhelm Bolin

u. Friedrich Jodl. Stuttgart: Frommann ²1960. Bd. 8 Vorlesungen über das Wesen der Religion. Nebst Zusätzen und Anmerkungen. Hrsg. von W. Bolin. S. 348–360.

Anmerkungen

1. altasiatisches Fischervolk auf der ostsibirischen Halbinsel Kamtschatka.
2. Lebe und gedeihe im Jenseits.

*Der für die jüdische Homiletik wichtige Rabbiner und Rechts-
anwalt wurde am 3. Januar 1807 in Hechingen, der Residenz
des ehemaligen Fürstentums Hohenzollern-Hechingen, geboren. Er studierte in Würzburg und Tübingen und wurde
nach seiner Promotion Rabbiner in Hechingen. Mayer schrieb
mehrere geschichtliche Erzählungen und Novellen, legte 1849
die Staatsdienstprüfung in der Rechtswissenschaft ab, arbeitete neben seiner Anwalttätigkeit zwölf Jahre an dem Werk
»Die Rechte der Israeliten, Athener und Römer« (Leipzig
1862).
Von Mayers Predigten ist die Festrede »Der Stein und das
Bild, oder Preußen's Zukunft«, die aus Anlaß der Übergabe
der Fürstentümer Hohenzollern an die Krone Preußen am
8. April 1850 in der Synagoge zu Hechingen gehalten wurde,
ebenso als Dokument der jüdischen Homiletik wie wegen der
darin ausgesprochenen royalistischen politischen Tendenzen
interessant.*

Der Stein und das Bild,
oder Preußen's Zukunft

Der du über Himmel und Erde regierest; der du den Stürmen des Windes und den Wogen des Meeres gebietest; der
du den Flammen des Feuers befiehlst, Allmächtiger! groß
bist du und groß zeigt du dich in den Augen der Völker, in
den Zeiten unserer Väter und in unseren Tagen. Du hast
wieder deine Macht bewiesen in allen Ländern der Welt,
und deine gewaltige Kraft an allen Grenzen der Erde – o,
zeige auch wieder deine Güte, deine Milde und deine Liebe,
damit alle Herzen dich verehren und alle Seelen dir zu-

jauchzen, und alle Zungen deinen Namen preisen von nun
an und in Ewigkeit. Amen.

Text: Daniel, Cap. 2, Vers 31–35.

Wer seit zwei Jahren die Ereignisse der Welt mit religiösem
Gefühle betrachtete, der kann an Wunder nicht mehr zweifeln, denn Großes geschah vor unseren Augen. Gott hat arm
und reich gemacht, er hat erniedrigt und erhöht, die Bogen der
Helden sind zerbrochen, und die Schwachen mit Macht um-
gürtet, Er hat Arme aus dem Staub erhoben, und Dürftige gesetzt neben die Edeln, daß »sie sitzen neben Fürsten, neben
Fürsten der Völker.« Ein Sturm brauste durch die Welt, und
ihre Grundsäulen erbebten, die Stimme Gottes rollte mit
Macht über Zedern und Fluthen und Berge, daß der Erdball
erzitterte; nun hat sich gelegt der Zorn, die Fürsten athmen
wieder auf, und die Völker erholen sich von der Bewegung,
die sich von Tag zu Tag erneute. Alle Staaten waren erschüttert, aber sie haben sich erhalten; alle Länder durchwühlte ein
unheimliches Grauen, aber sie bestehen noch und sammeln
neue Kräfte. Nur unsere Fürstenthümer konnten sich von dem
plötzlich andringenden Schlage nicht erholen, nur sie konnten
ihre Selbstständigkeit nicht erhalten. Die Fürsten legten nieder das Scepter der Macht, sie entsagten der Herrschaft und
übergaben sie dem stammverwandten Könige.

Wenn schon bei eintretenden Veränderungen im einfachen
Familienleben die Gefühle der Furcht und Hoffnung die Herzen bewegen, wie erst müssen wir bei einem Regierungswech-
sel von gemischten Gefühlen der Sorge und des Vertrauens
durchdrungen sein? Diese Empfindung hat die heilige Schrift
so wahr und inhaltschwer von den Kindern Israel's in Egypten nach dem Tode Josef's ausgesprochen: »Und es stand ein
neuer König auf über Egypten, der den Josef nicht kannte.«[1]

Bisher lebten wir in einem wahrhaft traulichen Verhältnisse
zu unserm Fürsten und zu seinen Beamten; wir konnten unsere Wünsche zu jeder Zeit persönlich vortragen, die Bedürfnisse waren schnell erkannt, und wir konnten augenblickliche
Abhülfe erwarten, wenn es im Gebiete der Möglichkeit lag.

Der neue König kennt uns noch nicht, und seine Beamten wissen noch wenig von uns; muß da nicht die Seele ängstlich in die Zukunft schauen? Ja, die ganze Erscheinung ist wie ein Traum, und wir wissen nicht, was wir geträumt haben, und was die Auslegung des Traumes ist!

Bei solchen bangen Zweifeln nehmen wir unsere Zuflucht zur heiligen Schrift, denn das Wort Gottes giebt uns Ruhe und flößt uns Trost ein. Nebukadnezar, der König von Babylon, hatte einen Traum, der ihn sehr beunruhigte, weil er seinen Inhalt und seine Bedeutung nicht kannte. Niemand als Daniel konnte ihm Auskunft geben. Er sprach:

»Du, o König, schautest, und da war ein großes Bild; dieses Bild war gewaltig und sein Glanz vorzüglich, es stand dir gegenüber, und seine Gestalt war schrecklich. Dieses Bild – sein Haupt war von feinem Golde, seine Arme von feinem Silber, sein Leib und seine Lenden von Kupfer; seine Schenkel von Eisen, seine Füße zum Theil aus Eisen, zum Theil aus Thon. Du schautest, bis sich lostrennte ein Stein, nicht durch Hände, und er schlug das Bild auf seine Füße von Eisen und Thon und zermalmte sie. Darauf waren zermalmt zumal das Eisen, der Thon, das Kupfer, das Silber und das Gold, und sie wurden wie Spreu der Tannen des Sommers, und es entführte sie der Wind, und keine Spur wurde von ihnen gefunden; der Stein aber, der das Bild geschlagen, wurde zu einem gewaltigen Berge und füllte die ganze Erde.«

Nun theilte Daniel die Bedeutung des Traumes mit. Das Haupt von Gold sei der König selbst; dann werde ein geringeres Reich entstehen, und nachher ein drittes Reich von Kupfer, und ein viertes Reich wird hart sein wie Eisen. Die aus Eisen und Thon zusammengesetzten Füße und Zehen bedeuten die ungleichartigen Theile des Reiches, in welche es zerfallen werde. Unsere Weisen beziehen diese Traumdeutung auf das babylonische, persische, griechische und römische Reich.[2] Die heilige Schrift ist jedoch nicht für einzelne, sondern für alle Zeit geschrieben, sie ist auf alle Verhältnisse anwendbar.

So wagen wir es zu behaupten, daß sich von unserm nahen Zollerberge ein Stein gelöst, der das Bild des deutschen Reiches im Norden zertrümmert hat, und er wird auch das Bild im Süden im Schwunge der Ereignisse beseitigen und er wird zum hohen Berge werden und die Erde erfüllen.

Vergieb, Allwissender, wenn ich es wage, deine Geheimnisse zu erforschen; aber deine Thaten sprechen laut und deine Zeugnisse sind klar, daß wir aus der Vergangenheit die Zukunft enthüllen können. Erleuchte unsern Geist, daß wir dich erkennen und die Wahrheit finden. Amen.

Klein war immer das Stammschloß Hohenzollern und sein Gebiet; aber seine Söhne waren tapfer im Kriege und saßen im Rathe der Fürsten. Da zog ein Graf nach Franken[3] und von dort ein Graf nach Brandenburg,[4] wo er ein mächtiges Reich gründete, mit dem Muthe des Herzens, mit der Kraft des Armes, mit dem Verstande des Geistes. Und immer größer wurde sein Reich im Norden, und immer gewaltiger sein Einfluß, bis seine Söhne zu Königen sich erhoben.[5] Das deutsche Reich glich dem Bilde, dessen Haupt von Gold, dessen Brust von Silber, dessen Leib von Kupfer, dessen Schenkel von Eisen und dessen Füße von Eisen und Thon waren, zusammengesetzt aus einem Kaiser und mehreren Fürsten von größerer und kleinerer Macht, ohne innigen Zusammenhang, denn die Bestandtheile waren ungleichartig. Die wachsende Macht des Hohenzoller glich dem Steine, der das Bild im Norden zerstörte, und sich selbst zum Berge erhob, denn sein Reich wurde immer umfangreicher und gewaltiger, und seine Herrschaft erstreckte sich über Meere und Seen, über Ströme und Flüsse. Jetzt ist sein Reich die fünfte Großmacht Europa's, gewichtig ist seine Stimme im Frieden, entscheidend seine Waffe im Kriege. Seine Hülfsquellen sind großartig, seine Gewerbe sind blühend, seine Künste sind entwickelt, seine Wissenschaften weitverbreitet. Geordnet ist die Verwaltung, harmonisch der ganze Staat geleitet. Seine Vergangenheit ist weltgeschichtlich, seine Zukunft ist glänzend und seine Gegenwart gewährt Zuversicht. Wer hat in den letzten Jahren den Frieden hergestellt, und die Ruhe gesichert? Wer hat Opfer gebracht auf dem Altare des Vaterlandes? Seine Söhne haben die theure Heimath verlassen und uns beschützt; sie haben ihr Leben für das allgemeine Wohl gewagt und ihr Blut für uns vergossen. Wie, meine Freunde, ist es nicht eine Ehre, dieser großen Nation anzugehören? Dürfen wir nicht mit Stolz sagen, daß wir Preußen sind? Ist es nicht ein Glück, einem Lande anzugehören, dessen Name in allen Welttheilen bekannt ist? Ist es nicht eine Ehre für unsere Söhne, in einem Heere zu dienen, das sich durch Treue, Gehorsam und Ordnungsliebe auszeichnet? Ist es nicht eine Schule der Bildung für sie? Besser ist es, der Schweif eines Löwen, als das Haupt eines Fuchses zu sein, sagen unsere Weisen.[6]

Was aber hilft uns diese ehrenvolle Stellung, da wir zu weit entfernt vom Hauptlande wohnen? Der König thront im Norden, der Glanz seiner Majestät erreicht uns nicht, sein Auge sieht uns nicht, sein Ohr vernimmt uns nicht! Wie aber, wenn wir wissen, daß der König immer dem Stammschlosse seine Liebe zugewendet hat? Schon als Kronprinz besuchte er die Burg,[7] ihr seine kindliche Ehrfurcht bezeigend, er ließ die Trümmer aus dem Schutte erstehen, mit seiner Liebe sie belebend; sollte er als König, als Vater des Landes, weniger gefühlvoll, sollte seine Theilnahme erkaltet sein? Ja, vielleicht nur diese innige Theilnahme bewog ihn, die Regierung über das Stammland der Väter zu übernehmen, und diese fromme Liebe wird belohnt, denn unser Fürstenthum mag berufen sein, ihm die Herrschaft in Süddeutschland zu erwerben.

Vor zwei Jahren feierten wir das Fest der Reichs-Einheit; die getrennten Staaten waren wieder vereinigt, um die Fürsten und Vertreter der Volksstämme war geschlungen das Band der Eintracht. Was unsere Augen nie zu sehen glaubten, was unsere Herzen nie zu ahnen wagten, was unsere Träume nicht ausmalen durften – es war geschehen, von der Macht des Augenblicks geboren. Wie einst, zur Zeit des Propheten Ezechiel, ein Sturm in das Thal voll Todtenbeinen kam, und die Gebeine einander naheten, Knochen zu Knochen, und Sehnen sich darüber wanden, Fleisch überwuchs, Haut sich darüber zog, und ein Geist aus den vier Winden kam, und sie erhoben sich und standen auf ihren Füßen, ein überaus großes Heer[8] – so hatten sich die todten Staaten wieder belebt, beseelt von dem Geiste der Erkenntniß, durchdrungen von dem Streben nach Einheit. Aber die Neubelebten waren nur hohle Gespenster, es waren nur Truggestalten aus den Gräbern auferstanden; sie schwanden, sobald der Tag erschien, sie vergingen, sobald die Sonne glänzte. Beine und Knochen lösen sich wieder auf, die Sehnen sind zerrissen, Fleisch und Haut ist abgefallen, ein Staat trennt sich von Staate, ein Fürst scheidet von dem Fürsten, jeder Volksstamm steht wieder auf seinen eigenen Füßen, aber seht! diese Füße sind zusammengesetzt von Eisen und Thon, sie lösen sich auf und können nicht tragen die Last.

Unser Fürstenthum zeigt das Bild der Lebens-Unfähigkeit kleiner Staaten. So lange solche Staaten sich im patriarchalischen Zustande befinden, so lange das öffentliche Leben dem gemüthlichen Familienleben gleicht, so lange ist auch ihr Dasein und Wirken naturgemäß. Wird aber dem Knaben das Kleid eines Mannes angezogen, wird ein kleiner Staat mit einer großartigen Verfassung umhüllt, so wird ihm der Lebenshauch entzogen. Im Schooße der kleinen Staaten wühlt der Kampf der Partheien, herrscht der Streit der Leidenschaften, die innere Zwietracht reibt sie auf. Es werden Erwartungen gehegt, die nicht befriedigt werden können; es werden Hoffnungen ausgesprochen, die nicht zu erfüllen sind. Rast nun wieder ein Sturm durch die Erde, tritt der Strom der entfesselten Wünsche aus den dammlosen Ufern, so ist die Gefahr desto größer, denn schon viele Herzen sind in der Tiefe durchwühlt. Nur wer ungetheilte Kraft besitzt, kann sich retten vor den inneren und äußeren Feinden, ja, wird stärker und mächtiger aus dem Kampfe hervorgehen, wie Jakob von seinem Sohne Josef sagte: Es kränkten ihn und beschossen ihn und befehdeten ihn die Pfeilschützen; doch blieb in Festigkeit sein Bogen, gelenk ihm Arme und Hände.[9] Aus Einem Stoffe und aus Einem Gusse muß der ganze Staatskörper sein, der im sausenden Webstuhl der Zeit nicht untergehen soll; sind aber die Theile zusammengefügt aus Gold und Silber, aus Kupfer, Eisen und Thon, so ist das Bild ein künstlich geschraubtes Gliederwerk, das in sich selbst zerfallen muß, denn es kann dem stürmischen Drange nicht widerstehen. Das Bild wird zerstört vom Steine, der sich von unserm Berge lösen, und sich selbst zum Berge erheben, und das Land im Süden erfüllen wird. Nicht umsonst ist es, daß unsere Fürsten allein den andern Regenten mit den Beispielen der Selbstverleugnung vorausgingen, denn nicht ein geringes Opfer erfordert es, die süße Macht der Regierung niederzulegen; nicht umsonst ist es, daß das älteste Fürstenhaus Schwaben seine Herrschaft aufgab, und daß der jüngere Zweig des Hauses aus dem alten Stamme sich entfaltet wie ein frischer Baum, der mächtig seine Wurzeln und Aeste ausbreitet. Ja, groß sind die Werke Gottes, und seine Plane sind tief; wir können seine Fügungen nur verehren, seine Weisheit bewundern.

Gleicht doch auch Israel dem Steine, der das schreckliche Bild zerstörte und sich selbst zum Berge erhob und die Erde erfüllte. Unsere Gotteslehre ist es, welche den Wahn der Heiden zerstörte, und den Thron der Götzen stürzte. Sie ist die Quelle aller vernünftigen Religionen, sie enthält das Vorbild aller gottesdienstlichen Einrichtungen; sie ist das Mittel zur Erziehung der Jugend und Bildung des Menschengeschlechtes. Sie giebt Weisheit den Verständigen, und Trost den kranken Herzen; sie haucht den Himmelsgesang in die Seele, und die Töne der Seligkeit in das Gemüth. So weit der Himmel sich über der Erde wölbt, so weit das Meer sein grenzenloses Gebiet erstreckt, so weit ist auch die heilige Schrift bekannt, und der Name des Höchsten verehrt vom Aufgang der Sonne bis zu ihrem Niedergange.

Als Saul zum König über Israel von Samuel gesalbt war, sagte dieser Prophet: »Nicht verlassen wird der Ewige sein Volk um seines großen Namens willen!«[10] So flehte schon Moses vor dem Ewigen um Gnade für Israel, »denn warum sollen die

Egypter sprechen: zum Unglück hat er sie herausgeführt?«[11]
So erwarten auch wir von dem neuen Könige, daß er uns mit
Milde behandeln werde, um seines Namens willen, denn sonst
würde man in den anderen Staaten sagen: zum Unglück regiert er sie! Wenn wir aber zufrieden in unseren Zelten wohnen, und sicher im Schatten des hohen Baumes ruhen, wenn
wir genießen ein stillbescheidenes Glück, »wenn Liebe und
Wahrheit sich begegnen und wenn Gerechtigkeit und Friede
sich küssen,« o, dann wird der Name des Königs geehrt, und
die Sehnsucht nach seinem Schutze weitverbreitet werden.
»Laß mich schauen, Gott, deine Herrlichkeit!« fuhr Moses im
Gebete fort. Und Gott sprach: »ich will alle meine Güte an
dir vorüberziehen lassen!« Gottes Herrlichkeit ist seine Güte,
und auch die Herrlichkeit der Könige ist ihre Güte. Sie ist die
glänzende Krone ihres Hauptes, sie ist die Zierde ihres Herzens, der Schmuck ihres Geistes.
»Doch auch der Berg fällt und altert, und der Fels wird entrückt seiner Stätte;«[12] aber »Gott ist unsere Zuflucht gewesen
in allen Geschlechtern, ehe die Berge geboren worden und
Erde und Weltall kreiste, und von Ewigkeit zu Ewigkeit bist
du, Gott!«[13] »Keiner ist heilig wie der Ewige, denn Niemand
ist außer dir, und es ist kein Fels wie unser Gott, denn ein
Gott der Gesinnungen ist der Ewige, und von ihm erwogen
werden die Handlungen.«[14] Wer anders kann den Sturm beschwören, wer anders kann das Zutrauen schaffen, die Ruhe
begründen, den Frieden schirmen, als der allmächtige Gott,
»vor dem die Völker sind, wie ein Tropfen am Eimer, und
wie der Staub an der Wageschale, der die Eilande hinweg
trägt wie ein Stäubchen«[15]? Wer anders kann über die Gefühle
herrschen, die Empfindungen lenken, als Gott, der die Herzen
schuf? Aber Gott regiert nicht mehr selbst auf Erden, er sen-
det Könige, daß sie Gesetze geben nach den gerechten Wünschen der Völker, denn das ist die stützende Säule der Welt,
daß sie Gnade ertheilen den Verirrten und Huld den Verblen-
deten, denn das ist die schönste und süßeste Pflicht der Könige. Muß schon jeder Mensch dem höchsten Wesen nach-

ahmen, daß er gehe in seinen Wegen, daß er gnädig und barm-
herzig, gütig und liebevoll werde, wie erst müssen die Großen
der Erde diese Pflicht erfüllen, sie, die berufen sind, dem
Lande ein Panier und dem Volke ein Leitstern zu sein? Sie,
deren Worte in jedem Hause wiederhallen, deren Thaten die
Augen aller auf sich richten? Durch starre Gewalt ist kein
Thron befestigt, nur die achtungsvolle Liebe des Volkes ist der
sichere Schutz. Durch diese Liebe wird mächtig der König und
wird begeistert das Volk und gesegnet das Vaterland. »Was
ist's was dort empor sich hebt, umduftet von Wohlgerüchen?
Siehe, es ist Salomons Ruhebett, sechszig Helden ringsumher,
sie alle schwerdtumgürtet, kampfgeübt, ein Jeglicher sein
Schwerdt an der Hüfte gegen Schrecken der Nacht.«[16] Das ist
das Grauen der Seele, das nicht durch Gewürze verscheucht,
nicht durch Krieger verdrängt wird, nur die Liebe des Volkes vermag
vermag es zu entfernen.

Die Liebe des Königs wird nur durch unsere Liebe erworben.
Wenn wir mit Vertrauen ihm entgegenkommen, wenn wir die
Ehrfurcht ihm aufrichtig darbringen, wenn wir uns an das
neue Vaterland mit der Gluth der Herzen anschließen, wenn
wir Gehorsam dem Gesetze und Achtung dem Rechte erweisen, o, »dann wird unser Glück sein wie ein Strom, und unser
Heil wie die Meereswelle,«[17] dann »wird im Finstern glänzen
unser Licht, und unser Dunkel wie die Mittagshelle.«[18]
Wer ist unter den Mächtigen, wie du, o Ewiger? Wer ist wie
du verherrlicht durch Heiligkeit? Du giebst die Macht den
Söhnen der Erde und leitest die Herzen der Könige wie Was-
serströme. Wenn alle Throne der Erde vergehen, wenn alle
Gewalt der Menschen zerrinnt, aber dein Reich ist das Reich
der Ewigkeit, und deine Herrschaft ist für und für. Es war
dein Wille, daß unser Fürst die Herrschaft niederlege, daß wir
nicht mehr ein stilles Glück im kleinen Lande genießen, so
segne ihn für sein Opfer, das er gebracht; segne ihn für die
Wohlthaten, die er und sein Haus uns erzeigt haben. Gott,
laß uns nie undankbar werden! Es war dein Wille, daß wir
einen König aus unserem Fürstenhause erhalten, so flöße ihm

Liebe zu uns ein, und segne seine Kräfte, denn wen du segnest,
der ist gesegnet. Segne Alle, die im Rathe und in der Verwaltung, im Kriege und im Frieden für das Vaterland wirken. In
unseren Tagen blühe die Gerechtigkeit und des Friedens Fülle,
bis die Monde schwinden. Die Berge mögen Heil tragen dem
Volke, und die Höhen Glück dem Vaterlande. Amen.

Quelle: Bibliothek jüdischer Kanzelredner. Eine chronologische Sammlung
der Predigten, Biographien und Charakteristiken der vorzüglichsten jüdischen Prediger. Hrsg. von M. Kayserling. Berlin: Springer 1872. S. 168 bis
173.

Anmerkungen

1. 2. Mose 1,8.
2. Vgl. Ibn. Jachia zu Dan. 2,45.
3. Zu Ende des 12. Jahrhunderts wurde Graf Friedrich von Hohenzollern
   Burggraf zu Nürnberg.
4. Friedrich VI., Burggraf von Nürnberg, wurde im Jahre 1415 Kurfürst von Brandenburg.
5. Kurfürst Friedrich III. ließ sich 1701 krönen.
6. Pirke Aboth (Sprüche der Väter) 4,20.
7. im Sommer 1819.
8. Hes. 37,1 ff.
9. 1. Mose 49,23 f.
10. 1. Sam. 12,22.
11. 2. Mose 32,12.
12. Hiob 14,18.
13. Ps. 90,1 ff.
14. 1. Sam. 2,2 f.
15. Jes. 40,15.
16. Hoheslied 3,7 f.
17. Jes. 48,18.
18. Jes. 58,10.

KARL GUTZKOW

1811–1878

Der in Berlin geborene Schriftsteller, liberale Publizist und Repräsentant des Jungen Deutschland hatte Theologie und Philosophie studiert und sich 1830 unter dem Eindruck der französischen Julirevolution der Politik zugewandt. Nach dem Edikt des deutschen Bundestags gegen die jungdeutschen Autoren (10. Dezember 1835) und einem Prozeß wegen Gotteslästerung (30. November 1835), in dem er zu einem Monat Gefängnis verurteilt wurde, war Gutzkow mehrere Jahre Redakteur, außerdem von 1846 bis 1849 Dramaturg des Hoftheaters in Dresden und von 1861 bis 1864 Generalsekretär der deutschen Schillerstiftung, die er 1855 mitbegründete.
Der hier abgedruckte »Schillerfestspruch« wurde am 9. November 1859 von Gutzkow zum Dresdner Schillerfest vorgetragen. Über die Wirkung der Rede berichtete Berthold Auerbach, der ebenfalls als Sprecher geladen war: »Gutzkow, der wörtlich auswendig lernen kann und kecker zugriff, hatte eigentlich den richtigen Treffer.« Die Rede paßt sich zwar geschickt nationalistischen Stimmungen der Zeit an, weist aber auch auf die emanzipative Funktion von Schillers Werk hin.

Ein Schillerfestspruch

Beglückender Ruhm, ein Liebling seines Volkes zu heißen!
Wie dieser Ruhm erworben wird, das ist schwer zu sagen; denn oft dem Größesten ward er nicht zuteil.
Was ist es, das unserm Friedrich Schiller die vollsten, blühendsten Kränze unserer Herzenshuldigung erwarb?
Die Erkenntnis seines hohen Dichterschwunges, seiner Denkertiefe, seines sittlichen Adels?
Ein Geheimnis der Liebe ist schwer zu ergründen – und selbst

der *deutsche Kern* in Schillers Wesen erschließt nicht ganz das Rätsel dieser bevorzugenden Liebe des deutschen Volkes. Goethe *übertraf* Schillern in Schilderungen deutscher Art und Sitte. Nicht daß Schillern die Gabe des Volkstümlichen versagt war – der deutsche Bürger spricht aus dem Musikus Miller, der deutsche Krieger aus Wallensteins Lager, der deutsche Landmann aus Wilhelm Tell – aber im Gegenteil, ob auch selbst Schillers eigenes Leben noch so sehr mit den deutschesten Farben sich malt vom Zopf des Karlsschülers an bis – um hoffähig zu werden – zur Erhebung in den Adelsstand, der Deutsche liebt gerade an Schillern, daß er sich bei ihm *nicht* wiederfindet. Je mehr Schiller sein Volk in die Ferne führte, desto gefesselter folgte es ihm. Die Hütte lernte durch ihn den Palast kennen, das kleinbürgerliche Leben die große Staatsbegebenheit, die an die Erde gebundene Endlichkeit das Unendliche über den Sternen, bei den Göttern Griechenlands, auf den glückseligen Inseln der Phantasie und der Ahnung. Und selbst *dem* Worte: »Schiller war ja ein *Kosmopolit*!« lächelt der Deutsche und weiß sich an seinem Liebling wohl zurechtzulegen, wie ein Weltbürgertum zu Schillers Zeit ein *geläuterter* Patriotismus war.

Was ist es nun, das Schillern zum Liebling des deutschen Volkes macht? Müssen wir denn heraus mit der Sprache und offen eingestehen: Weil wir mit ihm – *schwärmen* können? Wunderliches Wort, das nur uns Deutschen angehört! Wir verurteilen diese uns zur andern Gewohnheit gewordene Ekstase des Gemüts und werden dennoch in diesen Festestagen hundertfach das Geheimnis unserer Liebe zu Schiller durch das zauberische Wort des *Ideals* gelöst hören. Und auch wir, die wir jetzt auf Schiller, als Liebling der Deutschen, in der Runde anstoßen wollen, würden nicht minder auf die neue Besiegelung dieser Herzensliebe uns Brüder unterm Sternenzelt nennen, würden unterm Läuten und Schmettern und Flimmern aller Huldigungen, welche Komiteephantasie nur erfinden kann, im Preise des Ideals unsere volle Genüge finden und nichts vernehmen von einer Stimme, die etwa sprechen wollte –: Du unbesonnenes Volk! Kaum starrten die deutschen Gauen von blinkenden Waffen, die sich zum blutigen Kampfe rüsteten; kaum verrollten die Donner beweinenswerter Schlachten; kaum nahte sich mit ungewissem, kein Vertrauen weckenden Schritt die himmlische Gestalt des Friedens, bot den lächelnden Gruß, den wir nicht anzunehmen wagten: so stürzest du dich in einen bacchantischen Festrausch, der etwas Erschrekkendes haben könnte, wenn er an die Zeiten des sinkenden Griechenlands erinnerte, als Griechenland seine Freiheit verlor und nichts mehr hatte als nur noch seine Bildsäulen und seine Dichter! Selbst *das* Wort, daß das in schmerzlichen Irrungen und in seiner tiefen Spaltung befindliche Vaterland durch dies Fest doch zufällig wieder jeden Stamm, jeden Gau, jedes Gefühl, jede Meinung zu *einem* Dankopfer der gemeinsamen Nationalität vereinigt sieht, mag ich nicht hören, wenn das deutsche Volk nicht vor Europa die *ungewöhnlichen Formen*, die dies Fest bei uns angenommen hat, durch den *Gegenstand selbst* zu vertreten weiß, Antwort gebend auf den Vorwurf: Mit so maßlosem Jubel feiert ein männliches Volk wohl eine große erlösende, geschichtliche, befreiende *Tat*, nicht aber die zufällige Geburt eines noch so bewunderten oder geliebten Dichters!

Edler Schiller! Tritt in deiner hohen würdevollen Gestalt aus den unbestimmten Dämmerungen der enthusiastischen Begeisterung dieser Tage und erleuchte dein Volk und die Welt über die wunderbare Schwingung, die dein Geburtsfest dem öffentlichen Geiste Deutschlands gegeben! Nicht dein Talent feiern wir ja, sondern die *Arbeit* deines Talents! Nicht den göttlichen Ursprung deiner Muse, sondern dein menschliches Mühen in ihrem *Dienst*! Nicht das, was dir die Himmlischen freiwillig von ihrer Unsterblichkeit gaben, sondern das, was du sterblich, mit Aufopferung deines Lebens, ihnen abgerungen! Der Geist der *Tat*, der befreienden, erlösenden, lebenschaffenden Tat *ist* es ja, der das deutsche Volk aus Schillers Leben und Dichten wie mit Riesenarmen, stählend und entflammend, umfängt, und den im Zusammenklang aller deutschen Herzen

gerade in *diesem* Jahre feiern zu dürfen uns wie ein gottge-
sandtes Geschenk vom Himmel kam!

Oder ergreift nicht das Herz ein Erzittern des *Mutes*, wenn es
den Kampf mit dem Leben erblickt, den *Schiller* gekämpft?
Griff seine Hand nicht nach den Zügeln des Geschicks und
lenkte den Wagen »vom Steine hier, vom Sturze da«, so, wie
Goethe nur schön gesagt, nicht selbst erlebte? Schillers stäh-
lerne Kraft im zerbrechlichen Körper, sein energisches Wollen,
im Schaffen und Nutzen der Zeit sein unermüdlicher Treu-
fleiß, bei jedem Beginnen sein Priesterernst und an jedes Beginnen der Einsatz des Lebens, bis die heilige Flamme, zu
leuchtend für die irdischen Bedingungen ihrer Nahrung, so
rührend früh erlosch – das ist das klingende Rauschen von
Wehr und Waffen, mit denen die Tat, das Leben des *Helden*
dahinschreitet.

Ein Held war Schiller nicht nur in seinem menschlichen Sein,
sein ganzes Dichten und Denken hatte das Ziel auf die Tat gestellt. »Ich suchte die Natur«, spricht Goethe von sich und von
Schiller: »Schiller suchte die Freiheit.« Die Freiheit jener *geistigen* Welt, die sich *neben* der natürlichen und *über* sie erbaut.
Der eine *ergründet* die Schöpfung, der andere *ergänzt* sie.
Schiller dichtete, um etwas zu *geben*, etwas zu *sagen*, etwas zu
beweisen; er riß sein Volk zu befreienden Taten empor; – Taten, wie sie erst in der Seele des Menschen vollzogen sein, im
Herzen überwunden haben müssen, ehe sie Ausdruck suchen
können im Leben, im Staat, in der Kirche, der Sitte. Schiller
war der *Erzieher* seines Volks. Jedes seiner *Gedichte* schon
wurde ein Glockenruf mehr zu einem idealen Gottesdienst, zu
dem sich die Menschen in Scharen drängten. Sich im Ideal zu
erhalten, das ist unsere höchste Kraft! Religion, Vaterland,
Liebe, Freundschaft, Treue durchs Leben und Treue bis zum
Tode, jedes Band der Herzen hinieden müßte verkümmern,
wenn der Druck der Erdenschwere seine höhnenden Gesetze
allein geltend machen wollte. Schön spricht Goethe von der
Natur, aber das Goethesche Wort widerhallt Ergebung in das
einmal nicht zu Ändernde, setzt Besserung von der Zeit vor-

aus, mahnt höchstens, daß zuvor erst jeder *allein* das Gute suchen möge. Schillersches Wort – und es rollt wie Feuer durch unsere Adern; ein Schwung der Bewährung überkommt die Seele; das Gemeine sinkt; im *allgemeinen* Chore steigt die Menschheit zu jenen Gestalten voll Anmut und Würde, welche die Urbilder des Guten sind, Schatten, geworfen zwar in einer himmlischeren Sonne als der unsrigen, doch erreichbar, doch der sittlichen Anstrengung zugänglich. Wenn die Xenien sagten: »Schöne Naturen zahlen mit dem, was sie *sind*, gemeine mit dem, was sie *tun*«; – Schiller lehnte dies sittliche Zahlen mit dem, was wir tun, nicht ab. Er sprach: »Der Mensch hat keinen andern Wert als in seinen *Wirkungen*.«

Wie Schiller der deutschen *Geschichte* ein Dichter der Tat war, beweisen die nationalen Wirkungen seiner Schöpfungen. Das vielgeteilte Deutschland der siebziger Jahre mit seinen engherzigen Lebensformen bekämpften seine »Räuber«, aus deren jugendlichen Übertreibungen für die Empfindungsweise ein frischer Waldduft der Natürlichkeit zurückblieb. Den geheimen und offenen Schäden des deutschen Duodezstaatenlebens jener Tage trat »Kabale und Liebe« gegenüber, zeigte mit Fingern auf souveräne, nur der Hofgunst verantwortliche Kabinettsminister, auf Fürsten, die ihre Untertanen wie Sklaven verkauften, feierte mit Himmelsglorien Patriotenbegeisterung, wenn sie auch auf Erden dem witzelnden Hohn der Gewaltschergen zum Opfer fiel. Wie sich um das thronerschütternde Wort: »Sire! Geben Sie Gedankenfreiheit!« die Hoffnungen einer kommenden Zeit scharten, fühlen wir noch jetzt, sooft es aus weihevollem Künstlermund gesprochen wird. Zu dunkel glühte zwar der Finger der aufgehenden Eos. Blutig schrieb die Französische Revolution die Forderungen des Zeitgeistes nieder. Schiller, zum Bürger der französischen Republik ernannt, mäßigte die nachstürzende Hast des Bruchs mit der Vergangenheit und arbeitete, mit Gefahr, verkannt zu werden, an der für Deutschland zuvor zu vollziehenden Revolution der Selbsterziehung, der Vertiefung des Charakters, der Belehrung durch die Geschichte, deren ernsteste Epoche er

dem Volk mit Beredsamkeit erschloß. Vorahnend, daß die
Frage der deutschen Einheit nach innen, damals wie jetzt, bei
Vaterlandsnot zurücktritt gegen die Frage um Deutschlands
Kraft, Ehre und Bestand nach außen, haftete sein Auge, wie
das des Sehers, an Napoleons Gestalt und schuf der Nation
ein Gegenbild im Wallenstein, noch ehe die Kriegsgefahren
die innersten deutschen Marken erreicht hatten. Wie dann
seine Seele das geheime Bangen der Deutschen über die immer
näher und näher rückende Prüfung mit- und vorausfühlte,
verriet sein Genius, vielleicht ihm selbst unbewußt, in jener
bewunderungswürdigen Schnellkraft, mit der er eine große
Katastrophe der Geschichte nach der andern auf die Bühne
verpflanzte. Durch Schiller gewöhnte sich das deutsche Volk,
dem gigantischen Schicksal ins Antlitz zu sehen und festzu-
stehen dem Atem der Geschichte. Schon vor dem bejammerns-
werten Zusammenbruch des Vaterlandes erlosch sein edles
Auge, aber wie die vorahnende Sorge einer sterbenden Mutter
ließ er seinem unglücklichen Volk seine großen dramatischen
Schöpfungen als Quellen des Trostes und der Hoffnung zurück. Schon entrollen sie Bilder der Erlösung, der Befreiung
von langem Druck, Bilder des ausharrenden Muts. Sie unter-
brechen den ehernen Gang des gewaffneten Schreckens durch
die Mahnungen an Milde und Menschlichkeit. Sie führen das
ewig nur am Frieden beteiligte Weib mitratend in den Streit
der Männer ein. Ja selbst des Kindes harmlose Frage: »Gibt's
Länder, Vater, wo nicht Berge sind?« gesprochen beim stillen
Heimgang unterm nicht gesehenen Hut des Landvogts, ver-
gegenwärtigte dem Leid des gedemütigten Vaterlands, daß
ein Sichgewöhnenmüssen des Hauses und des täglichen Daseins an die Schmach einer langen Fremdherrschaft im Lande
darum doch noch nicht die Hoffnung ausschließt, daß einst
wieder von Berg zu Berg die Feuerzeichen lodern können.
Und der Knabe ergreift dann die Armbrust des Vaters! Das
Weib die Axt und schützt ihr Hausrecht –! »Und wenn im
Kampf die Mutigsten verzagen«, verläßt sie die Trift, auf der
sie ihre Lämmer weidete –

> Dann wird ein Weib die Oriflamme tragen
> Und wie die rasche Schnitterin die Saat
> Den stolzen Überwinder niederschlagen!

Welcher Jüngling riß sich im Befreiungsjahr von seiner Liebe
los und folgte nicht den Drommeten, die in den Kampf riefen,
wie Max Piccolomini? Und welchem von denen, die fürs Vaterland den Tod erwarben, legte sich nicht der schönste Kranz,
den ein Krieger in seines Volkes äußerster Lage, wenn er den
Sieg erringen will, *suchen* muß, auf sein Ehrenbett mit dem
Wort des schwedischen Hauptmanns, das die Überlebenden
tröstete:

> Man sagt – er *wollte* sterben!

Das, das ist das Geheimnis unserer Liebe zu Schiller! Die Erhebung unserer Herzen! Der Mut zur Tat! Der treue Beistand, den die *Nation* in *allen* ihren Lagen bei ihrem Liebling
findet! Mut und Freudigkeit weckt, was uns an Schiller erinnert. So lieblich, so reich, so tief anheimelnd bei Goethe uns
anmutet, was in seinen Schöpfungen an deutsche Art und Sitte
erinnert, es ist wie Efeu, der sich trauernd-träumerisch an das
Vergangene schmiegt. In *Schiller* ist alles Zukunft. Palmen
winken oder der Lorbeer. *Deshalb, deshalb* feiern wir auch
das hundertjährige Gedächtnis seines Namens so klingend und
weithinschallend, wie das Schlagen – *an einen ehernen Schild*!
Hoch der Dichter der Tat, ein Hort des deutschen Vaterlandes!

Quelle: Gutzkows Werke. Auswahl in 12 Teilen. Hrsg., mit Einleitungen
und Anmerkungen vers. von Reinhold Gensel. Berlin, Leipzig, Wien u.
Stuttgart: Bong o. J. 10. Teil. S. 95–100.

FERDINAND LASSALLE

1825–1864

*Der Gründer des »Allgemeinen deutschen Arbeitervereins«
(1863) und der deutschen Sozialdemokratie gilt auch zu Recht
als einer der größten Redner und Agitatoren seiner Zeit.
Er studierte von 1842 bis 1845 in Breslau, seiner Geburts-
stadt, und Berlin Philologie, Geschichte und Philosophie. Seinem politischen Bekenntnis nach ein radikaler Demokrat,
wurde er mehrmals wegen Aufreizung gegen die Staatsgewalt
angeklagt. Der vielseitig begabte Freund von Heine und
Marx schrieb neben seinen politischen Arbeiten und Vorträgen
ein zweibändiges wissenschaftliches Werk über »Die Philosophie des Herakleitos« (1858), das Drama »Franz von Sickin-
gen« (1858), das die sogenannte ›Sickingen-Debatte‹ mit
Marx und Engels auslöste, und das rechtsphilosophische Werk
»Das System der erworbenen Rechte« (1861). Obwohl er seine
beträchtlichen agitatorischen Fähigkeiten für die Sache der
Arbeiterschaft einsetzte, gelang es ihm nicht, die Arbeiterbewegung zu einer einheitlichen Organisation zusammenzufassen. Er starb am 31. August 1864 in Genf an den Folgen eines
Duells.
Die hier abgedruckte Rede »Über Verfassungswesen«, die Eduard Bernstein zu den »Meisterwerken politischer Vortrags-
kunst« rechnete, hat Lassalle in Berlin am 16. April 1862 im fort-
schrittlich-liberalen Berliner Bürger-Bezirks-Verein Friedrich-
stadt gehalten. Sie fiel in die Zeit des Wahlkampfes, denn nach
Auflösung der Kammer durch den König waren Neuwahlen
für den 6. Mai 1862 ausgeschrieben. In klarer, mit viel fakti-
schem Material gestützter Argumentation und rhetorisch kunst-
voller Darbietung der Sachverhalte demonstriert Lassalle, wie
die in Gesetzesform gebrachten politischen Verfassungen nur
Ausdruck der in der Gesellschaft herrschenden Machtverhältnisse sind, wie es sich bei Verfassungsfragen also im Grunde
nicht um Rechts-, sondern um Machtfragen handelt.*

Über Verfassungswesen

Meine Herren!
Es ist die Aufforderung an mich ergangen, dieser geehrten Versammlung einen Vortrag zu halten, und ich habe für denselben einen Gegenstand gewählt, der sich wohl von selbst empfiehlt, weil er vor allen an der Zeit ist. Ich werde nämlich sprechen über *Verfassungswesen*.

Ich bemerke von vornherein, meine Herren, daß mein Vortrag ein *streng wissenschaftlicher* sein wird. Nichtsdestoweniger oder richtiger *eben deswegen* wird keiner unter Ihnen sein, der diesem Vortrag nicht von Anfang bis Ende folgen und ihn ganz begreifen können wird.

Denn *wahre Wissenschaftlichkeit*, meine Herren – es ist gut, immer hieran zu erinnern – besteht eben in gar nichts anderem als in jener *Klarheit des Denkens*, welche, ohne irgendeine Voraussetzung zu machen, Schritt für Schritt alles aus sich selbst ableitet, sich aber eben deshalb auch mit zwingender Gewalt des Verstandes jedes nur aufmerksamen Zuhörers bemächtigt.

Diese Klarheit des Denkens bedarf daher bei ihren Zuhörern gar keiner besonderen *Voraussetzung*. Im Gegenteil, da sie, wie bereits bemerkt, in nichts anderem als in jener Voraussetzungslosigkeit des Denkens besteht, welche alles aus sich selbst ableitet, so *duldet* sie nicht einmal Voraussetzungen. Sie duldet und fordert nichts anderes, als daß die Zuhörer *keine* Voraussetzungen irgendeiner Art, *keine* festen Vorurteile mitbringen, sondern den Gegenstand, wie oft sie auch bereits über ihn gedacht oder gesprochen haben mögen, *von neuem* untersuchen, so, als wüßten sie noch gar nichts Feststehendes von ihm, und sich also mindestens für die Zeit der Untersuchung alles dessen entschlagen, was sie bisher über den Gegenstand anzunehmen gewohnt waren.

Ich beginne also meinen Vortrag mit der Frage: Was ist eine Verfassung? worin besteht das Wesen einer Verfassung?

Jeder Mensch, meine Herren, spricht heutzutage von früh bis

abends über Verfassung. In allen Zeitungen, in allen Gesellschaften, in allen Wirtshäusern ist unablässig von Verfassung die Rede.

Und doch, wenn ich diese Frage ernstlich stelle: was ist das Wesen, der Begriff einer Verfassung, so fürchte ich, daß von allen diesen so Sprechenden sehr wenige imstande sein dürften, eine befriedigende Antwort zu erteilen.

Viele würden sich offenbar versucht fühlen, bei dieser Frage nach dem Bande der preußischen Gesetzsammlung pro 1850 zu greifen und da die preußische Verfassung herauszulangen.

Aber Sie sehen sofort, das ist keine Antwort auf meine Frage. Denn was darin steht, das ist nur der *besondere Inhalt* einer bestimmten, nämlich der preußischen Verfassung, und ist also keineswegs imstande, die Frage zu beantworten: was ist das Wesen, der Begriff einer Verfassung überhaupt.

Wenn ich diese Frage einem Juristen stelle, so wird er mir hierauf etwa eine Antwort geben, wie folgt: »Eine Verfassung ist ein zwischen König und Volk beschworener Pakt, welcher die Grundprinzipien der Gesetzgebung und Regierung in einem Lande feststellt.« Oder er wird vielleicht noch allgemeiner, weil es ja auch republikanische Verfassungen gegeben hat, sagen: »Eine Verfassung ist das in einem Lande proklamierte Grundgesetz, welches die Organisation des öffentlichen Rechts in dieser Nation feststellt.«

Aber alle diese und ähnliche formelle juristische Definitionen sind eben so weit entfernt, wie die vorige Antwort, eine wirkliche Antwort auf meine Frage zu bilden. Denn alle diese Antworten enthalten immer nur eine äußerliche Beschreibung dessen, wie eine Verfassung zustande kommt, und was eine Verfassung *tut*, aber nicht die Angabe: was eine Verfassung *ist*. Sie geben Kriterien, Erkennungszeichen an, an denen man äußerlich und juristisch eine Verfassung *erkennt*. Aber sie sagen uns durchaus nicht, was der *Begriff*, das *Wesen* einer Verfassung sei. Sie lassen uns deshalb auch in völliger Unklarheit darüber, ob und wann eine bestimmte Verfassung gut oder schlecht, möglich oder unmöglich, dauerhaft oder nicht dauerhaft sein wird. Denn dies alles könnte nur erst aus dem *Begriff* einer Verfassung hervorgehen. Man muß erst das *Wesen* einer Verfassung überhaupt kennen, um zu wissen, ob eine *bestimmte* Verfassung ihm *entspricht* und wie es mit ihr steht. Hierüber läßt uns aber eben jene juristische, äußerliche Art des Definierens, die sich gleichmäßig auf jedes beliebige Blatt Papier anwendet, welches von einer Nation, oder von einer Nation und ihrem Könige unterschrieben und als Verfassung ausgerufen wird, gleichviel, wie beschaffen der Inhalt dieses Blattes Papier sei, in vollständiger Unklarheit. Erst der *Begriff* der Verfassung – Sie werden sich davon selbst überzeugen, wenn wir erst zu diesem Begriffe gelangt sein werden – ist der Quell aller Verfassungs*kunst* und Verfassungs*weisheit*, die sich dann aber auch spielend und wie von selbst aus diesem Begriffe entwickeln.

Ich wiederhole also meine Frage: was ist eine Verfassung, was ist das Wesen, der Begriff einer Verfassung?

Da wir dies noch nicht wissen – wir müssen es erst gemeinschaftlich suchend finden, meine Herren – so wollen wir eine Methode anwenden, die man überhaupt immer gut tun wird anzuwenden, wenn es sich darum handelt, den klaren Begriff von einer Sache zu erlangen. Diese Methode ist einfach, meine Herren. Sie besteht darin, daß man die Sache, deren Begriff man sucht, mit einer anderen ihr gleichartigen vergleicht, und nun sucht, den Unterschied klar und scharf zu durchdenken, der beide doch noch voneinander trennt.

Indem ich also jetzt diese Methode anwende, frage ich: wie unterscheiden sich *Verfassung* und *Gesetz* voneinander?

Beide, Verfassung und Gesetz, haben offenbar ein gleichartiges Wesen miteinander. Eine Verfassung soll Gesetzeskraft haben; sie soll also *auch* Gesetz sein. Aber sie soll nicht *bloß* Gesetz, sie soll *noch mehr* als Gesetz sein. Es ist also auch ein Unterschied da. Daß ein solcher Unterschied da ist, daß eine Verfassung nicht ein *bloßes* Gesetz sein soll, sondern noch mehr als das, ließe sich an hundert Tatsachen zeigen.

So nehmen Sie es nicht übel, meine Herren, wenn neue Gesetze erscheinen. Im Gegenteil, Sie wissen, daß es notwendig ist, daß fast alle Jahre mehr oder weniger neue Gesetze erlassen werden. Und doch kann *kein* neues Gesetz erlassen werden, ohne das bis dahin bestandene gesetzliche Verhältnis abzuändern. Denn brächte das neue Gesetz keine Änderung in dem bis dahin bestehenden gesetzlichen Zustand hervor, so würde es überhaupt überflüssig sein und gar nicht erlassen werden. Die Veränderung der Gesetze nehmen Sie also *nicht* übel, Sie betrachten sie vielmehr im allgemeinen als die regelmäßige Aufgabe der Regierungskörper. So wie man Ihnen aber an die Verfassung rührt, so *nehmen* Sie es übel und schreien: Man tastet uns die Verfassung an. Woher kommt dieser Unterschied? Dieser Unterschied ist so unleugbar da, daß in manchen Verfassungen sogar festgesetzt wurde: die Verfassung solle *gar nicht* abgeändert werden können; in andern, sie solle nur mit zwei Drittel der Stimmen der gesetzgebenden Körper, statt mit einfacher Majorität abgeändert werden können; wieder in andern: der gesetzgebende Körper könne gar nicht, auch nicht im Verein mit den sonstigen Regierungsgewalten die Abänderung der Verfassung ausführen, sondern, wenn er eine Abänderung beschlösse, so müsse extra ad hoc, zu diesem Zwecke, eine neue Versammlung vom Lande gewählt werden, um nun über die Abänderung zu entscheiden.

In allen diesen Tatsachen spricht sich somit aus, daß nach dem gesamten Gefühl der Völker eine Verfassung etwas noch viel Heiligeres, Festeres, Unveränderlicheres sein soll als ein gewöhnliches Gesetz.

Ich nehme also meine Frage wieder auf: worin unterscheidet sich eine Verfassung von einem gewöhnlichen Gesetz?

Auf diese Frage wird man in der Regel die Antwort erhalten: eine Verfassung ist nicht bloß ein Gesetz, wie ein anderes auch, sie ist das *Grundgesetz* des Landes. Und es ist ganz möglich, meine Herren, daß in dieser Antwort vielleicht das Richtige in unklarer Weise verborgen liegt. Aber in dieser unklaren Weise, welche diese Antwort noch hat, ist mit ihr ebenso wenig gedient. Denn es erhebt sich nun wieder die Frage: wie unterscheidet sich ein *Gesetz* von einem *Grundgesetz?* Wir sind also wieder nur soweit wie zuvor. Wir haben nur einen neuen Namen gewonnen, *Grundgesetz,* der uns aber zu gar nichts hilft, so lange wir wieder nicht zu sagen wissen, welches der Unterschied eines *Grundgesetzes* und eines anderen Gesetzes sei.

Suchen wir also uns der Sache in der Weise zu nähern, daß wir untersuchen, was für Vorstellungen etwa in dem Namen »*Grundgesetz*« enthalten seien, mit anderen Worten: wie sich etwa ein *Grundgesetz* und ein *anderes* Gesetz voneinander unterscheiden müßten, wenn das erstere seinen Namen *Grundgesetz* wirklich rechtfertigen soll.

Ein *Grundgesetz* müßte also:

1. ein solches Gesetz sein, das *tiefer* liegt als ein anderes gewöhnliches Gesetz; dies zeigt der Name *Grund;* es müßte aber auch

2. um ein *Grundgesetz* zu sein, eben den *Grund* der *andern* Gesetze bilden, d. h. also das *Grund*gesetz müßte in den andern gewöhnlichen Gesetzen fortzeugend tätig sein, wenn es eben ihren *Grund* bilden soll. Das *Grund*gesetz muß also in den andern gewöhnlichen Gesetzen fortwirken; –

3. aber eine Sache, die einen *Grund* hat, kann nicht mehr beliebig so oder *anders* sein; sondern sie *muß* eben so sein, *wie sie ist.* Daß sie *anders* sei, leidet ihr *Grund* nicht. Nur das *Unbegründete* und darum auch Zufällige kann so sein, wie es ist, und auch anders. Was aber einen *Grund* hat, das ist *notwendig,* so wie es ist. Die Planeten haben z. B. eine gewisse Bewegung. Diese Bewegung hat entweder einen Grund, der sie bestimmt, oder sie hat keinen solchen. Wenn sie keinen hätte, so ist diese Bewegung zufällig und könnte auch jeden Moment eine andere sein. Wenn sie aber einen *Grund* hat, nämlich, wie die Naturforscher sagen, die Anziehungskraft der Sonne, so ist dadurch schon gegeben, daß diese Bewegung der Planeten durch den Grund, die An-

ziehungskraft der Sonne, bestimmt und geregelt wird, *derart, daß sie nicht anders sein kann, als sie ist*. In der Vorstellung des Grundes liegt also der Gedanke einer *tätigen Notwendigkeit*, einer wirkenden Kraft, welche mit *Notwendigkeit* das von ihr Begründete *zu dem macht, was es eben ist*.

Wenn also die Verfassung das *Grundgesetz* eines Landes bildet, so wäre sie – und hier dämmert uns das erste Licht, meine Herren – ein bald noch näher zu bestimmendes Etwas oder, wie wir vorläufig gefunden haben, eine *tätige Kraft*, welche alle andern Gesetze und rechtlichen Einrichtungen, die in diesem Lande erlassen werden, *mit Notwendigkeit zu dem macht, was sie eben sind*, so daß von nun ab gar keine andern Gesetze als eben *diese* in diesem Lande erlassen werden *können*.

Gibt es denn nun aber etwas in einem Lande, meine Herren, – und bei dieser Frage beginnt nun allmählich das volle Licht hereinzubrechen – *gibt* es denn etwas in einem Lande, eine bestimmende tätige Kraft, welche auf alle Gesetze, die in diesem Lande erlassen werden, *derart* einwirkt, daß sie in einem gewissen Umfange *notwendig so und nicht anders werden, wie sie eben sind?*

Ei freilich, meine Herren, *gibt* es so etwas, und dies Etwas ist nichts anders als – die *tatsächlichen Machtverhältnisse*, die in einer gegebenen Gesellschaft bestehen.

Die *tatsächlichen Machtverhältnisse*, die in einer jeden Gesellschaft bestehen, sind jene tätig wirkende Kraft, welche alle Gesetze und rechtlichen Einrichtungen dieser Gesellschaft so bestimmt, daß sie im wesentlichen *gar nicht anders sein können, als sie eben sind*.

Ich eile, mich durch ein sinnliches Beispiel ganz verständlich zu machen. Dies Beispiel wird zwar in der Form, in der ich es setze, durchaus nicht möglich sein. Aber abgesehen davon, daß sich später vielleicht zeigen wird, wie dasselbe Beispiel in einer andern Form allerdings ganz möglich ist, so kommt überhaupt gar nichts darauf an, ob das Beispiel *eintreten* kann, sondern bloß darauf, was wir an ihm *lernen* wollen, auf die Natur der Dinge, die sich enthüllen würde, *wenn* es einträte.

Sie wissen, meine Herren, daß in Preußen nur das Gesetzeskraft hat, was durch die Gesetzsammlung publiziert wird. Die Gesetzsammlung wird gedruckt in der Deckerschen Oberhofbuchdruckerei. Die Originale der Gesetze selbst werden in gewissen Staatsarchiven verwahrt, in andern Archiven, Bibliotheken und Magazinen die gedruckten Gesetzsammlungen.

Setzen Sie nun den Fall, daß eine große Feuersbrunst entstände, etwa wie der Hamburger Brand, und daß nun alle diese Staatsarchive, Bibliotheken, Magazine und die Deckersche Oberhofbuchdruckerei abbrennen und daß dies durch ein merkwürdiges Zusammentreffen der Umstände auch in den andern Städten der Monarchie stattfände und auch in bezug auf die Bibliotheken der Privatleute, in denen sich Gesetzsammlungen vorfinden, so daß nun in ganz Preußen kein einziges Gesetz in beglaubigter Form mehr existierte.

Das Land wäre dann durch dieses Unglück um *alle* seine Gesetze gekommen, und es bliebe ihm gar nichts übrig, als sich *neue* Gesetze zu machen.

Glauben Sie denn nun, meine Herren, daß man in diesem Fall ganz beliebig zu Werke gehen, ganz beliebige neue Gesetze machen könnte, wie einem das eben konveniert? Wir wollen sehen.

Ich setze also den Fall, Sie sagten: die Gesetze sind *untergegangen*, wir machen jetzt *neue* Gesetze, und wir wollen hierbei dem Königtum nicht mehr diejenige Stellung gönnen, die es bisher einnahm, oder sogar: wir wollen ihm gar keine Stellung mehr gönnen.

Da würde der König einfach sagen: die Gesetze mögen untergegangen sein; aber *tatsächlich* gehorcht mir die Armee, marschiert auf meinen Befehl, *tatsächlich* geben auf meine Ordre die Kommandanten der Zeughäuser und Kasernen die Kanonen heraus, und die Artillerie rückt damit in die Straße, und auf diese tatsächliche Macht gestützt leide ich nicht, daß Ihr mir eine andere Stellung macht, als ich will.

Sie sehen, meine Herren, ein König, dem das Heer gehorcht und die Kanonen, – das ist ein Stück Verfassung!

Oder ich setze den Fall, Sie sagten: Wir sind 18 Millionen Preußen. Unter diesen 18 Millionen gibt es nur eine verschwindend kleine Anzahl großer adliger Grundbesitzer. Wir sehen nicht ein, warum diese verschwindend kleine Anzahl großer Grundbesitzer einen solchen Einfluß üben soll, wie die ganzen 18 Millionen zusammen, indem sie aus sich ein Herrenhaus bilden, welches die Beschlüsse des von der gesamten Nation gewählten Abgeordnetenhauses aufwiegt und verwirft, wenn sie etwas taugen. Ich setze den Fall, Sie sprächen so und sagten: wir sind *alle* »Herren« und wollen *gar kein* besonderes Herrenhaus mehr.

Nun, meine Herren, die großen adligen Grundbesitzer könnten dann freilich ihre Bauern nicht gegen Sie marschieren lassen! Ganz im Gegenteil, sie würden wahrscheinlich alle Hände voll zu tun haben, sich vor ihren Bauern *zuerst* zu retten.

Aber die großen adligen Grundbesitzer haben immer einen großen Einfluß bei Hof und König gehabt, und durch diesen Einfluß können sie nun das Heer und die Kanonen ebenso gut für sich in Bewegung setzen, als wenn diese Machtmittel zu ihrer *direkten* Verfügung ständen.

Sie sehen also, meine Herren, ein Adel, der Einfluß bei Hof und König hat, – das ist ein Stück Verfassung.

Oder ich setze den umgekehrten Fall, König und Adel einigten sich unter sich, die mittelalterliche Zunftverfassung wieder einführen zu wollen, und zwar nicht nur für das kleine Handwerk, wie man dies vor einigen Jahren wirklich *zum Teil* versucht hat, sondern sie in der Weise einzuführen, wie sie im Mittelalter bestand, nämlich für die gesamte Produktion in der Gesellschaft, also auch für den Groß- und Fabrikationsbetrieb und für die Produktion mit Maschinen. Es wird Ihnen bekannt sein, meine Herren, daß das *große* Kapital unmöglich unter dem mittelalterlichen Zunftsystem produzieren könnte, daß der eigentliche Groß- und Fabrikationsbetrieb, die Produktion mit Maschinen, unter dem mittelalterlichen Zunftsystem durchaus nicht vor sich gehen könnte. Denn nach diesem Zunftsystem bestanden z. B. überall gesetzliche Abgrenzungen der verschiedenen, auch der am nächsten miteinander verwandten Arbeitszweige, und kein Gewerbetreibender durfte zwei derselben mit einander verbinden. Der Tüncher dürfte kein Loch verstreichen, zwischen den Nagelschmieden und den Schlossern wurden damals endlose Prozesse über die Grenzen ihrer beiderseitigen Gewerbe geführt, der Kattundrucker würde keine Färber beschäftigen können. Ebenso war unter dem Zunftsystem das Quantum gesetzlich genau geregelt, das ein Gewerbetreibender produzieren konnte, indem nämlich an jedem Ort in jedem Gewerbszweige jeder Meister nur eine gleiche, gesetzlich bestimmte Anzahl von Arbeitskräften beschäftigen durfte.

Sie sehen, daß schon aus diesen beiden Gründen die große Produktion, die Produktion mit Maschinen und einem System von Maschinen, unter der Zunftverfassung nicht einen Tag vorwärts gehen könnte. Denn diese große Produktion erfordert erstens als ihre Lebensluft die Verbindung der verschiedenartigsten Arbeitszweige unter den Händen desselben großen Kapitals; zweitens die *massenhafte* Produktion und die freie Konkurrenz, das heißt also die *unbeschränkte* beliebige Anwendung von Arbeitskräften.

Wenn man also nun dennoch die Zunftverfassung heut einführen wollte – was würde entstehen?

Die Herren Borsig, Egels usw., die großen Kattunfabrikanten, Seidenfabrikanten usw. würden ihre Fabriken schließen und ihre Arbeiter entlassen, sogar die Eisenbahn-Direktionen würden dasselbe tun müssen, Handel und Gewerbe würden stocken, eine große Anzahl Handwerksmeister würde hierdurch wiederum, teils gezwungen, teils freiwillig, ihre Gesellen entlassen, diese ganze unendliche Volksmasse würde nach Brot und Arbeit rufend durch die Straßen wogen, hinter ihr stände anfeuernd durch ihren Einfluß, ermutigend durch ihr Ansehen, Vorschub leistend durch ihre Geldmittel die große Bourgeoisie, und es würde so ein Kampf ausbrechen, in welchem keineswegs der Sieg dem Heere verbleiben könnte.

Sie sehen also, meine Herren, die Herren Borsig und Egels, die großen Industriellen überhaupt – die sind ein Stück Verfassung.

Oder ich setze den Fall, die Regierung wollte eine jener Maßregeln ergreifen, welche das Interesse der großen Bankiers entschieden kränken. Die Regierung wollte z. B. sagen, die Königliche Bank soll nicht dazu da sein, wie sie es gegenwärtig ist, den großen Bankiers und Kapitalisten, die ohnehin schon über alles Geld und allen Kredit verfügen, und die heutzutage allein auf ihre Unterschriften bei der Bank diskontieren können, das heißt Kredit erhalten, den Kredit noch *billiger* zu machen, sondern sie soll gerade dazu sein, dem *kleinen und Mittelmann* den Kredit zugänglich zu machen – und man gäbe nun der Königlichen Bank eine solche Organisation, die dieses Resultat nach sich zöge – würde *das* gehen, meine Herren?

Nun, meine Herren, einen Aufstand würde das freilich nicht nach sich ziehen. Aber für die *heutige* Regierung ginge das *auch* nicht.

Denn von Zeit zu Zeit, meine Herren, kommt die Regierung in die Lage, *solche* Geldmittel, solche *Massen* von Geldmitteln zu gebrauchen, daß sie sie nicht in der Form von Steuern aufzubringen wagt. In diesem Falle greift sie zu dem Ausweg, das Geld der Zukunft aufzuessen, das heißt Anleihen zu machen und Staatspapiere dafür auszugeben. Hierzu braucht sie die Bankiers. Zwar geht auf die Länge der Zeit der größere Teil der Staatspapiere doch wieder in die Hände der gesamten besitzenden Klasse der Nation und der kleinen Rentiers über. Aber hierzu ist Zeit, oft viel Zeit erforderlich. Die Regierung aber braucht das Geld *schnell* und auf *einen* Tisch, oder in wenigen Terminen, darum braucht sie Zwischenpersonen, Vermittler, die ihr einstweilen das gesamte Geld geben und es auf ihre eigene Kappe nehmen, die Staatspapiere, die sie dafür erhalten, im Laufe der Zeit an das große Publikum, noch dazu mit dem Gewinn der Kurssteigerung, welche den Papieren auf der Börse künstlich gegeben wird, abzusetzen. Diese Zwischenpersonen sind die großen Bankiers, und darum *darf* es die Regierung heutzutage mit ihnen nicht verderben.

Sie sehen also, meine Herren, die Bankiers Mendelssohn, Schickler, die Börse überhaupt – das ist ein Stück Verfassung.

Oder ich setze den Fall, die Regierung wollte z. B. ein Strafgesetz erlassen, welches, wie es deren in China gibt, wenn einer einen Diebstahl begeht, seinen *Vater* dafür bestraft. Das würde ebenso wenig gehen, denn dagegen würde sich die allgemeine Bildung, das allgemeine Bewußtsein zu mächtig auflehnen. Alle Staatsbeamten und Geheimräte sogar würden die Hände über den Kopf zusammenschlagen, sogar die Mitglieder des Herrenhauses würden dagegen Einsprache tun, und Sie sehen also, meine Herren, in *gewissen Grenzen* ist das allgemeine Bewußtsein, die allgemeine Bildung gleichfalls ein Stück Verfassung.

Oder ich setze den Fall, die Regierung entschlösse sich zwar, den Adel, die Bankiers, die großen Industriellen und großen Kapitalisten überhaupt zufrieden zu stellen, dagegen aber dem Kleinbürger und Arbeiter seine *politische* Freiheit zu entziehen. Würde *das* denn gehen, meine Herren? Ei freilich, meine Herren, *das* geht eine Zeitlang; das hat sich ja schon gezeigt, daß *das* geht, und wir werden später noch Gelegenheit haben, einen Blick darauf zu werfen.

Jetzt setze ich aber den Fall so: man wolle dem Kleinbürger und Arbeiter nicht nur seine *politische*, sondern auch seine *persönliche* Freiheit entziehen, das heißt, man wolle ihn für persönlich unfrei, für leibeigen oder hörig erklären, wie er dies im fernen, fernen Jahrhundert des Mittelalters in vielen Ländern in der Tat war. Würde *das* gehen, meine Herren? Nein, und wenn sich hierüber auch König, Adel und die ganze Bourgeoisie einten – das ginge *doch* nicht! Denn in diesem Falle würden Sie sagen: wir wollen uns lieber totschlagen lassen, ehe dies erdulden. Die Arbeiter würden, auch *ohne* daß Borsig und Egels ihre Fabriken schlössen, auf die Straßen eilen, der ganze kleine Bürgerstand ihnen zu Hilfe, und da Ihr vereinter Widerstand sehr schwer zu besiegen sein möchte, so sehen Sie, meine Herren, daß in gewissen *alleräußersten* Fällen Sie alle ein Stück Verfassung sind. –

Wir haben jetzt also gesehen, meine Herren, was die Verfassung eines Landes ist, nämlich: die in einem Lande bestehenden tatsächlichen *Machtverhältnisse*.

Wie verhält es sich denn nun aber mit dem, was man gewöhnlich Verfassung nennt, mit der *rechtlichen* Verfassung? Nun, meine Herren, Sie sehen jetzt sofort von selbst, wie es damit steht!

Diese *tatsächlichen* Machtverhältnisse schreibt man auf ein Blatt Papier nieder, gibt ihnen *schriftlichen* Ausdruck, und wenn sie nun *niedergeschrieben* worden sind, so sind sie nicht nur *tatsächliche* Machtverhältnisse mehr, sondern jetzt sind sie auch zum *Recht* geworden, zu *rechtlichen* Einrichtungen, und wer dagegen angeht, wird bestraft!

Ebenso, meine Herren, wird Ihnen jetzt von selbst klar sein, wie man bei diesem Niederschreiben jener *tatsächlichen* Machtverhältnisse, wodurch sie nun auch zu *rechtlichen* werden, zu Werke geht.

Man schreibt da nicht hinein: der Herr Borsig ist ein Stück der Verfassung, der Herr Mendelssohn ist ein Stück der Verfassung usw., sondern man drückt dies auf eine *viel gebildetere* Art und Weise aus.

Will man also z. B. feststellen: die wenigen großen Industriellen und großen Kapitalisten in der Monarchie sollen so viel Macht haben und mehr als alle Bürger, Arbeiter und Bauern zusammengenommen, so wird man sich hüten, das in dieser offenen und unverhüllten Form niederzuschreiben. Aber man erläßt ein Gesetz, wie z. B. das oktroyierte Dreiklassenwahlgesetz vom Jahre 1849, durch welches man das Land in drei Wählerklassen einteilt, gemäß der Höhe des Steuerbeitrages, den die Wähler entrichten und der sich natürlich nach ihrem Kapitalbesitz bestimmt.

Nach den *amtlichen* Listen, meine Herren, die im Jahre 1849 von der Regierung nach dem Erlaß dieses Dreiklassenwahlgesetzes aufgenommen wurden, gab es damals in ganz Preußen

3 255 600 Urwähler,

die in folgender Weise in die drei Wahlklassen zerfallen:

Zur *ersten* Wählerklasse gehörten

in ganz Preußen . . . . . . 153 808 Wähler
zur *zweiten* . . . . 409 945 Wähler
zur *dritten* . . . . 2 691 950 Wähler.

Ich wiederhole Ihnen, meine Herren, daß diese Zahlen aus amtlichen Listen genommen sind.

Wir sehen hieraus, daß hiernach 153 808 sehr reiche Leute so viel politische Macht in Preußen haben, wie 2 691 950 Bürger, Bauern und Arbeiter zusammengenommen, und ferner diese 153 808 sehr reichen Leute und die 409 945 mäßig reichen Leute, welche die zweite Wählerklasse bilden, gerade *noch einmal* so viel politische Macht haben als die ganze andere Nation zusammengenommen, ja daß die 153 808 sehr Reichen und die bloße Hälfte der 409 945 Wähler der zweiten Klasse schon mehr politische Macht haben, als die andere Hälfte der mäßig reichen zweiten Klasse und die 2 691 950 der dritten zusammengenommen.

Sie sehen hieraus, meine Herren, daß man auf diese Weise genau dasselbe Resultat erzielt, als wenn man mit plumpen Worten in die Verfassung schriebe: ein Reicher soll siebzehnmal so viel politische Macht haben als ein anderer Bürger oder ebensoviel als siebzehn andere.

Ehe dieses Dreiklassenwahlgesetz erlassen wurde, bestand bereits gesetzlich, durch das Gesetz vom 8. April 1848, das *allgemeine* Wahlrecht, welches jedem Bürger, gleichviel ob reich ob arm, *dasselbe* Wahlrecht und also *dieselbe* politische Macht, an der Bestimmung des Staatswillens und des Staatszweckes teilzunehmen, zusprach. Sie sehen also, meine Herren, daß sich durch diesen Beleg rechtfertigt, was ich vorhin sagte, daß es nämlich leider leicht genug ist, Ihnen, dem Kleinbürger und

Arbeiter, Ihre *politische Freiheit* zu nehmen, wenn man Ihnen nur Ihre *persönlichen* Güter, Körper und Eigentum nicht *unmittelbar* und *radikal* entzieht. Denn Sie haben sich damals das Wahlrecht mit leichter Mühe entziehen lassen, und noch bis jetzt ist mir nichts bekannt geworden von einer Agitation zur Wiedererlangung desselben.

Will man ferner in der Verfassung feststellen: eine kleine Anzahl adliger Grundbesitzer soll für sich allein wieder so viel Macht besitzen wie Reiche, Wohlhabende und Nichtbesitzende, wie die Wähler aller drei Klassen, die ganze Nation zusammengenommen, so wird man sich wieder hüten, dies mit so ungebildeten Worten zu sagen – denn bemerken Sie wohl, meine Herren, ein für allemal, alles Deutliche ist ungebildet – sondern man setzt in die Verfassung: es solle mit einigen unwesentlichen Zutaten aus den Vertretern des alten und befestigten *Grundbesitzes* ein *Herrenhaus* gebildet werden, dessen Zustimmung zu den die ganze Nation vertretenden Beschlüssen des Abgeordnetenhauses erforderlich ist und das somit einer Handvoll alter Grundbesitzer die politische Macht gibt, auch den *einstimmigen* Willen der Nation und aller ihrer Klassen aufzuwiegen.

Und will man nun weiter, daß der König für sich allein wieder eben so viel und noch *weit mehr* politische Macht haben soll als alle drei Wählerklassen, als die gesamte Nation und die adligen Grundbesitzer noch dazu genommen, so macht man das so:

Man setzt in den Artikel 47 der Verfassung: »Der König besetzt alle Stellen im Heer,« und in dem Artikel 108 der Verfassung sagt man: »Eine Vereidigung des Heeres auf die Verfassung *findet nicht statt.*« Und diesem Artikel stellt man die Theorie zur Seite, die in der Tat in ihm einen prinzipiellen Boden hat, die Theorie nämlich, daß der König zu dem Heer eine *ganz andere* Stellung habe als zu jeder andern Staatsinstitution, daß er in bezug auf das Heer nicht nur *König,* sondern auch noch etwas ganz anderes, ganz Besonderes, Geheimnisvolles und Unbekanntes sei, wofür man das Wort

»*Kriegsherr*« erfindet, und daß infolgedessen das Abgeordnetenhaus oder die Nation sich um das Heer gar nicht zu bekümmern, und in dessen Angelegenheiten und Organisation
nicht hinein zu sprechen, sondern nur die Gelder für dasselbe
zu votieren habe. Und man muß, wie gesagt, zugestehen,
meine Herren – Wahrheit vor allem, – daß diese Theorie
allerdings eine gewisse Grundlage in dem Artikel 108 der
Verfassung hat. Denn wenn einmal die Verfassung bestimmt,
daß das Heer nicht, wie doch alle Staatsdiener und der König
selbst, auf die Verfassung beeidet werden solle, so ist *damit
allerdings im Prinzip erklärt*, daß das Heer *außerhalb der
Verfassung stehen und nichts mit ihr zu tun haben*, daß es
lediglich und ausschließlich ein Verhältnis zu der *Person des
Königs* und nicht zum *Lande* haben solle.
Sowie dies nun erreicht ist, daß der König alle Stellen im Heer
besetzt und das Heer eine besondere Stellung zu ihm einnimmt, sowie dies erreicht ist, hat der König ganz allein nicht
nur ebenso viel, sondern zehnmal mehr politische Macht als
das ganze Land zusammen genommen und zwar selbst dann,
wenn in Wahrheit die wirkliche Macht des Landes zehn,
zwanzig und fünfzig mal so groß wäre als die des Heeres.
Der Grund dieses scheinbaren Widerspruchs ist ein sehr einfacher.
Das politische Machtmittel des Königs, das Heer, ist *organisiert*, ist in jeder Stunde *beisammen*, ist trefflich diszipliniert
und in jedem Augenblick bereit, auszurücken; die in der Nation ruhende Macht dagegen, meine Herren, wenn sie auch in
Wirklichkeit eine unendlich größere ist, ist *nicht* organisiert;
der Wille der Nation und besonders der Grad von Entschlossenheit, den dieser Wille bereits erlangt hat oder nicht, ist
ihren Mitgliedern nicht immer leicht erkennbar; keiner weiß
also genau, wieviel Nebenmänner er finden würde. Zudem
mangeln der Nation jene Instrumente einer organisierten
Macht, jene so wichtigen Verfassungsgrundlagen, von denen
wir bereits gesprochen haben: *die Kanonen*. Zwar werden
diese für *bürgerliches* Geld angeschafft; zwar werden sie auch

nur vermöge der Wissenschaften, welche die bürgerliche Gesellschaft in sich entwickelt, die Physik, Technik usw. verfertigt und in einem fort verbessert. Ihr bloßes Dasein ist somit selbst schon ein Beweis, wie weit es die Macht der bürgerlichen Gesellschaft, die Fortschritte der Wissenschaften, der technischen Künste, Fabrikations- und Arbeitszweige aller Art bereits gebracht haben. Aber es trifft hier der Vers des Virgil zu: sic vos non vobis! Du erzeugst es, aber nicht für dich! Da die Kanonen immer nur für die *organisierte* Macht verfertigt werden, so weiß das Land, daß es diese Kinder und Zeugen seiner Macht in einem Konflikte nur sich gegenüber finden würde. Diese Gründe sind es, welche es hervorbringen, daß die geringere, aber organisierte Macht häufig längere Zeit hindurch selbst die weit größere, aber nicht organisierte Macht der Nation überwiegen kann, bis dann, bei fortgesetzter Leitung und Verwaltung der nationalen Angelegenheiten in einem dem Willen und Interesse der Nation entgegengesetzten Sinne, diese sich entschließt, der organisierten Macht ihre unorganisierte Übermacht entgegenzusetzen.

Wir haben bisher gesehen, meine Herren, wie es sich mit den beiden Verfassungen eines Landes verhält, mit der *wirklichen* Verfassung, den realen tatsächlichen Machtverhältnissen, die in einer Gesellschaft bestehen, und mit der *geschriebenen* Verfassung, die wir im Unterschied von der ersteren etwa *das Blatt Papier* nennen können.

Eine *wirkliche* Verfassung, eine *wirkliche* Konstitution hat nun, wie Ihnen sofort von selbst klar sein wird, jedes Land und zu jeder Zeit gehabt, und es ist nichts schiefer und zu verkehrteren Folgesätzen führend als die weitverbreitete, herrschende Ansicht, es sei eine Eigentümlichkeit der modernen Zeit, Verfassungen oder Konstitutionen zu haben. Vielmehr hat notwendig, und ebenso notwendig wie jeder Körper irgend eine Konstitution, eine gute oder schlechte, eine so oder so beschaffene hat, auch jedes Land eine reale Verfassung oder Konstitution. Denn in jedem Land müssen ja *irgend welche* tatsächlichen Machtverhältnisse bestehen.

Als lange vor der französischen Revolution des vorigen Jahrhunderts unter der absoluten legitimen Monarchie in Frankreich Louis XVI. durch Dekret vom 3. Februar 1776 die Straßenbaufronden[1] aufhob, durch welche die Bauern verpflichtet waren, unentgeltlich den Wege- und Straßenbau zu verrichten und nun statt dessen zur Bestreitung der Straßenbaukosten eine Steuer einführte, welche auch die Grundstücke der *Adligen* treffen sollte, da rief das französische Parlament sich hiergegen widersetzend: Le peuple de France est taillable et corvéable à volonté, c'est une partie de la constitution que le roi ne peut changer, zu deutsch: das Volk von Frankreich, nämlich das *nicht* privilegierte, niedere Volk ist mit Steuern und Fronden zu belegen nach Willkür; dies ist ein Teil der *Konstitution*, die der König nicht ändern kann.

Sie sehen, meine Herren, man sprach damals von einer Konstitution, und sogar von einer solchen, die der König nicht ändern könne, so gut wie heute. Was hier als Konstitution geltend gemacht wurde, daß nämlich das niedere Volk nach Belieben und Willkür mit Steuern und Fronden belegt werden könne, das stand damals freilich nicht in einer besonderen Urkunde, in welcher alle Rechte des Landes und alle wichtigsten Regierungsprinzipien zusammengestellt gewesen wären, sondern es war zunächst einfach der Ausdruck der *tatsächlichen Machtverhältnisse* in dem mittelalterlichen Frankreich. Das niedere Volk war im Mittelalter *wirklich* so machtlos gewesen, daß es ganz beliebig mit Steuern und Fronden belastet werden konnte; nach diesem tatsächlichen Machtverhältnis wurde nun immer verfahren, das Volk *wurde immer* so belastet. Dieser *tatsächliche Hergang* gab die sogenannten *Präzedenzfälle*, die noch heutzutage in England und im Mittelalter überall in den Verfassungsfragen eine so große Rolle spielen. Bei diesem *tatsächlichen* Belasten wurde nun häufig auch, wie dies nicht anders sein konnte, die Tatsache, daß das Volk so belastet werden könne, *ausgesprochen*. Dies Aussprechen gab den *staatsrechtlichen Grundsatz*, auf den dann in ähnlichen Fällen wieder rekurriert wurde. Häufig wurde auch irgend einem besonderen Umstande, welcher in den tatsächlichen Machtverhältnissen wurzelte, auf einem Pergament *besonderer* Ausdruck und Anerkennung gegeben. Dies gab die sogenannten franchises, Freiheiten, Rechte, Privilegien, Statuten eines Standes, eines Gewerbes, eines Ortes usw.

Alle diese Tatsachen, Präzedenzfälle, staatsrechtlichen Grundsätze, Pergamente, Franchises, Statuten, Privilegien zusammen bildeten die *Konstitution* des Landes, und alle zusammen bildeten wieder weiter nichts als den einfachen unbefangenen Ausdruck der realen Machtverhältnisse, die in dem Lande bestanden.

Eine *wirkliche* Verfassung oder Konstitution also hat jedes Land und zu jeder Zeit gehabt. Was also der modernen Zeit wirklich *eigentümlich* ist, das sind – es ist sehr wichtig, dies stets aufs Schärfste festzuhalten – nicht die *wirklichen* Verfassungen sondern die *geschriebenen* Verfassungen oder das *Blatt Papier.*

In der modernen Zeit sehen wir nämlich in den meisten Staaten das Bestreben ausbrechen, sich eine *geschriebene* Verfassung zu geben, die nun in *einer* Urkunde, auf einem Blatt Papier alle Institutionen und Regierungsprinzipien des Landes zusammenfaßt und feststellen soll.

Woher kommt dies eigentümliche Bestreben der modernen Zeiten?

Dies ist wieder eine sehr wichtige Frage, und nur aus ihrer Beantwortung kann sich ergeben, wie man sich bei diesem Werke des Verfassungsmachens zu benehmen, wie man in bezug auf bereits gemachte Verfassungen zu denken und sich zu ihnen zu verhalten hat; kurz nur aus ihr ergibt sich alle *Verfassungskunst* und *Verfassungsweisheit.*

Ich frage also: woher kommt das eigentümliche Bestreben der modernen Zeit, geschriebene Verfassungen zu errichten?

Nun, meine Herren, woher *kann* es kommen?

Offenbar nur *daher*, daß in den *wirklichen Machtverhältnissen*, die innerhalb der betreffenden Länder bestehen, eine *Änderung eingetreten* ist. Wäre *keine* solche Veränderung in den tatsächlichen Machtverhältnissen einer bestehenden Gesellschaft eingetreten, wären diese Machtverhältnisse noch die alten, so wäre es gar nicht denkbar und möglich, daß diese Gesellschaft ein Bedürfnis nach einer *neuen Verfassung* hätte. Sie würde bei der alten bleiben; höchstens die zerstreuten Teile derselben auf einer einzigen Urkunde zusammenstellen.

Wie tritt nun diese Änderung in den wirklichen Machtverhältnissen einer Gesellschaft ein?

Denken Sie sich beispielsweise im Mittelalter einen dünn bevölkerten Staat, wie dies damals fast alle Staaten waren, unter einem Fürsten stehend, und mit einem Adel, welchem der größere Teil des Grund und Bodens gehört. Infolge der dünnen Bevölkerung ist nur ein sehr geringfügiger Teil derselben für Industrie und Handel verwendbar, der bei weitem größte Teil der Bevölkerung ist noch erforderlich, den Boden zu bebauen, um die notwendigen Ackerbauprodukte zu erzeugen. Da der Grund und Boden zum größten Teil in den Händen des Adels ist, findet daselbst diese Bevölkerung in mannigfachen Abstufungen und Verhältnissen, teils als Lehnsleute, Hintersassen, Erbpächter dieses Adels usw. Verwendung und Beschäftigung; aber alle diese Verhältnisse treffen in dem einen überein, diese Bevölkerung vom Adel abhängig zu machen und sie zu nötigen, sein Lehnsgefolge zu bilden und seine Fehden mitzuschlagen. Mit dem Überschuß der Ackerbauprodukte, die er von seinen Gütern erlöst, hält sich der Adlige auf seinen Burgen noch Reisige und Knappen, Kriegsleute aller Art.

Der Fürst seinerseits hat dieser Macht des Adels gegenüber im wesentlichen keine andere tatsächliche Macht als den Beistand derjenigen Adligen, welche den guten Willen haben – denn zwingen kann er sie schwer – seinem Heeresaufgebot Folge zu leisten und die noch gar nicht der Rede werte Hilfe der wenigen und äußerst dünn bevölkerten Städte.

Wie, meine Herren, wird wohl die Verfassung eines solchen Staates beschaffen sein?

Nun, dies folgt ja mit Notwendigkeit aus den realen Machtverhältnissen dieses Landes, die wir soeben betrachtet haben.

Die Verfassung wird eine ständische, der Adel der erste und
in jeder Hinsicht herrschende Stand sein. Der Fürst wird ohne
seine Zustimmung nicht einen Kreuzer Steuern ausschreiben
können, ja, er wird zu den Adligen keine andere Stellung
haben als der primus inter pares, als der erste unter seinesgleichen.

Und, meine Herren, genau so ist die Verfassung Preußens und
der meisten anderen Staaten im Mittelalter gewesen.

Jetzt setzen Sie aber den Fall: Die Bevölkerung vermehrt sich
immer mehr, Industrie und Gewerbe fangen an zu blühen und
geben dadurch die notwendigen Subsistenzmittel her für ein
neues Steigen der Bevölkerung, welche die *Städte* zu füllen
anfängt. Kapital und Geldreichtum fangen an, sich in den
Händen des Bürgertums und der städtischen Gilden zu entwickeln. Was wird jetzt eintreten?

Nun, das Wachsen der städtischen Bevölkerung, die nicht vom
Adel abhängig ist, deren Interessen diesem vielmehr gegen-
überstehen, kommt zunächst dem *Fürsten* zugut; sie vermehrt
die waffenfähigen Mannschaften, die *ihm* zu Gebote stehen;
mit den Subsidien der Bürger und Gewerke, die von den beständigen adligen Fehden viel zu leiden haben und im Interesse von Handel und Produktion bürgerliche Ruhe und
Sicherheit und eine geordnete Justiz im Lande wünschen müssen, also auch mit Geld und Mannschaften den Fürsten gern
unterstützen, kann der Fürst, so oft er dessen benötigt ist,
jetzt eine ständige und den ihm widerstrebenden Adligen weit
überlegene Heermacht werben. Diese Fürsten werden daher
jetzt die Macht des Adels immer mehr beschränken, ihm das
Fehderecht entziehen; wenn er die Landesgesetze verletzt,
seine Burgen brechen und nachdem endlich im Lauf der Zeiten
durch die Industrie der Geldreichtum und die Bevölkerung
des Landes sich hinreichend entwickelt hat, um den Fürsten in
den Stand zu setzen, ein *stehendes Heer* zu bilden, wird dieser

Fürst die Regimenter gegen das Ständehaus rücken lassen wie der Große Kurfürst oder wie Friedrich Wilhelm I. mit dem Ausruf: je stabili[se]rai die Souveränetät wie einen rocher de bronze², die Taxenfreiheit des Adels aufheben und dem Steuerbewilligungsrecht des Adels ein Ende machen.

Sie sehen, meine Herren, wie hier wieder mit der Änderung der *realen Machtverhältnisse* eine Änderung *der Verfassung* eingetreten ist; es ist jetzt das *absolute* Fürsten- oder Königtum entstanden.

Der Fürst hat nun nicht nötig, die neue Verfassung zu *schreiben*; dazu ist das Fürstentum ein viel zu praktisches Ding. Der Fürst hat in den Händen das reale tatsächliche Machtmittel, das stehende Heer, welches die *wirkliche Verfassung* dieser Gesellschaft bildet, und der Fürst und sein Anhang spricht dies im Laufe der Zeit selbst aus, indem er das Land einen »*Militärstaat*« nennt.

Der Adel, der entfernt nicht mehr imstande ist, mit dem Fürsten zu konkurrieren, hat es nun seit lange aufgeben müssen, ein eigenes Waffengefolge zu haben. Er hat seinen alten Gegensatz zum Fürsten und daß er seinesgleichen war, vergessen, hat sich von seinen früheren Burgen großenteils an die Residenz begeben, dort Pensionen beziehend und den Glanz und das Ansehen des Fürsten vermehrend.

Industrie und Gewerbe entwickeln sich aber immer mehr und mehr; mit dieser Blüte steigt und steigt die Bevölkerung.

Es scheint, daß dieser Fortschritt immer nur dem Fürsten zugute kommen muß, der sein stehendes Heer dadurch beständig vergrößern kann und dazu kommt, eine *Weltstellung* einzunehmen.

Aber endlich tritt eine *so* ungeheure, so riesenhafte Entwicklung der bürgerlichen Gesellschaft ein, daß der Fürst jetzt nicht mehr vermag, auch nicht durch das Mittel des stehenden Heeres, *im gleichen Verhältnis* an diesem Machtfortschritt des Bürgertums *teilzunehmen*.

Einige wenige Zahlen, meine Herren, werden Ihnen das recht sinnlich klar machen.

Im Jahre 1657 hatte Berlin 20 000 Einwohner. Ungefähr in derselben Zeitperiode, beim Tode des Großen Kurfürsten, betrug die Armee zwischen 24- und 30 000 Mann.

Im Jahre 1803 hat Berlin bereits 153 070 Einwohner.

Im Jahre 1819, sechzehn Jahre später, hat Berlin bereits 192 646 Einwohner.

In diesem Jahre 1819 betrug das stehende Heer – Sie wissen, daß nach dem zurzeit noch bestehenden Gesetz vom September 1814, das man uns jetzt entreißen will, die Landwehr nicht zum stehenden Heere gehört – im Jahre 1819 also betrug das stehende Heer 137 639 Mann.

Wie Sie sehen, war das stehende Heer jetzt über viermal so groß geworden als zur Zeit des Großen Kurfürsten.

Die Einwohnerzahl von Berlin aber war über neunmal so groß geworden als damals.

Eine noch ganz andere Entwicklung aber *beginnt jetzt.*

Im Jahre 1846 beträgt – die Zahlen sind überall aus amtlichen Listen genommen – die Bevölkerung von Berlin 389 308 Einwohner, also beinahe 400 000, also noch einmal so viel als im Jahre 1819. In 27 Jahren hatte sich die Einwohnerzahl der Stadt – jetzt beträgt sie, wie Sie wissen, schon zirka 550 000 Einwohner – *mehr als verdoppelt.*

Das stehende Heer betrug dagegen im Jahre 1846 wieder nur 138 810 Mann, gegen die 137 639 von 1819. Es war also stehen geblieben, weit entfernt, diese riesenhafte Entwicklung des Bürgertums mitmachen zu können.

Mit einer so riesenhaften Entwicklung des Bürgertums beginnt dasselbe, sich als eine selbständige politische Macht *zu fühlen.* Hand in Hand mit dieser Entwicklung der Bevölkerung geht eine noch großartigere Entwicklung des gesellschaftlichen Reichtums, geht ferner eine ebenso großartige Entwicklung der Wissenschaften und der allgemeinen Bildung, des allgemeinen Bewußtseins vor sich, dieses anderen Stückes Verfassung, von dem wir gleichfalls bereits gesprochen haben. Die Bürger sagen sich jetzt: wir wollen nicht länger eine willenlos beherrschte Menge sein; wir wollen selbst herrschen, und der

Fürst selbst soll nur nach unserem Willen uns beherrschen und unsere Angelegenheiten leiten.

Kurz, meine Herren, die realen tatsächlichen Machtverhältnisse, die in diesem Lande bestehen, haben sich wieder *verändert*. Oder mit anderen Worten: in einer solchen Gesellschaft tritt – der 18. März 1848 ein!

Sie sehen, meine Herren, daß hiermit in der Tat ganz das geschehen ist, was wir am Anfang unserer Entwicklung als ein unmögliches Beispiel unterstellten. Wir unterstellten damals den Fall, die Gesellschaft verlöre ihre Gesetze durch eine Feuersbrunst. Nun, sind sie nicht durch Feuer untergegangen, so sind sie durch den Sturmwind untergegangen.

> »Das Volk stand auf,
> Der Sturm brach los.«

Wenn in einer Gesellschaft eine siegreiche Revolution eingetreten ist, so dauert zwar das Privatrecht fort, aber alle Gesetze des *öffentlichen Rechts* liegen am Boden oder haben nur provisorische Bedeutung und sind neu zu machen.

Jetzt trat also die Notwendigkeit ein, eine *neue geschriebene Verfassung* zu machen, und der König selbst berief nun die Nationalversammlung nach Berlin, um die neue geschriebene Verfassung *festzustellen*, wie es zuerst hieß oder wie es später hieß, um sie mit ihm zu *vereinbaren*.

Wann ist nun eine *geschriebene* Verfassung eine *gute und dauerhafte*?

Nun offenbar nur in dem einen Falle, meine Herren, wie jetzt aus unserer ganzen Entwicklung von selbst folgt, wenn sie der *wirklichen Verfassung*, den realen, im Lande *bestehenden Machtverhältnissen entspricht*. Wo die *geschriebene* Verfassung nicht der *wirklichen* entspricht, da findet ein Konflikt statt, dem *nicht zu helfen* ist und bei dem unbedingt auf die Dauer die geschriebene Verfassung, das bloße Blatt Papier, der wirklichen Verfassung, den tatsächlich im Lande bestehenden Machtverhältnissen, *erliegen* muß.

Was hätte also damals geschehen müssen?

Nun, man hätte vor allen Dingen nicht *geschriebene*, sondern *wirkliche* Verfassung machen müssen, das heißt also die im Lande bestehenden realen Machtverhältnisse hätten geändert, *zugunsten der Bürger* geändert werden müssen.

Zwar hatte sich soeben am 18. März gezeigt, daß die Macht der Nation allerdings schon jetzt größer sei als die Macht des stehenden Heeres. Nach einem langen und blutigen Kampf hatten sich die Truppen zurückziehen müssen.

Allein ich habe Sie bereits früher auf den wichtigen Umstand aufmerksam gemacht, der zwischen der Macht der Nation und der Macht des stehenden Heeres besteht und welcher zur Folge hat, daß die, wenn auch in Wahrheit kleinere Macht des stehenden Heeres *auf die Dauer* dennoch wirksamer ist als die – wenn auch in Wahrheit – größere Macht der Nation.

Dieser Unterschied besteht, wenn Sie sich erinnern, darin, daß die Macht der Nation eine *unorganisierte* ist, die Macht des stehenden Heeres aber eine *organisierte*, welche *täglich parat* steht, den Kampf wieder aufzunehmen, und auf die *Dauer* daher *wirksamer* sein und das Feld *behaupten muß* gegen die wenn auch größere aber unorganisierte Macht der Nation, welche nur in seltenen Augenblicken großer Erregung sich zusammenballt.

Sollte also der am 18. März erfochtene Sieg nicht *notwendig* wieder resultatlos werden für das Volk, so mußte der siegreiche Augenblick benutzt werden, um die organisierte Macht des stehenden Heeres derart umzugestalten, daß sie *nicht wieder* als ein bloßes Machtmittel des Fürsten *gegen die Nation* verwendet werden konnte.

Es mußte z. B. die Dienstzeit des Soldaten auf sechs Monate beschränkt werden, eine Zeit, welche einerseits nach dem Ausspruch der größten militärischen Autoritäten vollkommen hinreicht, um dem Soldaten die vollkommenste militärische Ausbildung beizubringen, und welche andererseits zu kurz ist, um dem Soldaten einen besonderen Kastengeist einflößen zu können; eine Zeitdauer, deren Kürze vielmehr eine solche beständige Erneuerung des Heeres aus dem Volke nach sich zieht, daß *dadurch* das Heer erst aus einem *Fürstenheer* zu einem *Volksheere* wird.

Man mußte ferner bestimmen, daß alle niederen Offiziere, bis mindestens zum Major inklusive, nicht von oben herab ernannt, sondern von den Truppenkörpern selbst gewählt würden, damit auch die Offiziersstellen nicht in einem volksfeindlichen Sinne besetzt werden und hierdurch dazu beitragen könnten, das Heer in ein blindes Instrument der Fürstenmacht zu verwandeln.

Man mußte ferner das Heer für alle nicht speziell militärischen Vergehen unter die gewöhnlichen bürgerlichen Gerichte stellen, damit es auch hierdurch sich als ein Gemeinsames mit dem Volke und nicht als etwas Apartes, als eine besondere Kaste betrachten lerne.

Man mußte ferner alles Geschütz, die Kanonen, die ja nur zur Landesverteidigung dienen sollen, soweit sie nicht unumgänglich zu militärischen Übungen nötig, in den Verwahr der städtischen vom Volke gewählten Behörden stellen. Mit einem Teile dieser Artillerie mußte man ferner Artillerie-Sektionen der *Bürgerwehr* bilden, um so auch die Kanonen, dieses so wichtige Stück Verfassung, in die Macht des Volkes zu bringen.

Von allem diesen, meine Herren, ist im Frühjahr, im Sommer 1848 *nichts* geschehen, und können Sie sich daher wundern, wenn die Märzrevolution im November 1848 wieder rückgängig gemacht wurde und resultatlos blieb? Gewiß nicht, es war dies eben eine notwendige Folge davon, daß jede Änderung der realen tatsächlichen Machtverhältnisse unterblieben war.

Die Fürsten, meine Herren, sind viel besser bedient als Sie! Die Diener des Fürsten sind keine Schönredner, wie es die Diener des Volkes oft sind. Aber es sind *praktische* Leute, die den Instinkt haben, worauf es ankommt. Herr von Manteuffel war gewiß kein großer Redner. Aber er war ein praktischer Mann! Als er im November 1848 die Nationalversammlung gesprengt und die Kanonen auf den Straßen aufgefahren

hatte – womit fing er da an? Mit dem Niederschreiben einer
reaktionären Verfassung etwa? O Gott behüte, dazu nahm er
sich Zeit! Er gab Ihnen sogar selbst im Dezember 1848 eine
ziemlich liberale geschriebene Verfassung. Womit fing er aber
damals im November sofort an, welches war seine erste Maß-
regel? Nun, meine Herren, Sie erinnern sich dessen ja: er begann damit, die Bürger zu *entwaffnen,* ihnen die *Waffen* ab-
zunehmen. Sehen Sie, meine Herren, *den Besiegten entwaffnen,* das ist die Hauptaufgabe für den Sieger, wenn er nicht
will, daß sich der Kampf jeden Augenblick wieder erneuern
soll.
Im Anfang unserer Untersuchung, meine Herren, sind wir
sehr langsam zu Werke gegangen, um erst den Begriff der
Verfassung zu haben. Vielleicht schien es selbst damals manchen zu langsam. Dafür aber werden Sie bereits seit langem
selbst bemerkt haben, wie sich, seit wir diesen Begriff hatten,
Schlag auf Schlag die überraschendsten Konsequenzen entroll-
ten, und wie wir jetzt die Dinge viel besser, viel klarer und
ganz anders wußten als die anderen, ja, daß wir eigentlich zu
Konsequenzen gekommen sind, die dem, was man in der
öffentlichen Meinung hierüber anzunehmen pflegt, meistens
ganz entgegengesetzt sind.
Wir wollen rasch noch einige dieser Konsequenzen betrachten.
Ich habe soeben gezeigt, daß im Jahre 1848 keine von jenen
Maßregeln ergriffen wurde, welche notwendig gewesen wären, die tatsächlichen im Lande bestehenden Machtverhältnisse zu ändern, das Heer aus einem Fürstenheer zu einem
Volksheer zu machen.
Ein hierauf hinzielender, und den ersten Schritt auf dieser
Bahn bildender Antrag wurde in der Tat gestellt, der Stein-
sche Antrag, der dahin ging, das Ministerium zu einem Ar-
meebefehl zu drängen, welcher den Zweck hatte, daß alle
reaktionären Offiziere ihre Entlassung nehmen sollten.
Aber Sie erinnern sich, meine Herren, kaum hatte die Nationalversammlung in Berlin diesen Antrag genehmigt, als die

ganze Bourgeoisie und das halbe Land schrie: die Nationalversammlung solle die *Verfassung* machen, nicht das Ministerium quängeln, nicht mit *Interpellationen*³ die Zeit verlieren,
nicht mit Sachen, welche die Exekutive angingen; Verfassung
machen, nur Verfassung machen, schrie man, als ob es
brennte!

Sie sehen, meine Herren, die ganze Bourgeoisie, das halbe
Land, das so schrie, *verstand ganz und gar nichts* von dem
Wesen einer Verfassung!

Eine *geschriebene* Verfassung machen, das war das wenigste,
das ist, wenn es sein muß, in dreimal vierundzwanzig Stunden
getan, das war das *letzte* vor allem; damit war, wenn sie
vorzeitig kam, auch nicht das *allergeringste* getan.

Die *wirklichen, tatsächlichen* Machtverhältnisse *im Lande um-
gestalten, in die Exekutive eingreifen, so sehr* eingreifen und
sie tatsächlich *so sehr* umformen, daß sie sich nie wieder selbständig dem Willen der Nation entgegenstellen konnte – *das*
war es, worauf es damals ankam und was voraus gehen
mußte, damit eine geschriebene Verfassung von Dauer sein
konnte.

Da es *nicht* zeitig genug geschah, ließ man der Nationalversammlung nicht einmal Zeit, eine Verfassung zu machen, man
jagte sie fort mit den ungebrochenen Machtmitteln jener Exekutive.

Zweite Konsequenz. Setzen Sie den Fall, man hätte die Nationalversammlung damals *nicht* fortgejagt und diese wäre
wirklich dazu gelangt, eine Verfassung auszuarbeiten und zu
beschließen.

Hätte *das* am Lauf der Dinge etwas Wesentliches geändert?

Gott behüte, meine Herren, und der Beweis dafür liegt ja in
den Tatsachen selbst. Die Nationalversammlung wurde zwar
fortgejagt, aber der König selbst proklamierte aus den hinter-
lassenen Papieren der Nationalversammlung am 5. Dezember
1848 eine Verfassung, die in den meisten Punkten in der Tat
ganz der Verfassung entspricht, die wir von der Nationalversammlung zu erwarten gehabt hätten.

Jetzt also wurde diese Verfassung vom König selbst proklamiert, nicht ihm *aufgedrungen,* sondern von ihm, wie er als Sieger dastand, freiwillig erlassen. Jetzt also, scheint es, hätte diese Verfassung doch um so mehr auf Lebensfähigkeit rechnen sollen!

Gott behüte, meine Herren! Ganz unmöglich! Wenn Sie in Ihrem Garten einen Apfelbaum haben und hängen nun an denselben einen Zettel, auf den Sie schreiben: dies ist ein Feigenbaum, ist denn dadurch der Baum zum Feigenbaum geworden? *Nein*, und wenn Sie Ihr ganzes Hausgesinde, ja alle Einwohner des Landes herum versammelten und laut und feierlich beschwören ließen: dies ist ein Feigenbaum – der Baum bleibt, was er war, und im nächsten Jahr da wird sich's zeigen, da wird er *Äpfel* tragen und keine *Feigen*.

Ebenso wie wir gesehen haben mit der *Verfassung*. Was auf das *Blatt Papier* geschrieben wird, ist ganz gleichgültig, wenn es der realen Lage der Dinge, den tatsächlichen Machtverhältnissen widerspricht.

Der König hatte sich auf dem Blatt Papier vom 5. Dezember 1848 von selbst zu einer großen Anzahl Konzessionen verstanden, die aber alle der *wirklichen* Verfassung widersprachen, nämlich den realen tatsächlichen Machtmitteln, die der König ungeschwächt in seiner Hand behielt. Mit derselben Notwendigkeit, die im Gesetze der Schwerkraft liegt, mußte daher die *wirkliche* Verfassung es Schritt für Schritt über die *geschriebene* Verfassung durchsetzen.

So mußte der König, obgleich die Verfassung vom 5. Dezember 1848 von der Revisionsversammlung angenommen war, sofort die erste Umänderung, das oktroyierte Dreiklassenwahlgesetz von 1849, vornehmen. Mit Hilfe der durch dieses Wahlgesetz erzeugten Kammer mußten weiter die *wesentlichsten* Verfassungsänderungen vorgenommen werden, damit sie nur im Jahre 1850 vom König beschworen werden konnte, und *nachdem* sie beschworen war, begann das Umändern *erst recht!* Jedes Jahr ist auch seit 1850 mit solchen Umänderungen bezeichnet. *Keine Fahne*, die 100 Schlachten mitgemacht hat, kann so zerfetzt und durchlöchert sein wie unsere Verfassung!

Dritte Konsequenz. Sie wissen, meine Herren, es gibt in unserer Stadt eine Partei, deren Organ die Volkszeitung ist – eine Partei, sage ich, die sich dennoch mit fieberhafter Angst um diesen Fahnenstummel, um unsere durchlöcherte Verfassung, schart, eine Partei, die sich daher die »Verfassungstreuen« nennt und deren Feldgeschrei ist: »Laßt uns an der Verfassung halten, um Gottes willen die Verfassung, die Verfassung, Hilfe, Rettung, es brennt, es brennt!«

Meine Herren, *so oft* Sie, gleichviel wo und wann, sehen, daß eine Partei auftritt, welche zu ihrem Feldgeschrei den Angstruf macht »sich um die Verfassung scharen« – *was* werden Sie hieraus schließen können? Ich frage Sie, meine Herren, hier nicht als *wollende* Menschen; ich richte meine Frage nicht an Ihren *Willen*. Ich frage Sie lediglich als *denkende* Menschen: was werden Sie aus dieser Erscheinung schließen müssen?

Nun, meine Herren, Sie werden sich, ohne Propheten zu sein, in einem solchen Falle immer mit größter Sicherheit sagen können: *diese* Verfassung liegt in ihren letzten Zügen; sie ist schon so gut wie tot, einige *Jahre* noch, und sie existiert nicht mehr.

Die Gründe sind einfach. Wenn eine geschriebene Verfassung den tatsächlichen im Lande bestehenden Machtverhältnissen *entspricht*, da wird dieser Schrei *nie* ausgestoßen werden. Einer *solchen* Verfassung bleibt jeder von selbst drei Schritte vom Leibe und hütet sich, ihr zu nahe zu treten. Mit einer solchen Verfassung fällt es keinem Menschen ein, anzubinden; er würde anderenfalls sehr schlecht wegkommen. Wo die geschriebene Verfassung den tatsächlichen Machtverhältnissen entspricht, da wird die Erscheinung gar nicht vorkommen können, daß eine Partei ihren besondern Feldruf aus dem Festhalten an der Verfassung macht. Wo dieser Ruf ausgestoßen wird, ist dies ein sicheres und untrügliches Zeichen, daß er ein *Angstruf* ist; mit anderen Worten: daß in der geschriebenen Verfassung immer noch etwas ist, was der *wirklichen* Verfassung, den tatsächlichen Machtverhältnissen, *widerspricht*. Und wo dieser Widerspruch einmal da *ist*, da ist die *geschriebene* Verfassung – kein Gott und kein Schreien kann hier helfen – immer unrettbar verloren!

Sie kann auf *entgegengesetzte* Weise abgeändert werden, nach rechts oder links hin, aber *bleiben* kann sie nicht. Der *Ruf* gerade, sie *festzuhalten*, beweist es für den klarer denkenden Menschen. Sie kann nach *rechts* hin abgeändert werden, indem die Regierung diese Änderung vornimmt, um die geschriebene Verfassung in Übereinstimmung mit den tatsächlichen Machtverhältnissen der *organisierten* Macht der Gesellschaft zu setzen. Oder aber es tritt die *unorganisierte* Macht der Gesellschaft auf und beweist von neuem, daß sie größer ist als die organisierte. In diesem Falle wird die Verfassung wieder eben so weit nach *links* hin abgeändert und aufgehoben wie vorhin nach rechts. Aber *verloren* ist sie in jedem Falle.

Wenn Sie, meine Herren, den Vortrag, den ich Ihnen zu halten die Ehre hatte, nicht nur festhalten und sorgfältig durchdenken, sondern ihn zu allen seinen Konsequenzen fortdenkend entwickeln, so werden Sie zum Besitz aller Verfassungskunst und aller Verfassungsweisheit gelangen. Verfassungsfragen sind ursprünglich nicht *Rechtsfragen* sondern Machtfragen; die *wirkliche* Verfassung eines Landes existiert nur in den reellen tatsächlichen Machtverhältnissen, die in einem Lande bestehen; geschriebene Verfassungen sind nur dann von Wert und Dauer, wenn sie der genaue *Ausdruck* der wirklichen in der Gesellschaft bestehenden Machtverhältnisse sind – *das* sind die Grundsätze, die Sie festhalten wollen. Ich habe Ihnen diese Grundsätze heute nur mit besonderer Beleuchtung der *Heeresmacht* entwickelt – einmal, weil die Kürze der Zeit nicht mehr erlaubte, zweitens weil das Heer das entscheidendste und wichtigste aller organisierten Machtmittel ist. Sie begreifen aber von selbst, daß es sich nur ganz ähnlich mit der Organisation der Justizbeamten, der Verwaltungsbeamten usw. verhält; diese sind gleichfalls die organisierten Machtmittel einer Gesellschaft. Halten Sie diesen Vortrag fest, so werden Sie, meine Herren, wenn Sie je wieder in die Lage kommen, sich selbst eine Verfassung zu geben, wissen, wie man da zu verfahren hat und wie nicht mit dem Vollschreiben eines Blattes Papier, sondern nur damit etwas getan ist, wenn man an den tatsächlichen Machtverhältnissen ändert.

Bis dahin und einstweilen, zum Tagesgebrauch, werden Sie aber aus diesem Vortrag auch von selbst erfahren haben, meine Herren, ohne daß ich mit einem Worte davon gesprochen, aus welchem Bedürfnis die neuen Militärvorlagen hervorgegangen sind, die Heeresvermehrung, die man von Ihnen fordert. Sie werden von selbst dazu gekommen sein, den Finger auf den innersten Quellpunkt zu legen, aus welchem diese Vorlagen entsprungen sind.

Das Fürstentum, meine Herren, hat praktische Diener, nicht Schönredner, aber praktische Diener, wie sie Ihnen zu wünschen wären.

Quelle: Ferdinand Lassalle, Gesammelte Reden und Schriften. Hrsg. u. eingel. von Eduard Bernstein. Ausgabe in zwölf Bänden. Berlin: Cassirer 1919. Bd. 2. S. 25–61.

Anmerkungen

1. Fronden: Frondienste.
2. Ich werde die Souveränität wie einen Fels von Erz festsetzen.
3. Anfragen an die Regierung.

FRIEDRICH NIETZSCHE

1844–1900

Immer wieder wandte sich Nietzsche in seinen Schriften gegen die traditionellen deutschen Vorurteile gegenüber Rhetorik und Beredsamkeit. Wie Adam Müller vor ihm versuchte er die ›unrhetorischen‹ Deutschen von der Notwendigkeit einer sprechenden und kunstvollen, auf den Prinzipien der mündlichen Rede basierenden Prosa zu überzeugen. Seine Basler Rhetorikvorlesungen »Die Rhetorik der Griechen und Römer« (1872/73), »Darstellung der antiken Rhetorik« (1874) und seine »Geschichte der griechischen Beredsamkeit« weisen Nietzsche überdies als einen hervorragenden Kenner der antiken Rhetorik aus. Diese Kenntnis hat wiederum in Nietzsches Ästhetik und Stilauffassung deutliche Spuren hinterlassen. So rügt er in »Jenseits von Gut und Böse« sowohl Schriftsteller als Publikum: »Der Deutsche liest nicht laut, nicht fürs Ohr, sondern bloß mit den Augen: er hat seine Ohren dabei ins Schubfach gelegt.«

Den hier abgedruckten Vortrag hat der junge Nietzsche im Frühjahr 1862 in der literarischen Vereinigung »Germania« gehalten, die er mit den Freunden Wilhelm Pinder und Gustav Krug im Sommer 1860 in Naumburg a. d. Saale gegründet hatte. Der Vortrag definiert den freien Willen als womöglich »höchste Potenz des Fatums« und entwirft die Vorstellung, daß sich der »Spiegel unsrer eigenen Persönlichkeit«, die Dialektik von Umwelt und selbständiger Entfaltung, in höherem Maßstab in der »Völkergeschichte« wiederfinde.

Fatum und Geschichte

Wenn wir mit freiem, unbefangenem Blick die christliche
Lehre und Kirchengeschichte anschauen könnten, so würden
wir manche den allgemeinen Ideen widerstrebende Ansichten
aussprechen müssen. Aber so, von unsern ersten Tagen an ein-
geengt in das Joch der Gewohnheit und der Vorurtheile, durch
die Eindrücke unsrer Kindheit in der natürlichen Entwicklung
unsers Geistes gehemmt und in der Bildung unsres Tempera-
ments bestimmt, glauben wir es fast als Vergehn betrachten zu
müssen, wenn wir einen freieren Standpunkt wählen, um von
da aus ein unparteiisches und der Zeit angemessenes Urtheil
über Religion und Christenthum fällen zu können.
Ein solcher Versuch ist nicht das Werk einiger Wochen, sondern eines Lebens.
Denn wie vermöchte man die Autorität zweier Jahrtausende,
die Bürgschaft der geistreichsten Männer aller Zeiten durch
die Resultate jugendlichen Grübelns zu vernichten, wie vermöchte man sich mit Phantasien und unreifen Ideen über alle
jene in die Weltgeschichte tief eingreifenden Wehen und Seg-
nungen einer Religionsentwicklung hinwegzusetzen?
Es ist vollends eine Vermessenheit, philosophische Probleme
lösen zu wollen, über die ein Meinungskampf seit mehreren
Jahrtausenden geführt ist: Ansichten umzustürzen, die den
Menschen nach dem Glauben der geistreichsten Männer erst
zum wahren Menschen erheben: Naturwissenschaft mit Philosophie zu einigen, ohne auch nur die Hauptergebnisse beider zu kennen: endlich aus Naturwissenschaft und Geschichte
ein System des Reellen aufzustellen, während die Einheit der
Weltgeschichte und die principiellsten Grundlagen sich dem
Geiste noch nicht offenbart haben.
Sich in das Meer des Zweifels hinauszuwagen, ohne Kompass
und Führer, ist Thorheit und Verderben für unentwickelte
Köpfe; die meisten werden von Stürmen verschlagen, nur sehr
wenige entdecken neue Länder. Aus der Mitte des unermess-
lichen Ideenozeans sehnt man sich dann oft nach dem festen

Lande zurück: wie oft überschlich mich nicht bei fruchtlosen Spekulationen die Sehnsucht zur Geschichte und Naturwissenschaft!

Geschichte und Naturwissenschaft, die wundervollen Vermächtnisse unsrer ganzen Vergangenheit, die Verkünderinnen unsrer Zukunft, sie allein sind die sichern Grundlagen, auf denen wir den Thurm unsrer Spekulation bauen können.

Wie oft erschien mir nicht unsre ganze bisherige Philosophie als ein babylonischer Thurmbau; in den Himmel hineinzuragen ist das Ziel aller grossen Bestrebungen; das Himmelreich auf Erden heisst fast dasselbe. Eine unendliche Gedankenverwirrung im Volke ist das trostlose Resultat; es stehen noch grosse Umwälzungen bevor, wenn die Menge erst begriffen hat, dass das ganze Christenthum sich auf Annahmen gründet; die Existenz Gottes, Unsterblichkeit, Bibelautorität, Inspiration und anderes werden immer Probleme bleiben. Ich habe alles zu leugnen versucht: o, niederreissen ist leicht, aber aufbauen! Und selbst niederreissen scheint leichter, als es ist; wir sind durch die Eindrücke unsrer Kindheit, die Einflüsse unsrer Eltern, unsrer Erziehung so in unserm Innersten bestimmt, dass jene tief eingewurzelten Vorurtheile sich nicht so leicht durch Vernunftgründe oder blossen Willen herausreissen lassen. Die Macht der Gewohnheit, das Bedürfniss nach Höherem, der Bruch mit allem Bestehenden, Auflösung aller Formen der Gesellschaft, der Zweifel, ob nicht zweitausend Jahre schon die Menschheit durch ein Trugbild irre geleitet, das Gefühl der eignen Vermessenheit und Tollkühnheit: das alles kämpft einen unentschiedenen Kampf, bis endlich schmerzliche Erfahrungen, traurige Ereignisse unser Herz wieder zu dem alten Kinderglauben zurückführen. Den Eindruck aber zu beobachten, den solche Zweifel auf das Gemüth machen, das muss einem Jedem ein Beitrag zu seiner eignen Kulturgeschichte sein. Es ist nicht anders denkbar, als dass auch etwas haften bleibt, ein Ergebniss aller jener Spekulation, was nicht immer ein Wissen, sondern auch ein Glaube sein kann, ja was selbst ein moralisches Gefühl bisweilen anregt oder niederdrückt.

Wie die Sitte als ein Ergebniss einer Zeit, eines Volkes, einer Geistesrichtung dasteht, so ist die Moral das Resultat einer allgemeinen Menschheitsentwicklung. Sie ist die Summe aller Wahrheiten für unsre Welt; möglich, dass sie in der unendlichen Welt nicht mehr bedeutet, als das Ergebniss einer Geistesrichtung in der unsrigen: möglich, dass aus den Wahrheitsresultaten der einzelnen Welten sich wieder eine Universalwahrheit entwickelt! Wissen wir doch kaum, ob die Menschheit selbst nicht nur eine Stufe, eine Periode im Allgemeinen, im Werdenden, ob sie nicht eine willkürliche Erscheinung Gottes ist. Ist nicht vielleicht der Mensch nur die Entwicklung des Steines durch das Medium Pflanze, Thier? Wäre hier schon seine Vollendung erreicht und läge hierin nicht auch Geschichte? Hat dies ewige Werden nie ein Ende? Was sind die Triebfedern dieses grossen Uhrwerks? Sie sind verborgen, aber sie sind dieselben in der grossen Uhr, die wir Geschichte nennen. Das Zifferblatt sind die Ereignisse. Von Stunde zu Stunde rückt der Zeiger weiter, um nach Zwölfen seinen Gang von Neuem anzufangen; eine neue Weltperiode bricht an.

Und könnte man als jene Triebfedern nicht die immanente Humanität nehmen? (Dann wären beide Ansichten vermittelt.) Oder lenken höhere Rücksichten und Pläne das Ganze? Ist der Mensch nur Mittel oder ist er Zweck?

Für uns ist Zweck, für uns ist Veränderung da, für uns giebt es Epochen und Perioden. Wie könnten auch wir höhere Pläne sehen? Wir sehen nur, wie aus derselben Quelle, aus der Humanität, sich unter den äussern Eindrücken Ideen bilden; wie diese Leben und Gestalt gewinnen; Gemeingut Aller, Gewissen, Pflichtgefühl werden; wie der ewige Produktionstrieb sie als Stoff zu neuen verarbeitet, wie sie das Leben gestalten, die Geschichte regieren; wie sie im Kampf von einander annehmen und wie aus dieser Mischung neue Gestaltungen hervorgehn. Ein Kämpfen und Wogen verschiedenster Strömungen mit Ebbe und Fluth, alle dem ewigen Ozeane zu.

Alles bewegt sich in ungeheuren immer weiter werdenden Kreisen um einander; der Mensch ist einer der innersten Kreise. Will er die Schwingungen der äussern ermessen, so muss er von sich und den nächst weitern Kreisen auf noch umfassendere abstrahiren. Diese nächst weitern sind Völker-, Gesellschafts- und Menschheitsgeschichte. Das gemeinsame Centrum aller Schwingungen, den unendlich kleinen Kreis zu suchen, ist Aufgabe der Naturwissenschaft; jetzt erkennen wir, da der Mensch zugleich in sich und für sich jenes Centrum sucht, welche einzige Bedeutsamkeit Geschichte und Naturwissenschaft für uns haben müssen.

Indem der Mensch aber in den Kreisen der Weltgeschichte mit fortgerissen wird, entsteht jener Kampf des Einzelwillens mit dem Gesammtwillen; hier liegt jenes unendlich wichtige Problem angedeutet, die Frage um Berechtigung des Individuums zum Volk, des Volkes zur Menschheit, der Menschheit zur Welt; hier auch das Grundverhältniss von *Fatum* und *Geschichte*.

Die höchste Auffassung von Universalgeschichte ist für den Menschen unmöglich; der grosse Historiker aber wird ebenso wie der grosse Philosoph Prophet; denn beide abstrahiren von inneren Kreisen auf äussere. Dem Fatum aber ist seine Stellung noch nicht gesichert; werfen wir noch einen Blick auf das Menschenleben, um seine Berechtigung im Einzelnen und damit im Gesammten zu erkennen.

Was bestimmt unser Lebensglück? Haben wir es den Ereignissen zu danken, von deren Wirbel wir fortgerissen werden? Oder ist nicht vielmehr unser Temperament gleichsam der Farbenton aller Ereignisse? Tritt uns nicht alles im Spiegel unsrer eignen Persönlichkeit entgegen? Und geben nicht die Ereignisse gleichsam nur die Tonart unsres Geschickes an, während die Stärke und Schwäche, mit der es uns trifft, lediglich von unserm Temperament abhängt? Frage geistreiche Mediziner, sagt Emerson, wie viel Temperament nicht entscheidet und was es überhaupt nicht entscheidet?

Unser Temperament aber ist nichts als unser Gemüth, auf dem

sich die Eindrücke unsrer Verhältnisse und Ereignisse ausgeprägt haben. Was ist es, was die Seele so vieler Menschen mit Macht zu dem Gewöhnlichen niederzieht und einen höhern Ideenaufflug so erschwert? Ein fatalistischer Schädel- und Rückgratsbau, der Stand und die Natur ihrer Eltern, das Alltägliche ihrer Verhältnisse, das Gemeine ihrer Umgebung, selbst das Eintönige ihrer Heimat. Wir sind beeinflusst worden, ohne die Kraft zu einer Gegenwirkung in uns zu tragen, ohne selbst zu erkennen, dass wir beeinflusst sind. Es ist ein schmerzliches Gefühl, seine Selbständigkeit in einem unbewussten Annehmen von äussern Eindrücken aufgegeben, Fähigkeiten der Seele durch die Macht der Gewohnheit erdrückt und wider Willen Keime zu Verwirrungen in die Seele gegeben zu haben.

In höherm Massstabe finden wir dies alles in der Völkergeschichte wieder. Viele Völker, von denselben Ereignissen getroffen, sind doch auf die verschiedenste Art beeinflusst worden.

Es ist deshalb Beschränktheit, der ganzen Menschheit irgend eine specielle Form des Staates oder der Gesellschaft gleichsam mit Stereotypen aufdrucken zu wollen; alle socialen und communistischen Ideen leiden an diesem Irrthum. Denn der Mensch ist nie derselbe wieder; sobald es aber möglich wäre, durch einen starken Willen die ganze Weltvergangenheit umzustürzen, sofort träten wir in die Reihe unabhängiger Götter, und Weltgeschichte hiesse dann für uns nichts als ein träumerisches Selbstentrücktsein; der Vorhang fällt, und der Mensch findet sich wieder, wie ein Kind mit Welten spielend, wie ein Kind, das beim Morgenglühn aufwacht und sich lachend die furchtbaren Träume von der Stirne streicht.

Der freie Wille erscheint als das Fessellose, Willkürliche; er ist das unendlich Freie, Schweifende, der Geist. Das Fatum aber ist eine Nothwendigkeit, wenn wir nicht glauben sollen, dass die Weltgeschichte ein Traumesirren, die unsäglichen Wehen der Menschheit Einbildungen, wir selbst Spielbälle unsrer Phantasien sind. Fatum ist die unendliche Kraft des

Widerstandes gegen den freien Willen; freier Wille ohne Fatum ist eben so wenig denkbar, wie Geist ohne Reelles, Gutes ohne Böses. Denn erst der Gegensatz macht die Eigenschaft.

Das Fatum predigt immer wieder den Grundsatz: »Die Ereignisse sind es, die die Ereignisse bestimmen.« Wäre dies der einzig wahre Grundsatz, so ist der Mensch ein Spielball dunkel wirkender Kräfte, unverantwortlich für seine Fehler, überhaupt frei von moralischen Unterschieden, ein nothwendiges Glied in einer Kette. Glücklich, wenn er seine Lage nicht durchschaut, wenn er nicht convulsivisch in den Fesseln zuckt, die ihn umstricken, wenn er nicht mit wahnsinniger Lust die Welt und ihren Mechanismus zu verwirren trachtet!

Vielleicht ist in ähnlicher Weise, wie der Geist nur die unendlich kleinste Substanz, das Gute nur die subtilste Entwicklung des Bösen aus sich heraus sein kann, der freie Wille nichts als die höchste Potenz des Fatums. Weltgeschichte ist dann Geschichte der Materie, wenn man die Bedeutung dieses Wortes unendlich weit nimmt. Denn es muss noch höhere Principien geben, vor denen alle Unterschiede in eine grosse Einheitlichkeit zusammenfliessen, vor denen alles Entwicklung, Stufenfolge ist, alles einem ungeheuren Ozeane zuströmt, wo sich alle Entwicklungshebel der Welt wiederfinden, vereinigt, verschmolzen, all-eins. –

Quelle: Friedrich Nietzsche, Gesammelte Werke. Musarionausgabe. Bd. I Jugendschriften, 1858–1868. München: Musarion Verlag 1922. S. 60–66.

*Der mit Mörike, Keller und David Friedrich Strauß befreun-
dete einflußreiche schwäbische Ästhetiker, dem Karl Marx
manche Anregung bei der Beurteilung von Literatur verdankte, war auch ein politisch engagierter Publizist. Er habilitierte sich 1836 in Tübingen und war dort seit 1837 Professor
für Philosophie und Ästhetik. Wegen einer Antrittsrede und
entsprechender Stellen in den »Kritischen Gängen« (1844)
wurde er auf zwei Jahre von seiner Tätigkeit suspendiert. Als
Abgeordneter der gemäßigten Linken gehörte er 1848 der
Frankfurter Nationalversammlung an. Er galt als aktiver
Patriot und glänzender Redner. Nicht zuletzt der rhetorischen
Fähigkeiten wegen hatte Vischer bei den Studenten mit seinen
Vorlesungen beträchtlichen Erfolg.*

*Die »Wahlrede« hat Friedrich Theodor Vischer im Dezember
1870 gehalten. Vier Abgeordnete aus Vaihingen waren nach
Stuttgart gekommen, wo er seit 1866 als Professor für Litera-
tur und Ästhetik am Polytechnikum lehrte, um ihn für die
württembergische Landtagswahl als Kandidaten gegen den
Pfarrer Franz Hopf (Demokrat wie Vischer) zu gewinnen.
Nach längerem Zögern willigte Vischer schließlich ein. In der
»Wahlrede« begründete er die Änderung seiner Einstellung
und analysierte in einer Art Bestandsaufnahme die politische
Situation seiner Zeit. Über den Zeitraum von 1848 bis 1870
klagte der dreiundsechzigjährige Vischer bezeichnenderweise:
»Was haben wir nun getan in den Jahren des langen Stillstands? Wir haben gesprochen, wir haben gesungen, wir haben
gedichtet, wir haben Schützen- und Sängerfeste gefeiert, und
die Wahrheit ist, wir haben nichts gemacht, wir haben nichts
gekonnt; das wollen wir uns nur gestehen!«*

Wahlrede

Verehrte Mitbürger!

Das Vertrauen eines Teils Ihrer Wähler hat mich hieher gerufen. Es ist Ihnen wohl bekannt, daß ich mich schwer entschlossen habe, diesem ehrenvollen Rufe zu folgen, weil mein Amt und gewisse besondere literarische Verpflichtungen meine Zeit und Kraft ganz in Anspruch nehmen. Bequemlichkeit soll man einem großen Zwecke gern opfern, mir aber schien es, daß ich Pflichten opfern müßte, und so habe ich gezaudert und mich besonnen; allein ich mußte mir doch wieder sagen: die Stunde des Vaterlandes ist zu wichtig, es kann auf einige, es kann auf *eine* Stimme ankommen, und ich fühlte, daß ich doch nicht anders dürfe, doch dem Rufe folgen müsse.

Ich trete hiemit als Gegner gegen eine Partei auf, zu der ich lange gestanden habe, jedoch immer als ein Mann, der auch selber denkt und der Partei nie blind auf allen ihren Wegen nachtritt. Die demokratische Partei, die Volkspartei, oder sagen wir einfach: die Partei, deren Hauptbestreben die Freiheit ist, die Freiheitspartei –: Niemand wird die Verdienste dieser Partei leugnen. Sie kämpft seit manchem Jahrzehnt dafür, daß der Bürger im Staate ein menschenwürdiges Dasein habe; dem Mitwirken dieser Partei verdankt das Land die Entlastung des Bodens, verdanken wir die Preßfreiheit, verdanken wir die Gleichheit der Rechte; diese Partei hat, um nur das *eine* noch zu nennen, der Anstalt für Aufklärung und Erziehung des Volkes, der Schule, ihr besonderes Interesse zugewendet; sie hat dahin gewirkt, den verdienstvollen Stand der Volkslehrer zu heben und besser zu stellen; kurz, sie hat eine Reihe von Verdiensten, die ich Ihnen nicht weiter aufzuführen brauche, und wenn es wieder gilt, wenn es an dem ist, zu kämpfen für Bürgerrechte, für innere Verfassungsrechte, dann soll mir niemand nachsagen, daß man mich nicht an der Stelle findet, wo ich gestanden bin; nur die Verleumdung könnte mich abtrünnig nennen. Ich bin aber mit dieser Partei in Zwiespalt gekommen und habe mich von ihr trennen müssen in der Frage der *Einheit*, in der Frage, auf welche Weise Deutschland in einen Bundesstaat verwandelt werden soll. Ja, einst, – einst träumte ich auch mit dieser Partei einen schönen Traum; ich meinte, Deutschland werde *eins* werden durch freie Verständigung der Glieder und Stämme der Nation in einem Parlament; frei, ganz frei sollte jedes Glied so viel opfern als nötig ist, um ein Organ herzustellen, das die Einheit vertritt und beständig vollzieht; ich träumte von einem Tage, wo ein solcher freier Vertrag geschlossen sei, wo ein Jubel durch Deutschland gehe, wo die Festflaggen in den Städten wehen und wo wir alle als neu geeinigte Brüder eines neu geschaffenen Deutschlands uns begeistert umarmen werden. Nun – der Versuch *ist* gemacht worden, er ist dagewesen, wir *haben* unser Parlament gehabt, und ich habe im Parlament alles miterlebt. Ich gestehe Ihnen, in dieser Versammlung lag schon in den ersten Monaten auf meiner Seele ein Druck; ich ahnte, daß unter den Formen für die neue Einheit Deutschlands, die in Frage kommen können, keine durchzuführen sein werde. Ich ahnte es; ich sagte es mir anfangs noch nicht klar, aber meine Ahnung wurde Gewißheit und gieng leider in Erfüllung. Um hier nicht in das Weite zu gehen und längst Bekanntes zu wiederholen, lassen Sie mich in Kürze sagen: das Parlament verhandelt drei Vierteljahre die Grundlagen der deutschen Reichsverfassung, die Grundrechte, und gelangt dann an die Frage: wie sollen wir das Werk krönen? Jetzt kommt die Not, und mit fünf Stimmen Mehrheit wird beschlossen, die Kaiserkrone dem König von Preußen als erblichem Oberhaupt anzutragen. Hätte der König von Preußen damals angenommen, so hätte er es nicht anders durchsetzen können, als wenn er den Krieg, den Preußen dann 1866 führte, damals schon geführt hätte, denn es wird wohl niemand meinen, Österreich wäre ihm in die Arme gefallen und hätte gesagt: da hast du mich, du sollst Kaiser sein. Der Grund, warum wir nichts haben schaffen können, liegt ganz einfach in der Zweiheit Preußen und Österreich; beide waren doch *da* mit ihrer Macht, die wir nicht zerschlagen konnten;

neben Preußen war Österreich da mit dem einen Fuße im Ausland, d. h. durch seine nichtdeutschen Völker eine europäische Großmacht mit andern Interessen als Preußen und wir sie haben. Diese Zweiheit hat alles unmöglich gemacht; es ist nicht anders, man kann es nicht leugnen, auch wenn es noch so unangenehm sein mag: *unmöglich.* – Der König von Preußen nahm eine Krone, die ihm den Krieg gegen Österreich und gegen die voraussichtlich mit Österreich verbundenen deutschen Staaten gekostet hätte, nicht an. Übrigens hatte, wie Sie wissen, die demokratische Partei selbst zu dieser Krönung des Verfassungswerks zugestimmt und, mit der alten liberalen Partei vereinigt, hat sie den König von Württemberg vermocht, daß er unterzeichne. Aber alles scheiterte, und unsere große, schöne Bewegung von 1848 gieng hinab, es folgte die Reaktion; der Deutsche Bund stand aus den Trümmern wieder auf. – Was haben wir nun getan in den Jahren des langen Stillstands? Wir haben gesprochen, wir haben gesungen, wir haben gedichtet, wir haben Schützen- und Sängerfeste gefeiert, und die Wahrheit ist, wir haben *nichts* gemacht, wir haben nichts gekonnt; das wollen wir uns nur gestehen! Gehen wir zunächst vorwärts bis zum Schleswig-Holsteinischen Krieg 1864. Württemberg mit den übrigen Klein- und Mittelstaaten trat ein für das Recht des Herzogs von Augustenburg; es war dies, wie Sie sich erinnern, ein unzweifelhaftes, bewiesenes Recht, und daß im Namen dieses Rechtes gegen das freche Dänemark gekämpft werde, dies war es, wofür wir alle uns begeisterten. Was geschah? Preußen und Österreich vereinigten sich, rückten ein in Schleswig-Holstein und da wir, um für den Augustenburger zu kämpfen, nachrücken wollten, so drückten sie uns weg; Sie wissen, wie die Truppen der Mittelstaaten, die bereits einmarschiert waren, mit dem Ellbogen beiseite geschoben wurden. Wir fielen unsanft zu Boden und saßen, gestehen wir es uns nur, in unserer *Schmach.* Ich war damals nicht im Lande, ich war in der Schweiz, und ich komme nun auf einen Punkt, der viel besprochen, verhandelt und auch hier soeben erwähnt worden ist; ich meinte damals, um uns vor solcher Erniedrigung zu bewahren, sollten wir im alten Deutschen Bund einen engeren Bund gründen, einen Bund der Südstaaten, der Mittel- und Kleinstaaten, ein Glied, das – so stellte man sich vor – mit Österreich und Preußen eine organische Dreiheit bilden sollte, eine Trias; denn künftig, nach Lösung des augenblicklich schwebenden Konflikts, glaubte man sich ein gedeihliches Verhältnis einer solchen dritten Macht im Bunde zu den zwei andern Mächten denken zu können. Doch wesentlich sollte diese Form, die wir jetzt, nachdem Hannover gefallen ist, Südbund nennen, uns vereinigen, damit wir solcher Erniedrigungen von den Großmächten oder, wie sie sich damals nannten, den Vormächten, uns künftig erwehren könnten. Ich meinte damals, mit aller Energie werde das Volk der Mittelstaaten, insbesondere Süddeutschlands und Württembergs, die Errichtung dieser Schutzmauer gegen die Vergewaltigung der Großmächte verlangen; ich erwartete von unserer Kammer, daß sie mit ganzer Kraft entschlossen den Moment ergreifen werde, um die Schöpfung eines solchen Bündnisses zur Wahrung unserer Ehre durchzusetzen. Nichts, nichts hat man getan; man legte die Hände in den Schoß und ließ lahm und schlaff die Demütigung über sich ergehen! – So fand uns der Krieg 1866[1]: ein Bürgerkrieg, wozu der Anlaß ränkevoll vom Zaun gebrochen wurde, ein Bürgerkrieg, den ich, den wir alle als eine schuldvolle Tat betrachteten und verabscheuten. Zwar, nebenher gesagt, möglich wäre er nicht gewesen, hätte Österreich nicht vorher selbst eine große Schuld auf sich geladen gehabt, denn die Preußen in einen solchen Kampf zu führen war nur deshalb möglich, weil Österreich unter Schwarzenberg[2] seinen Vorteil über alles Maß ausgebeutet und in Olmütz Preußen so tief gedemütigt hatte, daß kein Preuße war, in dem nicht die tiefste Bitterkeit und Empörung kochte. Es ist also eine Nemesis über Österreich gekommen; aber trotzdem war dieser Krieg eine schuldhafte Handlung und heute sage ich noch, es war gut getan, daß wir gefochten haben für das bestehende alte Recht.

Nun komme ich aber an einen Punkt, wo ich Sie dringend bitten muß, mich nicht mißzuverstehen, meine Worte, deren einzelnes hier wichtig ist, wohl aufzufassen und zu bemerken. In der Weltgeschichte ist schon vieles geschehen, was Gewalttat war und doch einen Bau gründete, der zum Wohle von Tausenden, von Millionen sich befestigte. Wie manches könnte ich hier anführen! Württemberg selbst besitzt, wie Sie sehr wohl wissen, einen Teil seines Landes durch Gewaltakte. Um nur noch *ein* Beispiel, ein ungleich größeres, zu nennen: die Angelsachsen sind eine mächtige, blühende Nation geworden durch die Mischung mit den Normannen, von denen ihr Land in der Schlacht bei Hastings³ rechtswidrig, blutig und grausam erobert wurde. Unsere Gegner nun nennen den, der sich der Anerkennung solcher geschichtlichen Wahrheit nicht verschließt, einen Anbeter des Erfolgs, sie erheben den Vorwurf der Charakterlosigkeit und sie hätten recht gegen den, der in *einem* Moment und aus niedrigen Gründen die Bahn seines Urteils und Handelns verließe. Die Sache liegt nicht einfach, sie ist verwickelt, denn die zwei Sätze: Unrecht bleibt Unrecht, und: Unrecht kann in der großen Politik wohltätige Früchte tragen, bilden einen Widerspruch, den nur die folgende Betrachtung löst. Wir sollen und werden in der *Gegenwart* Unrecht stets Unrecht nennen, und wenn heute oder morgen wieder eine Gewalttat geschieht, werden wir sie redlich bekämpfen; wenn wir aber *im Laufe der Zeit* sehen, daß diese Gewalttat etwas begründet, was bleibt und was zum Wohle vieler dient, dann dürfen wir sagen: ich habe gekämpft, ich werde im gleichen Falle wieder kämpfen, aber ich kann nicht leugnen, es ist auf schuldhafte Weise etwas entstanden, worauf sich dauernd die Wohlfahrt eines Ganzen, einer Nation gründen kann. So ist es, der Widerstand unseres Gefühls kann den großen Gang der Dinge nicht verändern; Unrecht soll Unrecht bleiben, aber es geht eben in der Weltgeschichte anders als im Privatleben, wo wir uns mit der Untat nachher so wenig wie vorher versöhnen dürfen. – So ist aus dem Bürgerkriege in Deutschland der Nordbund⁴ hervorgegangen, dessen sich Millionen als eines Segens erfreuen, in welchem sie Schutz, Macht, Ehre, Gedeihen ihres Wohlstands genießen, und wir werden nicht meinen, diese Millionen seien Toren, die sich täuschen.

Nun weiter! In den Jahren zwischen der Entstehung des Nordbundes und dem jetzigen Kriege habe ich geschwiegen, und habe in meinem Schweigen doch bereits die Überzeugung gehabt, für uns bleibe nichts anderes als Eintritt in den Nordbund. Nun aber nahm die Demokratie wieder ihren Südbund auf, während doch ein Kind einsehen kann: wenn unsere Mittel- und Kleinstaaten in ihrer Erniedrigung im Jahre 1864 keinen Südbund geschlossen haben und wenn sie es im Jahre 1866 wieder nicht wollten und vermochten, wer will sie *nun* dazu bringen? Der Südbund war jetzt absolut nichts anderes als ein totes Wort; man hatte ja auch niemand mehr zu einem Südbund; Hessen konnte nicht mehr gezählt werden, Baden will nicht, es bleibt also nur Württemberg und Bayern. Württemberg wäre der Bediente Bayerns geworden, und wie wir jetzt murren gegen das Übergewicht Preußens, so würden wir gegen das bayerische murren. Ja, so ist es, es ist mir leid, daß es so ist, aber ich kann mich nicht sehend blind machen. Was bleibt denn nun? Den Nordbund zerschlagen? Woher den Arm und den Hammer nehmen? Oder die Deutsch-Österreicher aus Österreich herausziehen? Ganz hübsch, aber wie bringt man sie heraus? Man soll mir doch nur das Werkzeug zeigen, mit dem man sie heraushäkelt. Wer kann denn das Unmögliche wollen? – So dachte ich, aber ich schwieg, und warum? Ich mache es keinem zum Vorwurf, wenn er nach 1866 sich beizeiten für den Eintritt in den Nordbund aussprach, wenn er nach kürzerer Frist mit einer ehrlichen Überzeugung von der Zweckmäßigkeit dieses Schritts in die Öffentlichkeit herausgieng; aber es ist auch wohl gut und recht, daß es Männer gab, die nicht so leicht, nicht so schnell sich entschließen konnten, die eine gewisse Scham, – ich nenne darum andere nicht schamlos, ich weiß nur kein anderes Wort – zurückhielt, sich laut zu erklären, Männer, die erst noch gute Zeit zuwarten wollten, ehe sie für die guten Folgen einer schuldvollen Tat sich öffentlich aussprachen. Ich hatte aber auch kein politisches Amt, und es war mir erlaubt, zu schweigen. Nun hat man diejenigen, welche schneller sich entschlossen, für den Eintritt in den Nordbund zu wirken, Bettelpreußen genannt und wird auch die, welche jetzt erst sich dazu entschließen, so nennen. Sehen Sie, meine Herren, das ist eines der unedlen Parteistichwörter. Keiner, der nach redlichem Nachdenken sich überzeugt hat, daß uns nichts anderes übrigbleibt, als uns diesem Nordbund anzuschließen, wollte sich schmachvoll den Preußen anbetteln; das ist ein Wort, das nichts sagt, das aber mit leichtem Wurf einem anständigen Manne das Kleid beschmutzt. »Den Erfolg anbeten«, das sieht aus, als ob einer bloß durch den sinnlichen Glanz eines Sieges der ungerechten Sache verführt auf die Knie fiele, um sich dem Sieger anzuschmeicheln. Auch dies ist ein leichtfertiges Parteistichwort, mit dem man schwache Augen blendet. Wenn etwas Neues entsteht, das wir vorher nicht kannten, das wir aber nun als zweckmäßig, wohltätig und heilsam erkennen, so wird doch wohl ein ehrlicher Mann sich dafür erklären können, ohne den Vorwurf der Charakterlosigkeit zu verdienen ...

Ich kehre zu dem Momente zurück, da es zum Kriege kam. In der Person des Königs von Preußen wollte Frankreich die deutsche Nation beschimpfen, es war ihm und in ihm uns eine moralische Ohrfeige zugedacht, die er glücklicherweise im letzten Augenblick noch parierte. Der erste Blick in die Zeitung mußte damals jedem sagen: jetzt ist der Krieg vor der Tür. Benedettis[5] Abweisung war der gewisse Krieg. Die Kriegserklärung folgte auf dem Fuße.

Rasch waren unsere Fürsten entschlossen, treu zum Vaterlande zu halten, unsere Kammer stimmte für die Bewilligung der Gelder, denn glücklicherweise die Eintracht war da, die ganze Nation begriff, daß uns unser guter Stern, daß ein gütiges Schicksal diesen Krieg schickte, daß uns der Himmel den Pharao in Frankreich verstockte, damit er uns in das gelobte Land der Einheit hineinführe. Wer hat nicht als Jüngling geahnt und gedacht, daß nur ein nationaler Krieg uns die Einheit bringen, nur ein Krieg, trotz allem Jammer und Elend des Krieges, uns durch unser Blut zusammenschweißen werde? Nicht, als wäre deshalb je ein Gelüste in uns gewesen, einen Krieg, selbst um Wiedergewinn der uns einst gestohlenen Provinzen, zu beginnen und gewissenlos den Frieden Europas zu stören. Wir haben ihn nicht gesucht, er ist an uns gekommen, aber in ihm begrüßte jeder Freund des Vaterlandes die »Meisterin Notwendigkeit, die an *einem* großen Tage vollbringt, was kaum Jahrhunderten gelingt«. Nicht so begrüßte ihn die demokratische Partei, sie sperrte sich gegen den allgemeinen Strom, sie sagte: es ist ein Kabinettskrieg, und wir wollen neutral bleiben. Meine Herren, neutral bleiben in einem solchen Kriege – erlauben Sie mir ein Bild aus der etwas derben Wirklichkeit des gewöhnlichen Lebens. Es bricht in einem Lokal zwischen zwei Parteien eine furchtbare Schlägerei los; denken Sie sich *einen* dazwischen, der will neutral bleiben, aber Sie müssen dabei annehmen, daß er aus dem Raum nicht hinaus kann, wie wir ja aus Deutschland nicht hinaus können; nun denken Sie sich, wie der neutrale Mann im Gedränge zerrieben, zertreten, zerquetscht würde! Doch in der letzten Stunde lenkte die Volkspartei ein und bewilligte die zum Krieg erforderte Summe. Nur *einer nicht*, der Abgeordnete dieses Bezirks. Er sagte: nein.[6] Ein Mann muß handeln so, daß er die Konsequenzen für sein Handeln auf seine Verantwortung nimmt, die in dem Fall eintreten müßten, daß seine Abstimmung Nachfolge fände und die Mehrheit gewänne. Nun denken Sie sich diese Konsequenzen! Das ist doch so gewiß wie $2 \times 2 = 4$, daß Napoleon beschlossen hatte, unsere schwachen Staaten durch einen heilsamen Schrecken zu zwingen, daß wir denselben schmachvollen Rheinbund mit ihm schließen, den wir schon einmal mit Napoleon I. zum ewigen Schimpf unserer Geschichte errichtet haben, wo Deutsche gegen Deutsche fechten mußten. Und wissen Sie, was der heilsame Schrecken gewesen wäre? Sein Heer, seine raublustigen Horden, die Halbwilden aus Afrika hätte er über den Rhein geworfen, sie hätten dem Landmann das letzte Kalb und die letzte Kuh aus dem Stalle gerissen, sein Weib und seine Töchter geschändet, hätten in Stadt und Dorf gesengt, gemordet, geplündert, hätten wie Bestien gehaust. Wir wissen ja, wie die Franzosen unter Melac[7] und Turenne[8] schon in Deutschland gewütet, wie die Pfalz von ihnen verwüstet worden ist. Das wäre die Neutralität gewesen, und nach dieser Herrlichkeit hätten wir dürfen mit Frankreich gegen Deutschland kämpfen. Das hieß das Neinstimmen in solchem Falle! Glücklicherweise blieb die Stimme allein; einträchtig zog Württemberg mit Deutschland in den Krieg. Welch ein herrliches Schauspiel bot und bietet diese Eintracht! Die deutschen Stämme vereint; was häßlicher, giftiger Haß gewesen, wird herrlicher Wetteifer, der Schwabe, der Bayer, der Hesse, der Sachse mit dem Preußen vorwärts in das Feuer, vorwärts furchtlos in den Rachen der Geschosse! Aus dieser Eintracht erwuchs eine Kraft, die den Teufel aus der Hölle holen könnte. Vereinigt sind nicht nur die Stämme, vereinigt sind die sonst getrennten, großen Eigenschaften der ganzen Nation: die Kriegskunst, die Kriegswissenschaft in der Führung Preußens, mit der Tapferkeit, der ungeheuren Naturkraft, der physischen Tüchtigkeit, Ausdauer der sämtlichen Stämme, die nur bisher nicht an die rechte Stelle gesetzt war und daher nicht leisten konnte, was sie zu leisten vermag, denn diese kriegerische Kraft war ja nie richtig geleitet, geteilt und zerstückelt verblutete sie sich nutzlos. So aber ist Deutschland von Sieg zu Sieg gegangen, herrlich, groß, unwiderstehlich! Und dasselbe herrliche Bild wie die Eintracht *im* Heere bietet die Eintracht, das Mitfühlen der Nation *mit* ihrem Heere. Nie ist ein Volk so bei seiner Armee gewesen wie hier der Bürger bei den Soldaten, alle Herzen sind beisammen; dort kämpfen die Krieger ihren blutigen Kampf, und hier wetteifert das ganze deutsche Volk im Wohltun, Labung, Heilung und Pflege der Verwundeten, und zwar gleich mitfühlend und opfernd für Feind und Freund. Also dort der Mut, und hier die Menschlichkeit und Güte, – eine der herrlichsten Erscheinungen, die je die Geschichte der Menschheit gesehen hat. – Unser Unglück wollte, daß wir den Urheber dieses Krieges gefangen in die Hände bekamen; ich sage: unser Unglück, denn es ist ein falscher Schein entstanden für die, die es oberflächlich betrachten, als kämpfen wir nun gegen den wirklichen und wahren Patriotismus des französischen Volks. Wir kämpfen für unser Vaterland und unser Recht, wir kämpfen, weil wir das haben müssen, was uns geraubt und gestohlen worden ist, und wir kämpfen gegen die verbissene Leidenschaft, die uns dies unser Recht verweigert.

Noch muß ich hier ein Wort anknüpfen über das, was auch mein Herr Vorredner nicht versäumt hat hervorzuheben: wenn der Krieg da ist, so ist das Reden und Stimmen etwas ganz anderes, als wenn kein Krieg ist. Sie können das scherzend so ausdrücken: wenn kein Krieg ist, dann ist Vakanz, da mag jeder sagen, was er denkt; während des Kriegs aber darf man nicht alles tun, was man sonst tut. Da hat man nun auch gewütet, als Jakoby[9] eingesperrt wurde, weil er in öffentlicher Rede gesagt, Deutschland solle Elsaß und Lothringen nicht behalten. Das täte nun nichts, wenn Friede wäre, da darf man die abgeschmacktesten Sachen sagen, aber ganz anders ist es im Kriege. Im Augenblicke haben sich die französischen Zeitungen solche Stimmen gemerkt, verwertet und ihren Lesern gesagt: da seht den Zwiespalt in Deutschland! und es hat das den Widerstand der Franzosen gegen uns wieder gestärkt. Jeder Tag aber dieses fortgesetzten Widerstands kostet uns teures Blut; also da ist es *Ernst*, da darf man nicht schwätzen, was man will, und die Preßfreiheit, ein heiliges Recht, muß da ihre Grenze haben. Ich habe im Laufe des Kriegs ein Wort gesagt, das mir, wie ich voraussah, gehörig auf Rechnung geschrieben wurde. Als der Krieg so gut wie gewiß, schlechthin unvermeidlich war, da gefiel es der demokratischen Partei noch immer den Haß gegen Preußen zu schüren. Ich frage: ist es erlaubt, wenn man schon so gut als im Feuer steht, den Haß gegen den, der in Reih und Glied neben mir steht, zu nähren, ist es nicht vielmehr heilige Pflicht, nur *einen* Haß zu kennen, den Haß gegen den Feind? In meines Herzens Zorn und Entrüstung – denn man darf schon einmal zornig werden – habe ich nun kürzlich gesagt, damals sei ich in einer Stimmung gewesen, daß ich, wenn es auf mich angekommen wäre, jeden, der den Haß gegen Preußen statt gegen Frankreich schürt, standrechtlich zu behandeln fähig gewesen wäre. Ja, ich habe es gesagt und sage es wieder.[10]

Noch eine andere große Bedeutung als die, von der ich gesprochen, hat dieser Krieg. Ja, es ist ungeleugnet, Preußen hat im Jahr 1866 schuldvoll gehandelt, aber die Ströme von Blut, die Preußen selbst jetzt vergossen hat, haben beim Himmel! diese Schuld gesühnt. Ich wiederhole ein Wort, das ich anderswo gesagt: ein heiliger Krieg sühnt einen unheiligen, ein gerechter Krieg für das Vaterland und alle Güter des Lebens sühnt die Schuld eines ungerechten, und wenn Sie zweifeln, so bitte ich, sehen Sie doch die preußischen Verlustlisten an! Haben Sie schon diese großen Blätter gesehen, wie sie in langen, nebeneinander gestellten Kolumnen die Verluste verzeichnen, haben Sie schon an die Tränen der Witwen und Waisen gedacht? Glauben Sie, das sei keine Sühnung der Schuld? – Aber unsere Siege hätten wir, wie Sie wissen, ohne Preußen nicht erfochten. Preußen hat uns geführt und so geführt, daß es seinen Beruf, uns zu führen, bewiesen hat. Die deutsche Einheit, sie ist nun in diesem Kriege da, sie ist lebendig und tatsächlich vorhanden, doch nur in einem Vorbilde dessen, als als dauernde Form nun werden soll; es ist ein Akt, eine Tatsache, aber noch keine Verfassung, eigentlich doch nur *Einigkeit*, noch nicht *Einheit*. Gienge es nach unserer Neigung, so müßte diese Verfassung eine gemeinsame Neuschöpfung sein, das Werk einer konstituierenden Reichsversammlung, die mindestens die schon bestehende Verfassung des Nordbundes einer wesentlich durchgreifenden Revision unterwürfe. Dies aber hieße, das ganze Einigungswerk wieder in Frage stellen, ja alle Wirren erneuern, die wir in unserem ersten Parlament erlebt haben. Der Nordbund kann nicht gestatten, daß das, was mit so viel Mühe und nach so langen Verhandlungen zustande gebracht worden ist, noch einmal dem Zanke der Parteien einer großen Verfassung gebenden Versammlung preisgegeben und so die Gefahr heraufbeschworen werde, daß, was schon besteht, niedergerissen und nichts Neues gebaut würde.

So stehen wir denn vor der Frage: soll alles wieder umsonst sein, soll auch diese große Stunde wieder ungenützt vorübergehen? Auf diese Frage antwortet die demokratische Partei: ja, wenn unser Wille nicht geschieht, so soll nichts geschehen. Sehen wir nach den Motiven dieses Widerstandes gegen das, was jetzt das allein Mögliche und Richtige ist, so haben wir den ersten und letzten Grund in einer Abneigung zu suchen, die aus einem *an sich* ganz richtigen Gedanken fließt. Wenn einzelne Staaten, Teile eines natürlichen Ganzen, vorher nur locker verbunden, sich organisch vereinigen, wirklich Teile eines politischen Ganzen werden sollen, so erscheint es als unnatürlich, als eine Anmaßung, wenn ein Teil unter den Teilen sich über die andern stellen, die Rolle des Ganzen spielen will. Auch mir wollte es lange nicht in den Kopf, daß Preußen an die Spitze treten und das übrige Deutschland sich unterordnen soll; allein ich habe gelernt, daß man mit dem Lineal im Kopfe die Geschichte nicht liniieren kann, diese macht eben andere Wege. Preußen ist zu mächtig, um sich mit uns und neben uns unter eine Gesamtregierung Deutschlands zu stellen, und die Form für eine solche läßt sich, wie die Erfahrung bewiesen hat, nicht finden. Das ist ein in den Dingen liegendes Gesetz, das wir einmal nicht ändern können, und seinen Führerberuf hat Preußen in der gefährlichsten aller Lagen, in die ein Volk kommen kann, tatsächlich bewährt, im Kriege.

Ein zweiter Grund des Widerstands liegt in einem Gefühle, das nicht politischer Natur ist, das aber so tief in unserem süddeutschen Naturell sitzt, daß es seine Stimme in den politischen Rat einmischt. Es liegt im preußischen Wesen etwas Absprechendes, Wohlweises, das man bei uns einmal nicht leiden kann. Es geht mir auch so: ich kann es auch nicht leiden, habe darüber in Ernst und Scherz oft räsoniert und räsoniere vielleicht auch ferner. Allein, es steht eben unabänderlich fest, daß eine *Stimmung* kein politischer *Grund* ist, wir müssen unserem nächsten *Gefühle* die Stimme in der politischen *Erwägung* versagen und übrigens uns an die Aussicht halten, daß die flüssigere Mischung mit dem Naturell der deutschen Stämme das beste Mittel sein wird, jene unerfreulichen Züge, die doch auch wahrlich nicht *allen* Preußen eigen sind, aufzulösen.

Von ungleich größerem Gewicht ist ein dritter Grund, genommen aus den innern politischen Zuständen Preußens. Noch hat es die in Preußen verbreitete Bildung nicht vermocht, ein Ministerium Mühler[11] zu entfernen, welches das Unterrichtswesen nicht im Geiste der wahren Religion, welcher erhellend und befreiend wirkt, sondern in einem unfreien, düstern und pfäffischen Geiste leitet. Angesichts dieses Übels muß man sagen, daß Preußen noch nicht auf der Höhe steht, auf der es als ein moderner Staat stehen sollte; das ist kein moderner Staat, wo die Schule im Banne einer mechanischen Religionsauffassung liegt, wo Gebetsformeln den Unterricht einengen. Ein anderes Übel ist das Junkertum, das leider in Preußen noch in Blüte steht. Man erzählt selbst aus dem gegenwärtigen Kriege einzelne Szenen, von denen ich hoffen möchte, daß sie nicht wahr sind, Szenen, die einen trüben Blick in dies Unwesen öffnen. Das Junkertum in Preußen führt zwar nicht verfassungsmäßig, aber vermöge stehender Gewohnheit, eingewurzelten Mißbrauchs Vorrechte mit sich in bezug auf das Vorrücken in Stellen und Ämtern, namentlich im Heere. Nach dieser Seite, meine Herren! sieht es in Preußen heute noch aus wie im Mittelalter; das ist ein starkes Wort, aber es muß gesagt werden. Es ist dies ein Übel der traurigsten Art, das nur höchst abstoßend auf uns wirken kann, die wir Zustände gewohnt sind, wo Adel und Bürgertum schlicht und unbefangen miteinander verkehren und die Geburt kein Vorrecht im Staate begründet.

Ja, meine Herren, das sind große Mißstände. Aber bringt denn Preußen diese Mißstände zu uns herüber? Wir bleiben frei in unserer Regierung, in unserer Verwaltung, in unsern innern Einrichtungen, Bräuchen und Sitten, kein preußischer Minister wird unsere Schulen leiten, kein preußischer Junker wird unsere Regimenter führen; im Gegenteil, wenn wir eintreten in den Norddeutschen Bund, der nun zum Deutschen Bunde werden wird, so bringen wir unser freies, lebendiges Wesen, unser freies Denken mit und sind an der rechten Stelle, gegen das zu wirken und anzukämpfen, was in Preußen noch vom Übel ist.

Doch zwei andere, starke Gründe des Widerstands sind noch nicht genannt; sie liegen in der Verfassung des Nordbunds selbst, – zwei harte Nüsse, zwei saure Äpfel. Sie wissen, meine Herren, daß das Militärgesetz des Nordbundes eine dreijährige Präsenz der Infanterie feststellt (von den Spezialwaffen kann hier nicht die Rede sein, die allerdings eine längere Übung verlangen). Eine so lange Präsenz ist ein für allemal zu viel; zwei Jahre jedenfalls genügen. Man sagt, der Krieg vom Jahre 1866 sowohl als der gegenwärtige habe den Beweis für die Zweckmäßigkeit dieses Gesetzes geliefert. Es ist nicht wahr, er ist nicht geliefert; die Schlachten sind zum geringsten Teil von Truppen geschlagen worden, die im dritten Jahre präsent waren oder sind. Bayern hat keine dreijährige Präsenz und was haben die Bayern geleistet! Schwer drückt dieser Übelstand auf die Arbeit und den Wohlstand, er ist die Hauptursache der Steuererhöhung, die mit dem Eintritt in den Nordbund auf uns wartet. Was tun? Was tun, wenn aller Einspruch gegen ein so lästiges Gesetz vergeblich ist? Vorerst lassen Sie mich eines sagen. Das System, das ich, soviel ich als Laie von der Sache verstehe, für das beste halte, käme jedenfalls noch viel teurer. Es würde die Präsenz auf *ein* Jahr verkürzen, aber voraussetzen, daß die Jugend vom 14. oder 16. Jahre an im ganzen Land, in jeder Gemeinde durch Instruktoren streng gesetzmäßig eingeübt würde bis zum Antritt der wirklichen Dienstpflicht; die Söhne der Landleute und Bürger müßten jede Woche wenigstens einen halben Tag darangeben, um zu exerzieren; das Instruktionsinstitut käme teuer, sehr teuer zu stehen. Es wäre eine Einrichtung, die sich streng von einer Milizverfassung unterschiede, wie sie die demokratische Partei immer empfiehlt. Ich habe das Milizwesen in der Schweiz mit angesehen und habe dort keinen denkenden Militär gesprochen, der nicht geurteilt hätte, daß dies System ungenügend sei und im Kriege nimmermehr bestehen würde. Die Präsenz, die nur einige Wochen dauert, ist zu kurz, sie genügt weder das Technische hinreichend zu lernen noch an Disziplin und Einfügung in den Körper, dem der Soldat angehört, sich zu gewöhnen, und schweizerische Offiziere selbst haben mir gestanden, daß, wenn die Schweiz in einen Krieg verwickelt würde, erst mit blutigen Strafen die Disziplin hergestellt werden müßte; das System genügt nicht, die nötige Zahl guter Unteroffiziere zu bilden, es fehlen ihr die Kaders, es fehlt ihr durchaus die unentbehrliche größere Zahl von Berufssoldaten. Berufen Sie sich nicht auf das Kadetteninstitut als auf eine hinreichende Vorbildungsschule. Dieses Institut ist nicht allgemein; führt eine Gemeinde es ein, so ist es allerdings verpflichtend für jeden Schüler, aber die Gemeinden sind nicht gezwungen, es einzuführen, und es haben daher nicht alle Gemeinden in der Schweiz Kadettenschulen. So bleibt die Allgemeinheit der Vorbildung aus, welche nötig wäre, eine so kurze Präsenz auszugleichen; doch auch wenn sie bestände, wäre diese schlechthin zu kurz, um einen guten Soldaten zu bilden. – Genug von anderen Militärsystemen; das steht fest, daß eine dreijährige Präsenz zu lang ist, zu schwer auf den Bürger drückt. Wir werden protestieren, aber wenn es vergeblich ist? Wenn wir nun die lästige Bestimmung nicht entfernen können, und wenn ein Abgeordneter dennoch für den Eintritt in den Nordbund stimmt, also in den sauren Apfel beißt, was wird man dann sagen? Die Gegner werden sagen, er opfre seine Überzeugung und dies sei schmählich. Allein wer irgend billig ist, muß zwischen Wesentlichem und Unwesentlichem unterscheiden. Das Wesentliche aber ist, daß unser Staat nicht *länger in der Luft schwebe*, sondern daß er *unter Dach und Fach komme*, damit uns nicht der nächste Krieg umwirft wie ein Kartenhaus; *hierin* die Überzeugung opfern wäre schmählich; seine Überzeugung in einem einzelnen Punkt opfern, um ein großes, allgemeines Gut zu retten, ist wahrlich keine Schande, vollends dann nicht, wenn das einzelne Übel, um das man das Gut erkauft, kein bleibendes ist, denn nur für eine Reihe von Jahren ist diese Bestimmung im Nordbund gültig, sie *kann* künftig umgestoßen werden, und sie *wird* umgestoßen werden.

Der Nordbund wird überhaupt etwas teuer sein, meine Herren; die Steuern werden steigen, aber glauben Sie denn, wenn wir eine Reichsverfassung gemacht hätten, die ganz vom Volke aus durch ein Parlament entstanden wäre, diese Verfassung wäre wohlfeiler geworden? Wer in ein neues Ganzes eintritt, muß auch für das Ganze zahlen, während er vorher nicht für ein solches Ganzes zu zahlen hatte. Ich erinnere Sie an die Beiträge zur deutschen Flotte. Ich glaube, ich würde Sie alle beleidigen, wenn ich von Ihnen glauben würde, Sie begreifen den Nutzen einer Flotte nicht, weil sie nicht auf der Enz schwimmt.

Noch ein Wort zum Schluß über die Steuerlast als eines der stärksten Drohmittel unserer Gegner! Ja, der Eintritt in den Nordbund ist teuer, das teuerste aber, meine Herren, ist die *Schutzlosigkeit*, das teuerste ist, wenn ein Krieg uns vereinzelt findet, zu Boden schlägt, aussaugt, wenn Elend und Armut und Millionen über Millionen Staatsschulden folgen. Ich meine, das wäre jedenfalls ein weit größeres Übel als der Zuwachs an Steuern, den wir durch den Eintritt in den Nordbund bekommen.

Wenn wir nun fragen: soll denn der jetzige große Augenblick wieder nicht benutzt werden und soll man uns ebenso uneinig und wehrlos finden wie vorher? so wird uns geantwortet: nein, die Allianzverträge haben wir, wir haben ja ein Bündnis mit Preußen, ein Schutz- und Trutzbündnis; im Kriegsfall werden wir wieder zusammenstehen, und zwar immerhin unter der Leitung und Führung Preußens. Meine Herren! Ob diese Allianzverträge genügen, wenn es wieder einen Krieg gibt, das ist keine Frage, die sich so leichthin mit Ja beantworten läßt. Der nächste Krieg wird nicht so einfach sein wie der gegenwärtige, wo ganz Deutschland seinen Feind, den alten Reichsfeind, der uns wiederholt berauben wollte, sich klar gegenüber hat. Ich glaube allerdings, wir stehen vor einem gewaltigen Weltsturme; da werden sich die Dinge ganz anders verwickeln als diesmal, und wenn wir nicht verfassungsmäßig mit dem übrigen Deutschland vereinigt sind, so zerren uns die gekreuzten Interessen dahin und dorthin; ein so leichtes Blatt wie unser Staat, wer weiß, in welchen Abgrund es dann von den Wirbelstürmen geweht würde? Das ist doch wohl einleuchtend, doch es ist nicht mein Hauptgrund.

Was ich jetzt sage, ist nicht mehr politisch. Erlauben Sie mir, meine Herren! ein Wort hier zu sprechen nicht mehr aus politischer Luft heraus, die immer die Luft der Berechnung ist, sondern aus dem Äther der sittlichen Welt. Unsere Soldaten, unser deutsches Heer stellt uns jetzt die deutsche Einheit in leuchtendem Bilde vor; in diesem Kriege ist Deutschland einig, und was diese Krieger tröstet in Hunger und Durst, in den langen Winternächten, wenn sie durchnäßt auf schlammigem Boden liegen, im Schnee und Eis auf ihren Posten stehen, was sie tröstet, wenn sie zerschossen niedersinken und ihre Seele aushauchen, das ist der Gedanke: ich habe gekämpft, ich kämpfe für ein einiges Deutschland; was ihnen Mut gibt, in die Säulen der Feinde hineinzustürzen, ist das Bewußtsein: wir bringen die Einheit Deutschlands auf unsern Fahnen und mit unsern Wunden nach Hause. Und dieser Moment soll wieder nicht benutzt werden, das Eisen wieder nicht geschmiedet werden, solange es glüht? All die Taten sollen getan, all das Blut soll geflossen sein, nur, damit wir wieder wehren und sperren und zerren und zerfen? Nein, wenn ich da mittäte, glauben Sie mir, verehrte Mitbürger, ich würde fürchten, die Toten, die hingesunken sind und ihre Seele verröchelt haben in blutiger Schlacht, sie stehen auf aus ihren Leichenhügeln und starren mich an mit weitoffenen Augen und fragen mich: haben wir darum gefochten und geduldet und sind gestorben, daß du, eigensinniger Schwabe, das Einigungswerk wieder hintertreibst und mit dem alten deutschen Grundlaster wieder zerfetzest und zerzausest? Nein, haben sie gehungert und gedürstet und die Schrecken des Todes nicht gefürchtet, so will

ich nicht unter denen sein, die sie um die Früchte ihrer Blut-
arbeit betrügen, weil sie sich eine Resignation nicht auflegen
können; nicht unter denen, die es verschulden, daß man den
Deutschen abermals nachsagt: ihr könnt dreinschlagen, aber
nicht bauen. Ich will nicht zanken und hindern, nicht verneinen, ich will bejahen, ich will bauen.

Es bleibt mir noch übrig, mit einem Wort zurückzukommen
auf den Vorwurf des Gesinnungswechsels, des Charakterum-
schlags, auf den Vorwurf: du warst vorher bei uns und hängst
nun den Mantel nach dem Winde. Meine Herren! glauben Sie
mir, die feste Überzeugung, das Beste des Vaterlandes ehrlich
zu wollen, ist ein Panzer von gar gutem Stahl, an dem solche
Anklagen wie Spreu abprallen. Ich darf meine letzte Stunde
ruhig abwarten, da ich mir sagen darf, du bist noch dabei gewesen, als das Vaterland endlich aus der Lächerlichkeit und
Schande, es nicht zur Einheit bringen zu können, heraustrat
und sich zu der Höhe aufschwang, die ihm gebührt; du durf-
test noch mitwirken und hast mitgewirkt, obwohl nicht alles
so blühend aussah, wie du es hättest wünschen mögen.

Ja, wenn Charakter heißt: mit dem Kopfe durch die Wand
wollen, dann sind wir charakterlos; wenn Charakter heißt:
die Wirklichkeit über das Knie des Ideals, das wir alle hochhalten, gewaltsam abbrechen, dann sind wir charakterlos;
wenn Charakter heißt: sagen, weil nicht alles ist, wie ich es
möchte, so soll nichts sein, dann sprechen Sie immerhin uns
den Charakter ab. Ich aber möchte einst, wenn mir die Augen
im Tode brechen, mich nicht mit dem Gedanken trösten: damals, in jener großen Stunde, ist zwar wieder nichts geworden, ist Deutschland das Gelächter der Welt geblieben, ich
aber darf an meine Brust schlagen und mir sagen: ich bin einer
von den Gesinnungstüchtigen, die immer nein gesagt haben.

Quelle: Friedrich Theodor Vischer, Kritische Gänge. Hrsg. von Robert
Vischer. Bd. III. 2. vermehrte Auflage. Berlin u. Wien: Meyer & Jessen
1920. S. 461–477.

Anmerkungen

1. Krieg um die Vorherrschaft in Deutschland (15. Juni bis 27. Juli 1866). Auf der Seite Preußens stehen die kleineren norddeutschen Staaten, auf der Seite Österreichs: die vier Königreiche Bayern, Württemberg, Sachsen und Hannover sowie Baden, Kurhessen, Hessen-Darmstadt, Nassau, Meiningen, Reuß ä. L., Frankfurt. In der Schlacht bei Königgrätz (3. Juli) fällt die Entscheidung: die preußischen Armeen siegen über das österreichische Hauptheer, die hannoversche Armee hatte schon am 29. Juni bei Langensalza kapituliert.
2. Felix Fürst zu Schwarzenberg (1800–52), österreichischer Ministerpräsident (seit 1848), zwang Preußen zur Aufgabe seiner Unionspolitik (Olmützer Punktation vom 29. November 1850).
3. Am 14. September 1066 siegte Wilhelm von der Normandie (der Eroberer) über den Angelsachsen Harold II.
4. 1866/67 Gründung des Norddeutschen Bundes unter Führung Preußens.
5. Vincent Graf Benedetti (1817–1900), französischer Botschafter in Berlin (seit 1864). Er stellte 1870 in Ems an König Wilhelm I. bestimmte Forderungen, deren Ablehnung (forciert von Bismarck durch die Emser Depesche vom 13. Juli) am 19. Juli die Kriegserklärung Frankreichs an Preußen folgte.
6. Vischer meint den Gegenkandidaten Franz Hopf (1807–87), Pfarrer, von 1849 bis 1876 württembergischer Landtagsabgeordneter, der gegen die Bewilligung des Militärkredits gestimmt hatte.
7. Ezéchiel Graf von Mélac, französischer General; verwüstete 1689 im Auftrag Ludwigs XIV. die Pfalz.
8. Henri de Latour d'Auvergne, Vicomte de Turenne (1611–75), französischer Marschall, besiegte 1645 und 1648 Bayern bei Allersheim und Zusmarshausen. Während des Holländischen Krieges operierte er 1674 bis 1675 im Elsaß und in Baden.
9. Johann Jakoby (1805–77), Arzt und politischer Schriftsteller, preußischer Landtagsabgeordneter; legte am 14. September 1870 in einer Versammlung der Königsberger Volkspartei mit folgenden Worten Verwahrung gegen die Annexion von Elsaß-Lothringen ein: »... es ist der barste politische Unverstand, zu glauben, aus Unrecht und Gewalttat könne den Völkern irgend ein Heil erwachsen.« Wegen dieser Äußerung wurde er am 20. September gefangengesetzt.
10. So in dem Artikel »Der zweite Akt unseres Krieges«, den Vischer in der Beilage zur »Allgemeinen Zeitung« (28./29. Januar 1871) veröffentlichte.
11. Heinrich von Mühler (1813–74), 1862 bis 1872 preußischer Kultusminister, wurde wegen seiner streng konfessionellen Schulpolitik von den Liberalen bekämpft.

AUGUST BEBEL

1840–1913

Der am 22. Februar 1840 in Köln geborene Bebel, von Beruf Drechslermeister, nahm 1863 am ersten Vereinstag der »Deutschen Arbeitervereine« in Frankfurt a. M. teil, war seit 1865 Vorsitzender des Arbeiterbildungsvereins Leipzig und seit 1867 Reichstagsabgeordneter der von ihm und Karl Liebknecht gegründeten »Sächsischen Volkspartei«. 1869 gründete Bebel mit Liebknecht die »Sozialdemokratische Arbeiterpartei« Deutschlands in Eisenach (Eisenacher Programm); sie wurde 1875 mit den »Lassalleanern« zur »Sozialistischen Arbeiterpartei Deutschlands« vereinigt. Unter Bebels Führung (seit 1902) erweiterte sich die Partei zu einer Massenpartei, denn er verstand es, die extremen Richtungen der Partei, Revisionisten und Linksradikale, auf eine Richtung hin zu vereinigen. Er starb 1913 als ein international bekannter und angesehener Arbeiterführer in der Schweiz.

August Bebel besaß eine beträchtliche rhetorische Begabung und kann daher von seinen Versammlungsreden und Parlamentsreden her durchaus als Muster eines proletarischen Volkstribunen gelten, wie es Lenin in »Was nun?« proklamiert hat. Bebels Redestil ist an erster Stelle pragmatisch; er will durch Argumente und Fakten überzeugen und knüpft oft direkt an die Erfahrungen der breiten Masse durch bildhafte einprägsame Wendungen an.

Die hier aufgenommene »Rede zum Gesetzentwurf über die Aufenthaltsbeschränkung der Jesuiten« hat Bebel am 17. Juni 1872 im Deutschen Reichstag (und zwar frei, wie es die Geschäftsordnung des Reichstags verlangte) gehalten. Sie zeigt neben der überlegenen Kenntnis der Sachverhalte schlagfertigen Witz und die Fähigkeit, mit ideologiekritischem Blick auf kurzem Raum die hinter der Bekämpfung der Jesuiten verborgenen wirklichen Absichten der Regierungspartei aufzudecken. Bebel erklärt sich gegen den Gesetzentwurf und

*schlägt als grundsätzliche Lösung des ganzen Problems den
Bruch mit allen religiösen Dogmen vor. Die Wiedergabe der
Rede erfolgt nach den »Stenographischen Berichten über die
Verhandlungen des Deutschen Reichstages«, 1. Legislatur-
Periode, III. Session 1872, Bd. II, Berlin 1872, S. 1079–82.*

Rede zum Gesetzentwurf
über die Aufenthaltsbeschränkung der Jesuiten

Meine Herren, der englische Kulturhistoriker Buckle[1] sagt in
seiner berühmten Geschichte der englischen Zivilisation, daß
der beste Maßstab für die Kultur eines Volkes der sei, wenn
man beurteile, welche Bedeutung das Volk religiösen Streitigkeiten beilege, und er geht dabei von der Ansicht aus, daß, je
mehr in einem Volke religiöse Streitigkeiten vorhanden seien,
um so niedriger die Kulturstufe sei, die es einnehme. Meine
Herren, ist diese Auffassung richtig – und sie ist es nach meiner Überzeugung –, dann ist es allerdings mit dem deutschen
Volke und seiner Kultur sehr traurig bestellt. Meine Herren,
es werden hier in einer Session wochen- und monatelang Sit-
zungen gehalten, es werden da großartige Gesetze beraten, die
das Volk in die bedeutendste Mitleidenschaft führen; aber,
meine Herren, bei keinem dieser Gesetze hat man es der Mühe
wert gefunden, mit solcher Gründlichkeit zu Werke zu gehen
als bei dieser Sache, welcher ich nach meiner Ansicht gar keine
Bedeutung beilegen kann. Denn, meine Herren, dieser Reli-
gionsstreit, richtig aufgefaßt, ist nichts weiter als ein Schein-
gefecht, eine Komödie, dazu bestimmt, das Volk von seinen
wahren Interessen abzuziehen, es glauben zu machen, daß hier
wirklich in dem Streit um religiöse Dogmen das Heil und seine
Zukunft begründet liege.[2] Meine Herren, die religiösen Anschauungen, die politischen Institutionen und die sozialen Einrichtungen eines Volkes sind jederzeit harmonisch, eins resul-
tiert aus dem anderen, und wenn wir die beiden hier einander

gegenüberstehenden Parteien, die auf das lebhafteste sich jetzt
bekämpfen, charakterisieren wollen, dann können wir sagen,
daß der Katholizismus das Prinzip der Vergangenheit, den
mittelalterlichen Staat vertritt, der Protestantismus den modernen Staat. Meine Herren, wenn es den Herren von der
ultramontanen Partei[3] gelungen ist, eine größere Zahl ihrer
Vertreter in den Reichstag zu bringen, dann ist ihnen das nicht
möglich gewesen, weil sie bestimmte religiöse Anschauungen
haben, sondern weil sie mit den religiösen Anschauungen zugleich ganz bestimmte soziale und politische Anschauungen
und Grundsätze vertreten. Diese letzteren sind es auch wirklich gewesen, die ihre zahlreiche Vertretung in diesem Reichstage möglich gemacht haben. Meine Herren, das deutsche
Volk, das heißt diejenigen Schichten des deutschen Volkes,
welche in ihrer ganzen heutigen Lebensweise mehr noch ein
Produkt der mittelalterlichen Institutionen sind, haben vollständig richtig erkannt, daß in dem Liberalismus und seinen
Forderungen ihr Heil nicht liegt, sie haben weder an dem
gegenwärtigen Staatswesen irgendwelchen Geschmack noch an
den sozialen Einrichtungen, die der heutigen Gesellschaft zugrunde liegen. So kommt es, daß der kleine Bürger- und
Bauernstand, der in der Verwirklichung der modernen Idee,
in dem Prinzip des Industrialismus, seinen Untergang sieht,
sich einer Seite anschließt, wo er glaubt, daß gegen diese modernen Prinzipien ein energischer Widerstand erhoben wird.
Der Protestantismus andererseits ist die eigentliche Religion
des Bürgertums, einfach, schlicht, hausbacken, gewissermaßen
die Religion in Schlafrock und Pantoffeln, wie das Bürgertum
sie braucht zu seiner allmählichen Entwicklung, ein gewisser
freiheitlicher Zug und Fortschritt, den es unbedingt nötig hat,
um seine Entwicklung vollziehen zu können. Aber, meine
Herren, der Protestantismus steht nach meiner Überzeugung
ebensogut wie der Katholizismus im Widerspruch mit den modernsten Prinzipien selbst wie mit der eigentlichen Wissenschaft. Unsere Bourgeoisie, welche alle Fortschritte auf allen
Gebieten der Wissenschaft ausnutzt und sich dienstbar zu

machen sucht, ist, sosehr sie sich auch den Anschein gibt, nichts weniger als religiös. Wenn ich höre, wie die Herren von der liberalen Partei für die Religion eintreten und sich feierlich dagegen verwahren, daß sie die Religion schädigen wollen, so glaube ich zwar, daß sie letzteres nicht wollen, aber es fällt mir schwer, zu glauben, daß es ihre wirkliche innere Überzeugung ist. Denn ein Mann, der, wie ich es von der großen Mehrheit dieses Hauses annehme, sich mit den Forschungen und Resultaten der neueren Wissenschaft bekannt gemacht hat, kann unmöglich noch an religiöse Dogmen glauben, und wenn er es scheinbar tut, so ist es nicht innere Überzeugung, sondern ein Akt der Zweckmäßigkeit, dazu angetan, seine materiellen Interessen zu wahren. Unsere Bourgeoisie hat keine Religion. Wenn Sie dem Jesuitismus vorwerfen, er verstoße gegen Moral und Sitte, dann sage ich, daß das Bourgeoisiesystem, was der heutigen Gesellschaft zugrunde liegt, in noch weit höherem Grade die Moral und die Sitten untergräbt; ist der Jesuitismus staatsgefährlich, so ist es noch mehr das moderne liberale Prinzip, welches wir, wie gesagt, in allen gesellschaftlichen Institutionen verwirklicht sehen. Meine Herren, es ist sehr bequem und nützlich, sich auf die Religion und das religiöse Prinzip zu stellen; denn die Religion ist allezeit und wesentlich der Eckstein des Autoritätsprinzips gewesen, und sowenig die Bourgeoisie selbst geneigt ist, irgendeine Autorität über sich anzuerkennen, so begreift sie doch, daß für diejenigen, die sie ausbeutet, für diejenigen, von denen sie existiert, für diejenigen, aus deren Körper- und Geisteskräften sie die ungeheuren Reichtümer ansammelt, das Autoritätsprinzip äußerst notwendig ist, um diese in der Unwissenheit und Halbbildung zu erhalten.

Noch eins! Sie sagen, der Jesuitismus habe mit dem Katholizismus nichts zu tun; ich sage, das ist grundfalsch, der Jesuitismus und der Katholizismus sind vollständig identisch. Der Jesuitismus besteht allerdings erst seit dreihundert Jahren, aber die Bestrebungen, die dem Jesuitismus seit dreihundert Jahren zugrunde liegen, hat die katholische Kirche seit mehr

als tausend Jahren in der großartigsten Weise zur Geltung zu
bringen gewußt. Wollen Sie bestreiten, daß die Bestrebungen
Gregors VII.[4] den Bestrebungen der Jesuiten irgendwie entgegenstehen? Doch wahrhaftig nicht. Also das kirchliche
Autoritätsprinzip im Staate zur Herrschaft und zur Geltung
zu bringen, das hat der katholischen Kirche von jeher zugrunde gelegen, und der Jesuitismus ist weiter nichts als der
klare und bestimmte Ausdruck des katholischen Prinzips. Insofern haben die Herren im Zentrum vollständig recht, wenn
sie sagen, ein Kampf gegen die Jesuiten ist zugleich ein Kampf
gegen die katholische Kirche, und weiter recht, wenn sie behaupten, daß dieser Kampf ein sehr erbitterter sein werde,
daß die große Masse der kirchlich Gesinnten in stärkste Mitleidenschaft gezogen werde. Sie sagen, Sie wollen durch dieses
Gesetz den Frieden herstellen; Sie werden nicht den Frieden
bekommen, sondern das Gegenteil, den Krieg.

Nun, meine Herren, wie steht der Staat zu diesen religiösen
Wirren? Wenn Sie behaupten, das neue Dogma von der Unfehlbarkeit habe, weil es staatsgefährlich sei, erst diesen neuesten Streit hervorgerufen, so ist das vollständig falsch. Alle
religiösen Dogmen stehen mit der gesunden Vernunft und mit
der Wissenschaft in Widerspruch (Heiterkeit.), und ein religiöses Dogma wie das der Unfehlbarkeit, welches durch einen
so besonders starken Widerspruch gegen die gesunde Vernunft
sich auszeichnet, müßte von Ihrem liberalen Standpunkte aus
Ihnen in hohem Grade willkommen sein; denn je größer die
Dummheit ist, die man der Menschheit zumutet, je mehr man
damit der gesunden Vernunft ins Angesicht schlägt, um so
besser; denn dann werden Tausende, die sich bisher am Gän-
gelbande haben leiten lassen, anfangen zu denken, und durch
das Ins-Leben-Rufen eines solchen ungeheuerlichen Dogmas
wie das der Unfehlbarkeit wird man das gerade Gegenteil
von dem bewirken, was man glaubt. Meine Herren, dem
Staate ist es vollkommen gleichgültig, ob der Papst unfehlbar
ist oder nicht, ihm ist es auch vollständig gleichgültig, ob die
Jesuiten gegen die Moral verstoßen oder nicht; der Staat hat

allezeit verflucht wenig nach der Moral gefragt (Gelächter.), und, meine Herren, der Mann, der heute an der Spitze von Deutschland steht, der Herr Reichskanzler[5], ist am allerwenigsten der Mann, der nach der Moral und nach kirchlichen Dogmen irgendwie fragt, wenn es seinem politischen Zwecke nicht paßt. Das hat er ja neulich selbst eingestanden, daß politische Heuchelei auch für ihn ein wesentlicher Faktor in seinen politischen Handlungen sei. Was den Herrn Reichskanzler reizt, ist, daß er von der katholischen Seite in politischen Dingen nicht für unfehlbar angesehen wird (Heiterkeit.), daß er von ihr nicht unterstützt wird. Meine Herren, wenn die Herren im Zentrum sich bereit erklärten, die politischen Bestrebungen des Reichskanzlers zu unterstützen, ich versichere Ihnen, daß es dem Reichskanzler dann vollständig egal ist, was sie auf kirchlichem Gebiete tun. (»Sehr richtig!«) Je reaktionärer der Jesuitismus auftreten würde, desto angenehmer würde es dem Reichskanzler sein, er würde ihn in allen seinen Bestrebungen entschieden unterstützen. Aber da der Jesuitismus sein politisches Vorgehen bekämpft und angreift, da ist er sein Feind, und diese ganze Gesetzgebung, die hier in Frage steht, läuft nur darauf hinaus, die Jesuiten respektive die ultramontane Partei kirre zu machen, ihr den Daumen aufs Auge zu drükken und sie aus einer Oppositionspartei zu einem gehorsamen Werkzeuge zu machen. (»Sehr richtig!«) Nichts weiter ist der Zweck dieser Gesetzgebung. Aber, meine Herren, daß er mit solchen für jeden denkenden Menschen klar daliegenden Absichten die Vertreter der deutschen Nation kirren kann, daß die Vertreter der deutschen Regierungen es überhaupt nur wagen durften, einen Gesetzentwurf vorzulegen wie diesen, der Sie, wenn Sie ihn annehmen, zu Polizeibütteln herabwürdigt, das ist ein Zeugnis, wie außerordentlich tief der Reichstag in der Achtung der verbündeten Regierungen steht (»Oh! Oh!«), in der Achtung, die man einer Volksvertretung zollen muß. Wüßten nicht unsere Regierungen, daß in allen entscheidenden Fragen der Liberalismus weit mehr nach dem Willen der Regierung als nach dem Willen derjenigen handelt, die ihn gewählt haben (Große Unruhe.), man würde nicht gewagt haben, Ihnen einen solchen Gesetzentwurf vorzulegen. Es kommt noch eins hinzu: Gerade diese Agitationen auf kirchlichem Gebiete sollen dazu dienen, das böse Odium, das auf Ihnen als Werkzeug des Reichskanzlers lastet, den Mißkredit, der dadurch in immer weitere Kreise des Volkes gesät worden, auszuwetzen. Sie beschreiten dieses Gebiet, welches so harmlos ist, weil Sie hoffen dürfen, die große blöde Masse des Volkes wiederzugewinnen, indem Sie ihr den Wauwau der Jesuiten vorhalten. Sie sind das rote Gespenst im anderen Sinne, das an die Wand gemalt und der beschränkten Menschheit gezeigt wird, um ihr zu sagen, wie notwendig es sei, hier einzuschreiten und den Jesuitismus zu bekämpfen, und daß dies das Wichtigste sei, was überhaupt eine Volksvertretung tun müsse und tun solle. Während man auf der einen Seite ein Volksrecht nach dem andern preisgegeben hat, sucht man durch die Bekämpfung des Jesuitismus den verlorenen Kredit unter der Masse wiedererobern zu können, und das ist der Grund, weshalb die Liberalen, denen die religiösen Fragen ziemlich Wurst sind (Heiterkeit.) und die man schwerlich viel in den Kirchen sehen wird, weshalb diese mit solchem Eifer sich auf religiöse Fragen werfen.

Meine Herren, ich behaupte weiter, daß niemand unter Ihnen ist, der diese Anträge gestellt und unterstützt hat, der wirklich glaubte, daß mit diesem Gesetzentwurf der Jesuitismus totgemacht werde. Es ist mir undenkbar, daß dies jemand ernstlich glaubt. Ich stimme vollständig der Kritik bei, welche der Herr Abgeordnete Dr. Gerstner[6] in dieser Beziehung gegeben hat; auch ich bin der Meinung, daß Sie den Jesuitismus nicht unterdrücken werden, sondern im Gegenteil, Sie werden die Bestrebungen, die Sie zu bekämpfen vorgeben, nur noch unterstützen. Meine Herren, die große Masse der Menschen sind Gefühlsmenschen, wirklicher Verstand ist bei den wenigsten vorhanden. (Große Heiterkeit.) Meine Herren, diese Masse ist gar zu geneigt, wenn Verfolgungen gegen irgend jemanden eintreten, für den Verfolgten Partei zu ergreifen.

Nicht, daß man ohne weiteres seine Meinung akzeptiert, aber man sieht in dem Menschen einen Verfolgten, und es ist eben der gute Zug der menschlichen Natur, der den Menschen dahin drängt, dem Verfolgten beizustehen. Aber indem er ihm die Sympathien als Verfolgten schenkt, liegt es sehr nahe, daß er leicht dessen Anschauungen zu den seinigen macht. Auf diese Weise wird durch die Verfolgung einer Meinung nur ein größerer Kampf hervorgerufen, die verfolgte Meinung gewinnt mehr Anhänger, und [man] erreicht das Gegenteil von dem, was man durch die Verfolgung verhüten wollte. Auf der anderen Seite, meine Herren, bin ich der Meinung, daß unsere gegenwärtige Reichsgesetzgebung vollständig ausreicht, um sogenanntem staatsgefährlichen Treiben entgegenzuwirken. Gilt es, meine Herren, Tendenzprozesse ins Leben zu rufen, dann werden Sie an jedem beliebigen Orte in Deutschland so gut wie in Leipzig zwölf bürgerliche Geschworene und einige Richter finden, die Ihnen den schönsten Tendenzprozeß machen und den Angeklagten zu soundso viel Jahren Festung oder Zuchthaus verurteilen. In dieser Beziehung ist also bereits in der bestehenden Reichsgesetzgebung vollständige Fürsorge getroffen. Und gilt es, einen Menschen heimatlos zu machen, ihn wie ein wildes Tier von Ort zu Ort zu hetzen, dann ist auch dafür bereits in der gegenwärtigen Reichsgesetzgebung auskömmlich gesorgt. Es kommt nur auf eine etwas kühne Interpretation an, und vor kühnen Interpretationen sind die Regierungen noch zu keiner Zeit zurückgeschreckt.

Ich will Ihnen nur einen Fall erzählen, der einen klaren Beweis dafür gibt, daß meiner Behauptung gemäß in Beziehung auf die beliebige Ausweisung unliebsamer Personen das gegenwärtige Freizügigkeitsgesetz im Deutschen Reiche einen vollständigen Anhalt bietet. In Sachsen ist ein Parteigenosse von mir, ein gewisser Ufert[7], vor eineinhalb Jahren zu 6 oder 7 Monaten Gefängnis verurteilt worden wegen Majestätsbeleidigung, und zwar des deutschen Kaisers, die er in einer Rede in der Nähe Chemnitz' begangen haben sollte. Nachdem er diese Strafe abgesessen, kehrte er zurück nach Chemnitz, natürlich nicht überzeugt von seiner Schuld, und fängt von neuem an, nach seiner Überzeugung als Agitator in öffentlichen Versammlungen für die sozialdemokratischen Prinzipien zu wirken. Das genügte dem Chemnitzer Stadtrat, um aufgrund des § 3 des deutschen Freizügigkeitsgesetzes den Mann aus Chemnitz auszuweisen. Der Mann hat sich beschwert, es hat ihm aber nichts genutzt, vielmehr hat dieses Vorgehen des Chemnitzer Stadtrates in verschiedenen sächsischen Städten das bereitwilligste Entgegenkommen und Nachahmung gefunden. Herr Ufert wird für eine Versammlung in Frankenberg oder Hainichen – ich weiß das nicht mehr genau – als Redner angekündigt; noch ehe er aber dazu kommt, die Versammlung abzuhalten, tritt ihm die Polizei entgegen mit einem Ukas, daß er ausgewiesen sei. Dasselbe geschah in Mittweida, in Waldheim und an anderen Orten ganz genau in derselben Weise. Endlich geht der Mann nach Dresden und agitiert dort gleichfalls für seine Überzeugung; da kommt die Dresdener Polizei und weist ihn aufgrund des § 3 des Freizügigkeitsgesetzes ebenfalls aus. Er geht hinaus, läßt sich an der Grenze des Weichbildes von Dresden nieder und beschäftigt sich als Zimmerarbeiter. Eines Tages wird er von Parteigenossen eingeladen, an dem entgegengesetzten Ende des Weichbildes eine Versammlung abzuhalten. Er benutzt die durch die Stadt gehende Eisenbahn, um dahin zu gelangen. Kaum erfährt das die Dresdener Polizei, so werden soundso viel Mann aufgeboten, und Ufert wird festgehalten, weil er das Ausweisungsdekret übertreten habe. Meine Herren, sowohl die Kreisdirektion wie das Ministerium des Innern haben alle diese Ausweisungsdekrete bestätigt.

Sie sehen also, wenn man einen Mann verfolgen will, dann sind unsere jetzt bestehenden Gesetze ganz famose Handhaben dazu. Sie können sich also auf die bestehenden Gesetze stützen bei Ihren Unterdrückungsmaßregeln, dann haben Sie wenigstens das eine profitiert, daß Sie dem unangenehmen Odium eines Ausnahmegesetzes entgehen, welches ja in aller Augen immer etwas sehr Gehässiges hat.

Nun, meine Herren, sollen der Jesuitismus und der Ultramontanismus vernichtet werden – und das ist ja auch meine Meinung –, dann müssen ganz andere Mittel und Wege in Anwendung gebracht werden. Der Abgeordnete Dr. Gerstner hat bereits darauf hingewiesen, daß der Staat die wesentliche Ursache sei, daß der Jesuitismus sich jetzt so breitmachen könne, wie er es tatsächlich tue. Ich sage: Nicht allein der Staat, sondern auch die liberalen Parteien sind daran schuld; auch die liberale Partei hat nicht das getan, was sie zu tun versprochen hat, auch die liberale Partei hat in einer unverantwortlichen Weise die Volkserziehung und Volksbildung vernachlässigt.

Meine Herren, statt daß Sie 100 Millionen Taler für Anschaffung von Mordwerkzeugen und zur Erhaltung stehender Armeen verwenden, die dazu bestimmt sind, auf Geheiß eines einzelnen sich gegenseitig die Köpfe einzuschlagen (Lachen.), wäre es viel besser, wenn Sie diese enormen Summen zur Volksaufklärung und Volksbildung verwendeten. Aber heute ist es in unserem Staate gerade umgekehrt. Wenn das, was heute für das Militär ausgegeben wird, für die Schulen ausgegeben würde, wenn Sie in dieser Weise die Schulen dotierten, wenn Sie die Kirche vom Staate trennten, die Kirche aus der Schule hinauswürfen, dann würde der Erfolg sich zeigen. Der Staat muß es für seine Hauptaufgabe betrachten, für die Volksbildung im höchsten Maße Sorge zu tragen, dann würde es sehr bald dahin kommen, daß alle ultramontanen und kirchlichen Wühlereien und Hetzereien nicht mehr den geringsten Einfluß übten.

Allerdings wäre dann nicht bloß der Einfluß der Jesuiten gebrochen, dann wären auch der Einfluß der Pietisten und ebenso der Einfluß des Protestantenvereins und der Altkatholiken gebrochen, mit einem Worte, es wird durch ein vernünftiges Volkserziehungssystem mit den religiösen Dogmen überhaupt gebrochen werden. Statt die Schullehrer häufig mit einem Schafhirten oder Kuhhirten in materieller Beziehung auf eine Stufe zu stellen, sollten Sie dieselben als die bestdotierten Beamten des Staates anstellen, als die Volkserzieher betrachten, in deren Reihen die besten Geister der Nation hineinziehen, und, gegründet auf die Forschungen und den Stand der heutigen Wissenschaft, eine Schule begründen, welche bis ins entfernteste Dorf in auskömmlicher Weise unterstützt wird. Ehe 10 Jahre vergehen, würde es mit allen pfäffischen Wühlereien aus sein. Dann, meine Herren, lassen Sie die Geistlichen in Gottes Namen predigen, es würde kein Mensch in die Kirche gehen. (Heiterkeit.)

Aber, meine Herren, das vom heutigen Staate zu verlangen wäre Wahnsinn, und es vom Liberalismus zu verlangen wäre vergebens. Denn so gut der Staat auf dem Autoritätsprinzip steht und wesentlich durch die Kirche als seine Hauptstütze gehalten wird, ebenso ist es auch mit dem Liberalismus. Auch Ihr Prinzip, meine Herren (nach links), ist die Autorität, denn ist erst einmal die himmlische Autorität untergraben, dann hört natürlich auch die irdische Autorität sehr bald auf, und die Folge wird sein, daß auf politischem Gebiete der Republikanismus, auf ökonomischem Gebiete der Sozialismus und auf dem Gebiete, was wir jetzt das religiöse nennen, der Atheismus ihre volle Wirksamkeit ausüben.

Nun, meine Herren, nach den Anschauungen, die ich über die Streitfrage habe, werden Sie begreifen, daß ich keine Lust habe, diesem Gesetze meine Zustimmung zu geben. Ebenso werden Sie aber auch begreifen, daß, wenn behauptet worden ist, der Sozialismus und der Ultramontanismus seien Verbündete, dies nichts ist als eine infame Verleumdung.

Meine Herren, wenn die Sozialdemokratie einstens siegt, ist es mit dem Liberalismus und dem Ultramontanismus gleichzeitig aus. (Unruhe.)

Quelle: August Bebel, Ausgewählte Reden und Schriften. Bd. 1, 1863 bis 1878. Bearbeitet von Rolf Dlubek und Ursula Herrmann unter Mitarbeit von Dieter Malik. Berlin: Dietz 1970. S. 210–217.

Anmerkungen

1. Henry Thomas Buckle (1821–62), englischer Kulturhistoriker; vertrat eine naturwissenschaftliche, positivistische Geschichtsauffassung.
2. Bebel bezieht sich auf den bestehenden Kampfzustand zwischen katholischer Kirche und dem von Bismarck gelenkten Staat, einen Zustand, für den der liberale Abgeordnete Virchow ein Jahr später das Schlagwort »Kulturkampf« geprägt hat.
3. Partei des politischen Katholizismus.
4. Gregor VII. (1021–85) war von 1073 bis 1085 Papst; Gegenspieler Kaiser Heinrichs IV., den er 1076 mit dem Bann belegte. Erstrebte Oberhoheit der päpstlichen Gewalt über die weltliche.
5. Bismarck.
6. Joseph Gerstner (1830–83), Professor für Staatswissenschaft in Würzburg, Mitglied der Deutschen Fortschrittspartei, von 1871 bis 1874 Abgeordneter des Deutschen Reichstags.
7. Wilhelm Ufert, Textilarbeiter, führendes Mitglied der Sozialdemokratischen Arbeiterpartei in Chemnitz, 1870 wegen Majestätsbeleidigung zu Festungshaft verurteilt.

HEINRICH VON TREITSCHKE

1834–1896

Der in liberalen Anschauungen aufgewachsene, dann aber immer stärker konservativ und nationalistisch sich orientierende Historiker und politische Schriftsteller wurde 1863 Professor in Freiburg i. Br. Als sich 1866 Baden auf die Seite der Gegner Preußens stellte, legte er seine Professur nieder und wurde bald in Berlin einer der wichtigsten publizistischen Sprachrohre Bismarcks. 1866 Professor in Kiel, 1867 in Heidelberg, 1874 in Berlin, wurde der preußische Monarchist nach Rankes Tod auch Historiograph des preußischen Staates. Als zuerst nationalliberaler, dann parteiloser Abgeordneter des Reichstags (1871–84) trat er für eine zentralistische Reichsführung ein und bekämpfte Marxismus, Sozialismus und Judentum. Sein Hauptwerk »Deutsche Geschichte im 19. Jahrhundert« (5 Bde., 1879–94) prägte das nationalistisch-chauvinistische Geschichtsbild des deutschen Bürgertums. So verhängnisvoll auch Treitschkes politische Wirksamkeit für die Entwicklung Deutschlands gewesen ist, sie dokumentiert zumindest ein symptomatisches Stück Geschichte während der zweiten Hälfte des 19. Jahrhunderts.

Wie ein Zeitgenosse feststellte, wirkte Treitschke vielleicht als Redner weniger pathetisch denn als Schriftsteller, aber vergleicht man seinen Redestil mit der sozialistischen Rhetorik, der Treitschke vorwirft, »die tierischen Triebe der menschlichen Natur aufzureizen«, ist der pragmatische Einsatz und das Argumentationsniveau doch auffallend gering. Die Rede zum Sozialistengesetz hat Treitschke am 9. Mai 1884 im Reichstag gehalten. Der sachliche Zusammenhang ist folgender: Das Gesetz »gegen die gemeingefährlichen Bestrebungen der Sozialdemokratie« (21. Oktober 1878) war zunächst auf den 31. März 1881 befristet und dann um drei weitere Jahre verlängert worden; 1884 wurde über eine abermalige Verlängerung dieses Gesetzes debattiert, für die der konservative

Politiker in seiner Rede – eine der letzten, die Treitschke über-
haupt im Parlament gehalten hat – mit recht bezeichnenden
Schlagworten wirbt. Das Sozialistengesetz ist tatsächlich auf
zwei weitere Jahre ausgedehnt und erst am 1. Oktober 1890
endgültig abgeschafft worden.

Das Socialistengesetz

Meine Herren, nach diesen beiden Reden vom Tische des Bun-
desraths werden Sie wohl Alle fühlen, daß wir vor einem Entweder – Oder stehen, daß es diesem Gesetze gegenüber heißt:
c'est à prendre ou à laisser. Dadurch ist zu meiner Freude die
Verhandlung wieder geklärt worden, nachdem gestern der
Herr Abgeordnete Windthorst[1] das Menschenmögliche gethan
hat, um das Einfache zu verwirren, das Klare zu verdunkeln.
Ich besitze nicht die Kraft des Oedipus, um alle die Räthsel,
welche uns die Sphinx des Centrums gestern aufgab, zu lösen,
um mit Sicherheit zu sagen, ob der Herr Abgeordnete Windthorst eigentlich die Annahme oder die Ablehnung dieses Gesetzes wünscht. Er hat es in seiner Kunstfertigkeit so weit
gebracht, daß, während wir glaubten, es sei von der Socialdemokratie die Rede, mit einem Male durch den Zauber seiner
Resolutionen wie aus einer Versenkung heraus zwei ganz
andere Gestalten vor uns aufstiegen, das Dynamit und die
Maigesetze. Es ist ein Glück, daß wir jetzt zu der eigentlichen
Sachlage zurückgeführt worden sind, und ich bitte Sie, mir zu
erlauben, so offen zu sprechen, wie es jetzt angesichts einer so
ernsten Frage, angesichts der möglichen Auflösung des Reichstags geboten ist.
Wollte ich, meine Herren, diese ernste Frage allein vom Gesichtspunkt des nächsten Vortheils der mir nahestehenden
Fraktionen auffassen, so würde ich die etwa noch schwanken-
den Herren auf das dringendste bitten, den Rathschlägen der
Herren Richter[2] und von Stauffenberg[3] zu folgen. Denn wird

dies Gesetz nicht verlängert, wird der Reichstag dann verdientermaßen aufgelöst, dann, meine Herren, können die Parteien, denen ich den Sieg im Wahlkampf wünsche, die konservativen und gemäßigt-liberalen, sich nur von ganzem Herzen freuen. Wenn ich mich nicht gänzlich täusche über die wirkliche Meinung des Volkes, so sind die Herren von der Linken ganz im Irrthum, wenn sie glauben, diesmal die Nation hinter sich zu haben. Im Gegentheil, seit dem Militärgesetz von 1874, seit der starken konservativen Bewegung, die damals durch unser Volk ging, ist die Volksgesinnung einer Abstimmung des Reichstags gegenüber nie wieder so ganz sicher und klar gewesen wie heute. Die ungeheure Mehrzahl aller verständigen Leute im Reich, und zwar ohne Unterschied der Parteien, denkt offen oder im Stillen, daß dieses Gesetz eine traurige Nothwendigkeit ist, aber eine Nothwendigkeit, eine Waffe, deren wir nicht entbehren können. Wenn die Deutschen im Stande wären, immer ganz offen zu reden, wie es ihnen ums Herz ist, wenn alle den Muth hätten, dem Terrorismus der Zeitungen und des Fraktionsgeredes zu widerstehen, so würden neun Zehntel unserer Nation sagen: dieses Gesetz ist vorläufig unentbehrlich. Meine Herren, wenn Sie es auf die Auflösung ankommen lassen, dann werden wir die Freude haben, jene Bänke auf der Linken sehr bedeutend gelichtet zu sehen. Sie, meine Herren vom Centrum, haben freilich eine Einbuße an Sitzen nicht zu fürchten, denn Ihre Wähler sind gut geschult; auch wenn Sie sich bei der heutigen Abstimmung in zwei Hälften spalten, so werden Ihre Wähler gleichwohl glauben, es sei immer eitel Friede und Eintracht unter Ihnen gewesen. Sie werden also bei den Wahlen unmittelbar nichts verlieren; aber Sie verlieren, was dem Herrn Abgeordneten Windthorst so sehr angenehm sein muß, jene schöne Mittelstellung, die ihm erlaubt, immer zu schaukeln und dann gelegentlich den Ausschlag zu geben. Es würde nach einer Auflösung des Hauses um dieser Frage willen die Stellung des Centrums sehr viel ungünstiger werden, als sie heute ist, und das sollte mich von ganzem Herzen freuen. Aber ich kann es

nicht verantworten, wollte ich eine so ernste Frage als Frak-
tionssache behandeln, wollte ich nicht einfach fragen, ob dieses
Gesetz nothwendig ist für das Vaterland. Gewiß würde ein
Wahlkampf um dieses Gesetzes willen manche demagogischen
Phrasen entwaffnen; aber schließlich müßte, und das lege ich
Ihnen ans Herz, das schon längst tief erschütterte Ansehen des
deutschen Parlamentarismus durch eine Auflösung um dieser
Sache willen vollends untergraben werden. Täuschen Sie sich
nicht darüber, meine Herren, was die Nation empfinden
müßte, wenn binnen sechs Jahren zum zweiten Mal eine Auflösung dieses Hauses erfolgte unter einer Regierung, welche
die Nation hinter sich hat, was man auch sagen möge, und um
eines Gesetzes willen, das von allen Vernünftigen in der Nation gewollt und verlangt ist.

(Bravo! rechts.)

Die Herren von der Linken sind vollständig im Irrthum,
wenn sie meinen, wir hätten uns getäuscht über die Wirkung
des Gesetzes. So kindlich wahrlich sind wir nicht, um zu meinen, daß wir durch ein Ausnahmegesetz Ideen bekämpfen
oder gar Leidenschaften und Begierden, weit verbreitete und
tief eingewurzelte Nothstände der Massen auf einen Schlag
beseitigen könnten. Auf eine Ausrottung der Socialdemokratie und ihrer Gedanken haben wir nie gehofft. Die Macht
dieser Partei liegt aber auch nicht in ihren Ideen, nicht einmal
in dem Nothstande der Massen, die sie ausnutzt, sie liegt vor
allem in der Agitation als solche, in der Kunst, unheimliche
Leidenschaften zu erwecken, die unwissende Masse beständig
aufzuwiegeln, immer von neuem die thierischen Triebe der
menschlichen Natur aufzureizen gegen alles, was dem Menschen heilig sein soll. Das ist die eigentliche Macht, die eigentliche Waffe der Socialdemokratie. Wir haben durch dieses
Gesetz nichts weiter beabsichtigt, als mindestens der systemati-
schen Vergiftung der Massen durch eine Tag für Tag wirkende Agitation entgegenzutreten, und diese bescheidenen
Zwecke haben wir annähernd wenigstens erreicht. Sie haben
gestern in diesem hohen Hause von Hand zu Hand gehen

sehen die Nummer der »Freiheit« von Most[4] vom 18. März.
Glauben Sie denn, es sei einerlei, ob ein Artikel wie jener mit
der Ueberschrift »Wilhelm Lehmann« oder solche Schand-
schriften wie die über die Religionslüge, den Königsschwindel,
die Eigenthumsbestie, frei umhergehen wochenlang, bis die
Gerichte darauf aufmerksam werden, und dann nachträglich
eine Beschlagnahme erfolgt, oder ob, wie heute, einige Exem-
plare davon, auf allerhand Umwegen, in Gypsfiguren usw.
versteckt, ins Land kommen? Glauben Sie, es sei möglich, auf
solchen Umwegen die gleiche Verbreitung dieses Giftes zu erzielen? Glauben Sie, daß es gleichgiltig ist, ob der Arbeiter
sein Vergnügen – und auf das Vergnügen kommt es hier an –
darin finden kann, alle Abende die hetzenden Reden eines
socialdemokratischen Agitators zu hören, oder ob ihm das
versagt wird durch das Gesetz? Geben Sie gar nichts auf diese
anhaltend wirkende Volksverführung durch gewandte Agitatoren? Wahrlich, meine Herren, der Lauf der Natur würde
verkehrt werden, wenn es möglich wäre, durch die Wieder-
zulassung dieser Agitation der Socialdemokratie gar nichts an
dem heutigen Zustande zu ändern, wenn wir mit diesem Gesetz überhaupt nichts erreicht hätten, wie die Herren behaupten. Wir sind auch ganz und gar nicht der Ansicht gewesen,
wie Herr von Stauffenberg vermöge eines unbegreiflichen Ge-
dächtnißfehlers behauptete, daß dieses Gesetz nur ganz kurze
Zeit dauern solle. Es ist mir noch sehr lebhaft in der Erinnerung, wie vor sechs Jahren mein verstorbener Freund Oetker[5],
der den älteren unter Ihnen noch in gutem Andenken sein
wird, traurig zu mir sagte: Glauben Sie mir, ich werde die
Wiederaufhebung dieses Gesetzes nicht erleben, und ob Sie
– Sie sind jünger als ich – es erleben, das weiß ich auch nicht zu
sagen. So sprach vor sechs Jahren ein nationalliberaler Freund
zu mir. Wir sind ganz und gar nicht sicher gewesen, daß eine
seit zwanzig Jahren schon tief eingewurzelte Agitation nun
mit einem Mal durch ein Ausnahmegesetz verschwinden sollte.
Ich will den Herren von der Linken ja zugeben, daß niemand
mit Freuden ein solches Gesetz vertheidigen kann, daß viele

schwere Uebelstände dadurch herbeigeführt sind. Es wird immer ein Unglück bleiben, wenn der Gesetzgeber auch nur an einer Stelle den Boden des gemeinen Rechts verlassen muß. Dafür giebt es keine Entschuldigung als den Satz: Noth kennt kein Gebot; und nur wenn Sie mir nachweisen, daß die Noth nicht vorhanden ist, nur dann würden Sie Recht haben.

Es ist ferner gewiß ein Unglück, daß eine gefährliche Sicherheit unter den besitzenden wohlmeinenden Klassen genährt wird durch den Bestand dieses Gesetzes. Wenn wir täglich, meine Herren, hier in den Kneipen Berlins die socialdemokratischen Reden öffentlich hören möchten, dann, glaube ich, würde der socialpolitische Gesetzgebungseifer dieses hohen Hauses, der Eifer, der Reichsregierung die Hand zu bieten zum Unfallversicherungsgesetz, zum Krankenversicherungsgesetz u. s. w. ein größerer gewesen sein, als er leider war.

Endlich ist noch ein dritter Uebelstand dieses Gesetzes unleugbar, den die Herren von der Linken allerdings nicht anerkennen, der in meinen Augen aber sehr schwer wiegt. Ich halte es für ganz unzweifelhaft, daß die sich so nennende freisinnige Partei einen sehr großen Theil des Scheines ihrer Macht dem Bestand des Socialistengesetzes verdankt. Denn, meine Herren, es wird zu allen Zeiten Leute geben, denen es ein Bedürfniß ist, sich mit sittlicher Entrüstung an ihre Mannesbrust zu schlagen und ihr Ohr zu leihen dem demokratischen Kraftworten; es ist ein tief in der Natur des modernen Menschen begründetes Bedürfniß, zuweilen zu vernehmen, von welchen scheußlichen Tyrannen wir eigentlich mißhandelt werden. Diesem Bedürfniß vermag die Socialdemokratie am besten zu genügen. Kann man aber den echten socialdemokratischen Feuertrank nicht haben, so nimmt man zur Noth auch vorlieb mit dem Heidelbeerwein der fortschrittlichen Rhetorik. Und so ist es mir ganz unzweifelhaft, daß viele Tausende den Herren von der Linken zugeschoben worden sind durch dieses Ausnahmegesetz. Sie können ja die Probe machen. In dem Augenblick, da die Berliner socialdemokratischen Vereine sich wieder aufthun, werden Ihre freisinnigen Versammlungen

wieder in der anmuthigsten Weise nach dem Gesetz des Sky-
talismos der Griechen, der Knüppelherrschaft behandelt werden, wie das früher der Fall war. – Das ist eine sehr bedenk-
liche Folge des Gesetzes, aber sie wiegt nicht schwer genug, um
dem gegenüber die großen vortheilhaften und segensreichen
Wirkungen des Gesetzes zu verkennen. Wir haben doch das
eine erreicht, daß mindestens nicht in voller Schamlosigkeit
und Offenheit gegen die Grundlagen unseres ganzen geselli-
gen Lebens zerwühlt, gescholten und geschmäht werden
darf.

Wenn Herr von Stauffenberg sagte, die Anarchisten seien
durch dieses Gesetz erst hervorgerufen worden, so steht es
thatsächlich genau umgekehrt. Anarchisten innerhalb der Socialdemokratie hat es jederzeit gegeben; Sie werden sich lebhaft der Reden erinnern, die uns einst Herr Most an dieser
Stelle gehalten hat. Heute sind wir doch so weit, daß diese
Partei sich selbstständig gestellt hat, und neben ihr eine andere
Richtung der Socialdemokratie erscheint, die wenigstens einigermaßen den Versuch macht, uns die Hand zu bieten bei unseren socialpolitischen Reformen. Wir bemerken doch eine
relative Beruhigung eines Theiles der Massen, so daß viele anfangen einzusehen, die besitzenden Stände seien doch nicht
vollständig böswillig, seien geneigt, so weit als möglich der
Noth des Volkes abzuhelfen. Eine solche Beruhigung der Ge-
müther ist doch in etwas vorhanden. So wenig ich mich in trü-
gerische Sicherheit einwiege, so wenig ich Ihnen verbürgen
will, daß wir nicht von neuem auf deutschem Boden socialdemokratische Blutthaten erleben – in den letzten Jahren ist
unser Zustand verhältnißmäßig doch ein glücklicherer gewesen, als der Zustand in den meisten Nachbarländern. Mehr
als dies, meine Herren, haben wir vernünftiger Weise nicht
erwartet, und es kann keinen Denkenden schrecken, daß die
socialdemokratische Partei bei den letzten Wahlen wieder
Stimmen gewonnen hat. Wenn die Herren in jener Ecke des
Saales ehrlich sind, dann sagen sie uns alle gerade ins Gesicht:
wir sind gar keine parlamentarische Partei, wir sind Revolu-

tionäre, wir betrachten das Parlament nur als Mittel zum
Zweck. So steht es in der That, und es ist für uns vollständig
gleichgiltig, ob 10, 20 oder 30 Socialdemokraten auf jenen
Bänken sitzen. Der Herr Abgeordnete Bebel verdankt freilich
seiner Beredtsamkeit das Ohr dieses Hauses; aber glauben Sie
denn, daß auch er, der beste Redner[6] jener Seite, nur eine einzige Stimme unter uns jemals gewonnen hätte? Parlamentarisch ungefährlich ist die Socialdemokratie immer gewesen,
und die Thatsache, daß eine Menge Leute, die es gar nicht so
sehr schlimm meinen, die nur im allgemeinen ärgerlich sind
über die unvermeidlichen Härten des Lebens, an der Wahl-
urne socialdemokratische Stimmen abgeben, diese Thatsache
reicht nicht aus, um zu erhärten, daß die Masse der Partei
durch dieses Gesetz gewachsen sei. Man muß vielmehr die
Gegenfrage stellen: wohin wären wir gekommen ohne dieses
Gesetz? Soweit ich sehen kann, haben wir das Wachsthum der
Partei doch verlangsamt. Darum, meine Herren, ist es nicht
gethan mit jenen kleinen Aenderungen, welche von Seiten des
Führers des Centrums versucht worden sind. Wir sind bereit
für ein Gesetz zu stimmen, das die Behandlung der Spreng-
stoffe unter strenge Aufsicht stellt, aber wir wollen dafür nur
stimmen, wenn es das Socialistengesetz ergänzen soll, nicht
aber, wenn es etwa dessen Stelle vertreten sollte. Was endlich
die letzte, religiöse Resolution des Herrn Abgeordneten
Windthorst anlangt, so ist ihm dabei widerfahren, was sehr
häufig sein Schicksal ist, die Verwechselung von Religion und
Kirche. Im Vordersatze steht die ganz unbestreitbare Wahrheit, die wir alle unterschreiben, daß in der That nur das
Wachsen der religiösen Gesinnung in unserem Volke die Zerrüttung des Volkslebens durch die Socialdemokratie auf die
Dauer bekämpfen und überwinden kann. Auf diese wahren
Worte folgt aber im Handumdrehen der kühne Schluß, daß
nunmehr es den Religionsgenossenschaften erlaubt sein soll, zu
thun, was ihnen beliebt. Dem gegenüber kann ich nur sagen,
daß man uns Protestanten gestatten muß, von unserem evangelischen Gesichtspunkte aus Religion und Kirche ganz und

gar nicht für gleichbedeutend zu halten: als Politiker aber weisen wir den Versuch zurück, die Aufmerksamkeit der Nation abzulenken von dem, was vor uns liegt, das nationale Gewissen zu verwirren durch das Hineintragen heterogener Fragen in eine so vollständig klare und einfache Sache.

Ich bin von meinen Nachbaren darüber unterrichtet worden, daß die Fraktion der deutschen Reichspartei ganz und ohne Vorbehalt für das Gesetz stimmen wird, und ich kann nur bitten, meine Herren, wenn Ihnen daran gelegen ist, den deutschen Parlamentarismus vor einem schweren Schlage zu bewahren, daß sich die Mehrheit der Stimmen für die Verlängerung des Gesetzes aussprechen möge. Als dieses Gesetz entstand vor sechs Jahren in Folge von Verbrechen, welche nicht mit Dynamit bewirkt wurden, da ging ein mächtiger Zorn durch unser Volk; es war eine gesunde, kräftige Empfindung, nicht ein Strohfeuer, das in wenig Stunden verglimmt, sondern noch heute lebt ein Nachklang dieser Empfindung in dem Herzen unseres Volkes. Die Nation weiß, daß für solche Tendenzen, wie sie in der Mostschen »Freiheit« ausgesprochen werden, in unserem monarchischen Lande kein Platz ist. Wir wollen die Massen unseres Volkes bewahren vor einer Agitation, welche sie künstlich in die Erhitzung und Erbitterung hineintreibt. Wir wollen endlich uns, diesem Hause, und den verbündeten Regierungen die Ruhe schaffen, die nöthig ist, um die socialpolitische Gesetzgebung zu vollenden und den berechtigten Ansprüchen der Massen, soweit es möglich ist, zu genügen.

(Bravo! rechts.)

Quelle: Reden von Heinrich von Treitschke im Deutschen Reichstage 1871 bis 1884. Mit Einleitung und Erläuterungen hrsg. von Otto Mittelstädt. Leipzig: Hirzel 1896. S. 216–223.

Anmerkungen

1. Ludwig Windthorst (1812–91), Führer der Zentrumspartei, Abgeordneter des Deutschen Reichstags (1867–91).

2. Eugen Richter (1838–1906), Abgeordneter der Deutschen Fortschrittspartei und seit 1884 Vorsitzender der Deutschen Freisinnigen Partei
   (vgl. biogr. Notiz, S. 687).
3. Franz Schenk, Freiherr von Stauffenberg (1834–1901), Nationalliberaler, ab 1884 Mitglied der Deutschen Freisinnigen Partei; Abgeordneter
   des Zollparlaments (1868–70) und des Reichstags (1871–93).
4. Johann Joseph Most (1846–1906), Buchbinder, Redakteur, trat 1871
   der Sozialdemokratischen Arbeiterpartei bei; von 1874 bis 1878 Abgeordneter des Deutschen Reichstags, mehrfach in Festungshaft, bekannte
   sich 1877 zu den Anschauungen des Philosophen und Volkswirtschaft-
   lers Karl Eugen Dühring, gab das anarchistische Organ »Freiheit« heraus, wurde 1880 aus der Partei ausgeschlossen.
5. Friedrich Oetker (1809–81), Publizist und Führer der Kurhessischen
   Liberalen; war Mitbegründer des Deutschen Nationalvereins, von 1867
   bis 1876 Mitglied des preußischen Abgeordnetenhauses, 1867 bis 1881
   Abgeordneter der nationalliberalen Partei im Deutschen Reichstag.
6. Daß selbst Treitschke sich bemüßigt fühlt, dieses Talent seinem politischen Gegner zuzugestehen, darf man als sicheres Zeugnis für die rhetorische Wirksamkeit Bebels werten.

OTTO VON BISMARCK

1815–1898

Bismarck, der selbst nur wenig von Rhetorik hielt, war nichts-
destoweniger einer der bedeutendsten politischen Redner sei-
ner Zeit. Zwar soll er, wie Adolf Damaschke schildert, »mit
stockender Stimme [...], die fast immer leicht belegt war«,
gesprochen und sein »gewaltiger Körper [...] beim mühsamen
Reden« gerungen haben, aber er hat andererseits immer wie-
der gerade jene Worte gefunden, »die blitzartig die Lage in
seinem Lichte erscheinen ließen«. Witz, Sarkasmus, Bildung,
narrative Begabung und Eleganz des Ausdrucks sind die wich-
tigsten Elemente seiner Redekunst. Die wohl berühmteste und
auch längste Rede stellt das hier wiedergegebene imposante
Geschichtskolleg, ein Meisterstück seiner Diplomatie, über die
europäische Lage dar. Bismarck hat die Rede am 6. Februar
1888 im deutschen Reichstag gehalten und mit ihr die Be-
ratung über die neue Wehrvorlage und die Anleihe von
278 Millionen Mark eröffnet, welche die Regierung für die
bessere Ausrüstung der Wehrmacht forderte. Bismarck er-
regte mit dieser Rede vor allem auch im Ausland, auf das sie
besonders gemünzt war, beträchtliches Aufsehen; er hatte sie
nämlich sofort in 1218 Telegrammen an 326 Orte des In- und
Auslandes befördern lassen.
Auf die Rede im Reichstag folgte, wie das Protokoll verzeich-
net, lebhafter, andauernder Beifall. Graf Moltke schritt auf
Bismarck zu und beglückwünschte ihn. Die Militärvorlage und
das Anleihegesetz wurden dann auch am 8. und 10. Februar
en bloc definitiv angenommen.
Den historischen Kontext der Rede umreißt Wilhelm Schüßler
folgendermaßen: »Obwohl nach dem Ablauf des Dreikaiser-
bundes im Sommer 1887 der Abschluß eines besonderen
deutsch-russischen Neutralitätsvertrages, des sogenannten
›Rückversicherungsvertrages‹ vom 18. Juni 1887 geglückt
war, in welchem der Zar gegen Anerkennung seiner historisch

erworbenen Vorherrschaft in Bulgarien und seiner Interessen am Bosporus das Versprechen der Neutralität in einem französischen Angriffskriege gab, blieb die Lage sehr ernst. Wenn auch die Tage des Generals Boulanger in Frankreich gezählt sein sollten, so war die kriegerische Stimmung jenseits der Vogesen um so erregter, als die ungezügelte panslavistische Presse gegen die Mittelmächte hetzte und die russischen Truppenanhäufungen an der deutschen Ostgrenze nicht aufhörten. Gleichzeitig mit der zunehmenden russisch-österreichischen Spannung verlangten nicht nur hohe Militärs in Deutschland und Österreich den Präventivkrieg gegen Rußland, sondern erwartete die Öffentlichkeit in Österreich-Ungarn, in Unkenntnis des deutsch-österreichischen Bündnistextes, Waffenhilfe Deutschlands, wenn Österreich wegen der Balkanrivalität (Bulgarien) mit Rußland in Krieg geriet. Gegen diese Gefahren galt es zu rüsten. Gegen Rußland half offenbar nichts als ein energisches Auftreten; im November 1887 verbot Bismarck die Lombardierung russischer Werte, und kurz darauf konnte der Kanzler den Zaren persönlich mahnen. Vor allem galt es, Deutschland für den drohenden Zweifrontenkrieg stark zu machen. Zu dem Zweck wurde am 9. Dezember 1887 dem Reichstage eine neue Wehrvorlage unterbreitet, die durch Veränderung des Wehrgesetzes die Dienstzeit verlängerte und so eine mächtige Reservearmee schuf. Sodann war es nötig, den Verbündeten durch Veröffentlichung des deutsch-österreichischen Bündnisvertrages den rein defensiven Charakter desselben klarzumachen und falsche Hoffnungen, besonders der Ungarn, zu zerstören; anderseits der ganzen Welt die Verteidigungseinheit Mitteleuropas für alle Fälle zu zeigen und so abkühlend auf die russischen Panslavisten zu wirken. Die Veröffentlichung des Vertrages erfolgte am 3. Februar gleichzeitig in Berlin, Wien und Budapest. Am 6. Februar, bei der zweiten Beratung des Wehrgesetzes, erhebt sich Fürst Bismarck zu seiner gewaltigsten Rede, die zugleich ein Meisterstück seiner europäischen Diplomatie bedeutet, und die vor allem eine Rede für den Zaren ist, die er, im Gegensatz zu sei-

ner sonstigen Gepflogenheit, nicht nur vorher schriftlich aus-
gearbeitet, sondern während der Rede vor sich liegen hatte
und benutzte.«

Rede über die europäische Lage

Wenn ich heute das Wort ergreife, so ist es nicht, um die Vorlage, die der Herr Präsident[1] eben erwähnte, Ihrer Annahme
zu empfehlen; ich bin nicht in Sorge darüber, daß sie angenommen werden wird, und ich glaube nicht, daß ich irgend
etwas dazu beitragen könnte, die Mehrheit, mit der sie angenommen wird, und auf die allerdings im Inlande wie im Auslande ein hoher Wert zu legen ist, zu steigern. Die Herren
werden in allen Fraktionen darüber ihren Sinn festgestellt
haben, wie sie stimmen werden, und ich habe das volle Vertrauen zum Deutschen Reichstag, daß er diese Steigerung unserer Wehrkraft zu einer Höhe, auf die wir im Jahre 1867 bis
1882 allmählich verzichtet haben, daß er die uns wiedergeben
wird, nicht in Ansehung der augenblicklichen Lage, in der wir
uns befinden, nicht in Ansehung der Befürchtungen, die heutzutage die Börse und die öffentliche Meinung bewegen können, sondern in voraussichtsvoller Beurteilung der Gesamtlage
Europas. Ich werde deshalb, wenn ich das Wort ergreife, mehr
über die letztere zu reden haben, als über die Vorlage.
Ich tue es nicht gern, denn in dieser Sache kann ein Wort,
welches ungeschickt gesprochen wird, viel verderben, und viele
Worte können nicht viel nutzen, lediglich die Aufklärung der
eigenen Landsleute und auch des Auslandes über die Situation
fördern, die ja ohnehin sich finden wird. Ich tue es ungern;
aber ich fürchte, daß, wenn ich schweigen würde, dann nach
den Erwartungen, welche sich an die heutige Debatte geknüpft haben, die Beunruhigung in der öffentlichen Meinung,
die nervöse Stimmung in unserer und der fremden Bevölkerung sich eher steigern als mindern würde. Man würde glau-

ben, daß die Sache so schwierig und so kritisch ist, daß ein
auswärtiger Minister gar nicht wagte, die Situation zu berühren. Ich spreche deshalb, aber ich kann sagen, mit Widerstre-
ben.

Ich könnte mich darauf beschränken, auf die Äußerungen zu
verweisen, die ich von dieser selben Stelle vor etwas mehr als
Jahr und Tag getan habe.[2] Es hat sich seitdem in der Situation
wenig geändert. Mir ist heute ein Zeitungsausschnitt zugegan-
gen, eine Zusammenstellung in der »Freisinnigen Zeitung«[3],
einem Blatte, welches, glaube ich, meinem politischen Freunde,
dem Abgeordneten Richter, näher steht als mir (Heiterkeit);
derselbe könnte einen passenden Anknüpfungsgegenstand bilden, um daran die weitere Lage zu entwickeln. Ich kann nur
ganz allgemein darauf Bezug nehmen, auf die Hauptpunkte,
die da angeführt sind mit der Erklärung, daß, wenn die Lage
seitdem geändert ist, sie eher zum Guten als zum Schlimmen
geändert ist.

Wir hatten Sorgen damals hauptsächlich vor einem Anstoß
zum Kriege, der uns von Frankreich herkommen konnte. Seitdem ist in Frankreich ein friedliebender Präsident[4] von der
Regierung abgetreten, ein friedliebender ist ihm gefolgt.[5] Das
ist schon ein günstiges Symptom, daß die französische Regierung bei der Anstellung eines neuen Staatsoberhauptes nicht
in die Pandorabüchse gegriffen hat, sondern daß wir darauf
rechnen können, daß die friedliche Politik, als deren Vertreter
der Präsident Grévy galt, von dem Präsidenten Carnot fortgesetzt werden wird. Wir haben außerdem in dem französischen Ministerium Änderungen, deren beruhigende Bedeutung
noch stärker ist als die des Präsidentenwechsels, der mit anderen Gründen zusammenhängt. Solche Mitglieder des Ministeriums, die geneigt sein könnten, den Frieden ihres Landes und
den Frieden Europas ihren persönlichen Plänen unterzuord-
nen, sind ausgeschieden, und andere, denen gegenüber wir
diese Befürchtung nicht haben, sind eingetreten. Ich glaube
also konstatieren zu können – und tue es gern, weil ich wünsche, die öffentliche Meinung nicht aufzuregen, sondern zu

beruhigen –, daß die Aspekten nach Frankreich hin friedlicher, viel weniger explosiv aussehen als vor einem Jahre.
Die Befürchtungen, die im Laufe dieses Jahres aufgetaucht
sind, haben sich auch viel mehr an Rußland geknüpft als an
Frankreich oder, ich kann sagen, an den Austausch von gegenseitigen Aufregungen, Drohungen, Beschimpfungen und Herausforderungen, welche zwischen der russischen Presse und
der französischen Presse im Laufe des Sommers stattgefunden
haben.
Ich glaube aber auch, daß in Rußland die Sache nicht anders
liegt, als sie im vorigen Jahre lag. Die »Freisinnige Zeitung«
hat mit besonders fettem Druck hervorgehoben, daß ich im
vorigen Jahre gesagt habe: »Unsere Freundschaft mit Rußland hat in der Zeit unserer Kriege gar keine Unterbrechung
erlitten und ist auch heute über jeden Zweifel erhaben. Wir
erwarten von Rußland durchaus weder einen Angriff noch
eine feindselige Politik.« Daß dies durch fetten Druck hervorgehoben ist, ist vielleicht in der Absicht geschehen, mir die
Anknüpfung daran zu erleichtern (Heiterkeit), vielleicht auch
in der Hoffnung, daß ich inzwischen anderer Meinung geworden sein könnte und heute überzeugt wäre, ich hätte mich in
diesem Vertrauen zur russischen Politik vor einem Jahr ge-
irrt. Das ist nicht der Fall. Die Gründe, die dazu hätten Anlaß
geben können, liegen teils in der russischen Presse, teils in den
russischen Truppenaufstellungen.
Was die Presse anbelangt, so kann ich der ein entscheidendes
Gewicht an sich nicht beilegen. Man sagt, in Rußland habe sie
mehr zu bedeuten als in Frankreich. Ich bin gerade umgekehrt
der Meinung: in Frankreich ist die Presse eine Macht, die auf
die Entschließungen der Regierung einwirkt; in Rußland ist
sie das nicht und kann das nicht sein; in beiden Fällen aber ist
die Presse für mich Druckerschwärze auf Papier[6], gegen die
wir keinen Krieg führen. Es kann für uns darin eine Heraus-
forderung nicht liegen. Hinter jedem Artikel in der Presse
steht doch nur ein einzelner Mensch, der die Feder geführt
hat, um diesen Artikel in die Welt zu schicken; wenn auch in

einem russischen Blatt – nehmen wir an, es ist ein unabhängiges russisches Blatt –, das mit den französischen geheimen Fonds in Beziehungen steht, ist das vollständig gleichgültig. Die Feder, die einen deutschfeindlichen Artikel darin schreibt, hat an sich niemand hinter sich als den, der sie in der Hand führt, den einzelnen Menschen, der in seinem Arbeitskabinett diese Elukubration[7] zustande bringt, und den Protektor, den ein russisches Blatt zu haben pflegt, das heißt den mehr oder weniger in die Parteipolitik verrannten höheren Beamten, der diesem russischen Blatt gerade seine Protektion widmet; – beide wiegen federleicht gegen die Autorität Seiner Majestät des Kaisers von Rußland.

In Rußland hat die Presse nicht denselben Einfluß wie in Frankreich auf die öffentliche Meinung; sie ist höchstens der Barometer dafür, was nach Lage der russischen Preßgesetze zugelassen wird, aber ohne die russische Regierung und Seine Majestät den Kaiser von Rußland irgendwie zu engagieren. Gegenüber den Stimmen der russischen Presse habe ich das unmittelbare Zeugnis des Kaisers Alexander selbst, nachdem ich seit mehreren Jahren vor einigen Monaten[8] wieder die Ehre gehabt habe, von dem Zaren in Audienz empfangen zu werden. Ich habe mich auch da wiederum überzeugt, daß der Kaiser von Rußland keine kriegerischen Tendenzen gegen uns hegt, keine Absicht hat, uns anzugreifen, überhaupt Angriffskriege zu führen. Der russischen Presse glaube ich nicht; den Worten des Kaisers Alexander glaube ich und vertraue ich absolut. Wenn beide mir gegenüber auf der Waage liegen, so schnellt das Zeugnis der russischen Presse mit ihrem Haß gegen Deutschland federleicht in die Höhe, und das Zeugnis des Kaisers Alexander persönlich hat das durchschlagende Gewicht für mich. Ich sage also: Die Presse veranlaßt mich nicht, unsere Beziehungen zu Rußland heute schlechter aufzufassen als vor einem Jahre.

Ich komme zu der anderen Frage, der Frage der Truppenaufstellungen. Sie haben früher in ausgedehntem Maße stattgefunden, sie sind in der jetzigen, bedrohlich erscheinenden

Form namentlich seit 1879, nach Beendigung des türkischen Krieges, aufgetreten. Es hat ja sehr leicht den Anschein, als ob die Anhäufung russischer Truppen, die in der Nähe der deutschen und österreichischen Grenzen stattfindet, in Gegenden, wo ihre Unterhaltung teurer und schwieriger ist als im Innern des Landes, nur von der Absicht eingegeben werden könnte, eines der Nachbarländer sans dire: gare![9] – mir fehlt gerade der deutsche Ausdruck – unvorbereitet zu überfallen und anzugreifen. Nun, das glaube ich nicht. Einmal liegt es nicht im Charakter des russischen Monarchen und stände mit seinen Äußerungen in Widerspruch, und dann würde der Zweck davon ganz außerordentlich schwer verständlich sein. Rußland kann keine Absicht haben, preußische Landesteile zu erobern; ich glaube auch nicht, österreichische. Ich glaube, daß Rußland reichlich so viel polnische Untertanen besitzt, wie es zu haben wünscht, und daß es keine Neigung hat, die Zahl derselben zu vermehren. (Heiterkeit.) Etwas anderes von Österreich zu annektieren, wäre noch schwieriger. Es liegt gar kein Grund vor, kein Vorwand, der einen europäischen Monarchen veranlassen könnte, nun ganz plötzlich über seine Nachbarn herzufallen. Und ich gehe so weit in meinem Vertrauen, daß ich überzeugt bin, selbst dann, wenn wir durch irgendeine explosive Erscheinung in Frankreich, die niemand vorher berechnen kann, und die von der heutigen Regierung in Frankreich sicher nicht beabsichtigt wird – wenn wir uns durch deren Eintreten in einen französischen Krieg verwickelt fänden, daß daraus der russische nicht unmittelbar folgen würde; umgekehrt, würden wir in einen russischen Krieg verwickelt, so würde der französische ganz sicher sein; keine französische Regierung würde stark genug sein, ihn zu hindern, auch wenn sie den guten Willen dazu hätte. Aber Rußland gegenüber erkläre ich noch heute, daß ich keines Überfalls gewärtig bin, und nehme von dem, was ich im vorigen Jahre gesagt habe, nichts zurück.

Sie werden fragen: Wozu denn die russischen Truppenaufstellungen in dieser kostspieligen Form? Ja, das sind Fragen, auf die man von einem auswärtigen Kabinett, welches dabei beteiligt ist, nicht leicht eine Aufklärung fordern kann. Wenn man Erklärungen darüber zu fordern anfinge, so könnten sie geschraubt ausfallen, und die Triplik ist auch wiederum geschraubt. Das ist eine gefährliche Bahn, die ich nicht gern betrete. Truppenaufstellungen sind meines Erachtens Erscheinungen, über die man nicht – mit einem Studentenausdruck – »koramiert«[10], kategorische Erklärungen fordert (Heiterkeit), sondern denen gegenüber man mit derselben Zurückhaltung und Vorsicht seine Gegenmaßregeln trifft.

Ich kann also über die Motive dieser russischen Aufstellungen keine authentische Erklärung geben; aber ich kann mir doch als jemand, der mit der auswärtigen und auch mit der russischen Politik seit einem Menschenalter vertraut ist, meine eigenen Gedanken darüber machen; die führen mich dahin, daß ich annehme, daß das russische Kabinett die Überzeugung hat – und die Überzeugung wird wohl begründet sein – daß in der nächsten europäischen Krisis, die eintreten könnte, das Gewicht der russischen Stimme in dem diplomatischen Areopag von Europa um so schwerer wiegen wird, je stärker Rußland an der europäischen Grenze ist, je weiter westlich die russischen Armeen stehen. Rußland ist als Verbündeter und als Gegner um so schneller bei der Hand, je näher es seinen westlichen Grenzen steht mit seinen Hauptruppen oder wenigstens doch mit einer starken Armee.

Diese Politik hat die russischen Truppenaufstellungen schon seit langer Zeit geleitet. Sie werden sich erinnern, daß während des Krimkrieges schon eine so große Armee im Königreich Polen stets versammelt war, daß, wenn sie rechtzeitig nach der Krim abgegangen wäre, der Krimkrieg vielleicht eine andere Wendung genommen hätte.[11] Wenn man weiter zurückdenkt, so wird man finden, daß die Bewegung von 1830[12] Rußland unvorbereitet und unfähig zum Eingreifen fand, weil es keine Truppen im Westen seines Reiches in hinreichendem Maße hatte. Ich brauche also aus einer russischen Truppenanhäufung in den westlichen Provinzen (sapadnii Guberni, wie die Russen sagen) noch nicht notwendig den Schluß zu ziehen, daß damit die Intention, uns zu überfallen, verbunden sei. Ich nehme an, daß man etwa auf eine orientalische Krisis wartet, um dann in der Lage zu sein, die russischen Wünsche mit dem vollen Gewicht einer nicht gerade in Kasan[13], sondern weiter westwärts stehenden Armee geltend zu machen.

Wann eine orientalische Krisis nun eintreten kann? – Ja, darüber haben wir keine Sicherheit. Wir haben in diesem Jahrhundert meines Erachtens vier Krisen gehabt, wenn ich die kleineren und nicht zur vollen Entwicklung gekommenen abrechne: eine im Jahre 1809, die mit dem Friedensschluß endigte, der Rußland die Pruthgrenze gab; dann 1828; dann 1854 den Krimkrieg und 1877[14] – also in Etappen von ungefähr zwanzig Jahren von einander entfernt und etwas darüber; warum sollte denn nun gerade die nächste Krisis früher als etwa nach dem gleichen Zeitraum, also ungefähr 1899, eintreten, auch zweiundzwanzig Jahre später? Ich möchte wenigstens mit der Möglichkeit rechnen, daß die Krisis hintangehalten werden kann und nicht sofort einzutreten braucht. Außerdem gibt es auch andere europäische Ereignisse, die in gleichen Perioden einzutreten pflegen. Beispielsweise polnische Aufstände. Früher hatten wir schon alle achtzehn bis zwanzig Jahre einen solchen zu gewärtigen. Vielleicht ist das auch ein Grund, warum Rußland so stark sein will in Polen, um solche zu verhindern. Ebenso Wechsel der Regierungen in Frankreich; sie pflegen auch alle achtzehn bis zwanzig Jahre einzutreten, und niemand kann leugnen, daß ein Wechsel in der Regierung Frankreichs eine Krisis herbeiführen kann, die es jeder beteiligten Macht wünschenswert machen muß, mit vollem Gewicht in sie eingreifen zu können – ich meine, nur auf diplomatischem Wege, aber mit einer Diplomatie, hinter der ein schlagfertiges und nahe bereites Heer steht.

Wenn das die Absicht Rußlands ist, wie ich rein auf Grund des technisch-diplomatischen Urteils, das ich mir nach meiner Erfahrung bilde, viel eher vermute, als daß sie den ziemlich rüden Drohungen und Renommagen der Zeitungen entsprechen würde, so ist für uns absolut noch kein Grund, in unsere Zukunft schwärzer zu sehen, als wie wir es seit vierzig Jahren überhaupt getan haben. Es ist ja die wahrscheinlichste Krisis, die eintreten kann, die orientalische. Wenn sie eintritt, so sind wir bei der gerade nicht in erster Linie beteiligt. Wir sind da vollkommen, und ohne irgendwelcher Verpflichtung zu nahe zu treten, in der Lage, abzuwarten, daß die im Mittelländischen Meere, in der Levante nächstbeteiligten Mächte zuerst ihre Entschließungen treffen und, wenn sie wollen, sich mit Rußland vertragen oder schlagen. Wir sind weder zu dem einen noch zu dem anderen in erster Linie in der orientalischen Frage berufen. Jede Großmacht, die außerhalb ihrer Interessensphäre auf die Politik der anderen Länder zu drücken und einzuwirken und die Dinge zu leiten sucht, die periklitiert außerhalb des Gebietes, welches Gott ihr angewiesen hat, die treibt Machtpolitik und nicht Interessenpolitik, die wirtschaftet auf Prestige hin. Wir werden das nicht tun; wir werden, wenn orientalische Krisen eintreten, bevor wir Stellung dazu nehmen, die Stellung abwarten, welche die mehr interessierten Mächte dazu nehmen.

Es ist also kein Grund, unsere Situation im Augenblicke so ernst zu betrachten, als ob gerade die gegenwärtige Lage der Anlaß wäre, weshalb wir die gewaltige Vermehrung der Streitkräfte, die die Militärvorlage in Vorschlag bringt, heute versuchen sollten. Ich möchte die Frage der Wiedereinrichtung der Landwehr zweiten Aufgebots, kurz, die große Militärvorlage, mit der anderen, der Finanzvorlage, ganz loslösen von der Frage, wie unsere augenblickliche Situation ist. Es handelt sich da nicht um eine momentan vorübergehende Einrichtung, es handelt sich um eine dauernde, um ein dauerndes Stärkerwerden des Deutschen Reichs.

Daß es sich nicht um eine momentane Einrichtung handelt, das glaube ich, wird einleuchtend gefunden werden, wenn ich Sie bitte, mit mir die Kriegsgefahren durchzugehen, welche wir seit vierzig Jahren gehabt haben, ohne in eine nervöse Unruhe zu irgendeiner Zeit geraten zu sein.

Wir haben im Jahre 1848, wo die Deiche und Schleusen zerbrachen, die bis dahin vielen Gewässern ihren ruhigen Lauf gewiesen hatten, gleich zwei kriegsschwangere Fragen zu verarbeiten gehabt: es war die polnische und die schleswig-holsteinische Frage. Das erste Geschrei nach den Märztagen war: Krieg gegen Rußland zur Herstellung Polens! – Bald darauf war die Gefahr, durch die schleswig-holsteinische Frage in einen großen europäischen Krieg verwickelt zu werden, außerordentlich nahe. Ich brauche nicht hervorzuheben, wie 1850 durch das Abkommen von Olmütz eine große Konflagration, ein Krieg in großem Stile, verhindert wurde. Es folgten darauf vielleicht zwei Jahre ruhigerer Art, aber voller Verstimmung. Es war damals, als ich zuerst in Frankfurt Gesandter war. Im Jahre 1853 schon machten sich die Symptome des Krimkriegs fühlbar, von 1853 bis 1856 dauerte dieser Krieg; während der ganzen Dauer desselben befanden wir uns unmittelbar am Rande – des Abgrundes will ich nicht sagen, aber des Abhanges, auf dem wir in den Krieg hineingezogen werden sollten. Ich erinnere mich, daß ich damals von 1853 bis 1855 genötigt worden bin, ich möchte sagen, wie ein Perpendikel zwischen Frankfurt und Berlin hin und her zu gehen, weil der hochselige König[15] bei dem Vertrauen, das er mir schenkte, mich im Grunde als den Anwalt für seine unabhängige Politik benutzte, wenn der Andrang der Westmächte ihm gegenüber, daß wir auch unsererseits Rußland den Krieg erklären sollten, zu stark und der Widerstand seines Ministeriums ihm zu weich wurde. Dann hat – ich weiß nicht wie oft – das Stück sich abgespielt, daß ich herzitiert wurde, daß ich eine mehr russenfreundliche Depesche für Seine Majestät zu entwerfen hatte, daß diese Depesche abging, daß Herr v. Manteuffel[16] seinen Abschied verlangte und daß, nachdem die Depesche abgegangen war, ich mir von Seiner Majestät den Auftrag ausbat, zu Herrn v. Manteuffel aufs Land oder sonst wohin zu fahren und ihn zu bewegen, daß er sein Portefeuille wieder übernehme. Jedesmal war aber doch das damalige Preußen dicht am Rande eines großen Krieges: es war der Feindschaft von ganz Europa außer Rußland ausgesetzt, wenn es sich weigerte, auf die westmächtliche Politik einzugehen, anderenfalls aber zum Bruch mit Rußland genötigt, vielleicht auf lange Zeit, weil der Abfall Preußens vielleicht am schmerzlichsten von Rußland empfunden worden wäre.

Wir waren also in ununterbrochener Kriegsgefahr während des Krimkrieges. Derselbe dauerte bis 1856, wo er schließlich im Pariser Frieden seinen Abschluß fand und uns bei dieser Gelegenheit eine Art von Canossa bereitete im Pariser Kongresse, wofür ich die Verantwortung nicht auf mich genommen haben würde und von der ich damals vergeblich abgeraten habe. Wir hatten gar keine Notwendigkeit, eine größere Macht zu spielen als wir waren, und die damaligen Verträge zu unterzeichnen. Aber wir antichambrierten, um schließlich zur Unterschrift zugelassen zu werden. Das wird uns nicht wieder passieren. (Heiterkeit.)

Das war 1856. Schon im Jahre 1857 bedrohte uns die Neufchâteller Frage[17] mit Krieg: das ist nicht so bekannt geworden. Ich bin damals von dem hochseligen Könige im Frühjahr 1857 nach Paris geschickt worden, um mit dem Kaiser Napoleon über den Durchmarsch preußischer Truppen zum Angriff auf die Schweiz zu verhandeln. Was das zu bedeuten hat, wenn darauf eingegangen wurde, daß das eine weitgreifende Kriegsgefahr werden konnte, daß das uns in Verwicklung mit Frankreich sowohl als auch mit anderen Mächten führen konnte, wird jeder einsehen, dem ich dies mitteile. Kaiser Napoleon war nicht abgeneigt, darauf einzugehen. Meine Unterhandlungen in Paris wurden dadurch abgeschnitten, daß Seine Majestät der König sich inzwischen mit Österreich und der Schweiz über die Sache auf gütlichem Wege verständigt hatte. Aber die Kriegsgefahr lag doch auch in dem Jahr vor. Ich kann sagen, daß schon, wie ich auf der damaligen Mission in Paris mich befand, der italienische Krieg in der Luft lag, der ein Jahr und etwas später ausbrach, und der uns auch wieder um Haaresbreite beinahe in einen großen europäischen

Koalitionskrieg hineinzog. Wir kamen bis zur Mobilmachung; ja, wir hätten losgeschlagen ganz unzweifelhaft, wenn der Friede von Villafranca nicht etwas verfrüht für Österreich, vielleicht rechtzeitig für uns, geschlossen wurde; denn wir hätten den Krieg unter ungünstigen Umständen zu führen gehabt; wir hätten aus dem Kriege, aus einem italienischen, der er war, einen preußisch-französischen gemacht, dessen Abschluß, Ende und Friedensschluß nachher nicht mehr von uns abhing, sondern von den Freunden und Feinden, die hinter uns standen.

So kamen wir, ohne daß das Kriegsgewölk auch nur ein Jahr den Horizont uns freigelassen hätte, bis in die sechziger Jahre hinein.

Schon 1863 war eine kaum minder große Kriegsgefahr, die dem großen Publikum ziemlich unbekannt blieb, und die ihren Eindruck erst machen wird, wenn dermaleinst die geheimen Archive der Kabinette der Öffentlichkeit übergeben sein werden. Sie werden sich des polnischen Aufstandes erinnern, der 1863 stattfand, und ich werde es nie vergessen, wie ich in jener Zeit des Morgens den Besuch zu haben pflegte von Sir Andrew Buchanan, dem englischen Botschafter, und Talleyrand, dem französischen Vertreter, die mir die Hölle heiß machten über das unverantwortliche Festhalten der preußischen Politik an der russischen und eine ziemlich drohende Sprache uns gegenüber führten; am Mittag desselben Tages hatte ich nachher die Annehmlichkeit, im Preußischen Landtag ungefähr dieselben Argumente und Angriffe zu hören, die die beiden fremden Botschafter am Morgen auf mich gemacht hatten. (Heiterkeit.) Ich hatte das ruhig ausgehalten, aber dem Kaiser Alexander riß die Geduld, und er wollte den Degen ziehen gegenüber den Schikanen von seiten der Westmächte. Sie werden sich erinnern, daß die französische Kriegsmacht damals schon mit amerikanischen Projekten und in Mexiko engagiert war, so daß sie nicht mit der vollen Macht auftreten konnte. Der Kaiser von Rußland wollte sich die polnischen Intrigen von seiten der anderen Mächte nicht mehr gefallen lassen und war bereit, mit uns im Bunde den Ereignissen die Stirn zu bieten und zu schlagen. Sie werden sich erinnern, daß damals Preußen in seinem Innern in einer schwierigen Lage war, daß in Deutschland die Gemüter bereits gärten und der Frankfurter Fürstentag sich in der Vorbereitung befand. Man kann also zugeben, daß die Versuchung für meinen Allergnädigsten Herrn, diese schwierige innere Lage durch Eingehen auf ein kriegerisches Unternehmen im größten Stile abzuschneiden und zu sanieren, daß die wohl vorhanden war, und es wäre damals ganz zweifellos zum Kriege gekommen von Preußen und Rußland im Bunde gegen diejenigen, welche den polnischen Aufstand uns gegenüber beschützten, wenn Seine Majestät nicht zurückgeschreckt wäre vor dem Gedanken, innere Schwierigkeiten, preußische wie deutsche, mit fremder Hilfe zu lösen (Bravo!), und wir haben damals, ohne die Gründe unseres Verfahrens gegenüber den uns feindlichen Projekten anderer deutscher Regierungen geltend zu machen, stillschweigend abgelehnt. Der Tod des Königs von Dänemark hat nachher alle Beteiligten auf andere Gedanken gebracht. Aber es bedurfte nur eines Ja statt eines Nein aus Gastein von Seiner Majestät dem König, und der große Krieg, der Koalitionskrieg, war 1863 schon vorhanden. Ein anderer als ein deutscher Minister würde vielleicht zugeredet haben aus Utilitätsrücksichten, als Opportunist, um unsere inneren Schwierigkeiten damit zu lösen; im eigenen Volke wie im Auslande hat man eben kaum eine richtige Vorstellung von dem Maß von nationalem Sinn und pflichttreuer Gewissenhaftigkeit (Bravo! rechts), welches Monarchen und Minister beim Regieren deutscher Länder leitet. (Allseitiges Bravo!)

Das Jahr 1864 – wir sprachen eben von 1863 – brachte neue dringliche Kriegsgefahr. Von dem Augenblicke an, wo unsere Truppen die Eider überschritten, bin ich in jeder Woche gefaßt gewesen auf die Einmischung des europäischen Seniorenkonvents (Heiterkeit) in diese dänische Angelegenheit, und Sie werden mir zugeben, daß das im höchsten Grade wahrscheinlich war. Schon damals aber haben wir wahrnehmen können, daß Österreich und Preußen, wenn sie geeinigt sind, obschon der ihnen zur Seite stehende Deutsche Bund damals bei weitem nicht die militärische Bedeutung hatte wie dieselben Länder heute, doch nicht so leicht von Europa angegriffen werden konnten. (Bravo!) Das hat sich schon damals gezeigt; die Kriegsgefahr blieb aber dieselbe.

1865 wechselte sie die Front, und es fing schon damals die Vorbereitung zu dem Kriege von 1866 an.[18] Ich erinnere nur an eine Konseilsitzung preußischer Minister, wie sie zur Beschaffung von Geldern im Jahre 1865 in Regensburg stattfand, die durch den Gasteiner Vertrag nachher erledigt wurde. Aber Anno 1866 kam ja der Krieg im vollen zum Ausbruch, und es war die große Gefahr vorhanden, welche wir nur durch vorsichtige Benutzung der Umstände hintangehalten haben, daß aus diesem Duell zwischen Preußen und Österreich nicht ein großer europäischer Koalitionskrieg wiederum entbrannte, bei dem es sich um die Existenzfrage, um Kopf und Kragen handelte.

Das war 1866, und schon 1867 folgte die Luxemburger Frage[19], wo es doch auch nur einer etwas festeren Antwort von uns – wie wir sie vielleicht gegeben haben würden, wenn wir damals so stark gewesen wären, um mit Sicherheit einen guten Erfolg vorauszusehen – bedurfte, um den großen französischen Krieg schon damals herbeizuführen. Von da ab, 1868, 1869, sind wir bis 1870 ununterbrochen in der Befürchtung vor dem Krieg, vor den Verabredungen geblieben, die zur Zeit des Herrn v. Beust[20] in Salzburg und anderen Orten zwischen Frankreich, Italien und Österreich getroffen wurden, und von denen man besorgte, daß sie auf unsere Kosten geschehen waren. Es war damals die Befürchtung vor dem Kriege so groß, daß ich in dieser Zeit als Ministerpräsident den Besuch von Kaufleuten und Industriellen erhalten habe, die mir sagten: »Diese Unsicherheit ist ja ganz unerträglich; schlagen Sie doch lieber los! Lieber Krieg, als länger in diesem Druck auf allen Geschäften zu verharren!« Wir haben ruhig gewartet, bis auf uns losgeschlagen wurde, und ich glaube, wir haben wohl daran getan, uns so einzurichten, daß wir die Angegriffenen blieben und nicht die Angreifer waren.

Nun, nachdem dieser große Krieg von 1870 geschlagen war,
frage ich Sie: Ist irgendein Jahr ohne Kriegsgefahr gewesen?
Anfangs der siebziger Jahre – schon gleich, wie wir nach
Hause kamen, hieß es: Wann ist denn der nächste Krieg?
Wann wird die Revanche geschlagen? In fünf Jahren doch
spätestens? Man sagte uns damals: Die Frage, ob wir den
Krieg führen sollen und mit welchem Erfolg – es war das ein
Abgeordneter des Zentrums, der mir das im Reichstag vorhielt[21] – hängt doch heutzutage nur von Rußland ab; Rußland
allein hat das Heft in den Händen. – Auf diese Frage komme
ich vielleicht später zurück. – Ich will einstweilen nur noch
das vierzigjährige Bild durchführen, indem ich erwähne, daß
im Jahre 1876 schon wieder die Kriegsunwetter im Süden sich
zusammenzogen[22], im Jahre 1877 der Balkankrieg geführt
wurde, der doch nur durch den in Berlin abgehaltenen Kongreß[23] verhindert wurde, eine Konflagration[24] von ganz Europa herbeizuführen, und daß nach dem Kongresse sich plötzlich ein ganz neues Bild uns im Ausblick nach Osten eröffnete,
da Rußland uns unser Verhalten auf dem Kongreß übelgenommen hatte. – Ich komme vielleicht auch darauf später zurück, wenn meine Kräfte mir das erlauben.

Es trat dann eine gewisse Rückwirkung der intimen Beziehungen der drei Kaiser[25] ein, die uns eine Zeitlang mit mehr Ruhe
in die Zukunft sehen ließ; aber bei den ersten Symptomen
von der Unsicherheit der Beziehungen der drei Kaiser oder
von dem Ablauf der Verabredungen, die sie miteinander getroffen hatten, bemächtigte sich unserer öffentlichen Meinung
dieselbe nervöse und, wie ich glaube, übertriebene Aufregung,
mit der wir heute und die letzten Jahre zu kämpfen haben –
namentlich halte ich sie heute für besonders unmotiviert.

Ich bin nun weit entfernt, aus der Tatsache, daß ich sie heute
für unmotiviert halte, den Schluß zu ziehen, daß wir einer
Verstärkung der Wehrkraft nicht bedürften, sondern umgekehrt. Daher dieses vierzigjährige Tableau, das ich eben, viel-

leicht nicht zu Ihrer Erheiterung, aufgerollt habe – und ich bitte um Verzeihung; aber wenn ich ein Jahr hätte fehlen lassen von denen, welche Sie doch alle schaudernd selbst mit erfahren haben, so würde man nicht den Eindruck haben, daß der Zustand der Besorgnis vor großen Kriegen, vor weiteren Verwicklungen, deren Koalitionsergebnisse niemand vorher beurteilen kann, daß dieser Zustand ein permanenter ist bei uns, und daß wir uns darauf ein für allemal einrichten müssen; wir müssen, unabhängig von der augenblicklichen Lage, so stark sein, daß wir mit dem Selbstgefühl einer großen Nation, die unter Umständen stark genug ist, ihre Geschicke in ihre eigene Hand zu nehmen, auch gegen jede Koalition – (Bravo!) mit dem Selbstvertrauen und mit dem Gottvertrauen, welches die eigene Macht verleiht und die Gerechtigkeit der Sache, die immer auf deutscher Seite bleiben wird nach der Sorge der Regierung –, daß wir damit jeder Eventualität entgegensehen können und mit Ruhe entgegensehen können. (Bravo!)

Wir müssen, kurz und gut, in diesen Zeiten so stark sein, wie wir irgend können, und wir haben die Möglichkeit, stärker zu sein als irgendeine Nation von gleicher Kopfstärke in der Welt; (Bravo!) – ich komme darauf noch zurück – es wäre ein Vergehen, wenn wir sie nicht benutzten. Sollten wir unsere Wehrkraft nicht brauchen, so brauchen wir sie ja nicht zu rufen. Es handelt sich nur um die eine nicht sehr starke Geldfrage – nicht sehr starke, wenn ich beiläufig erwähne – ich habe keine Neigung, auf die finanziellen und militärischen Ziffern einzugehen – daß Frankreich in den letzten Jahren 3 Milliarden auf die Verbesserung seiner Streitkräfte verwandt hat, wir kaum 1½ mit Einschluß dessen, was wir Ihnen jetzt zumuten. (Hört! hört! rechts.) Indessen ich überlasse es dem Herrn Kriegsminister und den Vertretern der Finanzabteilung, das auszuführen.

Wenn ich sage, wir müssen dauernd bestrebt sein, allen Eventualitäten gewachsen zu sein, so erhebe ich damit den Anspruch, daß wir noch größere Anstrengungen machen müssen als andere Mächte zu gleichem Zwecke, wegen unserer geographischen Lage. Wir liegen mitten in Europa. Wir haben mindestens drei Angriffsfronten. Frankreich hat nur seine östliche Grenze, Rußland nur seine westliche Grenze, auf der es angegriffen werden kann. Wir sind außerdem der Gefahr der Koalition nach der ganzen Entwicklung der Weltgeschichte, nach unserer geographischen Lage und nach dem vielleicht minderen Zusammenhang, den die deutsche Nation bisher in sich gehabt hat im Vergleich mit anderen, mehr ausgesetzt als irgendein anderes Volk. Gott hat uns in eine Situation gesetzt, in welcher wir durch unsere Nachbarn daran verhindert werden, irgendwie in Trägheit oder Versumpfung zu geraten. Er hat uns die kriegerischste und unruhigste Nation, die Franzosen, an die Seite gesetzt, und er hat in Rußland kriegerische Neigungen groß werden lassen, die in früheren Jahrhunderten nicht in dem Maße vorhanden waren. So bekommen wir gewissermaßen von beiden Seiten die Sporen und werden zu einer Anstrengung gezwungen, die wir vielleicht sonst nicht machen würden. Die Hechte im europäischen Karpfenteich hindern uns, Karpfen zu werden (Heiterkeit), indem sie uns ihre Stacheln in unseren beiden Flanken fühlen lassen; sie zwingen uns zu einer Anstrengung, die wir freiwillig vielleicht nicht leisten würden, sie zwingen uns auch zu einem Zusammenhalten unter den Deutschen, das unserer innersten Natur widerstrebt (Heiterkeit); sonst streben wir lieber auseinander. Aber die französisch-russische Presse, zwischen die wir genommen werden, zwingt uns zum Zusammenhalten und wird unsere Kohäsionsfähigkeit auch durch Zusammendrücken erheblich steigern, so daß wir in dieselbe Lage der Unzerreißbarkeit kommen, die fast allen anderen Nationen eigentümlich ist, und die uns bis jetzt noch fehlt. (Bravo!) Wir müssen dieser Bestimmung der Vorsehung aber auch entsprechen, indem wir uns so stark machen, daß die Hechte uns nicht mehr tun, als uns ermuntern. (Heiterkeit.)

Wir hatten ja früher in den Zeiten der Heiligen Allianz – mir fällt ein altes amerikanisches Lied dabei ein, welches ich von meinem verstorbenen Freunde Motley[26] gelernt habe; es sagt: In good old colonial times, when we lived under a king – nun, das waren eben patriarchalische Zeiten, da hatten wir eine Menge Geländer, an denen wir uns halten konnten, und eine Menge Deiche, die uns vor den wilden europäischen Fluten schützten. Da war der Deutsche Bund, und die eigentliche Stütze und Fortsetzung und Vollendung des Deutschen Bundes, zu deren Dienst er gemacht, war die Heilige Allianz[27]. Wir hatten Anlehnung an Rußland und Österreich, und vor allen Dingen: wir hatten die Garantie der eigenen Schüchternheit, daß wir niemals eine Meinung äußerten, bevor die anderen gesprochen hatten. (Heiterkeit.) Das alles ist uns abhanden gekommen (Sehr gut! rechts); wir müssen uns selber helfen. Die Heilige Allianz hat Schiffbruch gelitten im Krimkriege – nicht durch unsere Schuld. Der Deutsche Bund ist durch uns zerstört worden, weil die Existenz, die man uns in ihm machte, weder für uns noch für das deutsche Volk auf die Dauer erträglich war. Beide sind aus der Welt geschieden. Nach Auflösung des Deutschen Bundes, nach dem Kriege von 1866, wäre also für das damalige Preußen oder Norddeutschland eine Isolierung eingetreten, wenn wir darauf hätten rechnen müssen, daß man uns von keiner Seite die neuen Erfolge, die großen Erfolge, die wir errungen hatten, verzeihen würde; gern sind die Erfolge des Nachbarn von der anderen Macht niemals gesehen.

Unsere Beziehungen zu Rußland waren aber durch das Erlebnis von 1866 nicht gestört. Anno 66 war die Erinnerung an die Politik des Grafen Buol[28], an die Politik Österreichs während des Krimkrieges in Rußland noch zu frisch, um dort den Gedanken aufkommen zu lassen, daß man der österreichischen Monarchie gegen den preußischen Angriff beistehen, daß man den Feldzug erneuern könne, den der Kaiser Nikolaus[29] im Jahre 1849 für Österreich geführt hatte. – Ich bitte um Entschuldigung, wenn ich mich einen Augenblick setze; ich kann so lange nicht stehen.

Für uns blieb deshalb die natürlichste Anlehnung immer noch die russische, die, abgesehen vom vorigen, in diesem Jahrhundert ihren sehr berechtigten Ursprung in der Politik des Kaisers Alexander I.[30] genommen hat. Ihm war Preußen in der Tat Dank schuldig. Er konnte 1813 an der polnischen Grenze ebensogut umkehren und Frieden schließen; er konnte später Preußen fallen lassen. Damals haben wir in der Tat die Herstellung auf dem alten Fuß wesentlich dem Wohlwollen des Kaisers Alexander I. oder – wenn Sie skeptisch sein wollen – sagen Sie, der russischen Politik, wie sie Preußen brauchte, zu danken gehabt.

Diese Dankbarkeit hat die Regierungszeit Friedrich Wilhelms III.[31] beherrscht. Das Saldo, welches Rußland im preußischen Konto hatte, ist durch die Freundschaft, ich kann fast sagen, durch die Dienstbarkeit Preußens während der ganzen Regierungszeit des Kaisers Nikolaus ausgenützt und in Olmütz[32], kann ich sagen, getilgt worden. In Olmütz nahm der Kaiser Nikolaus nicht für Preußen Partei, schützte uns nicht einmal vor üblen Erfahrungen, vor gewissen Demütigungen, wie der Kaiser Nikolaus überhaupt doch im ganzen mehr Vorliebe für Österreich als für Preußen hatte; der Gedanke, daß wir Rußland während seiner Regierung irgendwelchen Dank schuldig wären, ist eine historische Legende.

Wir haben aber, solange der Kaiser Nikolaus lebte, unsererseits doch die Tradition Rußland gegenüber nicht gebrochen; wir haben im Krimkriege, wie ich vorher schon erzählte, unter erheblichen Gefahren und Bedrohungen festgehalten an der russischen Aufgabe. Seine Majestät der hochselige König hatte keine Neigung – was damals, wie ich glaube, möglich gewesen wäre – mit einer starken Truppenaufstellung eine entscheidende Rolle in dem Kriege zu spielen. Wir hatten Verträge geschlossen, nach denen wir verpflichtet waren, zu einer gewissen Zeit 100 000 Mann aufzustellen. Ich schlug Seiner Majestät damals vor: Stellen wir nicht 100 000, sondern 200 000 Mann auf, und stellen wir sie à cheval auf, so daß wir sie nach rechts und links gebrauchen können; so sind Ew. Majestät heute der entscheidende Richter des Krimkrieges Ihrerseits. Indessen der hochselige König war für kriegerische Unternehmungen nicht geneigt, und das Volk kann ihm dafür nur dankbar sein. Ich war damals jünger und unerfahrener, als ich heutigen Tages bin. Indessen haben wir immerhin für Olmütz keine Rankune[33] getragen während des Krimkrieges; wir kamen aus dem Krimkriege als Freunde Rußlands heraus, und ich habe in der Zeit, wo ich Gesandter in Petersburg[34] war, die Frucht dieser Freundschaft durch eine sehr wohlwollende Aufnahme am Hof und in der Gesellschaft genießen können. Auch unsere Parteinahme für Österreich im italienischen Kriege war nicht nach dem Geschmack des russischen Kabinetts, aber sie hatte keine nachteilige Rückwirkung. Unser Krieg 1866 wurde eher mit einer gewissen Genugtuung gesehen; man gönnte den Österreichern das damals in Rußland. Im Jahre 1870, in unserem französischen Kriege, hatten wir wenigstens noch die Satisfaktion, gleichzeitig mit unserer Verteidigung und siegreichen Abwehr dem russischen Freund einen Dienst im Schwarzen Meere erweisen zu können. Es wäre die Freigebung des Schwarzen Meeres durch die Kontrahenten keineswegs wahrscheinlich gewesen, wenn nicht die deutschen Truppen siegreich in der Nähe von Paris gestanden hätten. Wenn sie zum Beispiel geschlagen wären, so, glaube ich, wäre der Abschluß des damaligen Londoner Abkommens[35] zugunsten Rußlands nicht so leicht gewesen. Also auch der Krieg von Anno 70 hinterließ keine Verstimmung zwischen uns und Rußland.

Ich führe diese Tatsachen an, um Ihnen die Genesis des Vertrags mit Österreich darzulegen, der vor wenig Tagen publiziert worden ist, und um die Politik Seiner Majestät gegen den Vorwurf zu rechtfertigen, daß sie die Kriegsmöglichkeiten für das Deutsche Reich erweitert hätte durch Hinzufügung derjenigen, welche Österreich ohne sein Verschulden betreffen könnte. Ich bin deshalb im Begriff, Ihnen zu schildern, wie es kam, daß die von mir persönlich stets mit Vorliebe gepflegten traditionellen Beziehungen zwischen uns und Rußland sich so gestalteten, daß wir zum Abschluß des vorgestern publizierten Vertrags veranlaßt wurden.

Die ersten Jahre nach dem französischen Kriege vergingen noch im besten Einverständnis; im Jahre 1875 trat zuerst eine Neigung meines russischen Kollegen, des Fürsten Gortschakow, zutage, sich mehr um Popularität in Frankreich als bei uns zu bemühen und gewisse künstlich herbeigeführte Konstellationen dazu zu benutzen, um der Welt durch ein hinzugefügtes Telegramm glauben zu machen, als hätten wir 1875 irgendeinen entfernten Gedanken daran gehabt, Frankreich zu überfallen, und als wäre es das Verdienst des Fürsten Gortschakow[36], Frankreich aus dieser Gefahr errettet zu haben. Das war das erste Befremden, welches zwischen uns auftrat, und welches mich zu einer lebhaften Aussprache mit meinem früheren Freunde und späteren Kollegen veranlaßte. Demnächst und gleichzeitig hatten wir immer noch die Aufgabe festgehalten, den Frieden zwischen den drei Kaisern festzuhalten, die Beziehungen fortzusetzen, die zuerst eingeleitet waren durch den Besuch der Kaiser von Rußland und von Österreich 1872 hier in Berlin und durch die darauf folgenden Gegenbesuche. Es war uns das auch gelungen. Erst 1876 vor dem türkischen Kriege traten uns gewisse Nötigungen zu einer Option zwischen Rußland und Österreich entgegen, die von uns abgelehnt wurden. Ich halte nicht für nützlich, in die Details darüber einzugehen; sie werden mit der Zeit auch einmal bekannt werden. Es hatte unsere Ablehnung die Folge, daß Rußland sich direkt nach Wien wandte, und daß ein Abkommen – ich glaube, es war im Januar 1877[37] – zwischen Österreich und Rußland geschlossen wurde, welches die Eventualitäten einer orientalischen Krise betraf, und welches Österreich für den Fall einer solchen die Besetzung von Bosnien usw. zusicherte. Dann kam der Krieg, und wir waren recht zufrieden, wie das Unwetter sich weiter südlich verzog, als es ursprünglich Neigung hatte. Das Ende des Krieges wurde hier in Berlin durch den Kongreß definitiv herbeigeführt, nachdem es vorbereitet war durch den Frieden von San Stefano[38]. Der Friede von San Stefano war meiner Überzeugung nach nicht viel bedenklicher für die antirussischen Mächte und nicht sehr viel nützlicher für Rußland, als nachher der Kongreßvertrag gewesen ist. Der Friede von San Stefano hat sich ja, kann man sagen, nachher von selber eingefunden, indem das kleine, ich glaube, 800 000 Seelen umfassende Ostrumelien[39] eigenmächtig die Wiederherstellung der – nicht ganz – der alten San Stefano-Grenze auf sich nahm und sich Bulgarien anfügte. Es war also der Schaden, den der Kongreß in den Abmachungen von San Stefano angerichtet hat, nicht so sehr schlimm. Ob diese Abmachungen von San Stefano gerade ein Meisterwerk der Diplomatie waren, das lasse ich dahingestellt sein. Wir hatten damals sehr wenig Neigung, uns in die orientalischen Sachen zu mischen, ebensowenig wie heute. Ich war schwer krank in Friedrichsruh, als mir von russischer Seite das Verlangen amtlich mitgeteilt wurde, zur definitiven Beilegung des Krieges einen Kongreß der Großmächte nach Berlin einzuberufen. Ich hatte zunächst wenig Neigung dazu, einmal weil ich in der körperlichen Unmöglichkeit war, dann aber auch, weil ich keine Neigung hatte, uns so weit in die Sache zu verwickeln, wie die Rolle des Präsidierens eines Kongresses notwendig mit sich bringt. Wenn ich schließlich dennoch nachgegeben habe, so war es einerseits das deutsche Pflichtgefühl im Interesse des Friedens, namentlich aber das dankbare Andenken, das ich an die Gnade des Kaisers Alexander II.[40] für mich stets bewahrt habe, das mich veranlaßte, diesen Wunsch zu erfüllen. Ich erklärte mich dazu bereit, wenn es uns gelänge, die Einwilligung von England und von Österreich zu beschaffen. Rußland übernahm, die Einwilligung von England zu besorgen, ich nahm auf mich, sie in Wien zu befürworten; es gelang, und der Kongreß kam zustande.

Während des Kongresses, kann ich wohl sagen, habe ich meine Rolle, soweit ich es irgend konnte, ohne Landesinteressen und befreundete Interessen zu verletzen, ungefähr so aufgefaßt, als wenn ich der vierte russische Bevollmächtigte gewesen wäre auf diesem Kongreß (Heiterkeit); ja, ich kann fast sa-

gen, der dritte; denn den Fürsten Gortschakow kann ich als
Bevollmächtigten der damaligen russischen Politik, wie sie
durch den wirklichen Vertreter Grafen Schuwalow vertreten
war, kaum annehmen. (Heiterkeit.)
Es ist während der ganzen Kongreßverhandlungen kein russischer Wunsch zu meiner Kenntnis gekommen, den ich nicht
befürwortet, ja, den ich nicht durchgesetzt hätte. Ich bin infolge des Vertrauens, das mir der leider verstorbene Lord
Beaconsfield[41] schenkte, in den schwierigsten, kritischsten Momenten des Kongresses mitten in der Nacht an dessen Krankenbett erschienen und habe in den Momenten, wo der Kongreß dem Bruch nahe stand, dessen Zustimmung im Bett erreicht; – kurz, ich habe mich auf dem Kongreß so verhalten,
daß ich dachte, nachdem er zu Ende war: Nun, den höchsten
russischen Orden in Brillanten besitze ich längst, sonst müßte
ich den jetzt bekommen. (Heiterkeit.) Kurz, ich habe das Gefühl gehabt, ein Verdienst für eine fremde Macht mir erworben zu haben, wie es selten einem fremden Minister vergönnt
gewesen ist.
Welches mußte also meine Überraschung und meine Enttäuschung sein, wie allmählich eine Art von Preßkampagne in
Petersburg anfing, durch welche die deutsche Politik angegriffen, ich persönlich in meinen Absichten verdächtigt wurde.
Diese Angriffe steigerten sich während des darauffolgenden
Jahres bis 1879 zu starken Forderungen eines Druckes, den
wir auf Österreich üben sollten in Sachen, wo wir das österreichische Recht nicht ohne weiteres angreifen konnten. Ich
konnte dazu meine Hand nicht bieten; denn wenn wir uns
Österreich entfremdeten, so gerieten wir, wenn wir nicht ganz
isoliert sein wollten in Europa, notwendig in Abhängigkeit
von Rußland. Wäre eine solche Abhängigkeit erträglich gewesen? Ich hatte früher geglaubt, sie könnte es sein, indem ich
mir sagte: Wir haben gar keine streitigen Interessen; es ist gar
kein Grund, warum Rußland je die Freundschaft uns kündigen sollte. Ich hatte wenigstens meinen russischen Kollegen,
die mir dergleichen auseinandersetzten, nicht geradezu wider

sprochen. Der Vorgang betreffs des Kongresses enttäuschte mich, der sagte mir, daß selbst ein vollständiges Indienststellen unserer Politik (für gewisse Zeit) in die russische uns nicht davor schützte, gegen unseren Willen und gegen unser Bestreben mit Rußland in Streit zu geraten. Dieser Streit über Instruktionen, die wir an unsere Bevollmächtigten in den Verhandlungen im Süden gegeben oder nicht gegeben hatten, steigerte sich bis zu Drohungen, bis zu vollständigen Kriegsdrohungen von der kompetentesten Seite.

Das ist der Ursprung unseres österreichischen Vertrages. Durch diese Drohungen wurden wir gezwungen, zu der von mir seit Jahrzehnten vermiedenen Option zwischen unseren beiden bisherigen Freunden zu schreiten. Ich habe damals den Vertrag, der vorgestern publiziert worden ist, in Gastein und Wien verhandelt, und er gilt noch heute zwischen uns.

Die Publikation ist in den Zeitungen zum Teil, wie ich gestern und vorgestern gelesen habe, irrtümlich aufgefaßt worden; man hat in derselben ein Ultimatum, eine Warnung, eine Drohung finden wollen. Das konnte um so weniger darin liegen, als der Text des Vertrags dem russischen Kabinett seit langem bekannt war, nicht erst seit dem November vorigen Jahres. Wir haben es der Aufrichtigkeit einem loyalen Monarchen gegenüber, wie der Kaiser von Rußland ist, entsprechend gefunden, schon früher keinen Zweifel darüber zu lassen, wie die Sachen liegen. Ich halte es auch nicht für möglich, diesen Vertrag *nicht* geschlossen zu haben; wenn wir ihn nicht geschlossen hätten, so müßten wir ihn heute schließen. Er hat eben die vornehmste Eigenschaft eines internationalen Vertrags, nämlich er ist der Ausdruck beiderseitiger dauernder Interessen, sowohl auf österreichischer Seite wie auf der unserigen. (Bravo!) Keine Großmacht kann auf die Dauer in Widerspruch mit den Interessen ihres eigenen Volkes an dem Wortlaut irgendeines Vertrags kleben, sie ist schließlich genötigt, ganz offen zu erklären: Die Zeiten haben sich geändert, ich kann das nicht mehr – und muß das vor ihrem Volke und vor dem Vertrag schließenden Teile nach Möglichkeit rechtfertigen. Aber das eigene Volk ins Verderben zu führen an dem Buchstaben eines unter anderen Umständen unterschriebenen Vertrags, das wird keine Großmacht gutheißen. Das liegt aber in diesen Verträgen in keiner Weise drin. Sie sind eben – nicht nur der Vertrag, den wir mit Österreich geschlossen haben, sondern ähnliche Verträge, die zwischen uns und anderen Regierungen bestehen (Hört, hört! rechts), namentlich Verabredungen, die wir mit Italien haben[42] – sie sind nur der Ausdruck der Gemeinschaft in den Bestrebungen und in den Gefahren, die die Mächte zu laufen haben. Italien sowohl wie wir sind in der Lage gewesen, das Recht, uns national zu konsolidieren, von Österreich zu erkämpfen. Beide leben jetzt mit Österreich in Frieden und haben mit Österreich das gleiche Bestreben, Gefahren, die sie gemeinsam bedrohen, abzuwehren, den Frieden, der dem einen so teuer ist wie dem anderen, gemeinsam zu schützen, die innere Entwicklung, der sie sich widmen wollen, vor Angriffen geschützt zu sehen. Dieses Bestreben und dabei auch das gegenseitige Vertrauen, daß man die Verträge hält, und daß durch die Verträge keiner von dem anderen abhängiger wird, als seine eigenen Interessen es vertragen – das alles macht diese Verträge fest, haltbar und dauerhaft. (Bravo!)

Wie sehr unser Vertrag mit Österreich der Ausdruck des beiderseitigen Interesses ist, das hat sich schon in Nikolsburg[43] und hat sich 1870 gezeigt. Schon bei den Verhandlungen in Nikolsburg waren wir unter dem Eindruck, daß wir Österreich – und ein starkes, aufrechtes Österreich – auf die Dauer doch nicht missen könnten in Europa. 1870, als der Krieg zwischen uns und Frankreich ausbrach, war ja die Versuchung für manches verletzte Gefühl in Österreich außerordentlich naheliegend, diese Gelegenheit zu benutzen, um dem Feind von 1866 gegenüber Revanche zu üben; aber die besonnene und voraussichtige Politik des österreichischen Kabinetts mußte sich dann fragen: Was ist dann die Folge? In welche Stellung geraten wir, wenn wir jetzt den Franzosen beistehen, um Preußen, respektive Deutschland zu besiegen? Was wäre dann die

Folge gewesen, wenn Frankreich mit Hilfe Österreichs über uns gesiegt hätte? Österreich hätte bei einer solchen Politik doch kaum einen anderen Zweck haben können, als wiederum seine frühere Stellung in Deutschland einzunehmen, denn das war eigentlich das einzige, was es im Jahre 1866 aufgegeben hat; andere Bedingungen waren nicht, die pekuniären Bedingungen waren ganz unbedeutend. Nun, wie wäre die Lage Österreichs in dem Deutschen Bunde als Präsidialmacht gewesen, wenn es sich sagen mußte, daß es Deutschland das linke Rheinufer im Bunde mit Frankreich genommen, daß es die süddeutschen Staaten wiederum in eine Rheinbundsabhängigkeit von Frankreich gebracht, und daß es Preußen unwiderruflich zur Anlehnung an Rußland und zur Abhängigkeit von Rußlands künftiger Politik verurteilt hätte? Eine solche Stellung war für österreichische Politiker, die nicht vollständig von Zorn und Rache verblendet waren, unannehmbar.

Dasselbe ist aber auch bei uns in Deutschland der Fall. Denken Sie sich Österreich von der Bildfläche Europas weg, so sind wir zwischen Rußland und Frankreich auf dem Kontinent mit Italien isoliert, zwischen den beiden stärksten Militärmächten neben Deutschland, wir ununterbrochen zu jeder Zeit einer gegen zwei, mit großer Wahrscheinlichkeit, oder unabhängig abwechselnd vom einen oder vom anderen. So kommt es aber nicht. Man kann sich Österreich nicht wegdenken: ein Staat wie Österreich verschwindet nicht, sondern ein Staat wie Österreich wird dadurch, daß man ihn im Stich läßt, wie es in den Villafranca-Feststellungen[44] angenommen wurde, entfremdet und wird geneigt werden, dem die Hand zu bieten, der seinerseits der Gegner eines unzuverlässigen Freundes gewesen ist.

Kurz, wenn wir die Isolierung, die gerade in unserer angreifbaren Lage für Deutschland besonders gefährlich ist, verhüten wollen, so müssen wir einen sicheren Freund haben. Wir haben vermöge der Gleichheit der Interessen, vermöge dieses Vertrages, der Ihnen vorgelegt ist, zwei zuverlässige Freunde

– zuverlässig nicht aus Liebe zueinander; denn Völker führen wohl aus Haß gegeneinander Krieg; aber aus Liebe, das ist noch gar nicht dagewesen, daß sich das eine für das andere opfert. (Heiterkeit.) Sie führen auch aus Haß nicht immer Krieg. Denn wenn das der Fall wäre, dann müßte Frankreich in ununterbrochenem Kriege nicht nur mit uns, sondern auch mit England und Italien sein; es haßt alle seine Nachbarn. (Beifall und Zustimmung.) Ich glaube auch, daß der künstlich aufgebauschte Haß gegen uns in Rußland weiter nicht von Dauer sein wird. Mit unseren Bundesgenossen in der Friedensliebe einigen uns nicht nur Stimmungen und Freundschaften, sondern die zwingendsten Interessen des europäischen Gleichgewichts und unserer eigenen Zukunft.

Und deshalb glaube ich: Sie werden die Politik Seiner Majestät des Kaisers, die das publizierte Bündnis abgeschlossen hat, billigen (Bravo!), obschon die Möglichkeit eines Krieges dadurch verstärkt wird.

Es ist ja unzweifelhaft, daß durch die Annahme dieses neuen Gesetzes das Bündnis, in dem wir stehen, außerordentlich an Kraft gewinnt, weil das durch das Deutsche Reich gebildete Mitglied seinerseits außerordentlich verstärkt wird. Die Vorlage bringt uns einen Zuwachs an waffentüchtigen Truppen, einen möglichen Zuwachs – brauchen wir ihn nicht, brauchen wir ihn auch nicht zu rufen, dann können wir ihn zu Hause lassen; haben wir ihn aber zur Verfügung, haben wir die Waffen für ihn – und das ist ja durchaus notwendig; ich erinnere mich der von England 1813 für unsere Landwehr gelieferten Karabiner, mit denen ich noch als Jäger ausexerziert worden bin; das war kein Kriegsgewehr, das können wir ja nicht plötzlich anschaffen –, haben wir aber die Waffen dafür, so bildet dieses neue Gesetz eine Verstärkung der Friedensbürgschaften und eine Verstärkung der Friedensliga, die gerade so stark ist, als wenn eine vierte Großmacht mit 700 000 Mann Truppen – was ja früher die höchste Stärke war, die es gab – dem Bunde beigetreten wäre. (Bravo!)

Diese gewaltige Verstärkung wird, wie ich glaube, auch beruhigend auf unsere eigenen Landsleute wirken und wird die Nervosität unserer öffentlichen Meinung, unserer Börse und unserer Presse einigermaßen ermäßigen. Ich hoffe, sie werden Linderung fühlen (Heiterkeit), wenn sie sich das klarmachen, daß nach dieser Verstärkung und von dem Augenblick an, wo das Gesetz unterzeichnet und publiziert ist, die Leute da sind; die Bewaffnung wäre notdürftig auch jetzt vorhanden; aber wir müssen sie besser anschaffen, denn wenn wir eine Armee von Triariern[45] bilden, von dem besten Menschenmaterial, das wir überhaupt in unserem Volke haben, von den Familienvätern über dreißig Jahre, dann müssen wir auch für sie die besten Waffen haben, die es überhaupt gibt (Bravo!), wir müssen sie nicht mit dem in den Kampf schicken, was wir für unsere jungen Linientruppen nicht für gut genug halten (Sehr gut!), sondern der feste Mann, der Familienvater, diese Hünengestalten, deren wir uns noch erinnern können aus der Zeit, wo sie die Brücke von Versailles besetzt hatten, müssen auch das beste Gewehr an der Schulter haben, die vollste Bewaffnung und die ausgiebigste Kleidung zum Schutz gegen Witterung und alle äußeren Vorkommnisse. (Lebhaftes Bravo!) Da dürfen wir nicht sparen. Aber ich hoffe, es wird unsere Mitbürger beruhigen, wenn sie sich nun wirklich den Fall denken, an den ich nicht glaube, daß wir von zwei Seiten gleichzeitig überfallen würden – die Möglichkeit ist ja, wie ich Ihnen vorhin an dem vierzigjährigen Zeitraum entwickelt habe, für alle möglichen Koalitionen doch immer vorhanden –; wenn das eintritt, so können wir an jeder unserer Grenzen eine Million guter Soldaten in Defensive haben. Wir können nen dabei Reserven von einer halben Million und höher, auch von einer ganzen Million im Hinterlande behalten und nach Bedürfnis vorschieben. Man hat mir gesagt: Das wird nur die Folge haben, daß die anderen auch noch höher steigen. Das können sie nicht. (Bravo! Heiterkeit.) Die Ziffer haben sie längst erreicht. Wir haben die Ziffer im Jahre 1867 heruntergesetzt, weil wir glaubten, jetzt haben wir den Norddeutschen Bund[46], wir können es uns jetzt leichter machen, da können

wir die Leute über zweiunddreißig Jahre freilassen. In der
Folge haben unsere Nachbarn eine längere Dienstzeit adop-
tiert, viele eine zwanzigjährige Dienstzeit. – Der Herr Kriegsminister, wenn er das Wort ergreifen will, wird Ihnen das
näher auseinandersetzen können; in der Ziffer sind sie ebenso
hoch wie wir, aber in der Qualität können sie es uns nicht
nachmachen. (Sehr richtig!) Die Tapferkeit ist ja bei allen
zivilisierten Nationen gleich; der Russe, der Franzose schlagen
sich so tapfer wie der Deutsche; aber unsere Leute, unsere
700 000 Mann sind kriegsgedient, rompus au métier, ausge-
diente Soldaten, und die noch nichts verlernt haben. Und was
uns kein Volk in der Welt nachmachen kann: wir haben das
Material an Offizieren und Unteroffizieren, um diese ungeheure Armee zu kommandieren. (Bravo!) Das ist, was man
nicht nachmachen kann. Dazu gehört das ganz eigentümliche
Maß der Verbreitung der Volksbildung in Deutschland, wie
es in keinem anderen Lande wieder vorkommt. Das Maß von
Bildung, welches erforderlich ist, um einen Offizier und
Unteroffizier zum Kommando zu befähigen nach den Ansprüchen, die der Soldat an ihn macht, existiert bei uns in sehr
viel breiteren Schichten als in irgendeinem anderen Lande.
Wir haben mehr Offiziermaterial und Unteroffiziermaterial
als irgendein anderes Land, und wir haben ein Offizierkorps,
welches uns kein anderes Land der Welt nachmachen kann.
(Bravo!)
Darin besteht unsere Überlegenheit und ebenso in der Überlegenheit unseres Unteroffizierkorps, welches ja die Zöglinge
unseres Offizierkorps bilden. Das Maß von Bildung, welches
einen Offizier befähigt, nicht nur die sehr strengen Anforderungen an seinen Stand, an Entbehrungen, an Pflege der Kameradschaft unter sich, sondern auch die außerordentlich
schwierigen sozialen Aufgaben zu erfüllen, deren Erfüllung
notwendig ist, um die Kameradschaft, die bei uns, Gott sei
Dank, im höchsten Grade in rührenden Fällen existiert zwischen Offizieren und Mannschaften, um die ohne Schaden der
Autorität herzustellen – das können uns die anderen nicht

nachmachen, das Verhältnis, wie es in deutschen Truppen zwischen Offizieren und Mannschaften namentlich im Kriege mit wenigen üblen Ausnahmen besteht –, exceptio firmat regulam, aber im ganzen kann man sagen: Kein deutscher Offizier läßt seinen Soldaten im Feuer im Stich, er holt ihn mit eigener Lebensgefahr heraus, und umgekehrt: Kein deutscher Soldat läßt seinen Offizier im Stich – das haben wir erfahren. (Bravo!)

Wenn andere Armeen gleiche Truppenmassen, wie wir sie hiermit zu schaffen beabsichtigen, mit Offizieren und Unteroffizieren besetzen sollen, so werden sie unter Umständen genötigt sein, Offiziere zu ernennen, denen es nicht gelingen wird, eine Kompagnie durch ein enges Tor herauszuführen (Heiterkeit), und noch viel weniger, die schweren Obliegenheiten zu erfüllen, die ein Offizier seinen Mannschaften gegenüber hat, um sich deren Achtung und deren Liebe zu bewahren; das Maß von Bildung, welches dazu erforderlich ist, und das Maß von Leistung, welches überhaupt bei uns an Kameradschaft und Ehrgefühl aus dem Offizier herausgedrückt wird, das kann ja kein Reglement und keine Anordnung der Welt im Auslande aus dem Offizierstande herausdrücken. Darin sind wir jedermann überlegen, und deshalb können sie es uns nicht nachmachen. (Bravo!) Ich bin also darüber ohne Sorge.

Außerdem aber ist noch ein Vorteil der Annahme dieses Gesetzes: Gerade die Stärke, die wir erstreben, stimmt uns selbst notwendig friedfertig. Das klingt paradox, es ist aber doch so.

Mit der gewaltigen Maschine, zu der wir das deutsche Heerwesen ausbilden, unternimmt man keinen Angriff. Wenn ich heute vor Sie treten wollte und Ihnen sagen – wenn die Verhältnisse eben anders lägen, als sie meiner Überzeugung nach liegen –: Wir sind erheblich bedroht von Frankreich und Rußland; es ist vorauszusehen, daß wir angegriffen werden; meiner Überzeugung nach glaube ich es als Diplomat nach militärischen Nachrichten hierüber, es ist nützlicher für uns, daß wir als Defensive den Vorstoß des Angriffes benutzen, daß wir jetzt gleich schlagen; der Angriffskrieg ist für uns vorteilhafter zu führen, und ich bitte also den Reichstag um einen Kredit von einer Milliarde oder einer halben Milliarde, um den Krieg gegen unsere beiden Nachbarn heute zu unternehmen – ja, meine Herren, ich weiß nicht, ob Sie das Vertrauen zu mir haben würden, mir das zu bewilligen. Ich hoffe nicht. (Heiterkeit.)

Aber wenn Sie es täten, würde es mir nicht genügen. Wenn wir in Deutschland einen Krieg mit der vollen Wirkung unserer Nationalkraft führen wollen, so muß es ein Krieg sein, mit dem alle, die ihn mitmachen, alle, die ihm Opfer bringen, kurz und gut, mit dem die ganze Nation einverstanden ist; es muß ein Volkskrieg sein; es muß ein Krieg sein, der mit dem Enthusiasmus geführt wird wie der von 1870, wo wir ruchlos angegriffen wurden. Es ist mir noch erinnerlich der ohrengellende, freudige Zuruf am Kölner Bahnhofe, und so war es von Berlin bis Köln, so war es hier in Berlin. Die Wogen der Volkszustimmung trugen uns in den Krieg hinein, wir hätten wollen mögen oder nicht. So muß es auch sein, wenn eine Volkskraft wie die unsere zur vollen Geltung kommen soll. Es wird aber sehr schwer sein, den Provinzen, den Bundesstaaten und ihren Bevölkerungen das klarzumachen: Der Krieg ist unvermeidlich, er muß sein. Man wird fragen: Ja, seid Ihr denn dessen so sicher? Wer weiß? Kurz, wenn wir schließlich zum Angriff kommen, so wird das ganze Gewicht der Imponderabilien, die viel schwerer wiegen als die materiellen Gewichte, auf der Seite unserer Gegner sein, die wir angegriffen haben. Das »heilige Rußland« wird entrüstet sein über den Angriff. Frankreich wird bis an die Pyrenäen hin in Waffen starren. Ganz dasselbe wird überall geschehen. Ein Krieg, zu dem wir nicht vom Volkswillen getragen werden, der wird geführt werden, wenn schließlich die verordneten Obrigkeiten ihn für nötig halten und erklärt haben; er wird auch mit vollem Schneid und vielleicht siegreich geführt werden, wenn man erst einmal Feuer bekommen und Blut gesehen hat. Aber es wird nicht von Hause aus der Elan und das Feuer dahinter sein wie in einem Kriege, wenn wir angegriffen werden. Dann wird das ganze Deutschland von der Memel bis zum Bodensee wie eine Pulvermine aufbrennen und von Gewehren starren, und es wird kein Feind wagen, mit diesem furor teutonicus, der sich bei dem Angriff entwickelt, es aufzunehmen. (Bravo!) Diese Überlegenheit dürfen wir uns nicht entgehen lassen, selbst wenn wir, was viele Militärs, nicht nur die unserigen, annehmen, jetzt unseren künftigen Gegnern überlegen sind. Die unserigen glauben das alle: Natürlich, jeder Soldat glaubt das; er würde beinahe aufhören, ein brauchbarer Soldat zu sein, wenn er nicht den Krieg wünschte und an seinen Sieg darin glaubte. Wenn unsere Gegner etwa vermuten, daß es die Furcht vor dem Ausgange ist, die uns friedfertig stimmt, dann irren sie sich ganz gewaltig. (Sehr richtig!) Wir glauben ebenso fest an unseren Sieg in gerechter Sache, wie irgendein ausländischer Leutnant in seiner Garnison beim dritten Glase Champagner glauben kann (Heiterkeit), und wir vielleicht mit mehr Sicherheit. Also es ist nicht die Furcht, die uns friedfertig stimmt, sondern gerade das Bewußtsein unserer Stärke, das Bewußtsein, auch dann, wenn wir in einem minder günstigen Augenblicke angegriffen werden, stark genug zu sein zur Abwehr und doch die Möglichkeit zu haben, der göttlichen Vorsehung es zu überlassen, ob sie nicht in der Zwischenzeit doch noch die Notwendigkeit eines Krieges aus dem Wege räumen wird.

Ich bin also nicht für irgendwelchen Angriffskrieg, und wenn der Krieg nur durch unseren Angriff entstehen könnte – Feuer muß von irgend jemandem angelegt werden, wir werden es nicht anlegen (Bravo!) –, nun, weder das Bewußtsein unserer Stärke, wie ich es eben schilderte, noch das Vertrauen auf unsere Bündnisse wird uns abhalten, unsere bisherigen Bestrebungen, den Frieden überhaupt zu erhalten, mit dem bisherigen Eifer fortzusetzen. Wir lassen uns da durch keine Verstimmung leiten und durch keine Abneigung bestimmen. Es ist ja unzweifelhaft, daß die Drohungen und die Beschimpfungen, die Herausforderungen, die an uns gerichtet worden sind, auch bei uns eine ganz erhebliche und berechtigte Erbitterung erregt haben (Sehr richtig!), und das ist beim Deutschen recht schwer, denn er ist dem Nationalhaß an sich unzugänglicher als irgendeine andere Nation; wir sind aber bemüht, sie zu besänftigen, und wir wollen nach wie vor den Frieden mit unseren Nachbarn, namentlich aber mit Rußland suchen. Wenn ich sage: Namentlich mit Rußland, so bin ich der Meinung, daß Frankreich uns bei diesen Bemühungen keine Sicherheit auf Erfolg gewährt, wenngleich ich nicht sagen will, daß es nichts hilft; wir werden nie Händel suchen, wir werden Frankreich nie angreifen, wir haben in den vielen kleinen Vorfällen, die die Neigung unserer Nachbarn, zu spionieren und zu bestechen, verursacht hat, immer eine sehr gefällige und freundliche Beilegung herbeigeführt, weil ich es für ruchlos halten würde, um solcher Lappalien willen einen großen nationalen Krieg zu entzünden oder auch nur wahrscheinlich zu machen. Das sind Fälle, wo es heißt: Der Vernünftigere gibt nach. (Heiterkeit. Sehr gut.)

Ich nenne also vorzugsweise Rußland, und da habe ich dasselbe Vertrauen auf das Gelingen, in welchem ich vor einem Jahre gesprochen habe, und welches dieses freisinnige Blatt hier so fett gedruckt hat, ohne ein Nachlaufen oder, wie ein deutsches Blatt sich roh ausdrückt, »Wettkriechen« vor Rußland! – Die Zeit ist vorbei; um Liebe werben wir nicht mehr, weder in Frankreich noch in Rußland. (Sehr gut! Lebhaftes Bravo!) Die russische Presse, die russische öffentliche Meinung hat einem alten mächtigen und zuverlässigen Freunde, der wir waren, die Tür gewiesen; wir drängen uns nicht auf. Wir haben versucht, das alte vertraute Verhältnis wiederzugewinnen, aber wir laufen niemand nach. (Allseitiges Bravo!) Das hält uns aber nicht ab – im Gegenteil, es ist uns ein Sporn mehr, die Vertragsrechte, die Rußland uns gegenüber hat, mit doppelter Genauigkeit zu beobachten.

Zu den Vertragsrechten gehören auch solche, die nicht von allen unseren Freunden anerkannt werden: ich meine, dazu gehören die Rechte, die wir auf dem Berliner Kongreß Rußland in betreff Bulgariens erworben haben, und die bis 1885 ganz unangefochten bestanden haben. Es ist gar keine Frage für mich, der ich die Kongreßbeschlüsse mit vorbereitet und mit unterzeichnet habe, daß wir alle damals der Meinung waren, daß der vorwiegende Einfluß in Bulgarien Rußland zufallen sollte, nachdem es seinerseits auf Ostrumelien verzichtet hatte, indem es die mäßige Satisfaktion gab, die Grenze des seinem Einflusse anheimfallenden Gebiets um 800 000 Seelen auf 3 Millionen ungefähr zurückzuschrauben. Infolge dieser Auffassung des Kongresses hat Rußland bis 1885 zunächst den Fürsten[47] ernannt, einen nahen Verwandten des Kaiserhauses, von dem damals niemand annahm und annehmen konnte, daß er etwas anderes würde sein wollen als ein getreuer Anhänger der russischen Politik. Es hat die Kriegsminister, einen großen Teil der Offiziere ernannt, kurz und gut, es hat in Bulgarien geherrscht; da ist gar kein Zweifel daran. Die Bulgaren oder ein Teil von ihnen oder der Fürst – ich weiß nicht, wer – sind nicht damit zufrieden gewesen, es hat ein Staatsstreich, ein Abfall von Rußland stattgefunden. Dadurch ist ein faktisches Verhältnis entstanden, welches wir mit Gewalt der Waffen zu remediieren keinen Beruf haben, welches aber die Rechte, die Rußland aus dem Kongreß nach Hause gebracht hat, doch theoretisch nicht alterieren kann. Ob, wenn Rußland die Rechte gewaltsam geltend machen wollte, sich daran Schwierigkeiten knüpfen würden, das weiß ich nicht; das geht uns auch nichts an. Wir werden gewaltsame Mittel nicht unterstützen und auch nicht dazu raten; ich glaube auch nicht, daß Neigung dazu da ist – ich bin ziemlich gewiß, daß sie nicht vorhanden ist. Wenn aber Rußland auf diplomatischem Wege versucht, sei es auch durch eine Anregung auf das Einschreiten des Oberherrn von Bulgarien, des Sultans, wenn es versucht, das herbeizuführen, so halte ich es für die Aufgabe einer loyalen deutschen Politik, sich dabei rein an die Bestimmungen des Berliner Vertrags zu halten und an die Auslegung, die wir ihnen damals ganz ohne Ausnahme gegeben haben, und an

der – mich wenigstens – die Stimmung der Bulgaren nicht irre-
machen kann. Bulgarien, das Ländchen zwischen Donau und
Balkan, ist überhaupt kein Objekt von hinreichender Größe,
um daran die Konsequenzen zu knüpfen, um seinetwillen
Europa von Moskau bis an die Pyrenäen und von der Nord-
see bis Palermo hin in einen Krieg zu stürzen, dessen Ausgang
kein Mensch voraussehen kann; man würde am Ende nach
dem Kriege kaum mehr wissen, warum man sich geschlagen
hat. (Heiterkeit.)

Also das kann ich erklären, daß die Unfreundlichkeiten, die
wir in der russischen öffentlichen Meinung, in der russischen
Presse namentlich, erfahren haben, uns nicht abhalten werden,
sobald Rußland den Wunsch ausspricht, die diplomatischen
Schritte diplomatisch zu unterstützen, welche Rußland eben
tun kann, um seinen Einfluß auf Bulgarien wiederzugewinnen. Ich sage absichtlich: Sobald Rußland den Wunsch ausspricht. Wir sind früher mitunter bemüht gewesen, russische
Wünsche auf vertrauliche Andeutungen hin zu erfüllen; wir
haben aber erleben müssen, daß russische Blätter sich fanden,
die sofort nachzuweisen versuchten, daß gerade diese Schritte
der deutschen Politik die feindseligsten gegen Rußland gewesen wären, und die uns deshalb angriffen, weil wir den russischen Wünschen vorausgegangen waren in der Erfüllung.
Wir haben das auch auf dem Kongreß getan; es wird uns aber
nicht wieder passieren. Wenn Rußland uns amtlich auffor-
dert, die Schritte zur Herstellung der kongreßmäßigen Situation in Bulgarien beim Sultan als Souverän zu unterstützen,
so trage ich kein Bedenken, Seiner Majestät dem Kaiser zu
raten, daß das geschieht. Dies erfordern die Verträge von unserer Loyalität dem Nachbar gegenüber, mit dem wir, mag die
Stimmung sein, wie sie will, doch immer das grenznachbar-
liche Verhältnis und große und gemeinsame monarchische Interessen, sowie Interessen der Ordnung allen Gegnern der
Ordnung in Europa gegenüber zu vertreten haben, und dessen
Monarch vollständiges Verständnis hat für diese Aufgaben
der verbündeten Monarchen. Daß der Kaiser von Rußland,

wenn er findet, daß die Interessen seines großen Reiches von hundert Millionen Untertanen ihm gebieten, Krieg zu führen, daß er dann Krieg führen wird, daran zweifle ich gar nicht. Aber die Interessen können ihm ganz unmöglich gebieten, diesen Krieg gerade gegen uns zu führen; ich halte es auch nicht für wahrscheinlich, daß ein solches Interessengebot überhaupt naheliegt.

Ich glaube nicht an eine unmittelbar bevorstehende Friedensstörung – wenn ich mich resümieren soll – und bitte, daß Sie das vorliegende Gesetz unabhängig von diesem Gedanken und dieser Befürchtung behandeln, lediglich als eine volle Herstellung der Verwendbarkeit der gewaltigen Kraft, die Gott in die deutsche Nation gelegt hat für den Fall, daß wir sie brauchen; brauchen wir sie nicht, dann werden wir sie nicht rufen; wir suchen den Fall zu vermeiden, daß wir sie brauchen.

Dieses Bestreben wird uns noch immer einigermaßen erschwert durch drohende Zeitungsartikel vom Auslande, und ich möchte die Mahnung hauptsächlich an das Ausland richten, doch diese Drohungen zu unterlassen. Sie führen zu nichts. Die Drohung, die wir – nicht von der Regierung – aber in der Presse erfahren, ist eigentlich eine unglaubliche Dummheit (Heiterkeit), wenn man bedenkt, daß man eine große und stolze Macht, wie es das Deutsche Reich ist, durch eine gewisse drohende Gestaltung der Druckerschwärze, durch Zusammenstellung von Worten glaubt einschüchtern zu können. (Bravo!) Man sollte das unterlassen, dann würde man es uns leichter machen, unseren beiden Nachbarn auch gefälliger entgegenzukommen. Jedes Land ist auf die Dauer doch für die Fenster, die seine Presse einschlägt, irgendeinmal verantwortlich; die Rechnung wird an irgendeinem Tage präsentiert in der Verstimmung des anderen Landes. Wir können durch Liebe und Wohlwollen leicht bestochen werden – vielleicht zu leicht –, aber durch Drohungen ganz gewiß nicht! (Bravo!) Wir Deutsche fürchten Gott, aber sonst nichts in der Welt (Lebhaftes Bravo!); und die Gottesfurcht ist es schon, die uns den Frieden lieben und pflegen läßt. Wer ihn aber trotzdem bricht, der wird sich überzeugen, daß die kampfesfreudige Vaterlandsliebe, welche 1813 die gesamte Bevölkerung des damals schwachen, kleinen und ausgesogenen Preußen unter die Fahnen rief, heutzutage ein Gemeingut der ganzen deutschen Nation ist, und daß derjenige, welcher die deutsche Nation irgendwie angreift, sie einheitlich gewaffnet finden wird und jeden Wehrmann mit dem festen Glauben im Herzen: Gott wird mit uns sein!

Quelle: Bismarck, Die gesammelten Werke. 13. Bd. Reden 1885–1897. Bearbeitet von Wilhelm Schüßler. Berlin: Stollberg ²1930. S. 326–347.

Anmerkungen

1. Seit 1884 war der Konservative von Wedell-Piersdorf Präsident des Deutschen Reichstags.
2. am 11. Januar 1887.
3. Organ der Deutschen Freisinnigen Partei, dessen Mitbegründer und Vorsitzender (1884–93) der politische Gegner Bismarcks, Eugen Richter (1838–1906), war. Die Tageszeitung »Freisinnige Zeitung« wurde 1885 von Richter in Berlin gegründet (vgl. S. 687).
4. François Paul Jules Grévy (1807–91) war von 1879 bis 1887 Präsident der Französischen Republik.
5. Marie François Sadi Carnot (1837–94) war von 1887 bis 1894 Präsident der Französischen Republik.
6. Bismarcks Pressefeindlichkeit illustriert auch der bekannte Ausspruch: »Ein Journalist ist ein Mensch, der seinen Beruf verfehlt hat.«
7. Nachtarbeit.
8. am 18. November 1887.
9. Ohne zu sagen: Aufgepaßt!
10. koramieren: öffentlich jemand zur Rede stellen.
11. Krieg zwischen Rußland und der Türkei, von 1853 bis 1856, der nach Eingreifen anderer europäischer Mächte mit einer Niederlage für Rußland endete.
12. Gemeint ist der polnische Aufstand von 1830.
13. früherer Militärbezirk im östlichen Teil von Rußland.
14. 1877 erklärte Rußland der Türkei den Krieg.
15. Friedrich Wilhelm IV., von 1840 bis 1861 König von Preußen.
16. Freiherr Otto Theodor von Manteuffel (1805–82), preußischer Außen-

minister und Ministerpräsident (1850–58), verfolgte den konservativen Kurs der Reaktionszeit.

17. Neuchâtel (Neuenburg in der Westschweiz), seit 1707 zu Preußen gehörig, erklärte 1848 seine Unabhängigkeit und gab sich eine republikanische Verfassung. Als ein Versuch der royalistischen Partei, die Republik zu stürzen, scheiterte und die Royalisten gefangengesetzt wurden, drohte Preußen mit Intervention. Der Konflikt wurde dann gütlich beigelegt.

18. Preußen und Österreich waren noch 1864 gegen Dänemark Verbündete; schon im darauffolgenden Jahr verschlechterten sich die Beziehungen, bis es zum Krieg zwischen beiden kam.

19. Sowohl Frankreich als auch Preußen waren am Großherzogtum Luxemburg interessiert. Bismarck blieb gegenüber den Forderungen Napoleons hart und man einigte sich schließlich am 11. Mai 1867 darauf, daß das Großherzogtum neutral bleiben sollte. Auf diese Weise wurde der ersten Kriegsgefahr begegnet.

20. Friedrich Ferdinand Graf von Beust (1809–86), früherer sächsischer Ministerpräsident, ein Gegner Preußens, war von 1866 bis 1871 österreichischer Außenminister (mit dem Titel Reichskanzler).

21. der Abgeordnete Jörg, am 4. Dezember 1874.

22. Unruhen in der bisher türkischen Provinz Herzegowina führten schließlich zu dem Russisch-Türkischen Krieg (1877/78).

23. Auf dem Berliner Kongreß (13. Juni bis 13. Juli 1878) gelang es Bismarck, einen drohenden Konflikt zwischen Deutschland und Rußland abzuwenden.

24. großer Brand, Umwälzung.

25. von Preußen, Österreich und Rußland.

26. John Lothrop Motley (1814–77), amerikanischer Politiker und Geschichtsschreiber, Studienfreund Bismarcks.

27. zwischen Preußen, Österreich und Rußland (am 26. September 1815).

28. österreichischer Außenminister von 1852 bis 1859; war dafür verantwortlich, daß sich Österreich während des Krimkrieges (1853–56) mit den Westmächten gegen Rußland verbündete, während Preußen neutral blieb.

29. Zar von Rußland (1825–55).

30. Zar von Rußland (1801–25).

31. König von Preußen (1797–1840).

32. Auf russischen Druck hin legte Preußen den Konflikt mit Österreich wegen Kurhessen mit dem Vertrag zu Olmütz (29. November 1850) bei.

33. Groll.

34. von 1859 bis 1862.

35. vom 13. März 1871.

36. Alexander Michajlowitsch Fürst Gortschakow (1798–1883), russischer

Außenminister von 1856 bis 1882, versuchte insgeheim ein russisch-französisches Bündnis zustande zu bringen.

37. Budapester Konvention vom 15. Januar 1877.

38. mit dem der Russisch-Türkische Krieg (1877/78) am 3. März 1878 beendet wurde.

39. Ostrumelien und Bulgarien vereinigten sich 1885 zu einem Staat.

40. Zar von Rußland (1855–81).

41. Benjamin Disraeli, Earl of Beaconsfield (1804–81), war 1868 und von 1874 bis 1880 englischer Ministerpräsident.

42. Dreibundvertrag zwischen Deutschland, Österreich-Ungarn und Italien (20. Mai 1882).

43. Friedensabkommen zwischen Preußen und Österreich, 26. Juli 1866.

44. In Villafranca schloß Napoleon III. am 12. Juli 1859 Frieden mit Österreich.

45. im römischen Heer die altgediente Kerntruppe im dritten Glied der Legion; Bezeichnung für die erfahrene Reserve.

46. Bund unter Führung Preußens (1866/67), der alle nördlich des Mains liegenden Staaten zusammenschloß.

47. Alexander von Battenberg, Fürst von Bulgarien.

MAX WEBER

1864–1920

Der einflußreiche Nationalökonom, Soziologe und Politik-
wissenschaftler trat wie Friedrich Naumann für eine nationale
Demokratie ein, war Mitbegründer der Deutsch-Demokrati-
schen Partei und Teilnehmer bei den Verhandlungen in Ver-
sailles.
Die hier abgedruckte Diskussionsrede hielt Max Weber am
23. November 1896, am ersten Tag der Erfurter Delegierten-
versammlung der Christlich-Sozialen, die nicht der konserva-
tiven Partei angehörten. Die Ansprache kritisiert Friedrich
Naumanns (vgl. biogr. Notiz S. 713) Programmentwurf für
eine zu gründende national-soziale Partei zwar als rück-
schrittlich, zeigt aber selbst in der einseitigen Betonung der
»bürgerlich-kapitalistischen Entwicklung« und der Stellung-
nahme zur »Polenfrage« regressive Tendenzen. Die Diskus-
sionsrede Webers stellt eine interessante Mischung von aka-
demischer Rede und Parlamentsrede dar; es wird ebensooft
behauptet wie argumentiert. Nach einer dreitägigen Dis-
kussion wurde der »National-Soziale Verein« gegründet, dem
Max Weber trotz der hier ausgesprochenen Bedenken beitrat.

Zur Gründung einer national-sozialen Partei

Naumann hat mit scharfer Akzentuierung von der Stellung
der Gebildeten zu dieser national-sozialen Bewegung gesprochen und uns – denn ich darf zwar nicht im *Namen* derer, die
er meint, wohl aber als einer von ihnen sprechen – gesagt, wie
weit wir mitgehen können. Da müssen wir aber unsererseits
zunächst fragen: »Was *wollen* Sie denn eigentlich?« Will man
in einer nationalen Arbeiterpartei die aufsteigenden Klassen
der Arbeiter für sich zu gewinnen suchen, so wäre das zweifel-

los ein Fortschritt. Es würde die geistige Emanzipation der Arbeiter bedeuten: Gedankenfreiheit, die die Sozialdemokratie nicht duldet, indem sie Marx' zerbrochenes System als Dogma in die Köpfe der Masse stempelt, Gewissensfreiheit, die es bei ihr, wie jeder Berliner Stadtmissionar berichten kann, nur dem Worte, nicht der Sache nach gibt. Aber in einer Klassenpartei hätten *wir* natürlich keinen Platz, und vollends dann nicht, wenn Sie jetzt einen neuen Gewissensdruck ausüben wollen, indem Sie verlangen, daß der christliche Glaube zum öffentlichen Versammlungs-Bekenntnis gemacht werde. –

Was nun aber in dem [jetzigen] Entwurf Naumanns geboten wird, ist ein Rückschritt. Seltsam kontrastiert mit dem vermeintlichen Realismus, welcher politische Parteien nur auf wirtschaftlicher Interessenbasis aufbauen zu können meint, die Art, wie hier diese Interessengruppe, die den nationalen Sozialismus tragen soll, umschrieben wird. Denn welches ist sie? Es ist die Partei der Mühseligen und Beladenen, derjenigen, die irgendwo der Schuh drückt, aller derer, die keinen Besitz haben und welchen haben möchten. Ob Professor oder Arbeiter ist gleich; das Kriterium soll sein, ob das Einkommen aus Arbeit oder Rente fließt. Wer kann nun da zu Ihnen kommen und bei Ihnen bleiben? Ein Kellner gehört zu Ihnen. Wird er morgen Oberkellner, wird seine Befähigung zum nationalen Sozialismus schon fraglich. Und ist er ein tüchtiger Mann und bringt es einmal zum Wirt, der selber Kellner und Oberkellner hält, hat er sicherlich bei Ihnen nichts mehr zu suchen. Ein bis zum Hals verschuldeter Gutsbesitzer kann der Ihrige sein; ein Bauer, der aufsteigt und seinen Besitz mehrt, nicht. Nun, das sind Karikaturen, werden Sie sagen, – aber vergegenwärtigen Sie sich, daß eine Partei, die kein anderes Prinzip kennt als: Nieder mit den wirtschaftlich Starken!, die Karikatur einer Partei ist. Alle aufsteigenden Schichten des Volkes, auch die aufsteigenden Schichten der Arbeiterklassen, werden dann damit, daß sie aufsteigen, natürliche Gegner der national-sozialen Bewegung. Nur der Bodensatz der Bevölkerung bleibt bei Ihnen. Eine Partei aber, die nur die Schwächsten zu sich rechnet, wird die politische *Macht* nie erlangen.

Wollen Sie derartige, an die »ethische Kultur« erinnernde miserabilistische Gesichtspunkte zugrunde legen, so werden Sie nichts anderes [sein] als politische Hampelmänner, Leute, [heißt das,] die – je nachdem, wo ihnen der Anblick irgendeines wirtschaftlichen Elends auf die Nerven fällt – durch unartikulierte Bewegungen bald nach rechts, bald nach links, hier einmal gegen die Agrarier, dort einmal gegen die Börse und [gegen] die Großindustrie, reagieren. Das sind keine *politischen* Gesichtspunkte. Die einzige klare politische Form, welche das seinerzeit vereinbarte erste Programm, auf Grund dessen allein ich hier erschienen bin, enthielt, die Bewegung gegen die Großgrundbesitzer, ist aus Unklarheit fallen gelassen [worden]. Damit ist die politische Pointe fortgefallen. Denn seien Sie sich [darüber] klar: Sie haben heute einzig und allein die Wahl, welches von den einander bekämpfenden Interessen der heute führenden Klassen Sie stützen wollen: das bürgerliche oder das agrarisch-feudale. Eine Politik, die das nicht berücksichtigt, ist eine Utopie. Jede aufstrebende neue Partei steht vor der Entscheidung, ob sie die bürgerliche Entwicklung fördern oder unbewußt die feudale Reaktion stützen will. Auch, wenn Sie es nicht wollen, [wenn Sie] meinen, ein Drittes tun, eine Politik des vierten Standes treiben zu können, wird das, was Sie wirklich erreichen, doch stets nur und allein die Stützung eines dieser beiden Interessen sein. Zwischen ihnen müssen Sie wählen und, wenn Ihnen die Zukunft der Bewegung am Herzen liegt, die bürgerlich-kapitalistische Entwicklung wählen. Die Sozialdemokratie hat dadurch, daß sie gegen das Bürgertum vorgegangen ist, der Reaktion die Wege geebnet. –

Wie unpolitisch Naumann denkt, ist daraus zu ersehen, daß er dem Parlament die Entscheidung über die Heeresstärke nehmen möchte. Im Gegenteil: die einzig gesunde Lösung ist die Behandlung der Militärfrage als einfache Budgetfrage, also die *jährliche* Bewilligung. Die neue Partei muß sein eine nationale Partei der bürgerlichen Freiheit; denn nur eine solche fehlt uns: es fehlt eine *nationale Demokratie,* der wir die Leitung Deutschlands durch unsere Wahlstimmen anvertrauen könnten, weil wir der Wahrung der nationalen und wirtschaftlichen Machtinteressen in ihrer Hand sicher sein würden. –

Damit komme ich zu einem Spezialpunkt, dessen Behandlung in Ihrer Presse mir gezeigt hat, daß Sie vorläufig diese Partei nicht sind. Es ist die Art, wie in letzter Zeit die sogenannte »Polenfrage« in der »Zeit« erörtert worden ist. Über die Einzelmaßnahmen, die da diskutiert wurden, läßt sich streiten, davon spreche ich nicht; sondern von der Art der Behandlung dieser Dinge in einem deutschen Blatte, wie es »Die Zeit« sein will. Die »Zeit« hat diejenigen, die eine energische Stellungnahme gegen die Polen befürworten, in einem hämischen Ton angegriffen, den Deutsche in nationalen Fragen gegeneinander nie anschlagen sollten. Man hat gesprochen von einer Herabdrückung der Polen zu deutschen Staatsbürgern zweiter Klasse. Das Gegenteil ist wahr: wir haben die Polen [erst] zu Menschen gemacht. Auch in der Auffassung der »Polenfrage« tritt bei Ihnen eben jener unpolitische Zug des Miserabilismus hervor. Aber die Politik ist ein hartes Geschäft, und wer die Verantwortung auf sich nehmen will, einzugreifen in die Speichen des Rades der politischen Entwicklung des Vaterlandes, der muß feste Nerven haben und darf nicht zu sentimental sein, um irdische Politik zu treiben. Wer aber irdische Politik treiben will, der muß vor allen Dingen illusionsfrei sein und die eine fundamentale Tatsache: den unabwendbaren ewigen Kampf des Menschen mit dem Menschen auf der Erde, wie er tatsächlich stattfindet, anerkennen. Wenn nicht, dann soll er davon abstehen, eine politische Partei zu gründen. Ich möchte hier, in dieser thüringischen Stadt, Ihnen das alte Thüringerwort entgegenrufen: *»Landgraf werde hart!«*

Quelle: Max Weber, Gesammelte Politische Schriften. Mit einem Geleitwort von Theodor Heuss neu hrsg. von Johannes Winckelmann. 2., erw. Aufl. Tübingen: Mohr (Siebeck) 1958. S. 26–29.

EUGEN RICHTER

1838–1906

*Der linksliberale Politiker war ein erklärter Gegner Bis-
marcks und bekämpfte als Anhänger des Manchestertums vor
allem dessen Wirtschafts- und Sozialpolitik. Er wurde am
30. Juli 1838 in Düsseldorf geboren, studierte Rechtswissenschaft und Nationalökonomie in Bonn, Heidelberg und Berlin, gehörte seit 1867 als einer der ersten deutschen Berufs-
politiker dem Reichstag, seit 1869 auch dem preußischen Abgeordnetenhaus an. Seit den siebziger Jahren spielte er eine
führende Rolle in der Fortschrittspartei, seit 1884 leitete er
die Deutsche Freisinnige Partei, seit 1893 den sich abspalten-
den Flügel: die Freisinnige Volkspartei. Bereits 1885 hatte
Richter die »Freisinnige Zeitung« als ein Organ der Freisinnigen Partei gegründet. Ein geachteter Kenner der Finanzpoli-
tik und gefürchteter Kritiker des Staatshaushalts, gehörte
Eugen Richter zu den überzeugendsten Rednern sowohl des
deutschen Reichstags als des preußischen Abgeordnetenhauses.*

*Die hier wiedergegebene Rede zur Flottenpolitik, die Richter
am 14. Dezember 1899 im Reichstag gehalten hat, ist gemäß
der Vorlage leicht gekürzt. Er analysiert die vorausgehende
Flottenrede des damaligen Staatssekretärs, Graf Bülow, über-
prüft kritisch dessen Argumentation und konfrontiert sie mit
seinem politischen Konzept. Er verurteilt die Machtpolitik der
deutschen Regierung, die Ausbildung »ungezügelten Größen-
bewußtseins«, die Manipulationen des Reichsmarineamts und
merkt im Zusammenhang mit der Kolonialpolitik weitsichtig
an, daß »die Zeiten der Kolonialherrschaft« vorbei seien.*

Zum neuen Flottenplan

Der neue Flottenplan ist uns amtlich noch nicht weiter bekannt. Der Herr Reichskanzler[1] sagt, die Schlachtflotte soll verdoppelt werden. Das heißt also: statt 19 Linienschiffe 40! Die großen Auslandskreuzer sollen verdoppelt werden. Wie viel das an großen Kreuzern macht, wie viel namentlich an Kleinkreuzern vermehrt werden soll, wie weit dies wieder die Vermehrung der Torpedoflotte zum Gefolge hat, das ist uns nicht bekannt; man kann es höchstens einigermaßen aus den begleitenden amtlichen Artikeln der »Berliner Korrespondenz« ersehen.

Der Herr Schatzsekretär[2] muß aber einen genaueren Plan kennen, denn sonst hätte er nicht spitz auf eine Million, auf 783 Millionen Anleihe beispielsweise eine Rechnung aufmachen können. Es scheint, als ob manche Herren hier meinen, daß die Neubauten, die Vermehrung des Sollbestandes, nicht mehr als 783 Millionen kosten. Das ist aber ein Irrtum; denn zu den 783 Millionen auf Anleihe kommt das hinzu, was aus laufenden Mitteln für Neubauten nach Maßgabe der bisherigen Finanzierung aufgewandt würde; denn zwei Drittel der ganzen Artillerie- und Torpedoausrüstung – das kostet sehr viel! – werden nach den geltenden Grundsätzen aus laufenden Mitteln bestritten, und außerdem sollen aus laufenden Mitteln 5 Prozent des Wertes der vorhandenen Schiffe alljährlich für Neubauten und Ersatzbauten verwendet werden.

Der Herr Schatzsekretär hat bei dem Flottengesetz von 1898 uns ausgerechnet, was durchschnittlich das Flottengesetz jährlich an Mehrausgaben verursache; er kam dabei auf einen Betrag von 25 Millionen. Schade, daß er diese Durchschnittsrechnung nicht auch jetzt aufgestellt hat. Die laufenden Ausgaben sollen sich also im ersten Jahre erhöhen um $9^1/_2$ Millionen, im zweiten Jahre also bis auf 19 Millionen, und stellen sich die Ziffern im dritten Jahre auf über 28 Millionen. Zuletzt würden wir auf 153 Millionen herauskommen. Diese 153 Millionen bedeuten also das Plus der Mehrausgaben für unsere Marine, allerdings nicht bloß der fortdauernden Ausgaben des Marine-Etats, sondern auch der anderen fortdauernden Ausgaben als Zinsen usw. Ein Freund – ich habe nicht die Zeit gehabt – hat mir nun die arithmetische Reihe berechnet, was an Mehrkosten im Extraordinarium und Ordinarium zusammengenommen dieser Flottenplan bringt, und ist dabei auf eine Summe von *2057 Millionen* gekommen. Das ist also der Anleihebetrag und die Summe der Jahressteigerungen in 16 Jahren. Also mehr als 2 Milliarden! Nach der Durchschnittsberechnung, die der Herr Schatzsekretär für das geltende Flottengesetz aufstellt, kommt eine jährliche durchschnittliche Mehrbelastung nicht von 25 Millionen, sondern von 125 Millionen heraus. Der Herr Schatzsekretär, der ist glücklich zu preisen. Er ist so heiter, so fröhlich angelegt, wie ich keinen Schatzsekretär kennen gelernt, und ich habe schon so viele im Laufe der Jahre kommen und gehen sehen. Der Himmel hängt ihm stets voller Geigen.

Weiter, meine Herren: ist denn die Marine allein derjenige Faktor in der Verwaltung, der Anspruch erheben kann auf Erhöhung des Ausgabe-Etats? Man spricht von der natürlichen Steigerung der Einnahmen – aber findet nicht ebenso eine *natürliche Steigerung der Ausgaben* statt? Der Herr Minister von Miquel[3] hat erwähnt, daß um 600,000 Köpfe sich jährlich die Bevölkerung des Reichs vermehrt. Ganz recht! Mit der Vermehrung der Bevölkerung aber vermehren sich ja naturgemäß auch alle Ausgaben in der Reichsverwaltung, ganz abgesehen von den neu hinzukommenden Bedürfnissen. Das ist das Charakteristische in der jetzigen Politik, daß *der Blick fast hypnotisiert ist auf die Marine*, daß man *Macht, Kultur, Wohlstand einzig und allein für abhängig erblickt von der Vermehrung der Flotte*, von der Steigerung des Marine-Etats, und daß dagegen alle übrigen Bedürfnisse weit zurücktreten. Navigare necesse est, vivere non necesse – darin findet dieser einseitige Standpunkt seinen Ausdruck.

Meine Herren, das Leben ist sehr vielgestaltig und stellt Anforderungen nach allen Seiten, und nicht nur die Schiffahrt, sondern noch viele andere Bedürfnisse erheischen ihre Befriedigung. Gerade jetzt wäre für den Herrn Schatzsekretär Gelegenheit gewesen, nun einmal zusammenzustellen, welche anderen Ausgabebedürfnisse in der nächsten Zeit eine Steigerung verlangen. Da ist die fortgesetzte Erhöhung des Zuschusses für die Invaliditätsversicherung. Ich weiß nicht, ob schon berechnet ist, wie weit das neue Gesetz eine Steigerung der Zuschüsse des Reichs mit sich bringt. Da ist die fortdauernde Steigerung der Pensionsfonds, namentlich der Militärpensionen. Dazu kommt die Erhöhung der Schuldzinsen mit jedem Jahr, auch abgesehen von den neuen Marineanleihen; denn schon in ihrem jetzigen Bestand bedarf die Marine einer Anleihe von 40 Millionen in diesem Etatsjahre, um ihre Aufgaben etatsmäßig zu erfüllen. Und dann weiter der *Militäretat*! Im Vorjahre hat man eine Erhöhung der Präsenzstärke bewilligt, die bis 1903 eine Steigerung der Militärausgaben im Ordinarium bis zu 28 Millionen bedingt. Hiervon sind erst 14 Millionen auf unserem Etat erschienen; 14 Millionen haben wir also noch in den Etats nach 1900 zu erwarten. Abgesehen aber von dem, was im neuen Etat aus dem Quinquennatsgesetz[4] steht, sind noch weit höhere Positionen im neuen Etat, die auch wieder für die Zukunft Ausgaben nach sich ziehen. Da hören wir, daß die neue Munition der Feldartillerie 5 Millionen Mark mehr kostet als die bisherige. Der volle Betrag hierfür steht auch noch nicht auf dem Etat. Da erfahren wir, daß jetzt eine volle Jahresquote bei den Handwaffen ersetzt werden soll. Auch das bringt Mehrausgaben, die noch nicht vollständig auf diesen Etat gesetzt sind. Dazu die Zulagen für diejenigen, die freiwillig ein drittes Jahr dienen. Auch diese Summen erscheinen erst zur Hälfte in diesem Etat, zur weiteren Hälfte werden sie erst später erscheinen.

Dazu nun, meine Herren, die steigenden Ausgaben im Extraordinarium für die *Kolonien*. Kein Wunder! Die Kolonialpolitik wächst ja auf demselben Boden hervor, auf dem auch die Vermehrung der Flotte emporsprießt. *Kiautschou*[5], der berühmte Platz »an der Sonne« kommt uns recht teuer zu stehen, die Millionen zerfließen dort wie die Butter. Ich hätte gewünscht, daß man uns über die Gesundheitsverhältnisse daselbst beruhigendere Nachrichten hätte gegeben. Die Briefe, die ich zuverläßlich von Angehörigen dort erhalten habe, sind so erschreckender Natur, daß ich mich gescheut habe, sie bisher irgendwie in der Öffentlichkeit zu vertreten.

Abgesehen von den 10 Millionen für Kiautschou, sind seit 1898 die Zuschüsse für die anderen Kolonien verdoppelt worden und in diesem Etat nun auf 22 Millionen gestiegen. Natürlich, wenn man erst anfängt *Eisenbahnen* zu bauen, was kann da nicht alles geschehen! Afrika ist sehr groß.

Von der südwestafrikanischen Bahn erfahren wir, daß sie jetzt 12 Millionen kostet. Ursprünglich war sie nur ganz bescheiden als Eselbahn gedacht. Der Direktor der Bauarbeiten, Oberstleutnant Gerding, hat in einer Denkschrift entwickelt: was kann uns überhaupt die Bahn für sich allein nutzen? was kann es nutzen, daß wir damit rascher von Swakopmund nach Windhoek[6] kommen, wenn es so lange dauert, bis man von Deutschland nach Swakopmund kommt? Mit den Woermanndampfern[7] braucht man ja 30 Tage; wozu 30? Das könnte in 16 Tagen gemacht werden, wenn wir eigene Reichsdampfer zwischen Deutschland und Swakopmund hätten. Dann sagt er: die Hafenanlagen und Molen sind sehr schlecht; was nützen uns die schnelleren Dampfer, wenn sie 8 Tage liegen müssen, bevor gelandet werden kann? – Sie sehen, meine Herren, eins zieht das andere nach. Diese Gegenden sind so miserabel, daß ein Projekt mit dem anderen neue Millionen als Konsequenz fordert.

Dann die Usambaraeisenbahn[8]! Ja, man hat jetzt den ersten Anschlag gemacht. Was kommt dabei heraus? Sie kostet mehrere Millionen, aber man rechnet dabei heraus einen Überschuß von 2000 Mark. Uns wurde gesagt, die Rentabilität der Usambarabahn gründet sich allein schon auf die großen Kaffeeplantagen. Das wird also eine Kaffeebahn, wie man sie in Brasilien auch sehr vielfach findet. Nun ist der Kaffeetransport im Eisenbahnetat besonders veranschlagt, was ich dankbar bemerke: der Kaffeetransport bringt 7000 Mark im Jahre.

Nun hat man aber keine Ruhe, man will schon jetzt vorarbeiten, um diese Usambarabahn bis Mombas[9] fortzusetzen. Dazu kommt nun die *ostafrikanische Zentralbahn*. Herr Dr. Sattler[10] freilich findet daran nur auszusetzen, daß man bloß für Vorarbeiten 100,000 Mark verlangt und nicht gleich die erste Baurate noch mit einsetzt. ... Die ersten Afrikaforscher, Schweinfurth, Hans Meyer,[11] protestieren gegen den Bau und bestreiten die Rentabilität aufs äußerste. Man beruft sich dagegen auf die Kongobahn[12]. Aber gerade die Rechnung über die Kongobahn ist lehrreich. Sie ist auf 26 Millionen veranschlagt gewesen und hat 60 Millionen gekostet, und wenn diese Zentralbahn in ihrer ganzen Ausdehnung nach den Seen ausgeführt wird, wie sie beabsichtigt ist, d. h. in einer Länge, die in Deutschland von Eydtkuhnen[13] bis Basel reichen würde, so würde sie, nach den Kosten der Kongobahn berechnet, 252 Millionen Mark kosten; das ist gerade so viel, wie der Rhein-Elbe-Kanal[14]. Meine Herren von der Rechten, werden Sie da auch sparsam sein, wie Sie sparsam sind gegenüber dem Rhein-Elbe-Kanal? Elfenbein und Kautschuk allein machen in Afrika keine Bahn rentabel. Solange Sie nicht Gold und Diamanten gefunden haben, nützen Ihnen Bahnen in Afrika überhaupt nichts, sondern sie bleiben immer Militärbahnen, wie es dort ja mehrere gibt. Die Kongobahn ist bestimmt, Stromschnellen zu überwinden, und an den Endpunkt dieser Bahn schließt sich ein glatter Strom von 1200 Kilometer Länge. Wo ist Ähnliches an dem Endpunkt dieser Zentralbahn zu vergleichen? Nun sagt man, wir wollen zunächst nur bis Mrogoro[15] – wer kann all die afrikanischen Namen aussprechen? – bauen. Das kennt man, meine Herren; ist sie erst bis dahin genehmigt, dann heißt es: es ist ja kein Wunder, daß sie nicht rentiert, – sie muß weiter geführt werden. So ist es ja auch bei der Usambara-Bahn. Wenn erst die erste Strecke bewilligt ist, alles andere findet sich später von selbst.

Es hat ja ein Konsortium von Bankiers gegeben, diese haben

einmal 100,000 Mark für Vorarbeiten für die Zentralbahn ausgegeben; natürlich wollten sie sie nicht auf eigene Kosten bauen, sie rechneten auf eine Reichsgarantie, wenn auch nicht in voller Höhe des Reichszinsfußes, so doch vielleicht von 2 oder 2½ Prozent. Das ist nun bezeichnend: dieses Bankkonsortium, das schon 100,000 Mark für Vorarbeiten ausgegeben und einen gewissen Anspruch auf die Konzession erlangt hat, zieht sich jetzt völlig zurück und will auch nicht ½ Prozent Zinsen daran riskieren, auch bei einer Reichsgarantie nicht, wenn sie nicht dem Zinsfuß der Reichsanleihen gleichkommt. Diese Herren vom Bankkonsortium sagen meines Erachtens mit vollem Recht: die Zeitverhältnisse sind für solche Unternehmungen nicht günstig. Ich bin überhaupt der Ansicht, es gab seit Dezennien keine Zeit, die es so wenig begünstigte, von reichswegen große Kapitalanlagen zu machen, wie die jetzige. Die Privatwirtschaft in Deutschland erheischt bei der großartigen Umgestaltung aller Produktionsverhältnisse durch die Elektrizität überall in der Landwirtschaft und Industrie so viel neues Kapital, daß wahrlich das Reich keine Ursache hat, überflüssigerweise noch besondere Konkurrenz zu machen mit seinen Kapitalforderungen. Der hohe Zinsfuß rührt nicht von der Goldwährung, sondern von der Kapitalnot her, und die wollen wir nicht steigern durch Ansprüche des Reichs, weder für afrikanische Bahnen noch für Vermehrung der Flotte.

Nun sucht noch Herr Tirpitz[16] die *Arbeiter* für sich zu gewinnen, indem er darauf hinweist, daß durch die Flottenvermehrung die Arbeitsgelegenheit vermehrt wird. Fehlt es denn gegenwärtig an Arbeitsgelegenheit? Über die Leutenot klagt man ja in der Landwirtschaft und auch in der Industrie schon mehr und mehr. Hat man nun eine Veranlassung, diese Nachfrage nach Arbeitern noch mehr zu steigern, namentlich für Afrika? Man tut überhaupt so, als ob man diese Millionen für die afrikanischen Bahnen, für die Flotte gewissermaßen aus der vierten Dimension griffe. Sie müssen doch aus den Ersparnissen des Volks genommen werden, und wo man sie wegnimmt, werden sie nicht mehr verwendbar für andere Zwecke, und es vermindert sich dadurch die Nachfrage nach Arbeitern an einer anderen Stelle. Es handelt sich also hier nur um eine andere Placierung von Kapital, nicht um eine Vermehrung von Kapital, die eine andere Mehrarbeit schafft. Und nun insbesondere die vermehrte Nachfrage, die geschaffen wird für Eisenbahnen und für die Flotte für die *Eisenindustrie*. In der Eisenindustrie fehlt es wahrlich nicht an Aufträgen. Die großen Unternehmer natürlich können nicht Aufträge genug bekommen, denn ihr Unternehmergewinn steigert sich ja um so mehr; aber die gesamte Eisenindustrie hat gar nicht das Interesse daran. Es besteht eine *Eisennot* schon gegenwärtig; man kann jetzt schon aus Mangel an Material die Lieferfristen nicht mehr einhalten für die Bergwerke, Kleinbahnen und die Kleineisenindustrie. Zu uns kommen die Klagen, daß unser Export gefährdet ist, weil man die Aufträge nicht ausführen kann, weil es an Material fehlt, – und da will man nun noch gerade jetzt noch eine vermehrte Nachfrage nach Eisen durch neue Eisenbahnen und neue Schiffsbauten hervorrufen.

Meine Herren, wenn ich mir das alles vergegenwärtige: die Forderungen, die die nächsten Jahre stellen werden an das Reich, abgesehen vom Flottenplan, wenn ich hinzufüge die Ausgaben für das Militär, Kolonien usw., so ist es für mich klar, daß, wenn wir nicht immer tiefer in eine Verschuldung des Reichs hineingeraten sollen, wir notwendig zu *neuen Steuern* gedrängt werden.

Nun einige Bemerkungen in Bezug auf die *auswärtige Politik*! Herr von Miquel hat gemeint, die älteren Herren würden sich noch an die Zeit erinnern, wo man in Deutschland zu Neujahr ängstlich nach Paris blickte, um zu erfahren, was Kaiser Napoleon[17] in Bezug auf Europa vorhätte. Er stellt also gewissermaßen es so dar, als wenn solche Zeiten wiederkehren könnten für Deutschland, wenn nicht die beabsichtigte Flottenvermehrung stattfindet. Ja, meine Herren, sind wir in Deutschland irgend auch nur entfernt in Sorge darüber, wie etwa eine Botschaft von MacKinley[18] ausfalle oder eine Thronrede der Königin Viktoria[19]? *Wie heißt das überhaupt gering-*

schätzen alles, was seit jener Zeit in Deutschland erreicht ist: die Einigung Deutschlands, den Kriegserfolg des Jahres 1870, die gewaltige Kriegsmacht, die seitdem aufgebaut ist, die Erfolge der Bismarckschen Politik! Wie kann man sagen, es könnte jene Zeit der fünfziger Jahre wiederkehren, wenn nicht zu den vorhandenen noch 21 neue Linienschiffe und so und so viele Panzerkreuzer hinzukommen.

Ich wende mich zu der *Rede des Herrn Staatssekretärs Grafen Bülow*[20]. Das war eine schöne Rede. Herr Graf Bülow hat auch früher schon schöne Reden gehalten; er hält überhaupt nur schöne Reden! Es steigen die Gedanken hoch empor, Lichtgarben erscheinen von geistreichen oder humoristischen Bemerkungen, ein prasselndes Feuerwerk! Aber schließlich fragt man sich: *was hat er denn eigentlich gesagt?* Diese Frage war hier allgemein, als die Rede zu Ende war. Ich hatte in der Nähe gesessen, – ich wußte es aber auch nicht. Und deshalb verlangte man so stürmisch nach dem Druck des stenographischen Berichts, weil man dachte, man hätte etwas überhört. Als man dann aber den stenographischen Bericht las, sah man bei dem größten Teil der Rede, daß *jeder Nachsatz den Vordersatz wieder aufhob.* Gewiß, er hat ewige Wahrheiten gesprochen, die aber überall hinpassen und deshalb für die Sache, um die es sich handelt, gar nicht von Bedeutung sind. Er hat eine Flottenrede gehalten, die er auch hätte halten können für das Flottengesetz von 1898[21], und dieselbe Flottenrede würde auch passen, wenn er in einigen Jahren ein drittes oder viertes Doppelgeschwader zu verteidigen hätte. Es war *eine Flottenrede* en tout cas.

Herr Graf Bülow meinte, die letzten zwei Jahre hätten gezeigt, wie die Dinge im Fluß sind und sich noch jetzt entwickeln. Nun dachte ich: *jetzt kommt's.* Denn das, was sich in den zwei Jahren so geändert hat, ist eigentlich die Hauptfrage, um die es sich handelt. Aber da fing er an zu reden, daß jedes Jahrhundert eine große Liquidation hätte, da stieg er aus den zwei Jahren in die Jahrhunderte herab, bis ins sechzehnte Jahrhundert herunter. Ich war ihm dankbar, daß er nicht noch weiter zurückging. Die Universitätsprofessoren, die für die Flotte reisen, sind schon so weit herunter, daß sie diese Flottenvorlage als notwendige Konsequenz der *Völkerwanderung* hinstellen. Der letzte Professor hat sie sogar in Verbindung gebracht mit den alten Römern, diese Vorlage, die so plötzlich zwischen Januar und April entstand. – Ja, mit der Arche Noah. Das hätte auch noch hineingepaßt; bei der Sündflut konnte man erst recht sehen, was eine solche Flotte zu bedeuten hat. *Was wäre aus der Welt geworden, wenn Noah keine Flotte gehabt hätte.*

Der Herr Staatssekretär ist dann auch auf die Entstehung des *japanischen* Reiches zu sprechen gekommen; aber das japanische Reich mit allen seinen Konsequenzen der Neuzeit hängt doch nicht mit den zwei letzten Jahren zusammen, es hängt zusammen mit dem Kriege von 1895[22]. Diese Verhältnisse sind schon maßgebend gewesen für alle früheren Schiffsbewilligungen und für das Flottengesetz von 1898.

Er kam dann auf den *spanisch-amerikanischen* Krieg[23] zu sprechen. Ja, der Gedanke, daß wir, wenn wir eine starke Flotte gehabt hätten, so dumm hätten sein können, uns da hineinzumischen, ist, glaube ich, auf keiner Seite geteilt worden. Was beweist überhaupt der spanisch-amerikanische Krieg? Er beweist, daß keine Macht in entfernten Weltteilen größere Kolonien besitzen soll, als im Verhältnis zu der Volkskraft im Mutterlande stehen. An diesem Mißverhältnis ist Spanien gescheitert. Den spanisch-amerikanischen Krieg hat man im vorigen Jahre schon beim Quinquennatsgesetz vorgeführt. In der Begründung können Sie auch lesen: wir müssen 27,000 Mann mehr haben, denn aus jenem Kriege sieht man, wie schlimm es ist, wenn man Truppen nicht vorbereitet sind auf den Krieg, wie in Amerika. Wahrhaftig, meine Herren, aus der Beschaffenheit der amerikanischen Truppen kann doch niemand Vergleiche ziehen mit dem deutschen Heere, und ebenso wenig aus der Beschaffenheit der spanischen Flotte einen Rückschluß ziehen auf die deutsche Flotte auch in ihrer gegenwärtigen Gestalt. Man kann sich ja schließlich in jedem

Krieg auf eine Partei berufen; denn *eine* Partei muß immer unterliegen bei einem Kriege, das liegt in der Natur der Sache.

Überhaupt, meine Herren, man stellt es so dar, als ob es eine äußerst bewegte kritische Zeit sei, in der wir leben. Kriege hat es immer irgendwo in der Welt gegeben, und gerade in der neueren Zeit, ich erinnere nur an den russisch-türkischen Krieg[24]. Damals hat Fürst Bismarck es weit von sich abgewiesen, sich aus diesen Gründen zu erregen. Nicht die Knochen eines pommerschen Grenadiers[25] waren ihm die bulgarische Frage, die Balkanfrage[26] wert, obgleich wahrhaftig die Bedeutung dieser Interessen für Deutschland weit schwerer wiegt als alle diese Interessen, die durch die neuesten Kriege für uns in Frage gestellt werden. Ja, der spanisch-amerikanische Krieg, alle seine Konsequenzen, alle seine Folgen lagen vollständig klar, als Admiral Tirpitz im Januar dieses Jahres die Erklärung abgab, es sei nicht die Absicht, das Sexennat[27] zu ändern.

Nun sagt man, in diesem Jahre 1899 hätten sich die Ereignisse überstürzt, deshalb also nun dieser Flottenplan. Ja, was ist denn 1899 geschehen? *Samoa*[28]? Es ist schade, daß gewünscht worden ist, daß wir jetzt nicht weiter darüber sprechen. Da man die Vorgänge in Samoa besonders auszunutzen versucht für die Flotte, so wäre es mir lieb gewesen, gerade diesen Vorgängen etwas näher zu treten. Ich meine, *besser, als es geschehen ist, konnten wir aus dieser leidigen Frage gar nicht herauskommen,* auch wenn wir eine dreifach so große Flotte gehabt hätten. Die Lösung der Samoafrage bedeutet zugleich eine Entlastung für unsere Flotte; denn nun brauchen wir dort keine Schiffe mehr zu haben in Konkurrenz mit amerikanischen und englischen Schiffen, und für die armseligen Samoaner genügt ein gelegentlicher Kreuzerbesuch ebenso wie für die anderen Südseeinseln.

Dann ist das Wort *Venezuela*[29] gefallen von seiten des Herrn Staatssekretärs Grafen Bülow. Darüber habe ich mich gewundert. Schon bei dem Flottengesetz von 1898 hat man gesagt:

wir haben in Amerika nur Schulschiffe, wie können wir damit
auskommen? Man hat sich dadurch bestimmen lassen und hat
das Flottengesetz von 1898 bewilligt. In unserem Indienst-
haltungsplan für dieses Jahr ist ein großer Kreuzer und zwei
kleine Kreuzer für die amerikanische Station vorgesehen, und
wenn das Flottengesetz von 1898 durchgeführt ist, dann ist
die amerikanische Station dauernd mit einem großen Kreuzer
und drei kleinen Kreuzern besetzt. In diesem Etat allein sind
noch acht Kreuzer im Neubau auf Grund des Flottengesetzes
von 1898. Wie kann man nun *die alte Leier von 1898* wieder
anschlagen und sagen, die Kreuzernot besteht, deshalb das
neue Flottengesetz? Das heißt doch noch *einmal eine Rechnung präsentieren* für eine *Forderung, die bereits bezahlt
ist*.

Aber *Transvaal*[30]! Die Sympathien in Deutschland sind allgemein für die Buren. Sie sind es nicht bloß in Deutschland, – ich
glaube, in der ganzen civilisierten Welt, wo ein Gefühl für
Gerechtigkeit ist, übereinstimmend, und jeder Erfolg, den die
Buren erringen, wird mit Freuden, ja fast mit Jubel begrüßt
als ein Triumph der Gerechtigkeit. In dieser Beziehung gibt es
gar keinen Unterschied. Aber das hat der Herr Kollege Sattler
mit vollem Recht ausgeführt: etwas anderes ist die Ethik der
Völker, die Sympathie für eine Sache, etwas anderes die Politik der Regierung; die Politik der Regierung kann nur nach
einem gesunden Egoismus geführt werden, kann nur das
Eigeninteresse eines Volkes wahrnehmen. Auch Herr Sattler
erachtet es, wie alle Parteien, als ganz selbstverständlich, daß
die Regierung sich in dieser Frage streng neutral hält. Das ist
ein Fortschritt gegenüber dem unglücklichen Telegramm[31], das
vor drei Jahren in der Sache abgesandt wurde. Man hat es nun
so darzustellen versucht, als ob dieser Krieg beweist, wie übermächtig *England sei*. Ich denke, der Verlauf des Krieges beweist das gerade Gegenteil. Meine Herren, wir sehen, daß die
ganze englische Landarmee, alles Verfügbare wenigstens, mo-
bilisiert werden muß nach Südafrika und doch nicht zu durch-
schlagenden Erfolgen gelangt gegenüber zwei Kleinstaaten,

gegenüber den Buren, die nicht einmal eine stehende Armee haben, also sonst gar nicht verglichen zu werden pflegen mit solchen stehenden Heeren. England kann sich beglückwünschen; wenn in seinem weiten Kolonialreich zu dieser Zeit nicht andere Schwierigkeiten noch entstehen. Mag im einzelnen das Ergebnis in Südafrika sein, wie es will, der Gesamteindruck ist der, daß man die Kolonialmacht Englands, die ganze Machtstellung Englands weit überschätzt hat, daß das Reich weit mehr auf tönernen Füßen steht, als man geglaubt hat. Wenn die Engländer klug sind, so ziehen sie eine Lehre daraus und fangen nicht wieder solche Dinge an, die sie in Widerspruch setzen mit den Anschauungen und Sympathien der gesamten civilisierten Welt. Dagegen muß ich mich doch aber erklären gegen die Art, wie Herr Graf Limburg[32] das Verhältnis von England zu uns geschildert hat. In Bezug auf die Chamberlainsche Politik[33] bin ich ganz mit ihm derselben Meinung; aber es ist falsch, die Stellung Englands zu uns, wie sie sich durch die Natur der Dinge ergibt, wie sie die Geschichte erfahrungsmäßig bestätigt hat, derart zu charakterisieren. Denn es ist nicht richtig, daß England uns in unseren kolonialen Bestrebungen überall feindlich entgegentritt. England hätte alle die Kolonien längst haben können, wenn es sie hätte haben wollen; sie lagen alle vor seiner Tür. Weder dem Fürsten Bismarck noch Caprivi noch seinem Nachfolger[34] ist es schwer gefallen, unsere Interessensphären durch Übereinkommen mit England so abzugrenzen, wie es geschehen ist und, wie ich glaube, zur beiderseitigen Zufriedenheit geschehen ist. Wer hätte auch früher jemals gedacht, daß England uns Helgoland abtreten würde![35] Das hängt aber alles nicht mit unserer Flotte zusammen, sondern weil in der Tat zwischen England und Deutschland gegensätzliche Interessen nicht bestehen oder in geringerem Maße bestehen, als gegenüber irgend einem anderen Staate Europas. Gewiß, eine Allianz können wir nicht abschließen, weil England viele Interessen hat, die wir nicht haben; aber sehr viele unserer Interessen decken sich vollständig mit England, sodaß nicht abzusehen ist, warum wir gerade England gegenüber in einen Gegensatz geraten müssen, wie Herr Graf von Limburg meinte.

Nun hat der Herr Staatssekretär auch hingewiesen auf die *Flottenverstärkung im Auslande*. Diese Flottenverstärkungen im Auslande waren auch schon im Jahre 1898 projektiert. Man hat damals nicht nur die präsenten Schiffe, sondern auch die im Bau begriffenen Schiffe in Rechnung gestellt. Man kann sich doch auch nicht wundern, daß, wenn wir in der Flottenverstärkung so vorgehen, wenn allein in diesem Jahre 9 Linienschiffe gleichzeitig im Bau sind, nun auch der Wetteifer im Auslande belebt wird, in gleicher Weise vorzugehen. Man sollte auch die Flotten nicht bloß ziffernmäßig einander gegenüberstellen. Es kommt vor allem darauf an, die Flotten nach der *Bedeutung* zu messen, die sie für das *einzelne Land haben*. Etwas anderes bedeutet die Flotte für ein Land wie England, das ganz, und für ein Land wie Amerika, das nahezu von Weltmeeren umgeben ist, für Frankreich, ein Land, das ein Kolonialreich von 40 Millionen hat, das an verschiedenen, getrennten Meeren liegt, für England, das ein Kolonialreich von 400 Millionen hat, als für uns, die wir an offenen Weltmeeren nicht liegen und nur beschränkte Küstenstrecken haben, und die wir in der Hauptsache von Landgrenzen umgeben sind. Wenn man das allerdings alles außer acht läßt und wenn man nur immer auf einem einzelnen Punkt Schlachtschiffe gegen Schlachtschiffe mit einander aufrechnet, so ist das eben eine *Admiralspolitik*, die nicht mit der wirklichen allgemeinen Politik übereinstimmt.

Dann, meine Herren, *wie kurzsichtig* ist diese Admiralspolitik in dem gegebenen Falle! Wenn ich meine Rüstungen verstärken will, so fange ich nicht zu früh darüber an zu sprechen. Als wir die Feldartillerie änderten und das bewilligten, haben wir das insgesamt sorgfältig geheim gehalten, und Deutschland gewann in der Beschaffung einen Vorsprung. Das ist ja nicht immer möglich. Sobald man anfängt, zu bauen, nehmen das die konkurrierenden Staaten wahr. Aber das Beispiel ist mir noch unerfindlich bisher, daß *man nun 10, 12, 16 Jahre im voraus urbi et orbi verkündet*: wir in Deutschland werden demnächst so und so viel Linienschiffe bauen. Heißt das nicht geradezu, *die anderen Staaten provozieren, in dem allgemeinen Weltruf noch schärfer vorzugehen,* derart, daß wenn der Zeitpunkt erreicht ist, wir nicht einen Vorsprung haben, sondern daß ungefähr höchstens dasselbe Stärkeverhältnis wie jetzt erreicht ist, daß das Verhältnis der Stärke dasselbe ist, ja, daß wir vielleicht noch zurückgeblieben sind?

Meine Herren, nicht also veränderte Verhältnisse seit zwei Jahren – der Versuch, dies darzutun, ist absolut mißlungen – können die vollständige Änderung im Flottenplan rechtfertigen. – Nicht die Verhältnisse haben sich geändert, die *Ansichten haben sich geändert,* und nicht einmal die Ansichten – kann man sagen – haben sich geändert, sondern sie *treten jetzt nur schärfer, unverhohlener, lauter hervor,* als es bis dahin der Fall war. Es sind die Ansichten, die sich zusammenfassen lassen mit dem *Schlagwort: Weltreich und Weltpolitik.* Der Herr Staatssekretär Graf von Bülow hat ja ausdrücklich proklamiert, ein »größeres Deutschland« müsse entstehen. Meine Herren, wenn ich diese Proklamation des Herrn Grafen von Bülow mit früheren Zeiten vergleiche, so muß ich sagen: was war doch der Ernst Moritz Arndt[36] für ein kleiner bescheidener Mann! Er wollte bloß ein Deutschland, »*soweit die deutsche Zunge klingt und Gott im Himmel Lieder singt;*« aber Graf Bülow erkennt keine Grenze an als die Endgrenzen der Welt. Die Österreicher, die russischen Ostseeprovinzen – da sitzen ja Deutsche zu Millionen –, das glaube ich nicht gerade, daß er diese annektieren will, außerdem sind sie mit der Flotte nicht so erreichbar. Das würde ja auch die größte Torheit sein, und Fürst Bismarck hat sich solcher Aspirationen stets mit Recht enthalten. Graf Bülow streckt seine Ziele weiter hinaus, noch weiter, als Gott im Himmel Lieder singt. Denn es sind heidnische Völkerschaften, die besonders zu unseren Bundesbrüdern gemacht werden sollen.

Herr Graf von Bülow sagt, wir dürfen nicht beiseite stehen, *wenn der Kuchen verteilt* wird. Ja, Kuchen! Der Kuchen ist längst verteilt, längst weggegeben. Was an Kolonien Wert hatte, hat längst seinen Herrn; was übrig blieb – die Erfahrung hat unsere Kolonialpolitik schon gemacht –, sind elende Brotkrusten, die, um genießbar zu werden, mehr kosten, als sie Nahrungswert besitzen, und was nun noch übrig ist, sind bloß noch Krümel, solche Krümel wie die Karolinen, Palau, und wie die kleinen wertlosen Inselchen heißen, für die wir so viel aufwenden, um sie an Stelle von Kuchen wenigstens auf unseren Teller zu bringen.

Allerdings ist gesagt worden, die Flügel des deutschen Adlers sollen weiter ausgebreitet werden. Wir suchen nach allerlei Punkten herum, auf denen wir uns festsetzen können als Stützpunkt für unseren Handel. Meine Herren, die *Kolonien, die wir haben, wollen vom Reich gestützt werden, sie stützen nicht den Handel.* Was wir zu unseren Kolonien zuschießen, kostet mehr, als der ganze Ein- und Ausfuhrwert der Handelsbeziehungen Deutschlands mit diesen Kolonien bedeutet. Der Himmel bewahre uns, daß wir noch mehr solcher Punkte bekommen. Es soll ja ein geheimer Vertrag bestehen, daß wir nächstens noch ein neues Defizitland bekommen, daß Deutschwestafrika künftig noch weiter, bis zum 14. Breitengrad, heraufgerückt wird. Und dann das Gemunkel, daß wir auch im westindischen Archipel eine dänische Inselgruppe[37] kaufen. Natürlich, wir treiben ja mit den 17 Millionen für die Karolinen[38] die Preise in die Höhe, weil alle Staaten sich darauf besinnen werden, ob sie nicht ein paar abgelegte Inseln zu verkaufen haben.

Meine Herren, obgleich es wohl manchem wunderbar erscheint, bin ich der Meinung, daß *die Zeiten der Kolonialherrschaft nicht in erhöhtem Maße wiederkommen,* sondern daß umgekehrt diese Zeiten mehr und mehr vorbei sind, daß die Kolonialherrschaft in der weiteren Entwicklung der Dinge eine Einschränkung erleiden wird. Der Herr Staatssekretär berief sich auf Frankreich und dessen Erwerbungen in diesem Jahrhundert. Ja, meine Herren, wenn man sich vergegenwärtigt, was Frankreich an Geld und Blut in Tonkin[39] usw. eingebüßt, und was das alles gekostet hat, so weiß ich nicht, ob es noch einmal solche Erwerbungen zu machen geneigt sein kann. Er spricht von Rußland. Ja, Rußland ist ein zusammenhängendes Land, das sich über zwei Weltteile erstreckt, und uns könnte es meines Erachtens ganz recht sein, wenn es seinen Schwerpunkt nach Asien rückt; denn dann wird es seinen Blick um so weniger nach Westen richten und um so weniger in die Lage kommen, in Europa auf Konstantinopel und das goldene Horn seinen Blick zu richten.

Wie ist denn der spanisch-amerikanische Krieg entstanden? Doch dadurch, daß die Völkerschaften ihrer Kolonialherren müde geworden sind und Aufstände dort entstanden. Cuba hört nun auf, Kolonie zu sein; nach seiner Lage wird es sich naturgemäß den Vereinigten Staaten angliedern. Und was die Philippinen anbetrifft – nun, die Amerikaner haben jetzt wahrlich solche Schwierigkeiten mit den Tagalen und Filipinos, daß es mir, wenn es nicht ein Ehrenpunkt für sie geworden wäre, sehr zweifelhaft sein würde, ob sie noch auf diese Kolonialerwerbung Wert legen würden. Wie ist es Italien im Kriege mit Abessynien ergangen?[40] Es ist natürlich, daß in dem Maße, wie Völkerschaften, auch solche, die nicht der weißen Rasse angehören, civilisierter werden, in dem Maße, wie die Kultur eindringt, auch das Selbstgefühl lebendiger wird, ihr Freiheitsbewußtsein sich stärkt – sie werden widerstandsfähiger. Und – darüber dürfen Sie sich nicht täuschen – gerade die Entwicklung des modernen Waffenwesens erleichtert es auch solchen Völkerschaften, die nicht mehr mit Pfeil und Bogen kämpfen wie früher, ihren Kolonialherren Widerstand zu leisten.

Dazu noch eins! Alle Kulturvölker in Europa sind genötigt gewesen, die allgemeine Wehrpflicht anzunehmen. *Das Wehrsystem auf Grundlage der allgemeinen Wehrpflicht verträgt sich durchaus nicht mit Kolonialherrschaft.* Kolonialherrschaft ist nur möglich mit Heeren, die durch das Werbesystem zusammengetrieben werden, und wir sehen, wie viel Mühe uns schon das bißchen Schutztruppe macht, das für den jetzigen

Kolonialbesitz erforderlich ist, und wie schwer es hält, auch da nur die Ergänzung herbeizuführen.

Der Herr Graf Bülow sprach dann von der Stellung der Deutschen im Auslande. Es ist ja nicht das erste Mal, daß er zurückgreift und es so schildert, wie gedrückt in früheren Zeiten, wie demütig, wie bescheiden diese träumerischen Deutschen im Auslande gewesen seien, vergleichbar den Hauslehrern, die hochnäsigen Kavalieren gegenüber sich hätten bescheiden müssen. Meine Herren, ist denn das wirklich wahr, ist es auch nur wahr in der Zeit vor 1870? Ich möchte, daß Fritz Kapp[41] noch lebte, der hier so entschieden gegen den Beginn der Kolonialpolitik auftrat, der würde Ihnen andere Begriffe beibringen von dem Ansehen und der Bedeutung der Deutschen im Auslande; und ich wünschte, Carl Schurz[42] könnte erscheinen, und Ihnen klar machen, was die Achtundvierziger, die aus Deutschland nach Amerika gegangen sind, längst vor der Bildung des Deutschen Reiches an Einfluß und Ansehen im Auslande genossen haben. Allerdings das ist richtig, daß die Einigung Deutschlands, das aufgehört hat, ein geographischer Begriff zu sein, daß die Kriegserfolge von 1870–71, daß auch die Bismarcksche Politik – denn über die auswärtige Politik haben wir immer anders gedacht als über die innere – wesentlich dazu beigetragen haben, die Ehre und das Ansehen der Deutschen auch im Auslande zu steigern. Darum sage ich, meine Herren, wie geringschätzig beurteilt man die Bedeutung des Jahres 1870, alles das, was seitdem erfolgt ist, wenn man jetzt sagt: das ist ja alles verloren, Deutschland wird wieder klein werden, wenn nicht noch die neuen Schlachtschiffe und die neuen Kreuzer uns davor bewahren, daß wir der Spott des Auslandes werden, daß wir wieder in die Bescheidenheit des Hauslehrers dem hochnäsigen Kavalier gegenüber geraten.

Der Herr Staatssekretär beklagte sich darüber, daß von gewissen Seiten – das ist die Gegenseite von uns, eine Seite, die Herrn Kollegen Hasse[43] näher steht – die Regierung gedrängt würde, man suchte sie bald gegen den einen Staat, bald gegen den anderen zu bewegen, man schätze nicht die Schwierigkeiten der auswärtigen Politik. Ja, das ist wahr, Herr Staatssekretär, Sie haben recht; aber sind Sie nicht selbst schuld, wenn diese chauvinistische Strömung, wenn ein ungezügeltes Größenbewußtsein sich ausbildet, wenn Sie durch solche Redewendungen selbst dazu beitragen, solche Gesinnungen groß zu ziehen? Wohin das führt, das hat Ihnen Herr Schmoller[44], auch ein solcher Flottenprofessor, in einem Vortrage gezeigt, dem der Herr Staatssekretär Tirpitz auch beigewohnt hat. »Stürmischer Beifall« heißt es zum Schluß; vielleicht hat der Herr Staatssekretär auch darin eingestimmt. Worin gipfelten diese Ausführungen des Herrn Schmoller? Er sagte, Deutschland muß der Mittelpunkt einer großen Koalition aller Mittel- und Kleinstaaten der Welt werden, Deutschland muß die Integrität aller dieser Staaten garantieren, es muß sie schützen und die großen Weltstaaten im Zaum halten. Ja, das heißt mit einem Wort, Deutschland soll sich zum Champion machen, soll alles Unrecht in der Welt bekämpfen, soll überall mit der gepanzerten Faust hereinfahren, wo in der Welt etwas los ist, und wo man glaubt, daß jemand in das Unrecht von anderen Staaten gesetzt ist. Aber Herr Schmoller ist wenigstens auch so konsequent, daß ihm die 40 Linienschiffe nicht ausreichen; er ist bereits über den Flottenplan längst hinaus, er sagt, mindestens 50 müßten es sein. Ja, das reicht aber auch nicht aus, 100 vielleicht kaum. Und dann, was nützt dann die Flotte, wenn wir nicht dazu auch noch eine große Kolonialarmee haben. Das zeigen Ihnen jetzt die Buren; also das müßte auch noch hinzukommen.

Der Herr Staatssekretär hat ein Wort gebraucht, von dem ich wünschte, er hätte es nicht gebraucht: Deutschland wird entweder *Hammer oder Amboß sein.* Nein, Deutschland wird nie mehr Amboß sein; aber Deutschland hat auch *nicht den Beruf, Hammer zu sein*: Deutschlands Beruf ist es nicht, auf andere Völker loszuhämmern. Wir wollen es jedem Volksstamm überlassen, in der Façon sich zu entwickeln, nach seinem Gefallen und seinen Verhältnissen entsprechend, und haben nicht den Beruf, auf ein Volk loszuhämmern und ihm die Gestalt zu geben, die uns als die richtige erscheint.

Alle solche Darstellungen pflegen anzuknüpfen an die Jahre 1870–71, an die damaligen großen Erfolge, an den Ruhm, den damals Staatsmänner, Feldherren davongetragen haben. Psychologisch ist es ja erklärlich, daß Männer, die *einen Tatendrang in sich fühlen,* nach Ruhm, nach Ehre, nach äußeren Erfolgen lechzen, wenn sie *zugleich von heißer Liebe zur Flotte erfüllt sind,* sich gedrungen fühlen, da Europa, wo die Politik dank dem Dreibund[45] festgelegt ist, nicht mehr Spielraum dafür bietet, große Taten in überseeischen Gebieten zu verrichten zu suchen. Diese Überschätzung der Bedeutung der Machtfragen in überseeischen Ländern in Verbindung mit einer Überschätzung der Bedeutung der Flotte führt zu immer größeren Anforderungen für die Flotte. Die Zukunft Deutschlands – darin stimmte ich mit dem Herrn Grafen Limburg-Stirum überein – *liegt nicht* in dieser Weise *auf dem Wasser,* die Zukunft Deutschlands liegt im deutschen Volke selbst, in der gleichmäßigen Entwicklung aller seiner Kräfte, vor allem in der Heimat, dann auch in den Beziehungen zum Ausland, nicht bloß zu Wasser, sondern auch zu Lande. ⸱⸱

Den Brennstoff für alle diese Agitationen hat das Reichsmarineamt geliefert. Der Vorgänger des Herrn Tirpitz, Herr *Hollmann*[46], hat mehr als einmal in der Budgetkommission erklärt, wenn wir glaubten, daß das Reichsmarineamt hinter einer Flottenagitation steckte, er sei weit entfernt davon, dergleichen zu fördern; er *hielt sich für zu vornehm dazu,* es nicht für angemessen in seiner Stellung, derartige Agitation zu treiben. Das ist mit Herrn Tirpitz alles anders geworden. Er liefert die amtlichen Artikel, er kommandiert die Korvettenkapitäne, die durch ihre Schriften den Reichstag mürbe machen sollen und alle jene Artikel in der »Berliner Korrespondenz« und in der »Norddeutschen Allgemeinen Zeitung« schreiben. Von da aus werden die Provinzblätter, die Kreisblätter dirigiert, Broschüren mit Inhalt versehen, die unter der anonymen Maske des Vaterlandsfreundes in die Welt gesetzt werden. Und wenn es nicht möglich ist, auf diese Art Begeisterung zu erzielen, dann versucht man zum mindesten *Schrecken zu erregen*, um auf diese Weise Stimmung zu machen für die Flottenpläne.

Hören Sie also beispielsweise: ein Flugblatt, das vom Fürsten Wied[47] als Präsidenten des Flottenvereins – sein Sekretär Schweinburg ist ja die Hauptsache dabei – unterzeichnet wird, sagt: »was jetzt an schwimmendem Material unsere Kriegsflagge trägt, ist *zum Sterben zu viel, zum Leben zu wenig.*« Wenn man jetzt durch Unterlassung des neuen Flottenplans sündige, – und hier kommen althebräische Redeweisen, – so werde das heimgesucht werden an unseren Kindern und Kindeskindern bis ins dritte und vierte Glied. Dann erscheint in der offiziösen Mittlerschen Buchhandlung[48] eine Broschüre, in der es heißt: »Ein Staat, der nicht bloß ein geduldetes Dasein führen will, muß diesen Flottenplan gutheißen,« oder auch: »Was sind große Opfer im Verhältnis zu einem unglücklichen Krieg!« Es wird dann darauf hingewiesen, daß, wenn der Flottenplan nicht angenommen wird, es uns ergehen könne wie Rom, das den Germanen zum Opfer gefallen sei, wie Konstantinopel, das den Türken zum Opfer gefallen sei. Dann kommt ein Aufruf, von der Vereinigung der Flottenredner unterzeichnet, in dem es heißt: »Ein Seekrieg ohne den neuen Flottenplan bedroht unsere Küsten, Häfen, Seestädte mit *Raub und Brand*, und das ganze Deutsche Reich kann mit einem Schlage gestrichen werden aus der Reihe der gebietenden und reichen Weltmächte.« Meine Herren, das ist gar nichts Neues, *das ist alles schon dagewesen*. Erinnern Sie sich an die *Septennatskämpfe* von 1887![49] Das ist hier alles bloß übersetzt vom Land aufs Wasser. Ich habe hier einen Bilderbogen von 1887 aus meinem Wahlkreise. Da ist anschaulich dargestellt, daß, wenn die verlangte Heeresstärke nicht auf sieben, sondern nur auf drei Jahre bewilligt würde, wie es uns da ergehen würde: wie die Zuaven kommen, die Häuser anzünden, das Vieh forttreiben, wie die Frauen vergewaltigt werden – kurz, es ist schauerlich. Jetzt ist darin schon so viel geleistet worden, daß, wenn es zur Wahl kommt, wir ganz entschieden diese Bilder wiedersehen werden. Ich stelle sie dem Chef der Reichsmarineverwaltung zur Verfügung. Sie verbreiten ja jetzt schon farbige Lichtbilder bei der Flottenagitation. Es kann dies hier auch sehr schön ausgemalt werden und, wenn nicht Begeisterung für die Flotte, dann wenigstens Schrecken erregen.

Das *Allerhäßlichste* in diesem Falle ist die Art, wie man von mancher Seite *beflissen ist, die Standarte des Kaisers in diesen Kampf hineinzutragen.* Und nicht bloß des Kaisers, sondern auch der anderen Fürsten bis zu den Erbgroßherzögen. Das ist freilich nicht das erste Mal. Ich habe in der Kanaldebatte, wo ich denselben Standpunkt einnahm wie die Regierung, darauf hingewiesen, für wie verderblich, falsch und verkehrt ich ein solches Hineinziehen der Person des Kaisers in den Kampf über eine solche Frage halte; daraus habe ich im Abgeordnetenhause kein Hehl gemacht. Ich glaube in der Tat, daß bei solchen Kämpfen, je öfter man sich auf den Kaiser beruft, die Wirkung desto mehr abgeschwächt wird; je öfter, desto weniger kann es ausbleiben, daß der Appell an Kaiser und Fürsten nicht die Wirkung erzielt, die man beabsichtigt, sondern daß der Appell mit einer Niederlage endet, die dann auch, was sonst nicht der Fall sein würde, eine Niederlage ist für die Fürsten selbst, auf die man sich berufen hatte.

Und wenn auch der Appell immer die gewünschte Folge hätte, was bedeutet das auf die Dauer? Das ist *napoleonische Taktik,* sich durch Plebiszite nach außen die Zustimmung des Volkes zu sichern. Noch im Sommer 1870 fand ein solches Plebiszit in Frankreich statt; aber nach der ersten unglücklichen Schlacht brach dieser Thron zusammen, und man ersah da erst, wie unterwühlt und unterhöhlt er war durch diese Art der Politik, die stets bemüht war, die Standarte des Monarchen in den Parteikampf hineinzuziehen.

Meine Herren, Sie ersehen aus alledem, daß es sich in allen diesen Kämpfen nach der Art, wie das Gesetz insceniert und vorbereitet ist, nach der Art, wie dafür agitiert wird, *um weit mehr handelt, als um eine größere Anzahl Linienschiffe und Kreuzer.* Gestern ist der Regierung von rechts her von zwei Seiten eine Absage erteilt worden, ein Mißtrauen erklärt worden, das so unzweideutig war, wie es unzweideutiger nicht sein kann. Wir erklären Ihnen von links her aus anderen Gründen, wie von rechts her, daß *die Politik der Regierung gegenwärtig zu impulsiv, zu sprunghaft, zu sehr von plötzlichen Eingebungen beherrscht ist und zu wenig von selbständigen Ministern zur Ausführung gebracht wird,* als daß wir ihr etwas anderes als ein *entschiedenes Mißtrauen* nur entgegenbringen können. Wir haben in der *auswärtigen Politik* wenig oder gar nicht Ursache gehabt, dem Fürsten Bismarck entgegenzutreten, so scharf wir ihm auch in der inneren Politik entgegengetreten sind; aber die auswärtige Politik des neuesten Kurses, die nach den Stichworten des *Weltreichs* und der *Weltpolitik* zurechtgelegt wird, die in der Marinevorlage und den begleitenden Kundgebungen hervorgetreten, ist, ich will noch nicht sagen, zu phantastisch, aber *zu phantasievoll, um ihr irgendwie Vertrauen entgegenbringen zu können.*

Quelle: Deutsche Reden. Selected and edited with notes by Rudolf Tombo, Sr., and Rudolf Tombo, Jr. Boston: Heath 1905. S. 168–196.

Anmerkungen

1. Fürst Chlodwig von Hohenlohe-Schillingsfürst, Prinz von Ratibor und Corvey (1819–1901), war von 1894 bis 1900 Reichskanzler und preußischer Ministerpräsident.
2. Max Franz Guido Freiherr von Thielmann, vorher Botschafter in den USA, war seit 1897 Schatzsekretär.
3. Johannes von Miquel (1829–1901), ein führendes Mitglied der Nationalliberalen, wurde 1890 preußischer Finanzminister.
4. Wurde 1898 beschlossen; legte die deutsche Heeresstärke für fünf Jahre fest.
5. Gebiet in China (an der Küste der Halbinsel Schantung), das 1898 vom Deutschen Reich auf 99 Jahre gepachtet wurde.
6. Siedlungen im ehemaligen deutschen Kolonialgebiet Südwestafrikas.
7. Linie zwischen Hamburg und der westlichen Küste von Afrika.

8. Der erste Teil dieser Eisenbahnstrecke wurde am 1. April 1899 eröffnet.

9. wichtiger Hafen und Hauptstadt der ehemaligen britischen Kolonie Ostafrikas.

10. Karl Sattler, Mitglied der Nationalliberalen, plädierte für militärische Stärke zu Land und zu Wasser.

11. Georg Schweinfurth (1836–1925), deutscher Afrikaforscher, Reisen im Nordosten und Osten Afrikas. Gründete 1872 das Ägyptische Institut in Kairo, schrieb bedeutende völkerkundliche Arbeiten. – Hans Meyer (1858–1929), deutscher Forschungsreisender und Verleger, Expeditionen in Afrika, 1889 Erstbesteigung des Kilimandscharo, Verfasser zahlreicher Reiseberichte.

12. Verband Matadi und Leopoldville; wurde 1898 eröffnet.

13. kleine Stadt in Ostpreußen, nahe der russischen Grenze.

14. Das Projekt wurde 1899 im preußischen Landtag vorgestellt und von den sogenannten Agrariern abgelehnt.

15. kleine Stadt in Ostafrika.

16. Alfred von Tirpitz (1849–1930), entwickelte von 1877 bis 1888 die Torpedowaffe, wurde 1897 Staatssekretär des Reichsmarineamts, 1911 Großadmiral. Durch die Flottengesetze von 1898, 1900, 1906 und 1908 erreichte er eine Vormachtstellung der deutschen Marine, die er systematisch ausbaute.

17. Napoleon III. (1808–73), dessen Neujahrsansprachen die europäischen Mächte stets mit Bangen entgegensahen.

18. William McKinley (1843–1901), 24. Präsident der USA.

19. Königin Viktoria von England (1837–1901); war deutschfreundlich, aber bismarckfeindlich.

20. Bernhard Heinrich Martin von Bülow (1849–1929), 1893 Botschafter in Rom, war seit 1897 Staatssekretär des Auswärtigen Amts; im Oktober 1900 wurde er Reichskanzler und preußischer Ministerpräsident.

21. Vgl. auch Anm. 16.

22. Krieg zwischen China und Japan.

23. Vom Jahre 1898: Die spanische Flotte wurde in zwei Seetreffen, bei Cavite und Santiago, vernichtet und die spanische Regierung zum Frieden von Paris gezwungen (Portoriko und die Philippinen wurden an die USA abgetreten).

24. Im Mai 1877 erklärte Rußland der Türkei den Krieg, neun Monate später standen die russischen Truppen vor den Toren Konstantinopels.

25. Anspielung auf Bismarcks Rede vom 5. Dezember 1876.

26. Mai 1876 hatten sich die Bulgaren gegen die türkische Herrschaft erhoben. Die Reaktion der Türken (in der allgemeinen Erregung wurden der französische und deutsche Konsul in Saloniki ermordet) löste eine fieberhafte politische Tätigkeit unter den europäischen Mächten aus. Da aber wegen Englands Zurückhaltung keine Übereinstimmung

der Großmächte zustande kam, wurde der bulgarische Aufstand von den Türken blutig unterdrückt. Die Vorgänge führten dann 1877 zum Krieg Rußlands gegen die Türkei.

27. Festlegung des Etats auf sechs Jahre.

28. Auf Grund eines deutsch-britischen Vertrags vom 14. November 1899 wurde Samoa zwischen Deutschland und den Vereinigten Staaten geteilt.

29. Ende 1897 fanden in Venezuela politische Unruhen statt.

30. 1853 entstand die Südafrikanische Republik, auch Transvaal-Republik genannt. Der Burenaufstand (1880/81) erkämpfte der Republik vorübergehend die Unabhängigkeit von Großbritannien. Neue Konflikte führten zum Burenkrieg (1899–1902), wobei die Buren schließlich der Übermacht und den repressiven Maßnahmen Englands erlagen. Die deutsche Regierung sympathisierte bei diesem Konflikt mit England.

31. Die sogenannte »Krügerdepesche«, mit der Kaiser Wilhelm II. dem Präsidenten der Burenrepublik, Ohm Krüger, am 3. Januar 1896 zum Sieg über die britischen Freischaren gratulierte, welche in die Burenrepublik eingefallen waren. Die Depesche hatte in England starke Verstimmung ausgelöst.

32. prominentes Mitglied der Konservativen.

33. Gemeint ist Joseph Chamberlain (1836–1914), von 1895 bis 1903 Staatssekretär für die Kolonien, der sich als Hauptvertreter des britischen Imperialismus für die Unterwerfung der Buren in Südafrika einsetzte. Versuchte Schutzzölle zur Stärkung des Britischen Reiches einzuführen.

34. Leo Graf Caprivi (1831–99), war am 20. März 1890 als Bismarcks Nachfolger Reichskanzler und preußischer Ministerpräsident geworden. Fürst von Hohenlohe-Schillingsfürst (vgl. Anm. 1) löste ihn 1894 ab.

35. Am 1. Juli 1890 erhielt das Deutsche Reich im sogenannten ›Helgoland-Sansibar-Vertrag‹ von England die Insel Helgoland abgetreten im Austausch gegen Gebiete in Ostafrika und die Insel Sansibar.

36. Vgl. biographische Notiz auf S. 494. Richter zitiert hier die sechste Strophe von Arndts Gedicht »Des Deutschen Vaterland«.

37. Es handelte sich um die westindischen Inseln St. Croix, St. Thomas, St. John.

38. Deutschland hatte Spanien für die Karolinen (nördlich von Australien) genau 16 750 000 Mark bezahlt.

39. 1887 wurden nach großen Opfern Tongking, Kotschinchina, Kambodscha und Annam als Französisch-Indochina unter einen Generalgouverneur gestellt.

40. 1889 wurden die Italiener vom Negus von Abessinien in einen neuen Krieg verwickelt und 1896 bei Adua entscheidend geschlagen.

41. Fritz Kapp (1824–84) mußte wegen seiner Teilnahme am Frankfurter

Aufstand im September 1848 fliehen. Über Paris und Genf kam er schließlich 1850 nach New York, wo er bald beträchtlichen politischen Einfluß gewann. 1870 kehrte er nach Deutschland zurück und wurde dort 1872 in den Reichstag gewählt.

42. Carl Schurz (1829–1906), der wohl prominenteste Deutschamerikaner seiner Zeit; wie Kapp 1848 aus Deutschland geflohen, schloß sich 1854 der Republikanischen Partei an und trug wesentlich zur Wahl Lincolns (1860) bei. War von 1869 bis 1875 Bundessenator für Missouri und von 1877 bis 1881 Innenminister. Galt als Repräsentant eines selbstbewußten Deutschamerikanertums.

43. Professor der Nationalökonomie an der Universität Leipzig, zeitweilig Mitglied des Reichstags, wo er sich zum Anwalt einer expansiven Kolonialpolitik machte.

44. Gustav Schmoller (1838–1917), Professor für Volkswirtschaft in Halle (Saale), Straßburg, von 1882 an in Berlin.

45. Zwischen Italien, Deutschland und Österreich 1882 auf fünf Jahre geschlossen (1887 und 1902 erneuert) – zur Sicherung gegenüber der expansiven französischen Kolonialpolitik.

46. Friedrich Hollmann, Admiral der deutschen Marine, von 1890 bis 1897 Sekretär des Reichsmarineamts.

47. Prinz Wilhelm zu Wied, Bruder der Königin Elisabeth von Rumänien.

48. Gemeint ist die Verlagsbuchhandlung E. S. Mittler & Sohn in Berlin, die vor allem militärische Bücher, Kartenwerke sowie amtliche Veröffentlichungen, besonders des Reichsarchivs, publizierte.

49. Im Herbst 1886 beantragte die Regierung eine Erweiterung der Heeresstärke auf sieben Jahre. Als der Antrag abgelehnt wurde, löste der Kaiser den Reichstag auf; der neu gewählte Reichstag nahm den Antrag dann 1888 an.

FRIEDRICH NAUMANN

1860–1919

*Der am 25. März 1860 in Störmthal bei Leipzig geborene
Naumann war ursprünglich evangelischer Geistlicher und
kam über die Innere Mission zur Sozialpolitik. 1895 trennten
sich unter seiner Führung in der christlich-sozialen Bewegung
die ›Jungen‹ von den Konservativen (unter Adolf Stoecker,
1835–1909), im gleichen Jahr gründete er die Zeitschrift »Die
Hilfe«, 1896 den Nationalsozialen Verein, 1903 schloß er sich
der Freisinnigen Vereinigung an, er war von 1907 bis 1918
wiederholt Mitglied des deutschen Reichstags und beförderte
den Zusammenschluß zur Fortschrittlichen Volkspartei (1910).
Seine politischen Vorstellungen zielten auf eine Demokratisierung und soziale Umgestaltung von Staat und Wirtschaft; er wollte vor allem die Arbeiterschaft für den von
ihm propagierten christlichen Sozialismus und für die Mitarbeit am Staat gewinnen. Während des Ersten Weltkriegs
entwickelte er ein Programm für eine mitteleuropäische
Wirtschaftsgemeinschaft, und 1918 beteiligte er sich an der
Gründung der Deutschen Demokratischen Partei, deren Vorsitzender er 1919 wurde. Er starb am 24. August 1919 in Tra-
vemünde.*

*Daß seine politischen Ideen so stark auf die Generation um
die Jahrhundertwende wirkten, lag nicht zuletzt an Naumanns
glänzendem Rednertalent. Wie sehr er das rhetorische Element in seine Auffassung von Person und Politik einbezog,
illustriert etwa diese Stelle aus dem aphorismenartigen Essay
»Die Kunst der Rede« (1914): »Da jede politische Rede, soweit sie neu ist, aus erneutem Durchdenken des sich beständig
verändernden staatlichen Organismus entsteht, so sind beim
redenden Politiker die Reden gleichzeitig die Geschichte seines eigenen Lebens, seine Auseinandersetzungen mit seiner
Zeit.«*

Die hier abgedruckte Rede hat Friedrich Naumann am

26. September 1905 anläßlich einer Diskussion über das Referat von Lujo Brentano (»Das Arbeitsverhältnis in den privaten Riesenbetrieben«) gehalten, und zwar in Mannheim während der Generalversammlung des Vereins für Sozialpolitik. Die Wiedergabe der Rede erfolgt auf Grund einer stenographischen Niederschrift, die zuerst in den Schriften des Vereins für Sozialpolitik, Bd. 116, Leipzig 1906, S. 186–192, erschienen ist.

Über das Arbeitsverhältnis
in den privaten Riesenbetrieben

Meine Herren! Wer die Vorverhandlungen des Jenaer Parteitages der Sozialdemokratie[1] verfolgt hat, der hat einen neuen Zweig volkswirtschaftlicher Wissenschaft entstehen sehen, nämlich die verschiedenen Arten von Streiks genau unterscheiden zu lernen. Bisher hatten wir nur den einen Begriff: Streik im allgemeinen. Jetzt haben wir den Einzelstreik, den Gruppenstreik, den Demonstrationsstreik, den Sympathiestreik, den Massenstreik, den Generalstreik, und es ist selbst für den, der alle Kautskyschen Artikel gelesen hat[2], vorläufig noch immer sehr schwer, die genauen Grenzlinien der verschiedenen Streikgruppen zu fassen. Aber der Vorgang an sich ist überaus wesentlich und charakteristisch; denn diese neue Problemstellung zeigt, daß auch das Wesen des Arbeitskampfes eine große Wandlung in der Gegenwart durchmacht. Bisher hatten wir den einfachen, normalen, bekannten Streit, die Auseinandersetzung: wer hält es am längsten aus? und wer es am längsten aushält, der hat denn die Möglichkeit, jenachdem, in den Friedensverhandlungen Arbeitszeit, Löhne usw. zu beeinflussen. Mit anderen Worten, wir hatten den Streik, dessen normales Ende der Tarifvertrag ist. Nun besitzen wir über dieses normale Ende des Streiks, den Tarifvertrag, in dem von Fanny Imle geschriebenen Buche[3] jetzt eine sehr wertvolle Dokumentensammlung, aus der sich im ganzen etwa folgendes ergibt: Die Sphäre, innerhalb deren dieser normale Abschluß des Streiks möglich ist, hört etwa dort auf, wo der Mittelbetrieb nach oben hin aufhört. Es sind zwar auch vereinzelte Versuche des Tarifvertrags oberhalb dieser Grenze gemacht worden, aber trotzdem ist es eine Sphäre für sich, wo man dem Arbeiter in alter Weise nach liberalem Rezept den Streik empfehlen kann, um damit zum Tarifvertrag zu kommen, und eine ganz andere Sphäre ist oberhalb des Gebiets, wo mit keinem Streik für sich allein ein Tarifvertrag erreicht werden kann, aus dem ganz einfachen Grunde, weil die elementare Frage: wer von uns beiden hält es am längsten aus? vom ersten Tag an für jeden rechnenden Menschen entschieden ist. Wenn wir einmal einen Bergarbeiterstreik wieder erleben, und wir haben vorhin gewiß mit allseitigem Interesse gehört, was ein Vertreter des Berggebiets in dieser Hinsicht zu uns gesagt hat, so weiß von vornherein der Beteiligte und der Unbeteiligte, daß die Arbeiter einen Sieg im Sinne der alten Friedensverhandlungen nicht erreichen können, daß diese Streiks von Hause aus unter die neue Gattung der Demonstrationsstreiks gehören. Denn setzen wir selbst den Fall, daß ein einzelner derartiger Streik einmal gewonnen würde, eine ganz hypothetische Voraussetzung, so würde die Möglichkeit, eine Rüstung gegen die Wiederkehr solcher Vorkommnisse anzulegen, in den Händen der kombinierten Großindustrie in höherem Maße vorhanden sein. Es ist nicht lange her, daß mir ein jüngerer Bankier einfach vorrechnete: Welcher Zinsverlust ist es, wenn wir uns einen beständigen Vorrat auf soundso viele Monate halten, der uns vor jeder Streikniederlage – Streik im alten Sinne gedacht – während dieser Zeit absolut behütet?

Was folgt daraus? Daß der Arbeiter, wenn er überhaupt eine Verbesserung seiner Lage haben will, den Streik nur unter dem Gesichtspunkt des Appells an die übrige Bevölkerung auffassen kann. Das ist nun auch der wirkliche Verlauf des letzten Bergarbeiterstreiks[4] gewesen, und darin liegt der große Unterschied dieses Streiks z. B. vom Crimmitschauer Streik[5].

Warum war die öffentliche Meinung und warum war der
Staat am Bergarbeiterstreik so anders interessiert als in Crimmitschau? Etwa deshalb, weil es den Bergarbeitern schlimmer
ging als den Crimmitschauer Webern? Doch wahrhaftig nicht;
denn das Umgekehrte war in jeder Weise der Fall; sondern
aus dem Gefühl heraus: Hier entwickelt sich eine neue Streikform, die unabsehbar ist in ihren Folgen? Weil bei der gefühlten Aussichtslosigkeit der Großbetriebsarbeiter, deren Zahl
beständig im Wachsen ist, der schon immer teilweise vorhandene Radikalismus der deutschen Arbeiterbewegung unbedingt psychologisch wachsen muß. Solange es kein anderes
Ventil der Arbeiterbetätigung gibt, und es gibt bis jetzt keins,
und solange der Streik im alten Sinne ein aussichtsloses Unternehmen ist, solange werden diejenigen Stimmen, die in der
Sozialdemokratie im Laufe von drei Jahren die Situation
vollständig verändert haben, weiter an Kraft gewinnen.
Wenn wir uns fragen, warum der Bernsteinsche Revisionismus[6] innerhalb der deutschen Sozialdemokratie eine solche,
nach Jena[7] muß man fast sagen, dauernde Niederlage erlitten
hat, so liegt auch dieses, um bei dem gewöhnlichen Worte zu
bleiben, in den ökonomischen Verhältnissen; das heißt, es liegt
in der Situation, daß sich der Arbeiter mit seinem ganzen Gehirn keinen ruhigen Weg mehr ausdenken kann, auf dem er
normaler Weise zu einer Mitbestimmung an seinem Geschick
kommen kann. So ist es diese Situation der Aussichtslosigkeit,
die zugleich unser ganzes übrige politische, gesellschaftliche
und kulturelle Leben in Mitleidenschaft zieht. Wenn man den
Vertreter der Großindustrie hört, dann scheint die Sache so
auszusehen: weil die Sozialdemokratie so radikal ist, deshalb
können wir nicht nachgeben, deswegen dulden wir keinen
Vertretungskörper, deswegen gehen wir nicht auf Verbände
ein! Meine Herren! Gehen wir doch etwas gründlicher zu
Werke und fragen: Warum ist die Sozialdemokratie so radikal bei uns in Deutschland? Woher kommt das? Ist das Naturell des Deutschen etwa an sich revolutionär? Haben etwa
diese Arbeiter, die jetzt in Jena vertreten sind, die im Deut-

schen Metallarbeiterverband und in den Bergarbeiterverbänden vertreten sind, die Revolution in Blut und Knochen, sozusagen als erbliche Belastung? Ich möchte wissen, woher diese Söhne deutscher Erde, erzogen in der Zucht des alten deutschen Polizeistaates, von ihren Vätern her das im Blute haben sollten, wenn nicht konstruierte Notwendigkeiten diese psychologische Haltung unserer Arbeiterklasse hervorriefen, vor der wir jetzt stehen; und alle die, welche die Staatsfragen ansehen mit dem Interesse einer normalen Weiterentwicklung, müssen fragen: Wo liegen die staatserhaltenden Kräfte in unserem Staate und dürfen diejenigen sich unter die staatserhaltenden rechnen, die den Radikalismus unserer Arbeiterschaft durch Unnachgiebigkeit mit kaltem Bewußtsein stärken, wie es jetzt vor aller Augen liegt?

Indem wir von Staatsbürgerbewußtsein aus die Frage der Arbeit in den Großbetrieben als eine nationale und politische Frage betrachten, werden wir immer geneigt sein, objektiv zu hören, was von seiten der Großindustrie gesagt wird, wenn sie behauptet: wir können aber doch nicht mit diesen Leuten verhandeln, wir können nicht auf ihre Verbände hören, wir können keine Fabrikverfassung haben! Warum nicht? Zuerst wird gesagt: weil allein mit dem monarchischen Prinzip überhaupt regiert werden kann! Es ist kein Zweifel, daß das monarchische Prinzip, nachdem es im Staatswesen vielfach gelockert worden ist, in der Produktion eminent in die Höhe gestiegen ist. Vielleicht kommen wir morgen darauf, zu sagen, daß auch den Besitzern gegenüber die industrielle Monarchie der Betriebskönige heute in ganz anderer Weise hervortritt als bisher. Denn wenn die erste Stufe der industriellen Entwicklung nach der Formel von Marx hieß: »Die Trennung des Arbeiters von den Betriebsmitteln«, so heißt die zweite Stufe, die wir jetzt haben: »Die Trennung des Besitzers von der Betriebsleitung« und die Verselbständigung der Betriebsleitung an sich mit der allmählichen Rückwärtsschiebung der Besitzer in das Reich einer willenlosen Rentenbeziehergemeinschaft, die auch ihrerseits genötigt sein wird, sich zu organi-

sieren, wenn sie überhaupt noch etwas mitzureden haben
will.

Indem nun in dieser Betriebsleitung ein neuer Herrschaftswille
monarchischer Art an der Spitze steht, verkündet diese neue
Monarchie das alte Evangelium aller gewesenen Monarchien,
nämlich daß sie die einzige Form sei, unter der überhaupt die
Gesellschaft existieren könnte, und diese alte Verkündigung
des Absolutismus erscheint heute noch mit derselben Sicherheit, mit der Friedrich Wilhelm IV. erklärte, er wolle nicht,
daß ein Blatt Papier sich zwischen ihn und seine Untertanen
schiebe[8]. Sie wissen, daß es damals nicht übermäßig lange gedauert hat, bis dieses Blatt Papier sich dennoch dazwischen
geschoben hat, und daß die Konflikte, mit deren Hilfe dies
geschieht, besser vermieden werden sollen, wenn man von
vornherein das Kraftverhältnis klug in Ansatz bringt. Der
Übergang zu einem konstitutionellen System in den Großbetrieben wird im Laufe der Zeit ebenso notwendig sein, wie
der Übergang des absoluten Staats in die konstitutionelle
Form es gewesen ist, und dieser Übergang des Staats in die
konstitutionelle Form hat nicht den Untergang des Staats bedeutet. Man hat gesagt, die Welt geht unter, wenn der Untertan Staatsbürger wird! So sagt heute die Großindustrie: Diese
Welt der Produktion geht unter, wenn der Untertan zum Mitarbeiter, wenn das Werkzeug zum Organ der Produktion
wird. Aber so wenig dereinst die Wandlung des Untertanen
in den Bürger den Staat ruiniert hat – denn seit wann beginnt
denn überhaupt bei uns die Aktivität des ganzen Volksleben?
Seit jener Loslösung der Kräfte –, so wenig wird die Großindustrie durch Konstitutionalismus ruiniert werden, sondern
es wird eine Belebung, eine Hebung für sie sein, wenn auf
normale, geschichtlich korrekte Weise dieser Übergang vollzogen wird.

Die Großindustrie sagt: Wir würden mit anderen verhandeln,
aber mit Sozialdemokraten geht das nicht; denn sie haben ja
eine Theorie, die die Gesellschaft umstürzt! Diese Theorie ist
nun aber in ihrem wesentlichsten Teil die Theorie gewesen, die

jetzt in der Praxis von der Großindustrie befolgt wird. Denn was war an der sozialdemokratischen Theorie außer allgemeinen demokratischen Sätzen das Spezifische und Eigentümliche? Das war die Behauptung: Dieses System der Wirtschaft auf der Grundlage der freien Konkurrenz des Einzelunternehmers ist die wirtschaftliche Anarchie, und an Stelle dessen muß ein System der geregelten und geleiteten Gesamtproduktion treten. Das war das Sozialistische in der Sozialdemokratie, und das Demokratische hieß dann: Diese Gesamtproduktion muß nachher demokratisch geleitet und durchdemokratisiert werden. – Gerade den sozialistischen Teil der sozialdemokratischen Theorie haben in rasendem Fluge unsere Großindustriellen bis jetzt zu verwirklichen begonnen; denn die vor uns liegende Umgestaltung der Kombination der großen Industrie in jeder Fasson ist nichts anderes als das. Und nun stellt sich die Großindustrie vor die Sozialdemokratie hin und spricht im Ton des Handwerkers und Biedermeiers: Ihr wollt den Privatbetrieb stören, ihr wollt einen Umsturz der Gesellschaftsordnung! Nein, wenn es irgendwo Brüder gibt in der elementaren Auffassung, dann ist es diese Kombination der leitenden Ideen unserer Großindustrie mit dem sozialistischen Gedanken innerhalb der Sozialdemokratie, und wenn man diese elementare, theoretische Gemeinsamkeit der Grundlagen zwischen beiden Richtungen aufgefaßt hat, weiß man erst, worum es sich handelt. Es handelt sich dann einfach um die Herrschaftsfrage innerhalb eines Systems, über dessen Grundlinien beide Teile unter sich einig sind. Es handelt sich um die Herrschaftsfrage: Ist die neue Produktionsleitung aristokratisch oder demokratisch? Und nur um diese neue Auferstehung der alten Frage, die wir im Staat durchgekämpft haben und die uns nun zum zweiten Male vergrößert und komplizierter in der Industrie wieder begegnet, handelt es sich heute; und alles moralische Pathos über die Verworfenheit der Sozialdemokratie kann man sich zur Not gefallen lassen vom Handwerker oder Bauer, aber wahrhaftig nicht von denen, deren ganze Phantasie angefüllt ist von nichts anderem, als über das Land hin ein Netz von Organisationen zu schaffen, in dem der einzelne Unternehmer nichts ist als der Funktionär einer Gesellschaft, die schließlich von wenigen Köpfen geleitet wird. Es ist also der Kampf um die monarchisch-aristokratische Führung der Industrie, um den es sich handelt, und die Formen, in denen der Kampf läuft, werden, soweit man aus der Geschichte lernen kann, ähnlich sein, wie der Kampf im Staate gelaufen ist, nämlich nach den zwei Grundgedanken, einmal der Erweiterung des Subjektes an sich: der Staat wurde geleitet von einem; aus dem einen wurde ein erweiterter Kreis; es trat Souveränitätsverteilung ein – und auf der anderen Seite der Kompetenzbegrenzung: der Staat war schrankenlos in seiner Ausdehnung; er konnte alle Dinge machen, die er wollte; da aber traten die Kompetenzbeschränkungen ein, »Menschenrechte« nannte man sie; das war eben das, was der Staat nicht durfte. In diesen zwei Richtungen, Subjektserweiterung und Kompetenzbegrenzung, liegt im Grunde das, was der Großindustrie gegenüber nötig ist, damit sie nicht zum staatsgefährlichen Element inmitten unseres Staates, unserer Gesellschaft werden kann. Und wenn die Arbeiter dies tun, so müssen sie der Sympathie aller derer gewiß sein, denen an geschichtlich normaler, deutscher Staatsentwicklung liegt; und diese Sympathien dürfen nicht den Arbeitswilligen[9] gehören, diesen Hilfskräften jener zerstörenden Tendenzen, sondern die kräftigen Sympathien der für den Staat innerlich interessierten Volksgenossen müssen auf der Seite derer stehen, die die Organisation der Arbeitskräfte im Industriebetrieb kräftigen und verallgemeinern wollen. Wir müssen deshalb von unserer Seite den Arbeitern, die noch nicht in Organisationen hineingegangen sind, zurufen: Mögt ihr euch im übrigen unterscheiden durch Konfessionen und durch alle möglichen anderen Auffassungen und Bedingungen, ihr müßt heute in die Organisation hinein; denn erst wenn ihr darin seid, dann werdet ihr in ihnen und durch sie ein volks- und staatserhaltendes Element. Es kämpft in dieser Frage sozusagen ein altes Jahrhundert mit dem neuen. Das alte Jahrhundert, an dessen Anfang Kant und Fichte gestanden haben, das Jahrhundert, das vom Einzelmenschen zu reden anfing, ist zu Ende gegangen; und kaum ist die Türe des Jahrhunderts zugeschlagen, da fängt's von oben an: Laßt uns die wirtschaftliche Einzelperson begraben! Die Organisation der abhängigen Leute wird damit das Refugium, wo der Geist der Individualitäten, der Geist des Jahrhunderts, das mit Kant und Fichte begonnen hat, sich hinrettet, damit nicht Geist und Persönlichkeit verschlungen werde von monarchischer Übermacht einer kollektivistischen Leitung der Produktion.

Quelle: Friedrich Naumann, Werke. Politische Schriften, hrsg. von Theodor Schieder. Schriften zur Wirtschafts- und Gesellschaftspolitik, bearb. von Wolfgang Mommsen. Bd. 3. Köln u. Opladen: Westdeutscher Verlag 1964. S. 24–31.

Anmerkungen

1. Hier kam es zu lebhaften Diskussionen über die Zweckmäßigkeit des politischen Generalstreiks (vgl. Protokoll über die Verhandlungen des Parteitages der Sozialdemokratischen Partei Deutschlands, abgehalten zu Jena vom 17. bis 23. September 1905, Berlin 1905).
2. Naumann meint hier Karl Kautskys Artikelreihe über den Massenstreik in der »Neuen Zeit« (23. Jg., 1905), mit der dieser sich gegen die Linke wandte, die eine systematische Propagierung des politischen Massenstreiks befürwortete.
3. Der Titel des Buches ist: »Gewerbliche Friedensdokumente. Entstehungs- und Entwicklungsgeschichte der Tarifgemeinschaften in Deutschland«, Jena 1905.
4. Vom 16. Januar 1905 im Ruhrgebiet. Dieser Streik mußte von den Gewerkschaften wegen Geldmangel am 10. Februar abgebrochen werden.
5. Dieser Streik begann am 22. August 1903 und dauerte, da er mit privaten Geldmitteln unterstützt wurde, fast ein halbes Jahr.
6. Wegen seiner Kritik an der partei-offiziellen Marx-Orthodoxie in der »Neuen Zeit« (1896–99) war Eduard Bernstein (1850–1932) zum internationalen Symbol für den gesamten Revisionismus und Reformismus geworden.
7. Auf dem Jenaer Parteitag der Sozialdemokratie bekannte sich Bebel zur Theorie einer ständigen Verschärfung der Klassengegensätze. Vgl. Anm. 1.
8. Naumann bezieht sich hier auf eine Äußerung Friedrich Wilhelms IV.

im Zusammenhang der Auseinandersetzung mit dem 1847 einberufenen Landtag. Er werde nicht zulassen, so verkündete Friedrich Wilhelm, »daß sich zwischen unseren Herrgott im Himmel und dieses Land ein beschriebenes Blatt [die konstitutionelle Verfassung] gleichsam als eine Vorsehung eindränge«.

9. d. h. den Streikbrechern.

HUGO VON HOFMANNSTHAL

1874–1929

*Die Rede »Der Dichter und diese Zeit«, die Hofmannsthal
auf einer Vortragsreise Ende November / Anfang Dezember
1906 viermal gehalten hat (zuerst in München, dann in
Frankfurt a. M., Göttingen und Berlin) und die 1907 in der
»Neuen Rundschau« (Bd. 1, S. 257–276) publiziert wurde,
kann als repräsentativ für die rhetorischen Fähigkeiten des
österreichischen Dichters gelten. »Hofmannsthal«, so stellte
Walter Jens in einem Essay fest, »war ein Schriftsteller, dessen Begabung und dessen Gefahr im Rhetorischen lag.« Zwar
ließ er eine seiner Personen sagen: »Reden ist die Teufelskunst
des Gesindels«, aber er benutzte sie gern, um mit ihrer Hilfe
»die Vergangenheit so nah an die Gegenwart zu rücken, daß
legendäre Ereignisse [...] Anschaulichkeit wiedergewinnen«.*
*In der vorliegenden Rede, die zu Recht als ein Markstein in
seiner Entwicklung bezeichnet wird (vgl. H. Rudolph, Kul-
turkritik und konservative Revolution, Tübingen 1971, S.
57 ff), nimmt Hofmannsthal kritisch zur Gegenwart und zur
Dichtung seiner Zeit Stellung. Das »Wesen seiner Epoche«
charakterisiert er mit »Vieldeutigkeit und Unbestimmtheit«.
Er vermißt in ihr »Geist« und »Relief«; statt »fühlendem
Denken und denkendem Fühlen« findet er nur »rohe Materie
des Daseins«. Er fordert deshalb vom dichterischen Werk die
Synthese zwischen Vergangenheit und Gegenwart.*

Der Dichter und diese Zeit

Man hat Ihnen angekündigt, daß ich zu Ihnen über den Dichter und diese Zeit sprechen will, über das Dasein des Dichters
oder des dichterischen Elementes in dieser unserer Zeit, und

manche Ankündigungen, höre ich, formulieren das Thema noch ernsthafter, indem sie von dem Problem des dichterischen Daseins in der Gegenwart sprechen. Diese Kunstworte streifen schon das Gebiet des Technisch-Philosophischen und zwingen mich im vorhinein, alle nach dieser Richtung orientierten Erwartungen zu zerstören, die ich sonst im Verlauf dieser Stunde grausam enttäuschen müßte. Es fehlen mir völlig die Mittel und ebensosehr die Absicht, in irgendwelcher Weise Philosophie der Kunst zu treiben. Ich werde es nicht unternehmen, den Schatz Ihrer Begriffe um einen, auch nur einen neuen Begriff zu bereichern. Und ebensowenig werde ich an einem der festen Begriffe, auf denen Ihre Anschauung dieser ästhetischen Dinge ruhen mag, woanders sie auf Begriffen ruht und nicht, wie ich heimlich und bestimmt hoffe, auf einem chaotischen Gemenge von verworrenen, komplexen und inkommensurablen inneren Erlebnissen, ... keineswegs, sagte ich, werde ich an einem dieser Begriffe Kritik zu üben versuchen. Diese Mauern irgend zu versetzen, ist nicht mein Ehrgeiz; mein Ehrgeiz ist nur, aus ihnen an so verschiedenartigen Punkten als möglich, und an möglichst unerwarteten, wieder hervorzutreten und Sie dadurch in einer nicht unangenehmen Weise zu befremden. Ich meine einfach: es würde mich freuen, wenn es mir gelänge, Ihnen fühlbar zu machen, daß dieses Thema nicht nur in dieser Stunde in der Atmosphäre dieser Versammlung, in diesem künstlichen Licht einen künstlichen und nach Minuten gemessenen Bestand hat, sondern daß es sich um ein Element Ihres geistigen Daseins handelt, das nicht als gewußtes, sondern als gefühltes, gelebtes, in Tausenden von Momenten Ihres Daseins da ist und Wirkung ausstrahlt.

Über den Begriff der Gegenwart sind wir jeder Verständigung enthoben: Sie wie ich sind Bürger dieser Zeit, ihre Myriaden sich kreuzender Schwingungen bilden die Atmosphäre, in der ich zu Ihnen spreche, Sie mich hören, und in die wir wiederum hinaustreten, wenn wir diesen Saal verlassen. Ja sie

regiert noch unsere Träume und gibt ihnen die Mischung ihrer
Farben, und nur im tiefen todesähnlichen Schlaf meinen wir
zu sein, wo sie nicht ist. Den Begriff des Dichters bringen Sie
mir, das weiß ich, als einen sicher in Ihnen ruhenden und reich
erfüllten entgegen. Es schwingt in ihm etwas von der Fassung,
die die deutschen Dichter zu Anfang des letztvergangenen
Jahrhunderts ihm gegeben haben (die man nicht immerfort
mit einem so unzulänglichen und abstumpfenden Wort die
»romantischen« nennen sollte); aber die Gewalt, die der ungeheuere Gedanke »Goethe« über Ihre Seele besitzt, schnellt
seine Grenzen hinaus ins kaum mehr Absehbare; und es ist
etwas von der pathetischen Erscheinung Hölderlins unter den
Elementen, die in Ihnen oszillierend dies Gedankending
»Dichter« zusammensetzen, und etwas von der nicht zu ver-
gessenden Allüre Byrons; etwas von dem verschwundenen
namenlosen Finder eines alten deutschen Liedchens und etwas
von Pindar.[1] Sie denken »Shakespeare« und daneben ist für
einen inneren Augenblick alles andere verloschen, aber der
nächste Augenblick stellt das unendlich komplexe oszillierende
Gedankending wieder her und Sie denken ohne zu trennen ein
amalgamiertes Etwas aus Dante, Lenau und dem Verfasser
einer rührenden Geschichte, die Sie mit vierzehn Jahren gelesen haben.

An dies Gewebe aus den Erinnerungsbildern der subtilsten
Erlebnisse, an dies in Ihnen appelliere ich, an dies Unausge-
wickelte und an keinen geklärten Begriff, keine abgezogene
Formel. Dies in Ihnen ist lebendig und dem Lebendigen
möchte ich diese Stunde hindurch verbunden bleiben. Diesem
lebendigen Begriff denke ich nichts hinzuzufügen und noch
weniger meine ich ihn einzuschränken. Ich selber trage ihn in
mir ebenso unausgewickelt, wie ich ihn bei Ihnen voraussetze.
Am wenigsten wüßte ich ihn von vornerein nach unten abzugrenzen, ja diese haarscharfe Absonderung des Dichters
vom Nicht-Dichter erscheint mir gar nicht möglich. Ich würde
mir sagen müssen, daß die Produkte von Menschen, die kaum
Dichter zu nennen sind, manchmal nicht ganz des Dichteri-

schen entbehren, und umgekehrt scheint mir zuweilen das, was
sehr hohe und unzweifelhafte Dichter geschaffen haben, nicht
frei von undichterischen Elementen. Es scheint mir in diesen
Dingen eine illiberale Auffassung nicht möglich und immer
ziemlich nah am Lächerlichen. Ich frage mich, ob Boileau[2] dem
Mann, der die Manon Lescaut[3] schuf, wenn er ihn erlebt hätte,
ja ich frage mich, ob Lessing, der sein Zeitgenosse war, diesem
Manne den Namen eines Dichters konzediert hätte, und ich
sehe, wie unbedeutend, wie unhaltbar diese Scheidungen sind,
die der Zeitgeschmack oder der persönliche Hochmut der Pro-
duzierenden zwischen dem Dichter und dem bloßen Schriftsteller anstellt. Und doch ist es mir in anderen Augenblicken
und in einem anderen Zusammenhang völlig klargeworden,
daß jene strengste Goethesche Erkenntnis wahr ist und daß
ein unvollkommenes Kunstwerk nichts ist; daß in einem höheren Sinn nur die vollkommenen Kunstwerke, diese seltenen
Hervorbringungen des Genius existieren. Sie werden sich fragen, wie diese Erkenntnis und jene Duldung beieinanderwoh-
nen können, aber doch können sie das; es gibt Anschauungen,
die zwischen ihnen vermitteln, und es erfordert nur eine gewisse Reife, sie in sich zu vereinen – aber nur dieser Duldung,
dieser Nichtabgrenzung werde ich mich in unserer Unterhaltung zu bedienen haben. Ich werde es hier nicht zu berühren
brauchen, ob ich vielleicht einen einzigen Menschen in dieser
Epoche für einen ganzen Dichter halte und die anderen nur
für die Möglichkeiten von Dichtern, für dichterisch veranlagte
Individuen, für dichterische Materie. Denn mir ist es nur um
das Dasein des dichterischen Wesens in unserer Epoche zu tun.

Ich glaube, vielmehr ich weiß es, daß der Dichter, oder die
dichterische Kraft, in einem weitherzigen Sinn genommen, in
dieser Epoche da ist, wie sie in jeder anderen da war. Und ich
weiß, daß Sie mit dieser Kraft und ihren Wirkungen unaufhörlich rechnen, vielleicht ohne es Wort zu haben. Es ist dies
das Geheimnis, es ist eines von den Geheimnissen, aus denen
sich die Form unserer Zeit zusammensetzt: daß in ihr alles

zugleich da ist und nicht da ist. Sie ist voll von Dingen, die lebendig scheinen und tot sind, und voll von solchen, die für tot gelten und höchst lebendig sind. Von ihren Phänomenen scheinen mir fast immer die außer dem Spiele, welche nach der allgemeinen Annahme im Spiele wären, und die, welche verleugnet werden, höchst gegenwärtig und wirksam. Diese Zeit ist bis zur Krankheit voll unrealisierter Möglichkeiten und zugleich ist sie starrend voll von Dingen, die nur um ihres Lebensgehaltes willen zu bestehen scheinen und die doch nicht Leben in sich tragen. Es ist das Wesen dieser Zeit, daß nichts, was wirkliche Gewalt hat über die Menschen, sich metaphorisch nach außen ausspricht, sondern alles ins Innere genommen ist, während etwa die Zeit, die wir das Mittelalter nennen und deren Trümmer und Phantome in unsere hineinragen, alles, was sie in sich trug, zu einem ungeheuren Dom von Metaphern ausgebildet aus sich ins Freie emportrieb.

Waren sonst Priester, Berechtigte, Auserwählte die Hüter dieser Sitte, jener Kenntnis, so ruht dies alles jetzt potentiell in allen: wir könnten manches ins Leben werfen, wofern wir ganz zu uns selbst kämen ... wir könnten dies und jenes wissen ... wir könnten dies und jenes tun. Keine eleusinischen Weihen und keine sieben Sakramente helfen uns empor: in uns selber müssen wir uns in höheren Stand erheben, wo uns dies und jenes zu tun nicht mehr möglich, ja auch dies und jenes zu wissen nicht mehr möglich: dafür aber dies und jenes sichtbar, verknüpfbar, möglich, ja greifbar, was allen anderen verborgen. Dies alles geht lautlos vor sich und so wie zwischen den Dingen. Es fehlt in unserer Zeit den repräsentativen Dingen an Geist, und den geistigen an Relief.

Wofern das Wort Dichter, die Erscheinung des Dichters in der Atmosphäre unserer Zeit irgendein Relief nimmt, so ist es kein angenehmes. Man fühlt dann etwas Gequollenes, Aufgedunsenes, etwas, das mehr von Bildungsgefühlen getragen ist als von irgendwelcher Intuition. Man wünscht sich diesen Begriff ins Leben zurückzuholen, ihn zu »dephlegmatisieren«, zu »vivifizieren«, wie die beiden schönen Kunstworte des Novalis heißen. Welchen lebhaften und liebenswürdigen Gebrauch machte nicht eine frühere deutsche Epoche (ich denke an die jungen Männer und Frauen von 1770) von dem Worte Genie, mit dem sie das gleiche bezeichnen wollte: das dichterische Wesen. Denn sie dachten dabei keineswegs an das Genie der Tat und nie und nimmer hätten sie ihr Lieblingswort auf den angewandt, der vor allem würdig war, es zu tragen in seiner funkelndsten und unheimlichsten Bedeutung: auf Friedrich den Großen. Welchen lebensvollen und imponierenden Gebrauch macht der Engländer heute, und macht ihn seit sechs Generationen, von seinem Wort »man of genius«. Er schränkt ihn nicht auf seine Dichter ein; und doch haftet allen denen, von denen er ihn braucht, etwas Dichterisches an, ihnen oder ihren Schicksalen. Er bedenkt sich nicht, ihn auch auf einen Mann anzuwenden, der nicht von der allerseltensten geistigen Universalität ist. Aber es muß eine Gestalt sein, aus der etwas Außerordentliches hervorblitzt, etwas Unvergleichliches von Kühnheit, von Glück, von Geisteskraft oder von Hingabe. Es ist etwas Grandioses um einen Begriff, unter dem der Sprachgeist Milton und Nelson zusammenzufassen gestattet, Lord Clive und Samuel Johnson, Byron und Warren Hastings, den jüngeren Pitt und Cecil Rhodes.[4]

Es kommt so wenig auf die Worte an und so viel auf die Prägung, die der Sprachgeist eines Volkes ihnen aufdrückt. Wie kraftlos nimmt sich neben »man of genius« und dem Ton, den sie in das Wort zu legen wissen, dem männlichen, selbstsicheren, ich möchte sagen, dem soldatischen oder seemännisch stolzen Ton, wie kraftlos nimmt sich daneben unser »Genie« aus, wie gelehrtenhaft, wie engbrüstig-pathetisch, vorgebracht mit der heuchlerischen Exaltation der Schulstube. Es haftet dem Wort in unserem Sprachgebrauch etwas an, als vertrüge es die freie Luft nicht, und doch ist es das einzige Wort, unter dem wir Johann Sebastian Bach und Kant und Bismarck, Kleist, Beethoven und Friedrich II. zusammen begreifen können. Aber es bleibt empfindlichen Ohren ein fatales Wort. Es hat ganz und gar nicht mehr den jugendlichen Glanz von 1770 und es hat auch nicht den dunklen ehernen Glanz, vergleichbar dem finsteren Schimmer alter Waffen, den die Abnützung des großen Lebens den feierlichen und ehrwürdigen Worten großer Nationen zu geben vermag und der die einfachen Bezeichnungen der Ämter, die trockensten Überschriften und Inschriften Roms mit einer Größe umwittert, die uns das Herz klopfen macht. Dieses Wort »Genie«, wenn man es in unseren Zeitungen findet, in den Nekrologen oder Würdigungen von toten Dichtern oder Philosophen, wo es das höchste Lob bedeuten soll, so erscheint es mir – ich meine auch dort, wo es an seinem Platz ist – undefinierbar dünn, würdelos, kraftlos. Es ist ein höchst unsicheres Wort, und es ist, als würde es immer von Leuten mit schlechtem Gewissen gebraucht. Es ist nahe daran, ein prostituiertes Wort zu sein, dieses Wort, das die höchste geistige Erscheinung bezeichnen soll, – ist dies nicht seltsam?

Wenn ich es gebraucht finde in seiner Distanzlosigkeit (und in »man of genius« liegt immer soviel Distanz zwischen einem großen Volk und einem großen Einzelnen), so fällt mir immer zugleich um des Gegensatzes willen die schöne, jede Distanzlosigkeit ablehnende methodistische Maxime ein: »Vergiß nicht, mein Freund: ein Mann kann weder gelobt noch herabgesetzt werden«, »my friend, a man can neither be praised nor insulted«. Es scheint mir, wenn die Deutschen von ihren Dichtern sprechen, sowohl von denen, die unter ihnen leben, als von denen, die tot sind und ihr zweites strahlenderes Leben unter uns führen, so sagen sie viel Schönes und zuweilen bricht aus breiten, etwas schlaffen Äußerungen ein Funken des glühendsten Verständnisses hervor; aber irgend etwas, ein Ton, der mehr wäre als alles gehäufte Lob und alle eindringende Subtilität, scheint mir zu fehlen: ein menschlicher Ton, ein männlicher Ton, ein Ton des Zutrauens und der freien ungekünstelten Ehrfurcht, eine Betonung dessen, was Männer an Männern am höchsten stellen müssen: Führerschaft. Selbst Goethe gegenüber, selbst ihm gegenüber sind es einzelne, die sich diese Haltung in sich selbst erobern, und diesen einzig möglichen, einzig würdigen Ton in sich ausbilden, welcher nicht der Ton von Schulmeistern ist, sondern der Ton von Gentlemen. Denn vor allem ist es unter der Würde toter wie lebendiger Dichter, ein anderes Lob anzunehmen als das reelle des Zutrauens lebendiger Menschen. Aber das Wesen unserer Epoche ist Vieldeutigkeit und Unbestimmtheit. Sie kann nur auf Gleitendem ausruhen und ist sich bewußt, daß es Gleitendes ist, wo andere Generationen an das Feste glaubten. Ein leiser chronischer Schwindel vibriert in ihr. Es ist in ihr vieles da, was nur wenigen sich ankündigt, und vieles nicht da, wovon viele glauben, es wäre da. So möchten sich die Dichter zuweilen fragen, ob sie da sind, ob sie für ihre Epoche denn irgend wirklich da sind. Ob, bei so manchem hergebrachten, schematischen Lob, das für sie abfällt, das einzige reelle Lob, das anzunehmen nicht unter ihrer Würde ist, das Zutrauen der lebendigen Menschen, die Anerkennung irgendeiner Führerschaft in ihnen, irgendwo für sie bereitliegt. Aber es könnte auch sein, und das wäre um so schöner, wäre einer Zeit, die jede Ostentation und jede Rhetorik von sich abgetan hat, um so würdiger, daß dieses einzige reelle Lob den Dichtern gerade in unserer Zeit unaufhörlich dargebracht würde, aber in einer so versteckten, so indirekten Weise, daß es erst einigen Nachdenkens, einiger Welterfahrung bedürfte, um dies versteckte Rechnen mit dem Dichter, dies versteckte Ersehnen des Dichters, dies versteckte Flüchten zu dem Dichter wahrzunehmen. Und es ist heute an dem, daß die Dinge so liegen, wenn ich nicht irre. Und hier zwingt mich meine Art, wie ich diese Dinge sehe, Sie zunächst sicherlich zu befremden durch die Behauptung, daß das Lesen, die maßlose Gewohnheit, die ungeheure Krankheit, wenn Sie wollen, des Lesens, dieses Phänomen unserer Zeit, das man zu sehr der Statistik und Handelskunde überläßt und dessen subtilere Seiten man zu wenig betrachtet, nichts anderes ausdrückt als eine unstillbare Sehnsucht nach dem Genießen von Poesie. Dies muß Sie befremden und Sie sagen mir, daß in keiner früheren Zeit das Poetische eine so bescheidene Rolle gespielt hätte, als es in der Lektüre unserer Zeit spielt, wo es verschwindet unter der ungeheueren Masse dessen, was gelesen wird. Sie sagen mir, daß meine Behauptung vielleicht auf die Zuhörer der arabischen Märchenerzähler passe oder allenfalls auf die Zeitgenossen der »Prinzessin von Clèves«[5] oder die Generation des Werther, doch sicherlich gerade am wenigsten auf unsere Zeit, die Zeit der wissenschaftlichen Handbücher, der Reallexika und der unzählbaren Zeitschriften, in denen für Poesie kein Raum ist. Sie erinnern mich, daß es die Kinder und die Frauen sind, die heute Dramen und Gedichte lesen. Aber ich habe um die Erlaubnis gebeten, von Dingen zu sprechen, die nicht ganz an der Oberfläche liegen, und ich möchte, daß wir für einen Augenblick daran denken, wie verschieden das Lesen unserer Zeit von dem ist, wie frühere Zeiten gelesen haben. Um so ruheloser, zielloser, unvernünftiger das Lesen unserer Zeit ist, um so merkwürdiger scheint es mir. Wir sind unendlich weit entfernt von dem ruhigen Liebhaber der schönen Literatur, von dem Amateur einer populären Wissenschaft, von dem Romanleser, dem Memoirenleser einer früheren, ruhigeren Zeit. Gerade durch sein Fieberhaftes, durch seine Wahllosigkeit, durch das rastlose Wieder-aus-der-Hand-Legen der Bücher, durch das Wühlende, Suchende scheint mir das Lesen in unserer Epoche eine Lebenshandlung, eine des Beachtens werte Haltung, eine Geste.

Ich sehe beinahe als die Geste unserer Zeit den Menschen mit dem Buch in der Hand, wie der kniende Mensch mit gefalteten Händen die Geste einer anderen Zeit war. Natürlich denke ich nicht an die, die aus bestimmten Büchern etwas Bestimmtes lernen wollen. Ich rede von denen, die je nach der verschiedenen Stufe ihrer Kenntnisse ganz verschiedene Bücher lesen, ohne bestimmten Plan, unaufhörlich wechselnd, selten in einem Buch lang ausruhend, getrieben von einer unausgesetzten, nie recht gestillten Sehnsucht. Aber die Sehnsucht dieser, möchte es scheinen, geht durchaus nicht auf den Dichter. Es ist der Mann der Wissenschaft, der diese Sehnsucht zu stillen vermag, oder für neunzig auf hundert unter ihnen der

Journalist. Sie lesen noch lieber Zeitungen als Bücher, und obwohl sie nicht bestimmt wissen, was sie suchen, so ist es doch sicherlich keineswegs Poesie, sondern es sind seichte, für den Moment beruhigende Aufschlüsse, es sind die Zusammenstellungen realer Fakten, es sind faßliche und zum Schein neue »Wahrheiten«, es ist die rohe Materie des Daseins. Ich sage dies so, wie wir es geläufig sagen und leichthin glauben; aber ich glaube, nein ich weiß, daß dies nur der Schein ist. Denn sie suchen mehr, sie suchen etwas anderes, diese Hunderttausende, in den Tausenden von Büchern, die sich von Hand zu Hand weitergeben, bis sie beschmutzt und zerlesen auseinanderfallen: sie suchen etwas anderes als die einzelnen Dinge, die in der Luft hängenden kurzatmigen Theorien, die ihnen ein Buch nach dem anderen darbietet: sie suchen, aber es ist ihnen keine Dialektik gegeben, subtil genug, um sich zu fragen und zu sagen, was sie suchen; keine Übersicht, keine Kraft der Zusammenfassung: das einzige, wodurch sie ausdrücken können, was in ihnen vorgeht, ist die stumme beredte Gebärde, mit der sie das aufgeschlagene Buch aus der Hand legen und ein neues aufschlagen. Und dies muß so weitergehen: denn sie suchen ja von Buch zu Buch, was der Inhalt keines ihrer tausend Bücher ihnen geben kann: sie suchen etwas, was zwischen den Inhalten aller einzelnen Bücher schwebt, was diese Inhalte in eins zu verknüpfen vermöchte. Sie schlingen die realsten, die entseelteste aller Literaturen hinunter und suchen etwas höchst Seelenhaftes. Sie suchen immerfort etwas, was ihr Leben mit den Adern des großen Lebens verbände in einer zauberhaften Transfusion lebendigen Blutes. Sie suchen in den Büchern, was sie einst vor den rauchenden Altären suchten, einst in dämmernden von Sehnsucht nach oben gerissenen Kirchen. Sie suchen, was sie stärker als alles mit der Welt verknüpfe, und zugleich den Druck der Welt mit eins von ihnen nehme. Sie suchen ein Ich, an dessen Brust gelehnt ihr Ich sich beruhige. Sie suchen, mit einem Wort, die ganze Bezauberung der Poesie. Aber es ist nicht ihre Sache, sich dessen Rechenschaft zu geben, noch auch ist es ihre Sache, zu wissen, daß es der Dichter ist, den sie hinter dem Tagesschriftsteller, hinter dem Journalisten suchen. Denn wo sie suchen, dort finden sie auch, und der Romanschreiber, der sie bezaubert, der Journalist, der ihnen das eigene Leben schmackhaft macht und die grellen Lichter des großen Lebens über den Weg wirft, den sie täglich früh und abends gehen – ich habe wirklich nicht den Mut und nicht den Wunsch, ihn von dem Dichter zu sondern. Ich weiß keinen Zeilenschreiber, den elendesten seines Metiers, auf dessen Produkte nicht, so unwürdig er dieses Lichtes sein mag, für ein völlig unverwöhntes Auge, für eine in der Trockenheit des harten Lebens erstickende Phantasie etwas vom Glanz der Dichterschaft fiele, einfach dadurch, daß er sich, und wäre es in der stümperhaftesten Weise, des wundervollsten Instrumentes bedient: einer lebendigen Sprache. Freilich, er erniedrigt sie wieder, er nimmt ihr soviel von ihrer Hoheit, ihrem Glanz, ihrem Leben als er kann; aber er kann sie niemals so sehr erniedrigen, daß nicht die zerbrochenen Rhythmen, die Wortverbindungen, die seiner Feder, ihm zu Trotz, zur Verfügung stehen, die Bilder, die in seinem Geschreibe freilich das Prangerstehen lernen, noch da und dort in eine ganz junge, eine ganz rohe Seele wie Zauberstrahlen fallen könnten. (Und gibt es nicht ihrer mehr Jugendschicksale, die denen Kaspar Hausers gleichen, als man ahnen möchte, in den ungeheueren Einöden, die unsere menschenwimmelnden Städte sind?)

Da ich an das mächtige Geheimnis der Sprache erinnert habe, so habe ich mit einem Male das enthüllt, worauf ich Sie führen wollte. Vermöge der Sprache ist es, daß der Dichter aus dem Verborgenen eine Welt regiert, deren einzelne Glieder ihn verleugnen mögen, seine Existenz mögen vergessen haben. Und doch ist er es, der ihre Gedanken zueinander und auseinander führt, ihre Phantasie beherrscht und gängelt; ja noch ihre Willkürlichkeiten, ihre grotesken Sprünge leben von seinen Gnaden. Diese stumme Magie wirkt unerbittlich wie alle wirklichen Gewalten. Alles, was in einer Sprache geschrieben wird, und, wagen wir das Wort, alles, was in ihr gedacht wird, deszendiert von den Produkten der wenigen, die jemals mit dieser Sprache schöpferisch geschaltet haben. Und alles, was man im breitesten und wahllosesten Sinn Literatur nennt, bis zum Operntextbuch der vierziger Jahre, bis hinunter zum Kolportageroman, alles deszendiert von den wenigen großen Büchern der Weltliteratur. Es ist eine erniedrigte, durch zuchtlose Mischungen bis zum Grotesken entstellte Deszendenz, aber es ist Deszendenz in direkter Linie. So sind es doch wirklich die Dichter, immer nur die Dichter, die Worte, die ihr Hirn für immer vermählt, für immer zu Antithesen auseinandergestellt hat, die Figuren, die Situationen, in denen sie das ewige Geschehen symbolisierten, so sind es immer nur die Dichter, mit denen es die Phantasie der Hunderttausende zu tun hat, und der Mann auf dem Omnibus, der die halbgelesene Zeitung in der Arbeiterbluse stecken hat, und der Ladenschwengel und das Nähmädchen, die einander den Kolportageroman leihen, und alle die unzähligen Leser der wertlosen Bücher, ist es nicht seltsam zu denken, daß sie doch irgendwie in diesen Stunden, wo ihr Auge über die schwarzen Zeilen fliegt, mit den Dichtern sich abgeben, die Gewalt der Dichter erleiden, der einsamen Seelen, von deren Existenz sie nichts ahnen, von deren wirklichen Produkten ein so tiefer Abgrund sie und ihresgleichen trennt! Und deren Seelenhaftes, deren Wärme, bindend die auseinanderfliegenden Atome, deren Magie doch das einzige ist, was auch noch diese Bücher zusammenhält, aus jedem von ihnen eine Welt für sich macht, eine Insel, auf der die Phantasie wohnen kann. Denn ohne diese Magie, die ihnen einen Schein von Form gibt, fielen sie auseinander, wären tote Materie und auch nicht die Hand des Rohesten griffe nach ihnen.

Aber nach den Büchern, in denen die Wissenschaft die Ernte ihrer arbeitsamen Tage und Nächte aufhäuft, greifen Tausende von Händen unaufhörlich; diese Bücher und ihre Deszendenz scheinen es vor allen zu sein, die aus den feineren, den zusammengesetzteren Köpfen ihre Adepten gemacht haben. Und gehe ich nicht zu weit, wenn ich hier abermals eine versteckte Sehnsucht nach dem Dichter wahrzunehmen behaupte, eine Sehnsucht, die, so widersinnig wie manche Regungen der Liebe, von dem Gegenstand ihres heimlichen Wünschens sich gerade abzukehren, ihm für immer den Rücken zu wenden vorgibt? Aber sind es denn nicht wirklich nur und allein die wenigen, welche in einer Wissenschaft arbeiten, die ihr wirkliches Wesen in ihr suchen, ihr strenges, abgeschlossenes, von einem Abgrund ewiger Kälte umflossenes Dasein – und wäre für die unerprobten suchenden Seelen der vielen diese Kälte nicht so fürchterlich, daß sie sich daran verbrennen würden, und für ewig diesen Ort meiden?

Daß es Menschen gibt, die zu leben vermögen in einer Luft, die von der Eiseskälte des unendlichen Raumes beleckt wird, ist ein Geheimnis des Geistes, ein Geheimnis, wie es andererseits die Existenz der Dichter ist und daß es Geister gibt, die unter dem ungeheueren Druck des ganzen angesammelten Daseins zu leben vermögen – wie ja die Dichter tun. Aber es ist nicht die Sache der vielen, es kann nicht ihre Sache sein. Denn sie stehen im Leben und aus der Wissenschaft in ihrem reinen strengen Sinn genommen, führt kein Weg ins Leben zurück. Ihr wohnt ein Streben inne, wie den Künsten ein Streben innewohnt, reine Kunst zu werden, wofür man (aber es ist nur gleichnisweise zu verstehen) gesagt hat: sie streben danach, Musik zu werden. Dies Streben, sich zur Mathematik emporzuläutern, dies, wenn Sie wollen, ist das einzig noch Menschliche an den Wissenschaften, dies ist, wenn Sie wollen, ihre bleibende Durchseelung mit Menschlichkeit: denn so tragen sie das menschliche Messen ins Universum, und es bleibt, wie in dem alten Axiom, der Mensch das Maß aller Dinge. Aber hier auch schon schwingt sich der Weg ins Eisige und Einsame. Und nicht nach glühendem Frost der Ewigkeit treibt es die vielen, die nach diesen Büchern greifen und wiederum greifen; sie sind keine Adepten und auf ewig sind ihrem ruhelosen fragenden begierigen Gewimmel die Vorhöfe zugewiesen. Wonach ihre Sehnsucht geht, das sind die verknüpfenden Gefühle; die Weltgefühle, die Gedankengefühle sind es, gerade jene, welche auf ewig die wahre strenge Wissenschaft sich versagen muß, gerade jene, die allein der Dichter gibt. Sie, die nach den Büchern der Wissenschaft und der Halbwissenschaft greifen, so wie jene anderen nach den Romanen greifen, nach dem Zeitungsblatt, nach jedem bedruckten Fetzen, sie wollen nicht schaudernd dastehen in ihrer Blöße unter den Sternen. Sie ersehnen, was nur der Dichter ihnen geben kann, wenn er um ihre Blöße die Falten seines Gewandes schlägt. Denn Dichten, das Wort steht irgendwo in Hebbels Tagebüchern, Dichten heißt die Welt wie einen Mantel um sich schlagen und sich wärmen. Und an dieser Wärme wollen sie teilhaben und darum sind es die Trümmer des Dichterischen, nach denen sie haschen, wo sie der Wissenschaft zu huldigen meinen; nach fühlendem Denken, denkendem Fühlen steht ihr Sinn, nach Vermittlung dessen, was die Wissenschaft in grandioser Entsagung als unvermittelbar hinnimmt. Sie aber suchen den Dichter und nennen ihn nicht.

So ist der Dichter da, wo er nicht da zu sein scheint, und ist immer an einer anderen Stelle als er vermeint wird. Seltsam wohnt er im Haus der Zeit, unter der Stiege, wo alle an ihm vorüber müssen und keiner ihn achtet. Gleicht er nicht dem fürstlichen Pilger aus der alten Legende, dem auferlegt war, sein fürstliches Haus und Frau und Kinder zu lassen und nach dem Heiligen Lande zu ziehen; und er kehrte wieder, aber ehe er die Schwelle betrat, wurde ihm auferlegt, nun als ein unerkannter Bettler sein eigenes Haus zu betreten und zu wohnen, wo das Gesinde ihn wiese. Das Gesinde wies ihn unter die Treppe, wo nachts der Platz der Hunde ist. Dort haust er und hört und sieht seine Frau und seine Brüder und seine Kinder, wie sie die Treppe auf und nieder steigen, wie sie von ihm als einem Verschwundenen, wohl gar einem Toten sprechen und um ihn trauern. Aber ihm ist auferlegt, sich nicht zu erkennenzugeben, und so wohnt er unerkannt unter der Stiege seines eigenen Hauses.

Dies unerkannte Wohnen im eigenen Haus, unter der Stiege,

im Dunkel, bei den Hunden; fremd und doch daheim; als ein Toter, als ein Phantom im Munde aller, ein Gebieter ihrer Tränen, gebettet in Liebe und Ehrfurcht; als ein Lebendiger gestoßen von der letzten Magd und gewiesen zu den Hunden; und ohne Amt in diesem Haus, ohne Dienst, ohne Recht, ohne Pflicht, als nur zu lungern und zu liegen und in sich dies alles auf einer unsichtbaren Waage abzuwiegen, dies alles immerfort bei Tag und Nacht abzuwiegen und ein ungeheures Leiden, ungeheures Genießen zu durchleben, dies alles zu besitzen wie niemals ein Hausherr sein Haus besitzt – denn besitzt der die Finsternis, die nachts auf der Stiege liegt, besitzt er die Frechheit des Koches, den Hochmut des Stallmeisters, die Seufzer der niedrigsten Magd? Er aber, der gespenstisch im Dunkeln liegt, besitzt alles dies: denn jedes von diesen ist eine offene Wunde an seiner Seele und glüht einmal als ein Karfunkelstein an seinem himmlischen Gewand – dies unerkannte Wohnen, es ist nichts als ein Gleichnis, ein Gleichnis, das mir zugeflogen ist, weil ich vor nicht vielen Wochen diese Legende in dem alten Buch »Die Taten der Römer« gelesen habe, – aber ich glaube, es hat die Kraft, uns hinüberzuleiten, daß ich Ihnen vom dem spreche, was nicht minder phantastisch ist und doch so ganz zu dem gehört, was wir Wirklichkeit, was wir Gegenwart zu nennen uns beruhigen: zu dem, wie ich den Dichter wohnen sehe im Haus dieser Zeit, wie ich ihn hausen und leben fühle in dieser Gegenwart, dieser Wirklichkeit, die zu bewohnen uns gegeben ist.

Er ist da, und es ist niemandes Sache, sich um seine Anwesenheit zu bekümmern. Er ist da und wechselt lautlos seine Stelle und ist nichts als Auge und Ohr und nimmt seine Farbe von den Dingen, auf denen er ruht. Er ist der Zuseher, nein, der versteckte Genosse, der lautlose Bruder aller Dinge, und das Wechseln seiner Farbe ist eine innige Qual: denn er leidet an allen Dingen, und indem er an ihnen leidet, genießt er sie. Dies Leidend-Genießen, dies ist der ganze Inhalt seines Lebens. Er leidet, sie so sehr zu fühlen. Und er leidet an dem einzelnen so sehr als an der Masse; er leidet ihre Einzelheit und leidet ihren Zusammenhang; das Hohe und das Wertlose, das Sublime und das Gemeine; er leidet ihre Zustände und ihre Gedanken; ja bloße Gedankendinge, Phantome, die wesenlosen Ausgeburten der Zeit leidet er, als wären sie Menschen. Denn ihm sind Menschen und Dinge und Gedanken und Träume völlig eins: er kennt nur Erscheinungen, die vor ihm auftauchen und an denen er leidet und leidend sich beglückt. Er sieht und fühlt; sein Erkennen hat die Betonung des Fühlens, sein Fühlen die Scharfsichtigkeit des Erkennens. Er kann nichts auslassen. Keinem Wesen, keinem Ding, keinem Phantom, keiner Spukgeburt eines menschlichen Hirns darf er seine Augen verschließen. Es ist als hätten seine Augen keine Lider. Keinen Gedanken, der sich an ihn drängt, darf er von sich scheuchen, als sei er aus einer anderen Ordnung der Dinge. Denn in seine Ordnung der Dinge muß jedes Ding hineinpassen. In ihm muß und will alles zusammenkommen. Er ist es, der in sich die Elemente der Zeit verknüpft. In ihm oder nirgends ist Gegenwart.

Aber die Gewebe sind durchsetzt mit noch feineren Fäden, und wenn kein Auge sie wahrnimmt, sein Auge darf sie nie verleugnen. Ihm ist die Gegenwart in einer unbeschreiblichen Weise durchwoben mit Vergangenheit: in den Poren seines Leibes spürt er das Herübergelebte von vergangenen Tagen, von fernen nie gekannten Vätern und Urvätern, verschwundenen Völkern, abgelebten Zeiten; sein Auge, wenn sonst keines, trifft noch – wie könnte er es wehren? – das lebendige Feuer von Sternen, die längst der eisige Raum hinweggezehrt hat. Denn dies ist das einzige Gesetz, unter dem er steht: keinem Ding den Eintritt in seine Seele zu wehren, und was ein Mensch ist, ein lebendiger, der die Hände gegen ihn reckt, das ist ihm, nichts Fremderes, als der flimmernde Sternenstrahl, der vor dreitausend Jahren eine Welt entsandt und der heute das Auge ihm trifft, und im Gewebe seines Leibes das Nachzucken uralter, kaum mehr zu messender Regung. Wie der innerste Sinn aller Menschen Zeit und Raum und die Welt der Dinge um sie her schafft, so schafft er aus Vergangenheit und Gegenwart, aus Tier und Mensch und Traum und Ding, aus Groß und Klein, aus Erhabenem und Nichtigem die Welt der Bezüge.

Er schafft. Dumpfe Schmerzen, eingeschränkte Schicksale können sich für lange auf seine Seele legen und sie mit Leid innig durchtränken und zu einer anderen Stunde wird er den gestirnten Himmel in seiner aufgeschlossenen Seele spiegeln. Er ist der Liebhaber der Leiden und der Liebhaber des Glücks. Er ist der Entzückte der großen Städte und der Entzückte der Einsamkeit. Er ist der leidenschaftliche Bewunderer der Dinge, die von ewig sind, und der Dinge, die von heute sind. London im Nebel mit gespenstigen Prozessionen von Arbeitslosen, die Tempeltrümmer von Luxor, das Plätschern einer einsamen Waldquelle, das Gebrüll ungeheurer Maschinen: die Übergänge sind niemals schwer für ihn und er überläßt das vereinzelte Staunen denen, deren Phantasie schwerfälliger ist – denn er staunt immer, aber er ist nie überrascht, denn nichts tritt völlig unerwartet vor ihn, alles ist, als wäre es schon immer dagewesen, und alles ist auch da, alles ist zugleich da. Er kann kein Ding entbehren, aber eigentlich kann er auch nichts verlieren, nicht einmal durch den Tod. Die Toten stehen ihm auf, nicht wann er will, aber wann sie wollen, und immerhin, sie stehen ihm auf. Sein Hirn ist der einzige Ort, wo sie für ein Zeitatom nochmals leben dürfen und wo ihnen, die vielleicht in erstarrender Einsamkeit hausen, das grenzenlose Glück der Lebendigen zuteil wird: sich mit allem, was lebt, zu begegnen.

Die Toten leben in ihm, denn für seine Sucht, zu bewundern, zu bestaunen, zu begreifen, ist dies Fortsein keine Schranke. Er vermag nichts, wovon er einmal gehört, wovon ein Wort, ein Name, eine Andeutung, eine Anekdote, ein Bild, ein Schatten je in seine Seele gefallen, jemals völlig zu vergessen. Er vermag nichts in der Welt und zwischen den Welten als non avenu zu betrachten. Was ihn angehaucht hat, und wäre es aus dem Grab, darum buhlt er im stillen. Es ist ihm natürlich, Mirabeau[6] um seiner Beredsamkeit willen und Friedrich II. um seiner grandiosen Einsamkeit willen und Warren Hastings um seines Mutes willen und den Prinzen von Ligne[7] um seiner Höflichkeit willen zu lieben, und Maria Antoinette um des Schafottes willen und den heiligen Sebastian um der Pfeile willen. Aber daneben läuft seine Phantasie noch jedem obskuren Abenteurer, von dem das Zeitungsblatt meldet, um seiner Abenteuer willen nach, dem Reichen um seines Reichtums, dem Armen um seiner Armut willen. Jeder Stand wünscht seinen Pindar, aber er hat ihn auch. Der Dichter, wenn er an dem Haus des Töpfers vorüberkommt oder an dem Haus des Schusters und durchs Fenster hineinsieht, ist so verliebt ins Handwerk des Töpfers oder des Schusters, daß er nie von dem Fenster fortkäme, wäre es nicht, weil er dann wieder dem Jäger zusehen muß oder dem Fischer oder dem Fleischhauer.

Ich höre manchmal im Gespräch oder in einer Zeitung klagen, daß einzelnes, was des Schilderns wert wäre, von den Dichtern unserer Zeit nicht geschildert werde, zum Beispiel die Inhalte mancher Industrien oder dergleichen. Aber wofern in diesen Betrieben das Leben eine eigene Form annimmt, einen neuen Rhythmus durch ein besonderes Zusammensein oder ein besonderes Isoliertsein der Menschen, wofern in diesen Betrieben die einzelnen Menschen oder viele zugleich in ein besonderes Verhältnis zur Natur treten, besondere Lichter auf sie fallen, die unendliche Symbolhaftigkeit der Materie neue unerwartete Schatten und Scheine auf die Menschen gießt, so werden sich die Dichter auf dies neue Ding, auf dies neue Gewebe von Dingen stürzen, vermöge der tiefen Leidenschaft, die sie treibt, jedes neue Ding dem Ganzen, das sie in sich tragen, einzuordnen, vermöge ihrer unbezähmbaren Leidenschaft, alles was da ist in ein Verhältnis zu bringen. Denn sie sind solche Schattenbeschwörer ohne Maß, sie machen ihren Helden nicht mehr bloß aus Alexander und Cäsar, machen ihn bloß aus der neuen Heloise[8] und dem Werther, nein: das unscheinbarste Dasein, die dürftigste Situation wird ihren immer schärferen Sinnen seelenhaft; wo nur aus fast Wesenlosem die schwächste Flamme eines eigenen Daseins, eines besonderen

Leidens schlägt, sind sie nahe und weben sich das Unbelebte und den Dunstkreis, der es umschwimmt, zu einer gespenstigen Wesenheit zusammen.

Er kann ja an keinem noch so unscheinbaren Ding vorüber: daß es etwas in der Welt gibt wie das Morphium, und daß es je etwas gegeben hat wie Athen und Rom und Karthago, daß es Märkte von Menschen gegeben hat und Märkte von Menschen gibt, das Dasein Asiens und das Dasein von Tahiti, die Existenz der ultravioletten Strahlen und die Skelette der vorweltlichen Tiere, diese Handvoll Tatsachen und die Myriaden solcher Tatsachen aus allen Ordnungen der Dinge sind für ihn immer irgendwie da, stehen irgendwo im Dunkel und warten auf ihn und er muß mit ihnen rechnen. Er lebt, und das unaufhörlich, unter einem Druck unmeßbarer Atmosphären, wie der Taucher in der Tiefe des Meeres, und es ist die seltsamste Organisation einer Seele, daß sie diesem Druck standhält. Er darf nichts von sich ablehnen. Er ist der Ort, an dem die Kräfte der Zeit einander auszugleichen verlangen. Er gleicht dem Seismographen, den jedes Beben, und wäre es auf Tausende von Meilen, in Vibrationen versetzt. Es ist nicht, daß er unaufhörlich an alle Dinge der Welt dächte. Aber sie denken an ihn. Sie sind in ihm, so beherrschen sie ihn. Seine dumpfen Stunden selbst, seine Depressionen, seine Verworrenheiten sind unpersönliche Zustände, sie gleichen den Zuckungen des Seismographen, und ein Blick, der tief genug wäre, könnte in ihnen Geheimnisvolleres lesen als in seinen Gedichten. Seine Schmerzen sind innere Konstellationen, Konfigurationen der Dinge in ihm, die er nicht die Kraft hat zu entziffern. Sein unaufhörliches Tun ist ein Suchen von Harmonien in sich, ein Harmonisieren der Welt, die er in sich trägt. In seinen höchsten Stunden braucht er nur zusammenzustellen, und was er nebeneinanderstellt wird harmonisch.

Aber Sie wollen diese Harmonie genießen, und die Dichter dieser Zeit, möchte es Ihnen manchmal scheinen, bleiben sie Ihnen schuldig. Die Dichter, hören Sie mich versichern, führen alle Dinge zusammen, sie reinigen die dumpfen Schmerzen der Zeit, unter ihnen wird alles zum Klang und alle Klänge verbinden sich: und doch – Sie haben allzu viele dieser Bücher gelesen, es waren dichterische Bücher, es war die Materie des Dichters in ihnen, aber nichts von dieser höchsten Magie. Den zersplitterten Zustand dieser Welt wollten Sie fliehen und fanden wieder Zersplittertes. Sie fanden alle Elemente des Daseins bloßgelegt: den Mechanismus des Geistes, körperliche Zustände, die zweideutigen Verhältnisse der Existenz, alles wüst daliegend wie den Materialhaufen zu einem Hausbau. Sie fanden in diesen Büchern die gleiche Atomisierung, Zersetzung des Menschlichen in seine Elemente, Disintegration dessen, was zusammen den hohen Menschen bildet, und Sie wollten doch in den Zauberspiegel sehen, aus dem Ihnen das Wüste als ein Gebautes, das Tote als ein Lebendiges, das Zerfallene als ein Ewigblühendes entgegenblicken sollte. Das Dichterische in allen diesen Versuchen fühlen Sie wohl, aber wie, fragen Sie sich, wäre damit schon Dichterschaft beglaubigt?

Geht nicht von diesen dichterischen Seelen noch größere fieberhaftere Unruhe aus, anstatt Beruhigung? sind sie nicht wie sensible Organe dieses großen Leibes, vermöge welcher die disparaten anstürmenden Forderungen noch wilder die Seele zerwühlen? schaffen sie nicht Phantome, wo sie hinblicken, und beseelen verwirrend und unheimlich auch die zerfallenden Teile der Gebilde? Dies fragen Sie sich immer lauter, während Sie das Geschriebene aufnehmen, und mit Ungeduld, und fühlen sich gewaltsam herausgefordert, »auf die dürftige Geburt der Zeit den Maßstab des Unbedingten anzuwenden« und von denen, die die Dichter ihrer Zeit sein möchten, die höchste, die einzig unerläßliche dichterische Leistung zu verlangen, die Synthese des Inhaltes der Zeit. Dem dichterischen Element, der dichterischen Essenz, womit, Sie gestehen es mir gerne zu, diese Epoche nicht minder durchsetzt sein mag als eine andere, wollen Sie nicht länger ihr bloßes Vorhandensein zugute halten – und Sie verlangen Resultate.

Sie finden in dem Werke Schillers, Sie finden, wenn auch minder leicht zu dechiffrieren, in dem Werk Hebbels jeweils die Summe einer Epoche gezogen, Sie sind nahe dem Punkte, wo Sie dem geheimnisvollen Novalis das gleiche zugestehen werden – und Sie begreifen es durchaus, daß ich von Goethe in diesem Zusammenhang nur darum nicht spreche, sein Werk nicht zuerst hier genannt habe, weil es nicht bloß die Synthese einer begrenzten Epoche, sondern zweier zusammenstoßender Zeitalter vollzieht und in diesem Betracht uns heute noch unabsehbar ist. Aber ein Gleiches, wohin Sie sich wenden, bleiben die Dichter dieser Zeit Ihnen schuldig. Und es möchte Ihnen scheinen, als wäre diesem Schuldigbleiben noch ein eigentümlich leichter Trotz beigemengt, ein bewußter Egoismus der Haltung, ein Sich-Wegwenden von dem, was die lautesten Fragen der Zeit zu sein scheinen, ein Versteckenspiel. Sie sehen, und sehen mit Befremden, wie wenig sich die Dichter ihres Amtes zu erinnern scheinen; wie sie es, mit einem Hochmut, an dem etwas wie Verachtung haftet, anderen Personen überlassen, für Augenblicke den Anwalt und den Rhetor der Zeit zu spielen. Es ist, als läge ein Abgrund zwischen ihrer Haltung und der Haltung Schillers, der so sehr der beredte, der bewußte Herold seiner Epoche war, zwischen ihrer Haltung und der Hebbels, der, schlaflosen Auges im Dunkel stehend, stets die Waage der Werte in seiner Hand auf und nieder gehen fühlte. Es ist, als seien sie sich in einer seltsamen Begrenztheit nur des unerschöpflichen Erlebnisses ihrer Dichterschaft bewußt und nie und nimmer des Amtes, das auf sie gelegt ist. Als sei ihnen, wenn sie ihre Werke schaffen, nur und einzig um die allergeheimnisvollste persönlichste Lust zu tun, um ein hastiges Baden im Leben, ein Ansichreißen und Wiederfahrenlassen der funkelnden Welle des Lebens. Als suchten sie in ihrem Schaffen – wenn wir die abgewandte, geheimnisvoll beleuchtete Seite dieser Dinge betrachten wollen – nur ein Ausruhen, ein krankhaftes Sich-in-irgendein-Bett-Werfen, nach endlosem Umhergewirbeltwerden; wie der Satan Karamasows sich sehnte, im Leib einer dicken dritthalb Zentner schweren Kaufmannsfrau sich zu verkörpern und an alles zu glauben, woran sie glaubt.

Diese Art, dies zu sehen, diese mehr gefühlte als gedankenhafte Abneigung – mir ist manchmal, als fühlte ich sie schweben, diese leise Spannung der Ungeduld, dies unausgesprochene Urteil einer Zeit über ihre Dichter, die da sind und die doch nicht für sie dazusein scheinen. Die unaufhörlich in den Elementen der Zeit untertauchen und sich niemals über die Elemente zu erheben scheinen. Deren ewige Hingabe an den Stoff (und es macht so wenig Unterschied, ob es sich um den Stoff der äußeren Welt oder der inneren handelt) etwas ausdrückt wie ein Verzichten auf Synthese, ein Sich-Entziehen, eine unwürdige und unbegreifliche Resignation.

Mir ist manchmal, als ruhte das Auge der Zeit, ein strenger, fragender, schwer zu ertragender Blick, auf dem Dasein der vielen Dichter wie auf einer seltsamen unheimlichen Vision. Und als fühlten die Dichter diesen Blick auf sich, fühlten ihre Vielzahl, ihre Gemeinsamkeit, ihre Schicksalsverkettung und die Unbegreiflichkeit und doch die dumpfe Notwendigkeit ihres Tuns. Und diesem Tun ist keine Formel zu finden, aber es steht unter dem Befehl der Notwendigkeit, und es ist, als bauten sie alle an einer Pyramide, dem ungeheuren Wohnhaus eines toten Königs oder eines ungeborenen Gottes.

Denn sie sind nun einmal da. Sind da und sind auf eine Sache in der Welt gestellt: die Unendlichkeit der Erscheinungen leidend zu genießen und aus leidendem Genießen heraus die Vision zu schaffen; zu schaffen in jeder Sekunde, mit jedem Pulsschlag, unter einem Druck, als liege der Ozean über ihnen, zu schaffen, von keinem Licht angeleuchtet, auch von keinem Grubenlämpchen, zu schaffen, umtost von höhnenden, verwirrenden Stimmen; zu schaffen aus keinem anderen Antrieb heraus als aus dem Grundtrieb ihres Wesens, zu schaffen den Zusammenhang des Erlebten, den erträglichen Einklang der Erscheinungen, zu schaffen wie die Ameisen, wieder verstört, wieder schaffend, zu schaffen wie die Spinne, aus dem eigenen

Leib den Faden hervorspinnend, der über den Abgrund des
Daseins sie trägt.

Aber dies ist, was jeder für sich zu geben hat – doch ihrer sind
viele und sie fühlen einander (wie könnten sie einander nicht
fühlen, da sie jeden Druck der Luft fühlen, da sie das Wehen
des Atems von einem fühlen, der seit tausend Jahren tot ist?),
sie fühlen einander leben, fühlen ihrer aller Hände gemeinsam
an einem Gewebe, ihrer tausend Hände nebeneinander im
Dunkeln, ziehend an einem endlosen Seil. Und diesem Tun ist
keine Formel zu finden, aber es steht unter dem Befehl der
Notwendigkeit. Und auf diesem ganzen lautlosen Tun und
Treiben ruht, möchte es uns scheinen, der strenge fragende
Blick der Zeit. . . . Wie aber, wenn niemand diesen Blick zu er-
widern hätte, niemand nicht heute und nicht späterhin dieser
Frage eine Antwort schuldig wäre?

Wachen wir nicht manchmal aus dem Schlaf auf, meinen auf-
zuwachen, hören alles, sehen alles, und sind doch im Tiefsten
betäubt, von den geheimen heilsamen Giften des Schlafes erfüllt, und liegen eine kurze Weile und unser zum Schein so
waches Denken starrt in irgendeine Tiefe unseres Daseins mit
einem furchtbaren eisernen qualvollen Blick? Nichts hält diesem Blicke stand. Wie trag ich das? fragt eine Stimme gräßlich
in uns. Wie leb ich und trage das und mache nicht ein Ende
mir? Denn es gibt keine erträgliche Antwort. Der Tag wird
kommen, mit Morgenglocken und Vogelstimmen, das Licht
wird lebendig werden, doch dies wird nicht anders sein. Aber
ein einziges Wiedereinschlafen und dies ist fort, weggetilgt mit
süßem Balsam des Lebens. So ist es mir, als schlüge aus einem
Schlaf, im Innersten von geheimnisvoll wirksamen Giften betäubt, nur dann und wann die Zeit die Augen auf und heftete
diesen furchtbaren fragenden Blick auf dies alles. Aber es ist
der bohrende Blick eines Schlafenden und niemand, weder
heute noch späterhin, wird ihm Antwort schuldig sein.

Niemals wieder wird eine erwachte Zeit von den Dichtern,
weder von einem einzelnen, noch von ihnen allen zusammen,

ihren erschöpfenden rhetorischen Ausdruck, ihre in begrifflichen Formeln gezogene Summe verlangen. Dazu hat das Jahrhundert, dem wir uns entwinden, uns die Phänomene zu stark gemacht; zu gewaltig angefacht den Larventanz der stummen Erscheinungen; zu mächtig hat sich das wortlose Geheimnis der Natur und der stille Schatten der Vergangenheit gegen uns hereinbewegt. Eine erwachte Zeit wird von den Dichtern mehr und Geheimnisvolleres verlangen. Ein ungeheuerer Prozeß hat das Erlebnis des Dichters neu geprägt und damit zugleich das Erlebnis jenes, um dessen willen der Dichter da ist: des einzelnen. Der Dichter und der, für den Gedichtetes da ist, sie gleichen beide nicht mehr denselben Figuren aus irgendwelcher vergangenen Epoche. Ich will nicht sagen, wieweit sie mehr dem Priester und dem Gläubigen zu gleichen scheinen oder dem Geliebten und dem Liebenden nach dem Sinne Platons oder dem Zauberer und dem Bezauberten. Denn diese Vergleiche verdecken soviel als sie enthüllen von einem unfaßlichen Verhältnis, in dem die so verschiedenen Magien aller dieser Verhältnisse sich mischen mit noch anderen namenlosen Elementen, die dem heutigen Tag allein gehören.

Aber dies unfaßliche Verhältnis ist da. Das Buch ist da, voll seiner Gewalt über die Seele, über die Sinne. Das Buch ist da und flüstert, wo Lust aus dem Leben zu gewinnen ist und wie Lust zerrinnt, wie Herrschaft über die Menschen gewonnen wird und wie die Stunde des Todes soll ertragen werden. Das Buch ist da und in ihm der Inbegriff der Weisheit und der Inbegriff der Verführung. Es liegt da und schweigt und redet und ist um soviel zweideutiger, gefährlicher, geheimnisvoller, als alles zweideutiger, machtvoller und geheimnisvoller ist in dieser über alle Maßen unfaßlichen, dieser im höchsten Sinne poetischen Zeit. Es hat keinen Sinn, eine wohlfeile Antithese zu machen und den Büchern das Leben entgegenzustellen. Denn wären die Bücher nicht ein Element des Lebens, ein höchst zweideutiges, entschlüpfendes, gefährliches, magisches Element des Lebens, so wären sie gar nichts und es wäre nicht des Atems wert, über sie zu reden. Aber sie sind in der Hand eines jeden etwas anderes, und sie leben erst, wenn sie mit einer lebendigen Seele zusammenkommen. Sie reden nicht, sondern sie antworten, dies macht Dämonen aus ihnen. Die Zeit kommt um ihre Synthese, aber in tausend dunklen Stunden versagen sich dem einzelnen nicht die tiefentsprungenen Quellen, – und ich weiß es schon nicht mehr, wenn ich diese Dinge in ihrem geheimen, schöneren Zusammenhang betrachte, ob ich noch von dürftigen Geburten sprechen darf, wo immerhin nach öden Zeiten aus der Seele Geborenes wiederum auf die Seele wirkt. Nie haben vor diesen Tagen Fordernde so ihr ganzes Ich herangetragen an Gedichtetes; so wie auf den Dichtern selbst liegt auch auf ihnen der Zwang, nichts draußen zu lassen. Es ist ein Ringen, ein Chaos, das sich gebären will in denen, die sich gierigen Auges auf die Bücher niederbeugen, wie in denen, die die Bücher hervorgebracht haben. In den Lesenden, von denen ich rede (den Einzelnen, Seltenen und doch nicht so Seltenen, wie man denken möchte), auch in ihnen will, als wäre es in einem Lebensbade, alles Dunkle sich erlösen, alles Zwiespältige sich vergessen, will alles zusammenkommen. Auch ihnen erlöst sich, wie dem Schaffenden, die Seele vom Stofflichen, nicht indem sie es verschmäht, sondern indem sie es mit solcher Intensität erfaßt, daß sie hindurchdringt. Auch ihnen ist in ihren höchsten Augenblicken nichts fern, nichts nah, kein Stand der Seele unerreichbar, kein Niedriges niedrig. Auch ihnen widerfährts wie dem Dichter und ihr Atmen in solchen Augenblicken ist schöpferische Gewalt. Auch sie lesen in diesen seltenen Stunden, die ein Erlebnis sind, und die nicht gewollt werden können, nichts, woran sie nicht glauben, wie die Dichter es nicht ertragen, zu gestalten, woran sie nicht glauben. Ich sage »glauben« und ich sage es in einem tieferen Sinn, als in dem es, fürchte ich, in der Hast dieser ihrem Ende zustrebenden Rede zu Ihnen hinklingt. Ich meine es nicht als das Sich-Verlieren in der phantastischen Bezauberung des Gedichteten, als ein Vergessen des eigenen Daseins über dem Buche, eine kurze und schale Faszination. Es ist das Gegenteil, was ich zu sagen meinte: ich dachte das Wort in der ganzen Tiefe seines Sinnes zu nehmen. In seiner vollen religiösen Bedeutung meine ich es: als ein Fürwahrhalten über allen Schein der Wirklichkeit, ein Eingreifen und Ergriffensein in tiefster Seele, ein Ausruhen im Wirbel des Daseins. So glauben die Dichter das was sie gestalten, und gestalten das was sie glauben. Das All stürzt dahin, aber ihre Visionen sind die Punkte, die ihnen das Weltgebäude tragen. Dies Wort Visionen aber hinzunehmen, wie ich es gebe, es an keinen vorgefaßten Begriff zu binden, die wahre Durchdringung der engsten Materie ebenso unter diesen Begriff zu fassen wie das ungeheuere zusammenfassende Schauen des kosmischen Geschehens – dies muß ich Ihnen anvertrauen: denn Sie sitzen vor mir, viele Menschen, und ich weiß nicht, zu wem ich rede: aber ich rede nur für die, die mit mir gehen wollen, und nicht für den, der sich sein Wort gegeben hat, dies alles von sich abzulehnen. Ich kann nur für die reden, für die Gedichtetes da ist. Die, durch deren Dasein die Dichter erst ein Leben bekommen. Denn sie sind ewige Antwortende und ohne die Fragenden ist der Antwortende ein Schatten. Freilich, es handelt sich vor allem um das Leben und um die Lebendigen, um die Männer und Frauen dieser Zeit handelt es sich, die einzigen, die für uns wirklich sind; um deren willen allein die Vergangenheit und Zukunft da zu sein scheint; um deren willen Sonnen verglüht sind und neue Sonnen sich gebildet haben; um deren willen Urzeiten waren und ungeheuere Wälder und Tiere ohne Maß; um deren willen Rom hingestürzt ist und Karthago, damit sie heute leben sollten und atmen wie sie leben und atmen, und gehüllt sein in dies lebendige Fleisch und das Feuchte ihrer Augen glänzend an ihnen und ihr Haar um ihre Stirn in solcher Weise gelegt, wie es nun gelegt ist. Um diese handelt es sich und ihre Schmerzen und ihre Lust, ihre Verschlingungen und ihre Einsamkeiten. Aber es ist eine sinnlose Antithese, diesen, die leben, das Gedichtete gegenüberzustellen als ein Fremdes, da doch das Gedichtete nichts ist als eine Funktion der Lebendigen. Denn es lebt nicht: es wird gelebt. Für die aber, die jemals hundert Seiten von Dostojewski gelebt haben oder gelebt die Gestalt der Ottilie in den »Wahlverwandtschaften« oder gelebt ein Gedicht von Goethe oder ein Gedicht von Stefan George, für die sage ich nichts Befremdliches, wenn ich ihnen von diesem Erlebnis spreche als von dem religiösen Erlebnis, dem einzigen religiösen Erlebnis vielleicht, das ihnen je bewußt geworden ist. Aber dies Erlebnis ist unzerlegbar und unbeschreiblich. Man kann daran erinnern, aber nicht es dem Unberührten nahebringen. Wer zu lesen versteht, liest gläubig. Denn er ruht mit ganzer Seele in der Vision. Er läßt nichts von sich draußen. Für einen bezauberten Augenblick ist ihm alles gleich nah, alles gleich fern: denn er fühlt zu allem einen Bezug. Er hat nichts an die Vergangenheit verloren, nichts hat ihm die Zukunft zu bringen. Er ist für einen bezauberten Augenblick der Überwinder der Zeit. Wo er ist, ist alles bei ihm und alles von jedem Zwiespalt erlöst. Das einzelne ist ihm für vieles: denn er sieht es symbolhaft, ja das eine ist ihm für alles, und er ist glücklich ohne den Stachel der Hoffnung. Er vergißt sich nicht, er hat sich ganz, diesen einzigen Augenblick: er ist sich selber gleich.

Ich höre des öfteren, man nennt irgendwelche Bücher naturalistische und irgendwelche psychologische und andere symbolistische, und noch andere ebenso nichtssagende Namen. Ich glaube nicht, daß irgendeine dieser Bezeichnungen den leisesten Sinn hat für einen, der zu lesen versteht. Ich glaube auch nicht, daß ein anderer Streit, mit dem die Luft erschüttert wird, irgendeine Bedeutung für das innere Leben der lebendigen Menschen hat, ich meine den Streit über die Größe und die Kleinheit der einzelnen Dichter, über die Abstufungen unter ihnen, und darüber, ob die lebendigen Dichter um so viel geringer sind als die toten. Denn ich glaube, für den einzelnen, für den, der das Erlebnis des Lesenden kennt, für ihn wandeln tote Dichter mitten unter den Lebendigen und führen ihr zweites Leben. Für ihn gibt es *ein* Zeichen, das dem dichterischen Gebilde aufgeprägt ist: daß es geboren ist aus der Vision. Sonst kümmern ihn keine Unterscheidungen. Er wartet nicht auf den großen Dichter. Für ihn ist immer der Dichter groß, der seine Seele mit dem Unmeßbaren beschenkt. Die einzige Unterscheidung, die er fällt, ist die zwischen dichterischen Büchern und den unzähligen anderen Büchern, den sonderbaren Geburten der Nachahmung und der Verworrenheit. Aber auch in ihnen noch ehrt er die Spur des dichterischen Geistes und die Möglichkeit, daß aus ihnen in ganz junge, ganz rohe Seelen ein Strahl sich senke. Er wartet nicht, daß die Zeit in einem beredten Dichter, einem Beantworter aller Fragen, einem Herold und einem Anwalt, ihre für immer gültige Synthese finde. Denn in ihm und seinesgleichen, an tausend verborgenen Punkten vollzieht sich diese Synthese: und da er sich bewußt ist, die Zeit in sich zu tragen, einer zu sein wie alle, einer für alle, ein Mensch, ein einzelner und ein Symbol zugleich, so dünkt ihm, daß, wo er trinkt, auch das Dürsten der Zeit sich stillen muß. Ja, indem er der Vision sich hingibt und zu glauben vermag an das, was ein Dichter ihn schauen läßt – sei es menschliche Gestalt, dumpfe Materie des Lebens, innig durchdrungen, oder ungeheure Erscheinung orphischen Gesichtes –, indem er symbolhaft zu erleben vermag die geheimnisvollste Ausgeburt der Zeit, das Entstandene unter dem Druck der ganzen Welt, das, worauf der Schatten der Vergangenheit liegt und was zuckt unter dem Geheimnis der drängenden Gegenwart, indem er es erlebt, das Gedicht, das seismographische Gebilde, das heimliche Werk dessen, der ein Sklave ist aller lebendigen Dinge und ein Spiel von jedem Druck der Luft: indem er an solchem innersten Gebilde der Zeit die Beglückung erlebt, sein Ich sich selber gleich zu fühlen und sicher zu schweben im Sturz des Daseins, entschwindet ihm der Begriff der Zeit und Zukunft geht ihm wie Vergangenheit in einzige Gegenwart herüber.

Quelle: Hugo von Hofmannsthal, Prosa II. Hrsg. von Herbert Steiner. Frankfurt a. M.: S. Fischer 1959. S. 229–258.

Anmerkungen

1. Pindar (um 518 v. Chr. bis 438), berühmter griechischer Lyriker; gilt seit Horaz als Vertreter der großen pathetischen Lyrik.
2. Nicolas Boileau-Despréaux (1636–1711), einflußreicher französischer Dichter und Kunsttheoretiker, der vor allem mit seiner Versepistel »L'Art poétique« (1674), eine Art Zusammenfassung der späthumanistischen-antibarocken Dichtungstheorien, bekannt wurde.
3. Gemeint ist der französische empfindsame Liebesroman »Histoire du Chevalier des Grieux et de Manon Lescaut« (1731) von Antoine-François Prévost d'Exiles (1697–1763).
4. Hofmannsthal stellt hier zusammen: den englischen Dichter John Milton (1608–74) und den englischen Admiral Horatio Nelson (1758 bis 1805); den Begründer der britischen Macht in Ostindien, Robert, Lord Clive of Plassey (1725–74), und den englischen Schriftsteller Samuel Johnson (1709–84); den englischen Romantiker Lord Byron (1788 bis 1824) und den britisch-indischen Staatsmann Warren Hastings (1732 bis 1818); den eigentlichen Initiator aller antinapoleonischen Koalitionen, William Pitt (1759–1806), und den Vorkämpfer des britischen Imperialismus in Südafrika, Cecil Rhodes (1853–1902).
5. um 1550 spielender psychologischer Roman (1678) der Schriftstellerin Marie-Madelaine La Fayette (1634–93).
6. Der französische Staatsmann Gabriel Graf von Mirabeau (1749–91) beherrschte die Nationalversammlung, deren Präsident er 1791 wurde, wegen seiner überragenden Beredsamkeit.
7. geschickter Diplomat (1735–1814), gewann die Gunst der Kaiserin Katharina von Rußland, stand mit den meisten führenden Geistern seiner Zeit in Briefwechsel.
8. der französische empfindsame Liebesroman (1761) von Jean-Jacques Rousseau (1712–78).

KARL LIEBKNECHT

1871–1919

*Der Sohn des bekannten sozialdemokratischen Politikers Wil-
helm Liebknecht (1826–1900), der jahrelang mit Marx in
London lebte und neben Bebel der erste Führer der Sozialdemokratie war, gründete 1918 zusammen mit Rosa Luxemburg und Franz Mehring den Spartakusbund, aus dem sich
die KPD entwickelte. Ein angesehener Jurist und gewandter
Verteidiger in politischen Prozessen, verfügte Karl Liebknecht
über ein beachtliches oratorisches Talent. Er war seit 1912
Abgeordneter im Reichstag und stimmte wegen seiner anti-
militaristischen Grundeinstellung am 2. Dezember 1914 gegen
die Kriegskredite, obwohl die sozialdemokratische Fraktion
dafür gestimmt hatte. Als er am 1. Mai 1916 auf dem Potsdamer Platz in Berlin gegen den Krieg agitierte, wurde er verhaftet und zu Zuchthaus verurteilt. Nach seiner Entlassung
betrieb er gemeinsam mit Rosa Luxemburg die November-
revolution (1918) mit dem Ziel, eine deutsche Räterepublik
zu gründen. Nach dem Spartakistenaufstand, am 15. Januar
1919 wurden er und Rosa Luxemburg ermordet.
Die vorliegende Rede hat Karl Liebknecht am 16. März 1910
im preußischen Abgeordnetenhaus gehalten. Sie nimmt zu
dem von der Regierung Bethmann Hollweg vorgelegten
Wahlgesetzentwurf Stellung und analysiert dergestalt kritisch
die darin ausgedrückte Ideologie der herrschenden Klasse, daß
der Vizepräsident den Redner immer wieder bitten muß, »die
Gefühle des Hauses zu schonen«. Doch Liebknecht ließ sich
weder durch solche Ermahnungen noch durch die vielen em-
pörten Zurufe von seiner temperamentvollen Darlegung der
»preußischen Misere« abhalten, sondern hielt seinen Gegnern
vor: »Meine Herren, es wird Ihnen auf die Dauer unmöglich
sein, gegen ein Volk zu regieren, das in dieser Weise gegen Sie
und Ihre Privilegienherrschaft aufgerüttelt und aufgeregt
ist.« Die Wiedergabe der Rede erfolgt in leicht gekürzter*

*Form nach den Stenographischen Berichten über die Verhand-
lungen des Preußischen Hauses der Abgeordneten (21. Legislaturperiode, III. Session 1900, 3. Bd., Berlin 1910, S. 3347
bis 3362).*

Gegen die »Privilegienherrschaft«

Meine Herren, die Vertreter der Sozialdemokratie haben in
diesem Hause wiederholt den Standpunkt vertreten, daß das
gegenwärtig bestehende preußische Dreiklassenwahlrecht zu
Unrecht besteht, weil es verfassungs- und gesetzwidrig zustande gekommen ist, daß infolgedessen der Kampf um ein
demokratisches Wahlrecht, wie ihn die Sozialdemokratie und
andere Parteien führen, nicht eigentlich bedeutet einen Kampf
um eine Umgestaltung der gesetzlichen Grundlagen des preußischen Staates, sondern einen Kampf zur Wiederherstellung
der staatsstreichlerisch zerstörten wesentlichen Grundlagen
des preußischen Staates. Auf diesen grundsätzlichen rechtlichen Standpunkt ist von keiner Seite eingegangen worden.
Wir dürfen hier sagen: qui tacit consentit – Sie haben unseren
Standpunkt in dieser Beziehung durch Ihr Schweigen gerechtfertigt. (»Sehr richtig!« bei den Sozialdemokraten.)
Meine Herren, es ist Ihnen ja auch vorgehalten worden, daß
das Wahlrecht zur russischen Duma[1] ein besseres Wahlrecht ist
als das Wahlrecht zum preußischen Landtag, und zwar so, wie
es jetzt ist, und so, wie es nach der Kompromißvorlage sein
wird. In die russische Duma, die eine erheblich kleinere Zahl
von Mitgliedern zählt als dieses Hohe Haus, sind 21 Sozialdemokraten, 21 Arbeitervertreter, gewählt worden. Dabei
hat es der russische Staat, der russische Zarismus nötig gehabt,
zwei Staatsstreiche zu verüben, um ein solches Wahlrecht zustande zu bringen, das, wie ich eben gezeigt habe, im Schluß-
resultat noch erheblich besser ist als das Wahlrecht, das vermöge des einmaligen Staatsstreiches von 1849 dem preußi-

schen Volke oktroyiert worden ist. Meine Herren, aber auch in Preußen geht es voran, und es unterliegt keinem Zweifel, daß auch für Preußen das Wort gilt: »Das Alte stürzt, es ändert sich die Zeit, und neues Leben blüht aus den Ruinen.«

Sogar diejenige Partei, die hier stets als ein Fels gegolten hat, an dem alle Umsturzfluten abprallen, die Partei der Konservativen, ist in eine Unsicherheit geraten, die in der Tat, wie mir scheint, in der Geschichte fast einzig dasteht, eine Unsicherheit, die sich vielleicht nur noch vergleichen läßt mit der Unsicherheit der Vorfahren der preußischen Herren Junker in den Zeiten von Jena und Auerstädt[2].

Es ist von verschiedenen Seiten betont worden, sowohl von seiten des Herrn Ministerpräsidenten[3] wie von den Führern der großen Parteien, daß man den Ernst der Situation wohl verstanden habe. Meine Herren, ich bezweifle, daß Sie den Ernst der Situation wirklich vollständig begriffen haben. Sie fassen den Ernst der Situation, von dem Sie reden, als den Ernst einer parlamentarisch verzwickten Situation auf und sehen nicht ein, daß es sich um den Ernst einer allgemeinen innerpolitischen Krise erster Ordnung handelt, einer Krise von einer Bedeutung, die sich in der Tat wohl mit jeder Krise messen kann, die jemals irgendein Staatswesen durchgemacht hat.

Meine Herren, wir sind ja bei dem parlamentarischen Handelsgeschäfte, das hier während der Verhandlungen dieses Hohen Hauses fortwährend propagiert worden ist, nicht unmittelbar beteiligt. Wir sind die lachenden Dritten bei diesem Handelsgeschäft. [...]

Meine Herren, wenn wir aber auch nicht an dem Handel beteiligt sind, der ja soeben wieder in diesem Hause vor unseren Augen so eifrig betrieben wird, daß man wirklich schon meinen kann, im großen Saal der Berliner Börse und nicht im Abgeordnetenhause zu sein – meine Herren, wenn wir auch an diesem Handel nicht unmittelbar beteiligt sind, so sind wir doch wohl berechtigt, im Namen der Millionen, die draußen im Lande hinter uns stehen, Sie noch einmal zu warnen vor dem letzten, vor dem ernstesten Schritt, um den es sich im gegenwärtigen Moment handelt.

Meine Herren, ich will mit wenigen Worten auf den Charakter der Vorlage, wie sie gegenwärtig gestaltet ist, eingehen.

Die Thronrede vom 20. Oktober 1908 hat eine organische Fortentwicklung des Wahlrechts verheißen, entsprechend der wirtschaftlichen Entwicklung, entsprechend der Ausbreitung der Bildung, entsprechend der Ausbreitung des politischen Verständnisses und entsprechend der Verstärkung des staatlichen Verantwortungsgefühls.

Meine Herren, wenn ich zunächst einmal in kurzem den Standpunkt, den wir und mit uns Millionen einnehmen, scharf charakterisieren soll, so behaupte ich, daß die Herren, die gegenwärtig die Mehrheit in diesem Hause bilden und die im Begriff stehen, den Wahlrechtskompromiß zustande zu bringen – daß diese Herren, wenn man die Worte der Thronrede in einem verständigen Sinne auffaßt, ihres Wahlrechts verlustig gehen müßten und daß an dessen Stelle ein demokratisches Wahlrecht der breiten Massen des Volkes treten müßte. Denn gerade bei den breiten Massen des Volkes trifft alles dasjenige zu, was nach der Thronrede als Voraussetzung für die Ausübung des Wahlrechts gelten soll. Meine Herren (nach rechts), insbesondere das politische Verantwortlichkeitsgefühl streiten wir Ihnen mit allem Nachdruck ab (»Sehr richtig!« bei den Sozialdemokraten.); Sie handeln nicht wie Männer, die sich ihrer politischen Verantwortung bewußt sind (»Sehr richtig!« bei den Sozialdemokraten.), Sie, die Sie im Begriff stehen, das Volk durch Ihre Halsstarrigkeit, durch die Rücksichtslosigkeit, mit der Sie an Ihren Privilegien festhalten, in die schwersten inneren Konflikte zu treiben. Die Herren, die Triarier[4] Seiner Majestät, deren Liebe zur Majestät der »Simplizissimus« in die klassische Formel gebracht hat: »Wir bitten dich, du großer Hort, um ein gebroch'nes Fürstenwort!« sind es ganz gewiß nicht, die, wenn sie an ihrer bisherigen Politik festhalten, dem Heil des preußischen Volkes dienen werden.

Das Fazit der zweiten Lesung ist nicht wesentlich verschieden von dem Ergebnis der Kommissionsberatung. Insbesondere ist die Frage des geheimen Wahlrechts mit Rücksicht darauf, daß in bezug auf das indirekte Wahlrecht wesentliche Änderungen nicht getroffen sind, genauso verschandelt, wie es nach der Kommissionsvorlage gewesen ist. Herr von Zedlitz[5] hat zutreffend in einem Artikel im »Tag« konstatiert, daß diese Art der Gestaltung des geheimen Wahlrechts vom realpolitischen Geist der Konservativen zeuge; denn es sei kein Zweifel, daß die Konservativen überall dort die geheime Stimmabgabe in ihren Wirkungen beseitigt hätten, wo sie ihnen nachteilig hätte sein können. Das ist die Tatsache, über die auch die Herren vom Zentrum nie und nimmer hinwegkommen werden, daß das geheime Stimmrecht gerade gegenüber den Konservativen nicht gegeben ist, daß den Konservativen ihre Machtstellung nach diesem »Reform«vorschlag auch weiterhin garantiert ist und werden soll.

Meine Herren, der Abgeordnete von Zedlitz hat, ähnlich wie er es bereits im »Tag« getan hat, auch heute wiederum das geheime Wahlrecht, wie es durch den Kompromiß zustande gebracht worden ist, als so abgeschwächt bezeichnet, daß es in seinen schädlichen Wirkungen im wesentlichen aufgehoben sei. Nachdem die Herren vom Zentrum eine solche Bestätigung aus dem Munde eines, wie man ihn wohl häufig bezeichnet, Scharfmachers von der Art des Freiherrn von Zedlitz erhalten habe, sollten sie nicht mehr darüber im Zweifel sein, daß die Wahrheit über den Charakter dieses mit ihrer Hilfe gewährten geheimen Wahlrechts auch den breitesten Massen der Bevölkerung beigebracht werden kann.

Die Dreiklassenteilung bleibt, das heißt, der Geldsack regiert nach wie vor, die Ausbeutung regiert nach wie vor. Das Recht, in der ersten Wählerklasse wählen zu dürfen, ist eine Prämie auf die Ausbeutung der Mitmenschen; natürlich dokumentiert sich darin auch eine gottgewollte Nächstenliebe. Sie werden das wahrscheinlich bezeichnen als eine organische Fortentwicklung, entsprechend der Entwicklung des Verantwortlichkeitsgefühls und des Wirtschaftslebens.

Die Wahlkreiseinteilung ist die alte geblieben. Die rückständigen Gutsbezirke regieren nach wie vor die Städte. Das nennen Sie wohl eine organische Fortentwicklung, entsprechend der wirtschaftlichen Entwicklung und der fortschreitenden Bildung.

Und wenn das indirekte Wahlrecht aufrechterhalten geblieben ist, diese Schönheit, die hier so oft charakterisiert ist, so bedeutet das nichts weiter als die Herrschaft der Gewalt, des Terrorismus auf den weitesten Gebieten des preußischen Landes; Sie werden wahrscheinlich geneigt sein, das als einen Fortschritt, entsprechend der Fortentwicklung des politischen Verantwortlichkeitsgefühls, zu bezeichnen.

Herr von Zedlitz hat bei der Beratung der Kommission das Wort aus dem Zaum seiner Zähne entfliehen lassen, die Drittelung in den Urwahlbezirken sei deswegen so ungerecht, weil sie dazu führe, daß in gewissen Bezirken die wohlhabenden Kreise der Bevölkerung in die dritte Wählerklasse hinabgestoßen würden und dort in der Masse der Wähler absolut rechtlos würden.

Es ist uns hier vorgespiegelt worden, als ob Sie alle nicht recht einsehen wollten, daß die Wähler der dritten Klasse gegenüber den Wählern der anderen Klassen entrechtet seien. Aus den Worten des Herrn von Zedlitz geht deutlich hervor, daß die Herren, wenn sie selbst in die Lage kommen, in die dritte Wählerklasse hinabzusteigen, sofort merken, wie rechtlos sie geworden sind. (»Sehr gut!« bei den Sozialdemokraten.)

Was die von den Anhängern des gleichen Wahlrechtes, den Herren vom Zentrum, ganz aus freien Stücken in die Vorlage hineingebrachte Privilegierung der Akademiker anbelangt, so darf ich mir wohl erlauben, darauf hinzuweisen, daß dieses Privileg nicht gerade solche Kreise trifft, die man als politisch besonders tüchtig und reif bezeichnen könnte. Daß eine Examensnote weit davon entfernt ist, politische Bildung und Erfahrung zu garantieren, darüber herrscht nicht der geringste Zweifel. Gerade die Akademiker sind vielfältig geneigt, in ihrer politischen Haltung hin und her zu irrlichtern, weil sie etwas abseits von den großen politischen Kämpfen stehen. Meine Herren, es soll eine Art Leibgarde der Hohenzollern – Sie wissen ja, daß die Professoren so bezeichnet worden sind – privilegiert werden. (»Sehr richtig!« bei den Sozial-demokraten.)

Wenn Sie die Stellung, die von der Wissenschaft leider gar vielfältig gegenüber den politischen Machthabern eingenommen wird, gekennzeichnet sehen wollen, dann empfehle ich Ihnen allen, einmal in die neue Königliche Bibliothek in Berlin zu gehen und sich dort die Bilder von Arthur Kampf[6] anzusehen. Da können Sie sehen, wie es dieser Künstler – vielleicht hat er dabei auf höheren Befehl gehandelt – fertig-gebracht hat, die angesehensten Gelehrten der Zeit Friedrichs II. in einer Stellung vor dem Könige zu zeichnen, die in der Tat geradezu als ein Katzbuckeln bezeichnet werden muß; in einer so unwürdigen Haltung, daß ein mir befreundeter Russe, als er dieses Bild zum ersten Male gesehen hatte, voll Erstaunen zu mir gelaufen kam und sagte: Was für ein ab-scheuliches Bild haben Sie da in Ihrer Königlichen Bibliothek! Sind denn das Lakaien, diese Professoren, die da mit ihren Bücklingen vor dem Könige gemalt sind?

Meine Herren, das ist also das Privilegium der Akademiker. Sie können versichert sein, daß den Arbeitern, die Anhänger des Zentrums sind, das Verständnis für diese Privilegierung gründlichst abgehen wird und daß diese vom Zentrum aus eigener Initiative hineingebrachte Verschlechterung des Geset-zes in allen Gebieten, wo das Zentrum gegenwärtig seine Machtstellung besitzt, ein wirksames Agitationsmittel sein wird. (Lachen im Zentrum.)

Meine Herren, man hat sich ja nun unterfangen – den Beginn damit hat ja in unserem Falle der Herr Ministerpräsident ge-macht –, die Dreiklassenschmach gewissermaßen unter gött-lichen Schutz zu stellen. Alle die Abhängigkeiten, die in dem Dreiklassenwahlrecht enthalten sind und die Sie jetzt konser-vieren wollen, sind unter die Autorität des göttlichen Willens gestellt, werden bezeichnet als gottgewollte Realitäten, als gottgewollte Abhängigkeiten. Meine Herren, ist es nicht eine schnöde Blasphemie, gerade hier bei dieser schnöden Entrechtung den Christengott anrufen zu wollen zum Zeugen und zum Schildträger? (Glocke des Präsidenten.)

Vizepräsident Dr. Porsch: Herr Abgeordneter, ich möchte Sie doch bitten, dieses Thema etwas zarter zu behandeln. (»Sehr richtig!«)

Liebknecht: Es muß wohl möglich sein, einer Partei, die in dem Maße, wie es das Zentrum tut, als konfessionelle Partei auftritt, als Vertreterin des Christentums – es muß möglich sein, einer solchen Partei vorzuhalten, in welcher Weise sie der Masse der Bevölkerung den Willen ihres Gottes darstellt, in einem Augenblick, wo man sich anschickt, die Interessen des Volkes zu verraten. (»Sehr richtig!« bei den Sozialdemokraten.) Es muß möglich sein, dem Zentrum hier zu sagen, daß, wenn es selbst oder wenn es die ihm verbündete Partei in der Tat wagt, sich zur Erhaltung des gegenwärtigen preußischen Wahlrechts auf den Willen Gottes zu berufen, daß das Zentrum damit vom Standpunkte seiner eigenen Anschauungen aus eine schwere und böse Blasphemie begeht oder doch unterstützt. (Lachen im Zentrum.)

Im Vergleich zu der Behauptung, daß alle diese Ungerechtigkeiten gottgewollte Abhängigkeiten seien, ist ja der Anspruch, den unsere Fürsten erheben, von Gottes Gnaden zu sein, außerordentlich bescheiden, denn die Fürsten behaupten nur, daß die Gnade Gottes sie eingesetzt habe; hier wird aber behauptet, daß alle diese schnöden Ungerechtigkeiten dem Willen Gottes entsprungen seien.

Meine Herren, ich frage Sie: Wo ist in den ganzen Verhandlungen über dieses so ungemein wichtige Gesetz, auf dessen Gestaltung nicht nur das preußische Volk, sondern ganz Deutschland und, darf ich sagen, die ganze zivilisierte Welt mit äußerster Spannung und Erregung sieht, wo ist da auch nur ein einziges Mal ein großer Zug gewesen (»Sehr wahr!« bei den Sozialdemokraten.), wie es an der Zeit gewesen wäre, wenn die Herren ihren Pflichten nachgekommen und des historischen Moments sich bewußt gewesen wären? Millionen von Menschen stehen, bildlich gesprochen, vor der Pforte dieses Hauses und warten und harren des Rechtes, das ihnen hier gewährt werden soll. Und hier wird gehandelt und gefeilscht und geschachert um ein Fraktionsinteresse (Unruhe.), um eine Mark, um ein paar Pfennige; es ist eine wahre Schacherbude geworden, ein wahrer Mühlendamm, es ist eine wahre Trödelbude geworden, dieses Abgeordnetenhaus. (Erregte Zurufe und Unterbrechungen rechts und im Zentrum. Glocke des Präsidenten. Andauernde Bewegung.)

Vizepräsident Dr. Porsch: Herr Abgeordneter Dr. Liebknecht, ich rufe Sie zur Ordnung wegen dieser groben Beschimpfung des Abgeordnetenhauses. (Andauernde erregte Zurufe. Glocke des Präsidenten.) Meine Herren, ich bitte um Ruhe, und ich bitte den Herrn Redner fortzufahren. (Große Unruhe.) Ich muß Sie aber ersuchen, die Gefühle des Hauses nicht auf das äußerste zu reizen. Ich bitte Sie also, sich zu mäßigen. (Erneute andauernde Erregung und Zurufe.) Meine Herren, ich bitte um Ruhe – ich muß dringend um Ruhe bitten. Ich kann es vollständig verstehen, daß die Herren sehr erregt sind; ich bitte Sie gleichwohl, vollständig ruhig zu bleiben, damit der Herr Redner seine Rede fortsetzen kann. (Erneute erregte Zurufe und Gegenrufe bei den Sozialdemokraten.) Herr Abgeordneter Hirsch, Sie haben eben eine Äußerung anscheinend über Mitglieder dieses Hauses getan, die ich nicht durchgehen lassen kann. (Zuruf des Abgeordneten Hirsch-Berlin.) Nein? Dann habe ich Sie mißverstanden.

Liebknecht: Ich habe wiederholt gehört, daß mir das Wort Unverschämtheit zugerufen wurde.

Vizepräsident Dr. Porsch: Wenn ich das von einzelnen bestimmten Herren gehört hätte und mir das nachgewiesen wäre, würde ich das selbstverständlich rektifiziert haben. Sie (zum Abgeordneten Dr. Liebknecht) haben das Recht, frei zu sprechen. Ich muß Sie allerdings bitten, die Gefühle des Hauses zu schonen.

Liebknecht: Meine Herren, Herr Abgeordneter von Richthofen[7] hat offenbar gemeint, durch die wiederholte Betonung seiner außerordentlichen Bildung die Überzeugung wecken zu können, daß der Passus der Thronrede, nach welchem das Wahlrecht der Bildung entsprechend verteilt werden solle, es durchaus rechtfertige, wenn die Herren von der Konservativen Partei ein so außerordentlich privilegiertes Wahlrecht besitzen. Ich glaube, man darf mit Recht betonen, daß dieses unausgesetzte Herumreiten des Herrn von Richthofen auf seiner Bildung doch, ich möchte sagen, einen etwas parvenühaften Eindruck macht und daß man aus seinen gespreizten Äußerungen wohl eher schließen kann, daß in den Kreisen, in denen er zu verkehren pflegt, eine Bildung auch nur solcher Art, wie er sie besitzt oder zu besitzen vermeint, als eine große Ausnahme erscheint. In wirklich gebildeten Kreisen pflegt man von seiner Bildung nicht so viel Wesens und Aufsehens zu machen, wie es Herr von Richthofen getan hat.

Meine Herren, Sie müssen auf die Dauer doch die große Masse des Volkes auf Ihrer Seite haben, wenn Sie Ihre Stellung im preußischen Staate aufrechterhalten wollen, und es wird Ihnen auf die Dauer doch unmöglich sein, gegen ein innerlich längst von der Tyrannei der herrschenden Klassen, der herrschenden Parteien in Preußen befreites, aufgerütteltes und seiner selbst bewußtes Volk gegen seinen eigenen Willen zu regieren.

Meine Herren, man hat meinem Parteifreund Hirsch[8], als er das Wort »leider« dazwischen warf, als man von der Vormachtstellung Preußens im Reich sprach, einen schweren Vorwurf gemacht. Ich darf Sie darauf hinweisen, daß mancher große deutsche Mann, auf den alle Parteien dieses Hauses sicherlich mit Stolz blicken, in dieser Richtung einen ähnlichen Standpunkt eingenommen hat, wie ihn heute meine Freunde einnehmen. Ich will Sie nicht an die Zeilen erinnern, die der Dichter Herwegh über Preußen gedichtet hat, an die Zeilen von der verfluchten Preußensuppe, die niemand gern fressen will. Aber ich möchte Sie daran erinnern, daß es ein Winkelmann gewesen ist, der da erklärt hat, daß es das Beste für ihn und alle diejenigen, welche in diesem unglücklichen preußischen Lande eine schwere und erstickende Luft schöpfen, wäre, wenn sie aus diesem Lande herauskämen oder sterben würden; er führt aus: »Auf Preußen drückt der größte Despotismus, der je erdacht ist (Lachen rechts.), ich denke mit Schaudern an dieses Land!« (Lachen und Zurufe rechts.) – Es ist leider nicht besser geworden; das ist ja eben die ganze preußische Misere, daß es heute noch geradeso ist, wie es vor 150 Jahren war. – Und, meine Herren, er schließt damit: »Lieber ein beschnittener Türke als ein Preuße sein.« Und es war kein anderer als Lessing, der Preußen als das sklavischste Land der Erde bezeichnet hat. (Erneute Zurufe rechts.)

Wenn es auch schon 150 Jahre her ist, so können Sie versichert sein, daß auch heute noch von manchen Leuten, die Sie als die Leuchten der Wissenschaft und der Kunst bezeichnen, ähnliche Urteile über Preußen gefällt werden; Sie brauchen nur einen Schritt über die schwarzweißen Grenzpfähle hinauszugehen, und Sie werden derartige Urteile ganz unverblümt in Masse hören. Meine Herren, es wird Ihnen auf die Dauer unmöglich sein, gegen ein Volk zu regieren, das in dieser Weise gegen Sie und Ihre Privilegienherrschaft aufgerüttelt und aufgeregt ist. (»Sehr richtig!« bei den Sozialdemokraten.)

Man hat der Sozialdemokratie den Vorwurf machen wollen, als ob sie es sei, die in künstlicher Weise die Erregung des Volkes aufgepeitscht habe. (»Sehr richtig!« rechts.) Meine Herren, wir sind die wahren Waisenknaben in der Agitation und Demagogie im Vergleich zu den herrschenden Klassen. (»Sehr gut!« bei den Sozialdemokraten.)

Darf ich mir erlauben, Ihnen eine Autorität des großen Dichterphilosophen Nietzsche, zu zitieren? Er sagt über die Beredsamkeit – und im allgemeinen pflegt ja die Agitation durch Beredsamkeit geübt zu werden –: »Wer besaß bis jetzt die überzeugendste Beredsamkeit? Der Trommelwirbel. Und solange die Könige (die herrschenden Klassen) diesen in ihrer Gewalt haben, sind sie immer noch die besten Redner und Volksaufwiegler.«

Ja, meine Herren, mit diesem Trommelwirbel, mit Hilfe der Gewalt und mit Hilfe der Verführung, die Sie durch den Trommelwirbel und all das Bunte und Glitzernde, an Augen, Ohren und alle Sinne dringende des Militarismus veranstalten, dadurch schon sind Sie Demagogen und Agitatoren von weit größerer Geschicklichkeit und Wirksamkeit, als jemals irgendwelche sozialdemokratischen Agitatoren sein könnten (»Sehr richtig!« bei den Sozialdemokraten.), aber Agitatoren freilich, die dem Volke höchst schädlich sind, weil sie die Agitation und Demagogie gegen die Interessen des Volkes, im Interesse der Aufrechterhaltung einer Minderheitsherrschaft, betreiben.

Meine Herren, wenn die Sozialdemokratie in der Tat gegenwärtig einen so gewaltigen Anhang aufgeregter und ihrer Interessen bewußter Volksmassen hinter sich hat, so ist das nicht ein Verdienst der Sozialdemokratie und nicht ein Verdienst irgendwelcher Agitation, so ist das eine Wirkung der geistigen Hebung dieser Massen, ein Verdienst des Selbstbewußtseins dieser Massen, es ist ein Beweis für die politische Reife dieser Massen, die aus eigenem Impuls heraus, spontan, in ihrer Erregung gegenwärtig so weit gehen, wie Sie es zu Ihrem Schrecken allenthalben beobachten. Meine Herren, zu Ihrem Schrecken, darf ich wohl sagen. (Lachen rechts.) Meine Herren, lachen kann man immer, auch aus Angst und auch, um seine wirkliche Ängstlichkeit zu verbergen; also Ihr Lachen beweist mir gar nichts, Ihre Handlungsweise nur beweist mir etwas, und darauf werde ich zu sprechen kommen.

Meine Herren, eine Volksvertretung unter Polizeischutz! Wissen Sie denn nicht, daß heute, wie an allen Tagen der Wahlrechtsverhandlungen, in dem Museum, dem Hause gegenüber, ein ungeheures Schutzmannsaufgebot konsigniert ist, ein Schutzmannsaufgebot, das jeder beobachten kann, der etwa eine Viertelstunde nach Beendigung der Sitzung in den Torweg hineinblickt, ein Schutzmannsaufgebot mit zahlreichen Offizieren und mit einer großen Zahl von Wachtmeistern und

Mannschaften! Eine Volksvertretung, die es für nötig hält, sich unter Polizeischutz zu begeben gegen die Liebe des Volkes (»Na! Na!«), ist eine gar absonderliche Erscheinung. (»Sehr gut!« bei den Sozialdemokraten.) Meine Herren, die Liebe des Volkes würde Ihnen gegenüber allerdings ein bißchen sadistisch ausfallen, wenn es dazu kommen sollte. Und, meine Herren, denken Sie doch an dieses andere Bild: Volksvertreter, denen direkt der Rat gegeben wird, sich heimlich durch eine Hinterpforte hier in dieses Haus hineinzustehlen, damit sie, diese Herren Volksvertreter, nicht von dem Volke gesehen und »begrüßt« werden, dessen Ansammlung vor dem Haupteingang besorgt wurde. Gewiß, ein Bild für Götter! Ja, meine Herren, das ist eine Volksvertretung, die sich offenbar wirklich des Vertrauens der Massen draußen im vollen Umfange bewußt ist, daran kann ja doch wohl gar kein Zweifel sein! (»Sehr gut!« bei den Sozialdemokraten.)

Meine Herren, daß die Demonstrationen spontan entstanden sind, beweist Ihnen jetzt jeder einzelne Tag. Die Massen sind allenthalben über ganz Preußen hinaus auf den Beinen, und es vergeht kein Tag, kann man sagen, ohne Demonstrationen, die stets friedlich verlaufen, wenn die Polizei es nicht für nötig hält, in ungeschickter Weise einzugreifen.

Meine Herren, auf die göttliche Komödie, die am vergangenen Sonntag vor acht Tagen hier in Berlin und Treptow aufgeführt worden ist, brauche ich hier nicht noch einmal einzugehen.[9] Es ist ja ein unsterbliches Lachen durch die ganze Welt gegangen über die unsägliche Blamage, die sich der Berliner Polizeipräsident hierbei zugezogen hat. Aber, wenn Sie etwa aus Mitleid mit dem in so bedauernswerter und unglücklicher Weise versetzten Berliner Polizeipräsidenten, der so versetzt worden ist, wie nur jemals ein kleines Mädchen versetzt werden könnte (Lachen.), sich dazu verleiten lassen sollten, etwa nun mit Verdächtigungen gegen die Demonstranten vorzugehen, so darf ich demgegenüber auf allerhand Zeugnisse hinweisen, die Sie sicherlich auch in der Presse verfolgt haben, die freilich in der von Ihnen bevorzugten Presse wohl nicht vermerkt worden sind, weil man es dort für gut hält, sie totzuschweigen. Ich darf Sie nur daran erinnern, daß diese angeblichen Radaubrüder, wie Sie so gern die Demonstranten zu bezeichnen pflegen, am letzten Sonntag, als ihrem Zuge ein Leichenzug, ein Leichenwagen begegnete, in einer Weise verstummten, die die Mitglieder der bürgerlichen Parteien frappierte und zur Hochachtung vor der Disziplin und der Anständigkeit, der edlen inneren Gesinnung dieser Massen veranlaßte, zu einer Hochachtung, die Ihnen sicherlich sehr unangenehm, hoffentlich sehr unangenehm ist. (»Sehr richtig!« bei den Sozialdemokraten.)

Ich darf Sie weiter daran erinnern, daß der Umzug der Demonstranten, der am Sonntag vor acht Tagen hier in der Schmidstraße in Berlin stattfand und bei dem es zu Zusammenstößen mit der Polizei kam, auch gerade dadurch das allgemeine Erstaunen und allgemeine Bewunderung erweckt hat, daß er, als er in die Nähe des Krankenhauses Bethanien kam, sofort verstummte und daß dafür gesorgt wurde, daß an dieser Stelle auch nicht ein einziger Ruf aus der Masse mehr laut wurde. Das sind die Radaubrüder, von denen Sie sprechen. Leute, die sich so in der Gewalt haben, die sich so diszipliniert haben, sind besser diszipliniert als die Treptower Kosaken, besser diszipliniert als die herrschenden Klassen. Diese Massen sind imstande, unter Einhaltung aller Verpflichtungen, die die Humanität ihnen auferlegt, ihre Interessen, ihre heiligsten Interessen mit Nachdruck, Rücksichtslosigkeit und höchster Opferfreudigkeit zu verfolgen. Seien Sie sich darüber klar, gegen ein solches Volk, wenn es gegen Sie tiefernstlich erregt und empört ist, können Sie auf die Dauer nicht regieren. (»Sehr richtig!« bei den Sozialdemokraten.) Sie können mit einem solchen Volk nicht regieren nach innen und nicht nach außen. Sie sind nicht imstande, die innere Sicherheit aufrechtzuerhalten, und mögen Sie noch so viele Trommelwirbel, noch so viele Kanonen, Flinten, Säbel, Polizeipferde und Polizeihunde zur Verfügung haben. Mit Gewalt läßt sich auf die Dauer kein selbstbewußtes Millionenvolk regieren, darüber müssen Sie sich klar sein. Was die äußere Sicherheit des Staates darunter leidet, wenn jeder Mann außerhalb Deutschlands, alle diejenigen, die Sie so gern als Feinde Deutschlands bezeichnen, hören, sehen und tagtäglich lesen, wie in Preußen eine Regierung und Parteien am Ruder sind, die von der ungeheuren Masse des Volkes im äußersten Maße gehaßt werden – glauben Sie, daß das dazu beiträgt, die Machtstellung Deutschlands zu sichern? (»Sehr wahr!« bei den Sozialdemokraten.) Wenn Sie nicht rechtzeitig einlenken, gefährden Sie nicht nur den inneren, sondern, von Ihrem Standpunkt, auch den äußeren Frieden Deutschlands.

Eine Petition, die zweifellos die innere Logik für sich hat – sie ist dem Hause von einigen Volksversammlungen in Remscheid und Solingen vorgelegt worden –, verlangt, daß denjenigen Wählern, die durch die Einreihung in die dritte Wählerklasse tatsächlich, um mit jenem Worte des Herrn Freiherr von Zedlitz zu sprechen, absolut entrechtet werden, auch nicht zugemutet werden soll, der Militärpflicht zu genügen. Es ist eine Pflicht der Gerechtigkeit, daß man denjenigen, denen man das wichtigste politische Recht vorenthält, nun auch die wichtigste politische Pflicht, die Militärpflicht, von den Schultern nimmt. [...]

Meine Herren, wir können ja mit aller Ruhe die Arbeit abwarten, die hier in diesem Hause vollführt werden wird. Sie werden keinen Lorbeerkranz für diese Arbeit bekommen, man wird Ihnen bestenfalls einen Kranz von Stroh aufs Haupt drücken. Wir können uns zu eigen machen, was ein nationalliberales Organ vor einiger Zeit – bei Gelegenheit des bekannten »Daily-Telegraph«-Interviews – betonte: daß kein Machtwort eines Cäsaren imstande sein werde, den Kampf und Sieg aufzuhalten. Kein Machtwort eines Cäsaren, mag er nun auf den Bänken der Zentrumspartei sitzen und ein schwarzes Kleid tragen oder mag dieser Cäsar auf der rechten Seite des Hauses sitzen und Heydebrand und der Lasa[10] heißen. Und die Massen des Volkes werden auch über diese Cäsaren hinwegschreiten.

Meine Herren, die Ernte, von der Sie meinen, daß Sie sie jetzt bereits unter Dach und Fach gebracht hätten, kann Ihnen doch noch ganz gründlich verhageln. In der Tat: Diese »Reform« ist ein solches Pasquill auf eine Reform, um mich hier des Ausdruckes eines Herrn von der Freikonservativen Partei über die Reichsfinanzreform zu bedienen, daß es geradezu unmöglich sein wird, die Wähler auf die Dauer über die Wahrheit der gesetzgeberischen Arbeit zu täuschen, die Sie hier leisten. Meine Herren, wir wissen, daß das Wort wahr ist, daß die Weltgeschichte das Weltgericht ist, und Sie werden vor diesem Weltgericht Rede und Antwort zu stehen haben; und es wird die Posaune des Jüngsten Gerichts – (Stürmisches Lachen rechts und im Zentrum.) die Posaune des Jüngsten Gerichts – (andauerndes stürmisches Lachen rechts und im Zentrum.) die Posaune des Volksgerichts, meine Herren, wird Ihnen bös in den Ohren tönen. (Zuruf und Lachen rechts.) Ja, meine Herren, der Tag der Rache und der Tag der Vergeltung wird kommen, dies irae, dies illa! (Zurufe rechts.) Und wenn Sie sich einbilden, daß comedia finita sei, so dürfen wir Ihnen bemerken, wenn auch comedia finita ist, der Applaus draußen, ohne den Sie nicht existieren können, wird gründlich ausbleiben; ausgezischt werden Sie; und, meine Herren: Wenn es in der Tat einen Gott gibt, so werden Sie auch ein Gottesgericht über sich zu verzeichnen haben, ein Gottesgericht, das Sie treffen wird an Haupt und Gliedern, meine Herren. Sie können fest überzeugt sein, daß dasjenige, was Sie hier vollbringen, wenn Sie es in der Tat formal zustande bringen, nicht ein Abschluß der Volksbewegung sein wird, sondern nur eine ganz nebensächliche Episode. [...]

Meine Herren, es ist seit jeher das Unglück der herrschenden Klassen gewesen, daß sie die Wahrheit nicht hören können und nicht zur rechten Zeit auf ihre Privilegien zu verzichten übers Herz brachten. Wenn Sie meinen, hier einen Sieg erfechten zu können, nun gut, diesen parlamentarischen Sieg können Sie erfechten. Aber es gibt Siege, die verhängnisvoller sind als Niederlagen, und der Sieg, den Sie hier scheinbar erfechten, wird Ihnen teuer zu stehen kommen, und Sie können versichert sein, die Massen und die Millionen des Volkes draußen rufen mit uns: Trotz alledem! Der Kampf geht weiter! (»Bravo!« bei den Sozialdemokraten. Lachen rechts.)

Quelle: Karl Liebknecht, Ausgewählte Reden und Schriften. Hrsg. u. eingel. von Helmut Böhme. Frankfurt a. M.: Europäische Verlagsanstalt 1969. Bd. I. S. 189–202.

Anmerkungen

1. Reichsduma hieß das russische Parlament von 1905 bis 1917. Die Abgeordneten wurden nach einem für Bauerngemeinden, Fabrikarbeiter und Kleingrundbesitzer dreistufigen, für die anderen sozialen Gruppen zweistufigen Wahlsystem gewählt. Nach der baldigen Auflösung der ersten und zweiten Duma wurde die dritte Duma gewählt, die vom 14. November 1907 bis zum 22. Juni 1912 tagte. Die Regierung hatte inzwischen ein neues Wahlgesetz eingebracht, das die besitzenden Klassen begünstigte.
2. Doppelschlacht bei Jena und Auerstädt (14. Oktober 1806), in der von Napoleon bei Jena und von Marschall Davout bei Auerstädt die Preußen besiegt wurden.
3. Theobald von Bethmann Hollweg (1856–1921), seit 1909 Reichskanzler und preußischer Ministerpräsident.
4. im römischen Heer die altgediente Kerntruppe im dritten Glied der Legion.
5. Octavio Freiherr von Zedlitz und Neunkirch (1840–1919), Führer der 1866 gegründeten »Freien Konservativen Vereinigung«, die 1918 in der Deutschnationalen Volkspartei aufging; von 1877 bis 1918 Mitglied des preußischen Abgeordnetenhauses.
6. Arthur Kampf (1864–1950), einer der letzten Historienmaler (u. a. Szenen aus den Freiheitskriegen), 1914 bis 1924 Direktor der Hochschule für bildende Künste in Berlin.
7. Hartmann Freiherr von Richthofen (1878–1953), Politiker, Diplomat und Bankier, Abgeordneter der nationalliberalen Partei.
8. Paul Hirsch (1868–1938), von 1908 bis 1933 Mitglied des preußischen Abgeordnetenhauses, 1918 bis 1920 der erste sozialdemokratische Ministerpräsident Preußens; emigrierte 1933.
9. Ungefähr 100 000 Berliner nahmen am 6. März 1910 an den Wahlkundgebungen im Tiergarten teil, und zwar unbehindert von der Polizei, da diese die Demonstranten im Treptower Park erwartet hatte.

10. Ernst von Heydebrand und der Lasa (1851–1924) hatte als Führer der Konservativen großen Einfluß im preußischen Abgeordnetenhaus, stürzte 1909 Bülow, bekämpfte jeden Versuch zur Änderung des Dreiklassenwahlrechts; man nannte ihn den »ungekrönten König von Preußen«.

ROSA LUXEMBURG

1870–1919

*Die mit Karl Liebknecht nach dem Januaraufstand in Berlin
am 15. Januar 1919 ermordete Rosa Luxemburg stammte aus
einer wohlhabenden jüdischen Kaufmannsfamilie an der rus-
sisch-polnischen Grenze. Sie schloß sich schon als Schülerin der
sozialistischen Bewegung an, lernte während ihres Studiums
u. a. in Zürich Plechanow, Axelrod, Parvus und Jogiches kennen, mit dem sie später die Polnische Sozialistische Partei leitete. Sie kämpfte mit Bebel, Kautsky und Clara Zetkin gegen
den sogenannten Revisionismus, trat 1903 für den Generalstreik als politische Waffe ein, beteiligte sich 1905 an der russischen Revolution und wurde in diesem Zusammenhang 1906
in Warschau verhaftet. Nach ihrer Entlassung aus der War-
schauer Festung lehrte sie ab 1907 Nationalökonomie an der
sozialdemokratischen Berliner Parteischule. 1917 gründete sie
mit Karl Liebknecht den Spartakusbund, aus dem 1918 die
KPD hervorging.*

*Rosa Luxemburg verstand sich in hervorragender Weise, wie
ihre Rede über Massenstreik und Gewerkschaften zeigt, die sie
am 1. Oktober 1910 in der außerordentlichen Mitgliederver-
sammlung des Deutschen Metallarbeiter-Verbandes in Hagen
gehalten hat, auf die Kunst der Agitation. Äußerst geschickt
benützt sie die Tatsache ihrer Überwachung durch die Polizei
als Exposition für ihre Polemik und ihr Plädoyer zum Massenstreik. Die Rede erschien zuerst in der Monatsschrift »Der Pro-
pagandist« (1930, Heft 10 u. 11) im Druck.*

Der politische Massenstreik
und die Gewerkschaften

Parteigenossen und Parteigenossinnen! Werte Anwesende!
Ich muß gestehen, daß ich nicht minder als Sie überrascht
war, als ich hier in der außerordentlichen Mitgliederversamm-
lung des Metallarbeiterverbandes mehrere uniformierte Vertreter unserer Obrigkeit auf Erden erblickt habe. Ich habe erfahren, daß außer den paar hochgestellten Herren, die in diesem Raume weilen, auch noch eine ansehnliche Anzahl von
Kommissaren und Schutzleuten in der nächstliegenden Wache
aufgestapelt worden ist. (Bewegung.) Parteigenossen und
werte Anwesende! Ich muß gestehen, daß auf mich diese
Überraschung anders gewirkt hat als auf Sie. Nicht mit Entrüstung habe ich sie aufgenommen, sondern es ist ein wunder-
volles Gefühl der Sicherheit über mich gekommen. (Ironisches
»Bravo!«)
Parteigenossen! Sie sind hier in Hagen wohl noch nicht soweit
in der preußischen Kultur wie wir in Berlin; ich komme aus
der Hauptstadt Berlin, und es gibt einen Stadtteil in Berlin,
der Moabit heißt. Wir haben dort gelernt, Parteigenossen:
Wo man Sicherheit und Ordnung bewahren will, da ist
die preußische Polizei direkt unentbehrlich. (Lachen.) Verehrte Anwesende! Erst nachdem ich die Nachricht bekommen
habe, daß unser Versammlungslokal so ausgiebig vom polizei-
lichen Schutz gesegnet worden ist, bin ich ganz ruhig, daß wir
mit heilen Nasen, Ohren und Augen und sonstigen Körper-
teilen den Saal verlassen können. (Lachen.) Ich muß Ihnen
gestehen, daß ich anscheinend eine ganz besondere Anziehungskraft für die Polizei besitze. (Heiterkeit.) Ich muß
gestehen, daß ich jedesmal eine gewisse Freude und als
Referentin auch eine gewisse Dankbarkeit empfinde gegenüber der löblichen Polizei. Ich muß Ihnen sagen, gerade die
Anwesenheit dieser Herren mit ihren behelmten Häuptern
gibt der Sache eine gewisse Spitze. (»Sehr gut!«) Und heute ist

gerade die Anwesenheit der löblichen Polizei eine hübsche Folie für das Thema, das wir am heutigen Abend behandeln werden.

Ich werde im Laufe des heutigen Abends hoffentlich noch eine Gelegenheit haben, den speziellen Zusammenhang zwischen den Massenaktionen und Massendemonstrationen des Proletariats und der löblichen Polizei zu beleuchten. Ich glaube, es ist gut, wenn auch diese Herren einmal die Gelegenheit haben zu hören, was wir von ihnen denken. (»Sehr richtig!«) Ich verliere nie die Hoffnung, daß auch sie mal etwas lernen können, und daher sollten wir doch nicht so geizig sein mit unseren Worten und Lehren. Wir wollen auch einmal unsere Perlen vor die – preußische Polizei werfen.

Parteigenossen und werte Anwesende! In der Tat kann kein Thema in dem gegenwärtigen Moment in einer deutschen Gewerkschaftsversammlung aktueller sein als das Thema Massenstreik und Gewerkschaften. Wir haben uns hier versammelt, um dieses Thema zu diskutieren, um nachzudenken, gewissermaßen zwischen zwei gewaltigen Schlachten. Erst vor wenigen Wochen haben Sie hier in Hagen und Schwelm einen mustergültigen, großartigen Kampf ausgefochten, wie er die Aufmerksamkeit und die Bewunderung der gesamten klassenbewußten Arbeiterschaft in Deutschland verdient, und in kurzer Zeit, werte Anwesende, werden Sie vielleicht gezwungen sein, Sie und Ihre zahllosen Kollegen und Kameraden, in ganz Deutschland in einen so gewaltigen Kampf einzutreten, wie wir ihn in Deutschland noch niemals erlebt haben. Sie wissen alle, daß in wenigen Tagen, übermorgen, die Vertreter der organisierten Arbeiterschaft mit den gewaltigen Kapitalmagnaten der Schiffsbauwerften in Verhandlung treten, wonach entschieden werden soll, ob 400 000 deutsche Metallarbeiter aufs Pflaster geworfen werden.

Parteigenossen! Sollte das Tatsache werden und sollte daraus folgen, was höchstwahrscheinlich von der Solidarität, von dem Klassenbewußtsein, von der Kampfenergie der gesamten organisierten Metallarbeiterschaft zu erwarten ist, so würden wir in ganz Deutschland Zeugen eines Kampfes sein, wie er vielleicht in der Welt noch nie dagewesen ist, denn zusammen mit den nächsten Angehörigen und mit den Familien würden vielleicht eine Million Menschen im Kampfe sein, in einem Kampfe, in dem es sich handelt um Sein oder Nichtsein zwischen der stärksten Gewerkschaftsorganisation und dem übermächtigen, protzigen Kapital.

Parteigenossen! In einem solchen Moment, wie ich gesagt habe, zwischen zwei gewaltigen Schlachten, ist es gerade angezeigt für uns, über das Thema hier zu sprechen und nachzudenken, was für uns die aktuellste Frage des Gestern und des Morgen bedeutet. So, Parteigenossen, so, werte Anwesende, lernt einmal die kämpfende, organisierte Arbeiterklasse in Deutschland und anderwärts, mitten im Schlachtfelde, mitten im Feuer des Kampfes einen Moment erhaschen, um nachzudenken, zu analysieren, um das Bewußtsein zu schärfen, um die Waffen zu prüfen, die sie im Kampfe anzuwenden hat.

Und das ist ganz natürlich, das ergibt sich aus dem Wesen des Arbeiterkampfes selbst. Die moderne proletarische Klasse führt ihren Kampf nicht nach irgendeinem fertigen, in einem Buch, in einer Theorie niedergelegten Schema; der moderne Arbeiterkampf ist ein Stück in der Geschichte, ein Stück der Sozialentwicklung, und mitten in der Geschichte, mitten in der Entwicklung, mitten im Kampf lernen wir, wie wir kämpfen müssen. Parteigenossen und werte Anwesende! Das ist ja gerade das Bewundernswerte, das ist ja gerade das Epochemachende dieses kolossalen Kulturwerks, das in der modernen Arbeiterbewegung liegt: daß zuerst die gewaltige Masse des arbeitenden Volkes selbst aus eigenem Bewußtsein, aus eigener Überzeugung und auch aus eigenem Verständnis sich die Waffen zu ihrer eigenen Befreiung schmiedet. Und deshalb ist es außerordentlich wichtig, daß wir solche kurzen Momente des Stillstandes zwischen Schlachten, wie wir sie hier erleben, vollauf ausnutzen zu kriegerischen Erwägungen, zur Analyse, zur Prüfung aller Seiten, aller Fragen, aller Probleme, die das Leben an uns stellt.

Eines der wichtigsten Probleme, die jetzt sowohl die gewerkschaftlichen wie die sozialistischen Organisationen beschäftigen, nicht nur in Deutschland, sondern in allen modernen Ländern, ist das Problem des Massenstreiks. Und nun sehen Sie, wie eine interessante Erscheinung sich dabei herausstellt. Wie sooft, ergibt sich hier, daß die Geschichte nicht stehenbleibt, daß die Entwicklung vorwärtsgeht, daß für unser soziales politisches Leben und Tun vollauf gilt, was Mephisto in Goethes »Faust« gesagt hat: »Vernunft wird Unsinn, Wohltat Plage.« Alles verändert sich mit der Zeit.

Das erste Gebot für politische Kämpfer, wie wir es sind, ist es, mit der Entwicklung der Zeit zu gehen und sich jederzeit Rechenschaft abzulegen über die Veränderung in der modernen Welt wie auch über eine Veränderung unserer Kampfstrategie. Parteigenossen und werte Anwesende! In der Geschichte der Idee vom Massenstreik hat sich das ewige Gesetz der geschichtlichen Entwicklung in glänzender und schlagender Weise bestätigt. Sie wissen alle wohl, daß die Idee des Massenstreiks oder, wie er früher hieß, Generalstreiks keine Erfindung der letzten Tage oder Jahre ist. Im Gegenteil, schon seit Jahrzehnten gab es Leute, die es zu ihrer Spezialität, zu ihrer Lebensaufgabe gemacht hatten, die Idee des Generalstreiks zu propagieren. Das waren die Anarchisten, namentlich die französischen und holländischen und andere. Sie werden ihn alle kennen, den Domela Nieuwenhuis, der sich besonders hervorgetan hat durch die Propaganda der Idee des Generalstreiks auf internationalen sozialistischen Kongressen. Sie werden alle wissen, daß namentlich in den romanischen Ländern, in Spanien, in Frankreich, ganz große Abteilungen der Gewerkschaften, die sogenannten Syndikalisten, den Generalstreik als die rettende und einigende Idee betrachten und propagieren. Und wir haben alle früher gesehen, daß diejenigen Arbeiter, die auf dem Boden des modernen wissenschaftlichen Sozialismus stehen, daß diejenigen Arbeiter, die die Notwendigkeit und die Wichtigkeit der Gewerkschaftsorganisation und des Kampfes begriffen haben, daß sie sich mit aller Energie gegen die Idee des Generalstreiks, wie sie von den Anarchisten propagiert wurde, gewehrt haben. Und das mit vollkommenem Recht. Parteigenossen! Der sozialistische internationale Kongreß in Brüssel 1891 wie der Kongreß in Zürich 1893 haben mit überwältigender Mehrheit der Vertreter der Arbeiterschaft aus allen Ländern die Idee des Domela Nieuwenhuis und seiner Freunde abgelehnt. In Frankreich haben wir ein interessantes Kapitel aus dieser Schwärmerei von dem Generalstreik noch neulich erlebt. Ich hatte selbst das Vergnügen, im Jahre 1900 an dem Internationalen Sozialistischen Kongreß in Paris teilzunehmen. Und Sie erinnern sich, wie stark damals, in der sogenannten Millerand-Krise, der französische Sozialismus gespalten war durch den großen Hader wegen des Eintritts eines Sozialisten in das bürgerliche Ministerium. Damals, auf dem Sozialistischen Kongreß in Paris, trat gerade ein Herr auf mit Namen Aristide Briand. Es ist derselbe Herr, der jetzt als Ministerpräsident in Frankreich die bürgerliche Regierung vertritt und womöglich die Sozialisten und organisierten Arbeiter verfolgt, schlimmer als jeder andere bürgerliche Minister. Dieser Herr war im Jahre 1900 noch kein Minister, sondern ein enragierter, verbissener Anhänger der Idee des Generalstreiks. Und ich habe in Paris seine dröhnende Rede anhören müssen, in der er uns und alle Marxisten beschimpfte als ganz rückständige Vertreter des Sozialismus, die nicht an die wahre, einzig befreiende Kunst des Generalstreiks glauben wollen. Parteigenossen und werte Anwesende! Wie gesagt, die Sozialisten, die auf dem Boden des Marxismus stehen, die Gewerkschaftler, die es mit der Gewerkschaftsorganisation ernst meinen, haben alle für diese Idee entweder ein mitleidiges Lächeln oder ein entrüstetes Achselzucken gehabt. Und mit Recht, denn was stellte sich heraus? Gerade in den Ländern, wo die Idee von der weltbefreienden Losung des Generalstreiks als des einzigen Mittels, von heute auf morgen aus der Hölle des Kapitalismus herauszukommen, gerade wo diese Idee grassierte, da lagen die Arbeiterorganisationen gänzlich danieder und sind bis auf den heutigen Tag noch die schwächsten aller Länder. Und nun war es einer von der deutschen Sozialdemokratie, unser alter, leider verstorbener, unvergessener Ignaz Auer (»Bravo«), der mit seiner Kunst, scharfe epigrammatische Schlagworte zu prägen, mit zwei Worten die Lieblingsidee des Anarchismus abgetan hatte, indem er klipp und kurz erklärte: »Generalstreik – Generalunsinn.«

Parteigenossen! So standen die Dinge noch vor kurzem, und was sehen wir heutzutage? Blicken wir auf die bloßen Tatsachen hin, auf die Ergebnisse des letzten Jahrzehnts, auf die Jahre 1900 bis jetzt, blicken wir auf alle die Länder der kapitalistischen Entwicklung, so müssen wir konstatieren, daß in einem Lande nach dem andern, in einem Jahre nach dem andern die gewaltigen Generalstreiks und Massenstreiks ausbrechen. Parteigenossen! Ich will Ihnen nur noch einige der wichtigsten in Erinnerung rufen. Im Jahre 1900 hatten wir den gewaltigen Bergarbeiterstreik der Bergarbeiter in Pennsylvania, von dem die amerikanischen Parteigenossen behaupteten und erklärten, er habe für die Ausbreitung des sozialistischen Klassenbewußtseins mehr getan, als 10 Jahre Agitation es sonst tun. Im Jahre 1902 hatten wir den großen Massenstreik der Bergarbeiter in Österreich, der zunächst, wie es den Anschein hatte, resultatlos verlief, der aber in der Folge durch die Umstimmung der öffentlichen Meinung und durch den Druck auf die Regierung und auf das Parlament den neunstündigen Arbeitstag für die Bergarbeiter erobert hat. Wir hatten 1903 den Massenstreik der Bergarbeiter in Frankreich, der im weiteren Verlauf für die französischen Bergarbeiter den achtstündigen Arbeitstag erobert hat. Wir hatten noch im Jahre 1902 in Belgien den großen Massenstreik, den politischen Streik, den Kampf um das allgemeine Wahlrecht. Wir hatten 1904, gerade zu Beginn, im Januar, den gewaltigen Generalstreik der holländischen Eisenbahner, der den kolossalsten Eindruck auf die Welt gemacht hat und der die unerhörte Kunde verbreitet hat, daß plötzlich in Holland der ganze Verkehr und damit das ganze wirtschaftliche Leben lahmgelegt wurde, und der erst durch den Willen einer bestimmten Kategorie von Arbeitern zum Stillstand gebracht werden konnte. Und dann, Parteigenossen, kam das Jahr 1905. Im Januar des Jahres 1905 kam nach Europa eine Kunde, die wie aus einem Märchenlande lautete. Das war die Kunde, daß in der nördlichen Hauptstadt des Zaren aller Reußen – in Petersburg – plötzlich 100 000 bis 200 000 Proletarier den Massenstreik erklärt haben und zugleich sich vor das Schloß begeben haben, um politische Freiheit und den Achtstundentag zu fordern. Nun, Parteigenossen, seit jenem Tag verging kein Monat, ja kein Tag, da nicht in Rußland lokale Generalstreiks und Massenstreiks ausbrachen. In einem Lande, von dem bisher angenommen wurde, daß es überhaupt eine Ausnahme der alten Kulturländer darstellt. In einem Lande, von dem man annahm, daß die Gesetze der historischen Entwicklung ohnmächtig an seinen Grenzen, an seiner Schwelle zusammenbrechen, in einem Lande, nach welchem die Machthaber aus Deutschland und speziell aus Preußen mit Sehnsucht hinblickten, weil sie glaubten, dort sei der einzige Landesvater, dem seine Landeskinder so gar keine Sorge machten. Parteigenossen! In diesem Lande erhob sich zuerst eine gewaltige Masse von Proletariern und gebrauchte das Werkzeug des Massenstreiks, die Waffe des Massenstreiks, des politischen und gewerkschaftlichen zugleich, zum Kampfe gegen die Ausbeuterklasse und zur Eroberung der politischen Freiheit. Und als ein lebhaftes Echo, als ein Nachhall dieser Sturmperiode hatten wir im Herbst in Österreich eine Reihe gewaltiger Massenstreiks als Demonstration und Kampfmittel für das allgemeine Wahlrecht zum Reichsrat und zu den einzelnen Landtagen in Böhmen, Galizien und Triest. Im Jahre 1905 gleichfalls hatten wir in Italien den kolossalen Streik der Eisenbahner, in Galizien den Massenstreik von 200 000 Landarbeitern, derjenigen Kategorie, die im tiefsten Elend, in der tiefsten Erniedrigung lebt. Seitdem vergeht kein Jahr ohne einen gewaltigen Massenstreik in diesem oder jenem Lande. Im vergangenen Jahre, 1909, hatten wir den unvergessenen Generalstreik in Schweden, der Ihnen allen in frischer Erinnerung ist. In diesem Moment, in diesem

Jahre hatten wir – ich werde Ihnen das, was Sie selbst erlebt haben, nicht in Erinnerung zu rufen brauchen – in Amerika zwei glänzend durchgeführte und siegreiche Massenstreiks. Der erste begann im März und endete im April, das war der Massenstreik in Philadelphia, der zweite, jüngst erst beendete war der Generalstreik von 70 000 männlichen und weiblichen Arbeitern der Frauenbekleidungsindustrie in New York, die es durchgesetzt haben, daß in der ganzen Branche in sämtlichen Werkstätten nur das als Gesetz gilt, was die Gewerkschaft der Arbeiter bestimmt. (»Bravo!«) Parteigenossen! Das ist sozusagen ein kurzer Überblick über die nackten Tatsachen der Geschichte des Massenstreiks der letzten Jahrzehnts. Und es genügt, diese Tatsachen festzustellen, um daraus den Schluß zu ziehen: Es hat sich in den Bedingungen der Verwirklichung des Massenstreiks Gewaltiges verändert in der letzten Zeit. Haben wir denn einen Grund anzunehmen oder zu denken, daß alle diese Massenstreiks und Generalstreiks, die ich Ihnen aufgezählt habe, sozusagen ein verspäteter Triumph der anarchistischen Idee seien? Nein, durchaus nicht, werte Anwesende, durchaus sind es nicht die Anarchisten, die einen Grund zum Triumphieren haben und einen Grund, uns darauf hinzuweisen, daß wir sozusagen mit Verspätung darauf gekommen sind. Merken Sie sich wohl, daß gerade in allen den Ländern, wo die wirksamsten und machtvollsten Massenstreiks in der letzten Zeit zustande gekommen sind, daß dort der Anarchismus gänzlich ausgestorben ist, und merken Sie sich die interessante Tatsache, daß während der russischen Revolution in jenem Lande, wo der Massenstreik als politisches Kampfmittel gewissermaßen aus der Taufe gehoben ist, gewissermaßen als epochemachendes, glänzendes Beispiel angewandt worden ist, daß in diesem Lande, das außerdem die Wiege des bekannten Theoretikers und Anarchisten Michael Bakunin ist, mit dem noch Marx und Engels in der Internationale heftige Kämpfe führen mußten – daß in Rußland selbst während der ganzen großen Revolution der Anarchismus nicht nur keine Rolle gespielt hat, sondern daß er gänzlich heruntergestampft worden ist von den siegreichen Scharen des organisierten Proletariats. (»Bravo!«) Denn, Parteigenossen, diese Tatsache muß doch geschichtlich hervorgehoben werden: Die einzige Form, in der sich der Name des Anarchismus dieser Schablone in der russischen Revolution erblicken ließ, das war als Aushängeschild des Lumpenproletariats, der Diebe, der Banditen und Strolche, die, um in irgendeinen idealen Mantel sich einzukleiden, sich anarchistische Kommunisten nannten und von der ganzen sozialistischen Arbeiterschaft als das, was sie sind, die Vertreter des Lumpenproletariats, erkannt wurden. Parteigenossen! Somit trennt sich gewissermaßen gleich zu Beginn unserer jetzigen Entwicklungsperiode die Idee des Massenstreiks von den anarchistischen Nährvätern und Propagandisten des Generalstreiks vollständig. Die Idee des Massenstreiks tritt auf als direkter Gegensatz zu den Hirngespinsten des Anarchismus. Denn, Parteigenossen und werte Anwesende, während für die alten Anarchisten die Idee des Generalstreiks ein wundertätiges Mittel sein sollte, um gewissermaßen durch einen Zauberschlag, von heute auf morgen, ohne große Mühe, plötzlich in ein Paradies des Sozialismus hinüberzuspringen, während für die Anarchisten die Idee des Massenstreiks ein direkter Gegensatz zur politischen Betätigung, zum politischen Kampf war, erblicken wir jetzt umgekehrt den Massenstreik als politische Waffe, die am meisten dazu dient, dem Volke politische Rechte zu erobern.

So, verehrte Anwesende, stellen sich die Tatsachen dar, und nun haben wir allen Grund, uns als denkende Kämpfer die Frage vorzulegen: Was ist geschehen, wieso ist es möglich geworden, daß eine Idee, deren Ausführbarkeit so lange Zeit unpraktisch erschien, unrealisierbar erschien, daß sie gewissermaßen jetzt zur täglichen Erscheinung geworden ist, daß sie heute auf jeder Tagesordnung der politischen und gewerkschaftlichen Bewegung steht? Wenn Sie die Antwort auf diese Frage mit jener Gründlichkeit geben wollen, die zu einem ernsten Politiker gehört, so müssen Sie vor allem einen Blick auf

die wirtschaftliche Entwicklung der letzten Jahrzehnte und
namentlich des letzten Jahrzehnts werfen. Werte Anwesende
und Parteigenossen, diejenigen, die in einem der wichtigsten
Punkte des westlichen Industriegebietes wohnen, wissen selbst
was sie am eigenen Leibe erfahren haben. Der hervorragende
Zug in der Entwicklung Deutschlands in der letzten Zeit ist
die gewaltige Konzentration des Kapitals, die Konzentration
und Ansammlung der Großindustrie in ihrer Macht gegenüber
dem Proletariat! Parteigenossen, erinnern Sie sich, daß vor
etwa 12 Jahren in unseren eigenen Reihen, in den Reihen der
Sozialdemokratie, sich sehr laute Zweifelstimmen hören ließen, die die Revision der ganzen Marxschen Lehre verlangten, die behaupteten, das, was Marx gesagt habe über die Linie, über die Richtung der organisatorischen Entwicklung des
Kapitals, das alles müsse zum alten Eisen geworfen werden.
Denn in Wirklichkeit entwickele sich der deutsche Kapitalismus nicht so, wie es Marx prophezeit habe. Man sagte, die
Konzentration des Kapitals geht nicht so vor sich, denn viele
kleine Betriebe erhalten sich noch am Leben, und auf diese
Weise habe das Proletariat durchweg nicht so rasch nötig, mit
der kapitalistischen Herrschaft ein Ende zu machen, und
– Parteigenossen – kaum war diese Ansicht ausgesprochen,
kaum begann das große Werk der Revidierung der Marxschen
Lehre, da kam das Leben selbst und zeigte – und zwar in so
deutlicher Weise, daß selbst ein Blinder es sehen mußte –,
zeigte, daß in Deutschland die kapitalistische Entwicklung gewissermaßen nach Marxschen Voraussetzungen in glänzender
Weise bestätigte, was unsere Lehre vorausgesagt hatte. Nirgends so wie in Deutschland hat sich gerade im letzten Jahre
das Kapital in dieser Übermacht gegenüber dem Proletariat
zu einer gewaltigen Macht zusammengeballt.
Nirgends so wie in Deutschland, und speziell hier im westlichen Industriegebiet. Blicken Sie nur auf die wichtigsten In-
dustriezweige. Überall ist fast das gesamte Kapital, die gesamte Macht über die Produktionsmittel konzentriert in wenigen Händen, in Kartellen, die allmächtig das ganze Gebiet

beherrschen. Dasselbe bezieht sich auf die Kohlenindustrie, auf die Eisenindustrie, dasselbe bezieht sich in der letzten Zeit auf die Textilindustrie. Was bedeutet die Entwicklung der Kartelle gegen die Arbeiterschaft? Vor einigen Jahren hat der deutsche Reichstag eine besondere Enquête, eine Untersuchung über das Wesen und die Natur der deutschen Kartelle eingerichtet. Es waren die Vertreter der verschiedenen Kartelle, die Großmagnaten, zusammenberufen, und sie mußten auf verschiedene ihnen gestellte Fragen den Vertretern des Reichstages und der Reichsregierung Antwort geben. Eine unter diesen Fragen lautete: Wie stellen sich die deutschen Kartelle der Großindustrie zu den Arbeiterfragen, welchen Einfluß nehmen sie auf die Gestaltung der Arbeitsbedingungen? Darauf antworteten die Herren Vertreter der Kartelle und namentlich der Herr Kirdorf aus Gelsenkirchen mit Entrüstung: Die Kartelle mischen sich absolut nie ein in die Arbeiterverhältnisse. Die Arbeitsbedingungen gehen die Kartelle durchaus nichts an. Unser Vertreter, der Reichstagsabgeordnete Molkenbuhr, hat darauf damals schon den Herren ins Gesicht gesagt, daß sie es mit der Wahrheit ein bißchen auf die leichte Schulter genommen haben bei dieser Erklärung. Und sogar Professor Schmoller, ein durchaus konservativer Mann, erklärte, er könne es nicht glauben, daß die Kartelle ihre Macht nicht dazu ausnutzen, um auf die Arbeitsbedingungen irgendeinen Druck auszuüben. Aber, Parteigenossen, werte Anwesende, wenn es irgendeines Beweises bedurfte, daß die Kartelle direkt eine feindliche Macht gegen die Arbeiterschaft sind und namentlich gegen die Arbeiterorganisationen, so hat die jüngste Bauarbeiteraussperrung den glänzendsten Beweis geliefert. (»Sehr richtig!«) Und es ist absolut notwendig, daß jeder von Ihnen als Kämpfer und Vertreter der Arbeiterorganisationen sich diese Tatsache merkt, um sie unserem Gegner vor die Augen zu halten. Während der Bauarbeiteraussperrung – als Hunderttausende von Arbeitern mit Frauen und Kindern dem Hunger ins Auge blickten, als sie nicht wußten, wovon sie morgen den

Hunger ihrer Kinder stillen sollten, als sie durch ein Machtwort einer Clique von Hamburger Kapitalisten am Hungertuche nagen mußten –, da erklärten diese Kartelle, namentlich der Stahlwerksverband, die Baumaterialienhändler, sie erklärten alle wie ein Mann: Jetzt heißt es, die Bauunternehmer zu unterstützen. Und um diejenigen Bauunternehmer, die sich weigerten, dem Machtwort ihres Verbandes zu folgen, und die ihre Arbeiter nicht aussperren wollten, um diese wenigen Bauunternehmer zur Aussperrung zu zwingen, haben ihnen die hiesigen Lieferanten das Material zu Bauten zu verweigern versucht, um auf diese Weise einen Druck auszuüben auf die Arbeiter. (»Pfui!«) Diese Tatsache bleibt ein geschichtlicher Beleg dafür, daß die Vertreter der deutschen Kartelle, während ihnen die Vertreter des Reichstags und der Regierung die Frage vorlegten nach den Arbeitsbedingungen, direkt schamlos gelogen haben (»Sehr richtig!«), als sie es leugneten, daß sie einen Druck gegenüber den Arbeitsbedingungen gebrauchten. Aber, Parteigenossen, neben Kartellen und Syndikaten, die sich nicht bloß mit der Organisation der Produktion zu befassen haben, haben wir ja im letzten Jahrzehnt eine ganze Reihe von Arbeitgeberorganisationen bekommen, die schon unverhüllt den Zweck verfolgen, einen tödlichen Krieg gegen die Gewerkschaften zu führen. Wir haben jetzt fast in jedem Gewerbe Vereinigungen von Arbeitgebern, die durchaus durch Lohndrükkung, durch Aufzwingen von Zwangsarbeitsnachweisen es versuchen, den Arbeitern die Früchte der langjährigen, mühevollen Gewerkschaftsarbeit zu entziehen und ihnen das Koalitionsrecht streitig zu machen. Parteigenossen! Alle diese Arbeitgeberverbände sind zentralisiert in zwei Spitzen, in der Hauptstelle der Arbeitgeberverbände und in dem Verein der Arbeitgeberverbände. Und nach dem neuen »Statistischen Jahrbuch für das Deutsche Reich« von 1910 ergibt sich, daß beinahe 270 000 Arbeiter zu ihrem Machtbereich zählen. Nun, Parteigenossen, in Wirklichkeit ist die Macht dieser Arbeitgeber eine viel ausgedehntere, denn wir wissen ja alle, daß diese Herrschaften am meisten das Dunkel lieben, daß sie sich durchaus nicht beeilen, mit ihren Organisationen, mit ihren Praktiken an das Sonnenlicht der Öffentlichkeit zu treten. In Wirklichkeit ist der Zusammenhang, ist die Verbindung des kapitalisierten Unternehmertums z. B. gegen die Arbeiterschaft und ihre Organisationen eine unendlich größere, als in der Öffentlichkeit bekannt ist. Nun aber, Parteigenossen, nachdem wir gesehen haben, daß auf diese Weise die wirtschaftliche Entwicklung des letzten Jahrzehnts direkt dazu geführt hat, eine gewaltige Masse von Kapital gewissermaßen wie eine beseelte Macht mit einheitlichem Willen und einheitlichem Haß gegen das Proletariat in das Feld zu führen, werfen wir einen Blick auf die politische Seite der Entwicklung. Was sehen wir in der letzten Zeit auf der politischen Bühne Deutschlands? Der Zusammenhang zwischen der ökonomischen, wirtschaftlichen und politischen Entwicklung zeigt sich in einer charakteristischen Weise. Und das wissen wir alle, daß gewissermaßen das Zentrum, die Spitze des ganzen Unternehmerscharfmachertums der berühmte Zentralverband Deutscher Industrieller ist, an dessen Spitze Bueck stand, von dem Sie alle die aufsehenerregende Affäre wissen von den 12 000 Mark, die er der Regierung angeboten hat zu Zwecken, die mit dem Wohle der Arbeiterbewegung wenig gemein haben. Nun ist aber dieser Zentralverband Deutscher Industrieller – der größte Scharfmacher gegenüber allen Arbeiterorganisationen und zugleich die höchste Spitze der Hochschutzzollpolitik, zugleich die größte Stütze der reaktionären Maßnahmen sowie das größte Hindernis aller sozialen Forderungen im Deutschen Reiche – eine Unterstützung aller Maßnahmen der Konservativen Partei. Werte Anwesende, es gibt nichts, keine Erscheinung, die in so typischer Weise die sozialen Schäden unserer Volksentwicklung offenbart, sie auch dem blödesten Auge gezeigt hat, wie das Schauspiel, das sich in Deutschland und speziell in Preußen in letzter Zeit beim preußischen Wahlrechtskampf abgespielt hat. Was hat sich dabei herausgestellt? Es hat sich herausgestellt, daß das

Volk zu Mitteln greifen muß, die die Arbeiterklasse notwendig hat, um die elementarsten politischen demokratischen Rechte zu erkämpfen, die von Rechts wegen bereits durch den wirklichen Liberalismus hätten erkämpft werden sollen. Es handelt sich immer noch um den Kampf um das allgemeine Wahlrecht für beide Geschlechter zum preußischen Landtag.

Parteigenossen und werte Anwesende! Es ist eine höchst bezeichnende Tatsache, daß wir bereits in Preußen einmal das allgemeine Wahlrecht hatten, um das man jetzt mit so vieler Mühe kämpfen muß. Diese Zeit, in der wir dieses Wahlrecht einmal erkämpft hatten, das war der 18. März 1848. Parteigenossen, erinnern Sie sich der Ereignisse, die damals in Deutschland stattfanden! Damals, an diesem denkwürdigen Tage, war das Volk von Berlin auf die Straßen gegangen. Es hat damals Barrikaden gebaut, es hat den Truppen des Königs Schlachten geliefert, es hat die Truppen geschlagen. Das Volk von Berlin hat am andern Tage, am 19. März, seine Toten erhoben, vor das Schloß des Königs getragen, und es hat den König Friedrich Wilhelm gezwungen, der einst das stolze Wort gesprochen hatte, daß er es nie dulden werde, daß zwischen ihn und seine Untertanen ein geschriebenes Blatt Papier, genannt Verfassung, sich schieben sollte – das Volk hat diesen stolzen Herren gezwungen, vor dem Volke, vor dem Feuer des Barrikadenkampfes das Haupt zu entblößen und den Siegern der Barrikaden das beschriebene Blatt Papier zu Füßen zu legen. Parteigenossen! Damals, auf diesem Blatt Papier, das ihr dem König abgetrotzt habt, stand das allgemeine Wahlrecht für alle Preußen, die das 20. Lebensjahr zurückgelegt hatten. Aber, werte Anwesende, die damalige Freiheit war eben noch ein Blatt Papier, und es galt, diese Freiheit ins Leben zu führen, und dazu war das damalige arbeitende Volk Preußens und Deutschlands noch nicht reif genug. Damals hatten wir noch nicht die gewaltige kapitalistische Entwicklung wie heutzutage und nicht die Arbeiter, das klassenbewußte Proletariat, sondern die liberale Bourgeoisie. Sie bekam die Macht in die Hände.

Es waren gerade die Vertreter der damaligen Industrie in Westfalen und im Rheinland, die Herren Camphausen und Hansemann, die zu Ministern ernannt wurden nach dem Krach des 18. März 1848. Was hätte damals die liberale Bourgeoisie tun sollen dank dem Blutvergießen, dank den Lebensopfern des arbeitenden Volkes, wenn sie es mit ihrem politischen, mit ihrem liberalen Programm ernst meinte? Parteigenossen! Es ist klar, daß vor allem damals schon die liberale Bourgeoisie, als sie an die Macht gekommen war, wenn sie es mit ihrem Programm ernst meinte, als erste Sache die ganze vormärzliche vermorschte Staatsmaschinerie hätte zertrümmern, in ganz Deutschland die Republik hätte proklamieren sollen. (»Bravo!«) Parteigenossen! Der bürgerliche Liberalismus von damals hat es nicht getan, er hat versäumt, die Freiheit, die frisch vom Volke erobert war, zu befestigen und zu sichern. Die Bourgeoisie hat im Gegenteil so schnell wie möglich hinter dem Rücken des Proletariats aus eigener Macht mit dem Thron und mit dem Feudalismus Frieden geschlossen und das Volk um die Früchte des Kampfes betrogen. Und weshalb? Weil sie schon damals mehr das Volk fürchtete und haßte als die gesamte preußische Reaktion! Parteigenossen, seit jener Zeit erleben wir einen immer tieferen und tieferen Verfall des Liberalismus. Bemerken Sie folgende interessante Sache! Woher kommt die jetzige größte Reaktion innerhalb der liberalen Partei? Aus dem hiesigen westlichen Industriegebiet! Während im preußischen Wahlrechtskampf das Proletariat unter Führung der Sozialdemokratie die alten Schulden der bürgerlichen Liberalen zu bezahlen hat, um das gleiche, allgemeine Wahlrecht zu erkämpfen, um das uns die Väter unserer Liberalen 1848 bestohlen haben, kommt von den rheinisch-westfälischen Nationalliberalen die reaktionärste Strömung innerhalb des Nationalliberalismus. Nun gerade zeigt es sich, daß das gewaltige Kapital, das als Scharfmacher auftritt gegen die eigenen Arbeiter, zugleich das feste Bollwerk der Reaktion auch im politischen Leben ist. Und so sehen wir auf allen Gebieten – in der berühm-

ten Finanzreform, der Hochschutzzollpolitik und den immer
steigenden Ausgaben für Militarismus, in den weltpolitischen
Abenteuern – einen gewaltigen Zug, daß wir sagen müssen,
heutzutage bei der Verteidigung der Interessen der Freiheit, der
Interessen der Demokratie steht das arbeitende Volk, steht die
Sozialdemokratie ganz allein auf sich angewiesen. Sämtliche
bürgerliche Parteien stehen uns in einem vereinten Lager der
Reaktion gegenüber.

Daraus ergibt sich, Parteigenossen, daß auch auf politischem
Gebiet jeder Schritt vorwärts, daß jedes politische Recht nicht
anders als durch die arbeitenden Massen selbst in einer großen
kühnen Aktion oder vielmehr in vielen langen Aktionen der
Massen draußen auf der Straße erworben werden kann. Wir
haben ja bisher schon manchen Schritt vorwärts getan, wir
haben erlebt, Parteigenossen, in diesem Kampfe um das preußische Wahlrecht, daß die bestehende herrschende Ordnung
auch vor brutalsten Eingriffen in unsere bürgerlichen Rechte
nicht zurückschreckt, um uns den Sieg zu erschweren. Denken
wir alle an das schöne Erlebnis, das wir am 6. März im Berliner Tiergarten hatten, wo wir, eine vieltausendköpfige
Menge, ganz ruhig und friedlich in der Frühlingssonne standen und nichts anderes taten, als einmal über das andere zu
rufen: »Das allgemeine, gleiche Wahlrecht lebe hoch!« Da
zeigte sich plötzlich auf dem Platz eine Truppe berittener
Polizisten, die mit geschwungenen Säbeln wie eine wilde
Horde auf uns losstürmten. Da zeigte es sich, wozu, zu wes-
sen Sicherheit die Polizeisäbel getragen werden. Parteigenossen! Mit Ruhe und Gelassenheit können wir diese vergangene
Geschichte erzählen, wir haben diese Herren gezwungen, ihre
Säbel wieder in die Plempen zu stecken. Parteigenossen! Wir
haben noch mehr gezeigt, wir haben den Chef der Polizei in
Berlin gezwungen, nachdem er gewaltige Proklamationen
gegen uns, die revolutionäre Partei, erließ und plakatierte, die
Straße gehört dem Verkehr, Demonstrationen werden nicht
geduldet, uns die Straße einzuräumen, und ihn gelehrt, daß

die Straße uns, der Masse der Arbeiter, gehört. (»Bravo!«) So, Parteigenossen, hat uns die Massenbewegung bis jetzt schon gezeigt, daß jeder Schritt vorwärts unter dem Druck der gewaltigen Masse der Arbeiter draußen auf der Straße erzwungen werden muß. Und genauso, wie wir bisher den ersten Sieg über die blutige Faust der Polizei ertrotzt haben, so werden wir nicht anders als auf der Straße und durch große proletarische Massendemonstrationen das Dreiklassenwahlrecht zerschmettern. (»Sehr richtig!«) Parteigenossen! Gerade in diesem preußischen Wahlrechtskampf kann und beinahe muß sich früher oder später der Gebrauch der äußersten und schärfsten Waffe, die das organisierte Proletariat zur Verfügung hat, als notwendig erweisen: der Gebrauch des politischen Massenstreiks. Mögen die herrschenden Gewalten in Preußen noch viel mehr mit dem Säbel fuchteln. Sie haben vielleicht alle gehört, welch neue schöne Geheimnisse von jener Seite auf unserem letzten Magdeburger Parteitag offenbart wurden, wie wiederum ein Herr aus Westfalen, der gewesene Kommandierende General von Bissing, einen ganzen Feldzugsplan gegen das in den Straßen demonstrierende Proletariat entworfen hat. Mögen die Herrschaften, wie sie am 6. März in Berlin getan haben, ihre Kanonen, ihre mit scharfen Patronen geladenen Gewehre gegen die Massen richten. Gegen die Waffen, die wir in Vorrat haben, helfen keine Kanonen, keine scharfen Säbel (»Bravo!« »Sehr richtig!«), alle bisherigen Erfahrungen haben das bereits gezeigt. Kann denn irgendein Staat, mag er an Verblendung, mag er an Brutalität sogar den preußischen Staat übersteigen, kann er gegen Hunderttausende ruhig und friedlich streikende Arbeiter die Kanonen ausfahren lassen? Töricht und verblendet wäre derjenige Staat, der eine so gewaltige Menge Arbeiter niedermetzeln wollte. Denn er würde ja mit eigenen Händen die Biene morden, von deren Honig er als Drohne lebt. (»Bravo!« »Sehr richtig!«) Und, Parteigenossen, kann irgendein Staat – und mag er sämtliche Kanonen gegen uns ausfahren lassen –, kann er friedlich streikende Arbeiter dazu zwingen, die Maschinen in Bewegung zu setzen? Nein! Das vermag auch der despotischste Staat nicht zustande zu bringen, und so erweist sich, daß gerade die friedliche und ruhige Waffe des politischen Massenstreiks die schärfste Waffe ist, zu der wir vielleicht greifen müssen, wenn die herrschende Reaktion in ihrer Verbohrtheit und Verblendung weiter beharrt. Während so, Parteigenossen, die politische Entwicklung uns gerade dazu zwingt, zu Massenstreiks immer mehr zu greifen, um die elementarsten politischen Rechte zu erobern, führen wir genau nach derselben Richtung eine solche Politik in der Gewerkschaftsbewegung.

Werte Anwesende! Welchen Umständen verdanken wir die letzten großen Massenstreiks auf wirtschaftlichem Gebiet, und namentlich welche Lehren müssen wir ziehen aus dem Gewitter, das heraufzieht über Ihrem blühenden Metallarbeiterverband? Es sind ja die Kapitalisten selbst, die mutwillig und planmäßig darauf ausgehen, uns zu einer gewaltigen Kraftprobe zu provozieren. Nach den Erfahrungen der Bauarbeiteraussperrung ist es geradezu durch Dokumente erwiesen worden, daß der Streik gegen die Organisation der Bauarbeiter von langer Hand vorbereitet war, daß die Unternehmer es planmäßig dazu führten, durch Aussperrungen Proletarier zu einem Verzweiflungskampf zu zwingen, und genau derselbe Plan liegt dem jetzigen Plan der Schiffsbaukapitalisten ebenso wie der Kapitalisten der Metallindustrie zugrunde. Wenn auf diese Weise die Kapitalisten selbst, die Unternehmer, es in der Hand haben, dank der Protektion einer zusammengefügten Gewalt uns durch Aussperrung zu einem Massenstreik zu zwingen, so ergibt sich als eine dringende Notwendigkeit für unsere gewerbliche Organisation, mit der Waffe des Massenstreiks auf den Kampf zur Verteidigung des Koalitionsrechtes später einmal als unvermeidlich zu rechnen. Daraus ergibt sich, daß es die praktischste Sache ist, der Zukunft klar in die Augen zu blicken, sich zu sagen, je mehr die Massen des Proletariats dazu vorbereitet werden durch klare Erfassung der gesamten Lage, durch das Bewußtsein der großen Aufgaben, die ihnen bevorstehen, je mehr sie vorbereitet werden, diesen großen Kampf auszufechten, um so mehr Chancen haben wir, aus diesem Kampf als Sieger hervorzugehen.

Werte Genossen! Es stellen sich mehrere Argumente gegen den Gebrauch des Massenstreiks ein, die meist ins Feld geführt werden. Zunächst wird uns gesagt: Wir gehen bei einem Massenstreik, namentlich bei einem politischen Massenstreik, ein gewaltiges Risiko ein, indem wir die gewerkschaftliche Organisation einer gewaltigen Gefahr aussetzen. Unsere Gewerkschaftsorganisation könnte bei einem solchen großen Zusammenstoß in Stücke geschlagen werden. Es stimmt schon, daß in diesem oder jenem stürmischen Massenstreik vielleicht unsere Organisation im ersten Moment beschädigt werden könnte. Aber es gibt Lagen, und wir kommen immer mehr in diese Lage, wo ein Kampf auch unter ungünstigen Bedingungen aufgenommen werden muß, wenn überhaupt die Ehre der organisierten Arbeiterbewegung verteidigt werden soll.

Parteigenossen! Die gewerkschaftlichen Organisationen sind ja vor allem dazu geschaffen, uns in unserem Kampfe – namentlich zur Verteidigung unseres allerersten Rechtes, des Koalitionsrechtes, das jetzt so bedroht wird –, um uns dazu als Waffe im Kampfe zu dienen. Unsere gewerkschaftlichen Organisationen sind ja unsere Kanonen im Kampfe um eine bessere Zukunft. Was würden Sie sagen von einem militärischen Staat, welcher erklären würde, er könne nicht in den Krieg ziehen aus der Befürchtung heraus, seine Kanonen könnten dabei zerschmettert werden? Wozu haben wir die Kanonen anders, als um damit gegebenenfalls auf den Feind zu schießen? Andererseits sind unsere Waffen nicht von so plumper Beschaffenheit wie die Waffen der Militärstaaten. Die Kanonen der Militärstaaten können wirklich in einem Kampfe zerschmettert und unbrauchbar gemacht werden. Unsere Organisationen aber, sie bewähren sich im Kampfe, sie können nur existieren im

Kampfe, sie wachsen nur im Kampfe. Erinnern Sie sich an die Zeit des Sozialistengesetzes[1]. War das nicht die schwerste Zeit, die die deutschen Gewerkschaften zusammen mit der deutschen Sozialdemokratie erlebt haben? Wie sah es in unserer Organisation denn aus im ersten Moment nach der Verwirklichung des Sozialistengesetzes? Unsere Gewerkschaften waren zerschmettert, unsere Presse lahmgelegt, unsere Organisation vernichtet, aber wie sahen wir aus nach 12 Jahren, als das Sozialistengesetz aufgehoben werden mußte? Da standen wir da mit verzehnfachter Kraft, das Sozialistengesetz lag zerschmettert. (Tosender Beifall.) Und so wird es immer gehen in dem großen Kampfe, der uns durch unsere Gegner aufgezwungen wird.

Parteigenossen! Was zeigen die Erfahrungen der letzten Zeit? Sie zeigen uns, daß es keine günstigere Zeit zum Ausbau der gewerkschaftlichen Organisationen gibt als einen großen Massenkampf, der die indifferenten Massen des Proletariats aufrüttelt und sie aufnahmefähig macht für den Anschluß an die Organisationen. (»Sehr richtig!«) Sie haben es hier in Hagen erlebt, wo seit der letzten Aussperrung Ihr Metallarbeiterverband in so glänzender Weise einen Zuwachs aufzuweisen hat. Genau ebenso bestätigt sich dies auch anderswo. Nehmen Sie zum Beispiel das früher erwähnte Rußland. Bis zum Jahre 1905 gab es in Rußland fast keine Gewerkschaftsorganisationen. Infolge der gewaltigen Massenstreikaktion, die wir im Jahre 1905 dort erlebt haben, wachsen sie wie Pilze aus der Erde in einem Gouvernement nach dem andern. Kräftige, junge Gewerkschaftsorganisationen. Dasselbe hat seinerzeit in Belgien stattgefunden. Bis zum Jahre 1886 gab es in Belgien keine Spur von Gewerkschaftsorganisation. Zuerst kam da ein Zeichen des allgemeinen Erwachens nach dem Sturm von Massenstreiks in den Eisenwerkstätten. Aus diesen Massenstreiks wurde einerseits geboren die politische Bewegung, der Kampf um das allgemeine, gleiche Wahlrecht und zugleich die erste Gewerkschaftsorganisation Belgiens. Und die jüngste Erfahrung zeigt uns nach dieser Hinsicht sehr lehrreiche Beispiele in Philadelphia in Amerika. Ich habe zwei Zeugnisse davon, die ich Ihnen vorlesen möchte, weil wir keinen besseren Beweis haben, wie befruchtend auf die Erstarkung der Gewerkschaftsorganisationen solche elementaren Massenstreiks wirken, als gerade das Beispiel von Philadelphia. Es war zu Beginn des Frühjahrs dieses Jahres, am 5. März, daß in Philadelphia den organisierten Trambahnangestellten gekündigt worden ist. Gerade weil sie organisiert waren. Zur Verteidigung ihrer Genossen erklärten sämtliche Trambahnangestellte und dann sämtliche Berufe dieser Stadt den Generalstreik. Der Generalstreik ist glänzend mit einem Siege beendet worden. Außerdem ergab sich seitdem ein gewaltiger Zuwachs an Gewerkschaftsorganisation. So lesen wir z. B. in der deutschamerikanischen Bäckerzeitung, ehe der Generalstreik in Philadelphia zur Wirklichkeit wurde, waren dort kaum 350 Bäckereiarbeiter organisiert. Keine der großen Brotfabriken – und Philadelphia hat deren wie jede andere Großstadt eine ganze Anzahl – war organisiert, aber in dieser Massenversammlung war ein jeder Bäckereiarbeiter des größten Etablissements von Philadelphia anwesend, und dort erklärten sie, daß die Fabrik unionisiert werden müsse, ehe sie wieder an die Arbeit gehen würden. »Für unseren Verband ist jetzt die Stunde des Handelns gekommen, unsererseits darf nichts ungeschehen bleiben. Ein jeder zur Verfügung stehender Genosse mit organisatorischer Fähigkeit wird nach Philadelphia berufen werden, um dort unsern Genossen behilflich zu sein, um dort die Situation so gut wie möglich auszunutzen. Die Zeit ist da, und unsere Armee kann durch die Bäckereiarbeiter von Philadelphia einen gehörigen Zuwachs bekommen. Bis jetzt hat Philadelphia geschlafen. Brutal und plötzlich ist es aus seinem Schlaf aufgerüttelt worden. Das Proletariat von Philadelphia ist jetzt aufgebracht und voller Energie.« Das bezieht sich auf einen Beruf, der mit der ursprünglichen Ursache des Streiks gar nichts zu tun hatte. Die Bäcker haben sich organisiert infolge des Massenstreiks, der aus Sympathie für die Trambahnangestellten hervorgerufen wurde.

Und hier ein anderes Zeugnis aus der Textilindustrie von Philadelphia. Herr John Golden, der Führer der Textilarbeiter und -arbeiterinnen, erklärt: »Dieser Streik hat uns die Möglichkeit geschaffen, für unsere Organisation mehr Leute zu erreichen, als wir in fünf Jahren mit einem Aufwand von 10 000 Dollar hätten erreichen können. Es bedeutet das die vollständige Organisation der Textilarbeiter von Philadelphia. Wir haben bereits 5 000 neue Mitglieder eingetragen, wir erwarten, daß wir bis Ende der Woche noch eben so viele gewinnen werden. Die Erziehung und Erweckung der Lohnarbeiter zum Verständnis der Notwendigkeit, sich selbst zu organisieren, ist jedes Opfer wert, das dieser große Kampf erfordert haben mag. Ganz gleich, wie das Ergebnis des augenblicklichen Kampfes sein mag, die Arbeiter werden als Sieger daraus hervorgehen, denn sie werden stärker organisiert sein als vorher.« So, werte Anwesende, ergibt sich überall, daß gerade die gewaltigen Massenstreiks eine große Masse der bisher indifferenten Arbeiterschaft aufrütteln, daß sie glänzende Agitation für das Werk der Organisation der Gewerkschaften sind.

Und nun noch ein anderes Bedenken gegen die Massenstreiks. Parteigenossen! Man weist uns darauf hin – und das hat auch eine große Rolle gespielt bei der Besprechung des Massenstreiks im preußischen Wahlrechtskampf –, man weist uns darauf hin, daß wir noch zu sehr zu tun hätten mit einer großen Masse gegnerisch organisierter Kollegen. Wir haben noch mit den christlich organisierten Arbeitern zu tun, die nicht auf unserem Standpunkt stehen, und können wir denn eine so große Aktion wie die des politischen Massenstreiks unternehmen, da wir gegen uns noch so große Scharen andersdenkender Proletarier haben? Parteigenossen, diejenigen, die diese Befürchtung aussprechen, müssen erkennen, daß die Geschichte gerade in dieser Hinsicht umgekehrt wirkt, als sie behaupten. Nicht die christlich Organisierten können ein ernstes Hindernis bei der Massenstreikaktion darstellen, sondern umgekehrt. Es gibt kein sichereres Mittel, die großen Scharen der genasführten Arbeiterschaft von ihren bürgerlichen Führern in christlich-sozialen und anderen Verbänden loszureißen und zu uns zu bringen, als eine kühne, große Massenaktion. Denn, Genossen, je mehr Massenbewegungen kommen, je mehr es sich im Kampfe um große Fragen, um große Probleme, um Grundinteressen des Proletariats handelt, um so mehr müssen die Massen, auch die christlichen Gewerkschaften[2] und Hirsch-Dunckerschen[3], mit uns zusammengehören, und je mehr kommt heraus, was wir sagen, daß die ganze Politik ihrer Führer in den Verbänden in Wirklichkeit nichts anderes als eine Nasführung der Gewerkschaften ist. Parteigenossen! Deshalb müssen wir uns jedesmal freuen, wenn durch eine große Massenbewegung die Anhänger der christlichen Verbände und der Hirsch-Dunckerschen Verbände zusammen marschieren. Freilich, dieses Marschieren hat nur dann seinen Zweck erfüllt, wenn wir dabei die volle Öffentlichkeit haben und diese politisch ausnutzen und die Massen, die hinter den bürgerlichen Führern herlaufen, aufklären über das eigentliche Wesen ihrer Interessen und Aufgaben.

Parteigenossen! Es gibt noch einen weiteren Einwand, der scheinbar sehr plausibel und eine sehr gefährliche Waffe gegen den politischen Massenstreik ist, und dieser Einwand ist gewöhnlich der: Wir stellen den Hauptfaktor der Macht unserer gewerkschaftlichen Organisationen, wir stellen unsere Kasse, unsere finanziellen Mittel auf die Probe. Keine Gewerkschaft kann von sich, vor eine gewaltige Massenbewegung, vor einen gewaltigen Massenstreik gestellt, erklären: Wir haben in unserer Gewerkschaft Mittel genug, um ungezählte Hunderttausende während langer Monate unterhalten zu können. Aber, Genossen, die ganze Auffassung der Sache ist vollständig falsch. Wir können nicht vom Standpunkte des Kassenbestandes überhaupt so gewaltige Bewegungen, wie politische Massenstreiks es sind, erwägen. In solchen Fällen müssen wir vor allem rechnen auf etwas anderes als auf die klingende Münze in unsern Kassen und Kassenbüchern. Wir müssen rechnen auf die unerschöpfliche Quelle des Idealismus bei der Ausführung der Sache. Mit Kassen allein können solche gewaltigen Schlachten, wie sie uns jetzt bevorstehen, in Zukunft nimmermehr geschlagen werden. Da muß die große Hingebung an unsere großen Ziele und Aufgaben angespannt werden, da muß der letzte aus der Masse verstehen, daß es sich um solche Aufgaben handelt, um derentwillen man nicht nur monatelang darben kann, um derentwillen man nötigenfalls das Leben drangibt. (»Bravo!«) Parteigenossen! Bis jetzt hat noch niemals die Rechnung auf die Ideale der Massen in unserer Geschichte versagt. Haben wir nicht Beispiele genug gehabt während des modernen proletarischen Kampfes um die Befreiung, daß die Massen wohl das Allerschwerste zu ertragen verstehen? Wenn sie nur vor sich klar das Ziel erblicken, das dazu führt, sie von dem Joch des Kapitalismus zu befreien. Parteigenossen! So war es im Jahre 1848, und nicht nur in Deutschland, sondern auch in Frankreich während der berühmten Februarrevolution. Damals trugen sich die Proletarier mit dem holden Wahn, daß sie nur eine große Anstrengung voller Opfer zu machen brauchten, damit sie gleich in kürzester Frist die sozialistische Gesellschaftsordnung verwirklichen könnten. Nachdem sie in Frankreich am 24. Februar 1871 erzwungen haben bei der provisorischen Regierung, die Republik zu proklamieren, haben sie sofort die Forderung gestellt: Wir verlangen, daß diesmal eine soziale Republik in Frankreich eingerichtet wird, in der es für jedermann Zuckererbsen und Brot genug geben soll. Und, Parteigenossen, damals marschierten die französischen Proletarier auf den Straßen von Paris mit einer schwarzen Fahne, auf der geschrieben stand: Arbeiter, lebt oder empfangt den Tod! Die provisorische Regierung, die damals die größte Furcht vor dem versammelten Proletariat auf der Straße hatte, versprach, die sozialistische Republik einzurichten und jedem Brot und Arbeit zu sichern: Sie müsse aber dazu einige Zeit haben. Die Herrschaften wußten aber, daß das Feld nach 3 Monaten anders aussehen werde, sie mußten Zeit gewinnen, um die blauen Bohnen zu sammeln, mit denen sie die Hungernden füttern wollten. Parteigenossen! Die Proletarier erklärten damals die denkwürdigen historischen Worte durch den Mund eines der Ihren, eines der ersten und besten Arbeiter von Paris. Sie erklärten damals der versammelten provisorischen Regierung: Gut, meine Herren, wir geben euch die Zeit, wir hungern die 3 Monate, wir, das Proletariat von Paris, aber wir wollen die soziale Republik haben. Es kamen 3 Monate furchtbarster Not, und sie haben sie ausgehalten, weil sie glaubten, sie bekämen die berühmte soziale Republik, die für jedermann Brot und Arbeit haben sollte, und als die 3 Monate um waren, da erschien nicht Brot und Arbeit der sozialen Republik, sondern es erschien die Nationalgarde auf der Straße, da erschien die Armee auf der Straße, und da gab es die berühmten Junikämpfe und Junischlächtereien, die während dreier Tage und dreier Nächte im Blute den Wahn der sozialen Republik zu ersticken suchten.

Aber, Parteigenossen, schon damals hat sich gezeigt, daß die Masse vor keinen Opfern zurückschreckt. Damals gab es keine Kassen, um die Proletarier 3 Monate zu erhalten, damals gab es keine Gewerkschaften, keine Organisation, um sie in ihrer Kampfesstimmung aufrechtzuerhalten. Wie erst müßte heutzutage unser Augenmerk darauf hingerichtet sein, für alle Kämpfe die Opfer zu bringen, die nötig sein sollen, nachdem wir solche gewaltige Kulturarbeiten der deutschen Gewerkschaften und der deutschen Sozialdemokratie hinter uns haben! Um diesen Geist, um diesen Idealismus aus der Masse hervorzurufen, brauchen wir nichts anderes, als immer wieder darauf hinzuweisen, daß die Kämpfe, die wir jetzt führen, daß alle Massenstreiks, die wir vor uns haben, nichts anderes sind als eine notwendige geschichtliche Etappe zur endgültigen Befreiung vom Kapitalismus, zur sozialistischen Gesellschaftsordnung.

Parteigenossen! Ist nicht jede Aussperrung, die wir heute erleben, eine gewaltige Propaganda für den Sozialismus? Ist nicht die Tatsache allein, daß wir heutzutage vor einer Entscheidung stehen und uns fragen, ob in den nächsten Tagen schon durch einen Machtspruch einer Handvoll Kapitalisten

Hunderttausende von Männern und Frauen auf das Straßenpflaster geworfen werden – ist das nicht Beweis genug für den Blinden, daß eine solche Gesellschaftsordnung wert ist, daß sie zum Teufel gejagt wird? (Lebhafter Beifall.)

Parteigenossen! Jede Aussperrung ist ein Schritt weiter, ist ein neuer Nagel zum Sarge der kapitalistischen Ordnung, denn gerade die jetzt beliebte Methode der Aussperrung, ohne das Proletariat zu besiegen, ist der beste Beweis, daß die bestehende Gesellschaftsordnung nicht mehr möglich, sondern unhaltbar geworden ist, daß sie einer andern Platz machen muß. Und ist nicht jeder Massenstreik ein Schritt weiter vorwärts auf dem Wege zu ihrer Beseitigung? Parteigenossen, das berühmte Kommunistische Manifest von Marx und Engels schließt mit den Worten: Das Proletariat hat nichts zu verlieren als seine Ketten, zu gewinnen eine ganze Welt. Nur dann werden wir gewappnet sein zu der gewaltigen Schlacht, die wir in der nächsten Zeit zu schlagen haben, wenn jeder gewerkschaftlich organisierte Proletarier verstanden hat, daß sein Beruf in der Sozialdemokratischen Partei, wenn jeder sozialistische Proletarier versteht, daß er verpflichtet ist, die sozialistische Aufklärungsliteratur sich zu eigen zu machen, daß jeder gewerkschaftlich tätige und organisierte Arbeiter zugleich ein zielbewußter sicherer Kämpfer für die sozialistische Befreiung ist. Nur unter diesem Schlachtruf werden wir die nächsten Schlachten zum Siege bringen, wenn der letzte Proletarier versteht, daß man zu verlieren bloß seine Ketten, zu gewinnen eine ganze Welt hat. (Anhaltender tosender Beifall!)

Quelle: Rosa Luxemburg, Gesammelte Werke. Bd. 2. Berlin: Dietz 1972. S. 463–483.

Anmerkungen

1. Das Sozialistengesetz vom Oktober 1878 ermöglichte es der Regierung, sozialistische Vereine, Versammlungen und Druckschriften zu verbieten und die sozialdemokratischen Führer auszuweisen. Aber die erhoffte

Wirkung blieb aus: die Sozialdemokraten agitierten erfolgreich im Untergrund und gewannen in den nächsten Jahren an Boden.

2. Die christlichen Gewerkschaften, die den Klassenkampf als Mittel zur Beseitigung der Klassengegensätze ablehnten, waren seit 1894 entstanden.

3. Nach englischem Vorbild gründeten 1868 Max Hirsch (1832–1905) und der Verleger Franz Duncker (1822–88) die Deutschen Gewerkvereine, die freiheitlich-national orientiert waren.

RUDOLF BORCHARDT

1877–1945

Der heute fast vergessene Dichter und Essayist wurde am
9. Juni 1877 in Königsberg geboren und wuchs in Berlin auf.
Von 1895 bis 1900 studierte er Theologie, klassische Philologie und Archäologie und lebte ab Winter 1903/04 mit Unterbrechungen in Italien. Er stand ursprünglich dem George-Kreis nahe, war mit Hugo von Hofmannsthal, auf den er am
8. September 1902 in Göttingen eine berühmte Rede hielt,
und Rudolf Alexander Schröder befreundet. Nach dem Ersten
Weltkrieg, an dem der konservativ-national gesinnte Borchardt als Offizier teilnahm, zog er sich bald wieder nach
Italien zurück. Im August 1944 wurde er von der SS verhaftet, dann wieder freigelassen. Bis zu seinem Tode am 10. Januar 1945 hielt er sich in Trins am Brenner auf.

Die Bedeutung Borchardts liegt vor allem in seinen literatur-
und kulturkritischen Essays, seinen Nachdichtungen und
Übersetzungen, in der kenntnisreichen Vermittlung der abendländischen Tradition. In diese Richtung weisen auch seine
Reden, die Borchardt durchaus als eine eigene Gattung mit
spezifischen Ansprüchen verstand. Deshalb entschloß er sich
nur ungern zu einer Bearbeitung für den Druck; denn die
Darbietungsweise des Redners, so merkte er einmal in diesem
Zusammenhang an, »bestimmt sich in ihrer Form nicht durch
die Fragen der Wissenschaft und die geläufigen Mittel, sie zu
beantworten, sondern durch den inneren Zustand eines Publikums, dessen reale Bedürfnisse er zu erfüllen wünscht und den
Stil einer Gattung, die er aufstellt«. Auch die Rede »Die neue
Poesie und die alte Menschheit«, die Borchardt am 15. Januar
1912 in Heidelberg gehalten hat und die ein gelungenes Stück
deutscher Rhetorik darstellt, ist in diesem Sinne konzipiert.

Die neue Poesie und die alte Menschheit

Es ist mir eine tiefe Genugtuung, meine Herrschaften, denjenigen, die mich aus meiner Stille hergerufen haben, glauben zu dürfen, daß ich als ein Erwarteter und Wohlbekannter diese Bühne betrete, daß ich mich nicht erst Einverständnis suchend auf etwas Dunkles zubeuge, sondern in eine dargebotene Hand einschlage und sofort meinen Platz unter Ihnen nehme. Ich bin nicht zuversichtlich genug, diese schöne Fügung Ihrer Bekanntschaft den Geschöpfen meiner Produktion zuzumessen: Dafür ist zu geringfügig, was zufällige Windstöße von ihr losgerissen und in eine halbe Öffentlichkeit entführt haben, zu trümmerhaft, zu widerspruchsvoll, was ich selber wenigstens im Augenblicke der Herausgabe für lebensstark genug gehalten haben mag sich selber zu vertreten. Lassen Sie mich, irrig oder nicht, gleichviel, – lassen Sie mich, solange ich hier stehe, annehmen, daß die Hoffnung, mit der Sie mich in diesem Saale begrüßen, nicht oder nicht in erster Linie, einem gestaltenden Künstler entgegenkomme, sondern einer moralischen Person. Wenn es meinem Eingreifen in den geistigen Streit unserer Tage gelungen ist, hier und da im einen oder andern von Ihnen das Gefühl nicht sowohl zu wecken – denn Sie fühlen es vom Mutterleibe her –, sondern zu bestätigen, das Gefühl also, daß der künstlerischen und geistigen genau so wie jeder anderen Existenz nicht ein Verhältnis von Schön und Häßlich, nicht eines von Zweckmäßig und Unzweckmäßig, ja nicht einmal das von Schein und Wesen zugrunde liegt, sondern ein Verhältnis von Unrecht und Recht, – wenn es mir gelungen ist, dann und wann diesen und jenen von Ihnen hinter dieser Polarität das gigantische Janushaupt durchschimmern zu machen, hinter dessen Brauen Recht und Unrecht vermischt liegen, um erst heraustretend in die Welt entschieden einander zu fliehen, wenn meine Taxation des Lebenswertes Sie zur Einkehr in sich, die Herbigkeit meines Anspruchs Sie zu Verzichten auf Reizendes und Verführendes gebracht hat, und wenn Sie mir glauben – woran alles hängt –, daß heut wie vor hundert, wie vor tausend, wie in hundert, wie in tausend Jahren nur wer irrt viel Gefährten hat, solang er irrt, und wer die Wahrheit kennt »fast allein« ist, so geben Sie mir auch heut Gehör, wie befremdliches wie veraltetes oder scheinbar veraltetes ich Ihnen vielleicht zu sagen haben mag. Ich ersehe aus Ihren Berichten und Programmen die Reihe berühmter oder wohlbekannter Vertreter der modernen Literatur, die vor mir hier Ihre Gäste gewesen sind, es nach mir sein werden. Wunderlich, wie verloren erscheine ich mir in ihrer Reihe, einsamer in meinem Vaterlande, das ich nur noch als Gast zu betreten mich gewöhnt habe, als zwischen dem einsamen Ölberge und der einsamen Rebenzeile der Fremde, die mein ständiger Anblick zu werden beginnt. Glänzende Geister, schrankenlose Aufrührer, blendende Individuen haben hier versucht, werden nach mir hier versuchen, Ihnen das Gesetz ebenso zweifelhaft zu machen wie die Freiheit, denn beide haben den Nachteil nicht original zu sein, sondern in Jahrtausenden erkämpfte Rechtsgüter der alten Menschheit. Aus überzeugtem Munde, unterstützt durch eindrucksvolle Produktionen, werden Sie künftig wie zuvor den Preis der neuen Poesie von hier aus vernehmen, die ihre eigenen Fesseln neu sprengt, um sie dem Geiste der Zeit anzulegen, dem Geiste der Zeit, der sie von jeder Verehrung entbindet, auf die Bedingung hin, daß er ihre Norm akzeptiert. Der Gedanke daran, daß ich der rauschenden Beredsamkeit des Anarchischen und dem einschläfernden Bann des Tyrannischen, von denen dies Zeitalter der Erniedrigung deutschen Geistes erfüllt ist, nur die schlichten und strengen Worte meiner Ahnen entgegenzusetzen habe, dieser Gedanke stimmt mich fast einsilbig. Unmöglich wäre es mir im Bereiche der zugemessenen Sprechzeit, unmöglich und unsinnig überhaupt, Ihnen die Voraussetzungen erschöpfend zu entwickeln, die mir in langen stummen Jahren die Heimkehr in den deutschen Zusammenhang, die Heimkehr ins Menschliche ermöglicht und aufgedrungen haben. Alles Problematische muß ich dahinten lassen, nur in meinen Resultaten aussprechen, daß ich hier als Anwalt der alten Menschheit stehe, und nicht der neuen Poesie, und daß die Poesie die ich Ihnen allen, den Erben und den Vätern der alten Menschheit herbeirufe, die Poesie nicht des seltenen Individuums ist, sondern die aller erdbewohnenden sterblichen Geschlechter, nicht die abseitige, sondern die vom Ebenen gemach zur Höhe, zum Grat, zum Gipfel steigende, die klassische Poesie.

Vielen unter Ihnen wird, und das kann nicht wohl anders sein, diese Weisheit trivial erscheinen, einigen aber, und immer mehreren und mehreren, als das was sie in Wahrheit ist, als revolutionär. Trivial ist in Zeiten wie den unsern überhaupt nur noch das Paradoxe, dies triste Gemeingut aller in einer überorganisierten Gesellschaft. Der Zyklus, der mit Nietzsche begann, ist für die deutsche Welt geschlossen und verurteilt alles in ihm befangene zum Stillstande. Es gibt diejenigen, die sich um sich selber herumdrehen und auf einander einreden, und die eine solche Rotation eine geistige Bewegung nennen. Und es gibt eine letzte Möglichkeit des Fortschritts, die ich Ihnen zeigen will, den Rückmarsch des geschlagenen Heeres. Es geht über die eigenen Leichen, aber er geht, wohin die Augen blicken, vorwärts.

Zwar, ich weiß nicht ob ich mit meinem Zweifel an Ihrem Eingehen auf meinen Standpunkt Ihrer Einsicht, Ihrem Überblicke nicht Unrecht tue. Ich weiß nicht ob nicht vielleicht ein einziger Moment der Überlegung Ihnen genügen wird um alles was sich unrechtmäßigerweise dem Worte und Begriffe von Revolution assoziiert hat abzuschütteln und zu bedenken, daß vor hundert oder hundertzwanzig Jahren, unter sehr ähnlichen Umständen der europäischen Gesellschaft in einer sehr ähnlichen Lage der Poesie, der gleiche revolutionäre Ruf von Herders Lippen brach: Poesie ist die Muttersprache des Menschengeschlechtes; das gleiche Evangelium zur Rückkehr zum Volke und zur Humanitas in der Welt, die sich damals genau wie heut mechanisiert, entgöttert, entseelt erschien und vor der ungeheuren Poesie einherzog, von deren Brosamen man bis jetzt gelebt hat, alle Skepsis niederwerfend, alle De-

koration und Deskription mit den gekräuselten Schnitzeln der
Menschheit vom Boden fegend, Lebensmut, Lebensglück in die
Hunderttausende flößend die noch erfahren durften, daß
wohl Tyranniien sterben, aber die Welt freier Menschen nicht
altert. Welch ein Jahrhundert, nach dessen Ablauf ein Deutscher, ein deutscher Dichter, diesen Ruf in dem Gefühle wiederholen muß, allem innerhalb der Heimatgrenzen geltenden
und kommandierenden Wahne ins Gesicht zu widersprechen!
Welch ein Jahrhundert, an dessen Austrittspforten denselben
Völkern die an seiner Schwelle den deutschen Namen an-
betend auszusprechen lernten, vor einer deutschen Hegemonie
in Europa graut, vor einer geistigen Hegemonie des heut in
Deutschland Herrschenden mit tausendfachem Rechte grauen
darf!
In dem Augenblicke, in dem auch bei den Nachbarvölkern die
geistige Wirkung der großen deutschen Epoche naturgemäß,
nach hundert Jahren beispiellosen Einflusses sich zu erschöpfen beginnen muß, da die Schüler Kants und Hegels in London und Neapel, die Schüler Niebuhrs[1] und Lachmanns[2] in
Paris und Petersburg, da die Leser Goethes und Schillers und
Herders in der ganzen Ökumene sich mit frischer Sehnsucht
nach neuen deutschen Büchern über die deutschen Grenzen
beugen, was anders spenden die Hände Germaniens diesem
tiefen spirituellen Eros als Handlungsreisende und Kanonen-
rohre? Das Volk, das erst vor hundert Jahren, das durch fast
drei Generationen die Welt der Menschen mit einer Welt der
Ideen überbaute, wie sie seit der hellenischen Spekulation sich
nicht mehr offenbart hatte, verlacht die Metaphysik als eine
überwundene Kinderkrankheit und muß es geschehen lassen,
daß der von Leipziger Philosophieprofessoren beleidigte
Schatten Wilhelm von Humboldts in einem freien Neapolita-
ner[3], auf dem alten Boden des Pythagoras, den zornigen siegreichen Anwalt findet. Seit einer Generation verbreitet der
deutsche Buchhandel, verspricht die deutsche Universität
keine des Namens und der Ahnen werte historische Synthese
mehr, und an den Stellen, an denen beispiellose, an denen nur

mit griechischen Faktoren zu vergleichende Diadochien großer Lehrer Schule gebildet und erhalten haben, herrscht wie überall ein wüster Alltag mittelmäßiger Zwecke, sind die Stühle abgetretener Meister nur noch zu besetzen, aber nicht mehr zu füllen. Aber dafür wird von diesen und von benachbarten Stühlen aus jeden Tag eine neue Halbdisziplin schon lehrbar, ehe sie noch Zeit gehabt hat geistig zu werden, denn seit die alten geistigen Disziplinen unserer vornehmen alten Akademien zur Techne herabzusinken beginnen, vermögen sie keinem neuaufgeschossenen Pilze von Techne den Sitz an der Wand mehr zu verwehren. Sie entschädigen sich, indem sie dem reinen Geiste oder seinem Surrogat gleichfalls eine Zelle in der Zellenstadt einbauen, etwas wie die Rätsel- und Rezeptenecke im Wochenblättchen ist. Schon mehren sich überall die Privatdozenturen der Faselei und versprechen überall für den morgigen Tag mit Professuren der Eloquenz eine neue Klotzische Ära[4]. Langsam, aber unaufhaltsam versiegt der vom Ausland kommende Strom der Lern- und Liebesbegierde an dem alten Herde der Musen in Deutschland, und nur an der redlich gebliebenen, lügenlosen Fachschule zeigt er den alten Pegelstand. Das Volk Goethes und Schillers hat sich beschafft, was seine älteren Brüder knirschend ertragen, und zeigt es rühmend, eine exklusive Poesie, und wundert sich naiv – denn immer noch unerschöpft in diesen Tagen der Knechtschaft ist der Schatz deutscher Naivität – und wundert sich, daß es so schwerhalten will, ihr in der Welt Kurs zu verschaffen. Oh, anderes, ganz anderes will die Welt von deutscher Poesie, hat sie von deutscher Poesie zu erwarten ein historisches Recht. Die Fratze der exklusiven Poesie, die egoistische Grimasse, auf der in heimlicher Schrift geschrieben steht »zu verkaufen oder zu vermieten«, besitzt die ganze Welt ohnehin, besitzt sie noch immer an allen den Stellen, von denen wir sie vor zwanzig Jahren als Rohstoff importiert haben, als Not, um nach bewährten Mustern eine Tugend daraus zu machen. Fremd und spöttisch aus der Ruhe ihrer tausendjährigen Erfahrung heraus blickt die alte Menschheit auf

dies Treiben, fremd und strafend im Gefühle seiner Pflichten
der Dichter. Er sieht wie vor hundert Jahren des Ruhmes
schönste Kränze auf der gemeinen Stirn entweiht. Er sieht
stolze und ursprünglich edle Stirnen sich vor Mächten neigen,
die er verachtet; während alle um ihn her begehren, roh das
Mögliche, töricht das Unmögliche, unverschämt das Ewige und
Höchste, lernt er entbehren und verzichten. Zu reif um an
rasche Wandlungen zu glauben, zu bescheiden um sie sich selber zuzutrauen, zu stolz um mit ihren Surrogaten vorliebzu-
nehmen und den bestehenden Sekten eine neue hinzuzufügen,
alle Genossen des Volkes mit gleicher Liebe umfassend, aber
nur mit den Vertrauten sein Tiefstes teilend, verbirgt er sich
mit seinen Geschöpfen in die Stille, die sie der Zukunft auf-
behält – und verwirft seine Generation.
Aber ich halte hier inne, um Sie nicht irrezuführen. Es muß
mir daran liegen, daß Sie meine Klage nicht zu der landläufi-
gen Jeremiade werfen, die rings um Sie her den jüngsten Tag
des Vaterlandes gekommen sieht, nicht mit der koketten Re-
negatenphrase verwechseln, die sich des Heimischen schämt
und auf jeden unserer alten Throne den fremden Herrscher
herbeirufen möchte. Keiner unter Ihnen kann diese schon ganz
vulgär gewordene Phraseologie ingrimmiger und inbrünstiger
verachten als ich, keiner die Einwände dagegen, die Sie alle
auf der Zunge haben, disponierter und geschlossener im Geiste
tragen, keiner den Glauben an die Heiligkeit und Ewigkeit
des Deutschen unaustilgbarer, unwiderlegbarer an der eigenen
Seele erfahren haben als ich. Was jene reden weiß ich wie Sie:
es kann mit unserer geistigen Existenz nicht tiefer kommen.
Was Sie alle fühlen, meine Herrschaften, weiß ich wie Sie alle:
es hat so tief mit uns kommen müssen aus Gründen, die auf
den Blättern der politischen Geschichte Europas stehen und
deren ungeheure sachliche Gewalt alles Wortwesen erblassen
macht. Wir konnten nicht gleichzeitig werden, schaffen, vor
der Welt darstellen, was unsere Ahnen sich nicht träumen ließen, und den Traum unserer Ahnen weiterträumen. Das tiefste, das seelenvollste und seelenwärmste Volk Europas hat in

den Jahrzehnten, in denen es die politische und wirtschaftliche Hegemonie Europas an sich nahm, die geistige Hegemonie Europas sich entgleiten lassen müssen. Sie ist darum noch nicht in andere Hände übergegangen. Kein Volk, keine Literatur, keine Philosophie steht an der Stelle, an der die Literatur von Weimar, die Philosophie und die Geschichte von Königsberg und Berlin, die Philologie von Bonn und Göttingen gestanden ist. Krampfhaft hascht Paris danach den alten Einfluß zurückzugewinnen, als wäre das neunzehnte Jahrhundert, das größte des menschlichen Geschlechts, nie dagewesen das ihn ihm entriß. Aber bei uns ist die Feder die in den Händen der Titanen Blitz des Gottes, Waffe des Siegers und Pflug des Mannes gewesen war zur schwächeren Hand geerbt. Wir leben im Interregnum. Die Erinnerung an unsere Großtaten ist verloschen, mühsam umschließen die heiligen Namen unserer Großen das Korpus ihrer Werke und retten es vor Vergessenheit und Hinfall, die große geistige Literatur, auf der unsere Weltgeltung vor Sedan herrschte, ist dem Handel und Verkehr entschwunden, wird nicht mehr aufgelegt und ist kaum zu beschaffen, und die poetische Produktion, und die literarische Produktion hat allen Zusammenhang mit der Spiritualität und der Geistigkeit des Volkes verloren. Sie usurpiert ein Schwesterverhältnis zu Nachbarkünsten, will sinnlich angesehen sein wie Malerei und Skulptur, und ist bis auf den heutigen Tag, von Tag zu Tage tiefer in ein falsch Ästhetisches degeneriert. Habe sie geschaffen was sie wolle, der deutsche Geist sitzt in einem neuen Kyffhäuser und lallt mit den Raben, die um den Berg fliegen. Aber was hat sie geschaffen? Triumphierend haben wir, habe ich selber vor einem Jahrzehnte ihren Sieg verkündet, ihn auf den Tag oder mindestens auf das Jahr angesetzt, in dem ich heute zu Ihnen rede. Heute sind wir das geschlagene Heer auf dem Rückmarsche, und nur dies Bewußtsein, nur dies offene, ja dies laute Geständnis ist unser Rettendes. Noch ist nichts verloren, solange wir nur handeln und furchtlos, auf jede Gefahr hin, auf alle Folgen hin handeln. Verloren ist nichts, und manchen furchtbaren

Rest des schönsten aller Irrtümer kann der Weise und Sparsame noch hoffen in eine künftige Habe umzuwandeln.

Die ästhetische Bewegung in Deutschland, die sich als unfähig erwiesen hat die Nation zu vertreten, und gewissermaßen überall ihre Zahlungen einstellt, ist das Geschöpf und das Kennzeichen meiner Generation gewesen und ein Teil meines inneren Lebens selber, so daß ich den Anspruch erheben darf als Zeuge für sie aufzutreten. Nichts kann Ihnen eine Vorstellung von dem Rausche der Begeisterung geben mit der wir ihr Auftreten unter uns selber begrüßten. Die Fabeln wurden wahr; die Schwere der Welt war aufgehoben; unter uns, aus unserer eigenen Mitte erstanden Jünglinge, die mit Zungen redeten, entwickelte sich ein Stil, der wie eine zugreifende Faust alles Flüchtige, alles Widerstrebende und Empörte der Welt ergriff und bändigte, konstituierte sich eine neue Gesinnung, der wir die Kraft zutrauten alle Umgebung sich gleichzuzwingen und das Erbe der abgetretenen deutschen Art zu übernehmen. Die Vergangenheit entzündete sich uns an der Gegenwart, und wie ein neuer Firnis aus einem gedunkelten Gemälde das Leben der Lichter herausholt, so entzündete sich uns die Antike, so glühte Goethe uns dunkel auf. Ein Zauberschlüssel schien uns in die Hände gegeben zu sein, dem keine noch so drohende Tür widerstehen durfte, pedantisch erschienen uns die Scheidungen und die Verbote, die uns von der grauen Weisheit vergangener Jahrhunderte überliefert die Bereiche der Literatur und die Grenzen der Bereiche stabilierten. Was schien nicht möglich? Welcher neue Schritt galt uns nicht für eine voll zurückgelegte Reise? So schön, so selig, so geheimnisvoll waren die zwei oder drei lyrischen Individuen, die ihre Eigenheit vor uns aussangen, die ihren Sonderfall vor uns statuierten, daß wir kaum nach einer Beziehung dieser Sonderfälle auf das allgemeine Menschenwesen fragten, daß wir höchstens stutzten und lachten, wenn wir das Publikum, diesen Vertreter des Volkes und der Menschheit, vor uns sich gegen diesen Sonderfall zur Wehre setzen, ihn abweisen und ignorieren sahen. Ohnmächtig deuchte uns der Widerstand gegen diese musische Herrlichkeit, die sich gebieterisch oktroyieren mußte, früher oder später, die wir zu oktroyieren versuchten, soweit unsere Kräfte uns trugen, soweit unser Enthusiasmus Schwingen hatte uns zu tragen. Es waren nur Gedichte, nur lyrische Gedichte. Aber das Gedicht war die Urzelle des neuen Kunstorganismus und würde sich zum Leibe aufbauen, Zelle auf Zelle, zu einem Roman wie die Welt ihn noch nicht gesehen, zu einem Drama wie es noch nie ein Parterre erschüttert hatte. Schon drang die neue Prosa, ehern hier, goldgespinstig da, dem süßen neuen Stile des Verses auf der Ferse nach, und auch aus ihr hauchte die neue Magie eines Tones von Seeleneinsamkeit und Seelenzauber, die uns auf die Knie warf. Was blieb im Grunde noch zu tun? Ein Schritt, aber der letzte, und *il n'y a que le dernier pas qui coûte*[5]. Was stand nur aus um uns dem Gipfel zuzubringen? Ein Flügelschlag und hinter uns Aeonen.

In einem Kreise wie diesem, der sich nach dem Drama nennt, und Studium und Pflege des Dramatischen zu seinen Hauptgeschäften rechnet, bin ich des Verständnisses von vornherein sicher, wenn ich nun anzudeuten beginne, welcher Fehler in der schwärmerischen Rechnung steckte und bis heute geblieben ist – bis heut wo die falschen Resultate ihn aufzeigen. Der Sturm der großen Jünglinge, die vor fünfzehn Jahren sich der Führung der deutschen Poesie bemächtigten, brach sich am Theater. Er hätte sich genau so am Romane gebrochen, fast genau so an der Novelle, ganz so am gesungenen Liede, wenn gesungene Lieder heut auf Ihren und unseren Lippen schwebten, sobald sie eine dieser Gattungen versucht hätten. Sie strebten aber zum Drama, mit dem dunklen Gefühle, das den Menschen auf den Punkt seiner Lebensprobe hintreibt. Und solange sie darauf beharrten sie selber zu sein, hat das Theater ihnen widerstanden – wir dürfen sagen, gottlob, daß es ihnen widerstanden hat. Was alles von alter vornehmer Institution des deutschen geistigen Wesens vor ihnen die Segel gestrichen hat, das Theater steht fast unerobert. Wir müssen zusehen, warum.

Gehen Sie zehn Schritt aus dem Tore dieses Hauses und Sie stehen vor einem Theatergebäude, das heut noch denselben Bedürfnissen der Menschheit zu dienen in seiner Anlage ausspricht, wie das Dionysostheater in Athen, wie das Globe Shakespeares oder die Mysterientribüne vor dem Trierer Dome. Von Stadt zu Stadt, von Flecken zu Flecken begegnet Ihnen der gleiche architektonische Rahmen, die gleiche Schaubühne, die gleiche Vorrichtung zur Beherbergung einer schaulustigen Bevölkerung, mit großen bis ungeheuren Kosten aufgeführt und unterhalten, immer noch fast mit der Kirche gleichzeitig geplant, für so notwendig wie Kirche, wie Bahnhof, wie Markthalle gehalten in dieser ökonomischen Zeit. Schätzen Sie diesen Rahmen und seine Allgegenwart, schätzen Sie diese pflichttreue Fürsorge der Menschheit für das leere Bienenhaus eines wer weiß wo stiebenden Bienenschwarmes nicht gering ein. Stehen Sie mit Ehrfurcht vor einer der letzten überlebenden Formen, die sich die alte Menschheit für ihre ewig neuen Wonnen einmal erschaffen hat und die zwischen dem Ende der antiken Welt und dem Ende der Renaissance schon einmal verloren schien. »Es werden heut Theaterstücke geschrieben, weil Theater da sind«, hat ein dreister Klugsprecher letzthin geschrieben: obwohl, – er hat es nicht geahnt, an welche tiefe Wahrheit sein unreifer Hohn damit streifte. Alle Elemente eines echten Theaters liegen in der Novelle des Boccaccio, liegen in den Wechselreden des ausgehenden höfischen Epos in Deutschland, in der realistischen Erzählung Wernhers des Gärtners und der realistischen Lyrik Neidharts so völlig saturierend vor, daß nur das Fehlen des Theaters als einer festen Institution, als eines populären Bedürfnisses ständiger Entzückung und Beseelung den ausgebliebenen Niederschlag erklärt. Ein Jahrhundert lang ist es bei uns umgekehrt gewesen und nicht bei uns allein. Keines der Theater erschaffenden und bedingenden Elemente hat es in unserer Literatur und unserer Geistigkeit gegeben; verhängnisvolle theoretische Irrtümer haben unsere dramatische Poesie, ungeachtet bedeutender persönlicher Kräfte die in ihr wirkten, zur

Fruchtlosigkeit verurteilt; nur der leere Rahmen war geblieben, und nur das instinktive Bedürfnis des Volkes, des Publikums, der Menschheit, diesen Rahmen mit dem gefüllt zu sehen, wofür er gemacht ist: mit ungeheurem ewig neuem, ewig erregendem handelnden Leben, dem vollen Leben der Menschheit das nichts der Menschheit gehörige ausschließt, nicht den Himmel und nicht die Zote, nicht den Gesang und Tanz und nicht den Schrei der bedrängten menschlichen Seele, nur ein einziges: Reden um Redens willen, Deklamation, Hersagen, Schwatzen. Vergebens sucht die Menschheit, vergebens suchen Sie alle in den Theatergebäuden Ihrer Städte nach diesem Bilde in diesem Rahmen. Der eine, enttäuscht, verzichtet; der andere, pflichteifrig und hoffnungsvoll, hofft und sucht von einem Stück zum andern, täuscht sich Genuß vor, und schilt, wenn er ihn nicht findet, sich selber, die Zeit, die Institutionen – selten, und selten mit den richtigen Argumenten den Dichter. Der dritte tut das Drama für sich gänzlich ab und flüchtet ins Varieté. Er tut Recht daran, er vertritt wenn er es tut, das echte Bedürfnis der Menschheit. Rein äußerlich gesprochen gibt heut nur das Varieté, in wie immer verrohten und abgestumpften, erniedrigten Formen, genau die gleiche Beglückung die das alte Theater der alten Menschheit gewährte. Es gibt Gefahren, wenn auch nur mehr rein körperliche, es gibt Tänze und Gesänge wie immer fratzenhafte. Es gibt schöne Weiber die ihre körperlichen Vorzüge unbefangen entfalten, es gibt neue Hanswürste, neue Exzentrizitäten, immer neue zauberhafte Virtuosität. Nun, meine Herrschaften, von allen diesen Elementen ist von den »Wespen« bis zum »Sommernachtstraum«, von »König Lear« bis »Faust« jedes echte Theater erfüllt, sie gehören zu seinen Postulaten, weil sie zu dem Postulat der menschlichen Bedürfnisse gehören, das dem Theater zu Grunde liegt. Wer diesem Bedürfnisse seinen natürlichen und schönen Ausweg verstopfte, rief eine Eruption an anderen Stellen hervor, die nicht mehr lieblich sein konnte. Darum sitzt doch die Menschheit, die vorgestern in Athen in der »Orestie« und gestern in London in »Was Ihr wollt« saß, heut legitim und unangreifbar im Wintergarten[6]: ihre Blicke, ihre Erregungen, ihr Lachen, ihre Teilnahme sind die ewig gleichen. Nur ein Rest des Bedauerns, wie ihn das Athen des Aristophanes und das Westminster Websters[7] nicht kannte, unterscheidet diese Auditorien von jenen. Irgendwie bleibt sich auch vor diesen glänzenden Schaustellungen die Menschheit einer geheimen Differenz bewußt, des Entgängnisses eines Wenigen, was ihr eigentlich zukäme, und sehnsüchtig blickt sie nach den leeren Theatern, schlimmer noch, nach den mit Leere gefüllten Theatern hinüber. Was hat man getan, um diese Differenz auszugleichen, das leise schwindelnde Gefühl einer Unsicherheit und Scham zu betäuben, das sich durch alles unwerte Geschwätze von der Varietékunst, von der Würde unserer Zeit nicht betäuben ließ? Hat man dem Theater zurückgegeben, was ihm zukam, und die Menschheit vor die alten Bühnen zurückgeholt, auf denen nicht ein beliebiger Trapezkünstler zur Decke hinaufturnt, sondern Trygäus, ein dummer Kerl und eine Menschenseele auf dem Mistkäfer gen Himmel fliegt, auf denen nicht zwei gleichgültige professionelle Exzentriks einen unanständigen Tanz aufführen, sondern das Vieh Baubo und der Satan selbst, auf denen nie dagewesene grausig schwere und grausig leichte Wesen, wie keine Varietébühne sie je erfunden hat noch je erfinden wird, den Zauberstabe Prosperos zu Gebote stehen, der Leben gewordene Klotz Caliban, das Leben gewordene elfische Lüftchen Ariel? Man hat das Dümmste getan, was die Dummheit und die Unredlichkeit erfinden konnten. Nicht genug, daß man dem Drama Würde gegeben und es um seinen theatralischen Nerv gebracht hatte, man holte nun auch diese neue Würde ins Varieté hinüber und suchte es durch Ästhetisierung um seinen Nerv zu bringen. Statt aus dem Theater wieder den Ort zu machen, der von Anstand nichts wissen darf, wenn er lebendig bleiben soll, suchte man aus dem Varieté den Ort zu machen, der seine Unanständigkeit maskiert. Sie alle entsinnen sich dieser Versuche und ihres höchst erwünschten Scheiterns. Aus dieser ihrer letzten Zuflucht hat sich die Menschheit bislang nicht verscheuchen lassen, sondern die ungebetenen Tartuffes in den Bereich zurückgesandt, dem sie entstammen. Und das Theater harrt nach wie vor seines legitimen Inhalts.

Das Theater trägt in Deutschland, wo es im zwölften und im sechzehnten Jahrhundert kräftestrotzend durch die Wickelbande der Jugend bricht, seit den Jahren seiner Reife den Keim einer schleichenden Krankheit, von der es auch heut nicht genesen ist. Dieser siechende Körper erwartet eine heroische Kur. Von Gottsched auf Schiller, den Theoretiker, von Schiller bis auf Stefan George erlebt es immer wieder, wenn es zu Leistungen ansetzt, Rückfälle ins Heillose. Es ist keine moralische Anstalt, es ist keine unmoralische Anstalt; es ist keine ästhetische Anstalt, es ist keine unästhetische Anstalt, es ist keine künstlerische und keine dichterische Institution, und ist das selbst auf seiner höchsten Höhe niemals gewesen. Es ist der gesammelte wilde und große Ausdruck der Menschheit selber, die Wiederholung des Lebens der Menschheit vor der Menschheit, und könnte fast des Dichters entraten, wie es seiner oft entraten hat. Das Theatergebäude ist nicht das Haus der Musen, es ist das freie Haus des Publikums, in dem alles, was nicht Publikum ist, zu Gaste spielt, zu Gaste eintritt, zu Gaste verkehrt. Hierin und in nichts anderem liegt die enorme sittliche Gewalt, die es ausübt, hierin die enorme Stärke seines Kanons, seiner unbewußten Tradition, die Härte und die Gerechtigkeit seiner Verdikte. Verschwunden ist die Arena von Olympia, von allen alten Festen, in denen die Menschheit ihr Menschlichstes entfaltete, sind uns nur kärgliche Reste geblieben, Massenfreude, Massenrausch, der Zusammenhang mit der Allgemeinheit im Gefühle haben überall aufgehört, von Institutionen umschlossen zu sein, und die Menschheit fällt auseinander, in Klassen, in Stände, in Alter, in Geschlechter, in Rassen. Nur im Theater noch ist sie einig. Nur im Theater noch thront sie als die unnachgiebige letzte Instanz, an der Gültiges sich entscheidet. Nur im Theater noch kann sie verlangen und kann sie durchsetzen, daß ihr Wille geschieht, daß in *ihrer* Sprache an *ihr* Herz gerührt werde. Sie hat kein Mittel, dem Lyriker zur Geltung zu verhelfen oder um Geltung zu bringen. Man kann ein unmenschliches Wesen sein, ja ein widermenschliches und ein großer Lyriker, nicht nur dem Wesen, sondern auch der Geltung nach; man kann ein schlechter Romanschriftsteller nicht nur nach dem Kanon des Kunstrichters, sondern auch nach dem nirgend niedergelegten der Menschheit sein und trotzdem zu einer Geltung gelangen, die das Publikum durch nichts zu erschüttern vermöchte, denn es kann Fälle geben, in denen eine Tyrannis es zwingt zu kaufen, was es nicht lesen mag. Allen diesen Formen des Literarischen fehlt die menschliche Institution, es wäre denn die halbschürige Form der Rezitation, in der im Grunde keine der beiden Parteien, weder die empfangende noch die gebende, sich absoluter Rechte bewußt ist. Nichts als das Theater bleibt der großen heiligen Masse, durch deren Bette der Volksstrom und der Menschheitsstrom ewig weiterflutet; daher man es nur mit schlechtem Gewissen lästert; daher man es mit unablässiger Sehnsucht wiedersucht; daher man es umwirbt, abgeschlagen wiederkehrt, siegreich weiter verteidigt bis auf den letzten Blutstropfen. Es reicht den einzigen Kranz, den zu erringen die höchste Menschenmühe lohnt. Es gibt den Triumph des Aufgehens in ein ungeheures All, des Zurückgenommenwerdens an einen göttlichen Busen, einen Triumph, der um kein Opfer zu teuer erkauft ist, der aber außer andern Opfern vom Dichter ein furchtbares Opfer fordert, ein Opfer das zu bringen sich nur der Niedrigste und der Höchste entschließen wird: das Opfer seiner selbst.

Alle Poesie ist in einem ewigen Kreislaufe um das Herz der Menschheit begriffen, wie das Blut im Kreislaufe um das menschliche Herz. Weil der Wein uns die Zunge löst und das Heute berauscht, brechen wir in den Gesang aus, der den Weinfrohen sucht. Weil wir lieben und insoferne wir lieben entquillt unserer Seele der Schrei und der Hauch, der sich danach sehnt zwischen Küssen Liebender nachgeflüstert zu werden; nur insoferne als wir menschlich und Kinder der großen

Mutter sind, sind wir Dichter; insoferne wir es nicht sind, unmenschlich, das Menschliche hassend, verneinend, verhöhnend, sind wir höchstens Künstler. Das tiefste Dichterische in uns kommt aus der geheimnisvoll geheimnislosen Quelle die wir mit allen teilen, die in jeder menschlichen Brust so entspringt wie jede sichtbare Lymphe des Organismus. Darum strebt sie zu allen fremden Brüsten zurück, in denen dieser Born klingt. Darum »lieben Dichter nicht zu schweigen, wollen sich der Menge zeigen«. Darum umschlingt der Dichter Millionen »diesen Kuß der ganzen Welt«. Der Freund vor dem er seine Verse liest, ist in diesem Augenblicke nicht das begrenzte Individuum, sondern das horchende Ohr, das mitschlagende, in seinen Rhythmus mitschlagende Herz aller; der Freundeskreis ist das Symbol der ungeheuren Vielzahl Publikum. Alle Schranken möchte er niederreißen, alle Scheidungen dem Boden gleich machen, Zehntausende in einem Gefühle einigen, über Volksgrenzen hinaus zu den Völkern sprechen. Dies transzendente Postulat ist aller Poesie eingeboren, verbürgt ihr den göttlichen Drang, den menschlichen Ursprung. Vorhanden ist es, zugestanden oder abgeleugnet, im geringsten dichterischen Dichter; erfüllt ist es nur im Klassischen; negiert wird es nur von der illiteraten Enge Verfluchter und im Stillen verzweifelnder Usurpatoren, die eine Vielheit zu erreichen hoffen indem sie Individuen addieren. Aber die Gesetze der Mathematik treffen aufs Menschliche nicht zu: ein Narr und noch ein Narr sind nicht zwei Narren und nicht einmal zwei Menschen, sondern in alle Ewigkeit hinein nur noch ein Narr und ein anderer Narr. Aber ein Arbeiter, ein Fürst und eine Hausfrau sind die Menschheit: der Arbeiter spricht zum Dichter: »Ich war wegen Körperverletzung im Gefängnis, ich habe ein Kind unter einem Lastwagen weggerissen und dabei einen Finger verloren, ich verdiene so und so viel und sehe immer, Arbeit zu bekommen; wer bist Du, was willst Du von mir?« Der Fürst spricht zum Dichter: »Ich habe ein Verhältnis mit der und der, bin ein Verschwender aber rangiere mich immer wieder, ich fehle auf keinem Rennen, habe aber manchmal

Lust nach etwas was mich innerlich aufrappelt, wer bist Du, was willst Du von mir?« Die Hausfrau spricht: »Ich habe den Kopf voller Sorgen, die Kinder wachsen mir über den Hals, ich komme nicht dazu ein Buch zu lesen, lieber gehe ich einmal ins Theater, dazu entschließt man sich schneller. Wer bist Du, was willst Du von mir?« Und hinter den Dreien steht die Menschheit, tausendgliedrig, hunderttausendleibig. »Wer bist Du, was willst Du von mir? Laß Dich durch meine Glieder nicht betrügen: Mein Herz ist eines. Sage mir was Du mit mir teilst. Teilst Du Dein Schlechtestes und Tiefstes mit mir, Du bist willkommen; teilst Du Dein Höchstes mit mir, Du bist mir willkommen. Ob ich Dich einen Augenblick bei mir halten soll und Dich dann in Kehrricht werfen oder Deinen Namen in die Sterne heben, es steht bei Dir allein. Aber was Dich von mir scheidet, geht mich nichts an. Und wenn Du mit Menschen- und mit Engelszungen redetest, nur durch das, was Du mit mir, was Du mit diesen allen teilst, mit Allen, merk es wohl, wirst Du mir vernehmlich sein. Ich weiß von keinem Sonderfall; ich weiß nur Menschliches, den Menschen!«

Solange wir jung sind, meinen wir die Menschen dadurch am stärksten einzunehmen, was uns von ihnen sondert. Die Reife lehrt uns daß nur der Grad dessen was uns mit ihnen gemein ist darüber entscheidet was wir ihnen zu bedeuten vermögen. Zwischen dem Dichter und der Menschheit, ins höchste gesteigert, waltet das gleiche Verhältnis. Darum preisen wir die Unnachgiebigkeit der Menschheit im Theater, die konservative und traditionelle Starrheit der Bühne, die das Bollwerk des alten Geistes gegen neue Verführungen gewesen und geblieben ist. Von allen Seiten hat diese Generation es berannt; sie hat den Rausch ergreifender Reden, den Jubel unerhörter Verse, den Zauber magischer Szenen darüber ausgegossen und es nicht erobert, sie ist von ihm in das Schlimmste geflüchtet was es gibt, in das Theater der Wenigen, das Surrogat, und ist schamvoll zu ihm zurückgekehrt.

Langsam hat sie das strenge Wort gelesen, langsam von sich zu tun begonnen, was sie dem Herzen der Menschheit ewig ferne hielt. Am Theater ist sie gescheitert, am Theater beginnt sie sich zu retten, – an dieser Welt des Scheins besinnt sie sich auf das Wesentliche, beginnt sie mit der Menschheit zu spielen wie mit Kindern, wie alles große Theater mit ihr gespielt hat, alles große ewig mit ihr spielen wird. Der große Dichter verzichtet auf alles was ihm die Herzen einer ganzen Jugend gewonnen hat, und demütigt sich vor der Humanität.

Ich habe das Glück, während meine Rede dem Ende sich zuneigt, in die Gesichter der Jugend zu blicken, junge Leute, Studenten vor mir zu sehen. Meine Herren, Ihnen gilt dies mein Schlußwort. Es ist nicht immer, es ist auch mir nicht immer leicht gewesen, dem Wege unseres größten Dichters zu folgen, und Jahre hindurch habe ich fürchten müssen, die verehrte Gestalt Hugo von Hofmannsthals meinen Blicken ferner und ferner entschwinden zu sehen. Als Denkmal des tiefen Zweifels und Schwankens steht der Torso meiner Rede über ihn mit abgebrochener Wölbung. Heut, da ich auf meinem eigenen Wege mich ihm zu nähern beginne, da ich begreife, mit welcher großen Notwendigkeit der seine ihn so und nicht anders führen mußte, da er mir in der fast farblosen Schlichtheit der »Silvia im Stern« fast ehrwürdiger ist als in der prunkendsten Epideixis seiner Jugendjahre, hat man mir höhnend die Frage gestellt, ob ich ihn heut noch der deutschen Jugend zum Vorbilde aufzustellen den Mut habe. Ich tue es hiemit, ich habe diesen Mut. Dienen Sie alle dem für recht Erkannten, so rein wie er, so wenig wie er um die Folgen bekümmert, so traumhaft dem rechten Sterne folgend. Kehren Sie so mutig und so einfältig wie er auf dem für unrecht erkannten Wege um. Blicken Sie zu ihm auf, er steht hoch über Ihnen; baden Sie das Auge an seinem reinen Blicke; gehen Sie ihm nach den Weg, der langsam steigend zum Gipfel führt, zur Klassizität.

Und verschmähen Sie es, den dreisten Chor derer, die ihn besudeln, immer dreister, weil es uns nicht ziemt, ihn abzustrafen, verschmähen Sie es diesen Chor zu verstärken. Beugen Sie sich dem dumpfen Drucke nie, der Sie von ihm abzudrängen sucht, da er ihm und seiner Enge entronnen ist, ins Liberale, ins Freie, ins Gütige. Seien Sie, was die deutsche Jugend immer gewesen ist auch gegen ihn, dem Sie den tiefsten Rausch verdanken, auch nun, da er Sie rührt und nicht mehr berauschen darf: treu, ritterlich, frei.

Ja, meine Herrschaften, und damit will ich schließen, wir haben uns in der harten Zucht des Zwanges verdient, was ehedem ein zweifelhafter Name war und nicht oft auf unsere Lippen kam. Seit das Gesetz der Menschheit uns umgeschaffen hat und umschafft, darf es wieder von uns erklingen:

Freiheit.

Leben Sie wohl.

Quelle: Rudolf Borchardt, Reden. Hrsg. von M. L. Borchardt unter Mitarbeit von R. A. Schröder u. S. Rizzi. Stuttgart: Klett 1955. S. 104–122.

Anmerkungen

1. Der Staatsmann und Gelehrte Barthold Georg Niebuhr (1776–1831) begründete mit seinen Vorlesungen über römische Geschichte an der Berliner Universität die historische Quellenkritik; Vorbild für Ranke, Michelet und Mommsen.
2. Karl Lachmann (1793–1851), Altphilologe und Germanist, wandte als erster die Grundsätze strenger Textkritik auf altdeutsche Texte an.
3. Benedetto Croce (1866–1952), italienischer Philosoph, Überwinder des italienischen Positivismus und Begründer eines metaphysischen Idealismus.
4. Anspielung auf den von Lessing angegriffenen Altphilologen Christian Adolf Klotz (1738–71).
5. Es ist nur der letzte Schritt, der zählt.
6. bekanntes Berliner Varieté.
7. John Webster (um 1580 bis um 1625), englischer Dramatiker.

WALTHER RATHENAU

1867–1922

Der wegen seiner ›Erfüllungspolitik‹ von rechtsradikalen und antisemitischen Gruppen bekämpfte und auf deren Veranlassung am 24. Juni 1922 ermordete ›jüdische Preuße‹ Rathenau gehörte zu den geistig vielseitigsten Politikern der Zeit. Er studierte trotz musischer Neigungen Mathematik, Naturwissenschaften und Philosophie, war Vorstand der AEG, Aufsichtsratsmitglied in über hundert Aktiengesellschaften, Spezialist in Bank- und Wirtschaftsfragen, Wiederaufbauminister (1921) und Außenminister der Regierung Wirth (1922). In seinen Schriften und Reden zu wirtschaftlichen und sozialen Problemen begann er bald das autokratisch-feudalistische Regierungssystem für den politischen Verfall Deutschlands verantwortlich zu machen. Der ›rote Millionär‹, wie er nicht selten in kapitalistischen Kreisen genannt wurde, forderte Einschränkung des Erbrechts, Abschaffung von Besitz- und Bildungsprivilegien und entwarf eine Theorie der »organisierten Gemeinwirtschaft«. Bereits 1913 warb er für eine wirtschaftliche Einigung Europas über eine Art Zollunion. In der Gedenkrede vor dem Reichstag (24. Juni 1922) rühmte Joseph Wirth unter anderem auch das rhetorische Talent Rathenaus, das dieser äußerst geschickt, verbunden mit einer hervorragenden Sachkenntnis, bei internationalen Verhandlungen und Konferenzen einzusetzen wußte.

Den Vortrag »Probleme der Friedenswirtschaft« hat Walther Rathenau am 18. Dezember 1916 in der »Deutschen Gesellschaft 1914« gehalten. Er enthält die Grundgedanken seiner Wirtschaftstheorie: eine im Gegensatz zur herrschenden Wirtschaftsordnung bedarfsorientierte gelenkte Wirtschaft; denn Wirtschaft sei »nicht mehr Sache der Einzelnen, sondern Sache der Gesamtheit«.

Probleme der Friedenswirtschaft

Meine Herren,
über Probleme der Friedenswirtschaft bitte ich zu Ihnen sprechen zu dürfen; Probleme, nicht Lösungen möchte ich Ihnen unterbreiten.

Es wäre verwegen, wenn in diesem Augenblick, wo die nächsten Jahreszeiten über das Schicksal der Welt entscheiden sollen, gewagt würde, fertige Systeme über das Kommende zur Erörterung zu stellen. Noch liegt im tiefsten Dunkel vor uns die Bühne der Zukunft, getrennt vom Vergangenen durch unüberbrückbare Scheiden, und der Fuß zögert beim Betreten.

Schon die Voraussetzungen machen Bedenken. Ich möchte um die Erlaubnis bitten, diese Voraussetzungen so wenig rosig wie möglich wählen zu dürfen, ich schlage vor, von unfreundlichen Annahmen auszugehen, in der Meinung, daß jede Verbesserung, die sie erfahren, uns willkommen sein wird.

Es ist im Laufe des Krieges über die Begriffe des Optimismus und Pessimismus viel gesprochen worden. Man hat den Optimismus in jedem Sinne zur Tugend gestempelt, man hat aus dem, was man Pessimismus nannte, schlechthin ein Verbrechen gemacht. Ich glaube, die Ausdrücke treffen nicht zu, und die Begriffe sind verworren: man verwechselt Urteil und Stimmung. Optimismus des Urteils hat uns niemals genützt; Pessimismus der Stimmung wäre das Verderblichste, das uns begegnen könnte. Ich glaube, der richtige Wahlspruch wird der sein, daß das Urteil kühl bleibt, daß man jeder Gefahr ohne Furcht ins Auge blickt, daß man sich aber die Stimmung, den Willen und die Entschlußkraft des höchsten Optimismus und der höchsten Zuversicht erhalten muß.

In diesem Sinne gehe ich von wenig günstigen Voraussetzungen aus: von einer gewaltigen Verringerung unsres nationalen Vermögens, von einer umfassenden Verschiebung der wirtschaftlichen und gesellschaftlichen Schichtung, von einer erheblichen Störung unsrer Wirtschaft durch Beschränkung unsres Verkehrs, unsres Handels mit dem Auslande. Ich will ferner annehmen, daß der Krieg nicht sofort beendet wird. Wenn auch jetzt zum erstenmal das Gefühl in uns allen wachgerufen ist, daß dieser Krieg, wenn auch nicht seinem unmittelbaren Schluß entgegengeführt, so doch ins Herz getroffen ist, daß er durch den allseitigen Ausbruch der Friedenssehnsucht seine erste tiefe Erschütterung erlitten hat, so sollen wir die Möglichkeit ruhig im Auge behalten, daß Kampf und Kampfzustände noch längere Zeit beharren. Lassen Sie endlich uns davon ausgehen, daß es nicht in vollem Umfang möglich sein wird, die wirtschaftlichen Wirkungen des Krieges durch die Form des Friedensschlusses zu beseitigen und rückgängig zu machen.

Es treten uns somit drei außerordentliche Phänomene entgegen: zunächst die Zerstörung bedeutender nationaler Werte.

Diese Zerstörung ist nicht ohne weiteres meßbar an den offensichtlichen Kriegskosten; einzelne ihrer Positionen gehen darüber hinaus, andre sind nicht darin enthalten. Mit einem Wort: nicht alle Kriegskosten bedeuten Verluste, und nicht alle Verluste sind in den sichtbaren Kriegskosten eingeschlossen.

Bodenerzeugnisse, Halbfabrikate, Waren, die zu Kriegsbeginn in unermeßlichen Mengen bei uns lagerten, sind verbraucht und verzehrt. Soweit die Betriebsmittel des Landes in Frage kommen, befinden wir uns in Liquidation. Unsre Lager enthalten heute vorwiegend Rüstungsmittel, die Eisenbahnen, Häfen, Werkstätten, Vorratsräume und Läden sind nicht mehr erfüllt mit den gewohnten Materialien. Diese Stoffe sind überwiegend nicht dem produktiven Verbrauch, sondern dem Kriege anheimgefallen und wirtschaftlich verloren; was sie zurückgelassen haben, ist Asche, Schutt und Rauch, Verwundung und Zerstörung; die verzehrten Güter sind nicht wiedergewinnbar.

Nebenher schreitet die Abnutzung unsrer Werkzeuge, unsrer Anlagen und unsres Bodens. Ein Blick auf die Straßen zeigt es uns: wir sehen nicht mehr den gewohnten Zustand unsres

Pflasters und unsrer Häuser, wir sehen nicht mehr die vorzügliche Fassung und Haltung unsrer Verkehrsmittel; dieser Blick versinnlicht die Abnutzung unsrer gesamten Wirtschaftsmittel, die zwei Jahre lang trotz stärkerer Anspannung nicht die gewohnte Pflege und Erneuerung erfahren haben. Das gilt für Fabriken, Hochöfen, Verkehrsmittel, Kraftanlagen und Werkzeuge.

Aber nicht nur das Sichtbare wird abgenutzt und erschöpft, auch der Boden verarmt. Was wir aus unsern Bergwerken emporholen, dient nicht der Erzeugung neuer Werte, neuer Produktionsmittel kristallisierter Arbeit, sondern überwiegend dem Opfer des Krieges. Die Bodenschätze vermindern sich. Unsre Äcker, die nicht die zureichende Düngung erfahren haben, sind vorübergehend erschöpft und verarmt.

Zu diesen Verlusten treten hinzu nicht unerhebliche Kosten der Wiederherstellung derjenigen Landesstriche, die von feindlicher Besetzung gelitten haben. Alle diese Posten, mit Ausnahme des ersterwähnten, des Materialverbrauchs, sind in den sichtbaren Kriegskosten nicht enthalten; anderseits sind in den Kriegskosten Löhne, Gehälter, Gewinne und Bauaufwendungen inbegriffen, die nicht als Verluste am Gemeinschaftsvermögen zu gelten haben.

Der tiefste und schmerzlichste Wirtschaftsverlust ist aber der, den in Zahlen auszudrücken überhaupt uns widerstrebt: das Opfer an Menschenleben, Geist und Arbeitskraft. Nicht alle, die ausgezogen sind, kehren wieder, und nicht alle, die heimkehren, sind zu neuer Arbeit fähig. An Stelle arbeitender Hände und Köpfe, an Stelle werterzeugender Kräfte werden wir tausendfach Kriegsbeschädigte und Hinterbliebene unter uns haben, denen wir nur ein schwaches Teil unsrer Dankesschuld abstatten, wenn wir für ihre und der Ihren Existenz sorgen.

Überblicken und bewerten wir diese Verluste, so ist es wohl nicht Überschätzung, wenn wir annehmen, daß es sich um mehr als den fünften Teil unsres Nationalvermögens handelt. Das würde bedeuten, daß jedes Kriegsjahr unsre Wirtschaft um etwa vier bis fünf Jahre zurückgeworfen hat und daß wir uns heute ungefähr da befinden, wo wir zu Beginn des Jahrhunderts gestanden haben, freilich unter bedeutender Umschichtung der Vermögensverteilung.

Denn neben der Verringerung unsres nationalen Vermögens geht einher die Erscheinung, die ich als Vermögensverschiebung bezeichnet habe und deren soziale und sittliche Bedeutung stark ins Gewicht fällt. Die in Anleihen, Schulden und Umlaufsvermehrung sichtbaren Kriegskosten wachsen empor und vermehren sich um den Kapitalswert der Beträge, die an Renten und Unterstützungen späterhin zu zahlen sind; sie vermehren sich fernerhin um die Beträge künftiger Kriegsanleihen, um die Mittel, die für die Einführung der Friedenswirtschaft und für die Wiederherstellung unsrer Rüstung erforderlich werden.

Das Land spaltet sich in Gläubiger und Schuldner. Gläubiger ist jeder, der in irgendeiner Form an der Kriegsarbeit beteiligt gewesen ist, oder der einen Teil seines Vermögens zur Erwerbung von Kriegsanleihen hat liquidieren können; Schuldner ist die Gesamtheit. Das Reich hat gleichsam die ihm dargebrachten materiellen Leistungen in zinstragenden Banknoten, in Anleihen bezahlt. Am Schlusse jedes Jahres muß daher ein großer Betrag des nationalen Einkommens neu aufgeteilt werden; er wird aus dem Gesamtbesitz aufgesogen und kehrt in veränderter Verteilung zu den Einzelbesitzern zurück; die Gesamtheit arbeitet, um dem Anleiheeigner seine Rente zu beschaffen, und auch er selbst ist an dieser Arbeit beteiligt. Der Betrag, der jährlich auf diese Weise die Hände wechseln wird, wird eher größer als kleiner sein als der frühere jährliche Gesamtbetrag unsrer nationalen Ersparnis.

Diese Umschichtung der Vermögen bedeutet starke Beeinträchtigung einzelner Berufsklassen, nicht zum mindesten derjenigen, denen wir auf dem Gebiet der Gelehrsamkeit, der Publizistik, der Technik, des höheren Beamtenwesens unsern Nachwuchs an Intelligenzen verdankten. Es ist nicht unmöglich, daß von allen Wirkungen des Krieges die der Vermögensumschichtung für alle betroffenen Nationen sich als die folgenschwerste und sorgenreichste erweist.

Die dritte Quelle von Schäden ist gegeben durch die Störung der Wirtschaft, die wir erleiden können durch die Schwächung unsrer Beziehungen zum Auslande.

Ich weiß, die herrschende Auffassung nimmt an, daß, wenn der Krieg beendet ist, Handel und Wandel in ihr altes Geleise zurückkehren, daß der Verkehr wieder aufgenommen wird, wie er war; denn wie man sagt, bedürfen die Völker des internationalen Austausches, und sie werden schließlich immer da kaufen, wo sie gut und billig kaufen können.

Ich wage nicht, in diesem Umfang mich der Hoffnung anzuschließen. Soweit die Stimmung des Auslandes mir bekanntgeworden ist, steht sie dem entgegen, und wenn wir uns der schwierigen und peinlichen Aufgabe unterziehen – der wir uns im Kriege ja dauernd unterziehen müssen –, uns in die Geistesverfassung unsrer Feinde zu versetzen, so finden wir, auch wenn wir die verstiegenen Drohungen und Wirtschaftskonferenzen ihrem Wert nach einschätzen, daß immerhin genügend Bedenken übrigbleiben gegen eine einigermaßen vollständige Wiederherstellung unsrer wirtschaftlichen Beziehungen.

Die Meinung des Auslandes, – in erster Linie Englands, des urteilsfähigsten unsrer Gegner – vor dem Kriege war die: Deutschland ist ein unbequemer wirtschaftlicher Gegner, und das liegt, sagen wir es rund heraus, an seinen kleinlichen und schäbigen Arbeitsmethoden. Das war die brutale, unwahre und gehässige Meinung Englands.

Der Krieg hat ein andres Bild gezeigt. Er hat gezeigt, daß es nicht die zwei Stunden sind, die wir täglich länger arbeiten, daß es nicht unser bereitwilligeres Eingehen auf die Wünsche unsrer Käufer und Kunden ist, auch nicht unsre größere Geduld, Gefälligkeit und Beweglichkeit, sondern daß hinter der Konkurrenz, die England fürchtet, etwas unüberwindbar Mächtiges steht, nämlich die Gesamtstärke des deutschen Wirtschaftskörpers. Die haben sie in diesem Kriege erst entdeckt. Daß sie dieses Land nicht aushungern konnten, das sie

mit unheimlicher Sorgfalt und diabolischer Genialität abgeschnitten hatten von allen natürlichen Zufuhren, daß dieses
Land erst unter unerhörtem Druck seine ganze Gewalt des
Aufschwungs und die volle Stärke seiner Technik, Industrie
und Kapitalmacht offenbart hat, das ist das große, neue und
entsetzenerregende Phänomen für unsre Feinde gewesen, und
sie sagen sich: wäre dieser Krieg nicht jetzt geführt worden, in
einem Menschenalter hätte er nicht mehr geführt werden können, denn die Wirtschaft Deutschlands hätte uns auf friedlichem Wege unterdrückt. Nun fragen sie weiter – und hier
wird ihre Deduktion einseitig, aber wir haben von dieser Einseitigkeit uns Rechnung zu geben, denn sie ist eine Realität –:
Wie ist denn dieses Land so stark geworden? wie konnte es zu
diesem Vermögen und zu dieser unerhörten Wirtschaftskraft
erwachsen? Und da antworten sie: das ist auf unserm und
unsrer Freunde Rücken geschehen; es sind unsre Absatz-
gebiete, Kolonien und Märkte, es sind unsre Meere – denn so
drücken sie sich ja aus –, es sind unsre Häfen und Kohlen-
stationen, unsre Rohstoffe, zum Teil selbst unsre Schiffe und
Kapitalien. Und sie schließen: das darf uns niemals wieder
geschehen; wir werden zu verhindern suchen, daß von neuem
die Wirtschaft Deutschlands an der unsern emporwächst und
sie überflügelt.
Ich glaube, daß man von diesem einseitigen Gedankengang
mit vollkommener Kühle sich Rechenschaft geben soll, daß
man ihn weder unterschätzen noch fürchten darf. Wir müssen
einfach damit rechnen, daß in Zukunft unsre Wirtschaft mehr
als bisher auf unsern und den Kreis unsrer Freunde angewiesen sein wird. Es ist möglich, daß Rußland verhältnismäßig
weniger von abstrakten Gefühlen empfinden wird, daß wir
somit nach Osten einen wachsenden Absatz zu erwarten
haben; doch sollten wir auch davor nicht erschrecken, daß in
Zukunft unsre Handelsbilanz sich verkleinern kann, und
wäre es auch um einige Milliarden.
Fassen wir die Gefahren zusammen, denen wir ausgesetzt
sind; es ist in erster Linie die Gefahr der Verarmung infolge

der Vermögenszerstörung, die uns erwachsen ist; es ist zweitens die Gefahr der Vermögensverschiebung und sozialen Umschichtung, und es ist drittens die Gefahr der inneren Erschwernis unsrer Wirtschaft.

Diesen Gefahren gegenüber erhebt sich die dreifache Aufgabe. Sie besteht in der Wiederherstellung unsres Vermögens, in der Wiederherstellung unsrer Ordnung und in der Wiedergewinnung derjenigen wirtschaftlichen Bewegungsfreiheit – sei es im Verkehr mit dem Ausland, sei es auf uns selbst gestellt – deren wir bedürfen.

Betrachtet man diese Dinge nicht vom bloßen Standpunkt der Wirtschaft, sondern im Ausblick auf ein Höheres, Absolutes, so könnte gefragt werden: ist es denn nicht besser, wenn ein Land arm ist, werden nicht die stärksten Kräfte seiner Geister zum Idealismus, zur Vertiefung, zur Transzendenz getrieben, wenn das äußere Leben gestillt wird, wenn das wirre Treiben der Wirtschaft schweigt?

Wir können diesen Einwand abtun, denn in diesem Kriege, in dem wir stehen, sind wir uns bewußt geworden, daß unsre nationalen Güter die ersten sind, die wir zu verteidigen haben; und da wir nicht wissen, ob und wann abermals ein Krieg uns droht, so müssen wir stark sein. Stark sein aber heißt zugleich: wirtschaftlich mächtig sein; denn soweit wir in die Zukunft blicken: auch die künftigen Kriege werden nicht nur Kriege der Geister, der Sehnen, der Nerven sondern zugleich der Gesamtheit aller wirtschaftlichen Mittel bedeuten.

Es ist bisweilen gesagt worden: wir werden die alten Verhältnisse wiederherstellen, wenn wir sparsamer leben und mehr arbeiten. Gewiß, wir werden es müssen, und wir werden es gern tun, aber damit begegnen wir nicht allem.

Über ein gegebenes Maß dürfen wir die Länge der Arbeitszeit nicht steigern. Muße ist so unentbehrlich wie Arbeit; sie ist es, die nicht nur die Arbeit rechtfertigt und erträglich macht, sondern auch veredelt. Mit bloßer Sparsamkeit und Mehrarbeit werden wir weder die Verschiebung der Vermögen rückgängig machen, noch die Beziehungen unsrer Außenwirtschaft wiederherstellen.

Wir werden uns ruhig darauf gefaßt machen, daß unsre Wirtschaft bis zu einem gewissen Grade Binnenwirtschaft sein wird. Dies hat nichts Erschreckendes, im Gegenteil: ich möchte meinen, daß etwas menschlich Schönes darin liegt, wenn nach diesem Kriege, in dem wir ganz auf uns gestellt waren, in dem wir ganz unsrer Kraft uns bewußt wurden, vor allem unsrer Kraft zum Opfer, wir von dieser stolzen und reinen Gesinnung etwas behalten, wenn wir auch in der Wirtschaft den Stolz fühlen, auf uns gestellt zu sein, aus eigener Kraft, aus eigenem Willen und aus eigenem Denken wieder emporzuwachsen.

Es liegt aber auch etwas ästhetisch Schönes darin. Denn die Verschwommenheit unsrer Güterwirtschaft hat dazu geführt, daß jedes Produkt an jeder Stelle der Welt zu haben und zu sehen war. Die Güter umflossen die Erde, und die alte Schattierung, die noch vor Jahrzehnten fühlbar war, die schöne Abstufung, die dem Reisenden entgegentrat, der nach fremden Städten und Ländern kam und neue Bodenfrüchte, neue Werke der Kunst und des Fleißes erblickte und genoß –, diese Abstufung ist unsrer Zeit verlorengegangen; ein ästhetisches Schöne der Binnenwirtschaft aber kann und wird es werden, daß die Produkte, die Güter, die Werke wieder den Charakter ihrer erzeugenden Erde tragen.

Zwischen dem, was uns bevorsteht, und dem, was wir heute erleben, liegt ein Zwischengebiet, das der Übergangswirtschaft, das ich hier nicht näher berühren will. Es ist ein wichtiges Gebiet, und es ist zu begrüßen, daß unsre Regierung seine Aufgaben bearbeiten läßt; aber die Fragen, die dort behandelt werden, sind nicht die grundsätzlichen, die wir heute erörtern sollen. Bei der Übergangswirtschaft handelt es sich vorwiegend um Probleme des gewohnten Gleises, und bei aller Weitschichtigkeit der Lösung werden neue Gedankengänge nicht in dem Maße erfordert werden. Die Probleme betreffen in erster Linie die Frage der Tonnagenverteilung. Die Grund-

sätze und Methoden der Rationierung aber sind bekannt und
werden mit Erfolg geübt; wir haben in unsern Kriegsgesell-
schaften die Organismen geschaffen, die damit vertraut sind
wie mit ihrem täglichen Brot. Es handelt sich sodann um Fragen der Valuta, die schwieriger sind, die aber schließlich auch
gelöst werden können durch Rationierung der Einfuhr, durch
richtige Abstufung ihres Tempos und ihrer Reihenfolge und
letzten Endes durch das Universalmittel der Anleihen.

Wir sprechen von diesem Gebiet also nicht, sondern behalten
das Ziel im Auge. Das besteht im Aufbau und in der Unabhängigkeit unsrer Wirtschaft; und wir erkennen, daß eine
neue Denkweise uns durchdringen muß, wenn wir diesen Problemen uns hingeben. Als Leitsatz hat von nun an uns das
Wort zu gelten:

Wirtschaft ist nicht mehr Sache der Einzelnen, sondern Sache
der Gesamtheit.

Denn das ganze Wirtschaftsgebiet, auf dem wir stehen und
leben, ist begrenzt und erschöpflich. Die Materialien sind es,
die Arbeit ist es, die Kapitalien sind es. Wer aus diesem Gefäß
schöpft, der erschöpft. Jedes Schöpfen aber wirkt weiter,
wirkt zurück auf die Wirtschaft der Gesamtheit, beeinflußt
und verändert die Grundbedingungen des Wirkens der Andern. Wirtschaft bleibt nicht länger Privatsache, sie wird Res
publica, die Sache Aller.

Wenn wir das Gesamtgebiet unsrer Wirtschaft überblicken, so
ergibt sich eine notwendige Teilung: es tritt uns entgegen zunächst das Gebiet der Materialwirtschaft, sodann das Gebiet
der Arbeitswirtschaft, endlich das Gebiet der Kapitalwirtschaft.

Lassen Sie uns im Fluge diese Gebiete durchschreiten.

In der Materialwirtschaft werden die Grundsätze, nach denen
wir zu handeln haben, lauten: Nichts vergeuden, alle Quellen
erschließen, unabhängig werden vom Auslande.

Zu dem Wort von der Unabhängigkeit vom Auslande bedarf
es einer kurzen Bemerkung.

Es besteht bei uns und in der Welt noch immer die dunkle

Vorstellung, es sei für eine Wirtschaft die Ausfuhr ein Selbstzweck; anderseits heißt es, sie sei ein gewisser Übermut, eine Exuberanz der Gewerbe, und es wird von einer eigenwilligen Ausfuhrindustrie gesprochen. Ich möchte glauben, daß dieser Vorstellungskreis der Kritik bedarf.

Nicht alle Länder sind selbstgenügend hinsichtlich ihres Wirtschaftsbedarfes; auch Deutschland ist es nicht. Wir alle sind gekleidet in Stoffe aus fremder Wolle, aus fremder Baumwolle; diese Räume sind erfüllt mit fremden Metallen; fremde Bodenerzeugnisse tragen bei zu unsrer Ernährung, und wir haben bisher noch nicht die Mittel gefunden und werden schwerlich die Mittel finden, um die volle Selbstgenügsamkeit unsres Bedarfes herzustellen. Der einzige Wirtschaftsbetrieb, von dem man sagen kann, daß er selbstgenügend sei, ist der der Vereinigten Staaten. Aber Deutschland ist es nicht.

Wer aber kauft, muß zahlen. Wenn das Land Käufer ist für Milliarden an Produkten, die es jährlich braucht und nicht besitzt: Wie zahlt es? In Gold und Silber jedenfalls nicht, denn der ganze Schatz, den wir haben, würde kaum für eine Quartalsrechnung hinreichen. Länder, die bedeutende Anlagen im Auslande besitzen, können derart zahlen, daß sie ihren Zinsertrag überweisen. Aber selbst vor dem Kriege war der Zinsertrag unsrer ausländischen Besitztümer und Anlagen nicht so groß, daß er unsern Einfuhrüberschuß gedeckt hätte. Wir können zahlen mit den Produkten unsres Bodens – und das tun wir –, aber die Leistungsfähigkeit des Bodens ist begrenzt, und somit wird immer ein Überschuß der Schuldrechnung übrigbleiben. Womit wird der gedeckt? Er kann nur gedeckt werden durch Ausfuhr von Arbeit. Wir kaufen von den Rohstoffen, deren wir bedürfen, mehr als wir brauchen; wir verarbeiten und verfeinern sie und zahlen mit dem Produkt unsrer Arbeit, mit dem Produkt unsres Denkens, mit dem Produkt unsrer technischen Fähigkeiten unsern jährlichen Schuldbetrag. Unsre Ausfuhr ist nicht Willkür, sondern Schuldenzahlung. Stellten wir eine Zeitlang unsre Ausfuhr ein, so würde das liefernde Ausland Besitztitel unsrer inländischen

Werte fordern und somit Herr unsrer Wirtschaft werden; überdies würden wir durch das Sinken unsrer Valuta in unsrer Kaufkraft geschwächt.

Die Handelsbilanz gewinnt an Bedeutung, um so mehr, als das Zahlungsmittel nicht mehr von uns allein abhängt. Denn wenn der andre nicht den Wunsch hat, es zu nehmen, so kann er sich dagegen schützen; er kann Zollmauern errichten, er kann selbst die Einfuhr verbieten; mit einem Wort: der andre ist Herr über dasjenige, was man ihm schuldet, und er kann das Zahlungsmittel entwerten, indem er die Einfuhr erschwert; er kann seine eigene Ausfuhr übersteuern, indem er den Gegenwert verschmäht.

In früheren wirtschaftspolitischen Verhandlungen spielten Einfuhrzölle die größte Rolle. Der Wille zur Ausfuhr war das Entscheidende. Es ist durchaus denkbar, daß in Zukunft eine Umstellung sich in dem Sinne ergibt, daß viele Völker, vielleicht auch wir selbst, uns gegen Einfuhr schützen; nicht im Sinne der alten Schutzzollpolitik, sondern im Sinne der Richtigstellung unsrer Handelsbilanz, also im Sinne eines Neomerkantilismus. Ein Gegenmittel gegen diesen Schutz aber bilden Ausfuhrzölle und Ausfuhrverbote, und es ist möglich, daß diese bei künftigen Zollverhandlungen eine ähnliche Bedeutung erlangen wie früher die Einfuhrzölle.

Nach dieser Vorbemerkung seien wir eingedenk, daß wir uns noch im Gebiete der Materialwirtschaft befinden, und da stehen wiederum vorne an die Rohstoffe, über die uns die Kriegsnotwendigkeit ein neues Denken gelehrt hat.

Rohstoffschutz habe ich vor einem Jahr die Notwendigkeit genannt, die sich uns auferlegt, wenn wir in zukünftigen Kriegen und auch im Interesse unsrer Wirtschaft eine größere Unabhängigkeit vom Ausland beanspruchen wollen. Es ist nicht mehr allein die Frage: wo ist das Produkt am billigsten zu haben?, sondern es entsteht die neue Frage: kann ich es einigermaßen wirtschaftlich im Inlande erzeugen? Wenn ja, so muß es im Inlande erzeugt werden und dementsprechend geschützt sein.

Gewaltig sind die Kriegslehren, die wir auf diesem Gebiete empfangen haben, und hier im Saal sehe ich zu meiner Freude einige der Herren, die mit Energie und Entschlossenheit uns die Wege gewiesen haben, insbesondere in der Industrie der Chemikalien. Auch die Gewinnung inländischer Metalle hat sich beträchtlich gehoben, ja wir dürfen sagen, es gibt nicht ein einziges Gebiet des Gewerbfleißes, das nicht eine Erneuerung in dem Sinn erfahren hätte, daß entweder die gewohnten Urprodukte in größtmöglichem Umfang der heimischen Erde entnommen werden, oder daß diese Urerzeugnisse bis zu einem gewissen Maße durch andre, einheimische ersetzt sind. Sogar die Textilrohstoffe haben es sich gefallen lassen müssen, ersetzt oder ergänzt zu werden durch Produkte, die unsrer Heimat entstammen.

Auf diesem Wege haben wir fortzuschreiten, und wir haben das Gebiet der Materialien zu ergänzen durch das Gebiet der Kräfte. Wir haben sorgfältiger umzugehen mit der kalorischen Energie, die uns die Sonne einmal geschenkt hat in Form unsrer Kohle, und die sie uns nie wieder schenken wird; wir haben sorgfältiger und entschlossener umzugehen mit den Kräften, die abermals die Sonne uns spendet, indem sie das Wasser emporzieht auf die Höhen und es in Stromgefällen ins Tal herniederfahren läßt. Die Politik unsrer Kraftquellen und unsrer Kraftverteilung wird eine der Grundfragen unsrer Wirtschaft bilden.

Nun aber müssen wir ein andres Gebiet berühren, das nicht nach der Art und Beschaffenheit der Stoffe und Erzeugnisse, sondern nach ihrer Verwendung, nicht physisch, sondern soziologisch-sittlich orientiert ist; das ist das Gebiet des Luxus.

Vor Zeiten und noch im letzten Jahrhundert galt der Spruch: »Luxus bringt Geld unter die Leute.« Das war bis zu einem gewissen Grade richtig, denn die Vermögen jener alten Zeiten entstammten vielfach fernen Quellen: es gab Kolonialvermögen, Vermögen, die von Auslandswirtschaften herrührten, Vermögen, die aus fremden Bergwerken oder aus Hoheitsrechten flossen, und man konnte mit einem gewissen Rechte

sagen, wenn diese Vermögen eine Zersplitterung und Verteilung durch Luxus erfahren, so kann das zu einer Befruchtung
der Wirtschaft führen. Für unsre Zeit gilt das nicht.

Die Luxusfrage ist im Laufe der Zeiten häufig den Weg gegangen, daß sie die Gesetzgebung berührte, und dann hat man
immer wieder festgestellt: Luxuszölle und Luxussteuern unterdrücken den Verbrauch, bringen wenig und sind infolgedessen
nutzlos. Nutzlos ja, nämlich im Sinne ihres Ertrages; nutzlos
für unsre Wirtschaft sind sie nicht. Denn das, was man als
schädliche Nebenwirkung ansah – die Verkleinerung des Ver-
brauchs – kann unter Umständen für unsre Betrachtung die
Hauptsache werden. Machen wir uns klar, was es bedeutet,
wenn eine Perlenschnur in unser Land gebracht wird: das bedeutet nicht weniger, als daß der Ertrag eines großen Bauern-
hofes künftig Jahr für Jahr uns verloren geht. Wenn ein paar
hundert Flaschen eines kostbaren Weines eingeführt werden,
so bedeutet das, daß ein Techniker oder ein Gelehrter weniger
ausgebildet werden kann; denn der Betrag, um den wir dem
Auslande dadurch zinsbar geworden sind, entspricht, ins Geistige übersetzt, der Lehrzeit eines Menschen. Alle Aufwendungen an Arbeitskraft, Rohstoff, Werkzeug, Transport,
Einfuhr, Einzelverkauf, Lagerung, die auf ein entbehrliches
oder überflüssiges Erzeugnis des Luxus verwendet werden,
bleiben unsrer Wirtschaft verloren. Der Teil der Weltwirtschaft, der heute an überflüssige, oft häßliche und schädliche
Dinge vergeudet wird, ist unermeßlich.

Die Erwägung des Luxusproblems wird uns von jetzt ab auf
lange Zeit nicht mehr verlassen. Die gesetzgeberischen Mittel
der Vorsorge sind einfach. Zölle werden die Einfuhr ermäßigen, Abgaben werden die inländische Produktion verkleinern,
und es wäre wohl denkbar, daß auch vom Verbrauch und von
der Benutzung luxuriöser Gegenstände, vom Besitz großer
Kostbarkeiten, insbesondere solcher Objekte, die der Verwendung der Wirtschaft entzogen werden, Jahresabgaben an den
Staat zu entrichten wären.

Es sieht vielleicht nach weltfremdem Puritanismus aus, wenn

hier wie in der Zeit der Quäker oder Cromwells vom Auswuchs des Luxus geredet wird. Doch es werden neue Quellen der Freude und des Genusses erschlossen, wenn wir etwas von dem ablassen, was bisher als begehrenswerter Luxus gegolten hat.

Es bedarf zum Wohlbefinden und zum Glück nicht jener enormen Mengen von Waren, die heute in unsern Läden, in unsern Verkehrsmitteln, in unsern Lagern und Fabriken kreisen, die vielfach häßlich, schädlich und töricht sind; es ist keine Entbehrung, wenn ein Teil dessen, was wir als Genußmittel Jahr für Jahr verzehrt haben, in Zukunft in Deutschland keinen Platz mehr findet. Um so mehr wird die Gemeinschaft darauf hingewiesen, sich den Dingen hinzugeben, die nicht Werke des materiellen Luxus sind, sondern der geistigen Atmosphäre entstammen. Die Kunst ist kein Luxus, sondern Selbstzweck, und je mehr wir hingeführt werden von trivialen Käuflichkeiten zu denjenigen Werten, die absolute sind, zu den Werken der Kunst und zu den Werken der Natur, desto mehr werden wir Geister und Herzen bereichern und beglücken.

Wir kommen zum Gebiet der Arbeitswirtschaft. Hier wird der oberste Grundsatz sein:

Jeder Mann wird gebraucht, kein Werkzeug darf feiern.

Unsre Industrie hat nicht nur jetzt im Kriege, sondern in der rastlosen Arbeit der Jahrzehnte durch wundervolle Verquikkung der Wissenschaft und Praxis es zuwege gebracht, daß wir sagen können, wir stehen heute an der Spitze dessen, was man technische Arbeitsmethode nennt. Und trotzdem: noch immer sind Betriebe zu vervollkommnen, noch immer gibt es Werkstätten, die mangelhaft ausgestattet sind, gibt es Herstellungsweisen, die Arbeitskraft und Material vergeuden. Noch immer besteht eine Zersplitterung in viele Betriebe da, wo ein oder wenige Betriebe ausreichen. Ich weiß, daß ich da etwas ausspreche, das gefährlich erscheinen kann; wir fürchten uns vor der Konzentration, und nicht mit Unrecht. Die Konzentration der Betriebe und Werkstätten kann, hemmungslos geübt, zur Gefahr werden, aber in unsrer Zukunftswirtschaft, wo Wirtschaft nicht mehr Sache des Einzelnen ist, sondern Sache der Gemeinschaft, kann es nicht gleichgültig sein, ob der Einzelne Raum, Werkzeug, Materialien vergeudet; freilich muß vorgesorgt werden, daß durch übermäßige Konzentration nicht Mächte entstehen, die sich jeder Kontrolle entziehen.

Hier, wie in manchem, was uns noch bevorsteht, sehen wir ein Seitenlicht in das Bild hineinfallen: Strahlen von der Sonne des Staates. Nicht um eine Verstaatlichung der Wirtschaft ist es uns zu tun, noch um Einmischungen herbeizuführen da, wo sie nicht nötig sind; doch es wächst das Gefühl, daß in demselben Maße, wie wir nicht mehr uns allein verantwortlich sind für das, was wir wirtschaftlich schaffen, sondern uns wechselseitig verantwortlich sind: daß wir dadurch auch dem Staate verantwortlich werden und er uns. Eine engere Gemeinschaft des Staates und der Wirtschaft ist nicht zu fürchten, sofern der Staat sich von einseitigen und bureaukratischen Methoden freimacht – auch er wird manches umzulernen haben – und zum wahren und höchsten Organ des gemeinschaftlichen Willens und Geistes erwächst.

Das Arbeitsproblem berührt auch die Frage, wieweit ein Mensch das Recht haben soll, sich außerhalb der Arbeitswirtschaft zu stellen. Gewiß, wir verdanken manches den Ständen, die uns als Rentner, als Erben, als Liebhaber, Besitzer und Beschützer von schönen Dingen bisher Erfreuliches und Farbiges beschert haben. Doch das Hilfsdienstgesetz, das jetzt an uns herantritt, läutet eine Glocke, die dazu mahnt, daß in einer Wirtschaft, die zur nationalen Sache geworden ist, nicht ohne Not jemand beiseite stehen darf. Das betrifft nicht die freien Gebiete, die Selbstzweck sind: Wissenschaft, Kunst, Betrachtung, Religion. Diese Dinge stehen nicht innerhalb eines wirtschaftlichen Zusammenhanges; sie sind aus eigenem Recht, und sie dürfen nicht angetastet werden. Aber es wäre durchaus vorstellbar und nicht zu fürchten, wenn allmählich sich eine Ordnung bei uns einstellte, die den gesunden und kräftigen Mann, der auf idealem Gebiet nicht produktiv leistend sein kann, zur produktiven bürgerlichen Arbeit aufruft. Und wenn dann einige Studenten der Kunstgeschichte im Lande weniger erzeugt werden, und wenn dann einiges Rentnertum und einiges Genießen und Sammeln nicht mehr mit der gleichen behäbigen Ausschließlichkeit wie früher gepflogen werden kann, so wäre das zu verschmerzen.

Wir haben davon gesprochen, daß die Industrie trotz ihrer hohen Stufe gut tun wird, nochmals in ihr Inneres zu greifen und sich zu besinnen, um die Wege, die sie jetzt im Kriege beschritten hat, mit verstärkter Kraft weiterzuschreiten. Aber was der Industrie recht ist, ist dem Handel billig. So bewundernswert die Methoden und Leistungen unsres Handels sind, mit so großem Stolz wir auf unsre Hansastädte blicken und auf das Gewebe, das unsre Kaufleute um alle Länder der Erde spannen, indem sie mit der Kraft des Gedankens den Strom der Güter und Werte durch Venen, Adern und Arterien lenken: so müssen wir auch mit Offenheit uns Rechenschaft darüber ablegen, daß auch im Handel manches zu ändern sein wird.

Sie betreten die Straße und erblicken einen Zigarrenladen. Sie gehen hundert Schritt weiter: abermals ein Zigarrenladen. Und alle hundert Schritt ein Zigarrenladen. Was bedeutet das? Das bedeutet, daß die Arbeit eines Armeekorps in Berlin dazu nötig ist, um Tabak zu verteilen. Auf einem Grund und Boden, der von der jährlichen Mietsrente annähernd mit Silber gepflastert werden könnte, sitzen Tag für Tag, Jahr für Jahr ein bis zwei besser oder schlechter bezahlte jugendliche arbeitskräftige Beamte, die auf Kunden warten und ab und zu einem einzeln oder packweise Zigarren oder Zigaretten verkaufen.

In einzelnen Stadtteilen gibt es kaum ein Häuserviereck, das nicht ein Seifengeschäft oder ein Papiergeschäft enthielte. Mögen diese Detailgeschäfte künftig von Frauen oder Kriegsbeschädigten geführt werden, mögen sie konzessionspflichtig werden oder mögen sie sich in ihrer Zahl verringern: unsre kräftige jugendliche Mannschaft bedarf künftig andrer Aufgaben. Hier darf uns keine falsche Mittelstandspolitik bestimmen, denn falsch ist jede Politik, die einen Stand zu unwirtschaftlicher Tätigkeit verurteilt. Die Aufgaben des Mittelstandes sind groß und schön und stark, aber sie dürfen nicht so weit verkannt werden, daß wir Legionen von Arbeitskräften produktiver Wirtschaft entziehen.

Ein weiteres Gebiet.

In einer Provinzialstadt lebt eine Witwe, die Schnittwaren verkauft. Zu ihr kommen jeden Monat drei, vier junge Männer, mal von diesem, mal von jenem Geschäft, erzählen ihr eine Stunde lang interessante und unterhaltende Sachen aus der Großstadt, legen ihr Muster vor, und sie entscheidet sich, ob sie kauft oder nicht. Das ist scheinbar ein Privatvergnügen. Aber es entzieht uns Arbeit, und insofern betrifft es uns. Es ist nicht wirtschaftlich nötig, daß ungezählte schaffenskräftige Menschen auf der Bahn liegen, um den Kunden kleine Wege zu erleichtern, um Einrichtungen zu ersetzen, die mit ganz geringer Mühe und geringem Aufwande hundertfach verbessert geschaffen werden könnten. Hier sind Sammellager möglich, hier sind Zusammenschlüsse von Kunden und Verkäufern durchführbar, hier könnten gewaltige Ersparnisse an Arbeitskraft, an Lagerbeständen, an Sortimenten, an Krediten und Ausfällen geschaffen werden. Die Verbilligung der Ware an sich ist erstrebenswert, denn sie hebt die Konsumkraft, doch ist nicht sie die Hauptsache: die besteht darin, daß wir unserm Lande, das seine sämtlichen Arbeitskräfte braucht, keine unproduktive Leistung aufbürden.

Freilich sollen diese Dinge nicht zum Äußersten getrieben werden; es handelt sich nie darum, bis zu den letzten Grenzen zu gelangen. Auch künftig wird es unentbehrliche Geschäftsreisen geben, Kaufleute und Monteure werden nach auswärtigen Arbeitsstätten fahren müssen; aber auf die Größenordnung kommt es an, und die ist reformbedürftig.

Auch im Großhandel wird manches erwogen werden müssen. Wirtschaftlich ist es nicht entscheidend, ob ein Stück Tuch oder eine andre Ware sich auf dem Wege von der Fabrik bis zum

Konsumenten um hundert Prozent oder mehr verteuert, obschon hierdurch gerade der kleine Verbraucher schwer betroffen wird. Rechnet man auf dem Wege nach, so findet man, daß jede Verteuerung an sich gerechtfertigt ist: denn bald handelt es sich um Verderb der Ware, bald um Entwertung von Mustern und Zeichnungen, bald um Veraltung durch Wechsel des Geschmacks und der Mode; es treten hinzu Fracht- und Lagerkosten, Zwischengewinne, Zinsverluste, Versicherungen, dann wieder Aufschläge, die gemacht werden müssen, weil die Kundschaft nicht schnell genug oder gar nicht zahlt, oder weil darunter sich Leute befinden, die eigentlich nicht Kunden sein dürften, weil sie keinen Kredit verdienen. Kurz und gut: verfolgt man diese Wanderung, auf der die Ware naturgemäß sich verteuert, verteuert durch das Hin und Her, durch das Zuviel an Feilschen, durch das Zuviel an Auswahl und Mustern, vor allem aber durch das Übermaß der Lagerbestände, die unsre Betriebskapitalien brachlegen und unser Geld verteuern, so empfindet man das Bedürfnis nach Reformen, die nicht leicht, aber dennoch durchführbar sind. Nicht nur der Handel selbst wird den Segen solcher Reformen spüren, sondern auch der Käufer und Produzent.

Ein letztes Kapitel der Arbeitsersparnis möchte ich flüchtig erwähnen; es wurde mir nahegelegt durch die Umfrage einer Juristenzeitung, die wahrscheinlich an einen Teil der anwesenden Herren gelangt ist. Die Zeitung fragte: Ist nicht unser juristisches Betriebswesen zu ausgebreitet? und ich habe darauf, das gestehe ich, recht radikal geantwortet. Mir scheint, es wird viel zu viel bei uns prozessiert. Mein Gegenüber, Exzellenz Dernburg[1], wird sich besser erinnern als ich, wieviel Prozesse damals in Südwestafrika zwischen 2000 Weißen schwebten: es waren wohl etwa 6000; somit hatte jeder Kolonist im Durchschnitt sechs Prozesse laufen. Es ist in Deutschland vielleicht nicht ganz so schlimm, vielleicht aber auch nicht sehr viel besser. Es braucht nicht so viel prozessiert zu werden, denn es wird in andern Ländern nicht so viel prozessiert; doch wenn schon so viel prozessiert wird, so sollte nicht so viel geschrieben und geurteilt werden. Nun kann man sagen, die absolute Gerechtigkeit könnte darunter leiden. Da möchte ich den Herren folgendes zu bedenken geben: Wir finden, wenn wir die Urteile zweier Instanzen vergleichen, daß in der Regel das der zweiten Instanz anders ist als das der ersten, und das der dritten anders als das der zweiten. Hätten wir in Deutschland eine vierte Instanz oder nur eine zweite, so wäre somit wahrscheinlich ein großer Teil der Erkenntnisse umgekehrt so wie er jetzt ist; das heißt, die ewige Gerechtigkeit hat mit diesen Sachen weniger zu tun als die Zahl der Instanzen, also eine reine Prozeßeinrichtung. Daraus geht hervor, daß auch diese Einrichtung keine absolute ist, sondern daß die Frage ernste Aufmerksamkeit verdient: Wie kann man es erreichen, daß der Deutsche weniger prozessiert und seinen Richtern und Advokaten weniger Arbeit macht?

Wir kommen zum letzten Gebiet: dem der Kapitalwirtschaft.

Auf diesem Gebiet ist der Wahlspruch:

Alle Mittel zusammenhalten und sie gerecht verteilen.

Hier allein ist die Heilung möglich von den Folgen jener Vermögensumschichtung, deren wir am Eingang gedacht haben; deshalb greifen diese Erörterungen hinaus über die Fragen reiner Wirtschaft in die Bezirke sittlicher und gesellschaftlicher Ordnung.

Bisher waren alle Handhabungen des Kapitals in Deutschland nahezu vollkommen frei. So konnte mit geringen Beschränkungen jedermann das Geld Deutschlands in ausländische Unternehmungen oder in ausländische Staatskassen führen. Es besteht heute wohl Übereinstimmung darüber, daß Geld dem Auslande nur dann zugeführt werden darf, wenn große nationale Vorteile daraus entstehen, und solche nationale Vorteile sind es nicht, wenn das Ausland gefällig genug ist, zu sagen: Dreißig Prozent des aufgenommenen Anleihebetrages gebe ich euch an Aufträgen, an denen könnt ihr ein Zehntel verdienen, das sind drei Prozent; um so viel habt ihr die Anleihe billiger. Solche Erwägungen werden künftig uns kaum dazu veranlassen, Kapitalien auszuführen, fremde Wirtschaften zu befruchten, fremde Beamte, Arbeiter und Unternehmer zu ernähren.

Eine andre und ernstere Frage ist es, die wiederum die Strahlen des Staates seitlich aus den Kulissen auf die Bühne fallen läßt: Steht jedem und jederzeit das Recht zu, indem er zum Notar geht, eine Firma gründet und Kapitalien einzahlt, über das Kapital des Landes, über seine Arbeitskräfte, über seine Werkzeuge und seine Stoffe nutzbringend oder schädlich zu verfügen? Bleibt das Gründen, das Finanzieren, das Vertreiben von Werten weiterhin der freien Wirtschaft überlassen? Werden Gesellschaften und Konventionen, gleichviel welchen Zwecken sie dienen, welche Sonderrechte und Monopole sie ausüben, dauernd privatwirtschaftliche Gebilde bleiben? Hierüber können Meinungsverschiedenheiten entstehen, und da überdies die Zeit drängt, so gehe ich schweigend an diesem Punkt vorüber, um mich der letzten Frage zuzuwenden, die abermals mich beklommen macht; denn mir gegenüber habe ich die Ehre, Seine Exzellenz den Herrn Reichsschatzsekretär zu sehen, der allein sie beantworten kann. Vielleicht wird er mit milderer Hand diese Dinge berühren, als ich es ohne Verbindlichkeit und mit einem gewissen Radikalismus beabsichtige; Worte sind eben leichter als Taten.

Von dem Umfang unsrer künftigen Lasten haben wir uns einen Begriff gemacht. Ihre Größenordnung wird, wenn Wiederherstellung von Schäden und Erneuerung der Rüstung, wenn Umstellung auf Friedenswirtschaft, wenn Unterstützungen und Renten in Betracht gezogen werden, wenn endlich eine weitere Kriegsdauer in Rechnung gestellt wird, etwa innerhalb der Grenzen von jährlich sieben bis acht Milliarden liegen. Auf dem Wege üblicher Finanzreformen solche Summen aufzubringen, wird kaum möglich sein. Der Ertrag einer durchschnittlichen Finanzreform beläuft sich auf etwa vier- bis fünfhundert Millionen das Jahr; wir würden also von dieser Gattung eine Reihe von etwa fünfzehn Nummern gebrauchen, und wenn wir uns erinnern, welche Arbeitslast, welche

Kontroversen und Konflikte in Volk und Volksvertretung jede der früheren Reformen gebracht hat, so können wir an solche gesetzgeberischen Serien nicht glauben.

Wir werden zu schweren Eingriffen und zu scharfen Schnitten kommen, und jeder von uns dürfte sich ein Bild davon gemacht haben, daß das, was uns bevorsteht – man kann es milder oder schärfer ausdrücken – eine gewisse Ähnlichkeit haben wird mit Konfiskation. Zwei Wege sind möglich: entweder es werden die Renten im Lande angeschnitten, oder das Vermögen.

Die Anzapfung der Renten ist bequemer: Staatsrenten, Kommunalrenten, Hypotheken, Aktien, Obligationen, Schuldverschreibungen können mit einem Stempel geschlagen werden, der sie um soundso viel verkleinert zugunsten des Staates. Es ist die bequemste Methode, aber sie hat den Nachteil, daß sie das erarbeitete Einkommen nicht voll einschließt; sie hat nicht den Nachteil, daß sie nicht anwendbar wäre auf die Landwirtschaft: diese Möglichkeit ist durch Eintragung von Hypotheken gegeben.

Die zweite Form ist die, daß ein Teil des Vermögens dem Staat überantwortet wird, und diese führt zu merkwürdigen Problemen. Denn nicht jeder ist in der Lage, bar zu zahlen. Wenn es sich darum handelt, einen Betrag in der Größenordnung von dreißig, vierzig Milliarden aufzubringen, so gibt es keine Barmittel im Lande, die dafür ausreichen; es kann jeder nur zahlen mit dem, was er hat: der eine mit Aktien, mit Obligationen der andre, mit Hypotheken der dritte, mit Grundbesitz der vierte. Auch wenn wir nicht so weit gehen, anzunehmen, daß der Ladenbesitzer mit Warenbeständen zahlen sollte, so werden doch die Zahlungsmittel recht verschiedenartig sein. Der Staat wird in den Besitz einer seltsamen Güteransammlung kommen, die er bewirtschaften muß, und die er wahrscheinlich nicht anders als mit privater Beihilfe wird bewirtschaften können. Vielleicht werden bedeutende Unternehmungen gemischter Wirtschaft, Finanzinstitute neuer Art entstehen und es dem Staat ermöglichen, das zu lernen, was in hohem Maße für unsre und seine Zukunft wichtig ist: die Arbeitsmethoden, die Geschäftskunde und Denkformen der Privatwirtschaft.

Daß eine starke Besteuerung der Einkommen nötig war und in höherem Maße nötig wird, das wissen wir nicht nur, sondern wir fühlen es auch. Unser Empfinden ist im Kriege sozialer geworden. Wir empfinden, glaube ich, heute alle das Belastende eher in der schweren Verschiedenheit der äußeren Glücksgüter als in der Pflicht des Ausgleichs, und jeder von uns wird gern sein volles Teil an Lastentragung und sozialem Ausgleich auf sich nehmen.

Man besteuert heute neben dem Einkommen auch die Ersparnis. Es ist zu prüfen, ob das richtig ist. Im Sinne dessen, was ich auszuführen mir erlaubte über Verschwendung und Luxus, wäre es verständlich, wenn vor allem der Verbrauch, der über das normale Maß hinausgeht, eine starke Abgabe zahlte. Das klingt paradox; denn wenn erst das Einkommen zahlt, dann die Ersparnis, dann der Verbrauch, so ist es ja eine dreifache Besteuerung des Gleichen, da die Summe gleich dem Ganzen ist. Und doch könnte die Ersparnis entlastet werden zugunsten eines neuen Faktors, der uns sogleich beschäftigen soll, damit dann auch der übermäßige Verbrauch getroffen werden könnte, der vor allem dem Wiedererstarken unsrer Wirtschaft entgegensteht, indem er Güter und Arbeitskräfte verzehrt, Räume absperrt und einen Teil unsrer Wirtschaftsarbeit zum Leerlauf verurteilt.

Der neue Faktor, der die Belastung der Ersparnis ersetzt, ist der veränderte Begriff, den wir dem Erbschaftswesen entgegenzubringen haben. Wir alle wissen, daß jeder Eingriff in das Erbschaftswesen, in das Erbrecht gefürchtet ist, denn jeder sorgt für die Sicherung seiner Nachkommenschaft, jeder sorgt für die Stärke seines Stammes und Hauses, und darin liegt ein Menschliches. Aber auf der andern Seite darf die Sorge für das Haus, für eine fremde, ferne, unbekannte Nachkommenschaft nicht übermächtig werden im Verhältnis zur Liebe zu Land, Staat und Volk. Denn diese Sorge ist es, die das Land ewig in zwei Schichten teilt: die des erblichen Reichtums und der erblichen Armut; und hier wird eine vermittelnde Gerechtigkeit einzugreifen haben, und die starren Grundsätze, die bisher einer Besteuerung des Erbes entgegenstanden, werden sich mildern. Treffen wir das Erbe, so treffen wir zugleich in milderer Form die Ersparnis, und dennoch mit hoher Ergiebigkeit für den Staat.

Und da wir hier nicht nur von Wirtschaftsdingen, sondern auch von menschlichen, von sozialen Fragen, ja auch von Fragen des Gewissens reden dürfen, so ist es vielleicht ein tröstlicherer Gedanke, daß im Laufe der Jahrhunderte alle, die deutschen Namen tragen, zum Ausgleich sozialen Schicksals aufgerufen werden, als daß jährlich einige Tausende den vollen Ertrag ihrer Erbschaften erhalten, die über bürgerliches Maß hinaus zum Anspruch gänzlich veränderter wirtschaftlicher Einstellung und zum Recht auf dauernde Unterhaltung seitens der Gemeinschaft führen.

Der Begriff der Monopole ist häufig erörtert worden, und es scheint, daß man sich von dieser Wirtschaftsform übertriebene Erträge verspricht. Unsre Größenbegriffe haben sich verändert. An die Stelle der Million ist die Milliarde getreten, und ein Ertrag, der groß schien, weil er im Jahr sechzig Millionen ausmachte, bedeutet heute wenig, wo hundertfache Aufwendungen zu decken sind.

Doch besteht ein politischer Grund, um die Monopole nicht außer acht zu lassen: die Stellung gegenüber dem Auslande. Die Monopole können unter Umständen zu den stärksten wirtschaftlichen Kampfeswaffen werden, sowohl Produktionsmonopole wie Handels- und vor allem Einfuhrmonopole. Es ist nicht so leicht, einer Privatgemeinschaft zu sagen: Ihr exportiert dieses und jenes so lange nicht mehr, bis unser Auslandskontrahent sich gefügt hat, denn die Privatwirtschaft antwortet: Wie komme gerade ich dazu, den Schaden zu tragen, wenn ein andrer den Nutzen hat. Der Staat in sich aber kann, wenn er etwa das gesamte Kali[2] Deutschlands besitzt, dekretieren: Jenes Land bekommt so lange kein Kali, bis es auf diesem oder jenem Gebiet sich gefügt hat. Mit gleicher Stärke kann der Staat sich der Einfuhrmonopole bedienen; und er wird allen Anlaß dazu haben, sofern es nicht bei Friedensschluß gelingt, zwei Dinge zu sichern: erstens die Unterdrückung jeder gegnerischen Ausfuhrerschwerung für Rohstoffe, zweitens das Verbot jeder Nachforschung nach dem Ursprung einer Ware.

Von allen künftigen Finanzordnungen wird keine an kultureller und wirtschaftlicher Bedeutung von der Belastung der berauschenden Genußmittel übertroffen. Da möchte ich Seiner Exzellenz dem Herrn Grafen Rödern[3] zurufen: »Landgraf, bleibe hart!« Es ist gewiß nichts Neues, wenn wir von Bier und Tabak als Steuerträgern sprechen. Die Vorstellungen von ihrer Belastungsfähigkeit haben sich aber bei uns vielfach verschleiert: auf der einen Seite wirken Mittelstandstendenzen, die stets Beachtung fordern, jedoch hier nicht stichhaltig sind, auf der andern Seite die Furcht vor Umschichtungen einzelner Gewerbe, daneben partikularistische Erwägungen. Das Wort: »es werden die und die Leute brotlos« hat uns von manchen entscheidenden Maßnahmen abgeschreckt. Umschichtungen werden wir jetzt und in Zukunft noch vielfach erleben; wir haben sie in diesem Kriege gewaltiger erlebt als je zuvor, gewaltiger als jemand ahnte, und haben sie bewältigt. Das Hilfsdienstgesetz wird abermals Umschichtungen bringen, und sie werden abermals bewältigt werden. Brotlos aus Mangel an Beschäftigung darf in Deutschland kein Mensch sein noch werden. Finanzielle und wirtschaftliche Maßnahmen haben dafür zu sorgen, daß eine Berufsgattung, der das Gesetz zu nahe tritt, entschädigt wird, und daß ihre Glieder an andrer Stelle neue Arbeit finden; doch die kulturelle und wirtschaftliche Aufgabe darf weder vor Berufsinteressen noch vor wahlpolitischen, parlamentarischen oder partikularen Beängstigungen zurückweichen.

Nicht die Milliardenbeträge, die der Tabaks- und Alkoholbesteuerung jährlich entnommen werden können, sind entscheidend, obwohl eine zweite annähernd so reiche Ertragsquelle nicht zu finden ist, selbst nicht in der Besteuerung des Brotes, der Arbeitskraft und der Kohle, die als das Mark der Wirtschaft geschont werden sollen: entscheidend sind die Forderungen der Volkskraft.

Es gibt in Deutschland Bezirke, wo auf den erwachsenen Einwohner im Durchschnitt täglich drei Liter Bier entfallen. Das bedeutet mehr als unmäßigen Aufwand: es bedeutet den Verlust ungezählter Arbeitsstunden. Mancher von uns wird empfunden haben, daß ein Frühschoppen nachwirkt, ein Liter im Werte von zwanzig Pfennigen vernichtet unter Umständen Arbeitswerte im Vielfachen dieses Betrages.

Mag man die Freude am Bier- und Tabaksgenuß höher oder geringer einschätzen; sie besteht und soll nicht geopfert werden. Doch ist sie nicht der Menge proportional; sie kann getrost verteuert und vor allem erheblich vermindert werden, um edleren Genüssen Raum zu geben.

Eines der unübersehbarsten Ergebnisse dieses Krieges ist die Entalkoholisierung Rußlands, die nicht bloß auf dem Papier steht. Soweit solche Maßnahmen innerhalb technischer Grenzen durchführbar sind, ist sie durchgeführt, nämlich etwa im Betrage von achtzig bis neunzig Prozent. Das bedeutet eine gewaltige Stärkung unsres östlichen Nachbarn. Wenn ein nüchternes Volk neben einem minder enthaltsamen lebt, so kehrt die geistige Bilanz sich freilich nicht um, doch es entsteht eine Verschiebung des Kräfteverhältnisses. Die Tendenz der Enthaltsamkeit aber umkreist die Erde; auch in den Vereinigten Staaten und in den nordischen Ländern hat sie Wurzel gefaßt. Wir sollten uns von dieser Tendenz nicht ausschließen, denn es gibt kein Kräftegebiet, auf dem wir hinter andern zurückbleiben dürfen.

Überblicken wir das Bild, das sich uns entrollt hat, so wird vielleicht hier und dort der Gedanke auftauchen, es handle sich um ein weltfremdes, entbehrungsvolles, freudloses und farbenarmes Leben, das wir in Zukunft führen sollen. Das ist nicht zu fürchten. Unser Leben wird freier und reicher sein, wenn es auch etwa in stilleren Formen sich abspielt. Unsre

Herrschaft über die Naturkräfte werden wir nicht aufgeben oder schmälern; unsre Technik, Produktionskraft und Wissenschaft wird auch fernerhin wachsen; aber etwas von dem Gellenden, Blendenden und Schreienden der Gewerbe wird gestillt. Ein Teil des Luxus, des Überflüssigen, des Tandes und Krames, der in unsern Wirtschaftsbehältern kreist, verschwindet. Ich glaube, daß unsre Arbeit geistiger und intensiver wird; ich hoffe, nicht länger.

Ernster durch das Bewußtsein der Zuversicht und des freiwilligen Entsagens, durch das Bewußtsein, auf uns selbst angewiesen und auf uns selbst gestellt zu sein, wird das Leben der Gemeinschaft gestärkt und erhoben. Wir werden zu den natürlichen Gütern geführt an Stelle der künstlichen; vom Käuflichen werden wir gewiesen zum Ewigen, zum Absoluten, zum Allgemeingültigen.

Vor drei Jahren, als das Jahr 1913 anbrach, wurde des Jahres 1813 gedacht in dem Sinne, als hätten wir die Opfer jener großen preußischen Zeit erneuert, indem wir den Geldbetrag einer Milliarde hingaben. Mit Geld sind die Mächte des Opfers nicht zu erringen; erst die Zeit, die gekommen ist, hat uns wahrhaft opfern gelehrt.

Heute stehen wir im Jahre 1916 mit andern Gedanken. Wir wissen, daß die Zeit unsrer Vorväter groß wurde dadurch, daß sie in ihr Innerstes griff, daß sie in die Tiefe ihres Gewissens drang, daß sie aus ihrer Seele die neuen Kräfte ihres Daseins schöpfte. Und wenn wir heute aus dem Kriege eine Lehre und ein neues Bewußtsein empfangen, so wird es abermals darum zu tun sein, daß wir in die Schächte unsres Inneren dringen. Damals trug man empor einen neuen Begriff der Bildung, einen neuen Begriff des Bürgertums, des Heeres und der Politik. Heute formen sich die Pflichten anders, aber nicht weniger tief, nicht weniger schwer und schön. Wir müssen das emporläutern, was die trübe Zeit der freien Wirtschaft nicht gefördert hat an sozialer Gerechtigkeit, an bürgerlicher Freiheit, an Werten der Entsagung und Idealen. Wenn in jener Zeit es möglich und nötig war, daß die Erleuchtung und Be-

freiung von außen und von oben kam, so wird diesmal die
Wiedergeburt vom Volke kommen. Niemals ist ein solcher Beweis der Würde, der Selbständigkeit und Mannhaftigkeit erbracht worden, wie von unserm kämpfenden Volke; deshalb
kann und wird dieses Volk aus eigener Tiefe die Wiedergeburt
schöpfen, deren es auf wirtschaftlichem, auf gesellschaft-
lichem, auf menschlichem Gebiete bedarf, die Wiedergeburt
zum Wohlstande, zur Vergeistigung, zur Verantwortung, zum
Herrentum und zur bürgerlichen Freiheit.

Quelle: Walther Rathenau, Gesammelte Schriften. Bd. 5 Wirtschaft, Staat
und Gesellschaft. Berlin: S. Fischer 1925. S. 61–93. © Verlage Gotthold
Müller, München, und Lambert Schneider, Heidelberg.

Anmerkungen

1. Bernhard Dernburg (1865–1937), seit 1906 Direktor der Kolonialabtei-
   lung des Auswärtigen Amtes, 1907 bis 1910 Staatssekretär des neu gebildeten Reichskolonialamts.
2. Kalium, Kalisalze; vor dem Ersten Weltkrieg hatte Deutschland eine
   Monopolstellung in der Kaligewinnung (96 % der Weltförderung).
3. Siegfried Graf von Rödern, seit 1914 Staatssekretär für Elsaß-Lothringen, von 1916 bis 1918 Staatssekretär des Reichsschatzamtes, zugleich
   preußischer Staatsminister.

SIGMUND FREUD

1856–1939

In den Wintersemestern 1915/16 und 1916/17, also jeweils von Oktober bis März, hielt Freud zwei Vorlesungsreihen, die bald darauf auch veröffentlicht wurden, für Hörer aller Fakultäten an der Universität Wien. Sie stellen eine Art Bestandsaufnahme seiner Lehre dar und geben außerdem eine Vorstellung vom Stand der Psychoanalyse zur Zeit des Ersten Weltkrieges. Die hier abgedruckte 1. Vorlesung (gehalten Oktober 1915) führt in die Problemstellung ein und illustriert Freuds Vortragsweise. Er trug gewöhnlich ohne Manuskript vor, sprach ruhig, im freundlichen Gesprächston und bezog im allgemeinen sein Publikum in die Argumentation ein. Daß Freud die Vorträge ganz deutlich als Reden konzipiert hat (die er erst später dank seines phonographischen Gedächtnisses wortgetreu nachzeichnete), zeigt deutlich sein Vorwort zur Buchausgabe, in dem er anmerkt: »Es war nicht möglich, in der Darstellung die kühle Ruhe einer wissenschaftlichen Abhandlung zu wahren; vielmehr mußte sich der Redner zur Aufgabe machen, die Aufmerksamkeit der Zuhörer während eines fast zweistündigen Vortrags nicht erlahmen zu lassen.«

Einführung in die Psychoanalyse

Einleitung

Meine Damen und Herren! Ich weiß nicht, wieviel die einzelnen von Ihnen aus ihrer Lektüre oder vom Hörensagen über die Psychoanalyse wissen. Ich bin aber durch den Wortlaut meiner Ankündigung – Elementare Einführung in die Psychoanalyse – verpflichtet, Sie so zu behandeln, als wüßten Sie nichts und bedürften einer ersten Unterweisung.

Soviel darf ich allerdings voraussetzen, daß Sie wissen, die Psychoanalyse sei ein Verfahren, wie man nervös Kranke ärztlich behandelt, und da kann ich Ihnen gleich ein Beispiel dafür geben, wie auf diesem Gebiet so manches anders, oft geradezu verkehrt, vor sich geht als sonst in der Medizin. Wenn wir sonst einen Kranken einer ihm neuen ärztlichen Technik unterziehen, so werden wir in der Regel die Beschwerden derselben vor ihm herabsetzen und ihm zuversichtliche Versprechungen wegen des Erfolges der Behandlung geben. Ich meine, wir sind berechtigt dazu, denn wir steigern durch solches Benehmen die Wahrscheinlichkeit des Erfolges. Wenn wir aber einen Neurotiker in psychoanalytische Behandlung nehmen, so verfahren wir anders. Wir halten ihm die Schwierigkeiten der Methode vor, ihre Zeitdauer, die Anstrengungen und die Opfer, die sie kostet, und was den Erfolg anbelangt, so sagen wir, wir können ihn nicht sicher versprechen, er hänge von seinem Benehmen ab, von seinem Verständnis, seiner Gefügigkeit, seiner Ausdauer. Wir haben natürlich gute Motive für ein anscheinend so verkehrtes Benehmen, in welche Sie vielleicht später einmal Einsicht gewinnen werden.

Seien Sie nun nicht böse, wenn ich Sie zunächst ähnlich behandle wie diese neurotischen Kranken. Ich rate Ihnen eigentlich ab, mich ein zweites Mal anzuhören. Ich werde Ihnen in dieser Absicht vorführen, welche Unvollkommenheiten notwendigerweise dem Unterricht in der Psychoanalyse anhaften und welche Schwierigkeiten der Erwerbung eines eigenen Urteils entgegenstehen. Ich werde Ihnen zeigen, wie die ganze Richtung Ihrer Vorbildung und alle Ihre Denkgewohnheiten Sie unvermeidlich zu Gegnern der Psychoanalyse machen müßten und wieviel Sie in sich zu überwinden hätten, um dieser instinktiven Gegnerschaft Herr zu werden. Was Sie an Verständnis für die Psychoanalyse aus meinen Mitteilungen gewinnen werden, kann ich Ihnen natürlich nicht vorhersagen, aber soviel kann ich Ihnen versprechen, daß Sie durch das Anhören derselben nicht erlernt haben werden, eine psychoanalytische Untersuchung vorzunehmen oder eine solche Behandlung durchzuführen. Sollte sich aber gar jemand unter Ihnen finden, der sich nicht durch eine flüchtige Bekanntschaft mit der Psychoanalyse befriedigt fühlte, sondern in eine dauernde Beziehung zu ihr treten möchte, so werde ich ihm nicht nur abraten, sondern ihn direkt davor warnen. Wie die Dinge derzeit stehen, würde er sich durch eine solche Berufswahl jede Möglichkeit eines Erfolges an einer Universität zerstören, und wenn er als ausübender Arzt ins Leben geht, wird er sich in einer Gesellschaft finden, welche seine Bestrebungen nicht versteht, ihn mißtrauisch und feindselig betrachtet und alle bösen, in ihr lauernden Geister gegen ihn losläßt. Vielleicht können Sie gerade aus den Begleiterscheinungen des heute in Europa wütenden Krieges eine ungefähre Schätzung ableiten, wieviele Legionen das sein mögen.

Es gibt immerhin Personen genug, für welche etwas, was ein neues Stück Erkenntnis werden kann, trotz solcher Unbequemlichkeiten seine Anziehung behält. Sollten einige von Ihnen von dieser Art sein und mit Hinwegsetzung über meine Abmahnungen das nächste Mal hier wieder erscheinen, so werden Sie mir willkommen sein. Sie haben aber alle ein Anrecht darauf zu erfahren, welches die angedeuteten Schwierigkeiten der Psychoanalyse sind.

Zunächst die der Unterweisung, des Unterrichts in der Psychoanalyse. Sie sind im medizinischen Unterricht daran gewöhnt worden zu sehen. Sie sehen das anatomische Präparat, den Niederschlag bei der chemischen Reaktion, die Verkürzung des Muskels als Erfolg der Reizung seiner Nerven. Später zeigt man Ihren Sinnen den Kranken, die Symptome seines Leidens, die Produkte des krankhaften Prozesses, ja in zahlreichen Fällen die Erreger der Krankheit in isoliertem Zustande. In den chirurgischen Fächern werden Sie Zeugen der Eingriffe, durch welche man dem Kranken Hilfe leistet, und dürfen die Ausführung derselben selbst versuchen. Selbst in der Psychiatrie führt Ihnen die Demonstration des Kranken an seinem veränderten Mienenspiel, seiner Redeweise und seinem Benehmen eine Fülle von Beobachtungen zu, die Ihnen tiefgehende Eindrücke hinterlassen. So spielt der medizinische Lehrer vorwiegend die Rolle eines Führers und Erklärers, der Sie durch ein Museum begleitet, während Sie eine unmittelbare Beziehung zu den Objekten gewinnen und sich durch eigene Wahrnehmung von der Existenz der neuen Tatsachen überzeugt zu haben glauben.

Das ist leider alles anders in der Psychoanalyse. In der analytischen Behandlung geht nichts anderes vor als ein Austausch von Worten zwischen dem Analysierten und dem Arzt. Der Patient spricht, erzählt von vergangenen Erlebnissen und gegenwärtigen Eindrücken, klagt, bekennt seine Wünsche und Gefühlsregungen. Der Arzt hört zu, sucht die Gedankengänge des Patienten zu dirigieren, mahnt, drängt seine Aufmerksamkeit nach gewissen Richtungen, gibt ihm Aufklärungen und beobachtet die Reaktionen von Verständnis oder von Ablehnung, welche er so beim Kranken hervorruft. Die ungebildeten Angehörigen unserer Kranken – denen nur Sichtbares und Greifbares imponiert, am liebsten Handlungen, wie man sie im Kinotheater sieht – versäumen es auch nie, ihre Zweifel zu äußern, wie man »durch bloße Reden etwas gegen die Krankheit ausrichten kann«. Das ist natürlich ebenso kurzsinnig wie inkonsequent gedacht. Es sind ja dieselben Leute, die so sicher wissen, daß sich die Kranken ihre Symptome »bloß einbilden«. Worte waren ursprünglich Zauber, und das Wort hat noch heute viel von seiner alten Zauberkraft bewahrt. Durch Worte kann ein Mensch den anderen selig machen oder zur Verzweiflung treiben, durch Worte überträgt der Lehrer sein Wissen auf die Schüler, durch Worte reißt der Redner die Versammlung der Zuhörer mit sich fort und bestimmt ihre Urteile und Entscheidungen. Worte rufen Affekte hervor und sind das allgemeine Mittel zur Beeinflussung der Menschen untereinander. Wir werden also die Verwendung der Worte in der Psychotherapie nicht geringschätzen und werden zufrieden sein, wenn wir Zuhörer der Worte sein können, die zwischen dem Analytiker und seinem Patienten gewechselt werden.

Aber auch das können wir nicht. Das Gespräch, in dem die psychoanalytische Behandlung besteht, verträgt keinen Zuhörer; es läßt sich nicht demonstrieren. Man kann natürlich auch einen Neurastheniker oder Hysteriker in einer psychiatrischen Vorlesung den Lernenden vorstellen. Er erzählt dann von seinen Klagen und Symptomen, aber auch von nichts anderem. Die Mitteilungen, deren die Analyse bedarf, macht er nur unter der Bedingung einer besonderen Gefühlsbindung an den Arzt; er würde verstummen, sobald er einen einzigen, ihm indifferenten Zeugen bemerkte. Denn diese Mitteilungen betreffen das Intimste seines Seelenlebens, alles was er als sozial selbständige Person vor anderen verbergen muß, und im weiteren alles, was er als einheitliche Persönlichkeit sich selbst nicht eingestehen will.

Sie können also eine psychoanalytische Behandlung nicht mitanhören. Sie können nur von ihr hören und werden die Psychoanalyse im strengsten Sinne des Wortes nur vom Hörensagen kennenlernen. Durch diese Unterweisung gleichsam aus zweiter Hand kommen Sie in ganz ungewöhnliche Bedingungen für eine Urteilbildung. Es hängt offenbar das meiste davon ab, welchen Glauben Sie dem Gewährsmann schenken können.

Nehmen Sie einmal an, Sie wären nicht in eine psychiatrische, sondern in eine historische Vorlesung gegangen und der Vortragende erzählte Ihnen vom Leben und von den Kriegstaten Alexanders des Großen. Was für Motive hätten Sie, an die Wahrhaftigkeit seiner Mitteilungen zu glauben? Zunächst scheint die Sachlage noch ungünstiger zu sein als im Falle der Psychoanalyse, denn der Geschichtsprofessor war so wenig Teilnehmer an den Kriegszügen Alexanders wie Sie; der Psychoanalytiker berichtet Ihnen doch wenigstens von Dingen, bei denen er selbst eine Rolle gespielt hat. Aber dann kommt die Reihe an das, was den Historiker beglaubigt. Er kann Sie auf die Berichte von alten Schriftstellern verweisen, die entweder selbst zeitgenössisch waren oder den fraglichen Ereignissen doch näher standen, also auf die Bücher des Diodor[1], Plutarch, Arrian[2] u. a.; er kann Ihnen Abbildungen der erhaltenen Münzen und Statuen des Königs vorlegen und eine Photographie des pompejanischen Mosaiks der Schlacht bei Issos[3] durch Ihre Reihen gehen lassen. Strenge genommen beweisen alle diese Dokumente doch nur, daß schon frühere Generationen an die Existenz Alexanders und an die Realität seiner Taten geglaubt haben, und Ihre Kritik dürfte hier von neuem einsetzen. Sie wird dann finden, daß nicht alles über Alexander Berichtete glaubwürdig oder in seinen Einzelheiten sicherzustellen ist, aber ich kann doch nicht annehmen, daß Sie den Vorlesungssaal als Zweifler an der Realität Alexanders des Großen verlassen werden. Ihre Entscheidung wird hauptsächlich durch zwei Erwägungen bestimmt werden, erstens, daß der Vortragende kein denkbares Motiv hat, etwas vor Ihnen als real auszugeben, was er nicht selbst dafür hält, und zweitens, daß alle erreichbaren Geschichtsbücher die Ereignisse in ungefähr ähnlicher Art darstellen. Wenn Sie dann auf die Prüfung der älteren Quellen eingehen, werden Sie dieselben Momente berücksichtigen, die möglichen Motive der Gewährsmänner und die Übereinstimmung der Zeugnisse untereinander. Das Ergebnis der Prüfung wird im Falle Alexanders sicherlich beruhigend sein, wahrscheinlich anders ausfallen, wenn es sich um Persönlichkeiten wie Moses oder Nimrod[4] handelt. Welche Zweifel Sie aber gegen die Glaubwürdigkeit des psychoanalytischen Berichterstatters erheben können, werden Sie bei späteren Anlässen deutlich genug erkennen.

Nun werden Sie ein Recht zu der Frage haben: Wenn es keine objektive Beglaubigung der Psychoanalyse gibt und keine Möglichkeit, sie zu demonstrieren, wie kann man überhaupt Psychoanalyse erlernen und sich von der Wahrheit ihrer Behauptungen überzeugen? Dies Erlernen ist wirklich nicht leicht, und es haben auch nicht viele Menschen die Psychoanalyse ordentlich gelernt, aber es gibt natürlich doch einen gangbaren Weg. Psychoanalyse erlernt man zunächst am eigenen

Leib, durch das Studium der eigenen Persönlichkeit. Es ist das nicht ganz, was man Selbstbeobachtung heißt, aber man kann es ihr zur Not subsumieren. Es gibt eine ganze Reihe von sehr häufigen und allgemein bekannten seelischen Phänomenen, die man nach einiger Unterweisung in der Technik an sich selbst zu Gegenständen der Analyse machen kann. Dabei holt man sich die gesuchte Überzeugung von der Realität der Vorgänge, welche die Psychoanalyse beschreibt, und von der Richtigkeit ihrer Auffassungen. Allerdings sind dem Fortschritte auf diesem Wege bestimmte Grenzen gesetzt. Man kommt viel weiter, wenn man sich selbst von einem kundigen Analytiker analysieren läßt, die Wirkungen der Analyse am eigenen Ich erlebt und dabei die Gelegenheit benützt, dem anderen die feinere Technik des Verfahrens abzulauschen. Dieser ausgezeichnete Weg ist natürlich immer nur für eine einzelne Person, niemals für ein ganzes Kolleg auf einmal gangbar.

Für eine zweite Schwierigkeit in Ihrem Verhältnis zur Psychoanalyse kann ich nicht mehr diese, muß ich Sie selbst, meine Hörer, verantwortlich machen, wenigstens insoweit Sie bisher medizinische Studien betrieben haben. Ihre Vorbildung hat Ihrer Denktätigkeit eine bestimmte Richtung gegeben, die weit von der Psychoanalyse abführt. Sie sind darin geschult worden, die Funktionen des Organismus und ihre Störungen anatomisch zu begründen, chemisch und physikalisch zu erklären und biologisch zu erfassen, aber kein Anteil Ihres Interesses ist auf das psychische Leben gelenkt worden, in dem doch die Leistung dieses wunderbar komplizierten Organismus gipfelt. Darum ist Ihnen eine psychologische Denkweise fremd geblieben, und Sie haben sich gewöhnt, eine solche mißtrauisch zu betrachten, ihr den Charakter der Wissenschaftlichkeit abzusprechen und sie den Laien, Dichtern, Naturphilosophen und Mystikern zu überlassen. Diese Einschränkung ist gewiß ein Schaden für Ihre ärztliche Tätigkeit, denn der Kranke wird Ihnen, wie es bei allen menschlichen Beziehungen Regel ist, zunächst seine seelische Fassade entgegenbringen, und ich fürchte, Sie werden zur Strafe genötigt sein, einen Anteil des therapeutischen Einflusses, den Sie anstreben, den von Ihnen so verachteten Laienärzten, Naturheilkünstlern und Mystikern zu überlassen.

Ich verkenne nicht, welche Entschuldigung man für diesen Mangel Ihrer Vorbildung gelten lassen muß. Es fehlt die philosophische Hilfswissenschaft, welche für Ihre ärztlichen Absichten dienstbar gemacht werden könnte. Weder die spekulative Philosophie noch die deskriptive Psychologie oder die an die Sinnesphysiologie anschließende sogenannte experimentelle Psychologie, wie sie in den Schulen gelehrt werden, sind imstande, Ihnen über die Beziehung zwischen dem Körperlichen und Seelischen etwas Brauchbares zu sagen und Ihnen die Schlüssel zum Verständnis einer möglichen Störung der seelischen Funktionen in die Hand zu geben. Innerhalb der Medizin beschäftigt sich zwar die Psychiatrie damit, die beobachteten Seelenstörungen zu beschreiben und zu klinischen Krankheitsbildern zusammenzustellen, aber in guten Stunden zweifeln die Psychiater selbst daran, ob ihre rein deskriptiven Aufstellungen den Namen einer Wissenschaft verdienen. Die Symptome, welche diese Krankheitsbilder zusammensetzen, sind nach ihrer Herkunft, ihrem Mechanismus und in ihrer gegenseitigen Verknüpfung unerkannt; es entsprechen ihnen entweder keine nachweisbaren Veränderungen des anatomischen Organs der Seele oder solche, aus denen sie eine Aufklärung nicht finden können. Einer therapeutischen Beeinflussung sind diese Seelenstörungen nur dann zugänglich, wenn sie sich als Nebenwirkungen einer sonstigen organischen Affektion erkennen lassen.

Hier ist die Lücke, welche die Psychoanalyse auszufüllen bestrebt ist. Sie will der Psychiatrie die vermißte psychologische Grundlage geben, sie hofft, den gemeinsamen Boden aufzudecken, von dem aus das Zusammentreffen körperlicher mit seelischer Störung verständlich wird. Zu diesem Zweck muß sie sich von jeder ihr fremden Voraussetzung anatomischer, chemischer oder physiologischer Natur frei halten, durchaus mit rein psychologischen Hilfsbegriffen arbeiten, und gerade darum, fürchte ich, wird sie Ihnen zunächst fremdartig erscheinen.

An der nächsten Schwierigkeit will ich Sie, Ihre Vorbildung oder Einstellung, nicht mitschuldig machen. Mit zweien ihrer Aufstellungen beleidigt die Psychoanalyse die ganze Welt und zieht sich deren Abneigung zu; die eine davon verstößt gegen ein intellektuelles, die andere gegen ein ästhetisch-moralisches Vorurteil. Lassen Sie uns nicht zu gering von diesen Vorurteilen denken; es sind machtvolle Dinge, Niederschläge von nützlichen, ja notwendigen Entwicklungen der Menschheit. Sie werden durch affektive Kräfte festgehalten, und der Kampf gegen sie ist ein schwerer.

Die erste dieser unliebsamen Behauptungen der Psychoanalyse besagt, daß die seelischen Vorgänge an und für sich unbewußt sind und die bewußten bloß einzelne Akte und Anteile des ganzen Seelenlebens. Erinnern Sie sich, daß wir im Gegenteile gewöhnt sind, Psychisches und Bewußtes zu identifizieren. Das Bewußtsein gilt uns geradezu als der definierende Charakter des Psychischen, Psychologie als die Lehre von den Inhalten des Bewußtseins. Ja, so selbstverständlich erscheint uns diese Gleichstellung, daß wir einen Widerspruch gegen sie als offenkundigen Widersinn zu empfinden glauben, und doch kann die Psychoanalyse nicht umhin, diesen Widerspruch zu erheben, sie kann die Identität von Bewußtem und Seelischem nicht annehmen.[5] Ihre Definition des Seelischen lautet, es seien Vorgänge von der Art des Fühlens, Denkens, Wollens, und sie muß vertreten, daß es unbewußtes Denken und ungewußtes Wollen gibt. Damit hat sie aber von vornherein die Sympathie aller Freunde nüchterner Wissenschaftlichkeit verscherzt und sich in den Verdacht einer phantastischen Geheimlehre gebracht, die im Dunkeln bauen, im Trüben fischen möchte. Sie aber, meine Hörer, können natürlich noch nicht verstehen, mit welchem Recht ich einen Satz von so abstrakter Natur wie: »Das Seelische ist das Bewußte« für ein Vorurteil ausgeben kann, können auch nicht erraten, welche Entwicklung zur Verleugnung des Unbewußten geführt haben kann, wenn ein solches existieren sollte, und welcher Vorteil sich bei dieser Verleugnung ergeben haben mag. Es klingt wie ein leerer Wortstreit, ob man das Psychische mit dem Bewußten zusammenfallen lassen oder es darüber hinaus erstrecken soll, und doch kann ich Ihnen versichern, daß mit der Annahme unbewußter Seelenvorgänge eine entscheidende Neuorientierung in Welt und Wissenschaft angebahnt ist.

Ebensowenig können Sie ahnen, ein wie inniger Zusammenhang diese erste Kühnheit der Psychoanalyse mit der nun zu erwähnenden zweiten verknüpft. Dieser andere Satz, den die Psychoanalyse als eines ihrer Ergebnisse verkündet, enthält nämlich die Behauptung, daß Triebregungen, welche man nur als sexuelle im engeren wie im weiteren Sinn bezeichnen kann, eine ungemein große und bisher nie genug gewürdigte Rolle in der Verursachung der Nerven- und Geisteskrankheiten spielen. Ja noch mehr, daß dieselben sexuellen Regungen auch mit nicht zu unterschätzenden Beiträgen an den höchsten kulturellen, künstlerischen und sozialen Schöpfungen des Menschengeistes beteiligt sind.[6]

Nach meiner Erfahrung ist die Abneigung gegen dieses Resultat der psychoanalytischen Forschung die bedeutsamste Quelle des Widerstandes, auf den sie gestoßen ist. Wollen Sie wissen, wie wir uns das erklären? Wir glauben, die Kultur ist unter dem Antrieb der Lebensnot auf Kosten der Triebbefriedigung geschaffen worden, und sie wird zum großen Teil immer wieder von neuem erschaffen, indem der Einzelne, der neu in die menschliche Gemeinschaft eintritt, die Opfer an Triebbefriedigung zu Gunsten des Ganzen wiederholt. Unter den so verwendeten Triebkräften spielen die der Sexualregungen eine bedeutsame Rolle; sie werden dabei sublimiert, d. h. von ihren sexuellen Zielen abgelenkt und auf sozial höherstehende, nicht mehr sexuelle, gerichtet. Dieser Aufbau ist aber labil, die Sexualtriebe sind schlecht gebändigt, es besteht bei jedem Einzelnen, der sich dem Kulturwerk anschließen soll, die Gefahr, daß sich seine Sexualtriebe dieser Verwendung weigern. Die Gesellschaft glaubt an keine stärkere Bedrohung ihrer Kultur, als ihr durch die Befreiung der Sexualtriebe und deren Wiederkehr zu ihren ursprünglichen Zielen erwachsen würde.[7] Die Gesellschaft liebt es also nicht, an dieses heikle Stück ihrer Begründung gemahnt zu werden, sie hat gar kein Interesse daran, daß die Stärke der Sexualtriebe anerkannt und die Bedeutung des Sexuallebens für den Einzelnen klargelegt werde, sie hat vielmehr in erziehlicher Absicht den Weg eingeschlagen, die Aufmerksamkeit von diesem ganzen Gebiet abzulenken. Darum verträgt sie das genannte Forschungsresultat der Psychoanalyse nicht, möchte es am liebsten als ästhetisch abstoßend, moralisch verwerflich oder als gefährlich brandmarken. Aber mit solchen Einwürfen kann man einem angeblich objektiven Ergebnis wissenschaftlicher Arbeit nichts anhaben. Der Widerspruch muß aufs intellektuelle Gebiet übersetzt werden, wenn er laut werden soll. Nun liegt es in der menschlichen Natur, daß man geneigt ist, etwas für unrichtig zu halten, wenn man es nicht mag, und dann ist es leicht, Argumente dagegen zu finden. Die Gesellschaft macht also das Unliebsame zum Unrichtigen, bestreitet die Wahrheiten der Psychoanalyse mit logischen und sachlichen Argumenten, aber aus affektiven Quellen, und hält diese Einwendungen als Vorurteile gegen alle Versuche der Widerlegung fest.

Wir aber dürfen behaupten, meine Damen und Herren, daß wir bei der Aufstellung jenes beanständeten Satzes überhaupt keine Tendenz verfolgt haben. Wir wollten nur einer Tatsächlichkeit Ausdruck geben, die wir in mühseliger Arbeit erkannt zu haben glaubten. Wir nehmen auch jetzt das Recht in Anspruch, die Einmengung solcher praktischer Rücksichten in die wissenschaftliche Arbeit unbedingt zurückzuweisen, auch ehe wir untersucht haben, ob die Befürchtung, welche uns diese Rücksichten diktieren will, berechtigt ist oder nicht.

Das wären nun einige der Schwierigkeiten, welche Ihrer Beschäftigung mit der Psychoanalyse entgegenstehen. Es ist viel-

leicht mehr als genug für den Anfang. Wenn Sie deren Eindruck überwinden können, wollen wir fortsetzen.

Quelle: Sigmund Freud, Studienausgabe. Bd. I Vorlesungen zur Einführung in die Psychoanalyse und Neue Folge. Hrsg. von Alexander Mit-
scherlich, Angela Richards u. Janus Stachey. Frankfurt a. M.: S. Fischer
1969. S. 41–49.

Anmerkungen

1. Diodorus Siculus verfaßte die »Historische Bibliothek«, eine Geschichte
   der Völker des Altertums bis 54 v. Chr.
2. Arrianus Flavius schrieb die Anabasis Alexanders, die wichtigste Quelle
   für die Geschichte Alexanders des Großen.
3. Alexander besiegte im November 333 bei Issos den Perserkönig Dareios
   III. Kodomannos.
4. Vgl. 1. Mose 10,8 ff., wo Nimrod als großer Jäger und Städtebauer geschildert wird.
5. Vgl. Freuds Arbeit »Das Unbewußte«, Bd. III der Studienausgabe.
6. Weiter ausgeführt in der 20. Vorlesung, Bd. I der Studienausgabe,
   S. 300–315.
7. Vgl. »Das Unbehagen in der Kultur«, Bd. IX der Studienausgabe.

Der erste Präsident der Bundesrepublik (1949–59) schloß sich
früh dem Kreis um Friedrich Naumann an und war von 1905
bis 1912 Redakteur der Zeitschrift »Die Hilfe«. Das vorlie-
gende Bild von »Deutschlands Zukunft« entwarf Theodor
Heuss am 17. Januar 1919, also mit fast 35 Jahren, vor der
Deutschen Demokratischen Partei in Stuttgart. Der Redestil
ist bewußt pragmatisch gehalten und appelliert vor allem an
den politischen ›common sense‹. Heuss analysiert die politi-
sche Lage seiner Zeit, erklärt das Ende des alten Deutschland
mit seinen konservativen und nationalistischen Anschauungen
und entwickelt neue Vorstellungen, die vor allem im Sinne
Schillers an eine geistige Erneuerung des Nationgedankens
anzuknüpfen versuchen.

Deutschlands Zukunft

Dieser Saal gleicht nicht dem Tempel zu Delphi und das Rede-
pult ist kein Dreifuß, vor dem die Griechen die Orakel über
das Schicksal ihres Volkes erwarten – wenn wir von Deutschlands Zukunft reden, so meiden wir alle Prophetengeste. Uns
mag dies als Ziel dienen, gemeinsam die Wege zu suchen und
zu überdenken, auf denen das junge Geschlecht in die deutsche
Zukunft schreiten kann. Das Gefühl der unendlichen Verantwortung dieser Zeit ist um uns.
Wir sind zwischen Gestern und Morgen gestellt. Das alte
Deutschland liegt hinter uns – wir wollen es nicht schmähen.
Es war die Heimat unserer Väter, das Land der Arbeit, des
Fleißes, der Beharrlichkeit. Wir werden auch später aus sei-
nem mancherlei Erbe und seinen Tugenden Kraft ziehen.
Aber heute sind die Bänder zerrissen und wir müssen aus uns

den Mut zum Neuen herausstellen. Daß die Vergangenheit, die Truhe der Geschichte, reich ist an Beglückendem und daß nur der innerlich Armselige die Pflicht der Dankbarkeit flieht, das spüren wir; wissen aber auch, wie sie zur Fessel des Werdenden sich wandelt. Das gilt für alle Völker. Am meisten vielleicht für uns. Als die Franzosen ihre große Revolution erlebten und den nationalen Staat aus der »Vernunft« aufbauen wollten, haben sie mit den Bonaparte, Bourbon und Orleans ihre Rückschläge gehabt und ihr geistiger wie sachlich-staatlicher Aufbau ist in Kompromissen eingezwängt, aber sie haben wenigstens mit Bewußtheit einmal die große geschichtliche Zäsur erlebt. Auch die Engländer. An ihrem kulturellen Konservatismus gemessen, sind wir fast geschichtslose Neugierige, aber ihr staatliches Werden hat ein paar große und im Eindruck bleibende Kämpfe um den staatlichen Gewaltenaufbau gesehen. Bei uns wurde nie radikal gehandelt und darum auch nicht radikal gedacht. Die europäische Umwälzung der napoleonischen Ära endete mit dem Wiener Kongreß: die alten Gewalten mit neuen territorialen Gesichtern sind bestätigt, der fruchtbare neue Gedanke der Nation wird erstickt. Und nicht anders nach 1848, da die staatliche Kleinseligkeit des »Deutschen Bundes« ablehnt, von einer deutschen Aufgabe etwas begriffen zu haben. Die deutschen »Revolutionen« waren Proklamationen an die Zukunft, nicht mehr, Ansätze mit kurzem Atem, unter dem Druck der Vergangenheiten.

Und doch in diesem Land der geschichtlichen Gebundenheit die ewige Umwälzung, still, geräuschlos, selbstverständlich, von Monat zu Monat, von Jahr zu Jahr, ihre Pioniere die Kinder, ihr Heldenlied das statistische Jahrbuch. Das neue Deutschland wird jeden Tag neu geboren: der Ackerstaat, der Menschen in die Welt sandte, weil er ihnen keine Arbeit geben konnte, wird Gewerbestaat und führt statt der Menschen Waren aus. Die kontinentale Staatsmacht, deren politische Schicksale sich fast nur an denen der Grenzanrainer gemessen hatten, ist in die Weltwirtschaft verwoben, ein Faktor der Weltpolitik geworden – fast über Nacht. Wo sind die staatlichen Reflexe?

Wir haben für die vergangenen Verhältnisse den Begriff »Obrigkeitsstaat« im Umlauf übernommen; es liegt etwas leicht Gehässiges in dem Wort und auch die Gefahr von Mißverständnissen. Denn kein Staat, auch der demokratischste, kann der Obrigkeit, des Befehlens und des Gehorchens, entbehren, wenn er nicht zur Karikatur entarten will. Und doch empfinden wir, daß etwas ausgesprochen wird, was uns besonders nahe angeht. Nämlich daß in unser öffentliches Leben Gewalten wirken, die ihre Autorität aus den Überlieferungen der Geschichte beziehen und nicht aus dem unmittelbaren Vertrauen des Volkes. Daß sie mit Kritik betrachtet wurden, ist ein Zeichen, daß ihr Gewand zu enge geworden war für den sich wandelnden Charakter des Volkes. Der historische Staat war von Prinzipien der Erblichkeit, von dem Herrsch- und Verwaltungsbedürfnis einiger Schichten, von mehr oder weniger deutlichen Familienverbänden aufgebaut worden und geleitet, ein System von Examina, finanziellen Voraussetzungen, loyalen Gesinnungen wirkte sich in ihm aus. Er hat Großes geleistet, indem er Großes erhielt: die Tradition der autoritären Staatsschöpfung, die die Verantwortung für den Staat nicht in der Seele und Gesamthaftung des Volkes sieht, sondern bei den erblichen oder beamteten Organen der Staatsgeschäfte. Die Legende der Vergangenheit gab dem alten Staat, unabhängig von Art und Wert seiner Repräsentation, ein starkes Ethos.

Aber wir besaßen doch auch Demokratie? Gewiß. Die Verteidiger unserer Institutionen in den Wort- und Schreibgefechten mit dem Westen wurden nicht müde, hervorzuheben, daß es nirgends in der Welt ein demokratischeres Wahlrecht gebe, als das zum Deutschen Reichstag. Das war richtig und doch nicht richtig. Denn das Parlament, das aus dieser formalen Demokratie der Abstimmung emporstieg, war ohne Macht – es kontrollierte, bewilligte die Staatsgelder, beschloß gute und schlechte Gesetze, war aber nicht vorhanden, wo es sich um die

Führung der Politik handelte. »Kratia« heißt Macht – wo war sie bei der deutschen »Demokratie«? Nun ist so viel gewiß: je mehr wir im ganzen als Volksmasse, in der Zahl und in der Schulung, wuchsen, desto mehr schufen wir uns »demokratische« Organisationen – in Genossenschaften, Gewerkschaften, Innungen, Kammern, Vereinen offenbarte sich eine Unsumme von Führerlust und -geschicklichkeit. Aber der alte Staat sah das nicht. Ihm waren die neuen Gebilde der anonymen Demokratie Ziele des Mißtrauens, er verabsäumte, sich von ihnen nähren zu lassen. Wir besaßen an Selbstverwaltungskorporation mehr als etwa Frankreich und können stolz sein, auf das, was als Erbe einer liberalen Geisteswelle in unseren Institutionen vorhanden war, aber all dies kam nicht zum Ausklingen. Die Töne brachen ab, die politische Melodie war unrein. Das war unser Schicksal. Die Mischung von Altem und Neuem, die man so gerne »organisch« nannte, war dies keineswegs – weder in unserem Staatsrecht noch in den Gesinnungen, die den Staat innerlich beherrschten. Die Vergangenheit und die Elemente des Werdenden bekriegten einander, ohne sich durch eine Entscheidung oder einen Ausgleich zu gesunder Wirkung zu heben.

Nun stehen wir vor dem Neuen.

Um eine geschichtliche Formel zu versuchen: die Bismarckische Epoche ist zu Ende. Als Bismarck 1866 das Reich vorbereitete, war er auch ein Revolutionär, denn, was die Monarchisten leicht vergessen, er hat ein paar deutsche Throne umgeworfen; er war auch ein Demokrat, denn er begriff das gleiche Wahlrecht als die Voraussetzung zur Erschaffung eines staatlich gebundenen Nationalgefühls, aber er konstruierte das Reich, mit großer geschichtlicher Genialität, als einen Fürstenbund. Im Bundesrat, der Geheimkammer der »Verbündeten Regierungen« mit den festen Instruktionen, kulminierte er die deutsche Regierungsmacht und festigte er, bei milden Formen der Paragraphen, die preußische Führung. Die Fürsten sind nicht mehr da und unser Denken muß zurückgehen über Bismarck zum Jahr 1848.

Das Jahr 1848 hat in der Geschichtslegende mancherlei Fär-
bungen erhalten. Den einen ist es das schlimme Jahr, da Könige sich demütigten und Oberamtleute abgesetzt werden sollten, den anderen verwebt es sich mit heroischer Romantik
– wer ist nicht stolz auf einen alten Achtundvierziger in seiner
Familie! –, den dritten wurde es zu einer Sammlung vergnüg-
licher Anekdoten, da die Bürger mit schwarz-rot-goldenen
Fahnen und Turnliedern durch das Land zogen und am
Abend sich auf das Gedeihen der deutschen Freiheit betran-
ken – wir müssen lernen, das Jahr 48 neu zu sehen und zu
begreifen, daß es eines der größten Ereignisse der deutschen
Staats- und Seelengeschichte ist, da das deutsche Volk, aus
eigenem Recht, den Versuch machte, die Fürstenkläglichkeit
des gelähmten deutschen Bundes durch einen würdigen deutschen Nationalstaat zu überwinden. Der Versuch mißlang,
denn die geschichtlich notwendige Auseinandersetzung um die
Vorherrschaft war zwischen Berlin und Wien noch nicht erfolgt. Aber vermeiden wir es doch, darum die Arbeit der viel-
belachten Professoren in der Frankfurter Paulskirche gering-
zuschätzen. Wenn wir heute staatsrechtlich neu denken sollen,
so nehmen wir den Verfassungsentwurf des Jahres 49 aus der
Schublade und buchstabieren dort weiter, wo unsere Großväter aufgehört haben.
Freilich, so sehr wir den Geist der Hingabe, der jene Männer
bewegte, auch unserem Geschlechte wünschen, wir wollen
nicht bloß Enkel sein und Abschreiber des Gewesenen! Die
Welt und auch Deutschland sind geistig und wirtschaftlich anders geworden. Man könnte z. B. sich denken, daß jetzt nicht
nur Throne, sondern auch Grenzpfähle umgeworfen wurden
und daß Deutschland ein Einheitsstaat werde, wie Frankreich,
Italien usf. Verfassungen sind aber nicht nur eine Paragra-
phenreihe, sondern es muß die Seele des Volkes in sie gegossen
sein, damit sie Inhalt gewinnen – erkennt man dies, so weiß
man, Deutschland wird kein Einheitsstaat sein. Denn Berlin
hat während des Krieges sehr wenig Kraft werbender Sympathie gezeigt, der Bayer, der Schwabe, der Hesse will nicht

nur von dort regiert werden; Deutschland wird also Bundesstaat bleiben und die deutschen Glieder wollen darin die Gewähr ihres kulturellen Eigenlebens besitzen, in der Ablehnung einer Uniformierung des deutschen Typus. Freilich, dem Ausland gegenüber muß der geschlossene Staatscharakter aufs schärfste herausgearbeitet werden (solch provozierender Unfug wie eine bayerische diplomatische Auslandsvertretung muß aufhören) und wir wollen auch von dem rationalistischen Namen »Vereinigte Staaten von Deutschland« verschont bleiben.

Aber nicht zuviel Ehrfurcht vor der Geschichte! Ich denke, wir werden in der Mitte Deutschlands eine große Flurbereinigung vornehmen und die bunt gesprenkelte Landkarte mit einer haltbaren Farbe überpinseln, wo heute Sachsen-Meiningen, Sachsen-Altenburg, Sachsen-Coburg, die Reuß, die Schwarzburg usf. liegen. Vielleicht gibt es einen Lippe-Detmolder Patriotismus (ich kann mir nichts Genaues darunter vorstellen) – wer ihn besitzt, muß lernen, seine Gefühle dem Größeren zuzuwenden. Denn wir wollen uns freimachen von dem Antiquariat des Duodez-Fürstenbetriebs, Hinterlassenschaft des 18. Jahrhunderts – aus Gründen der Würde, aber auch der Sparsamkeit. Denn wir bedürfen im Staatlichen der Vereinfachung und Übersichtlichkeit.

Soll unser Denken dabei stehenbleiben? Es könnte auch bei uns im Süden manches geändert werden. Der Zusammenhang der Rheinpfalz mit Bayern ist nur dynastische Zufälligkeit – wirtschaftlich und in der Stammesart hat sie nichts zur Einheit Zwingendes.

Ich könnte mir aber gut vorstellen, daß Württemberg und Baden einen anständigen Staat zusammen geben, das heißt nicht, daß wir von hier aus Baden »annektieren« sollten – ich war nie ein Freund der Annexionspolitik. Aber vor der Territorialgeschichte dieser beiden Staaten brauchen wir wirklich keine Ehrfurcht zu haben – die Ämter, Abteien, Städte wurden zwischen 1802 und 1810 in Versailles, bei Napoleons Staatssekretär Caulaincourt, zusammengebettelt und an den

Grenzen wußte man durch Jahre nicht, ob auf die Dauer das »angestammte Herrscherhaus« in Stuttgart oder Karlsruhe zu verehren sei. Baden ist geographisch ein recht unglückliches Gebilde, wie es sich um Württemberg herumlegt – Schwarzwald und Neckar, die Stammesarten und die Wirtschaftsaufgaben sind uns gemeinsam – also! – Sollen wir aus dem Wort vom »Selbstbestimmungsrecht der Nationen« eine Farce machen? Gibt es eine badische, eine württembergische Nation? Erweicht man den Begriff, so kann er von Städten und Bezirken usurpiert und zur Lächerlichkeit verwandelt werden.

Die schwierigste Frage in diesem Zusammenhang ist Preußens künftige Staatlichkeit. Es hat etwas Großartiges, zu sehen, wie das kleine Hinterland von Königsberg der ganzen norddeutschen Tiefebene den Namen gegeben hat, eine unvergleichliche Geschichte der Kriegs- und Staatskunst. Kann sie mit einfachem Rationalismus zerschlagen werden? Die Antwort muß politisch, darf nicht sentimental sein. Soll das künftige Deutschland einigermaßen ein inneres Gleichgewicht besitzen, dann muß Preußen aufgelöst werden – die Provinzialgrenzen sollen nicht heilig sein, man mag wirtschaftliche, konfessionelle, stammeskundliche Gesichtspunkte heranholen. Das aber muß man sich klarmachen: die »Vorherrschaft« eines preußischen Freistaates würde sicher viel »drückender« sein als die Monarchie, da hier immer dynastische Rücksichten und Gegenkräfte hemmend und dämpfend einwirkten – Paul Pfizer[1] hat diese Fragestellung schon vor über siebzig Jahren gesehen. Und dann: man muß sich nur in Berlin nebeneinander den Präsidenten der deutschen und den der preußischen Republik vorstellen, um die Unzahl der Reibungen entstehen zu sehen, bei denen der Preuße, mit dem Hintergrund der Verwaltungsmaschine, der Stärkere ist.

Die Einheit bedarf nun starker sachlicher Bänder, die die einzelnen Teile verklammern. Die Finanzen werden künftig vom Reiche aus gedacht werden, Wirkung der Kriegsschulden; Verkehrswesen, Eisenbahnen, Wasserwirtschaft zu Reichssachen gemacht. Das ist nicht einfach, denn in Bayern koket-

tieren die neuen wie die alten Mächte aus Popularitätsfeigheit
mit dem törichtesten Partikularismus – aber sollte es unmöglich sein, darüber hinwegzukommen?

In der Paulskirche saßen auch die Deutschen aus Österreich.
Als in den sechziger Jahren die »Deutsche Frage« neu gestellt
war, trennte gerade bei uns im Süden das Volk seine Empfindungen: die einen waren »kleindeutsch«, vertrauten das deutsche Schicksal der preußisch-bismarckischen Führung und wurden national-liberal. Die andern dachten »großdeutsch«;
ihnen schien es undenkbar, daß künftig Städte wie Linz, Inns-
bruck, Salzburg nicht mehr »deutsch« im staatlichen Sinn sein
sollten. Das alles ist jetzt Geschichte geworden und es steckt
Logik darin, daß in diesem Augenblick die alten Parteischei-
dungen fielen. Bismarcks Reich ist tot und Großdeutschland
ist allen zur gemeinsamen Aufgabe gestellt.

Während des Krieges ist es bei uns leidiger Brauch geworden,
geringschätzig vom »Österreicher« zu sprechen. Die wenigsten
hatten sich je die Mühe genommen, die Schwierigkeiten der
Deutschen in der schwarz-gelben Monarchie zu sehen. Die
Deutschen haben mit ihrem Geist, Fleiß, Blut, Geld das Habsburger Reich aufgebaut und erhalten, ohne Dank vom Hause
Habsburg zu ernten. Sie haben die slavischen Nationalitäten,
die Tschechen, Slovenen, Ruthenen, Kroaten usf. gelehrt, wie
man einen Staat macht, Finanzen, Verwaltung, Justiz, Schule
usf. Diese Völker wollen jetzt zu ihrem eigenen Staat kommen. Die immer jugendlich sich erneuernde Nation hat im
Habsburger Reich, während dessen äußere Grenzen berannt
wurden, einen Krieg gegen den historischen Staat geführt; sie
hat gesiegt. Es ist völlig zwecklos, den Völkern, die zwischen
Karpaten, Sudeten und der Adria in Gemengelage durchein-
ander wohnen, von ihrer wirtschaftlichen Verbundenheit zu
erzählen – sie hören jetzt nur das Sturmlied ihrer nationalen
Dämonie. Man darf sie undankbar schelten und es ist eine
volkstümliche Herzenserleichterung, das zu besorgen, in kräftigen Worten; niemandem sei es verboten. Aber es kommt
nichts dabei heraus. Denn Politik und Dankbarkeit sind

zweierlei Dinge, Völker aber sind grundsätzlich undankbar, ausgenommen vielleicht das unsere.

Wenn die Deutschen Österreichs jetzt vor unserer Tür stehen, so sollen wir nicht tun, als ob ein verprügelter Vetter anklopfe und um einen Unterstand bitte. Denn wir können nicht zu ihnen sagen, daß wir sie herrlichen Zeiten entgegenführen; es geht uns selber schlecht genug. Aber wir sind uns bewußt, daß es sich um kerndeutsche Stämme handelt, an Geistigem und Kulturellem tragfähiger als etwa die Pommern oder die Schlesier. Uns im Süden, die wir mit dem Norden uns staatlich und wirtschaftlich zusammengelebt haben, ohne daß die seelischen Bindungen nach Südosten verlorengingen, ist die Mittlerrolle zugewiesen; sie ist groß und dankbar genug. Die Vereinigung hat ihre technischen Schwierigkeiten, auch ihre Widerstände bei großindustriellen oder feudalen Kreisen Österreichs; diese sind zu überwinden. Fern aber bleibe uns die Würdelosigkeit, nach der Entente zu schielen, als ob der Verzicht auf großdeutsche Ziele uns einen erträglicheren Frieden bringen könne. Wird nicht das vielmehr inmitten der Enttäuschungen und Schmerzen des Kriegsausganges vielen zum Trost und zur Erhebung werden, daß jetzt in der Mitte Europas ein größeres Deutschland aufgebaut werden kann, damit alles, was deutscher Sprache und Kultur ist (ein trauriger Gruß nach Elsaß-Lothringen!) im nun erst Wahrheit gewordenen deutschen Nationalstaat vereinigt sei?

Der Gewaltenaufbau im neuen Reich wird demokratisch sein. England zeigt, daß dies nicht ohne weiteres die Monarchie ausschließt. Aber wenn der Krieg die große Feuerprobe der Geschichte ist, dann wurde sie von der deutschen Monarchie nicht bestanden. Gewiß, es hat gute und schlechte Monarchien, gute und schlechte Republiken gegeben; aber, so glaubten wir fast alle, für den Krieg sei die Monarchie die überlegene Staatsform, denn der Krieg ist ein Instrument der Geschichte, das die Konzentration der Macht in einer Verantwortung verlangt. Von den westlichen Demokratien erzählten die Schmeichler des Volkes, sie seien der Tummelplatz von Parteiungen,

Zeitungscliquen, kapitalistischen Gruppen, unfähig zur einheitlichen Sammlung der Volkskräfte; wir erlebten aber, daß aus den so beschriebenen Völkern Staatsmänner erwuchsen, von denen wir denken können, wie wir wollen (und wir haben keinen Grund, gut von ihnen zu denken), Clemenceau[2], Lloyd George[3], Wilson[4], die die Seele und das physische Vermögen ihres Volkes durch Trübung und Nacht bis zum letzten führten. Und wir? Von Kriegsbeginn an ein Kampf um die Regierung: Bethmann[5] und Tirpitz[6], Bethmann und Falkenhayn[7], Bethmann und Ludendorff[8], Ludendorff und Hertling[9] – wer führte? Wer zeigte das Kriegsziel und ordnete den Weg zum Frieden? Die Monarchie führte nicht und verdarb den Glauben an ihren Beruf.

Und dann das Ende. Es soll nicht über die Person des Kaisers Wilhelm II. gesprochen werden – er war im Guten und Schlimmen gewissermaßen ein Spiegelbild seines Volkes, das schwankend, bald selbstbewußt, bald unsicher, ohne Lebensstil, ein wenig parvenühaft zwischen den andern sich bewegte. Aber man denkt etwa an die Tradition der großen preußischen Geschichte, an den zweiten Friedrich, an die Schlacht von Torgau, da er das Schicksal seiner Waffenehre und seines Landes in einem unerhörten Einsatz wagte, da er vom Morgen über den Tag bis in die Nacht, hungernd, schwitzend, bedreckt, blutend mit seinen Grenadieren kämpfte, bis der Sieg gefesselt, Leben und Ehre neu gewonnen waren – Kaiser Wilhelm fuhr im Automobil nach Holland, und das verzeihen ihm diejenigen nicht, deren Seele an die große Hohenzollerntradition gebunden ist, die konservativen preußischen Offiziere. Politisch heißt das soviel – und das ist wichtig: um die Person des Kaisers und die seines ältesten Sohnes wird sich eine royalistische Bewegung monarchistischer Restauration nicht sammeln.

Ein Blick auf Bayern: es war einer der verhängnisvollsten Augenblicke, als König Ludwig III. sein Wittelsbacher Kriegsziel anmeldete, das Elsaß, und als Hertling sich dem unterwarf. Die Elsaß-Lothringer merkten auf einmal, sie sollten zwar für Deutschland kämpfen, gleichzeitig aber als Objekt fürstlicher Hausmachtpolitik dienen. Damit war jede Kundgebung des elsaß-lothringischen Landesausschusses für Deutschland, die noch 1915 möglich war, unterdrückt, und bevor das Kriegsschicksal entschied, war die Seele des elsaßlothringischen Volkes von uns weggetrieben.

Und zum dritten: im Osten hatten wir eine Reihe von Nationalitäten vom russischen Zarentum befreit und ihnen gesagt, daß wir sie zu ihrer nationalen Staatlichkeit leiten wollten. Richtig gedacht, aber in der Ausführung durch die Gegensätzlichkeit militärischer und politischer Zielsetzung frühzeitig verdorben. Und nun der seltsame diplomatische Apparat, Depeschenwechsel zwischen Dresden und Stuttgart, München und Berlin: Throne sind zu vergeben! Der Volkskrieg der vaterländischen Verteidigung verwandelte sich vor der breiten Masse, die nach Frieden rief, und vor dem Ausland, das unsere Befreiermission mißtrauisch beargwöhnte, zu einem Problem dynastischer Filialgründungen. Welch ein seelischer Raubbau!

Wenn die Demokratie nun den Staat aus den Trümmern gestürzter Autoritäten wieder aufrichten soll, was ist dann ihre erste Aufgabe? Neue Autoritäten zu schaffen. Das ist das Ziel der Verfassungsarbeiten und es scheint Gefahr in Verzug, daß unter der Suggestion erregten Massenwillens der Gewaltenaufbau nicht straff genug gesichert werde. Wollen wir zur Ordnung und staatlichen Gestaltung der öffentlichen Kräfte uns zurück- oder vorwärtsarbeiten, dann kann kein Problem so ernsthaft angefaßt werden wie das des Führertums in der Demokratie. Demokratie heißt nicht Massenherrschaft, sondern Aufbau, Sicherung, Bewährung der selbstgewählten Autoritäten. Man mag noch so demokratisch denken, die politische Exekutive, die Gesetzgebung und die Verwaltung müssen so verankert werden, daß sie persönlicher Verantwortung und Leistungsfreude Lockung bleiben.

Das ist vor allem notwendig, damit wir auch dem Ausland gegenüber wieder zu etwas wie einer staatlichen Politik kommen. Wir müssen zu Vertretungskörpern mit Handlungsfreiheit gelangen, denn wenn wir in demokratischem Formalismus steckenbleiben, erhalten wir nicht die Männer, die gerade der demokratische Staat braucht. Es ist auch bei uns erörtert worden, an die Spitze des kommenden deutschen Staatswesens aus unmittelbarer Volkswahl einen Präsidenten zu berufen und ihn mit der größten Macht auszustatten, wie in Amerika, wo der Präsident eine größere Machtvollkommenheit vom Volk empfängt, als ein europäischer Monarch sie erblich antrat. Das ist zweifellos eine starke Möglichkeit für entschlossene Politik, denn eine wählende Mehrheit fühlt sich mitverantwortlich und solidarisch. Aber woher nehmen wir diese Mehrheit? Deutschlands Parteienzersplitterung und gleichzeitige individuelle Parteiendurchbildung ist so stark, daß das Ergebnis eines alten historischen Zweiparteiensystems nicht einfach von uns übernommen werden kann. Das Recht mag sich ja auch Neubildungen erzwingen; aber die Verhältniswahl ist gleichzeitig eine konservierende Zugabe unserer Demokratie. Wer heute aus unmittelbarer Volkswahl zum Präsidenten berufen wird, findet entweder keine einfache Mehrheit oder es ist seiner Wahl so viel Parteienkompromiß vorangegangen, daß der entscheidende Gewinn, die Verankerung seiner Macht in einem glatten Mehrheitswillen, nicht erreicht wird.

Es sollen an diesem Abend nicht alle die staatsrechtlichen Möglichkeiten durchgesprochen werden, die zur Berufung eines Reichsoberhauptes führen können. Nur zweierlei soll dazu gesagt werden:

Wir werden auch in Deutschland zum Parlamentarismus kommen müssen: dieser ist mit Demokratie nicht notwendig identisch. Aber er ist heute der einzige Weg, um aus dem Chaos neue verantwortungsbereite Gewalten herauszuarbeiten. Die Parteien in Deutschland sind zum Regieren nicht erzogen worden – die Größe Bismarcks warf auf ihr Leben Schatten genug –, heute sind sie, auch in ihrer Unvollkommenheit und Schwerfälligkeit, die Klammern des Staatslebens. Freilich, die ersten Versuche des deutschen Parlamentarismus waren dilettantisch, da die Parteien nach einem automatischen Schlüssel Ämter verteilten und Kandidaten vorschoben – denn damit war der Gedanke der politischen Kabinettsbildung, die Mitarbeiter und nicht Vertreter oder Kontrolleure braucht, erschlagen. Der Parlamentarismus darf nicht aus der ersessenen Parteibürokratie sich ergänzen, sondern muß dem Führergedanken unterworfen sein. Dann werden die Parteien auch neue Anziehungskraft ausüben und Leute zu Gedankenarbeit und Tat herbeiholen, die seitdem beiseite standen. Die Parteiarbeit, die sich heute vielfach in Programm oder Kritik erschöpft, wird nun etwas ganz anderes werden: Regierungsverantwortung oder in der Opposition Bereitschaft zur Nachfolge. Das ist sehr wertvoll, denn es befreit die Partei von dem peinlichen Zusatz des Selbstzwecks.

Dieser soll sich bei uns nicht entwickeln dürfen. Nur Torheit übersieht, welche Gefahren die Ausbildung des Parteienwesens mit sich bringen kann, indem es, zur Maschine geworden, seine Wirkungen über den eigentlichen Bezirk auszudehnen droht. Wir wollen nicht von Korruption reden, die von den Feinden der Demokratie in übertreibender Weise als die Eigentümlichkeit des amerikanischen Staatswesens beschrieben wird, und wir wollen uns doch nicht blind stellen gegenüber Erfahrungen in unserem eigenen alten Staat, der auch sehr stark und in seiner schweigsamen Anonymität manchmal recht bedrückend, Parteistaat war und bei Beamten, Professoren usf. politische Überzeugungen nur in Auswahl duldete. Aber dies muß unser unverrückbares Ziel sein: das Beamtentum in Justiz und Verwaltung in seinen eigentümlichen Funktionen außerhalb der politischen Machtverschiebungen zu halten. Unfähigkeit oder mittlere Begabung soll nicht durch Tüchtigkeit einer Parteigesinnung zu Amt und Macht steigen. Die Revolutionserfahrungen sind teilweise recht ernüchternd oder beängstigend gewesen. Legen wir nicht hier, durch ein freies Beamtenrecht und starke Sicherungen bürgerlicher Freiheit gegenüber der Staatsgewalt, Riegel vor, so verderben wir das Beste, was der deutsche »Obrigkeitsstaat« seinem Nachfolger als Erbe zu übergeben hat. –

Das neue Deutschland wird nicht konservativ sein. Das Konservative kann eine große seelische Kraft bedeuten, im Volkstum Mächte der nationalen Vergangenheit lebendig zu erhalten. Aber heute taugt es nicht für die Forderung der Stunde. Denn es ist nichts da zum Erhalten. Monarchie und Heeresverfassung liegen zerschlagen – es soll uns hier nicht beschäftigen, »Schuld«-probleme auszudeuten. Wir unterwerfen unsere eigene Gesinnung keineswegs dem, was die Unruhe jedes neuen Tages bringt, und stehen in herber Kritik gegen das Gesicht der Gegenwart, aber die Konservativen haben uns über das neue Reich nichts zu sagen. Denn ihre künstliche Vermengung staatspolitischer Aufgaben mit religiösen Fragen scheint uns wider den Geist der Religion, ein Behelfsmittel, um die Leere zu decken, und das Vaterländische zu einer Spielart der Parteimeinung zu machen, dürfte doch nach diesem Krieg nicht mehr erlaubt sein. Oder wie? Ist die Idee des Kaisertums heute zu den Konservativen geflüchtet? Soll dort der Kaisertraum, der einst von den deutschen Liberalen gehegt worden, ein Asyl gefunden haben! Niemand, der die Geschichte ehrt, wird die aufbauende Größe verkennen, die der deutsche Kaisergedanke besaß; niemand wird sich schämen, wenn er sich von ihr nur mit Schmerzen losriß. Aber sie hat den Sturm und Druck dieser Jahre nicht bestehen können, und höher als Form und Idee steht die Nation, die nun, vom Vergangenen gewaltsam gelöst, die frischen Wege suchen muß. Die Konservativen sind leer geworden im staatlichen Denken.

Das neue Deutschland wird nicht militaristisch sein. Man hat während des Krieges von allen Seiten zum Überdruß über den preußischen und deutschen Militarismus gescholten und wir haben uns nach Maßen dagegen gewehrt. Es gibt nichts Unwürdigeres, als wenn jetzt auch bei uns viele Leute nichts Besseres zu tun wissen, als das alte deutsche Heer und seine Verfassung zu schmähen, und ich denke, es wird ein Tag sein, dessen man sich noch nach Jahrzehnten schämen muß, da sich deutsche Soldaten die Reichskokarde herunterrissen und den Offizieren die Achselstücke wegschnitten. Wer Militarismus als eine Statistik der Rüstungsstärke und Kriegsbereitschaft ansieht, wird ihn beim zaristischen Rußland, bei dem Frankreich der dreijährigen Dienstzeit, bei dem England des rastlosen Dreadnought-Baues so gut finden wie bei uns und noch mehr, wenn er unsere unsinnig schwere geographische Lage überdenkt. Nein, beim würdelosen Verlästern des alten deutschen Heeressystems und seiner Offiziere machen wir nicht mit; was es an menschlicher Unvollkommenheit besaß, drückend genug, mag bei den andern nicht viel anders gewesen sein. Was aber schlecht war, und was wir als besondere deutsche Spielart des Militarismus anerkennen, war die staatsrechtlich unabhängige Stellung der militärischen Leitung gegenüber der politischen Verantwortung. Sie war auch unseren Feinden bekannt; ihr Abbau begann erst unter der Kanzlerschaft des Prinzen Max[10] in den Maßnahmen über die kaiserliche Kommandogewalt.

Der Zustand konnte erträglich sein, solange den Militärs ein überlegener Gegenspieler gegenüberstand – man weiß, wie Bismarck 1866 und 1870 über die im Felde siegreichen Generalität politisch rang und wie er über sie dachte – aber diesmal fehlte die Gegenkraft und der politische Ausgleich mißlang.

Man kann sagen, daß wir im Militärischen einen ähnlichen Zusammenstoß wie im Politischen erlebten zwischen den Traditionen der Vergangenheit und der neuen Aufgabe. Der preußische Staat ist durch das Militär, durch siegreiche Feldzüge groß geworden – wenn das im weiten Sinn genommen wird: er ist Stück um Stück erobert worden. Das schließt in sich einen gewissen Angriffsgeist als Erbe der alten Geschichte und das Gefühl, der Säbel ist staatsgründend. Das Volksheer des deutschen Reiches, auf breiter Wehrpflicht aufgebaut, mußte mit einer anderen Seelenspeise genährt sein: es war nur denkbar, wie überhaupt alle vernünftige Politik Deutschlands, in der Verteidigungsstellung. Dazu ein anderes: das deutsche Friedensheer, Offiziere und junge Mannschaft, war aus gutem Grund unpolitisch gehalten, im wohltätigen Unterschied zu fremdem Militär. Das mußte sich, als Männer mit politischen Meinungen unter die Fahne gerufen waren, ändern, und es ist unsinnig zu denken, daß ein Heer, das durch Jahre, Tag und Nacht mit Körper, Seele und Gesundheit Instrument der großen Politik war, unpolitisch hätte bleiben können. Das deutsche Heer hat sich von Grund aus gewandelt.

Wir müssen trachten, aus dem Alten und Neuen auch hier die Einheit zu finden. Das Problem der Abrüstung wird uns von den Finanznöten aufgezwungen – auch ohne den unglücklichen Kriegsausgang, ohne den Gedanken internationaler Militärverständigung wäre es gekommen. Denn die fabelhafte technische Entwicklung des Krieges in diesen Jahren hat alle militärische Überlegung zu einer völlig neuen, um das Vielfache kostspieligeren Frage der Technik und Organisation werden lassen, daß eine den vollkommenen Ansprüchen im alten Sinne genügende Rüstung finanziell unmöglich geworden wäre. Aber wir dürfen der Militärfrage darum nicht aus feiger Bequemlichkeit ausweichen. Es ist zu fürchten, daß Deutschlands Grenzen im Osten und Westen künftig noch ungünstiger sein werden, und wir bleiben in der Mitte Europas liegen, der »Militarismus« der anderen aber ist erstarkt. Das Heer ist also neu aufzubauen, aber sein Wesen und sein Geist müssen vom Volk und von seinen baren Lebensmöglichkeiten aus gedacht werden. Und es wird nicht mehr ein Machtkörper neben der Politik sein, sondern eine Wehr in deren Händen.

Das neue Deutschland wird nicht sozialistisch sein. Die marxistische Sozialdemokratie stand lange genug dem Staate verständnislos gegenüber. Lassalle hat zwar vom Staate einiges verstanden und Glänzendes über das Wesen der Verfassung gesagt; als ihn aber die Kugel des rumänischen Bojaren niedergeworfen hatte, blieb er bis in unsere Tage fast ohne Nachfolge. Marx war Wirtschaftskritiker, ein genialer Konstrukteur, der den englischen Frühkapitalismus als Entwicklungsgesetz in die Zukunft projizierte, aber da er nur von Mehrwert, Lohnrate, gesellschaftlicher Arbeitszeit, Akkumulation des Kapitals usf. sprach, hinterließ er zwar ein großes ökonomisches System, nichts aber über den Staat. Gibt es etwas Ärmlicheres als das zu Tod geredete Schlagwort vom »Klassenstaat«, mit dem sich die Sozialdemokratie des eigenen Nachdenkens über den Staat entschlug? Hat die Sozialdemokratie peinlichere Szenen geistiger Philisterhaftigkeit erlebt als bei jenen wiederholten Gerichtssitzungen wegen der Budgetbewilligung süddeutscher Landtagsfraktionen? Man möchte wünschen dürfen, daß seit der urtümlichen und dialektisch nicht mehr zu entfernenden Entscheidung vom 4. August 1914 die Stellung zum Staat sich grundsätzlich und dauernd geändert hat. Karl Renner[11] hat ja auch zu einer sozialistischen Staatstheorie mannigfaltige Anregungen beigebracht.

Man wird mit der gegenwärtigen Sozialdemokratie schwer sich darüber verständigen können, ob die zwei ersten Monate Revolutionsregiment einen besonderen Nachweis ihrer Regierungsfähigkeit darstellen. Sie behauptet es und verweist die zahllosen Mißgriffe in das versöhnliche Gebiet der »Kinderkrankheiten«. Zu denen wird man also die widerspruchslos geduldete, ja teilweise geförderte Zersetzung des deutschen Heeres, die Zerstörung der Arbeitsmoral, die Preisgabe der nationalen Würde gegenüber den Polen rechnen müssen. Und anderes.

Wie dem auch sei, die Frage ist so gestellt: Wird der neue Staat, gleichviel welche Mehrheit die Nationalversammlung bringt, eine sozialistische Wirtschaft für Deutschland einrichten wollen und können? Die sechs Volksbeauftragten haben derlei in ihrem ersten Manifest angekündigt. Als sie sich der Frage aber dann näherten, merkten sie plötzlich, daß man die Finger daran verbrennen kann, und wiegeln, aus Angst vor links unentwegt »auf dem Boden des Erfurter Programms« verharrend, in den seltsamsten Formulierungen ab. Die »Unabhängigen« freilich versichern, daß die Revolution um ihre

Früchte gebracht sei, wenn nicht unverzüglich »sozialisiert«
werde.

Was hat es damit auf sich? Auch ohne Umsturz und dergleichen hätte sich eine »bürgerliche« Regierung mit Sozialismus
oder was man jetzt so nennt, auseinandersetzen müssen. Weil
das Reich so entsetzlich viel Geld braucht, hätte es zu suchen
begonnen, wo monopolistisch erfaßbare Werte und Kräfte
vorhanden sind, und auf diese die Hand des Staates gelegt,
Bergbau, Elektrizitätserzeugung, bei der Produktion oder
dem Vertrieb. Ob damit eine »höhere Wirtschaftsform« gegenüber dem bisherigen Zustand geschaffen wird, lasse ich
ganz offen – der Staat sucht Geld. Er würde auch als »bürgerlicher« Staat sehr hohe kapitalistische Steuern auf den starken
Kriegsgewinn gelegt haben, einfach um das Wirtschaftsleben
irgendwie wieder flott zu bekommen, und damit haben sich
alle Industriellen fast gerne abgefunden, wenn hinterher
überhaupt die staatliche und wirtschaftliche Sicherheit einer
geordneten Arbeit wieder geboten ist.

Die Sozialdemokratie hat sich in eine peinliche Lage begeben.
Denn durch Jahrzehnte hat sie davon gesprochen, daß der
Revolution, deren Termin natürlich nicht genannt war, die
»Vergesellschaftung der Produktionsmittel« folgen werde
und daß der Arbeiter nicht weiterhin über seine Lohnrate
»Mehrwert« produzieren müsse. Und nun die Revolution,
und es muß etwas geschehen. Was denn? Man sieht, die deutsche Volkswirtschaft ist völlig unterernährt und Experimente
können zum Ruin führen – also warnt man vor der eigenen
Entschlossenheit. Das ist vernünftig und beruhigend. Aber
viel Schaden wurde schon angerichtet, denn nachdem der
Wirtschaftsdilettantismus in Rußland so bös gehaust hatte,
kam auch an den deutschen Industriellen die Frage: Bist du
eigentlich »reif zur Sozialisierung«? und diese Überlegung
drängte sich, trotz allen Deklarationen einer heimlich macht-
losen Regierung, in die Möglichkeit, einen Betrieb auf Frie-
densarbeit neu zu kalkulieren.

Die Verwirrung ist ganz ungeheuer. »Oben« bei der Sozialdemokratie merkt man plötzlich, da etwas geschehen soll, daß das Wort »Vergesellschaftung« eine Phrase ist – denn wer ist die »Gesellschaft« –, und rettet sich auf den Seitenpfad, daß man »Verstaatlichung« verlangt; »unten« aber sieht man die Dinge primitiver und denkt, der Sozialismus kommt, indem man einen Betrieb in den Besitz der dort beschäftigten Arbeiterschaft überführt und den »Mehrwert«, von dem soviel erzählt wurde, abkappt, indem man, mit mehr oder weniger Gewalt, die Lohnsätze in die Höhe treibt. Diese zwei Methoden im Sozialismus, wenn man sie grob formuliert, ringen miteinander; mit Marxismus haben sie beide nichts zu tun, und vielleicht merkt man erst, wenn dies Kampfgetöse vorbei ist, daß der Marxismus, eine geniale theoretische Konstruktion aus der Zeit der ersten kapitalistischen Kritik, inzwischen gestorben ist, als er aus der dumpfen Enge der Gelehrtenstube in die frische Zugluft der Wirklichkeit herausgetragen werden sollte.

Nennt man das Kind beim Namen und sagt »Verstaatlichung«, so wird aller Sozialismus unromantisch und nüchterner. Gewiß, es gibt für die Verstaatlichung verschiedene Formen und es gibt Wirtschaftsgebiete, bekannt genug, in denen sie sehr angebracht ist – aber wir wollen uns doch sehr davor hüten, uns aus »gemeinwirtschaftlichem« Illusionismus nun dafür zu begeistern. Es ist ja fast komisch: früher war die Losung der öffentlichen Meinung, die Staatsbetriebe müßten weniger bürokratisch sein, sie sollten »kaufmännischen Geist« haben, »privatkapitalistische Energie« zeigen – heute, da doch Deutschlands allererste Wirtschaftssorge die Steigerung der Produktivität geworden ist, wird die Empfehlung der Sozialisierung, d. h. Bürokratisierung, zu einer Gassenweisheit, und wer sich die Skepsis bewahrt, ist ein trauriger Manchestermann.

Nein, wir dürfen uns die Sache nicht so leicht machen. Wo der Nachweis erbracht ist, daß die staatlich geführte oder kontrollierte Produktion sparsamer und erfolgreicher arbeitet als das Privatkapital, das im Wettbewerb vielleicht um des Eigenpro-

fits willen Nationalgut verschleudert – dort wird gemeinwirt-
schaftliche Regelung, Beteiligung, Aufsicht sich durchsetzen.
Aber wir wollen doch aus einer staatsgeschäftlichen Zweck-
mäßigkeitsfrage kein unsachlich romantisches Ideal machen.
Und uns auch nicht die wirtschaftlichen und politischen Schat-
tenseiten der Verstaatlichung etwa der bergbaulichen Produktion unterschlagen: die Lohnfragen in diesen Betrieben werden parlamentarisch-politisch, also unsachlich werden – darunter wird das Parlament leiden, darunter die gesamte ver-
arbeitende Industrie, deren Kalkulation, zumal im Hinblick
auf das Ausland, ungewiß wird, wenn bei Rohstoff und
Halbzeug erstens der Fiskalismus und zweitens der Stimmen-
wettbewerb der Parteien dem Geschäftlichen fremde Motive
in das Wirtschaftsgetriebe hereinbringen.
Aber das sind spätere Sorgen. Im Augenblick brennt uns auf
der Seele die Auflösung der deutschen Arbeitsmoral, daß in
den Bergwerken, in der Zuckerindustrie, in der Landwirtschaft usf. Hunderttausende von Arbeitskräften gesucht werden, während wilde Streiks die Produktion lähmen und in den
Großstädten das Unheil der unverschuldeten Arbeitslosigkeit
sich zu einem arbeitsunfrohen Staatsrentnertum verwandelt.
Über Spartakistenputsche kommen wir hinweg; das aber ist
viel gefährlicher, daß der Sinn für Arbeit, der durch diese
schweren Jahre aufrechterhalten blieb, in wenigen Monaten
in der Gefahr der Zerstörung liegt. Nicht davon reden wir,
daß die sinnlosen Lohnbewegungen die großen Gewinne, auf
die der Staat seine Hand legen will, in zahllose kleine Kanäle
wegleiten, wo auch eine Besteuerung der Revolutionsgewinne
sie nur unvollkommen erreichen wird, nicht von der Gefahr,
daß Betriebskapital aufgezehrt wird und der Neuaufbau des
gewerblichen Lebens häufig genug in Frage gestellt, sondern
daß jene Stimmung: »Nütze den Tag; nach uns die Sintflut!«
heute, da das Bewußtsein der Verantwortung, mit eine
Kriegsfolge, erschlafft ist, die Masse des Arbeitsvolkes an sich
reißt.
Die Sozialdemokratie, die Gewerkschaft haben hier eine

große erzieherische Aufgabe um der Volkszukunft willen, die nur mit Tapferkeit und nicht mit Demagogie angefaßt werden kann. Nämlich: ihren Leuten zu sagen, daß die deutsche Zukunft ein Mehr an Arbeit, ein Mehr an Verzichten von allen deutschen Bürgern verlangt, wenn wir uns zwischen den Nationen wieder erholen wollen. Der Glücksspielraum im wirtschaftlichen Dasein wird auch durch die politische Freiheit auf Jahre hinaus nicht vergrößert sein. Hat die Sozialdemokratie den Mut, zuzugeben, daß etwa der Acht-Stunden-Tag als einseitiges deutsches Regierungsdiktat einfach ein Dilettantismus ist (manche Sozialdemokraten wollen ihn sogar in der Verfassung festgelegt wissen!) – daß diese Fragen abhängig sind von dem internationalen Wirtschaftsrhythmus, in dem unsere Arbeit wieder wird mitschwingen müssen? Wird sie ihren Leuten klarmachen, daß sozialistische Wirtschaft, auf einen Staat beschränkt, (sofern sie überhaupt möglich) ein Unding ist und daß wir mit dem Privatkapitalismus der Weltwirtschaft verwoben bleiben, der gar nicht daran denkt, an diesem Krieg gestorben zu sein?

Demokratie ist ihrem Wesen nach national gebunden; eine internationale Demokratie ist ein Widerspruch in sich. Sozialismus als allgemein gültige Wirtschaftsform ist nur international denkbar. Die Sozialdemokratie suchte diese Gegensätze zu überbrücken, indem sie die Lehre von der internationalen Solidarität der Arbeiterklasse durch Jahrzehnte ihren Anhängern einbleute: »Proletarier aller Länder, vereinigt Euch!« Dieser Glaubenssatz von der internationalen Klassensolidarität des Lohnproletariats ist sachlich in den ersten Augusttagen des Jahres 1914 zusammengebrochen, als, ohne daß sie voneinander wußten, die Arbeiter aller Länder sich zur nationalen Volkssolidarität bekannten. Ein unendlicher Gewinn der Wahrhaftigkeit! Das Gespenst der alten Lehre geht noch um – sonst wäre es nicht möglich, daß weite Schichten der deutschen Arbeiter, die dem alten Glauben anhangen, sich innerlich mit den russischen Berufsrevolutionären gleichsetzen. Aber wird das Phantom wiederkommen? Hat Deutsch-

land nichts gelernt? Wird die deutsche Sozialdemokratie, nun
sie vermutlich im neuen Nationalstaat eine richtunggebende
Macht sein wird, die Entschlußkraft finden, auch die internationale Phraseologie der Londoner Emigranten aus ihrem
Denken und Reden hinauszuwerfen?

Wir werden das Bekenntnis zur nationalen Wirtschaft im
Sinne von Friedrich List[12] erneuern und vertiefen müssen, soweit uns Kraft bleibt, soweit wir uns selber Kraft erhalten,
und werden doch die internationalen Probleme gewiß als
Volk neu durchdenken müssen. Wiewohl der große Gedanke
einer friedlichen Weltorganisation altes deutsches Geistesgut
ist, gehen viele von uns zaghaft an diese Fragen heran, weil
die Feinde sie belastet haben mit Demütigung und Erniedrigung. Wir sehen in dem Völkerbund den Weg, der Deutschlands Neuaufrichtung ermöglichen wird, und wollen, aus
Vaterlandsliebe und aus Verantwortung gegenüber dem Welt-
geschehen, ehrlich, rückhaltlos und loyal an ihm mitarbeiten.
Aber nicht, wenn die Seele unseres Volkes in ihm niedergedrückt werden soll. Denn dann bleibt uns nur die Hoffnung,
daß unsere Kinder und Enkel einst wieder die Befreier
Deutschlands werden, weil es ihnen unerträglich ist, in einem
geknechteten Vaterlande zu atmen.

Was uns heute not tut, ist die Erneuerung des nationalen Gedankens, der nationalen Würde. Sie haben unsäglich gelitten
in diesen letzten Monaten und sie können ihre Kraft nur wiedergewinnen aus der Verschmelzung mit der Demokratie.
Wenn der nationalistische Geist in Deutschland eine so furchtbare Katastrophe erlitten hat (daß jetzt größere Bescheidenheit von ihm erwartet werden dürfte), dann ist dies kein Zufall, denn er ist nicht deutsch, made in England, Jingoismus,
angelsächsischer Import. Aller Schimpf, den die Enttäuschten,
den die Hasardspieler eines die Grenzen überschreitenden
Machtdünkels nun auf unser Volk werfen wollen, ist innere
Lüge. Denn der deutsche Nationalgedanke ist nicht mit Brutalität und Herrscherwillen durchsetzt, sondern findet seine
Ziele und Grenzen im Geistigen. Das Volk will leben, schaf-

fen, wachsen können, als nationale Gemeinschaft, und verlangt von seiner politischen Führung, daß ihm dies gesichert bleibe – seine eigenen Werte geistiger, religiöser, kultureller Art, in denen der Reichtum der nationalen Begabung sich ausdrückt, prägt es, ohne in nationalistischer Hochspannung sein eigentliches Wesen zu verzerren.

Das allein kann ja heute unsere Hoffnung sein. Wer, was uns gegenwärtig so bedrückt, nur im wirtschaftlichen Denken sich müde läuft, der stößt mit jedem Schritt sich an Mauern wund: da ist die Kriegsschuld, da der Rohstoffmangel, da die Ernährungsfrage, da die Valuta und das Gespenst des Auswandererzwangs bei schlechten Geburtenziffern. Wir müssen uns, um aufrecht zu bleiben, in das Geistige retten. Als Preußen 1806 niedergeschlagen war, gab es keine konservative Staatsklugheit mehr, die der Mörtel eines Neuen hätte sein können. Der konservative Gedankenbestand war damals so aufgebraucht, wie er es heute ist – aber es gab gläubige Menschen, die aus dem Volk, indem sie ihm ein Stück Staatsschicksal in die eigene Hand gaben, neue und nicht geahnte Kräfte des nationalen Willens emporhoben. Soll die deutsche Revolution, heute noch für unser Begreifen des Geistes völlig bar, Militärsabotage des Krieges, unwürdige Kopie russischer Vorlagen, nicht auch einmal vor der Geschichte, trotz allem Häßlichen und Kleinen, ihre Weihe erhalten, wie die britische, wie die französische: daß sie wie jene die Mutter eines neuen, vom Volke getragenen Nationalgefühls werde, innerlicher als das, was früher von Kriegsruhm und Wirtschaftsreichtum seine Prägung erfahren hatte? »Es ist der Geist, der sich den Körper schafft« – aus dem Seelisch-Geistigen müssen wir die Kräfte entwickeln, die die Wirtschaftsnot überwinden und Deutschland retten.

Als Schiller in einer Zeit deutscher Ohnmacht über den deutschen Beruf nachdachte, versuchte er seinem Glauben an Deutschland in einem groß gesehenen Gedankenbild Ausdruck zu geben. Das Gedicht blieb unvollendet, Entwurf, nur Bruchstücke sind uns überkommen. Sein Schluß aber ruft über ein

Jahrhundert der Geschichte hinweg und reicht heute mit seltsamer Kraft der Prophetie und der Zuversicht an unsere Seele:

> »Stürzte auch in Kriegesflammen
> Deutsches Kaiserreich zusammen,
> Deutsche Größe bleibt bestehn.«

Deutsche Größe, das ist Tapferkeit, Kraft, Geist, Treue, Glaube.

Quelle: Theodor Heuss, Die großen Reden. Der Staatsmann. Tübingen: Wunderlich 1965. S. 17–44.

Anmerkungen

1. Paul Achatius Pfizer (1801–67), deutscher Politiker, 1831 bis 1838 Führer der liberalen Opposition in der württembergischen Kammer, 1848 Kultusminister; u. a. Verfasser der Schrift »Briefwechsel zweier Deutscher« (1831).
2. Georges Clemenceau (1841–1929), stürzte 1885 das Ministerium Ferry, weil es in der Kolonialpolitik mit Bismarck zusammenarbeitete, bekämpfte als Ministerpräsident (1906–09) die syndikalistischen Gewerkschaften, plädierte als französischer Staatspräsident (seit 1917) bei den Verhandlungen über den Versailler Vertrag für eine gewaltpolitische Lösung.
3. David Lloyd George (1863–1945), seit 1890 liberaler Abgeordneter im Unterhaus, war von 1916 bis 1922 britischer Ministerpräsident.
4. Thomas Woodrow Wilson (1856–1924), 27. Präsident der USA (1913 bis 1921), ließ sich von Clemenceau bei der Versailler Konferenz zu einem Diktatfrieden überreden.
5. Theobald von Bethmann Hollweg (1856–1921), von 1909 bis 1917 deutscher Reichskanzler.
6. Alfred von Tirpitz (1849–1930), baute planmäßig die kaiserliche Marine auf; war seit 1897 Staatssekretär des Reichsmarineamts, von 1911 bis 1916 Großadmiral; als Anhänger des uneingeschränkten U-Boot-Krieges stand er im Gegensatz zu Bethmann Hollweg.
7. Erich von Falkenhayn (1861–1922), war seit 1913 preußischer Kriegsminister, 1914 bis 1916 Chef des Generalstabs des Feldheeres, seit 1918 Oberbefehlshaber der 10. Armee in Rußland.
8. Erich Ludendorff (1865–1937), preußischer General, war seit 1914 Generalstabchef Hindenburgs; 1916 wurde er in die Oberste Heeres-

leitung berufen; er war für den Sturz Bethmann Hollwegs verantwortlich. Nach seiner Entlassung (1918) betätigte sich Ludendorff in der nationalistisch-völkischen Bewegung.

9. Georg Freiherr von Hertling (1843–1919), Politiker des Zentrums und katholischer Philosoph, wurde 1917 Reichskanzler und preußischer Ministerpräsident.

10. Prinz Max von Baden (1867–1929) wurde 1918 Reichskanzler und preußischer Außenminister, legte vergeblich Kaiser Wilhelm II. die Abdankung nahe.

11. Karl Renner (1870–1950), sozialdemokratischer österreichischer Politiker, war 1919/20 Staatskanzler, 1931 bis 1933 Präsident des Nationalrats, seit 1945 österreichischer Bundespräsident.

12. Friedrich List (1789–1846), Nationalökonom, trat für deutsche Zolleinigung und Errichtung eines deutschen Eisenbahnnetzes ein (vgl. biogr. Notiz S. 417).

GUSTAV STRESEMANN

1878–1929

Der spätere Reichskanzler (1923) und Außenminister, der mit großem Geschick die schweren wirtschaftlichen und politischen Krisen der jungen Weimarer Republik auszubalancieren verstand, hatte während des Ersten Weltkriegs als Nationalliberaler einen nationalistischen Kurs verfolgt. Er stammte aus einer kleinbürgerlichen Berliner Familie, studierte Nationalökonomie, war von 1902 bis 1918 Syndikus des Verbandes sächsischer Industrieller, von 1907 bis 1912 und 1914 bis 1918 Mitglied des Reichstags. Als Kriegszielpolitiker stand er zunächst Ludendorff und dessen Kreis nahe, beteiligte sich aktiv am Sturz Bethmann Hollwegs und lehnte die Friedensresolution der Reichstagsmehrheit (1917) ab. Als Reichskanzler untersagte er mutig den allgemein als ›nationale Tat‹ belobten ›passiven Widerstand‹ gegen die französische Ruhrbesetzung und vertrat als Außenminister (1923–29) gegenüber Frankreich eine Verständigungspolitik. Gegen den heftigen Widerstand der Rechtsparteien setzte er unter anderem den Eintritt Deutschlands in den Völkerbund (1926) durch. Zusammen mit Briand, dem französischen Außenminister, erhielt Stresemann 1926 den Friedensnobelpreis.

Theodor Eschenburg betont in seinem eindrucksvollen Porträt über Gustav Stresemann dessen »brillante Rhetorik«, der er es neben seiner Intelligenz und politischen Aktivität nicht zuletzt verdankte, daß er sehr bald einer breiteren Öffentlichkeit bekannt wurde. Stresemann, so schildert Eschenburg, »entwickelte nicht nur in der Rede und Debatte, sondern ebenso im Gespräch und in schriftlichen Äußerungen, in Darlegungen wie in Abreden, eine Virtuosität in der Formulierung, die Bewunderung, aber auch Mißtrauen erregte«.

Die im folgenden abgedruckte Rede hielt Stresemann am 13. April 1919 auf dem Parteitag der Deutschen Volkspartei in Jena. Wie bei der Rede von Heuss handelt es sich hier um eine Bestandsaufnahme der politischen Situation seiner Zeit und vor allem um eine Demonstration des eigenen nationalen Programms.

Zur Lage der Nation

In seinem letzten Briefe an Humboldt hat Goethe den Satz niedergeschrieben: »Der Tag ist wirklich zu absurd. Konfuse, verwirrende Lehren und verwirrter Handel walten über der Welt.« Dieser Satz klingt so, als wenn er für die Gegenwart geschrieben wäre. Verwirrende Lehren, verwirrter Handel walten über der Welt. Das hat begonnen mit dem Tage, den man uns jetzt in manchen Bundesstaaten als künftigen Nationalfeiertag vorschlägt, nämlich mit dem Tage der deutschen Revolution. In der Frage, ob wir den 9. November[1] als einen nationalen Feiertag oder als einen Tag nationaler Trauer ansehen, darin allein schon scheiden sich die Geister. Wer der Auffassung ist, daß jener 9. November ihm das neue Deutschland gebracht hat, das seinem Ideal entspricht, der gehört nicht in unsere Mitte; seine Auffassung liegt fernab von derjenigen, die uns beseelt.

Man spricht davon, dieser 9. November habe den Zusammenbruch eines Systems gebracht, das innerlich morsch und faul und abbruchreif gewesen wäre. Man spricht davon, seit dem 9. November gäbe es ein freies deutsches Volk, das endlich die Fesseln der Unfreiheit von sich geworfen hätte, das sich nicht mehr absolut regieren lassen brauche.

Ist das richtig? Wir sind nicht lediglich dazu da, um die Lobpreiser der alten Zeit zu sein, und wir haben dazu um so weniger Veranlassung, als wir die Schwäche, die in dem alten Deutschland lag, rechtzeitig erkannt und rechtzeitig Abhilfe verlangt haben. Ich darf Sie darauf hinweisen, wie oft und entschieden auch die alte Nationalliberale Partei sich dagegen gewendet hat, daß ein Überwuchern gesellschaftlicher Engherzigkeit gerade in den höchsten Beamtenkreisen die Ausnutzung aller geistigen Kräfte der Nation nicht in dem Maße möglich machte, wie es notwendig war in einer Zeit, die schon anzeigte, daß um den Bestand des Reiches noch einmal gekämpft werden müßte. Ich darf Sie darauf hinweisen, daß alles das, was man in dem Vorwurf des persönlichen Regiments zusammenfaßt, uns als Kritiker gesehen hat. Die erste Interpellation im alten Deutschen Reichstag, die sich gegen das persönliche Regiment wandte, trug den Namen Bassermann[2]. Die erste Interpellation angesichts der Daily-Telegraph-Affäre[3] war von demselben Führer der Nationalliberalen eingebracht. Wir durften das, weil wir als Anhänger der Monarchie die Krone vor einer Umgebung schützen wollten, die sie über ihre verfassungsmäßigen Kompetenzen im Unklaren ließ. Wenn in der Gegenwart rückblickend vielfach ein Bild gezeichnet wird von dem letzten Träger der Kaiserkrone, wobei ihm dieses persönliche Hervortreten als ein Unrecht angekreidet wird, dann sollten wir gerecht abwägend vor zwei Dingen die Augen nicht verschließen: daß das, was an persönlichem Willen über die Schranken der alten Verfassung hinaus sich in dem letzten Träger der Hohenzollernkrone geltend machte, einmal die Schuld des deutschen saturierten Bürgertums war, das sich nicht dagegen wandte, und nur lau uns unterstützte, wenn wir auf solche Dinge hinwiesen, und daß es zweitens auch ein Ausfluß der Epigonenzeit staatsmännischer Kunst war, in der kein Bismarck da war, der stets die Reichskanzlerkompetenz gegenüber der Monarchie durchgesetzt hat bis zum letzten, der nicht einen Augenblick länger im Amte geblieben wäre, als es ihm mit der Auffassung verträglich erschien, die er von dieser Abgrenzung hatte.

Wir haben uns weiter gegen das gewehrt, was wir als einen Fehler der alten Zeit ansahen, jene Überheblichkeit der Bureaukratie gegenüber dem praktischen Leben, die in den Ausstrahlungen des Kriegssozialismus sozusagen ihren Gipfelpunkt gefunden und damit unendlich viel an wirtschaftlicher Kraft bei uns zerstört hat. Wir haben uns immer und immer wieder gegen das gewandt, was wir als Hauptfehler unserer auswärtigen Politik erkennen mußten: Das Verkennen der Tatsache, daß in dem mehr und mehr demokratisch werdenden Weltzeitalter die öffentliche Meinung der Welt ein Machtfaktor sei, der für nationale Interessen eingesetzt werden müsse. Wir haben niemals in unserem Deutschen Reiche, aber, seien wir gerecht, auch in unserer eigenen deutschen öffentlichen Meinung ein Verständnis für diese Aufgabe im rechten Sinne gehabt. Der Regierung fehlte die Initiative, dem Reichstag fehlte die Großzügigkeit. Die Regierung berief sich darauf, daß ihr Mittel abgelehnt worden wären, um genügend aufklärend im Auslande zu wirken – eine schlechte Entschuldigung; denn, erkannte sie die Notwendigkeit, die öffentliche Meinung als Machtfaktor für sich einzusetzen, wie das England in glänzender Weise verstand und damit diesen Krieg gewonnen hat, dann hatte sie die Pflicht, sich mit der Ablehnung nicht zu beruhigen, dann hatte sie die Pflicht, an das Volk zu appellieren, dann hatte sie führend zu sein, anstatt sich führen zu lassen.

Den Machthabern des alten Deutschlands fehlte das Vertrauen in die Kräfte des Volkes. Dieses mangelnde Vertrauen zu den im Volke ruhenden Kräften hat dazu geführt, daß wir in dem führenden Bundesstaate Deutschlands bis in den Krieg hinein an einem Wahlrecht festgehalten haben, das längst vor dem Kriege, das längst im Frieden hätte beseitigt werden müssen, das unendlich viel dazu beigetragen hat, daß soziale und politische Verhetzung in Preußen und Deutschland Platz greifen konnte.

Hier liegt auch die große parteigeschichtliche Schuld des liberalen Bürgertums, das seinerseits in diesen Fragen hätte führend sein müssen und das, wenn es die Führung gegen Regierung und konservative Mehrheit übernommen hätte, sich durchgesetzt hätte zu jeder Zeit, in der es den Mut zur Agitation in diesem Sinne gehabt hätte. Wäre man zu der Zeit, als Bülow[4] erkannte, daß diese Dinge geändert werden müßten, an seine Seite getreten und hätte den Kampf aufgenommen, auch den Kampf in der Form, daß man den Acheron bewegte, um sich für diese Forderungen einzusetzen, dann hätte es keine Mehrheit mehr gegeben, die dem gemeinsamen Ansturm der Liberalen in dieser Frage hätte Widerstand leisten können. Die Schuld liegt an dem gesamten Liberalismus, und sie liegt, wenn Sie weiter sehen und sich einmal die Vergangenheit unter größeren Gesichtspunkten ansehen, darin, daß wir in der Tat in der Zeit, in der Deutschland groß und mächtig wurde, ein materielles Bürgertum gehabt haben, saturiert, seine politischen und seine kulturellen Ideale vergessend. So, wie wir früher in zu weitgehendem Maße lediglich das Volk der Dichter und Denker waren, so wurden wir in zu weitgehendem Maße lediglich das Volk der wirtschaftlich schöpferischen und rechnenden Akademiker. Die große Anziehungskraft der Sozialdemokratie gegenüber den bürgerlichen Parteien lag nicht nur im Klassenkampfcharakter, lag nicht nur im Neid, sie lag auch daran, daß im Sozialismus eine Idee lebendig war, während die bürgerlichen Parteien vielfach Zweckmäßigkeitspolitik trieben, und man überhaupt nicht mehr sah, daß die Oriflamme[5] einer Idee ihnen voranleuchtete. Lernen wir aus dem, was die Vergangenheit in dieser Beziehung zeigt, für die Zukunft.

Bei den Regierenden fehlte das Vertrauen zum Volke, um mit diesem Volke Politik zu machen, um das Volk national zu erziehen und dadurch die Monarchie so tief zu fundieren, daß sie unangreifbar gewesen wäre. Es fehlte infolge dieser ganzen Entwicklung aber auch diejenige Erziehung des deutschen Volkes in staatlichen Dingen, die in anderen Ländern, unbeschadet der jeweiligen politischen Herrschaft einer Partei, den Staatsgedanken als solchen im Volke fest fundiert hat. Blicken Sie nach England, blicken Sie nach Frankreich. Die Parteien wechseln, konservativ heute, liberal morgen, starke sozialistische Minderheiten mitwirkend. Nichts wird all das, was sich ändert an Herrschaft irgendeiner Parteischicht, an dem Unverrückbaren im englischen Herzen ändern, daß der englische Staatsgedanke der unverrückbare Leitstern des englischen Volkes ist. Das ist das Endergebnis einer politischen Erzie-

hung von Jahrhunderten, die uns fehlt, die wir hätten nach-
holen können in der Zeit seit Gründung des Reiches, wenn
wir mehr Wert auch auf staatsbürgerliche Erziehung auf der
einen Seite und Durchdringung mit politischen Gedanken in
unserem ganzen Bürgertum auf der anderen Seite gelegt hätten. Täuschen wir uns nicht: Gewerkschaftlich organisierte
Arbeiter in der Vergangenheit verstanden im allgemeinen
mehr von Politik als der akademische Bürger der Vergangenheit. Es ist ein trauriges Bild, das das deutsche Bürgertum geboten hat. Wir müssen zurück zu der Auffassung, daß politische Arbeit ein Teil der Lebensaufgabe des Menschen ist. Jetzt
ist es viel schwerer, aus den Trümmern eines unglücklichen
Krieges heraus das Neue aufzubauen; das hätte aufgebaut
werden müssen in der Zeit, die hinter uns liegt.

Sie sehen daraus, daß es mir ganz fern liegt, lediglich den be-
quemen Ausgangspunkt zu wählen, das Elend der Gegenwart
mit dem Glück der Vergangenheit zu vergleichen und daraus
die Folgerungen zu ziehen, daß das Heutige das völlig An-
greifbare, das Vergangene das allein Lobenswerte wäre. Aber
wenn wir den Blick richten auf die Vergangenheit mit all
ihren Schwächen, die ich offen einräume, und die infolge der
mangelnden Ausbildung des Staatsgedankens auch dazu führten, daß man zu spät den Weg ging zum parlamentarischen
System, zu vertrauensvollem Zusammenarbeiten zwischen
Parlament und Staatsregierung, das ich, vielfach umbraust
deshalb auch von Kämpfen innerhalb der eigenen Partei, in
dringendster Weise im Frühjahr 1917 zu schaffen im Reichstag nahegelegt habe, – ich sage: wenn all das auch Anklage-
punkte sein mögen gegen die politische Entwicklung in dem
jungen Reiche, so ändert das nichts an der Tatsache, daß die
Entwicklung zum Besseren nur den Weg der Evolution, niemals den Weg der Revolution gehen durfte. Es ist eine Lüge
gegenüber der Öffentlichkeit, zu sagen, die Revolution habe
in Deutschland das System des Absolutismus gestürzt. Als sie
kam, da war das Deutschland, das sie stürzte, ein Land, in
dem die Monarchie in dem Verhältnis zu Volk und Staat

stand, wie sie in England steht. Seit Jahrhunderten hat die deutsche Demokratie die englische Verfassung als ihr Vorbild angesehen. Wenn sie heute auch ihrerseits den 9. November feierte, dann feiert sie den Tag, an dem ihr Ideal in Deutschland zusammengebrochen ist, an dem das parlamentarisch-konstitutionell-monarchische System der Republik Platz machte. Deshalb war schon an sich für jeden Liberalen der Tag, der diese Entwicklung unterbrach, kein Tag irgendwelcher Genugtuung, und für jeden, der monarchisch denkt, ist es ein Tag der Trauer. Aber höher noch als die Liebe zur Monarchie steht der Gedanke zu Volk und Vaterland, und das Traurigste an jenem 9. November ist neben dem Sturz der Monarchie und der alten Staatseinrichtungen die Würdelosigkeit, mit der diese Revolution sich gegen das nationale Empfinden im Volke gewandt hat. Kein Volk, das die Taten vollbracht hätte, die das deutsche Volk im Weltkriege vollbracht hat, wäre fähig gewesen, seine eigene Fahne in den Staub zu ziehen, denen, die zurückkamen von der Front, die draußen gekämpft hatten, die Kokarden herunterzureißen; kein Volk, das das Offizierkorps besaß, das wir besessen haben, wäre fähig gewesen, es so schamlos zu beschimpfen, wie es beschimpft worden ist.

Es erscheint mir, als wenn es nötig ist, auch als eine Partei, die auf Massen sich stützt, doch nicht den Schwindel der Popularitätshascherei mitzumachen, sondern darauf hinzuweisen, daß – was im einzelnen hier und da gesündigt worden sein mag, und es gibt keinen Stand, in dem nicht gesündigt worden ist –, wir alle Veranlassung haben, an das zu denken, was an Aufopferung, Hingabe und Pflichterfüllung das alte Offizierkorps in diesem Weltkriege geleistet hat.

Wir wollen aus dieser Zeit der nationalen Schmach und Würdelosigkeit unser Volk zurückführen zu dem alten Stolz auf Deutschland, Deutschlands Größe und Deutschlands Weltbestimmung. An sich sollte eine derartige Gesinnung selbst den deutschen Revolutionären möglich sein. Denn revolutionäre Bewegungen brauchen sich nicht im Widerspruch zu nationalem Empfinden zu vollziehen. Mögen diejenigen, die in Deutschland glauben, daß ein revolutionäres Deutschland mit den alten Fahnen des Reiches unvereinbar sei, sich ein Beispiel an denen nehmen, die in Frankreich zwar ein Königtum stürzten, aber die Feinde des Landes vor sich hertrieben und den Aufruf zur nationalen Verteidigung erließen; mögen sie sich ein Beispiel nehmen an denen, die in England durch Umwälzungen ein neues Zeitalter schufen, die aber gleichzeitig die heiße Liebe zu ihrem englischen Vaterlande und den starken Gedanken nationaler englischer Würde damit verbanden. – Was wir hier in Deutschland erleben, das ist in bezug auf die neue Zeit ein Schwelgen in Worten, ohne daß sich irgendwelche Taten zeigen, so daß als Endergebnis mit dem Zusammenbruch des Alten ohne Aufbau des Neuen sich naturgemäß die Sehnsucht nach dem Alten geradezu mit Vehemenz mehr und mehr im Volke wieder lebendig macht.

Zu den Phrasen, mit denen wir bei uns überschüttet werden, gehört die eine, daß wir die Errungenschaften der Revolution sichern müssen. In Wirklichkeit sehen wir seit jener kurzen Zeit doch nur das eine: einen nationalen, einen wirtschaftlichen, einen finanziellen und, was das schlimmste ist, einen moralischen Niederbruch des deutschen Volkes ohnegleichen. Es lösen sich alle Bande frommer Scheu. Das erste, was wir zu fordern haben, woran wir zu arbeiten haben, wird die sittliche Wiedergeburt des deutschen Volkes sein, ohne die das ganze Verfassungswerk, ohne die alle Außen- und Innenpolitik elendiglich Schiffbruch erleiden muß.

Was ist es denn, was uns der 9. November gebracht hat an Freiheiten, an neuem Geist, an neuen Gedanken? Er hat uns die Republik in Deutschland gebracht. Lassen Sie mich über die Frage: Monarchie oder Republik hier offen sprechen. Die Frage der Monarchie ist eine Verstandesfrage, und sie ist eine Gefühlsfrage. Vom Standpunkt des Verstandes und vom Standpunkt des Gefühls bekenne ich als meine Auffassung, daß für unsere deutschen Verhältnisse die Monarchie das Gegebene war und das Gegebene gewesen wäre. Alle Entwicklung kann sich nur auf dem geschichtlich Gewordenen aufbauen. Vieles lebt und webt in uns an Empfindungen, über deren Ursprung wir uns innerlich nicht Klarheit zu schaffen vermögen. Was ist denn unser Denken und Empfinden, was ist denn das, was wir deutsche Seele nennen? Ist denn das in der Zeit entstanden, in der die äußerlichen Eindrücke des Lebens, unserer Umgebung auf uns eindrangen? Lebt denn und webt denn in dem, was wir denken und empfinden, nicht irgendein Nachklang aus den Zeiten vor hundert, vor tausend Jahren, die das gebildet haben? Kann man sich denn alle diese Gegenwart, uns als Menschen denken ohne die Ahnen, die vor uns gewesen sind? Wir sind doch nichts als das Glied einer Kette, die vor uns gewesen ist, die in Zukunft sein wird, und all dieses Unwägbare, alle diese Seelenstimmung, all das geschichtlich Gewordene kann niemand dadurch herausreißen, daß er sich an den Schreibtisch setzt und Paragraphen einer neuen Verfassung formuliert.

Das geschichtlich Gewordene fortzuführen wäre zunächst dasjenige gewesen, was uns veranlaßt hätte, wenn die Entscheidung bei uns lag, an der Monarchie festzuhalten. Und dann das zweite Verstandesmäßige: Gerade in einer Zeit großer sozialer Gegensätze, großer Umballungen wirtschaftlicher Macht erscheint mir die monarchische Regierung für die Fortentwicklung eines gesunden sozialen Gedankens eine bessere Gewähr als die Republik. Das Kaisertum und der Monarch in seiner Höhe stand jeder Beeinflussung durch große Kapitalmächte viel freier und unabhängiger gegenüber als im allgemeinen irgend ein Ministerium einer Republik. Es ist kein Zweifel, daß wir das Volk der Sozialpolitik gewesen sind, denn die Sozialpolitik hatte im kaiserlichen Deutschland ihre Geburtsstätte. Ich darf Sie an die Rede erinnern, die einstmals der alte Bebel in Amsterdam auf dem Sozialistenkongreß gehalten hat. Da hat er gegenüber Jean Jaurès[6], der die Deutschen mitleidig aufforderte, nun doch auch einmal in die Reihe der freien Völker einzutreten, zum Ausdruck gebracht: Die französischen Genossen möchten sich einmal Mühe geben, das an Sozialpolitik in Frankreich durchzuführen, was in Deutschland schon besteht; sie möchten sich Mühe geben, in ihrer Steuergesetzgebung den sozialen Gedanken der preußischen Einkommens- und Vermögenssteuer durchzuführen gegenüber dem französischen System, das im wesentlichen auf indirekten Steuern beruhte, und als er zu einer Schilderung dieses sozialen Gedankens in Deutschland überging und gute Worte dafür fand, und ihm die Franzosen höhnisch zuriefen: »Vive l'empereur!«, erwiderte der alte Bebel, er wolle ihnen auch das eine noch sagen: Im kaiserlichen Deutschland werde nicht auf streikende Arbeiter geschossen, wie in der französischen Republik unter dem sozialistischen Handelsminister Millerand[7].

Ich glaube, daß diese Rede Bebels die Verhältnisse der alten Zeit zwischen dem kaiserlichen Deutschland und der kapitalistischen Republik Frankreich richtig kennzeichnete. Man mag in bezug auf die Gegenwart darauf einwenden, daß der starke Einschlag sozialistischer Auffassung in unserer gesamten Politik ein Überwuchern des Kapitalismus verhindern werde. Wir wollen in dieser Beziehung die Entwicklung abwarten. An der Fortführung einer gesunden Sozialpolitik werden wir nicht zweifeln brauchen. Diese Fortführung war auch niemals durch die bürgerlichen Parteien in Frage gestellt, aber ob alles das, was sich für mich mit dem Begriff des kapitalistischen Einflusses in der Regierung und in der Öffentlichkeit verbindet, namentlich nach der Richtung des mobilen Kapitals, durch die neue Republik in seine Schranken gewiesen werden wird, das erscheint mehr als zweifelhaft nach all den Entwicklungen, die im republikanischen Staatswesen vorliegen. Selbst durch die demokratischen Reden ging bei der Verfassungsdebatte eine Angst vor Entwicklungsmöglichkeiten, die in dieser Richtung liegen. So bleibt das eine bestehen, daß der soziale Gedanke und das Zurückdrängen kapitalistischer Einflüsse in der Monarchie besser gewährleistet gewesen wäre, als die Republik es uns gewährleisten kann.

Wir hatten seit Hertlings Rücktritt[8] die konstitutionelle Monarchie auf der Grundlage des parlamentarischen Systems. Damit war jede Besorgnis vor einem persönlichen Regiment beseitigt. Dabei waren nicht, wie konservative Anklagen behaupten, Persönlichkeitswerte der Monarchie vernichtet. Ein Nikolaus II. als theoretisch absoluter Herrscher war praktisch ohne Einfluß; ein Eduard VII. als theoretisch schwacher Herrscher wußte seiner ganzen Zeitepoche den Stempel seines Geistes aufzuprägen.

Wir waren in der alten Nationalliberalen Fraktion in den ersten Novembertagen noch zusammen zur Beratung der Frage, ob ein Einfluß auf die Abdankung des Kaisers ausgeübt werden sollte, und wir haben uns einstimmig dagegen erklärt aus dem Gefühl heraus: Fallen Kaiser und Kronprinz, kommt die Zeit eines kaiserlichen Kindes, wird auch nur das Kaisersymbol verkümmert durch die Zeit einer Prinzregentschaft, dann kommt schon dadurch soviel ins Wanken von dem alten Einfluß der Kaiserkrone, daß auch das Letzte gestürzt werden kann. In uns war die eine Empfindung gemeinsam, die wir alle zum Ausdruck brachten, als die Gefahr einer traurigen deutschen Zukunft aufdämmerte: Die Einheit Deutschlands ist in Gefahr, wenn das Symbol der Kaiserkrone nicht mehr diesem Deutschland voranschwebt. Daß dieses Gefühl ein richtiges war, das zeigen uns die augenblicklichen Verhältnisse. Niemals würden die Abtrennungsbestrebungen aus Preußen sich derartig hervorgewagt haben, wenn es noch einen König von Preußen gäbe. Heute fehlt der Mittelpunkt, um den sich alles Nationale findet.

Für uns steht es so, wie unser Freund Kahl[9] in der Nationalversammlung in Weimar sagte: Wer, wie er, den Tag von Versailles noch miterlebt habe, für den sei mit dem 9. November eine ganze Welt versunken. Auch für uns ist eine Welt versunken mit diesem Tage, und es war eine große, es war eine schöne Welt; es war eine Welt, in der der Einzelne das Gefühl hatte, als Deutscher stolz und mächtig dazustehen unter den Völkern der Erde. Deshalb wird man uns das eine nicht verwehren können, sondern es wird sogar unsere Pflicht sein, es zu pflegen: die Erinnerung an diese große Zeit der Vergangenheit. Und wenn es jemals eine Entwicklung in den Einzelstaaten gäbe, in der ein Kultusminister irgendwelchen neuen Geistes unsere Jugend erziehen wollte, indem er diese Vergangenheit verlästerte und das neue Zeitalter vom 9. November ab etwa datieren wollte, dann werden wir unsere Jugend selbst lehren und ihr die deutsche Vergangenheit zeigen, in der zu leben und zu träumen das beste ist, was uns in den Ruhestunden dieses Lebens in dieser Gegenwart noch übrig bleibt. Das ist es, was wir zum Ausdruck gebracht haben mit der Erklärung, welche die Fraktion in der Nationalversammlung in dem Satz abgab: Wir lassen uns die Erinnerung an die große Zeit der Hohenzollern in Deutschland nicht rauben.

Bedeutet das nun das eine, daß wir Träger sein wollen einer monarchischen Gegenbewegung, einer großen Bewegung auf Wiederherstellung der Monarchie? Nein, das bedeutet es nicht. Aus dem Grunde, weil der Weg zu dieser Monarchie nur durch einen Bürgerkrieg hindurchgehen könnte und weil uns bei aller Liebe und bei aller innerlichen monarchischen Veranlagung das Volk und das Ganze höher stehen muß als dieser Gedanke und diese Empfindung. Wir dürfen nicht von einem Blutbad zum andern schreiten. Wir dürfen nicht die endlich zu suchende Einheit des Ganzen dadurch aufs neue aufs schwerste in Frage stellen. Wir müssen uns auch des einen klar sein, daß Großdeutschland nur zu schaffen ist auf republikanischer Grundlage. Ganz anders sind die Empfindungen der Deutsch-Österreicher als die der Reichsdeutschen, und das können wir verstehen, denn zu Habsburg und zur letzten Kaiserin von Österreich-Ungarn irgendwie ein Gefühl der Liebe und des Vertrauens zu haben, dazu hat kein Grund vorgelegen. Wer so das eigene Volk verrät, wie es von dieser Stelle verraten worden ist, der hat damit selbst den Sand auf das Grab geschaufelt, in dem die Habsburger liegen. Deshalb ist bei der ganzen Situation auch nicht einmal in irgendeinem Bürgertum dort ein Verständnis für eine Wiederherstellung der Monarchie. Der Weg zu Großdeutschland und der Weg zu innerer

Ruhe kann nur gehen auf dem Boden republikanischer Staatsform. Deshalb arbeiten wir an ihr mit, bewahren das große
Geschichtliche in der Erinnerung, lassen es nicht verdunkeln
und haben in dem Sinne die Stellung eingenommen, die wir
zum Ausdruck gebracht haben.

Was uns die Revolution außer der Tatsache der Republik gebracht hat, war, wie ich sagte, der Geist der Auflösung auf
sittlichem Gebiete. Erlassen Sie es mir, das ganze Bild vor
Ihnen aufzurollen, das sich seit dem 9. November ergeben hat.
Der Rest des Volksvermögens ist vergeudet. Wir sind so bet-
telarm, daß wir nicht mehr wissen, womit wir die Lebensmittel bezahlen sollen, die wir für die Ernährung des Volkes
brauchen. Das Heeresgut ist dahingegangen. Milliarden sind
verschleudert. Es brach alles zusammen, was irgendwie noch
sittlicher Anstand war, und es brach das Pflichtgefühl der
Arbeiter zusammen. Wenn irgend etwas furchtbar ist, dann ist
es der Gedanke, daß im Hafen von Hamburg, der einstmals
Milliarden Güter in die Welt hinaustrug, amerikanische Le-
bensmittelschiffe mit Ballast hinausgehen mußten, weil das
Deutsche Reich nicht so viel produziert hatte, um einen 6000-
Tonnendampfer damit beladen zu können. Nennt Ihr das Errungenschaft der Revolution, so habt Ihr recht, aber Ihr habt
nur das Recht, Euch dieser Errungenschaft zu schämen.

Wir haben einen Finanzbedarf von siebeneinhalb Milliarden,
die aufgebracht werden sollen. Ob sie aufzubringen sind – die
Fragestellung heißt schwere Zweifel auslösen. Und trotzdem
bin ich der Meinung, daß wir auch über diese Zeit, auch über
ihre finanzielle Not hinwegkommen können, wenn wir eins
wieder hätten: die Wiederaufnahme der alten wirtschaftlichen
Tätigkeit. Denn es liegt nicht so, daß wir etwa wirtschaftlich
zusammengebrochen wären, weil die Welt draußen keine
deutschen Waren mehr will, weil wir ganz arm wären in der
Möglichkeit der Erzeugung von Werten; nein, es besteht in
der Gegenwart ein derartiger Warenhunger im Innern und
außen, daß die Leipziger Messe dieses Jahres die bedeutendste
sein würde, die wir seit langem gehabt haben, wenn man nur

das eine wüßte, daß es in Deutschland noch Arbeiter gibt, die arbeiten, damit Deutschland Waren verkaufen kann. Wir würden sicherlich in den ersten Jahren nach dem Kriege, sobald wir wieder Rohstoffe hätten, eine Zeit der Hochkonjunktur haben, weil die Welt nach Waren dürstet. Ich weiß von Kaufleuten, daß Millionenaufträge aus dem Auslande vorliegen in allen möglichen deutschen Artikeln. Die Aufkäufer Amerikas sitzen in Holland und warten auf das liefernde Deutschland, und in der Zeit ersaufen die Kohlengruben, in der Zeit stürzen die Schächte ein, gehen die Hochöfen zu Bruch, in der Zeit zahlen wir, ein bettelarmes Volk, Hunderte von Millionen an Arbeitslose, die aus freiem Willen arbeitslos sind, weil sie die Pflicht zur Arbeit nicht mehr in sich fühlen. Das ist der moralische Niederbruch, den uns die Zeit gebracht hat, die die Freiheit zu verkünden schien und die nur die Zügellosigkeit verkündete und die sich jetzt, wo sie mit Verantwortung beladen ist, vergeblich bemüht, die Massen zu bannen, die sie selber gerufen hat. Das ist ja das Charakteristikum unserer Zeit, daß die deutsche Sozialdemokratie in dieser wildbewegten Zeit uns kein Hort und kein Halt ist gegenüber diesen Erscheinungen. Sie bricht, wie ich gestern im Zentralvorstand schon ausführte, programmatisch zusammen. Sie steht vor Zersetzungserscheinungen, deren sie sich vergeblich Herr zu werden bemüht.

Der letzte bürgerliche Kanzler des Deutschen Reiches war auch in der Beziehung schlecht beraten, als er glaubte, alles zum besten zu kehren und zum Heil zu wenden, wenn er einem Sozialdemokraten die Reichskanzlerwürde übergäbe und damit gewissermaßen die Abdankung des Bürgertums vor der neuen Zeit unterzeichnete. Ich muß das eine sagen: Dieses Verhalten des Prinzen Max von Baden am 9. November war ein schmählicher Verrat an der von ihm vertretenen Sache. So eilig hatte es der Prinz mit seiner Flucht, daß er uns, die Führer der bürgerlichen Parteien, die wir im Reichskanzlerpalais bei ihm waren, um mit ihm die Lage zu besprechen, nicht mehr empfing, sondern uns nur das Manifest mit der Mitteilung sandte, daß er Herrn Ebert mit seiner Nachfolgerschaft betraut hätte und in dem er uns mitteilte, daß der Kaiser abgedankt hätte, was der Wahrheit nicht entsprach, was in diesem Augenblick eine weltgeschichtliche Lüge war. Das ist das Schlimme, daß derjenige, der der erste sein sollte auf der ragenden Pyramide des deutschen Bürgertums, das Zeichen gab für die vollkommene Feigheit und für den Zusammenbruch, den wir im deutschen Bürgertum leider in den nächsten Revolutionswochen erleben mußten. Darin haben die Unabhängigen recht: In den ersten Wochen konnte die Sozialdemokratie erreichen, was sie wollte, denn es gab ja niemand, der ihr entgegentrat, nachdem der Reichskanzler vorangeflohen war.

Jetzt sehen wir, wie falsch die Auffassung war, daß die Sozialdemokratie als solche in der Lage sein würde, uns in der neuen Zeit den Weg zu weisen. Sie sieht die Massen nach links ausbrechen. In ihrem Kampf um die Vorherrschaft innerhalb der Sozialdemokratie kämpft sie mit mangelndem Erfolge aus dem Grunde, weil die Massen instinktiv empfinden, welch ein abgrundtiefer Gegensatz liegt zwischen den ein halbes Jahrhundert lang vorgetragenen sozialistischen Theorien und der Praxis der heute mit Verantwortung beladenen Regierung.

Die Unabhängigen haben vor den Mehrheitssozialisten das eine voraus, daß sie der Masse als die Prinzipientreuen gelten. Was ich der Sozialdemokratie zum Vorwurf mache, ist, daß sie nicht die Charakterstärke hat, offen dem Volke zu sagen, daß sich das Erfurter Programm nicht durchführen läßt, sich bewußt auf den Boden der Gegenwartsarbeit zu stellen und sich von dem allein seligmachenden Dogma des Marxismus freizumachen. So sucht sie den Eindruck zu erwecken, als sei sie die Erbin der alten sozialistischen Anschauungen und muß nun natürlich erleben, daß sie als unwahrhaftig gilt und daß weite Mengen sie als Verräterin ansehen. An dieser Haltlosigkeit und diesem Mangel am politischen Charakter wird sie zugrundegehen, wenn sie nicht zur rechten Zeit den Trennungsstrich findet. Man kann die deutsche Arbeiterschaft, gewerkschaftlich geschult, hochgebildet in politischer Beziehung, für den Gedanken gewinnen, sich in dem neuen Reich, in dem es keine Reaktion zu bekämpfen gibt, auch auf den Boden wirtschaftsgeschichtlicher Tatsachen zu stellen. Der Versuch, die alte Sozialdemokratie zu sein und die alte Lehre doch in der Tat verleugnen zu müssen, wird zu einem Zusammenbruch führen. Wir sehen gleichzeitig, daß der Einfluß der Gewerkschaften gemindert ist, sehen deshalb die Sozialdemokratie in der Regierung eine Politik führen, die schwankend ist, die zwischen brutaler Gewalt auf der einen Seite und unangebrachter Nachgiebigkeit auf der anderen Seite haltlos hin und her schwankt.

Daher auch die Unsicherheit der gesamten Regierung in zwei Fragen, die gegenwärtig aktuell sind, der Frage der Sozialisierung und der Frage des Rätesystems. Lassen Sie mich dazu unsere Auffassungen darlegen. Ich darf sagen »unsere Auffassungen«, weil die Verhandlungen des Zentralvorstandes eine weitgehende, wenn nicht eine völlige Übereinstimmung in diesen Fragen ergeben haben. Wir lehnen von uns aus jeden Gedanken an irgendeine Manchesterwirtschaft in dem Sinne ab, als wenn wir den Individualismus als solchen als das alleinige Prinzip in der Wirtschaftserzeugung ansehen. Aber dieser Individualismus ist längst vor der neuen Zeit bei uns durchbrochen gewesen durch die Sozialpolitik auf der einen Seite, die Steuerpolitik auf der anderen Seite. Neben dieser ethischen Durchbrechung kam die praktische durch die Staatsbetriebe in der Eisenbahn, im Bergbau, auf anderen Gebieten. Um was es sich jetzt handelt, das ist, die Grenze der Individualwirtschaft, aber auch gleichzeitig die Grenze der Staatswirtschaft zu finden, und da scheint es uns, daß unbeschadet dessen, ob man die Ersetzung der Individualwirtschaft durch die Staatswirtschaft im einzelnen für möglich, für praktisch, für wünschenswert hält – und es gibt solche Fälle –, der wirtschaftliche Zustand Deutschlands in der Gegenwart uns unbedingt dazu drängt, uns jetzt gegen die Vermehrung des Staatsbetriebes zu wehren. Aus dem wirtschaftlichen Zusammenbruch dieser Zeit führt uns der Staatsbetrieb nicht heraus. In die neue Zeit, zu der Wiederanknüpfung der Tausende von Fäden im Welthandel mit der Wiederaufrichtung der deutschen Wirtschaft können nur diejenigen führen, die uns in der Friedenszeit an die zweite Stelle im Welthandel gebracht haben. Das sind die Menschen, die als Persönlichkeiten auf diesem Gebiet der Welt ein ragendes Beispiel von Fleiß, von Pflichttreue, von Organisationsfähigkeit und von starkem Charakter gegeben haben. Diese köstliche Initiative, dieses köstliche wirtschaftliche Persönlichkeitsgut hieße es aufgeben, wenn man sie hineinzwängen wollte in die Fesseln einer Staatswirtschaft. Nach dieser Richtung hin werden wir in der Gegenwart uns wehren gegen alles, was da glaubt, eine neue Wirtschaft dadurch bilden zu können, daß man die Kriegswirtschaft verewigt, die uns doch die Grenzen dieser Staatswirtschaft und ihre Einseitigkeit so als praktische Lehre vor Augen geführt hat, daß man annehmen sollte, niemand trüge Verlangen danach, daß diese Zeit verlängert wird.

Wir werden uns dagegen wehren auch aus finanziellen Gründen. Die Überführung der Einzelbetriebe in die Staatswirtschaft wäre nicht Vermehrung, sondern, ich sage es als meine Überzeugung als Volkswirtschaftler, wäre Verminderung der Einnahmen im Lande wie im Reiche. Ein sozialistisch zusammengesetzter Staat als Arbeitgeber ist ja schon an sich parteipolitisch hilflos gegen jede, auch die exorbitanteste Forderung, die ihm gestellt wird. Er soll dankbar sein, wenn das Risiko, diesen Kampf durchzuführen, von ihm genommen wird und nicht allein auf seinen Schultern liegt; dankbar, wenn er der Vermittler sein kann in diesen Dingen, in denen er die Interessen der Allgemeinheit vertritt und nicht gleichzeitig Partei ist und parteipolitisch vielleicht Einbuße zu erleiden fürchtet, wenn er nicht allen Forderungen nachkommt.

Denn, wollen wir uns doch über eines nicht irren: In der Frage der Sozialisierung steckt für die Arbeiter in erster Linie eine ideelle Forderung. Man sagt ihm: Du sollst nicht arbeiten für die Unternehmer, du selbst sollst teilhaben an dem Ertrag der

Arbeit. Das ist es, was jetzt vielfach durch die weiten Kreise der Arbeiter und Angestellten geht, was dann diesen Kampf als einen idealen erscheinen läßt. Deshalb müssen wir zwei Fragen ganz ruhig und leidenschaftslos erörtern: Die Frage, ob und inwieweit sich eine erhöhte Freudigkeit der Arbeiter und Angestellten in dem Unternehmen dadurch erzielen läßt, ohne aber gleichzeitig die verantwortliche Leitung irgendwie derjenigen Funktionen zu entkleiden, die in ihrer Hand und, wie ich hinzufügen möchte, allein in ihrer Hand bleiben müssen, weil ihr das Risiko, das damit verbunden ist, von niemand abgenommen werden kann. Die zweite Frage ist die, ob es möglich ist, dem großen Gedanken, daß, wer Werte schafft, auch an den von ihm geschaffenen Erträgnissen teilnehmen soll, durch eine Sozialisierung des Ertrages zu entsprechen, das heißt dadurch, daß das Reich zum Mitbesitzer aller Unternehmungen gemacht wird, daß es, von einer gewissen Verzinsung der Unternehmungen an, an allen Überschüssen mit teilnimmt. Wir haben gestern gehört, daß hervorragende Führer der Industrie durchaus dem Gedanken zustimmen. Alles, was an aufpeitschender Kritik dem Arbeiter gesagt wird, daß er die großen Gewinne eines Werkes sieht und sagt: Ich habe sie mitgeschaffen und habe keinen Teil daran, fällt in dem Augenblick fort, in dem das Reich Mitbesitzer aller Unternehmungen auch in diesem Sinne ist. Es erfaßt dadurch die Steuer an der Quelle. Es steuert nicht im einzelnen das Einkommen oder das Vermögen in wahnsinnigen Proportionen hinweg. Wir müssen den Mut haben, gegen den Gedanken einer exorbitanten Vermögensabgabe Sturm zu laufen. Sturm zu laufen aus dem Grunde, weil einmal der kleine Rentenbesitzer, weil alle diejenigen, die hier vielfach in weit größeren Entbehrungen als der industrielle Arbeiter ihr Leben fristen, nicht gezwungen werden können, von dem, was der Ertrag ihrer Lebensarbeit ist, große Prozentsätze wegzugeben, und zweitens, weil, wenn wir in Zukunft den großen Bedarf des Reiches durch die Erträgnisse unserer Volkswirtschaft und namentlich unserer industriellen und gewerblichen Tätigkeit

decken wollen, wir ihr nicht die Mittel nehmen dürfen, durch
die sie den Wiederaufbau auf dem Weltmarkt allein in die
Wege leiten kann. Wir brauchen heute Kredit im Auslande.
Das Reich hat keinen Kredit – das ist auch eine Errungenschaft der Revolution –, aber der Privatmann, die einzelne
große Firma hat noch Kredit. Ich darf darauf hinweisen, daß
eine Hamburger Firma neulich in einer Konferenz mit berech-
tigtem Stolz sagte: Wir mit unserm Konzern haben auch nach
der Niederlage Deutschlands einen Kredit von einer Milliarde, sobald wir ihn beanspruchen. Dieser Kredit gründet
sich auf die unbegrenzte Hochachtung der Welt vor den Leistungen der deutschen Industrie, des deutschen Kaufmanns.
Er hat die unbedingte Überzeugung, daß er sich wieder her-
ausarbeiten wird. Nehmen Sie ihm nicht durch eine zu weitgehende Vermögensabgabe die Möglichkeit, wieder groß zu
werden, unterbinden Sie auch nicht die Lust an der Steigerung
des Gewinnes, aber beteiligen Sie das Reich an allem, was
seine Initiative, was die Verbesserung deutscher Technik, was
deutscher Unternehmungsgeist als Gewinn schaffen. Das ist
meiner Auffassung nach die einzige Möglichkeit, die Finanz-
aufgaben zu lösen, die dem Reiche bevorstehen, und sozial
versöhnend und finanziell ertragreich zugleich zu wirken.
Ich komme zu der zweiten Frage, ob die Mitwirkung der sozialen Organisationen in den Unternehmungen sich nicht in
einer Weise ermöglichen läßt, die auch hier brausende und
gärende Ideen in ein vernünftiges Bett zwingt. Damit ist
nichts getan, daß man eine neue Idee, die im ersten Augenblicke toll erscheint, einfach von sich abweist. Da scheint mir,
als wenn die Entwicklung der Arbeitsgemeinschaft der Deutschen Industrie, die wir vor uns gesehen haben, und die wir
mit photographischer Treue in der Entwicklung des englischen
Industrierates sehen, uns den Weg weist. Wenn heute unsere
Industrie mit den Gewerkschaften zusammen diese Arbeitsgemeinschaft bildet, wenn wir einen Schritt weitergehen,
wenn wir denken, daß andere große Berufszweige sich hier
anschließen, die Landwirtschaft in erster Linie, dazu das

Handwerk, das ja sowieso hinzugenommen werden muß, dann auch die Angliederung aller der geistigen Arbeiter, dann kann auf diesem Gebiete ein Parlament entstehen, das schaffend arbeitet, das die Möglichkeit hat, die Einseitigkeit zu vermeiden, die einem Zentralarbeiterrat anhaften wird. Im einzelnen kann da die Frage gelöst werden: Welche Wirtschaftspolitik müßt Ihr gemeinsam treiben, um die Sozialpolitik durchzuführen, die Ihr als Arbeiter verlangt? Dann werden alle die alten Gegensätze von Freihandel und Schutzzoll als verstaubte Theorien erscheinen, dann wird auf diesem Gebiete die Möglichkeit gegeben sein, an Stelle des Gedankens des Klassenkampfes den neuen Gedanken des wirtschaftlichen Zusammenarbeitens aller Stände zu setzen. Ich habe die Überzeugung, daß die Zusammensetzung eines solchen sozialen Parlamentes, das auf dieser paritätischen Grundlage aufgebaut werden müßte, sich mit dem heute vertretenen Gedanken der Zusammenfassung der Räte vereinigen läßt, nur daß nicht der Betrieb als solcher die Urzelle für die Wählbarkeit sein, daß nicht der Einzelne von seinem Berufe getrennt sein kann, sondern daß für die Gewerkschaft und ihre Entwicklung innerhalb dieser Gesamtentwicklung Platz sein muß und daß die letzten Machtmittel angewandt werden müssen gegen jeden Terror, der sich gegen irgendeine Minderheit kehrt. Dann müssen wir versuchen, in praktischer Arbeit dasjenige auszugleichen, was heute in den wildstürmenden Ansprüchen sich auch mit Forderungen geltend macht, die unerträglich, die undurchführbar sind. Lassen Sie uns versuchen, den Gedanken dieser Betriebsräte, ihrer Mitwirkung am Produktionsprozeß durchzudenken. Wir dürfen nicht davor zurückschrecken, dem Gedanken der Mitwirkung der Arbeiter und Angestellten an der Produktionsförderung in gewissem Maße zu entsprechen. Haben wir uns doch daran gewöhnt, daß ein Mitbestimmungsrecht der Arbeiterschaft in den sie selbst angehenden Fragen, in der Einstellung und Entlassung und allen anderen sozialen Betriebsfragen heute konzediert und in Zukunft als etwas Selbstverständliches angesehen werden wird. Wir müs-

sen und werden sowohl eine Formel als auch eine Praxis finden, welche die führende geistige und technische Leitung des
Betriebes denjenigen überläßt, welche durch die Vorbildung
und Leistung dazu bestimmt sind, welche aber eine weniger
kontrollierende als fördernde Mitwirkung eines Betriebsrates
zuläßt. Wird doch in dem Maße, in dem der Staat selbst in
seiner Finanzgebarung von dem Ertrag der Unternehmungen
abhängt, auch das allgemeine Interesse an dieser Frage interessiert sein. Ich kann diese Frage hier nicht im einzelnen ausführen, aber ich glaube, daß die Idee einer Mitwirkung der
Betriebsräte und die Idee eines sozialen Parlamentes, das aber
nicht einseitig einen Zentralarbeiterrat darstellen darf, nicht
negativ bekämpft, sondern praktisch gelöst werden muß.
Es wird etwas anderes entstehen, als was früher das berufs-
ständige Parlament sein sollte, und doch wird dieses soziale
Parlament gleichzeitig einen Ausgleich bieten, der mir nach
zwei Seiten wünschenswert erscheint. Einmal weil die Berufsstände im alten Reichstage meist zu kurz kamen und im neuen
Reichstage wahrscheinlich wieder zu kurz kommen werden,
so daß es ihnen nur wünschenswert sein kann, wenn sie hier
Gelegenheit haben werden, mit zur Geltung zu kommen, und
zweitens, weil Sie, glaube ich, das Parlament der Zukunft
stärken, wenn Sie es wieder hinführen auf die großen politischen und kulturellen Gedanken und es von der blöden Inter-
essenwirtschaft befreien, in der wir in den letzten Jahren versunken waren. Erst dann, wenn wir diesen Weg der Entwicklung gemacht haben, wenn man die ganzen Wahlkämpfe
unter dem Gesichtspunkte großer Ideen wertet, werden wir
auf diesem Gebiete wieder einigermaßen zu einer Gesundung
unseres gesamten politischen Lebens kommen. Die Entlastung,
die wir dadurch bekommen, daß diese Fragen in einem anderen Parlament vorgearbeitet werden, schätze ich auch nach der
Richtung hin als etwas Positives. Deshalb glaube ich, daß wir
positiv mitarbeiten können an dieser gesetzgeberischen Frage,
die ja gleichzeitig eine hoch sozialwirtschaftliche Frage ist,
auch in der Frage der Eingliederung des Rätesystems in die

bestehende Organisation der deutschen Arbeitsgemeinschaft und ihres Ausbaues zu einem sozialen Parlament.

Ich möchte eine weitere Anregung hinzufügen: Nachdem einmal der Rätegedanke alle Kreise bis in die hohe Beamtenschaft hinein ergriffen hat, sollten wir als die Führer des liberalen Gedankens in Deutschland uns angelegen sein lassen, an die Spitze der geistigen Arbeiterräte zu treten, die sich bilden werden, um auch auf diesem Gebiete dafür zu sorgen, daß hier die Führung nicht wieder in die Hände solcher gegeben wird, die in kosmopolitischen Ideen schwärmen oder die vielleicht gar anarchistischen Gedanken sich zuwenden. Wir haben erfreulicherweise schon Zusammenfassungen der akademischen Berufsstände zu großen Organisationen von Hunderttausenden. Gehen diejenigen von uns, die zu den Intellektuellen gehören, da hinein, versuchen wir hier die Führerschaft zu erlangen und dafür zu sorgen, daß nicht überall, wo neue Strömungen entstehen, sie in das Bett falscher Anschauung geleitet werden.

Und dann ein zweites. Wir sind uns gestern darüber klar geworden, daß wir im neuen Deutschland positiv etwas bieten, etwas schaffen müssen, das dem Einzelnen mehr gibt als Theorien von idealem Wert. Finanziell können wir dem Einzelnen keine Entlastung geben, denn die Belastung wird alle bis aufs tiefste drücken; aber wir müssen zur Gesundung unseres ganzen Lebens mit führend sein auf dem Gebiete der Siedlungspolitik. Wir müssen alles daransetzen, um diese Umpflanzung von der Großstadt auf das Land herbeizuführen, und dies kann nur geschehen, indem wir uns gleichzeitig zu dem gesunden Kern der Bodenreformgedanken bekennen, zu dem gesunden Kern, den ich darin sehe, daß das Land und der Boden, der mit uns gewachsen ist, auf dessen Entwicklung der Gesamtheit des Volkes im maßgebender Einfluß zustehen muß, von jeder Privatspekulation freigemacht wird, daß derjenige, dem wir eine Scholle geben, sie nicht dazu erhält, um sie mit Nutzen wieder veräußern zu können und sie weiter und weiter zu steigern, sondern daß wir ihn ansässig machen wollen auf Grund der modernen Formen, die ihm die Möglichkeit geben, dort auch für sich und sein Geschlecht und die, die nach ihm kommen, auf alle Zeiten zu sitzen, ihn frei zu machen von allen diesen spekulativen Gedanken und dadurch die Möglichkeit einer Gesundung unseres Volksganzen zu schaffen. Ich sehe diese Gesundung nicht nur im Physischen. Gewiß liegt sie im Physischen vielleicht zuerst; Geheimrat Backhaus[10] hat gestern darauf hingewiesen, daß schon einmal das zerschlagene Preußen sich an seiner Landwirtschaft wieder erholt hat, und daß wir diese Urkräfte in erster Linie stützen und stärken müssen, das haben wohl dem blödesten Auge der Krieg und seine Erscheinungen bewiesen. Die Achtung vor dem Lande ist wieder groß geworden; aber es ist meist nur die materielle Achtung vor den Vorräten, die auf dem Lande sind. Etwas anderes muß auch in uns groß werden: die sittliche Achtung vor dem Lande, vor dem Dorf, vor der Einsamkeit. Wenn irgend etwas uns verflacht hat, dann ist es doch die Großstadt gewesen. Nirgends mehr geht die Einzelpersönlichkeit zugrunde als in diesen Stätten der Massensuggestion. Dort ist die Sensation zu Hause, dort denkt der Meinungsmacher für die alle andern; dort wird gläubig hingenommen, was in immer neuen Ausgaben der Presse an Vielheit der Erscheinungen und Gedanken auf den Einzelnen einstürmt, ohne daß sich darauf eine Lebensanschauung und eine Persönlichkeitsentwicklung aufbauen kann. Es gilt noch heute, was Goethe im »Faust« als Plutus dem Knaben Lenker sagen läßt, den er hinwegführt aus dem großen Festestrubel und dem er zuruft: »Zur Einsamkeit, da bilde deine Welt!« Die Großen unseres Volkes sind meist aus dieser Einsamkeit gekommen. Es fehlt uns in der Hast der Entwicklung der Gegenwart die Ruhe des Gemüts, in der der Einzelne Zwiesprache mit sich pflegt. Das Große und Gute in uns, alle Gedanken der Liebe zum Vaterlande, alle Gedanken sittlicher Erneuerung, alle Gedanken, daß der Mensch ein Lebensziel in sich haben müsse, um des Lebens würdig zu sein, die bilden sich nicht auf dem Potsdamer Platz und im Gewirr der Tausende, die mit Stoßen und Drängen durch die Straßen eilen, als wenn sie nur lebten um des Lebens willen. Je mehr wir Menschen haben, die wieder diese Einsamkeit liebgewinnen, die wieder die Möglichkeit haben, diejenige Verbindung des Menschen mit der Urmutter Natur herzustellen, aus der die Großen unseres Volkes fast immer die Antäuskräfte des Gemütes gewonnen haben, je mehr diese Möglichkeit gegeben ist, um so mehr sollten wir sie nicht nur vom physischen, nicht nur vom realen Standpunkt, sondern auch vom Standpunkt der geistigen Erneuerung unseres Volkes aus begrüßen.

In diesem Zusammenhange könnte ich zu Ihnen von dem Kulturprogramm der Deutschen Volkspartei sprechen, auf das wir den größten Wert deshalb legen, weil wir die Bedeutung der Geistesfragen für die Zukunft unseres Vaterlandes als hochwichtig und mächtig einschätzen. Ich verzichte darauf, das hier im einzelnen zu tun, weil ich die Hoffnung habe, daß unser verehrter Vorsitzender, Herr Geheimrat Kahl, das nachher in der Aussprache tun wird, verweise Sie nur auf die Anträge in der Verfassungskommission, die den Namen Kahl tragen und die alle die kirchlichen Fragen umfassen, auch die Anträge, die unsere Freunde Runkel, Beuermann und Aßmann in der Frage der Schulpolitik gestellt haben, und auf die Ausführungen, die ich selbst zu der Eingabe des Deutschen Lehrervereins in der Nationalversammlung machen konnte.

Zweierlei möchte ich nur herausheben als leitende Grundgedanken unserer Auffassung: das ist unbeschadet der Stellung der Kirche, die in dem neuen Deutschland eine neue werden wird, die Überzeugung, daß die Religion als Fundament unserer sittlichen Erziehung uns erhalten bleiben soll auch in der Schule, unbeschadet der Entwicklung der Schulverhältnisse im übrigen, und ein zweites, daß wir innerhalb der Erziehung des Volkes die Freimachung aller geistigen Kräfte zur höchsten Leistung durch diejenige Möglichkeit der Entwicklung erreichen wollen, die in einer neuen Form der Schulorganisation liegen soll. Wie das im einzelnen durchzuführen ist, darüber werden diejenigen bestimmen, die auf diesem

Gebiete die geborenen Führer sind, unsere Pädagogen und Lehrer. Aber zu diesen beiden Gedanken, von denen ich den zweiten geradezu als den Grundkern liberaler Empfindungen hinstellen möchte, weil der Liberalismus Entwicklung der Persönlichkeit ist; in ihm müssen, glaube ich, alle unsere Anstrengungen auf diesem Gebiete für die Zukunft wurzeln.

Wir stehen, wie ich schon sagte, in wirtschaftlichen, in großen volkswirtschaftlichen, finanziellen, sozialen, kulturellen Fragen vor großen Aufgaben. Zu diesen großen Aufgaben kommt die eine noch hinzu: das Verfassungswerk für das neue Deutschland zu schaffen. Ich kann im Rahmen dieses Vortrages nicht auf die Einzelheiten dieses Werkes eingehen; aber zwei Gedanken will ich auch hier in den Vordergrund stellen: den Gedanken der Reichseinheit und den Gedanken der Unantastbarkeit Preußens. Diese beiden Gedanken sind miteinander verbunden. Wer an Preußen die Hand legt, der legt auch die Hand an die Reichseinheit; wem die Reichseinheit lieb ist, der darf Preußen nicht zerschlagen wollen, und deshalb müssen wir uns gegen alle Bestrebungen wehren, die hier auftreten.

Sie haben verschiedene Quellen. In Hannover leben zum Teil alte dynastische Erinnerungen, leben alte Vorstellungen von der Stellung des welfischen Adels, beispielsweise bei dem alten hannoverschen Königshause. Andererseits sind im Rheinlande entweder neben Führern, die aus patriotischen Motiven zu handeln glauben, weil sie durch eine Westdeutsche Republik dem Pufferstaat Rheinland zuvorzukommen denken, solche, bei denen nicht alle Fäden zerrissen sind, die geistig hinübergehen nach dem Westen, oder es sind Leute, die in einem Ausfluß des Egoismus, wie offen gesagt worden ist, als Ratten das sinkende Schiff verlassen möchten, die der Meinung sind, daß sie besser fahren, wenn sie nicht dem armen, ohnmächtigen Deutschland der Zukunft angehören. Die Toren, die, abgesehen von der Erbärmlichkeit dieser Gesinnung, sich auch in dem einen täuschen, daß Frankreich nach diesem Kriege ebenso geschwächt ist wie Deutschland, daß dieser Krieg seine großen zerstörenden Wirkungen nicht nur bei uns zum Ausdruck gebracht hat, daß es fraglich ist, wem der Wiederaufbau zuerst gelingen wird, wenn die sittlichen Kräfte bei uns wieder lebendig gemacht werden!

Das ist die eine Quelle. Die andere fließt bei denen, die jetzt Entwürfe an die Öffentlichkeit bringen, die frei von geschichtlichem Sinne sind, oder die sich in einem innerlichen Gegensatz zur Geschichte befinden, und die das Volk von seiner Geschichte loslösen wollen, weil sie glauben, daß damit auch die Bahn für Ideen frei wird, die nicht mehr mit der Vergangenheit behaftet sein werden.

Das alles steht in fundamentalem Gegensatz zu unseren Empfindungen. Wir sind nicht eine Preußenpartei. Unser langjähriger Führer, mein verehrter Freund Bassermann, hat als Süddeutscher jahrelang die Partei geführt. Sie ist entstanden in einer Zeit, da der Nationalverein sich zuerst bildete, als Rudolf von Bennigsen[11], als Hannoveraner damals noch außerhalb Preußens stehend, den Gedanken vertrat, daß Preußen den Kern des nationalen Deutschlands zu bilden habe. Wir wissen, was alles an Rauhem, Einseitigem, was an Eckigem und Sprödem in diesem Preußen liegt. Trotzdem bleibt das eine, was Bülow einmal, als er Süd und Nord verglich, in die Worte gefaßt hat: Im Süden war der deutsche Geist, im Norden die staatenbildende Kraft. Beides muß sich miteinander vermählen, der Geist und die staatenbildende Kraft. Wir waren geistig groß und politisch ohnmächtig, ehe die staatenbildende Kraft Preußens beides miteinander verschmolz, und das wird auch für die Zukunft so bleiben. Deshalb erscheint mir der vielfach bei einzelnen Demokraten und Sozialisten zum Ausdruck kommende Haß gegen Preußen als die grenzenloseste geschichtliche Undankbarkeit, die sich jemals ein Volk hat zuschulden kommen lassen.

Der Geist von Potsdam! Ja, wenn es die andern sagten, die Feinde, die darunter gelitten haben in verlorenen Schlachten – das könnte man verstehen. Das deutsche Volk sollte seinem Himmel danken, wenn es noch ein Heer besäße, in dem der

Geist von Potsdam lebendig wäre. Alle die Machthaber, die so schnell dabei waren, hier das Alte niederzureißen – jetzt möchten sie manches aus dem Grabe hervorkratzen, wenn sie es nur wieder zur Auferstehung bringen könnten. Jetzt versuchen sie durch manchmal übertriebene Brutalität das zu ersetzen, was ihnen verlorengegangen ist, als sie das alte Heer in der Weise verlumpen und verludern ließen, wie es ihnen kürzlich von einem ihrer eigenen Leute gesagt worden ist.

Deshalb, meine ich, sind wir hier die Erben alter, guter Überlieferung der Partei der Reichsgründung, wenn wir eintreten für die Reichseinheit und eintreten für die Unteilbarkeit Preußens, und wenn wir uns nicht nur wehren gegen die Loslösungsbestrebungen, sondern zur Offensive aufrufen gegen sie und die an den Pranger stellen, die in dieser Zeit der Not nichts Besseres wissen, als neue deutsche Kleinstaaten zu begründen und dadurch den Grund zu späterer politischer Ohnmacht Deutschlands zu legen.

Unitarismus und Föderalismus – das weite Gebiet erlassen Sie mir abzuhandeln. Die Ausführungen, die Heinze[12] in Weimar gemacht hat, geben Ihnen die Auffassung wieder, die sich bei uns widerspiegelt, die das eine zeigt, daß dieser Unitarismus, daß dieses völlige Aufgehenwollen in dem einen Deutschland ein Gedanke ist, der sich an der geschichtlichen Überlieferung in Deutschland stößt. Das sehen wir ja daran, daß selbst unabhängige Sozialisten, wenn sie Minister in einem Einzelstaat werden, manchmal viel partikularistischer reden als die Träger des alten Regimes geredet haben. Es bleibt eben dabei, daß der alte Bismarck doch der große geniale Staatsmann war, der die Form gefunden hat, in der sich Deutschlands Eigenleben mit Reichsmacht allein vereinigen läßt. Mögen sich lebensunfähige Gebilde in Zukunft zu lebensfähigen zusammentun; das wird gut sein. Die großen Dinge, Eisenbahnen, Post, Kanäle, Heer, alles das werden wir einheitlich zusammenfassen in der Reichskompetenz. Aber bleiben wird die Vielgestaltigkeit deutschen Lebens. Sie soll bleiben, und sie ist ein Plus in unserer Entwicklung, wenn sie nur zusammengehalten wird durch den ehernen Reif deutscher Kraft und deutschen Bewußtseins zu Macht und Größe.

In dem Sinne waren unsere Ausführungen gehalten, in dem Sinne arbeiten wir in der Verfassungskommission und arbeiten darin auch gegen alles das, was sich jetzt auch nach dem 9. November neu zeigt an Verlassen alter, geschichtlicher Vergangenheit.

Würdeloses Verlassen alles Großen in unserer Geschichte war auch die Aufgabe der alten Reichsfarben schwarz-weiß-rot. Ich bin der letzte, der nicht innerlich eine Liebe zu den Farben schwarz-rot-gold hätte. Wer empfände sie nicht hier in Jena, hier, wo im »Gasthaus zur Tanne« die deutsche Burschenschaft gegründet worden ist, hier, wo sie uns im »Burgkeller« in den Farben der »Arminia« entgegenleuchten, und wer von uns Burschenschafter war, wer hat sie nicht mit Stolz getragen und daran gedacht, daß in dieser Farbe der Gedanke zu deutscher Einheit sich durchsetzte gegen Kleinlichkeit und gegen Philisterhaftigkeit oben und unten. Aber das ist Vergangenheit in der Geschichte, das ist klein gegenüber dem, was in fünfzig Jahren sich mit den Farben schwarz-weiß-rot an erlebter Geschichte für uns auf ewig verbunden hat, an Erinnerung an alle diejenigen, die unter diesen Farben in den Tod gegangen sind, auch an die Führer unserer Schiffe, unserer U-Boote, an Erinnerung an unsere stolze Handelsflotte, deren Erscheinen mit diesen Farben ein Fest war für die Deutschen draußen im Auslande, die, wie dies kürzlich in einem wundervollen Briefe an Herrn Geheimrat Kahl gesagt war, die Farben grüßten im letzten Urwalde von Südamerika, denen sie ein Zeichen waren für das große deutsche Hundertmillionenvolk in der Welt und für seine Kraft und Weltbestimmung, das sich auch nach einer Niederlage nicht scheuen braucht, nach einem Kriege, in dem wir gegen Staaten mit 1200 Millionen vier Jahre lang kämpften und den Heimatboden freihielten vom Feinde. Wahrlich, es wäre schmählich, wenn sich für ein Aufgeben dieser Farben jetzt eine Mehrheit in einem sich deutsch nennenden Parlament fände.

Allerdings, seltsam brauen sich hinter manchem Hirne die Gedanken: Haben wir es doch erlebt, daß im Verfassungsausschuß von einem demokratischen Führer der Antrag gestellt wurde, den Ausdruck »Deutsches Reich« durch »Deutscher Bund« zu ersetzen, weil die Worte »Deutsches Reich« französisch hießen: »Empire allemand«, und weil man den Franzosen nicht zumuten könne, dieses »Empire allemand« auch noch in Zukunft zu ertragen. Es ist tief bedauerlich, daß solche Empfindungen überhaupt nur in einem deutsch empfindenden Herzen zum Ausdruck kommen können, ein Zeichen beginnender Knochenerweichung in nationaler Beziehung, ein Zeichen jener Illusionspolitik, die da glaubt, durch ein Sichbeugen vor der Welt da draußen für Deutschland auch ein kleines Plätzchen an der Sonne erobern zu können, während das eine feststeht, daß nur durch Selbstachtung und Bekundung dieser Selbstachtung Deutschland jemals eine gleichberechtigte Stellung erringen wird.

Auch auf dem Gebiete der inneren Politik sehen wir heute seltsame Erscheinungen. Auf Grund des parlamentarischen Systems wurde eine Regierungsmehrheit gebildet mit dem Erfolge, daß Führer dieser Mehrheit gegen die Regierung Oppositionsreden halten und dabei zum Ausdruck bringen, daß nur die Rücksicht auf die Mitwirkung ihrer Partei in der Regierung sie veranlaßt, ihre Reden nicht in eine schärfere Form zu kleiden. Wir sahen das Ausscheiden von Ministern wegen großer Differenzen in den wichtigsten Fragen, die augenblicklich zur Debatte stehen. Lesen Sie die Rede von Scheidemann[13] über die Sicherung der Errungenschaften der Revolution, und lesen Sie die gut nationale Rede von Dr. Pfeiffer[14], die er zu der großen deutschen Zukunftsfrage gehalten hat, und Sie werden die Empfindung haben, daß hier sehr verschiedene Pferde vor einen Wagen gespannt sind. Nichts ist törichter als die Auffassung, daß diese Mehrheit nun gewissermaßen die Verankerung künftiger deutscher Regierungsform sei. Wir werden uns darauf einrichten müssen, daß im Laufe der Zeit ganz andere Entwicklungen nach links oder rechts entstehen können. Nichts ist deshalb törichter, als wenn man wie Kinder, die im Dunkeln sind und sich durch lautes Singen Mut machen wollen, in den Kreisen dieser Mehrheit von der einflußreichen Opposition spricht.

Wir sehen ja heute schon, wie große Schwierigkeiten die Sozialdemokratie hat, sich überhaupt zu behaupten. Auch die Demokratie kämpft innerlich gegeneinander, Friedberg gegen Preuß[15] in der »Deutschen Juristenzeitung«, der seine ganze alte Kampfesfreudigkeit für Ideen zeigt, die mit Demokratie nichts zu tun haben. Wir sehen auf der anderen Seite das Zentrum, das eigentlich verpflichtet wäre, Adolf Hoffmann[16] ein Denkmal zu setzen mit der Inschrift: »Dem Bewahrer der Einheit des Zentrums, die dankbare Partei«, denn ohne die Tolpatschigkeit dieses Ministers wäre vielleicht die große Krisis in der Zentrumspartei zum Ausbruch gekommen.

In all dieser Entwicklung, in diesem Wirrwarr der sozialpolitischen Fragen und des Kampfes um unsere nationale Gestaltung stehen wir als Deutsche Volkspartei. Die Stärke unseres Einflusses ist nicht gegeben durch das Ergebnis der letzten Wahlen. Das Ergebnis der Wahlen war ein befriedigendes angesichts der Schwierigkeiten der Situation, angesichts der Tatsache, daß wir die letzte auf dem Plan erscheinende Partei waren und daß uns vom 15. Dezember bis 19. Januar nur knapp fünf Wochen überhaupt gegeben waren, um auf den Plan zu treten und die Wahlen durchzuführen.

Wir waren bereit, mit denjenigen mitzugehen, die eine vereinigte liberale Partei schaffen wollten. Wir haben es abgelehnt, uns mit jenem linken demokratischen Flügel zu vereinigen, der hinzukam, von dem wir uns scheiden wie Feuer und Wasser, von dem uns scheidet auf der einen Seite deutschbewußte Empfindung gegenüber kosmopolitischem Denken, von dem uns scheidet der Liberalismus, der die persönliche Entwicklung in den Mittelpunkt stellt, gegenüber der Öde demokratischen Mehrheitsfanatismus. Wir sind eine liberale Partei, wir wollen das in den Mittelpunkt unserer gesamten Auffassung der Kulturfragen, der Wirtschaftsfragen, der großen politischen Fragen stellen, wir sind und bleiben selbständig nach rechts und nach links. Es ist unsere parteigeschichtliche Aufgabe, diejenigen aufzunehmen, die zu Hunderttausenden aus dem demokratischen Lager in das Lager des Liberalismus zurückkommen werden, nachdem sie in der Demokratie unter falschen Voraussetzungen für kurze Zeit eine politische Heimstätte gefunden haben. Wenn wir die Entwicklung unserer jungen Organisation sehen, das Anschwellen ihrer Mitglieder zu Tausenden in Westfalen, in Hamburg, in Hessen, in der Reichshauptstadt, dann zeigt sich, daß, wie es in allen Berichten aus dem Lande zum Ausdruck kommt, wir eine gute Zukunft für uns haben, daß wir gerade aus diesem Lager wie aus dem Lager von rechts diejenigen zurückbekommen, die der Auffassung sind, daß nur auf der Grundlage unserer Bestrebungen das deutsche Bürgertum in den Teilen, die immer zu uns gehört haben, sich zusammenfinden kann. Es wird die Zeit kommen, wo man, nachdem man alles zerschlagen hat, an einen Wiederaufbau gehen muß. Dann wird die Zeit sein für positive Mitarbeit unserer Partei, denn man wird die Kreise, die zu uns gehören, bei diesem Wiederaufbau gar nicht entbehren können. Das ergibt sich aus der ganzen Situation.

Aber auch Selbständigkeit nach rechts gegenüber der Deutschnationalen Volkspartei. Alle die im Schwange befindlichen Legenden von Verschmelzung der beiden Parteien, die uns so erscheinen lassen, als wenn wir der Annex der Deutschnationalen Volkspartei wären, sind eine Erfindung. Wir haben die feste Überzeugung, eine gute Zukunft vor uns zu haben; wir haben nicht die Absicht, irgend etwas von unserer Selbständigkeit aufzugeben.

Lassen Sie mich zum Schluß ein Wort über unsere außenpolitische Lage sagen, über das, was uns in den nächsten Wochen bevorsteht, die über Deutschlands Schicksal entscheiden. Ein Wort kommt einem dabei in den Sinn, das Wort des Dichters:

> Denk' ich an Deutschland in der Nacht,
> Dann bin ich um den Schlaf gebracht.[17]

Das ist jetzt wohl der Eindruck, unter dem wir alle stehen. Von unserer politischen, wirtschaftlichen Ohnmacht, unserm finanziellen Zusammenbruch habe ich gesprochen. Das alles sollte uns veranlassen, unser Letztes zusammenzunehmen, um wieder unsere außenpolitische, unsere weltpolitische Stellung aufzubauen. Statt dessen sehen wir, wie wir uns zerfleischen mit Anklagen über Deutschlands Schuld am Kriege. Das ist geradezu politischer Sadismus.

Schuld am Kriege! Wann wird einmal in dieser Frage überhaupt volle Klarheit da sein auf Grund der Kenntnis aller Vorgänge, nicht nur auf Grund derer, die veröffentlicht worden sind? Die sozialdemokratische Regierung hatte nichts Eiligeres zu tun als mitzuteilen: sie wolle die deutschen Akten veröffentlichen. Die Sozialdemokratie hätte es tun sollen als internationale Partei, unter der Bedingung, daß die übrigen Nationen dasselbe tun; denn man muß wissen, was in den entscheidenden Tagen nicht nur in Berlin, sondern, wenn nicht in offiziellen Depeschen, so doch in geheimen Dokumenten niedergelegt ist, von Grey[18], von Iswolski[19], von den Franzosen und von all den anderen. Wir leben der ganz falschen Auffassung und lassen uns in sie hineinbringen, daß wir die Schuld am Kriege hätten auf Grund der Vorgänge der letzten vier Wochen vor dem Kriege. Daß unsere deutsche Diplomatie – Gott stärke sie – in diesen vier Wochen vor dem Kriege vielleicht ebenso haltlos und ungeschickt gewesen ist wie andere, mag vielleicht zutreffen. Aber die Schuld am Kriege ist ein Kapitel, das nicht mit dem 28. Juni 1914 beginnt, das liegt in der ganzen Entwicklung, in der die Persönlichkeit Eduards VII. die große Weltkoalition gegen Deutschland schmiedete, in der die Milliardenanleihe Frankreichs an Rußland, in der die Einführung der dreijährigen Dienstzeit in Frankreich stattfand, einer Entwicklung, in der die anderen Nationen für ihren Militarismus ganz andere Opfer gebracht haben als das von allen Seiten bedrohte Deutsche Reich.

Schuld am Kriege! Gewiß, Schuld am Kriege in höherem Sinne war vielleicht jene deutsche Außenpolitik, die es verstand, sich gleichzeitig Rußland und England zu Feinden zu machen. Das aber ist ein Kapitel, das auf dem Gebiete politischer Unzulänglichkeit der Leiter steht, das aber nicht moralische Schuld gegenüber der Welt bedeutet.

Ein Zweites ist die Frage der Schuld am Ausgange des Krieges, die Frage der Überschätzung unserer eigenen Macht. Das eine werden wir, die wir für den Kampf bis zum Letzten eingetreten sind, zugeben: Wir sind Illusionisten in einem gewesen, haben uns getäuscht über die seelische Widerstandsfähigkeit der deutschen Nation. Aber auch diese Täuschung konnte nur deshalb eintreten, weil man seit dem 4. August lediglich von dem Kapital der Begeisterung der ersten Tage gelebt hat und nichts getan hat, um diese seelische Widerstandsfähigkeit zu festigen. Und man hätte doch lernen können von jenem Clemenceau[20], den wir vielfach in ganz falschem Lichte uns zu sehen gewöhnt hatten, ein Mann von unbedingtem politischen Willen. Man hätte von ihm lernen können, der seinerzeit das Wort gesprochen hat, das man allen Werken über diesen Krieg voranschreiben sollte: »In diesem Kriege, der nicht nur ein Krieg der Waffen, sondern ein Krieg der Völker ist, wird dasjenige Volk siegen, das eine Viertelstunde länger als das andere an seinen Sieg glaubt.« Unter diesen Gesichtspunkt hat er seine Politik gestellt, und unter diesem Gesichtspunkt hat er Caillaux[21] verfolgt, hat er alle Zeitungen verboten, die irgendwie den Siegeswillen der Franzosen verspotteten, ist er, als die Kanonen Paris beschossen, in die Kammer gegangen und hat mit eiserner Stirn gesagt: »Es steht militärisch glänzend« und hat doch dadurch gesiegt, daß er die Suggestion des Sieges in den Seinen so lange festhielt, bis die Hilfe kam, die sie rettete. Hätte man das französische Volk in seiner öffentlichen Meinung so führerlos hin- und herschwanken lassen wie das deutsche Volk, dann wäre es auch zusammengebrochen. Deshalb sage ich, wenn wir vom Siege gesprochen haben, immer nur vom deutschen Siege und von seiner Gewißheit, so war es das, was jeder Politiker zu sagen die Pflicht hatte, was er zu sagen hatte vierundzwanzig

Stunden vor dem Zusammenbruch, um bis zur letzten Stunde wenigstens diesen Glauben nicht erschüttern zu lassen.

Waren wir Illusionisten in dem Glauben an die Widerstandsfähigkeit der Seele des deutschen Volkes, dann waren doch diejenigen viel mehr die Getäuschten, die der Meinung waren, daß wir einen billigen Frieden erhalten könnten, sobald wir nur das »Kriegsziel« der Gegner erfüllten, Deutschland in die Reihe »freier Nationen« durch Demokratisierung und Republikanisierung zu überführen. Wir haben beides getan und haben trotzdem Waffenstillstandsbedingungen, Hungerblockade und Demütigungen bis aufs tiefste erlitten, wie sie seit Karthagos Untergang noch keinem Volke zugemutet worden sind. Daß jetzt die tapfere Armee, die in Ungarn unter Mackensen[22] focht, gefangen nach Serbien geschickt wird, obwohl sie nicht kriegsgefangen, sondern nur interniert war, das zeigt den Geist, von dem sich unsere Feinde leiten lassen, die es nur besser als wir verstanden haben, ihre wahren Ziele ethisch zu umkleiden. Selbst ein demokratischer Pazifist wie Graf Czernin[23] hat in einer Rede, die eine Anklagerede gegen deutsche Politik sein sollte, doch auf Grund seiner Erfahrungen als österreichischer Ministerpräsident den Satz ausgesprochen, daß gegenüber dem Deutschen Reiche bei der Entente nur ein Wille vorhanden war: der Wille auf Vernichtung.

Was die öffentliche Meinung, was das Anspannen der seelischen Kräfte des Volkes vermag, das haben die letzten Wochen uns ja gezeigt. Das wehrlose deutsche Volk erzwang durch das Aufflammen nationaler Würde die Verhinderung der polnischen Landung in Danzig. Hätte man auf diesem Instrument der öffentlichen Meinung zu spielen verstanden seit dem Unglückstage des 2. Oktober, – man hätte uns nicht zugemutet, die Waffenstillstandsbedingungen anzunehmen, wenn das ganze Volk sich dagegen gewehrt hätte, statt daß es sich so widerstandslos in sein Schicksal schickte.

Nun stehen wir vor dem Frieden, vor dem, was aus Deutschland werden soll. Sind wir aber den rechten Weg zur Vorbereitung gegangen? Ich glaube nicht. Wie traurig war es, daß die Nationalversammlung in Weimar sich nicht einmal dazu aufschwingen konnte, die elsaß-lothringischen deutschen Vertreter zuzulassen, die im Namen derjenigen Elsaß-Lothringer, die bei Deutschland bleiben wollten, beratende Stimme in der Deutschen Nationalversammlung verlangten! Glauben Sie wohl, daß die Franzosen sie im entgegengesetzten Falle zurückgestoßen hätten? Wir haben dagegen die Stimmen, die davon sprachen, daß Elsaß-Lothringen deutsches Land sei, zum Schweigen gebracht, da, wo sie vor der ganzen Welt hätten sprechen können. Wenn ihre Stimme auch übertönt worden wäre durch Kundgebungen aus dem jetzt von den Franzosen besetzten Elsaß-Lothringen. Diese Tribüne in Weimar mußte ihnen zum ersten Treu-Gruße an die Deutsche Nationalversammlung freigestellt sein. Traurig und kläglich ist es, daß hierüber eine Einigung nicht zu erreichen war. Denn wir wollen doch das eine festhalten, und es wird vor unseren Augen stehen immerdar: Dieses Elsaß und weite Teile von Lothringen, sie sind deutsches Land und sind deutschen Blutes. Mag vom Straßburger Münster die Trikolore wehen, – der Bau, der dort ragt, ist geboren aus deutschem Geiste, er hat nichts zu tun mit französischem Geiste; das ist die Stätte, wo einer der Größten, die jemals deutschen Geist über die Welt trugen, die großen Empfindungen von deutscher Baukunst in sich aufnahm, das alles lebt und webt in deutschem Wesen und lebt und webt in deutschem Geiste, und deshalb werden wir niemals vergessen, daß Elsaß-Lothringen deutsch ist, und daß es geistig immer zu uns gehören wird, und daß es unsere Aufgabe sein wird, diesen geistigen Besitz in tatsächlichem Besitz Deutschland zu erhalten.

Wir haben am Begrüßungsabend die Grüße aus dem Saargebiet vernommen. Alle diejenigen von Ihnen, die dort anwesend waren, haben sich der tiefen Bewegung nicht entzogen, als sie hörten von jener Kundgebung, die in Saarlouis von dem französischen Befehlshaber zugunsten Frankreichs erzwungen werden sollte, und die ausklang in dem wunderbaren Bekenntnis der dort unter französischer Besetzung stehenden

Deutschen: »Lieber deutsche Fron als welschen Lohn; lieber deutsche Not als welsches Brot.« Wenn das die Gesinnung wäre, die überall in Deutschland bestände – wie ganz anders hätte unser Geschick sich gewandt.

Das Saargebiet – vom Rheinland nicht zu sprechen – Schleswig, unsere Nordmark, wie die Ostmark, alles das ist deutsches Land, für das wir uns einzusetzen haben. Wir grüßen die Ostmark, in der es kein unzweifelhaft polnisches Gebiet auch im Sinne Wilsonscher Formulierung gibt. Daß in Posen heute polnischer Fanatismus sich gegen Deutsche austoben kann, das ist auch nur eine Errungenschaft der Revolution, die unser Heer zugrundegerichtet hat. Wir sehen, was wir dadurch verloren haben, wir sehen, wie gut es war, daß wir von der Linie des ewigen Nachgebens unter dem Vorsitzenden der Waffenstillstandskommission uns abwandten und zu dem Geist der Politik zurückkehrten, dessen Träger wohl der gegenwärtige Staatssekretär des Äußeren ist.

Wir müssen hinaus über diese starke Betonung des deutschen Charakters dieser Lande, aber auch das eine betonen und zum Ausdruck bringen, daß wir verlangen, als Kolonialmacht weiter zu bestehen, daß wir das Recht deutscher kolonisatorischer Tätigkeit geltend machen. Wir geben unsere Bedeutung in der Welt auf, wenn wir den Wunsch aufgeben, auf diesem Gebiete mit anderen Nationen den Wettbewerb zu pflegen.

Nun lassen Sie mich meine Ausführungen schließen mit einem Gruß an Deutsch-Österreich, an diejenigen, die jetzt darauf rechnen, zu Deutschland zu kommen. In dem Groß-Deutschland, das aus der Vereinigung der deutschen Lande mit dem deutsch-österreichischen Gebiete entstehen wird, haben wir vielleicht den einzigen Lichtpunkt in der Gegenwart zu erblicken. Dieses Groß-Deutschland wird arm und ohnmächtig ins Leben treten. Österreich selbst hat bereits seine Perlen und sein Geschmeide hingegeben, um Lebensmittel zu erhalten, und es wird finanziell vielleicht noch schlimmer dastehen als wir. Trotzdem müssen wir eines fordern: daß unsere Unterhändler sich jetzt nicht verlieren in Einzelheiten finanzieller und wirtschaftlicher Auseinandersetzungen, sondern daß sie die Tatsache der Vereinigung des Deutschen Reiches mit Deutsch-Österreich als politische Tatsache vor der Welt kundgeben, sonst haben wir mit dem, was wir deutsche Gründlichkeit nennen, vielleicht einen weltgeschichtlichen Moment versäumt, jetzt, wo die große Arbeit der Entente einsetzt, um Deutsch-Österreich für sich zu erlangen.

Wir wissen, daß schon einmal in der Zeit tiefsten Niederganges unser Volk auch arm, politisch ohnmächtig und niedergedrückt gewesen ist; das war in der Zeit nach dem Frieden von Tilsit; das war damals, als der König von Preußen sein Goldgeschirr verkaufte, um mit seinen Beitrag zu geben für die Kriegsschulden, die Preußen aufzubringen hatte. Ärmlich war damals das Leben, eng war es und begrenzt in äußerlicher Hinsicht. Aber es war die Zeit, in der einmal das größte Werk eines deutschen Dichters, der »Faust« erschien, es war die Zeit, in der die Wiedergeburt des Volkes auf liberaler Grundlage hervorgerufen wurde durch die Stein-Hardenbergsche Gesetzgebung, die das Bürgertum aufrief zur Selbstverantwortung in den Städten, die die Bauernschaft aufrief zur freien Selbstverwaltung auf dem Lande. Und erstanden ist aus der Zeit tiefsten Niederganges, aus der Zeit tiefster Demütigung das starke, das große Deutsche Reich der Vergangenheit. So dürfen auch wir nicht in Resignation verfallen, wie traurig es auch jetzt um uns stehe. Der lebendige deutsche Volksgeist, so sehr er jetzt unter Halden und Schutt darniederliegt, an der Oberfläche nicht zum Ausdruck kommt, er ist trotz alledem doch schließlich vorhanden. Lassen Sie uns zusammenarbeiten, lassen Sie diese unsere Zusammenarbeit tragen durch das eine, das über allen unseren Arbeiten stehen muß, durch den unerschütterlichen Glauben an Deutschlands Zukunft.

Quelle: Gustav Stresemann, Reden und Schriften. Politik – Geschichte – Literatur 1897–1926. Hrsg. von Rochus Frhrn. von Rheinbaben. Dresden: Reissner 1926. Bd. 1. S. 251–293.

Anmerkungen

1. Revolution in Berlin am 9. November 1918. Scheidemann ruft die deutsche Republik aus.
2. Ernst Bassermann (1854–1917), seit 1905 Vorsitzender der national-liberalen Fraktion im Deutschen Reichstag; er wurde dann von Strese-mann, der mit ihm befreundet war, 1917 abgelöst.
3. Krise um Kaiser Wilhelm II., die durch einen Artikel im Daily Tele-graph (Oktober 1908) ausgelöst wurde, der Gespräche des Kaisers mit englischen Freunden zitierte. Die Affäre belastete die deutsch-eng-lischen Beziehungen.
4. Bernhard, Fürst von Bülow (1849–1929), von 1900 bis 1909 Reichs-kanzler und preußischer Ministerpräsident.
5. Banner des alten Frankreich, ehemalige Kriegsfahne der französischen Könige (›Goldwimpel‹); heute ein zweizipfeliges Hängebanner.
6. Jean Jaurès (1859–1914), französischer Sozialist und Philosoph, der für eine deutsch-französische Verständigung eintrat.
7. Alexandre Millerand (1859–1943), mehrmals Minister (1899–1902, 1909–19) und später (1920–24) auch Präsident der französischen Re-publik.
8. Georg Freiherr von Hertling (1843–1919), Politiker des Zentrums und katholischer Philosoph, wurde 1917 Reichskanzler und preußi-scher Ministerpräsident; trat am 30. September 1918 zurück.
9. Wilhelm Kahl (1849–1932), einflußreicher Politiker, Mitglied der Nationalversammlung und des Reichstages, gehörte auch der von Stresemann 1918 gegründeten »Deutschen Volkspartei« an.
10. Alexander Backhaus (1865–1927), Professor für Landwirtschaft in Göttingen, Königsberg und Montevideo; Mitbegründer der modernen landwirtschaftlichen Betriebslehre.
11. Rudolf von Bennigsen (1824–1902) leitete 1856 bis 1866 die liberale Opposition im Königreich Hannover, seit 1859 Vorsitzender des Deutschen Nationalvereins, seit 1867 Mitglied des Reichstags und des Abgeordnetenhauses. Als Führer der Nationalliberalen unterstützte er zeitweilig die Politik Bismarcks.
12. Karl Rudolf Heinze (1865–1928), Parteifreund Stresemanns, seit 1896 im sächsischen Justizdienst, von 1907 bis 1911 und 1920 bis 1924 im Reichstag, 1918 sächsischer Justizminister, beteiligte sich an der Grün-dung der Deutschen Volkspartei, war später Justizminister und Vize-kanzler unter Fehrenbach (1920/21) und Cuno (1922/23).
13. Philipp Scheidemann (1865–1939), sozialdemokratischer Politiker, 1918 Staatssekretär im Kabinett des Prinzen Max von Baden, rief am 9. November 1918 die Republik aus.
14. Maximilian Pfeiffer (1875–1926), von 1899 bis 1919 im bayerischen Bibliotheksdienst in Bamberg und München, als Mitglied des Zentrums

von 1907 bis 1918 und 1920 bis 1924 im Reichstag, 1919/20 in der Nationalversammlung; zeitweise Generalsekretär seiner Partei, seit 1922 deutscher Gesandter in Wien.

15. Hugo Preuß (1860–1925), Staatsrechtler, wurde 1916 Staatssekretär des Innern, 1919 Reichsinnenminister; sein Entwurf, aus dem die Weimarer Verfassung entstand, zur Neugliederung der Länder und zu einer strafferen Zentralisierung stieß auf starken Widerspruch. Auch Robert Friedberg (1851–1920; Professor für Rechtswissenschaft in Halle von 1885 bis 1917; seit 1886 als Nationalliberaler im preußischen Abgeordnetenhaus, 1893 bis 1898 Mitglied des Reichstags, ab 1917 Vizepräsident des Staatsministeriums) schrieb eine kritische Entgegnung.

16. Adolf Hoffmann (1858–1930), sozialdemokratischer Politiker, anfänglich Graveur, von 1902 bis 1924 parlamentarisch und von 1918 bis Januar 1919 als preußischer Kultusminister tätig.

17. Aus Heinrich Heines Gedicht »Nachtgedanken« (1843).

18. Edward Grey (1862–1933), war von 1905 bis 1916 britischer Außenminister; unterbreitete am 24. Juli 1914 den von Berlin dann abgelehnten Vorschlag, wegen des österreichisch-serbischen Konflikts eine Konferenz der Großmächte einzuberufen.

19. Alexander Petrowitsch Iswolski (1856–1919) war von 1906 bis 1910 russischer Minister des Auswärtigen und von 1910 bis 1917 Botschafter in Paris; arbeitete auf eine Festigung des russisch-französischen Bündnisses hin.

20. Vgl. Anm. 2 der Rede von Theodor Heuss (S. 880).

21. Joseph Caillaux (1863–1944), war von 1906 bis 1909 französischer Finanzminister, 1911/12 französischer Ministerpräsident. Wurde auf Betreiben Clemenceaus 1918 wegen Landesverrats zugunsten Deutschlands verhaftet, 1924 wieder amnestiert.

22. August von Mackensen (1849–1945), preußischer Generalfeldmarschall, war im Ersten Weltkrieg Oberbefehlshaber der 9. Armee und 11. Armee und seit 1915 auch der Heeresgruppe M. in Südpolen; eroberte 1915 Serbien, 1916/17 Rumänien, war dann nach Kriegsende bis 1919 interniert.

23. Ottokar Graf Czernin von und zu Chudenitz (1872–1932), österreichisch-ungarischer Staatsmann, war von 1916 bis 1918 Außenminister.

JOSEPH WIRTH

1879–1956

*Der aus Freiburg i. Br. stammende süddeutsch-katholische De-
mokrat und Gymnasiallehrer (Mathematik) war seit 1914 Mitglied des Reichstags, gehörte zum linken Flügel des Zentrums,
war 1920/21 Reichsfinanzminister und vom Mai 1921 bis November 1922 Reichskanzler. Im Kabinett des Sozialdemokraten Müller (1928–30) übernahm er zeitweilig das Reichs-
ministerium für die besetzten Gebiete; von 1930/31 an war
er außerdem Reichsinnenminister, bis er, von Rechtskreisen
als ›Erfüllungspolitiker‹ angefeindet und der eigenen Partei
wegen seiner undoktrinären Art unbequem, mehr und mehr
in die Isolation geriet. Von 1933 bis 1948 lebte er in der
Schweiz. Nach dem Zweiten Weltkrieg setzte er sich für eine
Verständigung mit der Sowjetunion ein.*

*Joseph Wirth, den man zu Recht zu den »entschlußfreudigsten
und mutigsten Politikern der Zeit« zählt, verdankte seine
politische Wirkung nicht zuletzt seiner bemerkenswerten rhetorischen Begabung. Heinrich Hemmer, sein ehemaliger Staatssekretär, porträtierte aus unmittelbarer Erfahrung den Redner Wirth folgendermaßen: »Wer Wirth einmal sprechen gehört hat, der kann sich dem Eindruck nicht entziehen, der in
dem gesprochenen Wort von dieser Persönlichkeit ausgeht.
Am Rednerpult steht eine frische, große Erscheinung, der man
ansieht, daß sie das Leben mit dem rechten Tatsachensinn an-
packt. Ein klangvolles Organ zeichnet ihn aus, dessen Grund-
ton auf Herzlichkeit und Aufrichtigkeit abgestimmt ist. Er
spricht ohne viel Gesten, in ruhiger, kraftbewußter Überlegenheit, den Blick offen auf die Zuhörerschaft gerichtet,
[...] leicht bilden sich die Sätze in seinem Munde. Er braucht
keine logische Disposition (formulierte Reden verlesen, war
nie Wirths Sache), er verläßt sich auf sein intuitives Assozia-
tionsvermögen, das nie versagt. In dem Freidahinströmenlassen
der inneren Quellen liegt die Hauptwirkung der spre-*

*chenden Persönlichkeit [...]. Der Mann überzeugt, weil das,
was er sagt, aus Charakter, Gesinnung, aus Ethos kommt
[...], weil sein Wort das Herz, den gesunden Menschenverstand, die Anständigkeit, das vaterländische und soziale Gewissen, den tat- und opferbereiten Staatsbürgersinn trifft.«
Die hier abgedruckte Rede, die Joseph Wirth am 25. Juni
1922, einen Tag nach der Ermordung seines Außenministers
Walther Rathenau, vor dem Reichstag gehalten hat, ist neben
der Rede am Grabe Matthias Erzbergers (31. August 1921)
und der Trauerrede für Walther Rathenau (24. Juni 1922) die
berühmteste. Nach der Ermordung Erzbergers (26. August
1921) machte das Attentat auf Außenminister Rathenau, den
Wirth gegen vielfachen Widerstand Februar 1922 in seine Regierung geholt hatte, beängstigend die wachsende Gefahr
deutlich, die der jungen Republik von rechtsradikalen Gruppen drohte. Joseph Wirth erließ sofort am 24. Juni 1922 die
bekannte »Verordnung zum Schutz der Republik« und analysierte am folgenden Tage in der hier wiedergegebenen Rede
ebenso scharf wie überlegen »diese Atmosphäre des Mordes,
des Zankes, der Vergiftung«. Ein Wort von Scheidemann auf-
greifend, beschloß Wirth seine Ermahnungen mit dem Satz:
»Da steht der Feind – und darüber ist kein Zweifel: dieser
Feind steht rechts!«*

Der Feind steht rechts

Meine Damen und Herren! Trotz der Leere des Hauses oder
gerade deswegen will ich eine ruhige Minute benutzen, um
Ihre Aufmerksamkeit zu erbitten. Es war nicht möglich,
gestern mittag und gestern abend das Werdegang des Herrn
Ministers Rathenau und seine Verdienste um das deutsche
Volk, den deutschen Staat und die deutsche Republik ausgiebig zu würdigen. Es war auch nicht möglich, in Ihrer Mitte
– und ich persönlich müßte als sein Freund das mit besonderer

Bewegung tun – über die großen Entwürfe seiner Seele zu sprechen. Allein, eins will ich in Ihrer Mitte doch sagen. Wenn Sie in Deutschland auf einen Mann, auf seine glänzenden Ideen und auf sein Wort hätten bauen können, in einer Frage die Initiative zu ergreifen im Interesse unseres deutschen Volkes, dann wäre es die Weiterarbeit des Herrn Dr. Rathenau bezüglich der großen Schicksalsfrage der Alleinschuld Deutschlands am Kriege gewesen. Hier sind große Entwicklungen jäh unterbrochen, und die Herren, die die Verantwortung dafür tragen, können das niemals mehr vor ihrem Volke wieder gutmachen.

Aber ich bin der Rede des Herrn Abgeordneten Dr. Hergt[1] mit steigender Enttäuschung gefolgt. Ich habe erwartet, daß heute nicht nur eine Verurteilung des Mordes an sich erfolgt, sondern daß diese Gelegenheit benützt wird, einen Schnitt zu machen gegenüber denen, gegen die sich die leidenschaftlichen Anklagen des Volkes durch ganz Deutschland erheben. Ich habe erwartet, daß von dieser Seite heute ein Wörtchen falle, um einmal auch die in ihren eigenen Reihen zu einer gewissen Ordnung zu rufen, die an der Entwicklung einer Mordatmosphäre in Deutschland zweifellos persönlich Schuld tragen. Was Sie zum Beispiel, Herr Abgeordneter Körner, persönlich in Ihren Zeitungen im Schwabenland geschrieben haben, das können Sie nicht wieder gutmachen.

Wie weit die Vergiftung in Deutschland geht, will ich einmal an einem Beispiel zeigen. Ich verstehe, daß man an der Politik der Regierung, an unserem Verhalten persönlicher und politischer Art Kritik üben kann. Warum nicht? Ich verstehe auch ein scharfes Wort, verstehe auch Hohn und Spott im politischen Kampf, verstehe die Verzerrung zur Karikatur. Ziel und Richtung unserer Politik – das ist, glaube ich, oder sollte es wenigstens sein, Gemeingut des ganzen Hauses – Ziel und Richtung unserer Politik ist die Rettung der deutschen Nation. Die Methode, die ist strittig. In Fragen der Methode aber sollten sich Söhne des deutschen Volkes mindestens immer mit der Hochachtung begegnen, die es uns ermöglicht, vor dem Ausland als eine einheitliche Nation überhaupt aufzutreten. Wenn wir nun die Politik der letzten Jahre überschauen, so hat es, wie ich Ihnen sagen darf, herbe Enttäuschungen gegeben, tiefster Schmerz hat sich in unsere Seele dann und wann gesenkt, und wir haben das Zittern des deutschen Volkskörpers in seiner Arbeiter- und Beamtenschaft erlebt. Da glaubt nun ein Reichstagskollege folgendes schreiben zu können: (Zuruf links: Namen nennen!) – Der Name kommt noch. – Er spricht in seinem Blatte von Forderungen über neue Beträge, die notwendig sind, um die Arbeiter und Beamten in ihren Bezügen aufzubessern. Dann fährt der betreffende Kollege fort:

> Die jetzige Regierung ist in Wirklichkeit nur eine vom Deutschen Reich zwar bezahlte Angestellte der Entente, die ihre Forderungen und Vorschriften einfach zu erfüllen hat; sonst wird sie einfach auf die Straße gesetzt und ist brotlos.

Können Sie sich eine größere Entwürdigung von Menschen denken, die, wie wir, seit Jahresfrist an dieser Stelle stehen? Steigt Ihnen (zu den Deutschnationalen) da nicht auch die Schamröte ins Gesicht? (Anhaltende Zurufe links: Wer ist das? – Unruhe.) – Das »Deutsche Tageblatt«, Herausgeber Reinhold Wulle[2]. Aber die Sache hat noch eine größere Bedeutung! Hier liegt nicht nur eine redaktionelle Verantwortung vor, sondern dieser Artikel mit den schmählichsten Beleidigungen ist ausdrücklich geschrieben von Reinhold Wulle, Mitglied des Reichstags. Das ist Ihr Kollege (zu den Deutschnationalen). Ich darf fortfahren. Nun kommt er zum Schluß und sagt von uns, die wir hier seien, um unser Brot zu verdienen, die wir Ententeknechte seien, die wir deshalb die Politik machen, damit wir der Entente gefallen und dadurch eine Anstellung haben:

> ... nur daß diese Kreise von der Arbeiterschaft nicht zu dem Schluß kommen, daß das ganze System zum Teufel gejagt werden muß, weil wir in Berlin eine deutsche Regierung, aber keine Ententekommission brauchen.

Wo ist ein Wort gefallen im Laufe des Jahres von Ihrer Seite gegen das Treiben derjenigen, die die Mordatmosphäre in Deutschland tatsächlich geschaffen haben?! Da wundern Sie sich über die Verwilderung der Sitten, die damit eingetreten ist? Wir haben in Deutschland geradezu eine politische Vertiertheit. Ich habe die Briefe gelesen, die die unglückliche Frau Erzberger[3] bekommen hat. Wenn Sie diese Briefe gesehen hätten – die Frau lehnt es ab, sie der Oeffentlichkeit preiszugeben –, wenn Sie wüßten, wie man diese Frau, die den Mann verloren hat, deren Sohn rasch dahingestorben ist, deren eine Tochter sich dem religiösen Dienst gewidmet hat, gemartert hat, wie man in diesen Briefen der Frau mitteilt, daß man die Grabstätte des Mannes beschmutzen will, nur um Rache zu üben – (Andauernde steigende Erregung auf der Linken. Unruhe und erregte Zurufe: Schufte!) – Meine Herren (nach links), halten Sie doch ein wenig ein.

(Nach einer Unterbrechung) – Ich bitte die Vertreter der äußersten Linken, bei den kommenden Ausführungen, die ich zu machen habe, sich etwas zurückzuhalten! – Wundern Sie (nach rechts) sich, wenn unter dem Einfluß der Erzeugnisse Ihrer Presse der letzten Tage Briefe an mich kommen, wie ich hier einen von gestern in der Hand habe, der die Ueberschrift trägt: »Am Tage der Hinrichtung Dr. Rathenaus!« – wundern Sie sich dann, wenn eine Atmosphäre geschaffen ist, in der auch der letzte Funke politischer Vernunft erloschen ist? Ich will mich mit dem Briefe sonst nicht weiter beschäftigen und nur den Schlußsatz vorlesen:

Im guten habt ihr Männer des Erfüllungswahnsinns[4] auf die Stimme derer nicht hören wollen, die von der Fortsetzung der Wahnsinnspolitik abrieten. So nehme denn das harte Verhängnis seinen Lauf, auf daß das Vaterland gedeihe!

Wollen wir aus dieser Atmosphäre – und das ist es doch, worauf es allein ankommt – wieder heraus, wollen wir gesunden, wollen wir aus diesem Elend herauskommen, dann muß das System des politischen Mordes endlich enden, das die politische Ohnmacht eines Volkes offenbart. Wollen wir aus diesem System heraus, so müssen alle, die überhaupt noch auf das liebe Himmelslicht Vernunft irgendeinen Anspruch machen, daran arbeiten, diese Atmosphäre zu entgiften. Und wie kann sie entgiftet werden? Sie können mir gewiß zurufen: Das ist eine Frage, die man zunächst an die Alliierten zu stellen hat! Nun, ich war Zeuge bedeutsamer Unterhaltungen unseres ermordeten Freundes in Genua vor den mächtigsten der alliierten Staatsmänner. Einen beredteren Anwalt in kleinen, intimen Gesprächen – ernsthaften Gesprächen! –, einen beredteren Anwalt für die Freiheit des deutschen Volkes als Herrn Dr. Rathenau hätten Sie in ganz Deutschland nicht finden können! Seine Art, die Atmosphäre vorzubereiten, sie zu gestalten, die Behandlung der Probleme aus der Atmosphäre der Leidenschaft hinüberzuführen in ruhigere Erwägung und vornehmere Gesinnung, das hat keiner so verstanden wie Dr. Rathenau. Ich war Teilnehmer und Zeuge eines Gesprächs mit dem ersten englischen Minister Lloyd George[5], in dessen Verlauf Dr. Rathenau ganz klar und ernsthaft sagte: »Unter dem System, unter dem uns zurzeit die Alliierten halten, kann das deutsche Volk nicht leben!« Niemals habe ich einen Mann edlere vaterländische Arbeit verrichten sehen als Dr. Rathenau. Was aber war nach der rechtsvölkischen Presse sein Motiv? Ja, wenn ich in diesem Briefe lese, daß natürlich die Verträge alle nur abgeschlossen sind, damit er und seine Judensippschaft sich bereichern können, dann können Sie wohl verstehen, daß unter dieser völkischen Verheerung, unter der wir leiden, unser deutsches Vaterland rettungslos dem Untergang entgegentreiben muß. Ich war vorhin beim Kirchgang Zeuge des Aufmarsches der großen Massen zur Demonstration im Lustgarten. Da war Ordnung, da war Disziplin. Es war eine Ruhe; aber mögen sich die Kreise in Deutschland durch diese äußere Ruhe nicht täuschen lassen. In der Tiefe droht ein Vulkan! Und ich muß hier das Wort wiederholen, das ich seinerzeit gesprochen habe, daß in einem so wahnwitzigen Entscheidungskampf, den viele von Ihnen gewissenlos herbeiführen, uns unsere Pflicht dahin führt, wo die großen Scharen des arbeitenden Volkes stehen.

Die Frage ist ernsthaft, sie muß hier in Ruhe erörtert werden. Gewiß können wir aus eigener Kraft ohne Einsicht der alliierten Staatsmänner Ruhe und Ordnung in Deutschland und ein Wiedererwachen des deutschen wirtschaftlichen Lebens nicht herbeiführen. Es ist ganz klar – und darüber soll kein Zweifel gelassen werden –: Abgesehen von dem oder jenem Zeichen des Verständnisses haben die alliierten Regierungen dem demokratischen Deutschland im Laufe eines Jahres nur Demütigungen zugefügt. Das spreche ich offen aus: Der Wahn, der durch die Welt ging, als ob der Ausgang des Krieges eine Sicherung demokratischer Freiheit sei, das war eben nur ein Wahn und eine schmerzliche Enttäuschung für das deutsche Volk und auch die größte Enttäuschung für die deutsche, auch die radikal gesinnte Arbeiterschaft. Die Entscheidung über Oberschlesien lag nicht in unserer Macht. Ich kenne die Angriffe gegen die Männer, die trotz Oberschlesien die Politik weitergeführt haben, weil es eben keinen anderen Weg gibt. Die Entscheidung in Oberschlesien[6] war das größte, das himmelschreiendste Unrecht, das dem deutschen Volke durch den Bruch des Versailler Vertrages angetan werden konnte. Ich bin von einem alliierten Staatsmanne – es war Lloyd George – gefragt worden: Herr Reichskanzler, wie stellen Sie sich zum Völkerbund? Ich habe ihm folgende Antwort gegeben: Ich bin ein Freund eines Völkerbundes, und ich würde den Tag begrüßen, wo die große Organisation der Völker geschaffen werden könnte, um allem, was Menschenantlitz trägt, den Frieden auf der Welt zu bewahren. Aber – so habe ich weiter gesagt – will man dem Völkerbunde dienen in Deutschland, so muß man zurzeit – ich unterstreiche das »zurzeit«, es war gestern vor Wochen in Genua, vielleicht ist heute die Situation schon anders –, will man diesem Völkerbunde einen Nutzen bringen, so muß man nach der Entscheidung über Oberschlesien von diesem Völkerbunde schweigen.

Ich will dann einen zweiten Punkt anführen. Ich erinnere an das Schicksal der fünf Weichseldörfer, das heute noch nicht entschieden ist, an die Leiden der Saarbevölkerung, an die großen Schmerzen der rheinischen Bevölkerung[7], an diese kleinlichen Schikanen, die dort auf unseren Volksgenossen lasten und die eine Schande sind für das gesittete Europa. Wie oft haben wir mahnend und flehend gerade nach dem Ausland hin die Hände erhoben und haben gesagt: Gebt dem demokratischen Deutschland jene Freiheit, deren das demokratische Deutschland bedarf, um im Herzen Europas eine Staatsform zu schaffen, die eine Gewähr des Friedens bietet. Unsere Mahnungen sind verhallt. Erst in dem Augenblick, wo man gesehen hat, daß die ganze Welt leidet, wenn das deutsche Volk zugrunde geht, ist allmählich erst durch wirtschaftliche Erwägungen der Haß etwas zurückgetreten. Aber die politischen Folgerungen aus dieser veränderten Atmosphäre sind bis zur Stunde noch nicht gezogen. Darüber besteht kein Zweifel. Es ist für ein Sechzigmillionen-Volk auf die Dauer unmöglich, unter der Herrschaft von fremden Kommissionen, und wenn es die Herren noch so gut meinen sollten, ein demokratisches Deutschland überhaupt lebensfähig zu machen. Da wundert es mich nicht mehr, daß diese Erkenntnis den General Ludendorff[8] veranlaßt hat, in einer englischen Zeitschrift einen Artikel zu schreiben und für Deutschland die Diktatur zu empfehlen, die monarchistische Diktatur. Dieser Artikel ist eines deutschen Generals unwürdig. Er ist es um so mehr, als auch auf dieser Seite (nach rechts) wiederholt die Bereitwilligkeit ausgesprochen worden ist, sich, wenn auch nicht im Rahmen der Linien unserer heutigen Politik, an der Gesetzgebung praktisch zu betätigen. Wenn Sie einen Mann als Ihren großen Gott verehren, der dieses Ziel, die Diktatur für Deutschland, gerade in einem Augenblick in England proklamiert, wo die Herzen, die in Eis gepanzert waren, aus wirtschaftlichen Erwägungen heraus zu schmelzen begannen, so zeigen diese Träger des alten Systems, daß sie für die politische Atmosphäre der Welt weder Vernunft noch Fingerspitzengefühl besitzen.

Ich glaube, ich war es Dr. Rathenau schuldig, noch einige Worte hier in die Debatte einzuflechten. Ich bedauere nicht nur als Freund seinen grausamen Tod, sondern wir sind tief unglücklich, in ihm den großen Mitarbeiter verloren zu haben. Ich würde mich freuen, wenn gerade in den Kreisen, die bisher unserer Politik feindlich gegenüberstanden, ein Verständnis dafür vorhanden wäre, daß gewisse Linien unserer Politik unter keinen Umständen verlassen werden dürfen. Aber die vielgeschmähte Erfüllungspolitik ist nach außen sabotiert, wenn wir nach innen nicht zu einer einheitlichen, festgefügten Auffassung unserer Politik kommen. Es geht nicht an, Divergenzen zwischen Kanzler und Ministern zu konstruieren; und wenn sie vorhanden sein sollten, dann muß gerade aus außenpolitischen Gründen nach einer einheitlichen Linie der inneren Politik so schnell wie möglich gesucht werden.

Minister Dr. Rathenau hat am Abend vor seinem Tode mit einem Herrn aus Ihrer Fraktion, meine Herren von der Deutschen Volkspartei, bei einem Diplomaten bis 1 Uhr nachts zugebracht, nicht etwa, wie man da und dort vermuten könnte, um sich zu ergötzen. Das Gespräch war ein ernstes, großes politisches Gespräch um die Reparationsfrage. Die größten Gedankengänge beschäftigten diesen Minister Tag und Nacht in der Reparationsfrage wie in der Schuldfrage. Nachdem der Herr Kollege Hergt jetzt in den Saal gekommen ist, darf ich sagen: wir haben gerade für die Förderung dieser Frage durch seinen Tod unendlich viel verloren. Wir sind nicht untätig, und das Geschrei, was draußen geübt wird, ist das törichtste, was es gegeben hat. Man darf aber, wenn man Politik treibt und wenn man auf Jahre hinaus schauen muß, nicht alles an die große Glocke hängen, und vor allem darf man jene Glocke nicht läuten, für die man in meiner Heimat ein sehr böses Wort geprägt hat. In diesem Gespräch gerade mit einem Industriellen, einem hervorragenden Mitglied der Deutschen Volkspartei, hat sich gezeigt, daß man das Problem der Reparation, auch wenn man sonst verschiedener Auffassung ist, doch in starker Form fördernd in gemeinsamen Besprechungen verschiedenster Parteien behandeln kann.

Das, was in der Welt geschehen ist, was die englische Bank uns im Dezember geantwortet hat, was jetzt das Komitee der Anleihesachverständigen ausgesprochen hat, ist eine Basis, auf der alle, die in Deutschland guten Willens sind, die auswärtige Politik und die große Frage der Kontribution, um dieses Wort zu gebrauchen, förderlich behandeln könnten. Wir wären ja töricht, wenn wir dieses Instrument nicht in unsere Hand nehmen würden. Es ist deshalb geradezu eine Sinnlosigkeit, wenn sich in Deutschland die Menschen die Köpfe darüber zerschlagen, ob eine kleine, eine mittlere oder eine große Anleihe notwendig ist. Nein, eins ist in der Reparationsfrage notwendig, daß wir nicht eine Politik mit Ultimaten und Terminen erleben.

Und ein Zweites ist notwendig; darüber ist sich heute die Welt einig. Das politische Diktat heilt weder das deutsche Volk, noch Europa, noch die Menschheit. Die Politik, die wir im letzten Jahr wie in diesem Jahr erstrebt haben, zielt auf eine vernünftige Lösung des ganzen Reparationsproblems auf wirtschaftlicher Basis. Wir wollen uns nicht entziehen, wir wollen nicht davonlaufen. In keinem Augenblick, auch nicht bei der schrecklichen Entscheidung über Oberschlesien, haben wir die Geduld verloren, am Rettungswerk des deutschen Volkes mitzuarbeiten. Wer, wie ich das von rechts immer höre, wie es mir aus den Zeitungen entgegentönt, mit Faust sagt: »Fluch vor allem der Geduld«, der hat sich aus der politischen Arbeit, aus der Rettungsarbeit für unser Vaterland ausgeschaltet. Geduld gehört dazu. Gewiß, mit nationalistischen Kundgebungen lösen Sie kein Problem in Deutschland. Ist es denn eine Schande, wenn jemand von uns, von der äußersten Linken bis zur äußersten Rechten, in idealem Schwung die Fäden der Verständigung mit allen Nationen anzuknüpfen versucht? Ist es eine Schande, wenn wir mit jenem gemäßigten Teil des französischen Volkes, der die Probleme nicht nur unter dem Gesichtspunkt sieht: »Wir sind die Sieger, wir treten die Boches nieder, heraus mit dem Säbel, Einmarsch ins Ruhrgebiet«, wenn wir durch persönliche Beziehungen mit allen Teilen der benachbarten Nationen zu einer Besprechung der großen Probleme zu kommen suchen? Dr. Rathenau war wie kaum einer zu dieser Aufgabe berufen. Seine Sprachkenntnisse, die formvollendete Art seiner Darstellung machten ihn in erster Linie geeignet, an dieser Anknüpfung von Fäden zwischen den Völkern erfolgreich zu arbeiten. Wenn dann ein Mann wie Rathenau über trennende Grenzpfähle hinaus bei aller Betonung des Deutschen, seines Wertes für die Geschichte, seiner kulturellen Taten, seines Forschungstriebes, seines Wahrheitsuchens die großen Probleme der Kulturentwicklung Europas und der Wirtschaft organisatorisch durch seine Arbeiten in allen Ländern, dann als Staatsmann im Auswärtigen Amt mit den reichen Gaben seines Geistes und unter Anknüpfung von Beziehungen gefördert hat, die ihm ja das Judentum in der ganzen Welt, das kulturell und politisch bedeutsam ist, gewährt hat, dann hat er damit dem deutschen Volke einen großen Dienst erwiesen. Ziehen Sie auch andere Vertreter zur Arbeit heran – jedem ist die Tür geöffnet –, solche, die kirchlichen Organisationen angehören, sei es der evangelischen, sei es der katholischen Kirche, aus den Arbeiterorganisationen, allen ist die Tür für die Anknüpfung internationaler Beziehungen geöffnet. Es ist notwendig, daß jeder Faden geflochten wird, der die zerrissenen Völker einander wieder näherbringt. Dabei geben wir nichts auf, was unser eigenes Volk angeht. Glaubt denn jemand in der Welt, daß es in Deutschland Toren gibt, die meinen, daß, wenn sie die eigene Wirtschaft zu einem Friedhof eingeebnet haben, dann die Tage des Sozialismus kämen? Daran glaubt niemand. Dieses Phantom, als ob wir die Nation zerstören wollten, um dann erst wieder Politik zu machen, ist doch das törichtste, was es in der Welt gibt. Geduld, wieder Geduld und nochmals Geduld und die Nerven angespannt und zusammengehalten auch in den Stunden, wo es persönlich und parteipolitisch angenehmer wäre, sich in die Büsche zu drücken.

In jeder Stunde Demokratie! Aber nicht Demokratie, die auf den Tisch schlägt und sagt: wir sind an der Macht! – nein, sondern jene Demokratie, die geduldig in jeder Lage für das eigene unglückliche Vaterland eine Förderung der Freiheit sucht! In diesem Sinne muß jeder Mund sich regen, um endlich in Deutschland diese Atmosphäre des Mordes, des Zankes, der Vergiftung zu zerstören!

Da steht (nach rechts) der Feind, der sein Gift in die Wunden eines Volkes träufelt. – Da steht der Feind – und darüber ist kein Zweifel: dieser Feind steht rechts!

Quelle: Joseph Wirth, Reden während der Kanzlerschaft. Mit einer Einleitung von Heinrich Hemmer. Berlin: Verlag der Germania 1925. S. 397 bis 406.

Anmerkungen

1. Oskar Hergt (1869–1967), seit 1902 im preußischen Verwaltungsdienst, 1910 bis 1914 im Finanzministerium, 1917/18 preußischer Finanzminister, war von 1920 bis 1924 Vorsitzender der Deutschnationalen Volkspartei (DNVP), zu deren Mitbegründern er gehörte, und trat öfters als Sprecher seiner Partei im Reichstag auf.
2. Reinhold Wulle, Jahrgang 1882, war seit 1908 Schriftleiter an deutschnationalen Zeitungen in Berlin, Dresden, Chemnitz und Essen, von 1918 bis 1920 Hauptschriftleiter und Verlagsdirektor der »Deutschen Zeitung« in Berlin, von 1920 bis 1924 Mitglied des Reichstags als Angehöriger der Deutschnationalen Volkspartei, später trat er der Deutschvölkischen Freiheitsbewegung bei, deren Führung er 1928 übernahm.
3. Frau des am 26. August 1921 ermordeten Zentrumpolitikers und ehemaligen Reichsfinanzministers Matthias Erzberger (1875–1921).
4. Vor allem wegen ihrer ›Erfüllungspolitik‹ – dem Versuch, bei den damaligen Alliierten eine neue Vertrauensbasis zu schaffen – wurden Rathenau und Wirth von der Rechten angefeindet.
5. Vgl. Anm. 3 zur Rede von Theodor Heuss (S. 880).
6. Obwohl in Oberschlesien bei der Wahl am 20. März 1921 eine Mehrheit von 60 % für die Zugehörigkeit zu Deutschland stimmte, sprach im Oktober des gleichen Jahres der Oberste Rat der Alliierten den wertvollsten Teil des Industrieviers Polen zu.
7. Bezieht sich auf die am 8. März 1921 gegen Deutschland von den Alliierten eingeleiteten ›Sanktionen‹: Besetzung von Düsseldorf, Duisburg, Ruhrort, später auch von Mülheim und Oberhausen.
8. Vgl. Anm. 8 zur Rede von Theodor Heuss (S. 880 f.).

HEINRICH MANN

1871–1950

Der politisch entschiedenere und prononciertere Bruder von
Thomas Mann engagierte sich in Essays, Streitschriften, Arti-
keln und Reden gegen Nationalismus und Materialismus für
die europäische Idee und Pazifismus, für einen »humanisti-
schen Sozialismus« und eine radikale Demokratie in Deutsch-
land.
Die hier wiedergegebene Rede hat Heinrich Mann zur Ver-
fassungsfeier am 11. August 1923 in der Dresdner Staatsoper
gehalten. Es war das Jahr des Ruhrkampfes, blutiger Zusam-
menstöße zwischen Deutschen und Franzosen, wachsender
wirtschaftlicher Schwierigkeiten, in dem Unruhen im Frei-
staat Sachsen ausbrachen, es in Hamburg zu Straßenkämpfen
zwischen Kommunisten und Polizei kam und die rechtsradi-
kalen Parteien, vorab die Nationalsozialisten, an Boden ge-
wannen. Vor diesem historischen Hintergrund vor allem wäre
Heinrich Manns ausgefeilte Aufforderung, zum Geist der
Weimarer Verfassung und zu ihren humanistischen Grund-
sätzen zurückzukehren, zu lesen; von daher läßt sich auch das
Ausmaß seiner politischen Begabung erkennen.

Wir feiern die Verfassung

Hochgeehrte Versammlung, liebe Freunde!
Wir sollen feiern, und die Stunde ist kritisch. Wir sollen die
Verfassung feiern und wissen doch nicht: was ist inzwischen
geworden aus der Verfassung? Was wird aus ihr noch werden?
Das Jahr 1919 ist lange her.
Suchen wir uns zu vergegenwärtigen, wenn anders wir es
heute noch können: was sollte die Verfassung einst sein? Es
sind doch Ideale hineingearbeitet worden im Jahre 1919. Die

Revolution, ob sie nun ganz freiwillig kam oder nicht, hatte in jedem Fall die Köpfe freier gemacht. Vieles schien auf einmal möglich und naheliegend, was nicht nur die Herrschenden, sondern auch die große Mehrheit niemals sehr dringlich gefunden hatten. So die Vereinheitlichung Deutschlands, ohne übertriebene Rücksichten auf Eigenarten und Sonderrechte. So die Freiheit im Innern, was nur heißen kann: es sollte dauernd im Sinne der meisten regiert werden, nie wieder zum Vorteil und Vorrecht weniger.

Im Sinne der meisten, also friedlich, ohne Kriegsgesinnung Im Sinne der meisten, also ausgleichend, auch den Besitz. Konsequenter Sozialismus war in Weimar nicht die treibende Kraft, aber soziale Gesinnung hat doch mitgewirkt. Man wollte keine gefährlichen Kapitalanhäufungen. »Freie Bahn dem Tüchtigen«, und nicht auf seinem Wege jene absichtlichen Hindernisse, wie Vorrechte oder der alles aufsaugende Reichtum. Das war der Geist der Weimarer Verfassung. Darum feiern wir sie. Keineswegs war es der Geist einer republikanischen Plutokratie.

Der Geist der Verfassung ist inzwischen verkannt, verleugnet, entstellt, er ist ihr fast ausgetrieben worden. Der kriegstolle Nationalismus treibt es wieder wie je und reicht schon wieder bis an den Sitz der Macht, die jetzt doch dem Volk entstammt und ihm Rechenschaft schuldet. Das Kapital ist erst jetzt wahrhaft überwältigend geworden. Seine Herrschsucht vergreift sich erst jetzt ganz offen an jedem einzelnen von uns, wie am Staate selbst. Wir feiern darum erst recht die Verfassung, die dies alles nicht mehr kennen wollte, die befreien und Menschlichkeit verbreiten wollte. Sie hat es noch nicht gekonnt. Aber sie soll es einst können.

Welche Gründe hat die Reaktion? Sie alle werden als ersten den nennen, den auch ich nennen will: die äußere Bedrängnis durch Nachbarn. Ist ein Reich nicht einmal von fremden Heeren frei, kann es auch innerlich nicht frei sein. Das ist unbedingt wahr, – auch wenn hinter dieser naheliegenden Tatsache etwa noch tiefere Tatsachen lägen.

Dazu kommt als zweiter Hauptgrund die Not. Wie weit soll sie noch gehen? Wenn seine Kinder Hungers sterben, hat ein Volk nicht den Kopf frei, sich gegen das politische Unrecht, das ihm geschieht, zu verteidigen. Das größte Unrecht ist eben, daß seine Kinder sterben. Wenn niemand des nächsten Tages sicher ist, sind die paar Überreichen, Übermächtigen, die alle und jeden in ihre Gewalt bringen wollen, ihrer Sache um so sicherer.

Übrigens wirkt die seelische Erschöpfung nach, die den Krieg begleitet hat. Die ist überall da, in den besiegten Ländern höchstens nackter. »Was frage ich viel nach meinem Seelenheil«, sagt ein Volk, sogar ein nichtbesiegtes, wenn irgendein handfester Kerl ihm Brot verspricht und dafür zunächst einmal ihm seine Freiheit nimmt.

In einem Industrievolk ist es kein politischer Diktator, es sind die größten Industriellen, die sich die allgemeine Erschöpfung zunutze machen und ganz sacht, oder nicht einmal sacht, die gesamte Wirtschaft, den Staat selbst und noch darüber hinaus die Denkgewohnheiten der meisten in ihre Hand bringen.

Liebe Freunde, dies ist das unheimlichste unserer Erlebnisse. Putsche und Umwälzungen – nun gut, wir sterben daran oder werden im Gegenteil stärker. Das wird sich finden. Aber wehrlos ausgesogen werden wie ein eingesponnenes Insekt?

Furchtbar. Ein niedergeworfenes, geschwächtes Volk verliert auch noch das ihm geliehene Blut der Armut tropfenweise an einige unternehmende Individuen, die die Lage begriffen haben und sie bedenkenlos ausnützen. Zwei Milliarden Goldmark jährlich, soviel, wie wir England zu zahlen hätten und nicht zahlen können, werden uns von den Ruhrindustriellen für Kohle abgepreßt[1], und das ist erst die Grundlage beim Aufbau ihres Geschäftes.

Für zwei Milliarden in Gold kauft man bei uns die Welt. Man kann sie aber auch mit geliehenem Gelde kaufen, das man zurückzahlt, wenn es entwertet ist. Der Aufkäufer errafft Stück für Stück die deutsche Welt, läßt sie für sich arbeiten und führt ausländischen Unternehmungen den Gewinn zu. Viel mehr noch! Deutsche Unternehmungen, gerade die, um die von den deutschen Arbeitern mit solcher Hingabe gekämpft wird, enthalten schon feindliches Kapital.

Sehen sie nur, wir arbeiten doppelt für das Ausland. Erstens zugunsten der Sieger, was noch hinginge, denn auch sie haben geopfert und gelitten; aber zweitens in die Taschen einiger einheimischer Aufkäufer, Enteigner, Substanzentzieher, – und was haben die je geopfert und gelitten? Über wen haben sie gesiegt? – Ach ja, auch sie über uns.

Liebe Freunde, die Diktatur, von der man spricht, muß nicht erst kommen, und käme der Name, er müßte uns keinen Eindruck mehr machen, denn sie selbst ist schon da, es ist die Diktatur der Gierigsten. Die diktieren konkurrenzlos. Denn scheinbar ist nicht nur das Seltenste, sondern auch das Härteste, was es bei uns heute gibt, das Hartgeld. In dem Zustand unseres Landes zählt scheinbar keine andere Macht, nicht Verdienste, nicht geistige Führerschaft, nicht Können, – darüber sind wir hinaus. Auch nicht so sehr die Wucht und Willensgewalt der arbeitenden Massen. Macht hat nur das Geld in einem Lande, wo kaum noch Geld ist.

Unsere Schuld, unsere sehr große Schuld! Warum haben wir das geschehen lassen? Das Geld herrscht sonst nur unter den gerade entgegengesetzten Umständen, in Amerika, wo sehr viel davon vorhanden ist, wo jeder hoffen kann, welches zu machen. Dort herrscht, meinetwegen, in Gestalt des Geldes die menschliche Hoffnung. Bei uns herrscht, solange wir das Geld herrschen lassen, nur unsere eigene Verzagtheit.

Erkennen wir dies! Raffen wir uns auf! Ich halte mich nicht gern und nicht zu lange bei Individuen auf, die nur so wenige sind, und denen es im Grunde auch nicht gut geht. Denn wenn sie uns nicht passen, weil sie zu reich sind, passen wir gewiß ihnen nicht, weil wir zu arm sind, und es kann kein Vergnügen für sie sein, zu fühlen, daß unter ihrer Herrschaft nichts gedeiht, außer ihnen selbst. Der Dollar steigt in die vielen Millionen Mark. Das hat schließlich auch der von unseren großen Wirtschaftsführern so tief verachtete Bolschewismus gekonnt. Aber der wußte warum, und sie wissen gar nichts. Sie konnten bisher keine richtigen Löhne zahlen. Das sollte exportunfähig machen. Aber den Dollar können sie immer so hoch bezahlen, wie gerade ihre Art von Wirtschaft ihn hinauftreibt.

Lassen wir sie! Zuletzt sind sie weniger schuldig als wir. Sie folgen einfach ihrem gierigen Trieb, was weiter kommt, schert sie nicht. Wir aber in unserer Gesamtheit, als lebendes, die Zukunft erarbeitendes Geschlecht sind doch wirklich zu ganz anderen Ansprüchen berechtigt. Haben wir es denn nötig, uns die erbärmlichsten Holzwege führen zu lassen von einigen zufällig aufgeschwemmten Kapitalkolossen?

Es ist doch offenkundig, daß, wenn nicht immer ihre Interessen, die Interessen reicher Privatleute, die sich »die Wirtschaft« betiteln, vorangingen, unser Staat mitsamt der Wirtschaft anders dastehen könnte – und auch unsere auswärtigen Beziehungen nicht ganz dieses unfreundliche Gesicht haben müßten.

Wie kommt das ganze Unglück mit Frankreich denn zustande? Wir leiden natürlich an dem unvernünftigen Friedensvertrag, der in jedem Sinne unproduktiv ist. Vor allem ist er menschlich unergiebig, er läßt bei dem Volk, das für seine Gläubiger arbeiten soll, keine Genugtuung, keine Würde aufkommen. Daher versagt er auch ökonomisch.

Er ist schwer erfüllbar. Wollten wir ihn aber einigermaßen erfüllen, dann mußte zusammengehalten werden, nicht verschleudert, dann durfte der deutsche Besitz nicht in die Hände von Exporteuren gelangen. Im Gegenteil mußte ihr eigener Besitz, der ohnehin der wichtigste ist, vor allem anderen erfaßt werden. Was geschieht aber? Er wird zuletzt oder gar nicht erfaßt. Infolgedessen entgeht auch sonst der Besitz den Pflichten, die das Staatswohl fordert.

Das ist sträfliche Schwäche. Wir sind nicht betrügerische Bankrotteure, der Gläubiger irrt. Wir sind nur in sträflicher Weise entmutigt. 1919 schrieben wir in die Verfassung etwas über Vergesellschaftung privater wirtschaftlicher Unternehmungen, über Beteiligung des Reiches an diesen Unternehmungen, und daß allermindestens die Bodenschätze unter die Aufsicht des Staates kommen sollten. Steht das 1923 nicht mehr in der Verfassung?

Ach! ein Artikel der Verfassung verlangt auch, der selbständige Mittelstand sei gegen Überlastung und Aufsaugung zu schützen. Ich merke nichts. Es wäre kein Wunder, wenn alle um ihr verfassungsmäßiges Recht Betrogenen sich endlich zusammenfänden, um es sich zu holen.

Der Gläubiger seinerseits sieht nur: wir verschleudern die Masse. Er bereitet den Einmarsch vor. Er wartet noch, solange eine Regierung im Reich ist, der er guten Willen nicht absprechen kann. Kaum aber treten Minister in Berlin auf, die er nur für Agenten des zahlungsunwilligen Aufkäufers hält, da rückt er ein. Jetzt ist der Aufkäufer fein heraus. Er ist der Patriot.

Er soll es sein. Es gibt Patrioten aller Art. Der eine denkt an sein Geschäft, ein anderer an Staat und Volk, an das geistige und das wirtschaftliche Schaffen eines Landes, die es anderen Ländern friedlich und segensreich verbinden sollen. Nun gibt es Lagen, in denen diese Patrioten mit jenen wohl oder übel zusammengehen müssen. Aber ein Unterschied bleibt. Die Arbeiter, die jetzt die Kohlengruben verteidigen, tun das, um den Bestand des Reiches zu sichern, sie tun es nicht, um die Prozente zu drücken, mit denen die Franzosen beteiligt werden sollen an den Gruben.

Der französische Einfluß ist auf alle Fälle hart und keineswegs ehrenvoll, trotz seiner für niemand rühmlichen Vorgeschichte. Aber wenn seit dem Ruhreinfall[2] schon wieder der Nationalismus in Deutschland obenauf ist, dann wollen wir uns doch klar machen, wem wir ihn und den Ruhreinfall zu verdanken haben: dem widerrechtlich aufgehäuften Kapital. Echte Vaterlandsliebe, die ebenso gut auch Menschenliebe heißen kann, braucht Besinnung, braucht Rechtlichkeit. Aber im Unrecht, in der Zerrüttung gedeiht Nationalismus.

Es ist belanglos, ob Inhaber von Kohlengruben die nationalistischen Verbände direkt bezahlen. Abhängig sind diese auf jeden Fall von den reichen Herren. Der Nationalismus und seine Verbände könnten unmöglich die heutige große Rolle spielen; sie wären Privatsache, wären öffentlich gar nicht vorhanden ohne die schlechte Luft, die diese naturwidrigen Kapitalausschweifungen wie ein Leichenhaufen um sich verbreiten; denn wirklich sind sie getötete Volkskraft. Der Nationalismus wäre nicht vorhanden ohne die auswärtigen Verwicklungen, in die uns unser paradoxer Hochkapitalismus stürzt, nicht vorhanden ohne die Not, die zu allem fähig ist.

Der Nationalismus ist das Geschöpf unserer Schwäche, die zuerst auf den Ausgleich des Besitzes verzichtet hat. Daraufhin kam auch er. Alles und jedes auf das blinde Schicksal und den bösen Feind abwälzen, ist billig, es ist zu billig für diese teueren Zeiten. Aber gewissen Klassen ermüdeter, auch geistig ermüdeter Menschen ist gerade noch beizubringen, der Franzose wolle Deutschland zerstückeln. Wie man seiner bösen Absicht – angenommen, sie bestehe wirklich – jeden Vorwand, jede Handhabe hätte nehmen können, wie man es hätte verhindern müssen, daß die böse Absicht überhaupt aufkam, das wird nicht gefragt.

Der Ruhreinfall ist aber auch französische Schwäche. Sehen wir die Dinge nur richtig! Dies Frankreich, das sich stark stellt und Gewalttaten unternimmt, ist von Schwäche befallen wie wir. Wenn das für uns ein Trost ist, haben wir ihn. Frankreich leidet an Erschlaffung des Freiheitssinnes wie gegenwärtig die meisten Völker und wie auch wir. Frankreich läßt sich von einer Minderheit von Nationalisten zu Taten zwingen, denen weder die Denkenden noch die arbeitende Masse zustimmen. Und auch wir sind von einer Minderheit bezwungen. Alles ist daran gelegen, daß der bessere Geist beider Völker wieder zu Wort kommt, dann verständigen sie selbst sich und nicht nur ihre Großkapitalisten.

Der bessere Geist jedes Volkes will Freiheit; und das bedeutet sowohl inneren Ausgleich wie internationale Gerechtigkeit.

Aus der Weimarer Verfassung spricht der bessere Geist Deutschlands. Wir müssen ihn wieder hören lernen. In Weimar 1919 lebte doch republikanische Begeisterung. Die müssen wir mitwirken lassen in unserem öffentlichen Erleben, nicht allein unsere wirtschaftliche und politische Not. Gerade nur Begeisterung für Ideen kann fertigwerden mit der Not.

Die Verfassung ist doch nicht zufällig in Weimar beschlossen worden. Weimar, das hieß: wir wollen künftig nach erkannten Ideen leben. Der absolutistische Zwang lag ganz nahe hinter uns. Wir schwuren ihn ab. Hieß das nur, daß er unter anderem Namen sogleich uns wieder einfangen sollte? Statt des Militärabsolutismus die unbeschränkte Kapitalmacht?

Die ernstesten Republikaner, die ersten, die es waren hierzuland, sind enttäuscht von dieser Republik – das muß eingestanden werden –, und es wäre kein Glück für diese Republik, wenn sie gerade diese Freunde verlöre. Von Zeit zu Zeit wird versichert, die Verfassung und die staatliche Ordnung werden unter allen Umständen aufrechterhalten werden. Nun, es kommt darauf an, was jemand unter staatlicher Ordnung versteht. Wenn jemand auf den Einwand: »Der Reichstag, Exzellenz, ist gegen Sie« – geantwortet haben soll: »Aber die Reichswehr ist für mich«, dann mag seine Art staatlicher Ordnung freilich gesichert sein, die Verfassung aber hätte das Nachsehen. Sollen als verfassungsmäßig Regierungen gelten, die die Macht, das Volksvermögen, den Staat selbst in die Hände einiger weniger hinüberspielen und sehenden Auges das Chaos begünstigen? Und soll die Reichsexekutive vielleicht vorbereitet werden gegen solche Regierungen, die den Staat als freien Volksstaat verstehen möchten? Es wird doch täglich deutlicher, daß einzig als freier Volksstaat das Reich noch fortbestehen kann.

Von dem Zerfall des Reiches, der als letztes Ergebnis einer schamlosen Wirtschaft droht, spricht man überall, nur freilich nicht dort, wo gesprochen werden müßte, im Reichstag.

Liebe Freunde, wenn man die letzten drei Tage im Reichstag mit erlebt hat, war man in einem Haus der Gespenster. Man hat so etwas noch nicht gesehen. Eine Gespenstersonate, eine tragische Groteske dieser Art hat noch kein Theater gespielt. Da tritt ein Kanzler auf, dem entgegengebrüllt wird: »Lebender Leichnam!« »Bankrotteur!« Er hört das, keine Miene zuckt, und er redet, er erzählt Märchen, er macht leere Versprechungen. Wenn er anfängt zu reden, hat der Dollar hoch gestanden, wenn er aufhört, steht er höher. Dann kommt ein anderes Gespenst, ein kaiserlicher Minister, der im Kriege gesagt hat: »Sie können nicht fliegen, sie können nicht schwimmen, sie werden nicht kommen«, und damit die Amerikaner gemeint hat. Auch dieses Gespenst quatscht und scheint noch zu leben. Damit kein Kommunist sprechen kann, läßt man den Minister des Auswärtigen über den Völkerbund plaudern, und draußen, draußen ist das Geschrei der alleräußersten Not, draußen droht der letzte Zusammenbruch. Das sind lauter Lebenswellen, die an dieses verschlossene Haus überhaupt nicht herankommen. Wenn selbst ein Revolutionär spricht, hier erstickt es. Die Arbeiter schicken Delegationen, wünschen empfangen zu werden, was doch eine Unterordnung unter diesen Reichstag bedeutet. Nein! Wissen Sie, was entsteht in diesem Reichstag? Ein wahnsinniges Gelächter. Diese Gespenster lachen in einer Scheinsicherheit wie im Grabe, als ob rings um sie her ein kaiserliches Heer von zwölf Millionen stände. Wenn man das erlebt hat, dann weiß man: von dort ist ein Wort, gar eine Tat des Lebens überhaupt nicht zu erwarten.

Hier aber wollen wir doch von dem Brennendsten sprechen und wollen das Wort wagen, daß schlimmsten Endes der Zerfall des Reiches droht, daß die Klassen, deren Gier und Selbstsucht es dahin gebracht haben, diesen Zerfall, wenn er wirklich käme, nicht mehr aufhalten könnten. Wer kann das noch? Nur die schaffenden Stände, das Volk, das sein Reich mehr liebt als Unternehmungen im Auslande. Dieses Volk muß eisern, in jedem Sinn eisern zusammenhalten, aus dieser Prüfung könnte dann freilich sein größter menschlicher Gewinn kommen.

Wir sollen feiern. Der Geist der Weimarer Verfassung erlaubt jedes Vorwärts, jeden menschlichen Gewinn, aber er verbietet Zurückweichen und Verluste an Humanität.

Der Mensch – worauf sonst käme es an. Ist etwa der Staat Selbstzweck, oder die Wirtschaft oder Interessenkämpfe, womit das Leben hingeht? Anfang und Ziel ist der Mensch. Der Staat, die Wirtschaft sind tauglich oder verfehlt, je nachdem sie den Menschen fördern oder hemmen. Humanität im Sinne Weimars, Menschenpflege, sie sollte der Kern der Politik sein.

Alles wäre gewonnen, wenn Führer durchdrängen, die so viel Entschlossenheit, Unbeirrbarkeit und Strenge für das Richtige aufbrächten, wie das Falsche jahraus, jahrein in seinem Dienste sieht.

Folgt Führern, ihr Freunde, die in menschlichen Werten denken und in euch das sittliche Wesen sehen, dem sie verpflichtet sind, nicht nur den zu ernährenden Leib. Euer bester Freund, arbeitende Menschen, ist der denkende Mensch. Meine Meinung ist, daß auch dieses Land und dieser Erdteil einst, wie es auf Erden schon vorkam, von den Wissendsten still und gewaltlos werden gelenkt werden.

Bis dahin freilich müßten wir alle weiser geworden sein. Der Entscheidungskampf der Klassen, der noch vor uns liegt, müßte dann schon hinter uns liegen. Die Wiedervergeltung, der Krampf, müßten überstanden sein, die gewaltsame Aufhebung der Gewalt wäre geschehen. Dann ist es erlaubt, sich eine geklärte Luft zu denken und Menschen, die nicht durchaus einer des anderen Wolf sind, die vielleicht schon etwas mehr Mensch sind.

Und sogar schon heute sollen und können wir alle in unseren Tageskämpfen festzuhalten trachten, worauf es dem Menschen und seiner Zukunft ankommt. Das Ziel ist gerechter Sinn, Vernunft, Reinheit. Das Ziel ist Friede.

Auf dem noch dunklen Weg, der dorthin führt, werden von Zeit zu Zeit Fackeln angezündet. Die Geschlechter reichen sie einander. Eine Fackel ist die Weimarer Verfassung. Wir wollen sie hochhalten.

Quelle: Heinrich Mann, Essays. Hamburg: Claassen 1960. S. 485–495.

Anmerkungen

1. Genauer: soviel betragen die Überpreise für Kohle, Koks und Eisen zusammen. Berechnet von Rudolf Keller, Juli 1923 (Anm. H. Mann).
2. Am 11. Januar 1923 marschierten die Franzosen mit 5 Divisionen in Essen ein und besetzten in der Folge das ganze Ruhrgebiet. Beginn des Ruhrkampfes. Am 13. Januar verkündet Cuno im Reichstag den ›passiven Widerstand‹, den Stresemann dann am 26. September in seinem Aufruf »An das deutsche Volk« aufzuheben versuchte.

CARL SONNENSCHEIN

1876–1929

Der vielseitige, am 15. Juli 1876 in Düsseldorf geborene katholische Priester und Sozialpolitiker galt als einer der begehrtesten Redner in der Wilhelminischen und Weimarer Zeit. »In der Debatte«, so vermerkt Theodor Eschenburg in einem konturenreichen Porträt (In: »Die improvisierte Demokratie«, München 1964, S. 118), »war er mit seiner Geistesgegenwart, seiner Schlagfertigkeit, seinem Einfallsreichtum kaum zu schlagen.« Seine Ausbildung erhielt Carl Sonnenschein von 1894 bis 1901 am Collegium Germanicum in Rom, wo er auch an der päpstlichen Universität, der Gregoriana, promovierte. Sein Lehrmeister im Hinblick auf soziale Ideen wurde der 1909 exkommunizierte römische Priester Romolo Murri, dessen revolutionäre Schrift »Kämpfe von heute« er 1908 in deutscher Übersetzung vorlegte. Auch Sonnenschein ging es zeit seines Lebens sowohl um eine Erneuerung der Kirche zum Sozialen und Politischen hin als auch um eine Umwandlung des bestehenden Klassenstaates in einen Volksstaat vom Religiösen her. In diesem Sinne setzte er sich nach seiner Rückkehr aus Italien (1901) bereits als Kaplan in Aachen, Köln und Elberfeld für die Arbeiter ein. Von 1906 bis 1918 übernahm er die Zentrale des »Volksvereins für das katholische Deutschland« in Mönchen-Gladbach, unterstützte die christlichen Gewerkschaften, gründete die katholisch-soziale Studentenbewegung, arrangierte Zusammenkünfte und Diskussionen zwischen Arbeitern und Studenten, war unermüdlich für die »Erzeugung sozialen Wissens, sozialer Gesinnung und sozialer Praxis« in der Öffentlichkeit aktiv. Nach Kriegsende (Dezember 1918) ging Carl Sonnenschein nach Berlin, wo er bald zum »allgemeinen Nothelfer« (Ernst Thrasolt) und zum »großen Mann der kleinen Leute« (Theodor Eschenburg) wurde. Obwohl sich zuweilen Matthias Erzberger von ihm beraten ließ und er der zugkräftigste Wahlredner des Zentrum war, zog er die Sozialarbeit und Seelsorge der politischen Praxis vor. Als Sonnenschein am 20. Februar 1929 starb, trauerte ganz Berlin.

Die hier wiedergegebene Rede »Caritaspflicht«, die Carl Sonnenschein am 5. September 1927 auf dem Deutschen Katholikentag in Dortmund gehalten hat, bezeichnete Ernst Thrasolt »als große Zusammenfassung des tätigen Christentums«, als eine Art Testament. Sie erschien am 11. September 1927 in der berühmten Folge der »Notizen« und dokumentiert paradigmatisch seine Redekunst. Den Redner Sonnenschein beschreibt die ehemalige Mitarbeiterin Maria Grote folgendermaßen: »Seine Reden fesselten bis zum letzten Augenblick. Da stand er vor uns im schwarzen Priesterrock, langsam und leise beginnend in seinem rheinischen Rhythmus, dann an der Begeisterung, am Feuer sich entzündend.« Dieser »gewaltige Volksredner von hohem Niveau« (Eschenburg) sprach völlig frei, ohne Manuskript; er wirkte durch die Gedrungenheit seines Redestils, er traf die Sprache der Zeit. »Wenn er redete«, so führt Maria Grote aus, »hatte man vom ersten Augenblick an das Gefühl, daß er die Großstadt mit all ihren Problemen seit vielen Jahren miterlebte, ihnen nachging und den gehetzten, zerarbeiteten und zertretenen Menschen geistiger und seelischer Führer und Betreuer war.«

Caritaspflicht

So wandern sie durch das Büro der Sprechstunde! Einige morgens schon! Den ganzen Tag! Das ist die Not der Zeit! Wir sitzen und warten! Aber wir haben schließlich gedeckten Tisch und versorgtes Alter. Die andern aber peitscht die Not.

Gestern kam gegen 14 Uhr jemand. Ich nenne den Namen nicht. Sie fragte, scheu, an der Türe, ob sie für diesen Tag nicht das Essen haben könne. Sie hatte in der letzten Woche zwei Karten erhalten. Engagements! Souffleuse! Heute habe sie

Geburtstag. Den zweiundsechzigsten. An diesem Tage möchte sie sich satt essen. Ich gab ihr die Karte. Für den Tag. Für die ganze Woche. Dazu einen Strauß Blumen. An das »Hackerbräu« telephonierte ich, man solle ihr zum Geburtstag ein Glas Wein dazustellen. Dann kam ein Italiener. In Triest geboren. Afrika und China bereist. Er spricht fünf Sprachen. Kann ich ihm Übersetzung, Unterricht, Konversation besorgen? Vielleicht Vortrag? Hier gilt's Arbeitsvermittlung, persönliche Hilfe. Caritas. Dann kam eine Studentin. Irgendwo aus dem Rheinland. Die Eltern haben sie verheiraten wollen. Sie mag ihn aber nicht. So kommt sie nach Berlin. Wir haben sie untergebracht. Heute aber ist sie gekündigt. Wo wird sie morgen wohnen? Dann kommt der Kaufmann aus Malmedy. Er spricht perfekt französisch. Zur Heimat hat er längst keine Beziehungen mehr. Wen rufen wir an wegen einer Korrespondentenstelle? Dann der Bildhauer. Zum Winter wird er es schaffen. Aber bis zum November ist er mittellos. Er versteht sich auf Porträts, Frauen und Kinder! So werde ich überlegen, wo ich ihm einen Auftrag besorge. Einen Geistlichen, der Namen hat. Eine Frau von Rang. Ein paar Kinder aus Patrizierfamilien. Das wird Caritas sein. Daß er arbeitet. Nicht Almosen nimmt.

Dann die Dame aus der südlichen Stadt. Drei Monate Gefängnis! Bewährungsfrist! Nun gilt es, den ererbten Besitz zu erhalten! Das kleine Haus, in dem sie wohnt. Wir wollen nicht rechten. Der Staatsanwalt wohnt eine Straße weiter. Wir wollen helfen! Eine letzte aus dem Vorort! Die bleiche Mutter. Das entfremdete Kind wird sie wieder bekommen. In zwei Wochen wird sie es in ihrer Stube haben. Dann wird sie heiraten! »Ach, wenn er nicht so tränke! Ich habe ihm schon viel abgewöhnt.« Aber mit den rechten Mitteln, mit der vollen Kraft, die ihr die Hochzeit machen. Wie ich einst das Kind getauft. Das sie selbst auf schwankem Arm nach Liebfrauen getragen. Caritas! Nicht fragen. Nicht zurückschauen. Kein Urteil! Hilfe!

Wer diese Dinge erlebt, braucht keine Besinnung auf Caritaspflicht. Sie springt ihm aus der Wirklichkeit entgegen. Aber den Tausenden, auch unter uns, denen der tägliche Beruf die Litanei dieser Not nicht vorbetet, darf solche Pflicht in Erinnerung gebracht werden. Die Pflicht der Caritas! Das Wort hat große Geschichte. Ihr Denkmal erstickt unter Lorbeerkränzen. Wie das Grab eines Feldherrn! Es lohnt nicht, auf diesen Berg noch einen Kranz zu legen. Wichtiger ist ihr Einsatz an der richtigen Stelle, mit den rechten Mitteln, mit der vollen Kraft, die ihr der Glaube geben kann. So soll dieser kurze Vortrag nicht Lobrede, sondern kritische Betrachtung sein.

Caritas ist ein hohes Wort. Aber Caritas schmeckt oft bitter. Seit der Inflation sehe ich, immer wieder, fast Woche um Woche, Menschen vor mir, die selbst einst caritativ tätig waren. Sie leiteten selbst einen Vinzenzverein. Sie stifteten selbst ein Pfarrhaus oder Kirchenfenster. »Meine Frau hat nie einen Armen von der Tür gewiesen. Nun muß ich selbst bitten.« Das ist ein schwerer Gang! Das Exil aus der Bürgerlichkeit. Wieviel indiskrete Augen! Wieviel Gesten! Es ist doch wahr: »Freunde in der Not gehen hundert auf ein Lot.« Ich kenne einen, der hat einst auf einem Katholikentag als Redner gestanden an dieser Stelle. Heute lebt er von Almosen. O erinnert nicht! Caritas wird oft von ungeschickten Händen gereicht. Ist oft an Spießbürger verpachtet! Die sitzen in ihrer Stube beieinander und gehen mit peinlicher Genauigkeit durch diese Seelenbestände. Die für sie »Fälle« sind. Solche Caritas tut weh und kompromittiert.

Lassen Sie mich in drei Worten sagen, wie ich mir denke, daß Caritas gestaltet sein muß, die uns in der Not der Zeit obliegt! Ich sehe sie dreifach umrissen. In dem Platz, der ihr von rechtswegen zukommt. In der Welt, mit der sie seelisch verbunden ist. In der Quelle, aus der ihre Kraft entspringt.

Erstens:

Caritas muß der Stelle sicher sein, an die sie gesetzt ist. 1. Sie lästert nicht das Gesetz. Gesetz ist primärer als Caritas. Gesetz ist Sachlichkeit, Struktur, Rohbau. Ein sozialschöpferisches Gesetz erledigt tausendfache Caritas. Wir wollen uns freuen, wenn Nothilfe überflüssig wird. Besser ein starkes Siedlungsgesetz und zwanzigtausend gesunde Wohnungen, als die Flickarbeit der Mithilfe für die unmöglichen Zimmer des Hinterhauses. Unser Ziel ist nicht, feuchte Wände mit caritativer Tapete zu bekleben. Wir wollen uns, wenn es möglich wäre, ausschalten durch die großzügige, gesetzliche Ordnung der Dinge. Darum sollen unsere Organisationen nicht kleinbürgerlich nur das Nächste sehen. Sie sollen in den Rahmen der staatspolitischen und sozialreformerischen Kräfte eingespannt sein. Es gehört sich, daß Vinzenzvereine[1] die öffentlichen Bemühungen um Arbeitslosigkeit, um Wohnungsfrage, um Lohnregulierung, um produktive Wirtschaft bewußt unterstützen! Die Zelle der Caritas ist kein verträumtes Landhaus. Jenseits der Straße. Sondern telephonumschlungene, verkehrsumrauschte Zentrale! Mitten zwischen die Büros, die Kassen, die Stuben der Menschen gebaut.

2. Gesetz braucht Caritas. Es gibt Tragik des Lebens. Die keine Theorie und keine Staatsweisheit mindern. Keine Zukunftsordnung vermag ihre Abgründe zu füllen. Zwischen die Register der Behörden fällt doch immer wieder, durch allen Staub und durch alle Maschinen systematischer Arbeit, des Menschen Schicksal! Die Welt läßt sich in Sprechstunden nicht erledigen! Über aller Kartothek und aller Sprechstunde muß der Mensch stehen. Dem du über die Tische hinweg die Hand reichst. Keine psychoanalytische Prüfung erschöpft die Geheimnisse der Not. So hat die lebendige Caritas, die feinste, die menschlichste, die vornehmste Aktivität, die ich mir denken kann, ihren Platz. Von rechtswegen.

3. Wir wissen auch, daß wir nicht allein zur Meisterung und zur Linderung der Not die Hände regen. Neben uns stehen andere. Es ist nicht unsere Aufgabe, der Welt die Motive zu diskutieren. Aus der die andere Caritas quillt. Wir erleben sie und stellen uns bescheiden und koalitionsbereit neben sie. Im Caritativen gibt's kein Monopol. Wir achten ehrlich die Leistung der andern. Evangelisches Christentum ist reich an cari-

tativem Willen. In sozialistischen Organisationen brennt, oft genug, das ernste Feuer christlicher Nächstenliebe. So achten wir die religiöse so unklassische und vorbildlose, aber sozial so wertvolle und anregende Arbeit der Heilsarmee. Die Quäker seien nicht vergessen. Die jüdischen Hilfsorganisationen gerne erwähnt. Das Wohlfahrtshaus auf der Oranienburger Straße zu Berlin, in dem die drei Konfessionen ihre freie Wohlfahrtshilfe zu gemeinsamem Wohnsitz und zu gemeinsamer Tagung zusammengeschlossen haben, ist dieser bescheidenen Eingliederung sichtbares Symbol.

Zweitens:

1. Die Caritas muß ihr Objekt in seinem Zusammenhange und mit ganzer Seele sehen. Sie darf den Dilettantismus sich nicht an den lebendigen Menschen versuchen lassen. Sie muß die neue Lage der Dinge erfassen und den Menschen dieser Zeit gut sein. Sie wirklich gerne haben. Weil man sie aus dem Innersten heraus bedingt sieht und weil sie alle vom Reflexe göttlicher Flamme leuchten. Der Wille der Menschen von heute ist so gut wie der Wille unserer Väter war. Lobt nicht über den grünen Klee die Jugend eurer Großväter. Die Jugend der alten Zeit war stark durchwachsen von der Unmöglichkeit abzuirren. Setzt die Menschen dieses Landes und dieser Kleinstädte in die Gefahren Berlins, so ändert sich grundlegend das Bild. Caritas muß an die Güte der Menschen glauben! Was sie, hüben und drüben, unterscheidet, ist die Belastung ihrer Schultern. Wir beten im Gebet des Herrn: »Führe uns nicht in Versuchung«! Lege auf unsere Schultern nicht Lasten, denen wir in der Großstadt, ohne die tausendfache Hilfe der verwobenen, atmosphärischen, alten Zeit, nicht gewachsen sind.

2. Wer die Not der Zeit begreifen will, um sie caritativ zu betreuen, muß zweitens ein tiefes Verständnis für die Psyche der großen Städte haben, in die sich diese Not am schärfsten konzentriert. Classen erinnert, irgendwo, bei Schilderung der Großstadt, an die Goten, die in der Völkerwanderung über die Donau zogen. Hinter der Donau klagten die verlassenen

Götter. Sie zogen nicht mit in den Süden. Die Götter der Tradition sind nicht mit in die Großstädte gewandert. Die neue Generation steht, dort, völlig auf sich selbst. Ohne den Schutz der Atmosphäre! Ohne die Bindung der Überlieferung! Sie fängt sich in dem Netz der grauen Straßen. Sie muß alles, schon die Jugend, aus sich schaffen! Bis zur nächsten Straßenecke, nein, bis zur nächsten Hausnummer, reicht nicht der Ruf des Vaters. Nicht der Blick der Mutter. Im Hause selbst keine Großmutter, die Märchen erzählt. Eben bringt die Presse die Zahlen der Berliner Wohnungszählung vom 3. Mai 1925. 47 972 Haushaltungen verfügten zu diesem Termin über einen Wohnraum. Und was ist alles Wohnraum! Oft Stube! Oft Küche! Oft Mädchenkammer! Es gibt viele Fälle, in denen diese sogenannte Wohnküche von zwei Haushaltungen geteilt wird. 344 514 Haushaltungen haben zwei Zimmer. Im ganzen ein Drittel aller Berliner Wohnungen sind, im Höchstfall, Küche und Kammer. Ein Drittel. Das ist die dunkelfunkelnde Mosaikapsis der modernen Großstadt. Der Hintergrund ihrer Kriminalität, ihres Lebensstiles, ihrer Not.

3. Ein Drittes muß die Caritas verstehen! Daß diese neuen Menschen zu besinnlicher sittlich-religiöser Überlegung nicht kommen. Der »Goffine«[2] ist, mit der Großmutter, ins Altersheim gewandert. Kein »Leben der Heiligen« zum Nachtisch mehr. Nicht mehr der »Kalender« des bäuerlichen Landes. Kein »Hinkender Bote«. Alles rasche Zivilisation! Zigarettengewölk in Stube und Café. Wanderschrift an den Dächern. Aufschreiende Lichter an den Kinopalästen. Am Capitol. Am Atrium. Am Primus. Die Großstadt peitscht die Menschen. Jagt sie vom Wochenanfang zu Wochenende. Wer hat für beschauliche Philosophie noch Muße? Neulich las einer unserer Freunde, in einem von Schinkel gezeichneten Haus, Plato. Wir waren Berlin entrückt. Mein Gott! Wer überdenkt hier noch des Griechen Staatsweisheit und seine religiösen Dialoge? Die Zeit ist ganz »Revue« geworden! Ganz Jazzmusik! Ganz Fliegertempo! Auch keine Zeit mehr zum Sterben! Das geht unversehens. Bei vielen »unversehen«. Die einzige Viertel-

stunde erzwungenen Nachdenkens bringt das Begräbnis des andern! Des Geschäftsfreundes! Des Verwandten! Dann nimmst du deinen Zylinder und hältst stille! Nun ruft dich niemand ans Telephon. Nun denkst du nach! So kommt die naturhafte Gotterkenntnis, die wir aus Dogma und Katholizismus kennen, in der Not dieser Zeit nicht mehr zur Blüte. Der Mensch wird Maschine. Er lehnt sich schon fast nicht mehr dagegen auf. Mein Gott! Nachher wird man eingebuddelt und ist vergessen! Das ist das Schicksal der neuen Zeit. Über ihr stehen nicht mehr, wie einst, die Sterne der Heimat und die Lichter des Weihnachtsbaumes. Wer diese Zeit nicht aus den innersten Bedingtheiten sieht und aus tiefster Seele, ob er auch ihre im Grunde verfehlte sündhafte Struktur anklagt, gern hat, das heißt die Menschen, der kann ihr nicht helfen. Sie vertraut sich ihm nicht an. Sonst aber schenkt sie ihm, über alle Schranken der Konfession und seiner priesterlichen Uniform hinweg, ihr Herz.

Drittens:

1. Die Caritas, die wir anrufen, muß über den Thermalgehalt ihrer Quellen im klaren sein. Muß wissen, woher sie kommt und mit welchem Recht sie vor das Angesicht der Zeit treten kann! Ganz aufrecht! Der unvergleichlichen Kräfte bewußt, die Gebet und Gelübde ihrer Klöster ihr schenken. Bewußt des grundsätzlichen Sozialprogramms ihrer Kirche. Dessen Wasser zu fangen und auf die Turbinen der Wohlfahrtspflege, der Waisenfürsorge, der Prostituiertenhilfe, der Wohnungsreform, des neuen Solidarismus zu leiten, die Aufgabe unseres Geschlechtes ist. Ich scheue mich daran zu erinnern, welche Rolle das Evangelium der caritativen Arbeit zuweist. Ich fürchte die Abgegriffenheit der alten Worte. Aber es ist doch so, daß unser Herr und Meister immer wieder neben das Gebot der Gottverbundenheit das Gebot des Menschendienstes gesetzt hat. Der Schriftgelehrte schrieb gerade die Doktorarbeit über das Wesen des Judentums. Das war damals die Preisaufgabe. Schon gut! Im Angesichte Jahves wandeln! Natürlich! Das ist die charakteristische Silhouette des Ortho-

doxen! Vor Gott stehen. Vom Hahnenschrei des Morgens bis zur Abendröte der Nacht! Vor ihm wandeln! Größeres kann kein Israelit seinen Kindern mit ins Leben geben. Aber der Meister zwingt diesen Rabbiner, der die Bücher Moses auswendig weiß, auch die andere Stelle herzusagen. Da steht ein zweites Gebot. Dieses ist dem ersten gleichzustellen. Das Gebot vom Mitmenschen, dem man helfen soll! Es heißt sogar: lieben soll. Dieses ist die Erfüllung. Bleibt mir weg mit den Hymnen Davids! Bleibt mir weg mit den Tänzen auf Sion! Bleibt mir weg mit dem Zehnten an den Tempel! Wenn du die Nutzanwendung für deine nächste Nachbarschaft nicht ziehst! Dir nützt keine Fahrt nach Konnersreuth! Dir nützt kein Pilgerzug nach Lourdes. Wenn du daheim der ekelhafte Egoist bist! Wenn du dich nicht vor dem Antlitz des Mitmenschen neigest! In ihm den ewigen Gott irgendwie verehrst. So hat er gesagt. Paulus und Johannes haben diese seine Lehre wiederholt und unterstrichen. Für das erste Christentum ist typisch diese in lebendiger Caritas sich auswirkende Religiösität! Diese Caritas rufen wir! Die Katholiken der Welt und die Katholiken Deutschlands müssen durch sie charakterisiert sein.

2. Es sei daran erinnert, daß die Nächstenliebe von Christus übervölkisch formuliert wird. Das war frühjüdischer Begriff. Der noch aus den Tanks der Uroffenbarung schöpfte. Die späte Zeit, die Paulus so wenig mag, hat diese Weite eingeschnürt zur nationalistischen »Förderung des Volksgenossen«. Christus reißt die Stricke wieder auf und proklamiert die Parabel des Samariters, den Horizont der Menschheit! Die Stunde schlägt, scheint mir, heute vom Turm, diesen Horizont bewußt zu sehen und die Caritas der deutschen Katholiken bewußt über die Grenze der Konfession zu recken. Die Leutesdorfer haben so ihre Johannisheime, Asyle der Obdachlosen, aufgebaut. Platz für jedermann! Über den Zaun der Partei und der Konfession absolut hinaus! Damit ist neuer Durchbruch zur neuen Zeit geworden. Ich denke, Signal, das zur Nachfolge ruft! Gewiß bleibt das paulinische Wort wahr, daß

die Caritas zunächst der Gemeinde gilt. Damit sind unsere Sorgen für die Diaspora, für die Kommunikantenanstalten, für die Waisenhäuser, für den Bonifatiusverein in guter Hut. Aber wie die Seelsorge der Kirche nie von den christlichen Völkern monopolisiert werden kann, sondern immer wieder zu den heidnischen durchbricht, so liegt die Caritas für jedermann in der Dynamik der katholischen Nächstenliebe. Die Zeit ruft zur Erfüllung dieser Caritaspflicht.

3. Ihre Erfüllung scheint mir vorsehungsgemäß. Vor den heidnischen Menschen der Großstadt ist Apologetik des Wortes fruchtlos. Sind Vorträge aus der Geschichte wie chinesisches Schauspiel! Papier! Damit deckt man keinen Tisch! Damit düngt man keinen Garten! Damit heilt man kein Fieber! Wir brauchen kongeniale Kräfte. Die diesen Menschen eingehen. Die Männer des germanischen Urwaldes traf, wie Donnerschlag, die unter dem Axtbeil Winfrieds[3] zusammenbrechende Eiche. Diese Eiche war ein Stück ihrer selbst. Ihr Zusammenbruch wühlte ihre ganze Seele auf. Kirchengeschichte und Apologetik wühlen nichts auf! Sie sind Fremdsprache und Papier. Nur eines reicht an diese Menschen heran, die das Christentum, auch nicht mehr aus den Erzählungen ihrer Väter, kennen, auch nicht mehr vom Rosenkranz ihrer Mutter, auch nicht aus dem Religionsunterricht der eigenen Schulzeit. Nur eines werden sie begreifen. Die an eigenem Leibe, an eigener Seele, an eigener Not erlebte Güte dieser Religion in ihren Vertretern. Daß der Sebastian vom Wedding[4] bis in die Keller geht und bis zum Speicher klettert, daß er, der Christ, der Katholik, der Priester, sich um die »Heiden« kümmert, daß er die Kinder wäscht, daß er den Trinker betreut, daß er den Verlorenen ein gutes Wort sagt, das begreifen sie. Die Konfessionstreue der katholischen Gemeinde, die in diesem Viertel Kirche, Pfarrhaus, Schule, Vereinshaus, Caritasbüro besitzt, reicht nicht. Es muß aus dieser Welt jemand zu ihnen kommen. Sich in ihre Dienste stellen. Ohne Sprechstunde. Ohne Ressortbegrenzung. Ohne Konfessionskartothek. Solcher Caritas, die sich als selbstverständliches Christentum betrachtet,

wird niemand widerstehen, und leuchtend werden sie dieses Sebastians Leichnam durch die grauen Straßen ihrer großstädtischen Heimat tragen.

Sie kennen Franz Herwigs zweites Buch »Die Eingeengten«. Es soll an dieser Stelle nicht diskutiert sein. Daß es im Aufriß die Not der Zeit trifft, steht über jeder Diskussion. Mein Büro liegt im stumpfen Winkel der Georgenstraße. Dort um die Ecke biegt der Kupfergraben. Drüben steht, bei den schmalen Laternen, Reinhardts Wohnhaus. Hier, hinter deinem Rücken, Hegels Sterbehaus. Siehst du das Geländer? Dort ist die Liane Agnes in die Spree gegangen. Zwei Minuten von unserer Haustüre. Die Liane ist des Romanes großes Symbol! Seine zarteste und unsagbar feinste Figur. Die lasterhafte, chaotische Stadt hat sie zerstampft und in das Dunkel der Spree geworfen. Gegen den Sieg dieses Chaos und gegen die Katastrophe des Menschen gibt es nur eine letzte Hilfe. Das unendliche Aufgebot menschlicher, idealistischer, christlicher Caritas, an die Not der Zeit.

Quelle: Carl Sonnenschein, Notizen. Weltstadtbetrachtungen. Ausgew. u. eingel. von Ernst Thrasolt. Berlin: Buchverlag Germania 1934. S. 326–335. © Verlag Josef Knecht, Frankfurt a. M.

Anmerkungen

1. Gruppen katholischer Laien, die freiwillig Karitasarbeit leisten; 1833 gegründet.
2. Erklärung der Sonntagsepisteln (durch den Prämonstratenser Leonhard Goffiné, 1648–1719).
3. Der Benediktiner Winfried (Bonifatius) missionierte ab 718 Deutschland.
4. Roman (1921) von Franz Herwig (1880–1931), einem Freund Sonnenscheins, der in seinen Werken (so auch in den »Eingeengten«, 1926) die soziale mit der religiösen Problematik des Proletariats verband.

Der ehemals aktive Kavallerieoffizier wurde durch das Erlebnis des Ersten Weltkriegs zum Pazifisten. Politisch stand er in der Nähe Walther Rathenaus, mit dem er befreundet war und auf den er sich nicht selten in seinen Schriften bezog. Fritz von Unruh emigrierte 1933 nach Frankreich, wo man ihn 1940 internierte. Kurz vor dem deutschen Einmarsch gelang ihm die Flucht nach Amerika. Hier lebte er als Maler und Schriftsteller in New York, Atlantic City und New Jersey. 1952 kehrte er nach Deutschland zurück, das er 1955, verbittert über seine Isolation, aufs neue verließ. Aber auch in Amerika schien er sich nicht mehr wohl zu fühlen; er lebte zuletzt wieder in Deutschland und starb am 28. November 1970 in Diez an der Lahn.

Als das bekannteste Drama des expressionistischen Dichters Unruh gilt »Ein Geschlecht« (1916), das den pathetischen Aufruf gegen Krieg und Macht mit den hymnisch beschworenen ethischen und politischen Forderungen eines humanitären Idealismus verbindet. Im Sinne seiner pazifistisch-humanitären Anschauung, die im Stil der Zeit durchaus mit nationaler Metaphorik vermischt sein kann, hat Fritz von Unruh auch zahlreiche Reden gehalten, von denen vielleicht die Rede zur Frankfurter Goethe-Woche (1922) mit ihrem Leitspruch »Es fehlt an Geld!« am bekanntesten geworden ist. Die hier vorgelegte Rede »Gegen die Zensur!« sprach Fritz von Unruh 1929 im Preußischen Herrenhaus in Berlin.

Gegen die Zensur!

Vor einem Jahrhundert jubelte unser Volk dem Dichter[1] zu, als er dem Dynastengeist Europas entgegenrief: »Sire, geben

Sie Gedankenfreiheit!« – Das Inquisitionsdunkel des Mittelalters schien durch solches Wort für immer beschworen – –
Meine werten deutschen Kameraden – ist es beschworen?...
Diktatur – bedroht unsere Gedankenfreiheit! Schon erschrickt
manch wankelmütiger Bürger. Man schielt nach dem starken
Mann, der die geduckten Nacken vollends mit Polizeistiefeln
niedertritt und wieder Gewalt vor Recht in die Beziehungen
der Menschen trägt.
Denn was ist das Zensurgespenst anderes als nur eine Stafette
vor schwererem Geschütz: vor den III B's eines heimlichen,
aber grossen Hauptquartiers! – Einer aus ihm fragte mich
heut: »Sind Sie prinzipiell gegen jede Zensur?« – »Ja! Gegen
jede!«... Da entsetzte er sich und rief: »Also, Sie verteidigen
es, dass unsere Jugend weiter vergiftet wird an den Litfas-
säulen, den Zeitungskiosken der Städte und sich in den Revuen, Eheblättern, in den Hunderttausenden von Schund-
und Schmutzexemplaren ihre reine Kraft verwirrt?« ...
Werte Kameraden! Diesen Agenten eines heimlichen, aber
grossen Hauptquartiers sei es ein für allemal gesagt: Nein! in
unserer Versammlung verteidigen wir nicht den Schund und
Schmutz! Wir verteidigen nicht die Gedankenwillkür, sondern
die Gedankenfreiheit! Nicht die Gedankenhurerei, sondern
die Gedankenverantwortung! – – und ich glaube, darin sind
wir uns von rechts nach links einig: ein Volk, das sich in vier
Passionsjahren seine politische Mündigkeit endlich errang – –
braucht keine Magister mehr, die ihm vorschreiben, was gut,
was böse ist! Um uns steht das Blut der Gefallenen, wenn ich
sage: Was die Zensur Tugend nennt, ist nicht Tugend! Was sie
Laster nennt, ist nicht Laster! Was sie Kunst nennt, ist nicht
Kunst! Wie wäre es sonst möglich gewesen, meine drohenden
Herren Zensoren, dass euer Rotstift in jenem grossen Welt-
theater zwischen Argonnen und Flandern nicht nur ruhte, sondern es als Tugend ansah, wenn der Mensch den Menschen
(das Ebenbild Gottes) mit Handgranaten zerriss! – Meine
drohenden Herren Zensoren, dies war Gotteslästerung! Oder
war es Tugend ... wenn all das Drängen und Sehnen nach

reinerem Menschentum unmittelbar hinter der Front abgefangen – und bis zur Erschöpfung geschwächt wurde in den behördlich eingerichteten Bordellen? ...

Meine drohenden Herren Zensoren – warum unterblieb Ihr Einspruch, wenn man die aus Dreck und Todesqual kommenden Frontsoldaten – 17jährige Arbeiter, Freiwillige, Abiturienten, die verheirateten Landsturmleute in »Freuden«häuser hineinführte wie in Bedürfnisanstalten? ... Wo war damals Ihr Rotstift, wie mehr Schund- und Schmutzbroschüren, als heute zur Diskussion stehen, über die Front geschwemmt wurden in Millionen Exemplaren zur Verherrlichung jedweder Lüge?

Hände weg vom Geist! Meine drohenden Herren Zensoren! – Zu allen Zeiten haben Sie die Wahrheit verfolgt und werden sie verfolgen; denn das ist das Wesen Ihrer Zensur: sie handelt nie objektiv, sondern immer aus Interesse! Darüber täuscht uns Ihre Maske des entrüsteten Moralisten nicht! – Wir leiden und bangen vielleicht tiefer, um den allgefährdeten frischen Volkssaft – Aber wir haben auch Vertrauen. Eine Jugend, die durch den von Ihnen nicht beanstandeten Schund und Schmutz des Krieges bis zur illusionslosen Wahrheit ihrer Existenz vorgedrungen ist – und sich heute wieder in lebendigstem Auftrieb neues Schicksal schafft – solche Jugend wird auch durch den Schlamm der Friedrichstrassen hindurchkommen – unbeschadet ... wie Dürers Ritter durch den Hohlweg voller höllischer Verführung!

In der gesamten Naturheilkunde kommt es nicht vor, dass ein Fohlen je auf der freien Weide eine Digitalispflanze gefressen hätte. Das Tier spuckt aus dem Instinkt seines Selbsterhaltungstriebes die Gifte wieder aus! ... Machen wir die Jugend immun gegen den Schmutz durch unser Vorbild! – durch ein reines, verantwortungsvoll gelebtes Leben!

Jugend, die heute schon ihre sonnengebräunten Leiber tummelt auf den Wiesen – naturnahe, herzerwachsend, den Charakter stählend – sie wird ihre Schritte nicht mehr zu den Revuen und Nacktballetts lenken – sondern wie das Fohlen,

echtes Futter suchend, die lockenden Giftpflanzen meiden
oder ausspeien ...
Und – liebe Kameraden – reiften uns nicht Jahr um Jahr aus
solcher Jugend schon Menschen heran? – Helfen sie nicht überall mit an dem herrlichen Neubau unseres Volks?
Was fürchten Sie also, meine drohenden Herren Zensoren?
Rief uns Bismarck nicht zu: Wir Deutsche fürchten Gott, sonst
nichts auf der Welt? ... Fürchten Sie denn nicht mehr Gott,
dass Sie wieder alles auf der Welt fürchten? – –
»Zensur« ist eine *Macht*frage der jeweils herrschenden Partei – – »Nichtzensur« aber ist die Machtfrage des Geistes! ...
ist zuletzt die Frage an uns selber: glauben denn wir noch an
die Macht des Geistes? – – Unser gedrängtes Beisammensein
ist die Antwort!

Quelle: Fritz von Unruh, Politeia. Im Dienst deutscher Sendung hrsg. von
Ernst Adolf Dreyer. Paris u. Wien: Bergis Verlag 1933. S. 73–75.

Anmerkung

1. Friedrich Schiller, aus dessen »Don Carlos« (III, 10) der folgende Ausspruch stammt.

DIETRICH BONHOEFFER

1906–1945

*Der am 4. Februar 1906 in Breslau geborene evangelische
Theologe war ab 1931 Privatdozent und Studentenpfarrer in
Berlin, beteiligte sich aktiv am Kirchenkampf, übernahm
1935 das Predigerseminar der Bekennenden Kirche in Finken-
walde, gehörte der deutschen Widerstandsbewegung gegen
Hitler an, wurde 1943 verhaftet und am 9. April 1945 im
KZ Flossenbürg ermordet.*

*Von Dietrich Bonhoeffer stammt die These vom »Ende der
Religion«. Er setzte sich mit der totalen Säkularisierung,
einem Phänomen, das er als ein symptomatisches Merkmal
seiner Zeit begriff, auseinander und versuchte vor diesem
Hintergrund die Funktion von Theologie, Religion und Predigt neu zu bestimmen. »Die Zeit, in der man alles den Menschen durch Worte [...] sagen könnte«, so schrieb er einmal,
»ist vorüber; ebenso die Zeit der Innerlichkeit und des Gewissens, und das heißt eben die Zeit der Religion überhaupt.
Wir gehen einer völlig religionslosen Zeit entgegen; die Menschen können einfach, so wie sie nun einmal sind, nicht mehr
religiös sein.« Er, der den Christen nicht als homo religiosus,
sondern ausschließlich als Menschen verstand, der gegen die
»geschmacklose Vermischung von Diesseits und Jenseits« pole-
misierte, für den es nur eine Wirklichkeit gab (nicht eine der
Immanenz und eine der Transzendenz), reflektierte bis zuletzt über eine »nicht-religiöse Interpretation« des Evange-
liums und wies immer wieder darauf hin, daß der Maßstab
für die Predigt eben nicht der Gläubige, sondern der Ungläu-
bige sein müsse. Noch während der KZ-Haft fragte er sich
oft, warum ihn »ein ›christlicher Instinkt‹ mehr zu den Religionslosen als zu den Religiösen« ziehe.*

*Die Predigt über das Thema »Die Wahrheit wird euch frei
machen« (Joh. 8, 32) hat Dietrich Bonhoeffer am 9. Sonntag
nach Trinitatis, am 24. Juli 1932 als Studentenpfarrer in der*

Dreifaltigkeitskirche zu Berlin gehalten. In einer Zeit, in der die NSDAP schon die stärkste Partei im Reichstag war und die deutschnationalen Phrasen in den öffentlichen Reden kursierten, bringt Bonhoeffer die Deformation der Wirklichkeit auf mäeutische Weise zur Sprache. »Man kann heute nichts Unpopuläreres tun«, so führt er in der Predigt aus, »als dort, wo die größten Worte in den Mund genommen werden – in religiösen, in politischen, in weltanschaulichen Dingen – ganz nüchtern die Frage zu stellen: Ja, ist denn all das wahr?« Damit übt Bonhoeffer ebenso Kritik an der falschen Rhetorik, die immer Lüge ist, wie an der »phrasenhaften Wirklichkeit«, die er mit Sklaverei gleichsetzt. Nur die »wirkliche Wirklichkeit« kann nach ihm »den Menschen lösen, frei machen«.

Die Wahrheit wird euch frei machen

(Johannes 8,32)

Das ist vielleicht das revolutionärste Wort des Neuen Testaments. Es richtet sich darum nicht an die Massen, sondern es wird begriffen von den wenigen echten Revolutionären. Es ist ein exklusives Wort. Es bleibt der Menge ein Geheimnis, sie macht eine Phrase daraus. Das ist das Gefährlichste; denn die Phrase stumpft das Revolutionäre gänzlich ab.

Wer ist der exklusive Kreis, der hier angeredet wird? Sind das die großen politischen oder wissenschaftlichen Revolutionäre und ihre Getreuen? Sind es die Freiheitshelden der Völker? Sind es die Kämpfer um Fortschritt und Erkenntnis? Wo finden wir diesen Kreis und wie sieht er aus, für den das Wort gilt?

Jeder hat schon einmal folgende Situation erlebt: Ein Kreis von erwachsenen Menschen ist zusammen. Im Laufe des Gespräches kann ein Thema, das einigen Anwesenden persönlich peinlich ist, nicht vermieden werden. Es kommt zu einer gequälten Aussprache, die voller Lüge und Angst ist. Ein Kind, das zufällig dabei ist und die Lage nicht erfaßt, weiß irgendetwas, was zwar alle anderen auch wissen, aber scheu verdecken. Das Kind wundert sich, daß die anderen das nicht zu wissen scheinen, was es weiß, und sagt es rund heraus. Ein starres Entsetzen geht durch den Kreis – das Kind wundert sich und freut sich, daß es das Richtige gewußt hat. Es ist etwas Irreparables geschehen. Das Gerede voll Lüge und Angst ist jäh abgeschnitten. Lüge und Angst fallen plötzlich unter ein grelles Licht, sie werden entlarvt und müssen ohnmächtig unter diesem Licht dahinsterben. Was geschehen, ist nichts, als daß in der Gestalt dieses sich über die Erwachsenen wundernden Kindes die Wahrheit ans Licht gekommen ist; das Wort hat die Erwachsenen in ihrer Verlogenheit vor sich selbst und vor einander bloß gestellt. Es war das Revolutionäre, was hier geschah. Durch wen geschah es? Durch das lachende, ahnungslose Kind, das die Dinge so sagte, wie sie waren. Das Kind allein war frei.

Ein anderes Bild: An den Höfen der Fürsten gab es neben den Rittern, Sängern und Dichtern, die die Hüter der höfischen Sitten und der höfischen Lüge waren, einen Mann, dem man schon an seiner Kleidung ansah, daß er nicht dazu gehörte. Man behandelte ihn wie einen, der nicht eigentlich in Betracht kommt. Er war eine Ausnahmeerscheinung am Hof, und doch brauchte man diese Ausnahme an jedem Hof. Er gehörte nicht dazu – aber er war unentbehrlich. Er war der Narr, er war der einzige, der jedem die Wahrheit sagen durfte und jeder mußte sie hören. Er kam eigentlich nicht in Betracht – aber entbehren wollte man ihn auch nicht. So eben steht es mit der Wahrheit. Aber er war der einzig freie Mann am Hof.

Und nun ein drittes Bild. Wenn man die vorigen Bilder recht verstanden hat, so wird man es nicht als unwürdig empfinden, hier das dritte Bild angedeutet zu sehen: Ich meine den Mann, der geschlagen und geschunden mit Dornen, im Spott zum König gekrönt vor seinem Richter steht und sich den König der Wahrheit nennt, dem nun Pilatus die kluge, aber hoff-

nungslos weltliche Frage stellt: »Was ist Wahrheit?« Diese
Frage, gerichtet an den, der von sich selbst sagt: Ich bin die
Wahrheit – und der nun, weil er die Wahrheit ist, dem Pilatus
schweigend seine Frage zurückgibt: Wer bist du, Pilatus, angesichts der Wahrheit vor mir? Es geschieht hier nichts weiter,
als daß die Wahrheit gekreuzigt wird und daß Pilatus durch
diese gekreuzigte Wahrheit gerichtet ist. Nicht du fragst nach
der Wahrheit, sondern die Wahrheit fragt nach dir. Der gekreuzigte König der Wahrheit, zu dem wir beten, das ist das
düstere Bild, das wir ins Auge fassen, wo wir im Neuen Testament von Wahrheit reden hören. Das Kind, der Narr, der
Gekreuzigte – eine eigentümliche Auswahl von Menschen, von
Rittern der Wahrheit. Aber wir wissen jetzt etwas mehr, an
was wir zu denken haben, wenn wir das Wort hören: »Die
Wahrheit wird euch frei machen.«

Die Wahrheit ist im menschlichen Leben etwas Fremdes, Aus-
nahmehaftes. Es ist, wie wenn etwas ganz unerwartet plötzlich und gewalttätig in unser Leben hineinbricht. Es ist nichts
Ungewöhnliches, daß man uns mit Posaunen in die Ohren
tönt, man werde jetzt die volle Wahrheit zu hören bekommen.
Aber die Wahrheit auf dem Programm ist noch lange nicht
wirkliche Wahrheit. Wirkliche Wahrheit unterscheidet sich
von jeder phrasenhaften dadurch, daß sie etwas ganz Bestimmtes will, daß etwas geschieht – nämlich, daß sie den
Menschen löst, frei macht. Daß sie dem Menschen auf einmal
die Augen darüber öffnet, daß er bisher in der Lüge und in
der Unsicherheit und Angst gelebt hat, und ihm die Freiheit
zurückgibt. Es ist nun der eindeutige Satz der Bibel, daß der
Mensch ganz in Sklaverei und Lüge sei und daß allein die
Wahrheit, die von Gott kommt, den Menschen frei macht.

Es ist gegenwärtig nicht schwer, von der Freiheit zu reden,
und zwar so davon zu reden, daß die Leidenschaften eines
Deutschen aufwachen und alles in ihm erbeben, ihn alles
andere vergessen lassen. Es mag im heutigen Deutschland manche geben, die, wie einst die gefangenen Israeliten, tief in sich
versunken von nichts anderem träumen als von der Freiheit,

die in großen Visionen ihr Bild sehen und nach ihm greifen, bis sie erwachen und das Bild zerrinnt. Jawohl, es ist heute leicht, von der Freiheit so zu reden.

Aber es ist sehr schwer, von der Freiheit so zu reden, wie die Bibel es tut. Die Wahrheit wird euch frei machen, das ist zu allen Zeiten höchst unzeitgemäß. Unsere Tat, unsere Kraft, unser Mut, unsere Rasse, unsere Sittlichkeit, – kurz *wir*, wir werden uns frei machen; das ist verständlich, das ist populär – aber was soll dieses nüchterne Wort »Wahrheit« in diesem Zusammenhang? Das Wort »Wahrheit« ist unpopulär; wir spüren, dies Wort hat etwas gegen uns. Es hat eine Spitze. Man kann heute nichts Unpopuläreres tun, als dort, wo die größten Worte in den Mund genommen werden – in religiösen, in politischen, in weltanschaulichen Dingen – ganz nüchtern die Frage zu stellen: Ja, ist denn all das wahr? Das gerade will man nicht hören, das klingt so kritisch, so zerstörerisch, so verständnislos, so kalt, so gewalttätig. Wir leben in unaufhörlicher, unüberwindlicher Angst vor der Wahrheit, auch dort, wo wir es nicht meinen, ja dort sogar, wo wir meinen, daß wir selbst die Wahrheit in die Welt zu bringen berufen sind; wir fürchten uns immer noch davor, daß einer kommt, der tiefer sieht als wir und der uns fragend ansieht und vor dessen Blick alle unsere Werte zusammenbrechen, und aus lauter Furcht werden wir um so lauter, als ob wir die Wahrheit wüßten.

Wir haben Angst vor der Wahrheit, und diese Angst ist im Grunde unsere Angst vor Gott. Gott ist die Wahrheit und kein anderer, und wir fürchten uns vor ihm, daß er uns plötzlich ins Licht der Wahrheit stellt und uns in unserer Lügenhaftigkeit entlarvt. Die Wahrheit ist eine Macht, die über uns steht und uns jeden Augenblick vernichten kann. Sie ist nicht der heitere Himmel der Begriffe und Ideen, sondern das Schwert Gottes, der drohende Blitz, der zerstörend und erleuchtend in die Nacht hineinfährt; die Wahrheit ist der lebendige Gott selbst und sein Wort, wo es hintrifft; vor dieser Wahrheit muß der Mensch sterben. Und weil der Mensch klug ist und das weiß, darum umhüllt er sich immer tiefer mit Lüge und Schein. Er will die Wahrheit nicht sehen, denn er will nicht sterben. Darum muß er lernen, besser, raffinierter, tiefer, gedankenvoller lügen zu können; ja darum muß er es dahin bringen, sich so tief in die Lüge zu verstricken, daß er es selbst nicht mehr weiß, daß er lügt, sondern daß er seine Lüge für Wahrheit hält. Und dahin hat es der Mensch gebracht, und weil er es dahin gebracht hat, darum hält er all das, was wir hier sagen, für Übertreibung und Unwahrheit.

Gewiß, jeder wird zugeben, daß die politische Lüge, die konventionelle, weltanschauliche, soziale Lüge, die eigennützige Lüge eine verheerende Gewalt über uns hat. Wir können uns in unserer Phantasie nicht einmal ausdenken, was sich ereignen würde, wenn auf einmal alle Schleier und Hüllen der Lüge um uns fallen würden und wir nun so, wie wir in Wahrheit sind, dastünden. Wir wissen gar nicht, bis in welche Tiefen unseres Wesens wir hier bloßgestellt würden. Wir wissen nur eins: daß dann ein Leben, so wie wir es jetzt führen, einfach unmöglich wäre. Nur weil wir nicht in der Durchsichtigkeit des Lichtes, sondern in der Undurchsichtigkeit der Nacht leben, können wir leben. Es ist nichts Geringeres als die Vorstellung vom Jüngsten Gericht, vom letzten Tag der Welt, die uns hier aufgegeben ist.

Dennoch wehren wir uns gegen die Behauptung, es sei nicht nur viel Lüge um uns herum und in uns, sondern *wir selbst* seien die Erzlügner. Wir müssen uns solange dagegen wehren, bis etwas ganz Unerwartetes geschieht; nämlich solange, bis Gott selbst als die Wahrheit uns begegnet und nun selbst tut, was wir nicht tun können, nämlich uns in die Wahrheit vor sich stellt. Hier freilich geht es nicht mehr um politische oder konventionelle Lüge als solche, sondern hier geht es um uns selbst, um uns als die Erzlügner selbst in unserem ganzen Dasein. Hier geht es wirklich unbarmherzig zu, hier werden wir als die Angeklagten wider Willen vor den Richter geschleift. Hier können wir nicht mehr auf dies oder jenes andere weisen, sondern wir selbst sind angepackt.

Und nun geschieht etwas, über das wir gar keine Macht mehr haben – nun *geschieht* die *Wahrheit*. Sie tritt uns entgegen in seltsamer Gestalt, nicht in strahlender, unnahbarer Herrlichkeit und leuchtender, herzbewegender Klarheit, sondern als die gekreuzigte Wahrheit, als der gekreuzigte Christus. Und die Wahrheit redet zu uns; sie fragt uns: Wer hat mich, die Wahrheit, gekreuzigt, und sie antwortet schon im selben Augenblick: Sieh her, das hast *du* getan; mea culpa, mea maxima culpa. Du hast die Wahrheit Gottes über dich gehaßt, du hast sie gekreuzigt, und du hast deine eigene Wahrheit aufgerichtet. Du hast gemeint, du wüßtest die Wahrheit, du besäßest sie, du könntest die Menschen mit der Wahrheit beglücken und du hast dich dadurch zum Gott gemacht. Du hast Gott seine Wahrheit geraubt, und sie wurde in der Ferne Gottes zur Lüge. Du meintest, du könntest die Wahrheit machen, schaffen, verkündigen – aber du vermaßest dich damit, Gott zu sein, und bist damit gescheitert. Du hast die Wahrheit gekreuzigt.

Und wenn uns dies noch eine Rede in Rätseln sein sollte, so hören wir die Wahrheit noch deutlicher reden: Du lebtest, als seist du allein in der Welt. Du fandest in dir die Quelle der Wahrheit, die allein in Gott ist, und darum haßtest du die anderen Menschen, die es ebenso machen. Du fandest in dir die Mitte der Welt, und eben dies war die Lüge. Du sahst den Bruder und die Welt als das Reich deiner Herrschaft an und sahst nicht, daß ihr alle, du und sie, von der Wahrheit Gottes lebt. Du rissest dich aus der Gemeinschaft mit Gott und den Brüdern heraus und glaubtest, allein leben zu können. Du haßtest Gott und den Bruder, weil sie deiner Wahrheit widersprachen – das war die Lüge, darum bist du Lügner ganz und gar. Dein Alleinseinwollen, dein Haß ist die Lüge. Darum hast *du* die Wahrheit Gottes gekreuzigt. Du meinst, du seiest frei geworden, als du dich losrissest und die Wahrheit haßtest, aber du bist Knecht geworden. Knecht deines Hasses, Knecht deiner Lüge; der Weg zur Wahrheit und zur Freiheit ist dir verschlossen, er führt allein ans Kreuz, in den Tod. So redet die Wahrheit zu uns. Ihr letztes Wort über uns – mit all unserer vermeintlichen Wahrheit – heißt Tod. Denn es ist selbst die gekreuzigte Wahrheit, die lebendig zu uns redet. Wer glaubt es? heute, morgen, am Jüngsten Tage?

Etwas höchst Eigentümliches hat sich gezeigt: Unsere Lüge ist Lüge gegen Gott, sie wehrt sich gegen die Wirklichkeit und die Wahrheit Gottes, gegen seine Gemeinschaft und Gnade, gegen sein Lieben; unsere Lüge haßt die Liebe Gottes, weil sie ihrer nicht zu bedürfen meint. Das Wesen unserer Lüge ist Haß, weil das Wesen der Wahrheit Gottes Gnade, Liebe ist. Damit aber ist deutlich, daß Wahrheit und Lüge nicht nur etwas sind, was man *sagt*, sondern auch, was man *tut*, d. h. worin man ganz und gar lebt. Wer in der Lüge lebt, lebt im Haß, d. h. aber, er lebt in der Fesselung an sich selbst, er ist in Ketten gelegt, er ist ein Knecht seiner selbst. Dies zu erkennen aber ist die erste Erkenntnis der Wahrheit Gottes, eine Erkenntnis, die Gott allein gibt. Wer sich als Sklave der Lüge, der Angst und des Hasses erkennt, der ist schon von Gott in die Wahrheit gestellt. Er sieht ein, daß alle seine vermeintliche Freiheit nur Knechtschaft und all seine vermeintliche Wahrheit Lüge war. Und wer es hört, über den kommt das unaussprechliche Seufzen: Herr, mache mich frei von mir selbst, indem er sich heraussehnt aus der Gefangenschaft. Und nun kommt ihm das Wort von neuem entgegen: »Die Wahrheit wird euch frei machen.« Nicht unsere Tat, unser Mut, unsere Kraft, unser Volk, unsere Wahrheit, sondern Gottes Wahrheit allein. Warum? Weil *frei* werden nicht heißt: *groß* werden in der Welt, frei werden *gegen* den Bruder, frei werden *gegen* Gott; sondern weil es heißt: frei werden von sich selbst, von der Lüge, als sei ich allein da, als sei ich die Mitte der Welt; von dem Haß, mit dem ich Gottes Schöpfung vernichte, frei werden von sich selbst für den andern. Gottes Wahrheit allein aber läßt mich den andern sehen; sie richtet meinen in mir verborgenen Blick über mich hinaus und zeigt mir den anderen Menschen und, indem sie das tut, tut sie an mir die Tat der Liebe, der Gnade Gottes. Sie vernichtet unsere Lüge und schafft die

Wahrheit, sie vernichtet den Haß und schafft die Liebe. Gottes Wahrheit ist Gottes Liebe und Gottes Liebe macht uns frei von uns selbst für den andern. Frei sein heißt nichts andres als in der Liebe sein, und in der Liebe sein heißt nichts anderes als in der Wahrheit Gottes sein.

Der Mensch, der liebt, weil er durch die Wahrheit Gottes frei gemacht ist, ist der revolutionärste Mensch auf Erden. Er ist der Umsturz aller Werte, er ist der Sprengstoff der menschlichen Gesellschaft, er ist der gefährlichste Mensch. Denn er hat erkannt, daß die Menschen im Tiefsten verlogen sind, und er ist jederzeit bereit, das Licht der Wahrheit auf sie fallen zu lassen – und das eben um der Liebe willen. Aber eben diese Störung, die durch diese Menschen in die Welt kommt, fordert den Haß der Welt heraus. Und darum ist der Ritter der Wahrheit und der Liebe nicht der Held, den die Menschen anbeten, verehren, der frei ist von Feinden, sondern der, den sie ausstoßen, den sie los werden wollen, den sie für vogelfrei erklären, den sie töten. Der Weg, den Gottes Wahrheit in der Welt ging, führt ans Kreuz. Von da an wissen wir, daß alle Wahrheit, die vor Gott bestehen will, ans Kreuz muß. Die Gemeinde, die Christus folgt, muß mit ihm ans Kreuz, sie wird um ihrer Wahrheit und Freiheit willen von der Welt gehaßt werden. Aber auch ein Volk kann die Wahrheit und die Freiheit nicht finden, wenn es sich nicht dem Gericht der Wahrheit Gottes stellt. Auch ein Volk bleibt solange in der Lüge und in der Sklaverei, bis es von Gott allein seine Wahrheit und seine Freiheit empfängt und empfangen will, bis es weiß, daß Wahrheit und Freiheit in die Liebe führen, ja bis es weiß, daß der Weg der Liebe ans Kreuz geht. Wird ein Volk heute dies wirklich wissen, dann wird es das einzige Volk sein, das sich mit Recht ein freies Volk nennen darf, das einzige Volk, das nicht der Sklave seiner selbst, sondern der freie Knecht der Wahrheit Gottes ist.

Wir alle, jeder einzelne für sich und wir als Gesamtheit, fühlen die drückende Last unserer Ketten. Gott, wir schreien nach der Freiheit. Aber, o Gott, bewahre uns, daß wir kein lügne-

risches Bild der Freiheit erträumen und in der Lüge bleiben.
Gib du uns die Freiheit, die uns ganz auf dich, auf die Gnade
wirft. Herr, mache uns mit deiner Wahrheit, die Jesus Christus ist, frei. Herr, wir warten auf deine Wahrheit.

Quelle: Dietrich Bonhoeffer, Gesammelte Schriften. Hrsg. von Eberhard
Bethge. München: Kaiser ²1965. Bd. 4. S. 79–87.

THOMAS MANN

1875–1955

Walter Jens beschreibt ihn in »Von deutscher Rede« (München 1969) als einen Schriftsteller, »der die Techniken der klassischen Rhetorik von der Dreistillehre und deren parodistisch-verfremdender Umkehr bis zur Dialog-Nuancierung, mit einer Kennerschaft ohnegleichen beherrschte«. Er war zweifelsohne ein schriftlicher Rhetor höchsten Ranges, ein Meister des ausgefeilten Vortrags, der anspielungsreichen literarischen Rede, aber auch einer »der wenigen noblen Demagogen unserer Nation«, der politisch die Totalität des Humanen, die Versöhnung »zwischen Griechenland und Moskau«, der »konservativen Kulturidee mit dem revolutionären Gesellschaftsgedanken« propagierte.

Den bekannten Vortrag »Deutschland und die Deutschen« hat Thomas Mann auf englisch am 29. Mai 1945 in Washingtons ›Library of Congress‹ anläßlich seines 70. Geburtstags gehalten. Er, der während seiner Emigration in den USA, wo er als der Repräsentant nicht nur der deutschen Literatur, sondern auch des anderen Deutschland galt, in Vorträgen und Reden immer wieder das Thema Geist und Politik behandelt und die Ursachen des Nationalsozialismus zu ergründen versucht hatte, faßte hier nochmals seine Bemühungen in dieser Frage zusammen. Diese melancholische »Geschichte der deutschen ›Innerlichkeit‹«, die hier erzählt wird und die ebenso in den Kontext des Romans »Doktor Faustus« gehört, versteht Thomas Mann sowohl als ein symptomatisches »Stück deutscher Selbstkritik« wie auch als ein »Paradigma der Tragik des Menschseins überhaupt«. Daß der im Oktober 1945 zum erstenmal veröffentlichte Vortrag (in »Die Neue Rundschau«, H. 1) in Deutschland Entrüstung – nicht zuletzt bei den Repräsentanten der sogenannten ›Inneren Emigration‹ – hervorgerufen hat, bleibt um so unverständlicher, als Thomas Mann hier zwar sine ira et studio, aber durchaus in eigener Sache die

»geistespolitischen Voraussetzungen der deutschen Katastrophe« (vgl. Kurt Sontheimer, Thomas Mann und die Deutschen, München 1961) darlegt.

Deutschland und die Deutschen

Meine Damen und Herren, wie ich hier vor Ihnen stehe, ein Siebzigjähriger, unwahrscheinlicherweise, amerikanischer Bürger seit einigen Monaten schon, englisch redend, oder doch bemüht, es zu tun, als Gast, nein, sogar als amtlich Zugehöriger eines amerikanischen Staatsinstituts, das Sie zusammengeladen hat, mich zu hören, – wie ich hier stehe, habe ich das Gefühl, daß das Leben aus dem Stoff ist, aus dem die Träume gemacht sind. Alles ist so seltsam, so wenig glaubhaft, so unerwartet. Erstens habe ich nie gedacht, es zu patriarchalischen Jahren zu bringen, obgleich ich es theoretisch schon früh für wünschenswert hielt. Ich dachte und sagte, wenn man schon einmal zur Welt geboren sei, wäre es gut und ehrenwert, lange darin auszuhalten, ein ganzes, kanonisches Leben zu führen und, als Künstler, auf allen Lebensstufen charakteristisch fruchtbar zu sein. Aber ich hatte geringes Vertrauen zu meiner eigenen biologischen Berufenheit und Tüchtigkeit, und die Ausdauer, die ich trotzdem bewährt habe, erscheint mir weniger als Beweis meiner eigenen vitalen Geduld, denn der Geduld, die der Genius des Lebens mit mir gehabt hat, als ein Hinzukommendes, als Gnade. Gnade aber ist immer erstaunlich und unerwartet. Wer sie erfährt, glaubt zu träumen.
Träumerisch mutet es mich an, daß ich bin und wo ich bin. Ich müßte kein Dichter sein, um es mir selbstverständlich vorkommen zu lassen. Nur ein wenig Phantasie gehört dazu, um das Leben phantastisch zu finden. Wie komme ich her? Welche Traumwelle verschlug mich aus dem entferntesten Winkel Deutschlands, wo ich geboren wurde und wohin ich doch schließlich gehöre, in diesen Saal, auf dieses Podium, daß ich

hier als Amerikaner stehe, zu Amerikanern redend? Nicht als ob es mir unrichtig schiene. Im Gegenteil, es hat meine volle Zustimmung, – das Schicksal hat für diese Zustimmung gesorgt. Wie heute alles liegt, ist meine Art von Deutschtum in der gastfreien Kosmopolis, dem rassischen und nationalen Universum, das Amerika heißt, am passendsten aufgehoben. Bevor ich Amerikaner wurde, hatte man mir erlaubt, Tscheche zu sein; das war höchst liebenswürdig und dankenswert, aber es gab keinen Reim und Sinn. Ebenso brauche ich mir nur vorzustellen, daß ich zufällig Franzose oder Engländer oder Italiener geworden wäre, um mit Befriedigung wahrzunehmen, wieviel richtiger es ist, daß ich Amerikaner geworden bin. Alles andere hätte eine zu enge und bestimmte Verfremdung meiner Existenz bedeutet. Als Amerikaner bin ich Weltbürger, – was von Natur der Deutsche ist, ungeachtet der Weltscheu, die zugleich damit sein Teil ist, seiner Schüchternheit vor der Welt, von der schwer zu sagen ist, ob sie eigentlich auf Dünkel oder auf angeborenem Provinzialismus, einem völkergesellschaftlichen Minderwertigkeitsbewußtsein beruht. Wahrscheinlich auf beidem.

Über Deutschland und die Deutschen soll ich heute abend zu Ihnen sprechen – ein waghalsiges Unternehmen; nicht nur, weil der Gegenstand so verwickelt, so vielfältig, so unerschöpflich ist, sondern auch angesichts der Leidenschaft, die ihn heute umwittert. Sine ira et studio, rein psychologisch von ihm zu handeln, könnte fast unmoralisch scheinen angesichts des Unsäglichen, das dies unglückselige Volk der Welt angetan hat. Sollte man als Deutscher heute dies Thema meiden? Aber ich hätte kaum gewußt, welches denn sonst ich mir für diesen Abend hätte setzen sollen, ja, mehr noch, es ist heute kaum irgendein über das Private sich erhebendes Gespräch denkbar, das nicht fast unvermeidlich auf das deutsche Problem, das Rätsel im Charakter und Schicksal dieses Volkes verfiele, welches der Welt unleugbar so viel Schönes und Großes gegeben hat und ihr dabei immer wieder auf so verhängnisvolle Weise zur Last gefallen ist. Das grausige Schicksal Deutschlands, die

ungeheuere Katastrophe, in die seine neuere Geschichte jetzt
mündet, erzwingt Interesse, auch wenn dies Interesse sich des
Mitleids weigert. Mitleid erregen zu wollen, Deutschland zu
verteidigen und zu entschuldigen wäre gewiß für einen
deutsch Geborenen heute kein schicklicher Vorsatz. Den Richter zu spielen aus Willfährigkeit gegen den unermeßlichen
Haß, den sein Volk zu erregen gewußt hat, es zu verfluchen
und zu verdammen und sich selbst als das ›gute Deutschland‹
zu empfehlen, ganz im Gegensatz zum bösen, schuldigen dort
drüben, mit dem man gar nichts zu tun hat, das scheint mir
einem solchen auch nicht sonderlich zu Gesichte zu stehen. Man
hat zu tun mit dem deutschen Schicksal und deutscher Schuld,
wenn man als Deutscher geboren ist. Die kritische Distanzie-
rung davon sollte nicht als Untreue gedeutet werden. Wahrheiten, die man über sein Volk zu sagen versucht, können nur
das Produkt der Selbstprüfung sein.
Schon bin ich, ohne recht zu wissen wie, in die komplexe Welt
deutscher Psychologie hineingeglitten mit der Bemerkung über
die Vereinigung von Weltbedürftigkeit und Weltscheu, von
Kosmopolitismus und Provinzialismus im deutschen Wesen.
Ich glaube das richtig zu sehen, glaube es von jung auf erfahren zu haben. Eine Reise etwa aus dem Reich über den Bodensee in die Schweiz war eine Fahrt aus dem Provinziellen in die
Welt, – so sehr es befremden mag, daß die Schweiz, ein enges
Ländchen im Vergleich mit dem weiten und mächtigen Deutschen Reich und seinen Riesenstädten, als ›Welt‹ empfunden
werden konnte. Es hatte und hat aber damit seine Richtigkeit:
Die Schweiz, neutral, mehrsprachig, französisch beeinflußt,
von westlicher Luft durchweht, war tatsächlich, ihres winzigen Formats ungeachtet, weit mehr ›Welt‹, europäisches Par-
kett, als der politische Koloß im Norden, wo das Wort ›international‹ längst schon zum Schimpfwort geworden war und
ein dünkelmütiger Provinzialismus die Atmosphäre verdorben und stockig gemacht hatte.
Das war die modern-nationalistische Form deutscher Welt-
fremdheit, deutscher Unweltlichkeit, eines tiefsinnigen Welt-

ungeschicks, die in früheren Zeiten zusammen mit einer Art von spießbürgerlichem Universalismus, einem Kosmopolitismus in der Nachtmütze sozusagen, das deutsche Seelenbild abgegeben hatte. Diesem Seelenbild, dieser unweltlichen und provinziellen deutschen Weltbürgerlichkeit hat immer etwas Skurril-Spukhaftes und Heimlich-Unheimliches, etwas von stiller Dämonie angehaftet, das zu empfinden meine persönliche Herkunft mir ausnehmend behilflich gewesen sein mag. Ich denke zurück an den deutschen Weltwinkel, aus dem die Traumwelle des Lebens mich her verschlug und der den ersten Rahmen meines Daseins bildete: Es war das alte Lübeck, nahe dem Baltischen Meer, einst Vorort der Hansa, gegründet schon vor der Mitte des zwölften Jahrhunderts und von Barbarossa zur Freien Reichsstadt erhoben im dreizehnten. Das außerordentlich schöne Rathaus, in dem mein Vater als Senator aus und ein ging, war vollendet in dem Jahr, als Martin Luther seine Thesen anschlug ans Tor der Schloßkirche von Wittenberg, also bei Anbruch der neuen Zeit. Aber wie Luther, der Reformator, nach Denkungsweise und Seelenform zum guten Teil ein mittelalterlicher Mensch war und sich zeit seines Lebens mit dem Teufel herumschlug, so wandelte man auch in dem protestantischen Lübeck, sogar in dem Lübeck, das ein republikanisches Glied des Bismarck'schen Reiches geworden war, tief im gotischen Mittelalter, – und dabei denke ich nicht nur an das spitz getürmte Stadtbild mit Toren und Wällen, an die humoristisch-makabren Schauer, die von der Totentanz-Malerei in der Marienkirche ausgingen, die winkligen, verwunschen anmutenden Gassen, die oft noch nach alten Handwerkszünften, den Glockengießern, den Fleischhauern, benannt waren, und an die pittoresken Bürgerhäuser. Nein, in der Atmosphäre selbst war etwas hängengeblieben von der Verfassung des Menschengemütes – sagen wir: in den letzten Jahrzehnten des fünfzehnten Jahrhunderts, Hysterie des ausgehenden Mittelalters, etwas von latenter seelischer Epidemie. Sonderbar zu sagen von einer verständig-nüchternen modernen Handelsstadt, aber man konnte sich denken,

daß plötzlich hier eine Kinderzug-Bewegung, ein Sankt Veits-
tanz, eine Kreuzwunder-Exzitation mit mystischem Herum-
ziehen des Volkes oder dergleichen ausbräche, – kurzum, ein
altertümlich-neurotischer Untergrund war spürbar, eine seelische Geheimdisposition, deren Ausdruck die vielen ›Originale‹ waren, die sich in solcher Stadt immer finden, Sonder-
linge und harmlos Halb-Geisteskranke, die in ihren Mauern
leben und gleichsam wie die alten Baulichkeiten zum Orts-
bilde gehören: ein gewisser Typus von ›altem Weib‹ mit
Triefaugen und Krückstock, im halb spaßhaften Geruch des
Hexentums stehend; ein Kleinrentner mit purpurner Warzen-
nase und irgendwelchem tic nerveux, lächerlichen Gewohnhei-
ten, einem stereotyp und zwanghaft ausgestoßenen Vogelruf;
eine Frauensperson mit närrischer Frisur, die in einem Schlepp-
kleide verschollener Mode, begleitet von Möpsen und Katzen,
in irrer Hochnäsigkeit die Stadt durchwandert. Und dazu gehören die Kinder, die Gassenjungen, die hinter diesen Figuren
herziehen, sie verhöhnen und, wenn sie sich umwenden, in
abergläubischer Panik vor ihnen davonrennen...
Ich weiß selbst nicht, warum ich heute und hier diese frühen
Erinnerungen beschwöre. Ist es, weil ich ›Deutschland‹ zuerst,
visuell und seelisch, in Gestalt dieses wunderlich-ehrwürdigen
Stadtbildes erlebte und weil mir daran liegt, eine geheime
Verbindung des deutschen Gemütes mit dem Dämonischen zu
suggerieren, die allerdings eine Sache meiner inneren Erfahrung, aber nicht leicht zu vertreten ist? Unser größtes Gedicht,
Goethe's ›Faust‹, hat zum Helden den Menschen an der
Grenzscheide von Mittelalter und Humanismus, den Gottes-
menschen, der sich aus vermessenem Erkenntnistriebe der Magie, dem Teufel ergibt. Wo der Hochmut des Intellektes sich
mit seelischer Altertümlichkeit und Gebundenheit gattet, da
ist der Teufel. Und der Teufel, Luthers Teufel, Faustens Teufel, will mir als eine sehr deutsche Figur erscheinen, das Bündnis mit ihm, die Teufelsverschreibung, um unter Drangabe des
Seelenheils für eine Frist alle Schätze und Macht der Welt zu
gewinnen, als etwas dem deutschen Wesen eigentümlich Nahe-

liegendes. Ein einsamer Denker und Forscher, ein Theolog und Philosoph in seiner Klause, der aus Verlangen nach Weltgenuß und Weltherrschaft seine Seele dem Teufel verschreibt, – ist es nicht ganz der rechte Augenblick, Deutschland in diesem Bilde zu sehen, heute, wo Deutschland buchstäblich der Teufel holt?

Es ist ein großer Fehler der Sage und des Gedichts, daß sie Faust nicht mit der *Musik* in Verbindung bringen. Er müßte musikalisch, müßte Musiker sein. Die Musik ist dämonisches Gebiet, – Sören Kierkegaard, ein großer Christ, hat das am überzeugendsten ausgeführt in seinem schmerzlich-enthusiastischen Aufsatz über Mozarts ›Don Juan‹. Sie ist christliche Kunst mit negativem Vorzeichen. Sie ist berechnetste Ordnung und chaosträchtige Wider-Vernunft zugleich, an beschwörenden, inkantativen Gesten reich, Zahlenzauber, die der Wirklichkeit fernste und zugleich die passionierteste der Künste, abstrakt und mystisch. Soll Faust der Repräsentant der deutschen Seele sein, so müßte er musikalisch sein; denn abstrakt und mystisch, das heißt musikalisch, ist das Verhältnis des Deutschen zur Welt, – das Verhältnis eines dämonisch angehauchten Professors, ungeschickt und dabei von dem hochmütigen Bewußtsein bestimmt, der Welt an ›Tiefe‹ überlegen zu sein.

Worin besteht diese Tiefe? Eben in der Musikalität der deutschen Seele, dem, was man ihre Innerlichkeit nennt, das heißt: dem Auseinanderfallen des spekulativen und des gesellschaftlich-politischen Elements menschlicher Energie und der völligen Prävalenz des ersten vor dem zweiten. Europa hat das immer gefühlt und auch das Monströse und Unglückliche davon empfunden. 1839 schrieb Balzac: »Les Allemands, s'ils ne savent pas jouer des grands instruments de la Liberté, savent jouer naturellement des tous les instruments de musique.«[1] Das ist klar beobachtet und unterschieden, und es ist nicht die einzige treffende Bemerkung dieser Art, die der große Romancier gemacht hat. In ›Cousin Pons‹ sagt er von dem deutschen Musiker Schmucke, einer wundervollen Figur: »Schmucke, der wie alle Deutschen in der Harmonie sehr stark war, instrumentierte die Partituren, deren Singstimme Pons lieferte.« Richtig; die Deutschen sind ganz vorwiegend Musiker der Vertikale, nicht der Horizontale, größere Meister der Harmonie, in die Balzac die Kontrapunktik einschließt, als der Melodik, Instrumentalisten mehr als Verherrlicher der menschlichen Stimme, dem Gelehrten und Spirituellen in der Musik weit mehr zugewandt als dem Gesanghaft-Volksbeglückenden. Sie haben dem Abendland – ich will nicht sagen: seine schönste, gesellig verbindendste, aber seine tiefste, bedeutendste Musik gegeben, und es hat ihnen Dank und Ruhm dafür nicht vorenthalten. Zugleich hat es gespürt und spürt es heute stärker als je, daß solche Musikalität der Seele sich in anderer Sphäre teuer bezahlt, – in der politischen, der Sphäre des menschlichen Zusammenlebens.

Martin Luther, eine riesenhafte Inkarnation deutschen Wesens, war außerordentlich musikalisch. Ich liebe ihn nicht, das gestehe ich offen. Das Deutsche in Reinkultur, das Separatistisch-Antirömische, Anti-Europäische befremdet und ängstigt mich, auch wenn es als evangelische Freiheit und geistliche Emanzipation erscheint, und das spezifisch Lutherische, das Cholerisch-Grobianische, das Schimpfen, Speien und Wüten, das fürchterlich Robuste, verbunden mit zarter Gemütstiefe und dem massivsten Aberglauben an Dämonen, Incubi[2] und Kielkröpfe, erregt meine instinktive Abneigung. Ich hätte nicht Luthers Tischgast sein mögen, ich hätte mich wahrscheinlich bei ihm wie im trauten Heim eines Ogers[3] gefühlt und bin überzeugt, daß ich mit Leo X., Giovanni de' Medici[4], dem freundlichen Humanisten, den Luther »des Teufels Sau, der Babst« nannte, viel besser ausgekommen wäre. Auch erkenne ich den Gegensatz von Volkskraft und Gesittung, die Antithese von Luther und dem feinen Pedanten Erasmus[5] gar nicht als notwendig an. Goethe ist über diesen Gegensatz hinaus und versöhnt ihn. Er ist die *gesittete* Voll- und Volkskraft, urbane Dämonie, Geist und Blut auf einmal, nämlich Kunst ... Mit ihm hat Deutschland in der menschlichen Kultur einen gewaltigen Schritt vorwärts getan – oder sollte ihn getan haben; denn in Wirklichkeit hat es sich immer näher zu Luther als zu Goethe gehalten. Und wer wollte leugnen, daß Luther ein ungeheuer großer Mann war, groß im deutschesten Stil, groß und deutsch auch in seiner Doppeldeutigkeit als befreiende und zugleich rückschlägige Kraft, ein konservativer Revolutionär. Er stellte ja nicht nur die Kirche wieder her; er rettete das Christentum. Man ist in Europa gewohnt, der deutschen Natur den Vorwurf der Unchristlichkeit, des Heidentums zu machen. Das ist sehr anfechtbar. Deutschland hat es mit dem Christentum am allerernstesten genommen. In dem Deutschen Luther nahm das Christentum sich kindlich und bäuerlich tiefernst zu einer Zeit, als es sich anderwärts nicht mehr ernst nahm. Luthers Revolution konservierte das Christentum – ungefähr wie der New Deal[6] die kapitalistische Wirtschaftsform zu konservieren gemeint ist, – wenn auch der Kapitalismus das nicht verstehen will.

Nichts gegen die Größe Martin Luthers! Er hat nicht nur durch seine gewaltige Bibelübersetzung die deutsche Sprache erst recht geschaffen, die Goethe und Nietzsche dann zur Vollendung führten, er hat auch durch die Sprengung der scholastischen Fesseln und die Erneuerung des Gewissens der Freiheit der Forschung, der Kritik, der philosophischen Spekulation gewaltigen Vorschub geleistet. Indem er die Unmittelbarkeit des Verhältnisses des Menschen zu seinem Gott herstellte, hat er die europäische Demokratie befördert, denn »Jedermann sein eigener Priester«, das ist Demokratie. Die deutsche idealistische Philosophie, die Verfeinerung der Psychologie durch die pietistische Gewissensprüfung, endlich die Selbstüberwindung der christlichen Moral aus Moral, aus äußerster Wahrheitsstrenge – denn das war die Tat (oder Untat) Nietzsche's –, dies alles kommt von Luther. Er war ein Freiheitsheld – aber in deutschem Stil, denn er verstand nichts von Freiheit. Ich meine jetzt nicht die Freiheit des Christenmenschen, sondern die politische Freiheit, die Freiheit des Staatsbürgers – die ließ ihn nicht nur kalt, sondern ihre Regungen und Ansprüche waren ihm in tiefster Seele zuwider. Vierhundert Jahre nach ihm sprach der erste Präsident der Deutschen Republik[7], ein Sozialdemokrat, das Wort: »Ich hasse die Revolution wie die Sünde.« Das war echt lutherisch, echt deutsch. So haßte Luther den Bauernaufstand, der, evangelisch inspiriert, wie er war, wenn er gesiegt hätte, der ganzen deutschen Geschichte eine glücklichere Wendung, die Wendung zur Freiheit hätte geben können, in dem aber Luther nichts als eine wüste Kompromittierung seines Werkes, der geistlichen Befreiung sah und den er darum bespie und verfluchte, wie nur er es konnte. Wie tolle Hunde hieß er die Bauern totschlagen und rief den Fürsten zu, jetzt könne man mit Schlachten und Würgen von Bauernvieh sich das Himmelreich erwerben. Für den traurigen Ausgang dieses ersten Versuchs einer deutschen Revolution, den Sieg der Fürsten nebst allen seinen Konsequenzen, trägt Luther, der deutsche Volksmann, ein gut Teil Verantwortung.

Damals lebte in Deutschland ein Mann, dem meine ganze Sympathie gehört, Tilman Riemenschneider, ein frommer Kunstmeister, ein Bildhauer und Holzschnitzer, hochberühmt für die treue und ausdrucksvolle Gediegenheit seiner Werke, dieser figurenreichen Altarbilder und keuschen Plastiken, die, vielbegehrt, über ganz Deutschland hin die Andachtsstätten schmückten. Ein hohes menschliches und bürgerliches Ansehen hatte der Meister sich in seinem engeren Lebenskreise, der Stadt Würzburg, auch erworben und gehörte ihrem Rate an. Nie hatte er gedacht, sich in die hohe Politik, die Welthändel zu mischen, – es lag das seiner natürlichen Bescheidenheit, seiner Liebe zum freien und friedfertigen Schaffen ursprünglich ganz fern. Er hatte nichts vom Demagogen. Aber sein Herz, das für die Armen und Unterdrückten schlug, zwang ihn, für die Sache der Bauern, die er für die gerechte und gottgefällige erkannte, Partei zu nehmen gegen die Herren, die Bischöfe und Fürsten, deren humanistisches Wohlwollen er sich leicht hätte bewahren können; es zwang ihn, ergriffen von den großen und grundsätzlichen Gegensätzen der Zeit, herauszutre-

ten aus seiner Sphäre rein geistiger und ästhetischer Kunst-
bürgerlichkeit und zum Kämpfer zu werden für Freiheit und
Recht. Seine eigene Freiheit, die würdige Ruhe seiner Existenz
gab er daran für diese Sache, die ihm über Kunst und Seelen-
frieden ging. Sein Einfluß war es hauptsächlich, der die Stadt
Würzburg bestimmte, der ›Burg‹, dem Fürstbischof der Hee-
resfolge gegen die Bauern zu verweigern und überhaupt eine
revolutionäre Haltung gegen ihn einzunehmen. Er hatte
furchtbar dafür zu büßen. Denn nach der Niederwerfung des
Bauernaufstandes nahmen die siegreichen historischen Mächte,
gegen die er sich gestellt, grausamste Rache an ihm; Gefängnis
und Folter taten sie ihm an, und als gebrochener Mann, unfähig hinfort, aus Holz und Stein das Schöne zu erwecken,
ging er daraus hervor.

Auch das gab es in Deutschland, auch das hat es immer gegeben. Aber das spezifisch und monumental Deutsche ist es
nicht. Dieses stellt Luther dar, der musikalische Theolog. Er
brachte es im Politischen nicht weiter, als daß er beiden Parteien, den Fürsten und den Bauern, unrecht gab, was nicht
verfehlen konnte, ihn bald dahin zu führen, daß er nur noch
und bis zur berserkerhaften Wut den Bauern unrecht gab.
Seine Innerlichkeit hielt es ganz und gar mit dem Paulinischen
»Sei untertan der Obrigkeit, die Gewalt über dich hat«. Aber
das hatte sich ja auf die Autorität des römischen Weltreiches
bezogen, das die Voraussetzung und der politische Raum war
für die christliche Weltreligion, während es sich im Falle
Luthers um die reaktionäre Winkelautorität der deutschen
Fürsten handelte. Seine antipolitische Devotheit, dies Produkt
musikalisch-deutscher Innerlichkeit und Unweltlichkeit, hat
nicht nur für die Jahrhunderte die unterwürfige Haltung der
Deutschen vor den Fürsten und aller staatlichen Obrigkeit geprägt; sie hat nicht nur den deutschen Dualismus von kühnster
Spekulation und politischer Unmündigkeit teils begünstigt
und teils geschaffen. Sie ist vor allem repräsentativ auf eine
monumentale und trotzige Weise für das kerndeutsche Auseinanderfallen von *nationalem* Impuls und dem Ideal politi-

scher *Freiheit*. Denn die Reformation, wie später die Erhebung gegen Napoleon, war eine *nationalistische* Freiheitsbewegung.

Lassen Sie uns doch einen Augenblick von der Freiheit reden: die eigentümliche Verkehrung, die dieser Begriff unter einem so bedeutenden Volk wie dem deutschen gefunden hat und bis zum heutigen Tage findet, gibt allen Grund zum Nachdenken. Wie war es möglich, daß sogar der nun in Schanden verendende Nationalsozialismus sich den Namen einer ›deutschen Freiheitsbewegung‹ beilegen konnte, – da doch nach allgemeinem Empfinden ein solcher Greuel unmöglich etwas mit Freiheit zu tun haben kann? Es kam in dieser Benennung nicht nur herausfordernde Frechheit, es kam eine von Grund aus unglückselige Konzeption des Freiheitsbegriffes darin zum Ausdruck, ein psychologisches Gesetz, das sich in der deutschen Geschichte immer wieder geltend gemacht hat. Freiheit, politisch verstanden, ist vor allem ein moralisch-innerpolitischer Begriff. Ein Volk, das nicht innerlich frei und sich selbst verantwortlich ist, verdient nicht die äußere Freiheit; es kann über Freiheit nicht mitreden, und wenn es die klangvolle Vokabel gebraucht, so gebraucht es sie falsch. Der deutsche Freiheitsbegriff war immer nur nach außen gerichtet; er meinte das Recht, deutsch zu sein, nur deutsch und nichts anderes, nichts darüber hinaus, er war ein protestierender Begriff selbstzentrierter Abwehr gegen alles, was den völkischen Egoismus bedingen und einschränken, ihn zähmen und zum Dienst an der Gemeinschaft, zum Menschheitsdienst anhalten wollte. Ein vertrotzter Individualismus nach außen, im Verhältnis zur Welt, zu Europa, zur Zivilisation, vertrug er sich im Inneren mit einem befremdenden Maß von Unfreiheit, Unmündigkeit, dumpfer Untertänigkeit. Er war militanter Knechtssinn, und der Nationalsozialismus nun gar übersteigerte dies Mißverhältnis von äußerem und innerem Freiheitsbedürfnis zu dem Gedanken der Weltversklavung durch ein Volk, das zu Hause so unfrei war wie das deutsche.

Warum muß immer der deutsche Freiheitsdrang auf innere

Unfreiheit hinauslaufen? Warum mußte er endlich gar zum Attentat auf die Freiheit aller anderen, auf die Freiheit selbst werden? Der Grund ist, daß Deutschland nie eine Revolution gehabt und gelernt hat, den Begriff der Nation mit dem der Freiheit zu vereinigen. Die ›Nation‹ wurde in der Französischen Revolution geboren, sie ist ein revolutionärer und freiheitlicher Begriff, der das Menschheitliche einschließt und innerpolitisch Freiheit, außenpolitisch Europa meint. Alles Gewinnende des französischen politischen Geistes beruht auf dieser glücklichen Einheit; alles Verengende und Deprimierende des deutschen patriotischen Enthusiasmus beruht darauf, daß diese Einheit sich niemals bilden konnte. Man kann sagen, daß der Begriff der ›Nation‹ selbst, in seiner geschichtlichen Verbundenheit mit dem der Freiheit, in Deutschland landfremd ist. Man kann es fehlerhaft finden, die Deutschen eine Nation zu nennen, mögen nun sie selbst es tun oder andere. Es ist verfehlt, auf ihre vaterländische Leidenschaft das Wort ›Nationalismus‹ anzuwenden, – es heißt französieren und Mißverständnisse schaffen. Man soll nicht zwei verschiedene Dinge mit demselben Namen zu treffen suchen. Die deutsche Freiheitsidee ist völkisch-antieuropäisch, dem Barbarischen immer sehr nahe, wenn sie nicht geradezu in offene und erklärte Barbarei ausbricht wie in unseren Tagen. Aber das Ästhetisch-Abstoßende und Rüde, das schon ihren Trägern und Vorkämpfern zur Zeit der Freiheitskriege anhaftet, dem studentischen Burschenschaftswesen und solchen Typen wie Jahn und Maßmann[8], zeugt von ihrem unglücklichen Charakter. Goethe war wahrhaftig nicht fremd der Volkskultur und hatte nicht nur die klassizistische ›Iphigenie‹, sondern auch so kerndeutsche Dinge wie ›Faust I‹, ›Götz‹ und die ›Sprüche in Reimen‹ geschrieben. Dennoch war zur Erbitterung aller Patrioten sein Verhalten zum Kriege gegen Napoleon von vollkommener Kälte, – nicht nur aus Loyalität gegen seinen Pair, den großen Kaiser, sondern auch weil er das barbarisch-völkische Element in dieser Erhebung widerwärtig empfinden mußte. Die Vereinsamung dieses Großen, der jede

Weite und Größe bejahte: das Übernationale, das Welt-
deutschtum, die Weltliteratur, in dem patriotisch-›freiheitlich‹
aufgeregten Deutschland seiner Tage ist nicht peinvoll genug
nachzuempfinden. Die entscheidenden und dominierenden
Begriffe, um die sich für ihn alles drehte, waren Kultur und
Barbarei, – und es war sein Los, einem Volk anzugehören,
dem die Freiheitsidee, weil sie nur nach außen, gegen Europa
und gegen die Kultur gerichtet ist, zur Barbarei wird.

Hier waltet ein Unsegen, ein Fluch, etwas fortwirkend Tra-
gisches, das sich noch darin äußert, daß selbst die abweisende
Haltung Goethe's gegen das politische Protestantentum, die
völkische Rüpel-Demokratie, – daß selbst diese Haltung auf
die Nation und besonders auf ihren geistig maßgebenden Teil,
das deutsche Bürgertum, hauptsächlich die Wirkung einer Bestätigung und Vertiefung des lutherischen Dualismus von geistiger und politischer Freiheit geübt, daß sie den deutschen
Bildungsbegriff gehindert hat, das politische Element in sich
aufzunehmen. Es ist sehr schwer, zu bestimmen und zu unterscheiden, wie weit die großen Männer einem Volkscharakter
ihr Gepräge aufdrücken, ihn vorbildlich formen – und wie
weit sie selbst bereits seine Personifikation, sein Ausdruck
sind. Gewiß ist, daß das Verhältnis des deutschen Gemütes
zur Politik ein Unverhältnis, ein Verhältnis der Unberufenheit ist. Es äußert sich das historisch darin, daß alle deutschen
Revolutionen fehlschlugen: die von 1525, die von 1813, die
48er Revolution, die an der politischen Hilflosigkeit des deutschen Bürgertums scheiterte, und endlich die von 1918. Es
äußert sich aber auch in dem plumpen und sinistren Mißver-
ständnis, dem die Idee der Politik bei den Deutschen so leicht
verfällt, wenn der Ehrgeiz sie antreibt, sich ihrer zu bemäch-
tigen.

Man hat die Politik die ›Kunst des Möglichen‹ genannt, und
tatsächlich ist sie eine kunstähnliche Sphäre, insofern sie, gleich
der Kunst, eine schöpferisch vermittelnde Stellung einnimmt
zwischen Geist und Leben, Idee und Wirklichkeit, dem Wün-
schenswerten und dem Notwendigen, Gewissen und Tat, Sitt-

lichkeit und Macht. Sie schließt viel Hartes, Notwendiges, Amoralisches, viel von ›expediency‹ und Zugeständnis an die Materie, viel Allzumenschliches und dem Gemeinen Verhaftetes ein, und schwerlich hat es je einen Politiker, einen Staatsmann gegeben, der Großes erreichte und sich nicht danach hätte fragen müssen, ob er sich noch zu den anständigen Menschen zählen dürfe. Und dennoch, sowenig der Mensch nur dem Naturreich angehört, sowenig ist die Politik nur im Bösen beschlossen. Ohne ins Teuflische und Verderberische zu entarten, ohne zum Feind der Menschheit zu verfratzen und ihr oft zugeständnisvolles Schöpfertum in schändliche und verbrecherische Unfruchtbarkeit zu verkehren, kann sie sich ihres ideellen und geistigen Bestandteils niemals völlig entäußern, niemals ganz den sittlichen und menschenanständigen Teil ihrer Natur verleugnen und sich restlos aufs Unsittliche und Gemeine, auf Lüge, Mord, Betrug, Gewalt reduzieren. Das wäre nicht mehr Kunst und schöpferisch vermittelnde und verwirklichende Ironie, sondern blinder und entmenschter Unfug, welcher nichts Wirkliches stiften kann, sondern nur vorübergehend schreckhaft reüssiert, während er schon auf kürzere Dauer weltvernichtend, nihilistisch und auch selbstzerstörerisch wirkt; denn das vollkommen Unsittliche ist auch das Lebenswidrige.

Die zur Politik berufenen und geborenen Völker wissen denn auch instinktiv die politische Einheit von Gewissen und Tat, von Geist und Macht wenigstens subjektiv immer zu wahren; sie treiben Politik als eine Kunst des Lebens und der Macht, bei der es ohne den Einschlag von Lebensnützlich-Bösem und allzu Irdischem nicht abgeht, die aber das Höhere, die Idee, das Menschheitlich-Anständige und Sittliche nie ganz aus den Augen läßt: eben hierin empfinden sie ›politisch‹ und werden fertig mit der Welt und mit sich selbst auf diese Weise. Ein solches auf Kompromiß beruhendes Fertigwerden mit dem Leben erscheint dem Deutschen als Heuchelei. Er ist nicht dazu geboren, mit dem Leben fertig zu werden, und er erweist seine Unberufenheit zur Politik, indem er sie auf eine plump ehrliche Weise mißversteht. Von Natur durchaus nicht böse, sondern fürs Geistige und Ideelle angelegt, hält er die Politik für nichts als Lüge, Mord, Betrug und Gewalt, für etwas vollkommen und einseitig Dreckhaftes und betreibt sie, wenn er aus weltlichem Ehrgeiz sich ihr verschreibt, nach dieser Philosophie. Der Deutsche, als Politiker, glaubt sich so benehmen zu müssen, daß der Menschheit Hören und Sehen vergeht – dies eben hält er für Politik. Sie ist ihm das Böse, – so meint er denn um ihretwillen recht zum Teufel werden zu sollen.

Wir haben es erlebt. Verbrechen sind geschehen, denen keine Psychologie zur Entschuldigung verhilft, und am wenigsten kann es ihnen zur Entschuldigung dienen, daß sie überflüssig waren. Denn das waren sie, zur Sache gehörten sie nicht, Deutschland hätte sie sich schenken können. Seine Macht- und Eroberungspläne hätte es verfolgen können ohne sie. In einer Welt, in der es Trusts und Ausbeutung gibt, war schließlich der Gedanke monopolistischer Exploitierung aller anderen Völker durch den Göring-Konzern nicht ganz und gar fremd. Das Peinliche an ihm war, daß er das herrschende System durch plumpe Übertreibung allzusehr kompromittierte. Überdies aber kam er, als Gedanke, freilich verspätet – heute, wo überall die Menschheit der ökonomischen Demokratie zustrebt, um eine höhere Stufe ihrer sozialen Reife ringt. Die Deutschen kommen immer zu spät. Sie sind spät wie die Musik, die immer von allen Künsten die letzte ist, einen Weltzustand auszudrücken – wenn dieser Weltzustand schon im Vergehen begriffen ist. Sie sind auch abstrakt und mystisch wie diese ihnen teuerste Kunst – beides bis zum Verbrechen. Ihre Verbrechen, sage ich, gehörten nicht notwendig zu ihrem verspäteten Ausbeutungsunternehmen; sie waren ein Hinzukommendes, ein Luxus, den sie sich leisteten aus theoretischer Anlage, zu Ehren einer Ideologie, des Rassenphantasmas. Klänge es nicht wie abscheuliche Beschönigung, so möchte man sagen, sie hätten ihre Verbrechen aus weltfremdem Idealismus begangen. –

Zuweilen, und nicht zuletzt bei Betrachtung der deutschen Geschichte, hat man den Eindruck, daß die Welt nicht die alleinige Schöpfung Gottes, sondern ein Gemeinschaftswerk ist mit jemandem anders. Man möchte die gnadenvolle Tatsache, daß aus dem Bösen das Gute kommen kann, Gott zuschreiben. Daß aus dem Guten so oft das Böse kommt, ist offenbar der Beitrag des anderen. Die Deutschen könnten wohl fragen, warum gerade ihnen all ihr Gutes zum Bösen ausschlägt, ihnen unter den Händen zu Bösem wird. Nehmen Sie ihren ursprünglichen Universalismus und Kosmopolitismus, ihre innere Grenzenlosigkeit, die als seelisches Zubehör ihres alten übernationalen Reiches, des Heiligen Römischen Reiches Deutscher Nation, zu verstehen sein mag. Eine höchst positiv zu wertende Anlage, die aber durch eine Art von dialektischem Umschlag sich ins Böse verkehrte. Die Deutschen ließen sich verführen, auf ihren eingeborenen Kosmopolitismus den Anspruch auf europäische Hegemonie, ja auf Weltherrschaft zu gründen, wodurch er zu seinem strikten Gegenteil, zum anmaßlichsten und bedrohlichsten Nationalismus und Imperialismus wurde. Dabei merkten sie selbst, daß sie mit dem Nationalismus wieder einmal zu spät kamen, daß dieser sich bereits überlebt hatte. Darum setzten sie etwas Moderneres dafür ein: die Rassenparole – die sie denn prompt zu ungeheuerlichen Missetaten vermocht und sie ins tiefste Unglück gestürzt hat.

Oder nehmen Sie die vielleicht berühmteste Eigenschaft der Deutschen, diejenige, die man mit dem sehr schwer übersetzbaren Wort ›Innerlichkeit‹ bezeichnet: Zartheit, der Tiefsinn des Herzens, unweltliche Versponnenheit, Naturfrömmigkeit, reinster Ernst des Gedankens und des Gewissens, kurz alle Wesenszüge hoher Lyrik mischen sich darin, und was die Welt dieser deutschen Innerlichkeit verdankt, kann sie selbst heute nicht vergessen: Die deutsche Metaphysik, die deutsche Musik, insonderheit das Wunder des deutschen Liedes, etwas national völlig Einmaliges und Unvergleichliches, waren ihre Früchte. Die große Geschichtstat der deutschen Innerlichkeit war Luthers Reformation – wir haben sie eine mächtige Befrei-

ungstat genannt, und also war sie doch etwas Gutes. Daß aber
der Teufel dabei seine Hand im Spiel hatte, ist offensichtlich.
Die Reformation brachte die religiöse Spaltung des Abend-
landes, ein ausgemachtes Unglück, und sie brachte für Deutschland den Dreißigjährigen Krieg, der es entvölkerte, es verhängnisvoll in der Kultur zurückwarf und durch Unzucht und
Seuchen aus dem deutschen Blut wahrscheinlich etwas anderes
und Schlechteres gemacht hat, als es im Mittelalter gewesen
sein mag. Erasmus von Rotterdam, der das ›Lob der Torheit‹
schrieb, ein skeptischer Humanist von wenig Innerlichkeit, sah
wohl, wovon die Reformation trächtig war. »Wenn du furchtbare Wirrnisse in der Welt wirst entstehen sehen«, sagte er,
»dann denke daran, daß Erasmus sie vorausgesagt hat.« Aber
der gewaltig innerliche Grobian von Wittenberg war kein
Pazifist; er war voll deutscher Bejahung tragischen Schicksals
und erklärte sich bereit, das Blut, das da fließen würde, »auf
seinen Hals zu nehmen«. –
Die deutsche *Romantik,* was ist sie anderes als ein Ausdruck
jener schönsten deutschen Eigenschaft, der deutschen Innerlichkeit? Viel Sehnsüchtig-Verträumtes, Phantastisch-Geister-
haftes und Tief-Skurriles, auch ein hohes artistisches Raffinement, eine alles überschwebende Ironie verbindet sich mit dem
Begriff der Romantik. Aber nicht dies ist es eigentlich, woran
ich denke, wenn ich von deutscher Romantik spreche. Es ist
vielmehr eine gewisse dunkle Mächtigkeit und Frömmigkeit,
man könnte auch sagen: Altertümlichkeit der Seele, welche
sich den chthonischen[9], irrationalen und dämonischen Kräften
des Lebens, das will sagen: den eigentlichen Quellen des Lebens nahe fühlt und einer nur vernünftigen Weltbetrachtung
und Weltbehandlung die Widersetzlichkeit tieferen Wissens,
tieferer Verbundenheit mit dem Heiligen bietet. Die Deutschen sind ein Volk der romantischen Gegenrevolution gegen
den philosophischen Intellektualismus und Rationalismus der
Aufklärung – eines Aufstandes der Musik gegen die Literatur,
der Mystik gegen die Klarheit. Die Romantik ist nichts weniger als schwächliche Schwärmerei; sie ist die Tiefe, welche sich

zugleich als Kraft, als Fülle empfindet; ein Pessimismus der Ehrlichkeit, der es mit dem Seienden, Wirklichen, Geschichtlichen gegen Kritik und Meliorismus, kurz mit der Macht gegen den Geist hält und äußerst gering denkt von aller rhetorischen Tugendhaftigkeit und idealistischen Weltbeschönigung. Hier ist die Verbindung der Romantik mit jenem Realismus und Machiavellismus, der in Bismarck, dem einzigen politischen Genie, das Deutschland hervorgebracht hat, seine Siege über Europa feierte. Der deutsche Drang zur Einigung und zum Reich, von Bismarck in preußische Bahnen gelenkt, war mißverstanden, wenn man nach gewohntem Muster eine Einigungsbewegung national-demokratischen Gepräges in ihm sah. Er hatte das, um das Jahr 1848, einmal zu sein versucht, obgleich schon die großdeutschen Diskussionen des Paulskirchenparlaments von mittelalterlichem Imperialismus, Erinnerungen ans Heilige Römische Reich angeflogen gewesen waren. Aber es erwies sich, daß der europa-übliche national-demokratische Weg zur Einigung der deutsche Weg nicht war. Bismarcks Reich hatte im tiefsten nichts mit Demokratie und also auch nichts mit Nation im demokratischen Sinn dieses Wortes zu tun. Es war ein reines Machtgebilde mit dem Sinn der europäischen Hegemonie, und unbeschadet aller Modernität, aller nüchternen Tüchtigkeit knüpfte das Kaisertum von 1871 an mittelalterliche Ruhmeserinnerungen, die Zeit der sächsischen und schwäbischen Herrscher an. Dies eben war das Charakteristische und Bedrohliche: die Mischung von robuster Zeitgemäßheit, leistungsfähiger Fortgeschrittenheit und Vergangenheitstraum, der hochtechnisierte Romantizismus. Durch Kriege entstanden, konnte das unheilige Deutsche Reich preußischer Nation immer nur ein Kriegsreich sein. Als solches hat es, ein Pfahl im Fleische der Welt, gelebt, und als solches geht es zugrunde.

Die geistesgeschichtlichen Verdienste der deutschen romantischen Gegenrevolution sind unschätzbar. Hegel selbst hatte großartigsten Anteil daran, indem seine dialektische Philosophie den Abgrund überbrückte, den die rationalistische Aufklärung und die Französische Revolution zwischen Vernunft und Geschichte aufgerissen hatten. Seine Versöhnung des Vernünftigen mit dem Wirklichen brachte dem geschichtlichen Denken einen mächtigen Auftrieb und schuf geradezu die Wissenschaft von der Geschichte, die es bis dahin kaum gegeben hatte. Romantik ist wesentlich Versenkung, besonders Versenkung in die Vergangenheit; sie ist die Sehnsucht nach dieser und zugleich der realistisch anerkennende Sinn für alles wirklich Gewesene in seinem Eigenrecht, mit seiner Lokalfarbe und Atmosphäre – kein Wunder, daß sie der Geschichtsschreibung außerordentlich zustatten kam, sie in ihrer modernen Form eigentlich erst inaugurierte.

Reich und faszinierend sind die Verdienste des Romantizismus um die Welt des Schönen, auch als Wissenschaft, als ästhetische Lehre. Was Poesie ist, weiß der Positivismus, weiß die intellektualistische Aufklärung überhaupt nicht; erst die Romantik lehrte es eine Welt, die im tugendhaften Akademismus vor Langerweile umkam. Die Romantik poetisierte die Ethik, indem sie das Recht der Individualität und der spontanen Leidenschaft verkündete. Märchen- und Liederschätze hob sie aus den Tiefen völkischer Vergangenheit und war überhaupt die geistvolle Schutzherrin der Folkloristik, die in ihrem farbigen Lichte als eine Abart des Exotismus erscheint. Das Vorrecht vor der Vernunft, das sie dem Emotionellen, auch in seinen entlegenen Formen als mystischer Ekstase und dionysischem Rausch einräumte, bringt sie in eine besondere und psychologisch ungeheuer fruchtbare Beziehung zur Krankheit, – wie denn noch der Spätromantiker Nietzsche, ein selbst durch Krankheit ins Tödlich-Geniale emporgetriebener Geist, nicht genug den Wert der Krankheit für die Erkenntnis feiern konnte. In diesem Sinn ist selbst noch die Psychoanalyse, die einen tiefen Vorstoß des Wissens vom Menschen von der Seite der Krankheit her bedeutete, ein Ausläufer der Romantik.

Goethe hat die lakonische Definition gegeben, das Klassische sei das Gesunde und das Romantische das Kranke. Eine schmerzliche Aufstellung für den, der die Romantik liebt bis in ihre Sünden und Laster hinein. Aber es ist nicht zu leugnen, daß sie noch in ihren holdesten, ätherischsten, zugleich volkstümlichen und sublimen Erscheinungen den Krankheitskeim in sich trägt, wie die Rose den Wurm, daß sie ihrem innersten Wesen nach Verführung ist, und zwar Verführung zum Tode. Dies ist ihr verwirrendes Paradox, daß sie, die die irrationalen Lebenskräfte revolutionär gegen die abstrakte Vernunft, den flachen Humanitarismus vertritt, eben durch ihre Hingabe an das Irrationale und die Vergangenheit, eine tiefe Affinität zum Tode besitzt. Sie hat in Deutschland, ihrem eigentlichen Heimatland, diese irisierende Doppeldeutigkeit, als Verherrlichung des Vitalen gegen das bloß Moralische und zugleich als Todesverwandtschaft, am stärksten und unheimlichsten bewährt. Sie hat als deutscher Geist, als romantische Gegenrevolution dem europäischen Denken tiefe und belebende Impulse gegeben, aber ihrerseits hat ihr Lebens- und Todesstolz es verschmäht, von Europa, vom Geist der europäischen Menschheitsreligion, des europäischen Demokratismus, irgendwelche korrigierenden Belehrungen anzunehmen. In ihrer realistisch-machtpolitischen Gestalt, als Bismarckismus, als deutscher Sieg über Frankreich, über die Zivilisation und durch die Errichtung des scheinbar in robustester Gesundheit prangenden deutschen Machtreiches hat sie der Welt zwar Staunen abgenötigt, sie aber auch verwirrt, deprimiert und sie, sobald nicht mehr das Genie selbst diesem Reiche vorstand, in beständiger Unruhe gehalten.

Eine kulturelle Enttäuschung war das geeinte Machtreich außerdem. Nichts geistig Großes kam mehr aus Deutschland, das einst der Lehrer der Welt gewesen war. Es war nur noch stark. Aber in dieser Stärke und unter aller organisierten Leistungstüchtigkeit dauerte und wirkte fort der romantische Krankheits- und Todeskeim. Geschichtliches Unglück, die Leiden und Demütigungen eines verlorenen Krieges nährten ihn. Und, heruntergekommen auf ein klägliches Massenniveau, das Niveau eines Hitler, brach der deutsche Romantismus aus in hysterische Barbarei, in einen Rausch und Krampf von Überheblichkeit und Verbrechen, der nun in der nationalen Katastrophe, einem physischen und psychischen Kollaps ohnegleichen, sein schauerliches Ende findet. –

Was ich Ihnen in abgerissener Kürze erzählte, meine Damen und Herren, ist die Geschichte der deutschen ›Innerlichkeit‹. Es ist eine melancholische Geschichte – ich nenne sie so und spreche nicht von ›Tragik‹, weil das Unglück nicht prahlen soll. Eines mag diese Geschichte uns zu Gemüte führen: daß es nicht zwei Deutschland gibt, ein böses und ein gutes, sondern nur eines, dem sein Bestes durch Teufelslist zum Bösen ausschlug. Das böse Deutschland, das ist das fehlgegangene gute, das gute im Unglück, in Schuld und Untergang. Darum ist es für einen deutsch geborenen Geist auch so unmöglich, das böse, schuldbeladene Deutschland ganz zu verleugnen und zu erklären: »Ich bin das gute, das edle, das gerechte Deutschland im weißen Kleid, das böse überlasse ich euch zur Ausrottung.« Nichts von dem, was ich Ihnen über Deutschland zu sagen oder flüchtig anzudeuten versuchte, kam aus fremdem, kühlem, unbeteiligtem Wissen; ich habe es auch in mir, ich habe es alles am eigenen Leibe erfahren.

Mit anderen Worten: was ich hier, gedrängt von der Zeit, zu geben versuchte, war ein Stück deutscher Selbstkritik und wahrhaftig, ich hätte deutscher Tradition nicht treuer folgen können als eben hiermit. Der Hang zur Selbstkritik, der oft bis zum Selbstekel, zur Selbstverfluchung ging, ist kerndeutsch, und ewig unbegreiflich wird bleiben, wie ein so zur Selbsterkenntnis angelegtes Volk zugleich den Gedanken der Weltherrschaft fassen konnte. Zur Weltherrschaft gehört vor allem Naivität, eine glückliche Beschränktheit und sogar Vorsatzlosigkeit, nicht aber ein extremes Seelenleben wie das deutsche, worin sich der Hochmut mit der Zerknirschung paart. Den Unerbittlichkeiten, die große Deutsche, Hölderlin, Goethe, Nietzsche, über Deutschland geäußert haben, ist nichts an die Seite zu stellen, was je ein Franzose, ein Engländer, auch ein Amerikaner seinem Volk ins Gesicht gesagt hat.

Goethe ging, wenigstens in mündlicher Unterhaltung, so weit, die deutsche Diaspora herbeizuwünschen. »Verpflanzt«, sagte er, »und zerstreut wie die Juden in alle Welt müssen die Deutschen werden!« Und er fügte hinzu: »– um die Masse des Guten, die in ihnen liegt, ganz und zum Heile der Nationen zu entwickeln.«

Die Masse des Guten – sie ist da, und in der hergebrachten Form des nationalen Staates konnte sie sich nicht erfüllen. Der Zerstreuung über die Welt, die Goethe seinen Deutschen wünschte und zu der sie nach diesem Kriege wohl eine starke Neigung spüren werden, wird die Immigrationsgesetzgebung der anderen Staaten einen eisernen Riegel vorschieben. Aber bleibt nicht, trotz aller drastischen Abmahnung von übertriebenen Erwartungen, die uns die Machtpolitik zuteil werden läßt, die Hoffnung bestehen, daß zwangsläufig und notgedrungen nach dieser Katastrophe die ersten, versuchenden Schritte geschehen werden in der Richtung auf einen Weltzustand, in dem der nationale Individualismus des neunzehnten Jahrhunderts sich lösen, ja schließlich vergehen wird und welcher der im deutschen Wesen beschlossenen »Masse des Guten« glücklichere Bewährungsmöglichkeiten bieten mag als der unhaltbar gewordene alte? Es könnte ja sein, daß die Liquidierung des Nazismus den Weg freigemacht hat zu einer sozialen Weltreform, die gerade Deutschlands innersten Anlagen und Bedürfnissen die größten Glücksmöglichkeiten bietet. Weltökonomie, die Bedeutungsminderung politischer Grenzen, eine gewisse Entpolitisierung des Staatenlebens überhaupt, das Erwachen der Menschheit zum Bewußtsein ihrer praktischen Einheit, ihr erstes Ins-Auge-Fassen des Weltstaates – wie sollte all dieser über die bürgerliche Demokratie hinausgehende soziale Humanismus, um den das große Ringen geht, dem deutschen Wesen fremd und zuwider sein? In seiner Weltscheu war immer so viel Weltverlangen, auf dem Grunde der Einsamkeit, die es böse machte, ist, wer wüßte es nicht! der Wunsch, zu lieben, der Wunsch, geliebt zu sein. Zuletzt ist das deutsche Unglück nur das Paradigma der

Tragik des Menschseins überhaupt. Der Gnade, deren Deutschland so dringend bedarf, bedürfen wir alle.

Quelle: Stockholmer Gesamtausgabe der Werke von Thomas Mann. Reden und Aufsätze II. [Frankfurt a. M.:] S. Fischer 1965. S. 313–335.

Anmerkungen

1. »Da die Deutschen unfähig sind, die großen Instrumente der Freiheit zu spielen, können sie natürlich alle Musikinstrumente spielen.«
2. Inkubus, römischer Dämon; im Mittelalter Buhlteufel der Hexe.
3. menschenfressender Dämon oder Riese.
4. Papst Leo X. (1513–21), der frühere Giovanni de' Medici, versammelte die bedeutendsten Geister der italienischen Hochrenaissance um sich; er ließ auch die berüchtigten Ablaßbriefe verkaufen, um Geld für die Vollendung der Peterskirche einzutreiben.
5. Der Humanist Erasmus von Rotterdam (1469–1536) stand zuerst auf der Seite Luthers, wandte sich dann aber später von der Reformation ab.
6. 1933 vom Kongreß genehmigtes Reformprogramm des amerikanischen Präsidenten Roosevelt.
7. Friedrich Ebert (1871–1925) war ab 1919 deutscher Reichspräsident.
8. Thomas Mann bezieht sich auf den nationalistischen ›Turnvater‹ Jahn (1778–1852), den Mitbegründer der Burschenschaft, und dessen Schüler Maßmann (1797–1874), der Germanist in München und Berlin war.
9. unterirdischen.

RICARDA HUCH

1864–1947

Die neuromantische Erzählerin und Lyrikerin schrieb auch eine Reihe eindrucksvoller kulturhistorischer Studien, unter denen die beiden Bücher über die Romantik (1899–1902) und die Darstellung des Dreißigjährigen Krieges (1912–14) besonders zu erwähnen sind. Ricarda Huch, am 18. Juli 1864 in Braunschweig geboren, studierte von 1888 bis 1891 Geschichte, Philosophie und Philologie in Zürich, wo sie auch promovierte. Sie war kurze Zeit an der dortigen Zentralbibliothek tätig, danach fand sie eine Anstellung als Lehrerin. Sie lebte in Triest und München, ab 1929 in Berlin und ab 1932 in Heidelberg, Freiburg und Jena. Seit 1926 gehörte sie der Preußischen Akademie der Künste an, aus der sie 1933, mit ebenso scharfen wie mutigen Worten gegen die nationalsozialistische Gleichschaltung der Sektion Dichtung und gegen den Ausschluß jüdischer und pazifistischer Mitglieder protestierend, austrat. In ihrer Austrittserklärung heißt es unter anderem: »Was die jetzige Regierung als nationale Gesinnung vorschreibt, ist nicht mein Deutschtum. Die Zentralisierung, den Zwang, die brutalen Methoden, die Diffamierung Andersdenkender, das prahlerische Selbstlob halte ich für undeutsch und unheilvoll. Bei einer so sehr von der staatlich vorgeschriebenen abweichenden Auffassung halte ich es für unmöglich, in einer staatlichen Akademie zu bleiben.« (Vgl. Inge Jens, Dichter zwischen rechts und links, Die Geschichte der Sektion für Dichtkunst der Preußischen Akademie der Künste, dargestellt nach Dokumenten. München 1971. S. 200 ff.)
Die nachstehende Rede hat Ricarda Huch als Alterspräsidentin am 24. Januar 1946 zur Eröffnung des Thüringer Landtages in Weimar gehalten.

Demokratie ist eine Sache der Gesinnung

Das Wort Demokratie, das jetzt in aller Munde ist, bedeutet vielleicht für jeden, der es ausspricht, etwas Verschiedenes. Wirklich sind unter diesem Namen in Europa die verschiedensten Verfassungen erlebt worden, beginnend mit der ruhmvollen Demokratie Athens des Altertums, die über einer Schicht von Sklaven und Halbbürgern aufgebaut war. Die deutschen Städte des Mittelalters waren Republiken, teils mehr aristokratischen, teils mehr demokratischen Charakters, jede besonders nach der Eigenart und nach den Bedürfnissen ihrer Bevölkerung. In den meisten regierenden oder mitregierenden Räten dieser kleinen Republiken waren die Bauern respektive die Ackerbürger nicht mehr vertreten. In der neueren Zeit gibt es wieder bedeutende Unterschiede zwischen der englischen und der französischen Demokratie. Ich selbst habe die Demokratie vor 60 Jahren in der Schweiz kennengelernt und entscheidende Eindrücke davon empfangen. Bekanntlich besteht in ein paar der kleinsten Kantone noch die Idealform der Demokratie; nicht eine Vertretung des Volkes gibt ihre Stimmen ab, sondern die gesamte stimmfähige Bürgerschaft versammelt sich unter freiem Himmel in der Landsgemeinde, die über die öffentlichen Angelegenheiten zu beschließen hat, und es ist ein eigenartiger, ich möchte fast sagen ergreifender Anblick, wenn sich ein Wald von Händen erhebt, um den Willen des Volkes kundzugeben. Diese Form der Demokratie ist natürlich nur in kleinen Gemeinwesen durchführbar, wie überhaupt ja der Kleinstaat und somit das föderative System der Demokratie günstig ist.

Von allen früheren Demokratien unterscheidet sich die moderne dadurch, daß sie die bisher ausgeschlossene Hälfte der Bevölkerung, in manchen Punkten vielleicht wirklich die beste, nämlich die Frauen, miteinbezieht. Es könnte sein, daß die Gewissenhaftigkeit und das Verantwortlichkeitsgefühl der Frauen – und Frauen sind besonders gewissenhaft – ein wichtiger Beitrag ist, den sie zur Demokratie leisten. Denn in was für verschiedenen Formen sich auch die Demokratie darstellen mag, eines ist ihr immer wesentlich: daß das Volk über sein Schicksal, soweit das Schicksal durch Menschen bestimmbar ist, selbst bestimmt und infolgedessen sich dafür verantwortlich weiß.

Demokratie ist eine Sache der Gesinnung. Sie mag noch so sorgsam formal abgewogen sein, sie wird sich nie als Volksfreiheit – und das soll sie ja sein – ausprägen, wenn nicht das Rechtsgefühl und das Verantwortungsgefühl im Volke lebendig ist, damit verbunden ein Selbstbewußtsein, das jedem einen festen Stand gibt und ihn verhindert, mitunter Willkür und totalitären Staatsansprüchen zu folgen. Daß diese Eigenschaften nicht genügend unter den Deutschen vorhanden waren, erklärt, wenigstens zum Teil, die Katastrophe, die wir erlebt haben. Es ist zu hoffen, daß unser Unglück die Grundlage des Entstehens einer wahren Demokratie wird, in der jeder sich als belastetes und tragendes Glied fühlt, in der jeder den andern über die Parteien hinaus als Menschen in seiner Freiheit ehrt und zu verstehen sucht. Wir befinden uns in dieser Versammlung auf der Schwelle der neuen Demokratie. Sie ist ein Zeichen, daß wir keine autoritäre Regierung haben, sondern eine solche, die in beständiger verpflichtender Berührung mit dem Volke sein will. Das ist ja immer das Problem, zwischen Spitze und Basis eine lebendige Berührung herzustellen, wo man nicht wie im Kanton Appenzell eine Landsgemeinde berufen und jeden einzelnen um seine Wünsche, Ratschläge und Bedürfnisse fragen kann. Dieser Landtag, dieses intime Parlament, soll versuchen, das Problem zu lösen. Es ist uns eine Aufgabe gestellt, zu der wir gern mit Freude unsere Kräfte einsetzen werden.

Quelle: Ricarda Huch, Gesammelte Schriften. Essays, Reden, Autobiographische Aufzeichnungen. Freiburg i. B.: Atlantis Verlag 1964. S. 278 f.

KARL BARTH

1886–1968

*Der bekannte Schweizer reformierte Theologe steht, wie
Heinz Zahrnt in seinem Überblick über die moderne protestantische Theologie schreibt (»Die Sache mit Gott«, München
1967), »in der Theologiegeschichte ähnlich beherrschend am
Anfang des 20. wie Schleiermacher am Beginn des 19. Jahrhunderts«. Karl Barth wurde am 10. Mai 1886 in Basel geboren, war seit 1911 Pfarrer in Safenwil (Aargau), ab 1921
Professor für systematische Theologie in Göttingen, ab 1925
in Münster und ab 1930 in Bonn. Von 1933 bis 1935 beteiligte
er sich als ein führendes Mitglied der Bekennenden Kirche aktiv am Kirchenkampf. Als Gegner des Nationalsozialismus
wurde er 1935 seines Amtes enthoben; er kehrte in die
Schweiz zurück, wo er bis 1962 an der Universität Basel
lehrte. Am 10. Dezember 1968 starb er in Basel.*

*Barth, der ursprünglich als Schüler Wilhelm Herrmanns
(Marburg) und Adolf von Harnacks (Berlin) von der liberalen Theologie herkam, sah bald aus der praktischen Perspektive seines Pfarramtes in Safenwil die Fragwürdigkeit dieser
Einstellung ein und versuchte zwischen der »Problematik des
Menschenlebens« auf der einen und dem »Inhalt der Bibel«
auf der anderen Seite zu vermitteln. »Ja wohl«, so schreibt er
einmal seinem Freund Eduard Thurneysen, »aus der Not meiner Aufgabe als Pfarrer bin ich dazu gekommen, es mit dem
Verstehen- und Erklärenwollen der Bibel schärfer zu nehmen.« Der Theologie des menschlichen Bewußtseins stellt er
die Theologie der göttlichen Offenbarung gegenüber, und alle
historischen, psychologischen und spekulativen Auffassungen
des Christentums subsumiert er der zentralen Essenz: der
Offenbarung Gottes. In seiner Beschreibung von Gott spannt
er alles Reden, wie Zahrnt formuliert, »auf die Folter der
dialektischen Methode«. Berühmt ist Barth vor allem mit der
Auslegung des »Römerbriefs« (1919) geworden; als sein theo-*

logisches Hauptwerk gilt die mehrbändige »Kirchliche Dog-matik« (1932–59).
Bei der hier aufgenommenen Rede handelt es sich um eine Radioansprache vom 13. Dezember 1949, in der Barth eine christliche Beantwortung der Judenfrage versucht. Aus der Art und Weise der Argumentation, die einer sachlichen Über-prüfung nicht immer standhält, und den rhetorischen Figuren läßt sich leicht die dialektische Methode seiner Denkweise ab-lesen.

Die Judenfrage
und ihre christliche Beantwortung

Die Judenfrage ist seit 1900 und mehr Jahren immer eine Frage gewesen. Es ist Tatsache, daß sie in den letzten Jahr-zehnten dringlicher geworden ist, als sie es je gewesen ist.
Wer die in diesen Jahrzehnten laut gewordenen Beantwortun-gen dieser Frage von christlicher Seite, soweit sie ernst zu neh-men waren, verfolgt hat, hat in der Regel und im ganzen etwa folgendes zu hören bekommen:
Die Juden sind ein durch ihre Rasse, Religion und Art ausge-zeichnetes Volk wie andere, eine Gruppe der menschlichen Fa-milie, ein Teil der Bevölkerung und Bürgerschaft unserer Staaten. Die Judenfrage fällt also unter das Gebot der Näch-stenliebe. Der Christ hat den Juden gegenüber der großen christlichen Ideen der Vaterschaft Gottes und der Bruder-schaft aller Menschen zu gedenken, die ja übrigens gerade in der jüdischen Religion ihren Ursprung haben. Er wird darum im Blick auf die Juden besonders nachdrücklich darauf drin-gen, daß auch ihnen der volle Genuß der bürgerlichen und menschlichen Gleichheit, daß ihnen Duldung und – darüber hinaus – ein vorurteilsloses Verständnis und eine positive Wertschätzung zuteil werde. Er beklagt und verurteilt darum den Antisemitismus in jeder Form als eine barbarische Beleidi-

gung unserer vom Christentum mitgeformten Kultur und Zivilisation als einen wüsten, weil antihumanen religiösen Rückfall. Er wird für die Opfer des Antisemitismus sein Möglichstes tun. Er begrüßt den heute in Palästina gemachten Versuch jüdischer Selbsthilfe. Er erhofft und fordert für die Zukunft einen vertieften Austausch und eine neue kameradschaftliche Zusammenarbeit zwischen Christen und Juden.

Man kann dem allem zustimmen und nun doch der Meinung sein, daß damit weder der Judenfrage Gerechtigkeit widerfährt, noch auch die entscheidende christliche Antwort darauf gegeben ist. Ich möchte in vier Punkten versuchen, zu einer etwas gründlicheren Überlegung anzuregen.

1. Fängt die Judenfrage nicht schon an einem Punkt an, der in dem, was wir eben gehört haben, überhaupt nicht berücksichtigt und nun doch für die christliche Beantwortung grundlegend ist: bei der Tatsache, daß die Juden als solche immer noch da sind? Seit der Zerstörung Jerusalems im Jahre 70 unserer Zeitrechnung dürften und könnten sie nämlich nach allen weltgeschichtlichen Analogien nicht mehr erkennbar da sein. Warum sind sie nicht wie so viele von den kleinen und sogar großen Völkern des Altertums – die damals triumphierenden Römer nicht ausgeschlossen – im Meer anderer, neuer Völker auf- und untergegangen? Sie sind aber durch alle die Jahrhunderte hindurch – durch die Geschichte wahrlich nicht begünstigt, sondern zerstreut, unbeliebt, verfolgt und unterdrückt, oft in ganzen Teilen ausgerottet, weithin mit den verschiedensten anderen Völkern vermischt – faktisch als die Juden doch immer erkennbar da gewesen. Und sie scheinen heute, nach der schlimmsten Katastrophe ihrer Geschichte, eben mit jener Staatsgründung in Palästina im Begriff zu sein, dafür zu sorgen, daß sie auch in Zukunft erst recht und mehr als je da sein werden. Muß man nicht sagen, daß sie eigentlich gerade damals, in ihrem nationalen Untergang, aus dem Winkeldasein eines obskuren Kleinvolks in die Weltgeschichte eingegangen sind? Wie kommen sie zu dieser – alles überlegt –

doch einfach befremdlichen, nicht abnehmenden, sondern zunehmenden geschichtlichen Beständigkeit?

Die christliche Beantwortung dieser Vorfrage wird schlicht
von der Tatsache ausgehen, daß 40 Jahre vor jenem Ereignis
noch etwas geschehen und als höchst beständiges Element in
die Weltgeschichte eingegangen ist: die Kreuzigung des Juden
Jesus von Nazareth. Hat die Bibel doch recht? Ist es wahr,
daß es eine Treue gibt, in der sich Gott dem Menschen von
Ewigkeit her zugewendet hat? Ist es wahr, daß Israel, später
das Volk der Juden genannt, das erwählte Volk dieses treuen
Gottes ist? Daß Gott diesem Volk die Treue hält, obwohl es
ihm laut seinen eigenen heiligen Schriften immer wieder un-
treu war: Treue auch in allem Unheil, das seine Untreue nach
sich zog? Ist es schließlich wahr, daß diese Treue Gottes darin
zum Ziel kam, daß er selbst in der Person und im Tod jenes
einen Juden mit der Untreue seines Volkes und mit der ganzen Menschheit radikal Schluß, mit ihm und mit der ganzen
Menschheit einen neuen Anfang gemacht hat? Wenn das wahr
ist, dann ist die geschichtliche Beständigkeit der Juden zwar
ein Glaubensgeheimnis, aber als solches nicht einfach unerklärlich. Sie konnten und können dann so wenig verschwinden, wie Gottes Treue aufhören, wie das, was in der Person
jenes einen Juden geschehen ist, rückgängig gemacht werden
kann. Ihre rätselhafte Fortexistenz ist dann das unüberseh-
bare Zeichen dessen, was der eine Gott in diesem einen jüdischen Menschen für alle und ein für allemal getan hat. Das ist
die erste und grundlegende christliche Antwort, die hier zu
geben ist.

2. Aber da redet man nun von den »Juden«; als ob man
wüßte, wen und was man mit dieser Bezeichnung eigentlich
meint. Ein Volk? Aber was man sonst unter einem Volk versteht, sind sie nun doch gerade nicht. Es hat nämlich noch niemand sagen können, was man unter dem Begriff der jüdischen
»Rasse« zu verstehen hat und welches nun eigentlich ihre jüdische Eigentümlichkeit sein soll. Semiten sind noch manche andere Völker, z. B. die Araber, die heute die bittersten Feinde

der Juden sind. Eine eigene Sprache haben die Juden auch
nicht; denn das Hebräische ist bei ihnen längst zu einer theologischen Gelehrtensprache enger Kreise geworden; und wenn
es im heutigen Staat Israel in der Funktion einer Art von
Esperanto wieder gepflegt wird, so beweist das nur, daß die
dort zusammengekommenen Juden eigentlich andere fremde
Sprachen sprechen. Es hat auch seit dem Jahr 70 zwar viel
jüdische Mitwirkung bei der Gestaltung und auch bei der Zersetzung von allerlei fremden Kulturen gegeben, aber keine
nennenswerte spezifisch jüdische Kultur. Man kann ferner
auch unmöglich von einer den Juden gemeinsamen Religion
reden: die orthodoxe und die liberale Synagoge umfaßt längst
nur noch einen kleinen Teil der Judenschaft; und man kann
als Jude bekanntlich auch Pantheist, Atheist oder Skeptiker
und schließlich auch ein guter oder schlechter Christ, katho-
lisch oder protestantisch, und dennoch ein richtiger Jude sein
und bleiben. Und schließlich ist allen Ernstes zu fragen, ob
man seit dem Jahr 70 noch von einer gemeinsamen Geschichte
der Juden reden kann. Von allerlei Geschichten jüdischer
Gruppen, Richtungen und Individuen wohl, aber offenbar gerade nicht von der Geschichte eines jüdischen Volkes.
Sind die Juden ein Volk? Vielleicht ein Volk, das kein Volk
ist? Oder kein Volk, das nun doch ein Volk ist? Die christliche
Antwort wird gerade diesen seltsamen Widerspruch aufnehmen: Ja, ein Volk, das, unbegreiflich genug, ganz anders als
alle anderen Völker, sein besonderes Wesen gerade darin hat,
so anonym, so glanzlos da zu sein, gerade kein Eigenes zu
haben! Es hat sein Eigenes wohl verloren. Es hatte wohl einmal ein ihm Eigenstes, durch das es sogar hoch vor allen anderen Völkern ausgezeichnet war. Es hat es wohl nicht erkannt,
sondern von sich gestoßen. Damals ist das wohl geschehen, als
jener eine Jude vor den Toren Jerusalems am Kreuz gestorben
ist. Aber Gottes Erwählung ist damit nicht rückgängig gemacht. Gottes Gnade ist deshalb nicht von diesem Volk ge-
wichen. Ist es nicht fast mit Händen zu greifen, wie es eben
durch Gottes Barmherzigkeit fort und fort erhalten wird?

Aber nun eben so; nun nicht als eine Gestalt; nun nur als der Schatten einer Gestalt; nun eben widerstrebend als der Zeuge des Gottessohnes und Menschensohnes, der aus seiner Mitte hervorgegangen ist, der zunächst ihm gehört, den es abgelehnt, der aber seinerseits nicht aufgehört hat, gerade sie, die Juden, zu rufen: »Kommet her zu mir, die ihr mühselig und beladen seid. Ich will euch erquicken!« Sie wissen es nicht. Sie hören es nicht. Aber Er ist der, um deswillen sie einst ein Volk waren und unter dessen Herrschaft sie wieder ein Volk werden sollen.

3. Woher der Antisemitismus? Daß er in allen seinen Erscheinungen stupid, böse, ein Werk völliger menschlicher Blindheit ist, bedarf keiner Worte. Aber eben: woher kommt er eigentlich? Wie ist es zu erklären, daß er wie die Pest immer wieder ausbrach und nun mitten in unserem erleuchteten Jahrhundert noch einmal und schlimmer als je ausbrechen konnte? Was hat man gegen die Juden? Irgendwelche unangenehmen Eigenschaften haben alle Völker, ohne daß sie sie sich gegenseitig so übelnehmen, wie man es den Juden allgemein übelnimmt, daß sie Juden sind. Aber warum nimmt man ihnen das übel? Warum so zäh und so grimmig? Und haben sie nicht wie alle Völker auch ihre guten Eigenschaften? Warum läßt man diese nicht gelten? Warum wollen überhaupt die moralischen Argumente gegen den Antisemitismus so gar nicht verfangen? Er scheint wirklich so unerklärlich wie die Existenz und wie das Wesen der Juden selbst; und es besteht eigentlich Grund zu der Annahme, daß zwischen ihm und der Existenz und dem Wesen der Juden selbst ein Zusammenhang bestehen möchte. Die christliche Antwort muß in der Tat von dieser Annahme ausgehen. Ein Doppeltes ist hier zu sagen.

Keine Frage: Der Jude ist nicht schlimmer als alle anderen Menschen. Aber uns verdrießt es – und das nehmen wir dem Juden so übel –, daß er wie ein Spiegel ist, in welchem uns vorgehalten wird, wer oder was, d. h. wie schlimm wir alle sind. Der Jude bezahlt dafür, daß er der Erwählte Gottes ist. Jener eine Jude am Kreuz hat seine Erwählung ja auch damit bezahlt, daß aller Menschen Sünde und Schuld gerade auf ihn geladen war. Wo Gottes Gnade leuchtet, da wird es eben sichtbar, daß der Mensch sie nicht verdient, daß er ein Übertreter und Aufrührer ist. Alle Tarnung und Beschönigung kommt da in Wegfall. Nicht bei den Ägyptern und Babyloniern, nicht bei den Philistern und Moabitern, nicht bei den Griechen und Römern, nicht bei den Engländern und nicht bei uns braven Schweizern, wohl aber bei dem erwählten Volk Israel, wohl aber bei den Juden! Die Sonne über ihnen brachte und bringt es an den Tag – wohlverstanden: wie es in Wahrheit *mit uns allen* steht. Das merken, das wittern wir und darum freuen uns die Juden nicht. Darum meint man den Fremdling unter den Völkern auch noch mit Verachtung, Hohn und Haß strafen zu müssen. Das Verkehrteste, was man tun kann! Was hilft es, den Spiegel gegen die Wand zu kehren oder gar zu zerschmettern? Wir sind darum doch die, als die wir uns in diesem Spiegel erblickt haben. Aber eben dieses törichte Umkehren und Zerschmettern ist jedenfalls der eine Sinn im großen Unsinn des Antisemitismus.

Er hat aber auch noch einen anderen Sinn: uns ist unheimlich, wie die Juden als Juden zugleich so wurzellos, so ungesichert, so schattenhaft, aber nun doch in jener unerhörten geschichtlichen Beständigkeit durch die Weltgeschichte gehen und in unserer Mitte sind: so wurzellos, weil eben allein Gottes freie Gnade sie hält – so beharrlich, weil sie eben durch Gottes Gnade unerschütterlich gehalten sind. Warum ist uns das unheimlich? Weil sie uns auch in dieser Hinsicht der Spiegel unserer eigenen und aller menschlichen Existenz sind. Das so wurzellose Volk der Juden sagt uns – und das merken, das wittern wir –, daß wir alle, die wir uns an irgendwelchen sichern Ufern zu befinden meinen, so sicher faktisch auch nicht dran sind, daß es auch mit unseren Wurzeln, Sicherungen und Geborgenheiten letztlich sehr zweifelhaft bestellt ist. Die Existenz der Juden sagt uns, daß es in der Weltgeschichte wohl überhaupt keine Geborgenheit, keine Heimat gibt: für kein Volk, für keinen Menschen. Wie sollten wir das gerne hören? Oder friert es uns nicht bei dem Gedanken, daß wir alle vielleicht auch darauf angewiesen sein möchten, allein von Gottes freier Gnade zu leben? Und wie peinlich ist erst die andere Frage, die uns damit gestellt ist, daß dieses Volk nun doch in aller seiner Ohnmacht so beständig ist, so durchhält, so bleibt! Warum hört man das so ungern, daß die Juden das erwählte Volk seien? Warum sucht man sogar in der Christenheit nach immer neuen Beweisen, daß sie das nicht mehr seien? Sehr schlicht: weil man sich das nicht gerne sagen läßt, daß die Sonne der freien Gnade, in der man allein leben kann, nicht hier, nicht über uns, sondern dort, über jenen leuchtet, daß der Erwählte nicht der Deutsche, nicht der Franzose, nicht der Schweizer, sondern eben der Jude ist, und daß man, um selbst erwählt zu sein, wohl oder übel entweder selbst Jude sein oder aber in höchster Solidarität gerade zum Juden gehören müßte. »Das Heil kommt von den Juden.« In ihrer Existenz stoßen wir Nicht-Juden auf den Felsen der göttlichen Erwählung, die zunächst an uns vorbei ganz und gar die Erwählung eines anderen ist, die uns nur angehen kann, indem sie zuerst ihn und erst dann – nur in ihm und durch ihn – auch uns angeht. In der Verlorenheit und in der Beharrlichkeit der jüdischen Existenz schaut uns dieser andere an: der eine Jude am Kreuz, in welchem alles Heil für alle Menschen ist, außer dem kein Heil ist für keinen Menschen. Das lehnen wir ab. Das lehnt noch mancher ab, der kein Antisemit sein möchte. Das lehnt ja auch der Jude selbst ab. Er sollte aber bedenken: genau das ist der andere Sinn im großen Unsinn, genau das ist die andere Wurzel des Antisemitismus! Wer das ablehnt, der sehe nur zu, daß er nicht auch noch Antisemit werde: er ist schon auf dem besten Weg dazu.

4. Was folgt aus dem allem für die christliche Haltung zu den Juden? Wir können alle die schönen Gedanken dazu, die wir am Anfang gehört haben, gelten lassen. Es ist aber zu bezweifeln, ob sie eigentümlich christliche Gedanken sind, ob sie den Juden die Ehre antun, die ihnen gebührt, und ob sie die Kraft haben, in der Judenfrage praktisch etwas auszurichten. Die

Judenfrage reißt einen Abgrund auf, der tiefer ist, als daß er durch ein bißchen humane Vernunft und Moral überbrückt werden könnte. Und wir Christen sind den Juden tiefer verbunden und verpflichtet, als daß wir sie mit ein paar Beteuerungen unseres guten Willens und mit einer Ablehnung des Antisemitismus auf dieser Basis abspeisen könnten.

Die Juden sind ohne allen Zweifel bis auf diesen Tag Gottes erwähltes Volk im gleichen Sinn, wie sie es nach dem Alten und Neuen Testament von Anfang an gewesen sind. Sie haben Gottes Verheißung; und wenn wir Christen aus den Heidenvölkern sie auch haben, dann als die mit ihnen Erwählten, dann als die in ihr Haus gekommenen Gäste, die auf ihren Baum versetzten Schosse. Die christliche Gemeinde existiert nicht anders als die Juden: wunderbar erhalten durch alle Zeiten, ein Volk von Fremdlingen auch sie; und der Anstoß, den die Antisemiten an den Juden nehmen, ist derselbe, den auch die christliche Gemeinde notwendig erregen wird.

Was trennt uns von ihnen? Merkwürdigerweise dasselbe, was uns mit ihnen verbindet: *der* Jude, der Jude am Kreuz von Golgatha, den wir als die Erfüllung der Verheißung Israels und damit als den Heiland der ganzen Welt erkennen. Die Juden erkennen diesen einen Juden nicht, sie, die darin die ersten sein müßten. Darum sind sie denn auch so gar nicht bereit, sich damit abzufinden, allein von Gottes Gnade, von ihr aber wirklich leben zu dürfen. Darum sind die Juden bis auf diesen Tag ein so trotziges und in ihrem Trotz den Antisemiten nur zu verwandtes Volk. Das ist das wirkliche, das bleibende, das entsetzliche Rätsel der jüdischen Existenz. Wir Christen aus den Heidenvölkern aber können jenen einen Juden, den Herrn Jesus Christus, auch nicht erkennen, ohne uns gerade mit den Juden in letzter Solidarität einig zu wissen. Wir erkennen in ihrem Trotz dieselbe Bewegung, die auch in uns selbst ihr Wesen treibt. Wir kennen aber auch den, der allen menschlichen Trotz und eben damit alle Abgründe zwischen uns Menschen und zuerst und vor allem den Abgrund zwischen den Juden und den anderen Völkern schon überwunden hat. Er, aber er allein, kann das Moralische, das die anderen Völker den Juden zweifellos schuldig sind, selbstverständlich machen, und eben darum grüßen wir Christen die Juden in dieser Adventzeit in seinem Namen – im Namen dessen, über dessen Kreuz der Heide Pilatus die Inschrift anbringen ließ: Jesus von Nazareth, der König der Juden. Und als die Juden dagegen protestierten, hat Pilatus ihnen bekanntlich geantwortet: »Was ich geschrieben habe, das habe ich geschrieben.«

Quelle: Karl Barth, Der Götze wackelt. Zeitkritische Aufsätze, Reden und Briefe von 1930 bis 1960. Hrsg. von Karl Kupisch. Berlin: Vogt 1961. S. 144–149. © Theologischer Verlag, Zürich.

PAUL TILLICH

1886–1965

Während Karl Barth »in die Höhe empor zum Himmel schaut und dem ewigen Spiel der Trinität lauscht, blickt Paul Tillich hinab in die Tiefe der Wirklichkeit und wird gefangengenommen von dem ständigen Wechselspiel der Geschichte« (Heinz Zahrnt, »Die Sache mit Gott«, München 1967, S. 386). Es ist deshalb nur konsequent, wenn Tillich den Wert jeder Theologie danach bemessen will, was sie in der Predigt leistet. Angesichts der Sinnentleerung der überlieferten christlichen Begriffe scheint ihm für die schwierige Aufgabe eine neue Reflexion auf Sprache, auf die Mittel der Kommunikation eine unerläßliche Voraussetzung zu sein. Tillichs ›Vermittlungstheologie‹ bezieht die Ergebnisse vieler anderen Disziplinen (z. B. Philosophie, Psychologie, Psychotherapie, Pädagogik, Politik, Wirtschaft, Soziologie, Kunst, Literatur) ein und versucht eine umfassende Synthese. Es geht ihm in all seinen Arbeiten um die vielschichtige Korrelation von Mensch und Gott.

Paul Tillich, am 20. August 1886 in der Oberlausitz geboren, studierte Theologie und Philosophie in Berlin, Tübingen und Halle, promovierte 1910 zum Dr. phil., 1912 zum Lizentiaten der Theologie. Nach dem Ersten Weltkrieg, an dem er als Feldgeistlicher teilnahm, habilitierte er sich in Berlin. 1924 wurde er Professor für systematische Theologie und Religionsphilosophie in Marburg, 1925 Professor für Religionswissenschaft an der Technischen Hochschule Dresden und Honorarprofessor für Theologie in Leipzig, 1929 übernahm er als Nachfolger Max Schelers den Lehrstuhl für Philosophie und Soziologie in Frankfurt a. M. 1933 von seinem Amt suspendiert, emigrierte er in die USA, wo ihm Reinhold Niebuhr eine Professur am Union Theological Seminary in New York vermittelte; daneben hielt er noch philosophische Vorlesungen an der Columbia University. Die letzten Jahre lehrte er an

der University of Chicago; dazwischen hielt er sich immer
wieder zu Gastvorlesungen in Europa auf. Er starb am
22. Oktober 1965 in Chicago.
Den hier abgedruckten Vortrag, der zu einem Zyklus von vier
Vorträgen über »die politische Bedeutung der Utopie im Le-
ben der Völker« gehört, hielt Tillich frei, ohne Konzept, an
der Deutschen Hochschule für Politik im Sommer 1951 in
Berlin; nach wörtlichen Stenogrammen wurden die vier Vor-
träge erstmals in der »Schriftenreihe der Deutschen Hoch-
schule für Politik« (Berlin 1953) publiziert. Tillich analysiert
in diesem letzten Vortrag des Zyklus nach einer kurzen Zu-
sammenfassung des Voraufgehenden den Sinn von Utopie in
drei Schritten: die Positivität, die Negativität und die Tran-
szendenz der Utopie – und kommt zu dem dialektisch formu-
lierten Ergebnis, daß es »der Geist der Utopie« ist, »der die
Utopie überwindet«.

Kritik und Rechtfertigung der Utopie

Lassen Sie mich den Gang der gesamten Vorlesung für diese
letzte Vorlesung kurz zusammenfassen. In der ersten Stunde
stellten wir fest, daß Menschsein heißt, Utopie haben. Die
Utopie ist verwurzelt im Menschsein selbst. In der zweiten
Vorlesung fanden wir, daß Geschichte verstehen, das heißt geschichtliches Bewußtsein und Aktivität haben, bedeutet, Utopie an den Anfang und an das Ende stellen, und in der dritten
Vorlesung fanden wir, daß alle Utopien Negation der Negation sind, Verneinung dessen, was negativ ist in der menschlichen Existenz. Aus diesen drei Grundlagen ergibt sich nun
das, wohin ich Sie führen wollte, nämlich eine Beurteilung des
Sinnes und der Bedeutung der Utopie. Und zwar will ich das
in drei Schritten tun. Diese sind: 1. Das Positive der Utopie,
2. das Negative der Utopie und 3. die Transzendenz der
Utopie.

Beginnen wir mit dem, was *positiv* an der Utopie ist. Das erste, was da gesagt werden muß, ist, daß Utopie *Wahrheit* ist. Warum ist sie wahr? Weil sie das Wesen des Menschen, nämlich das innere Ziel seiner Existenz, ausdrückt. Sie zeigt, was der Mensch wesenhaft ist. Jede Utopie ist ein Aufweisen dessen, was der Mensch als inneres Ziel, als innere Erfüllung in sich und vor sich hat und haben soll. In Wiederholung eines Gedankens, den ich das letzte Mal ausgesprochen habe und der vielleicht nicht ganz verstanden war, möchte ich sagen, daß das sowohl für das personale wie für das soziale Dasein des Menschen gilt und daß es unmöglich ist, das eine ohne das andere zu verstehen. Die soziale Utopie verliert ihre Wahrheit, wenn sie nicht zugleich Utopie in bezug auf das Personale ist, und die personale Utopie verliert ihre Wahrheit, wenn sie nicht zugleich Utopie in bezug auf das Soziale ist.

Ich hatte als Beispiel die Utopien des Heilens herangezogen und bin damit auf etwas gekommen, was in der gegenwärtigen medizinischen Diskussion über das Heilen überaus aktuell ist, nämlich dies, daß geistige Störungen nicht überwunden werden können ausschließlich vom Einzelnen und von der Erfüllung seines inneren Sinnes, wenn nicht zugleich die Gesellschaft den Rahmen gibt, in dem eine solche Erfüllung möglich ist. Ich möchte dafür das Wort eines Neurologen und Analytikers zitieren, der mir eines Tages verzweifelt sagte: »Da sind die Menschen, die ich geheilt habe, aber ich schicke sie zurück in die soziale Struktur, in der wir leben, und ich weiß, sie werden zurückkehren und wieder um meine Hilfe bitten.« Und umgekehrt ist es unmöglich, das Soziale ohne das Individuelle als innere Erfüllung und inneres Ziel des Menschen zu verstehen. Und das ist die Tragödie der revolutionären Bewegungen der letzten hundert Jahre, die alle innerlich und manchmal auch äußerlich daran gescheitert sind, daß sie das Heilen der Gesellschaft ohne gleichzeitiges Heilen der Einzelnen, die die Gesellschaft tragen, in Aussicht nahmen. Ein guter Teil der Tragik unserer Situation beruht darauf, daß die Uto-

pie im Individuellen und die Utopie im Sozialen ausein-
andergerissen und nicht in ihrer Einheit gesehen werden.
Wenn Utopie Wahrheit ist, dann folgt daraus, daß die Verneinung der Utopie, sei es in zynischer, sei es in philosophischer
Weise, unwahr ist.

Das zweite, was wir positiv über die Utopie sagen müssen, ist
ihre *Fruchtbarkeit*, und damit wird Wahrheit und Fruchtbarkeit in eine enge Beziehung gesetzt. Die Utopie eröffnet Möglichkeiten, die, abgesehen von der utopischen Vorwegnahme,
verborgen bleiben würden. Jede Utopie ist eine Vorwegnahme, und manches, was die Utopien vorweggenommen
haben, hat sich als reale Möglichkeit gezeigt. Ohne die vorwegnehmende Phantasie wären in der Menschheitsgeschichte
zahllose Möglichkeiten unverwirklicht geblieben. Wo keine
vorwegnehmende Utopie Möglichkeiten eröffnet, da finden
wir Gegenwartsverfallenheit, da finden wir, daß nicht nur in
Einzelnen, sondern in ganzen Kulturen Selbstverwirklichung
menschlicher Möglichkeiten unterdrückt bleibt. Menschen ohne
Utopie bleiben der Gegenwart verfallen, Kulturen ohne Utopie
bleiben an die Gegenwart gebunden und fallen schnell in die
Vergangenheit, da Gegenwart nur leben kann aus der Spannung zwischen Vergangenheit und Zukunft.

Und das dritte Positive, was ich sagen möchte, ist die *Macht*
der Utopie, das Gegebene umzugestalten. Wenn wir an die
großen utopischen Bewegungen denken, wird das unmittelbar
sichtbar. Das Judentum ist vielleicht die wichtigste utopische
Bewegung der Menschheitsgeschichte, es hat die gesamte
Menschheit direkt und indirekt in eine andere Sphäre erhoben
auf der Grundlage einer Utopie von der kommenden Herrschaft Gottes. Die bürgerliche Gesellschaft mit ihrer Utopie
des Vernunftstaates, des dritten Zeitalters, hat die fernsten
Winkel der Erdoberfläche direkt und indirekt revolutioniert
und hat die gesamte vorbürgerliche Existenz fragwürdig und
durchweg letztlich unmöglich gemacht. Der Marxismus hat in
gleicher Weise in seiner Utopie von der klassenlosen Gesellschaft die eine Hälfte der Welt direkt und die andere Hälfte

indirekt revolutioniert und umgestaltet. In allen drei Beispielen handelt es sich um Utopie, das heißt um etwas, was keine Gegenwart, weil keinen Platz hat – οὐ τόπος, ohne einen Platz –, aber diese Utopie, die nirgendwo ist, hat sich als das Mächtigere gegenüber dem, was ist, bewährt. Die Wurzel ihrer Macht, und damit kommen wir auf die erste Vorlesung zurück, ist die wesenhafte oder ontologische Unzufriedenheit des Menschen in allen Richtungen seines Seins. Keine Utopie hätte Macht, wenn sie ausschließlich ökonomisch oder ausschließlich geistig oder ausschließlich religiös wäre, und es sind auch nicht, wie eine falsche Analyse es uns wissen lassen wollte, die untersten Gruppen der Seinsmächtigkeit in der Gesellschaft, die die eigentlichen Träger der Utopie sind, weil sie unzufrieden sind, sondern es sind die, die in der Spannung zwischen Sicherung und Vorwärtsgehen sich für das Vorwärtsgehen entschieden haben und dann oft die Hilfe der Massen der Unzufriedenen bekommen, sie für ihren Kampf benutzen und vielleicht zuletzt von ihnen verschlungen werden. Auf alle Fälle ist es eine Erfahrung der Geschichte, daß die Träger der Utopie niemals diejenigen sind, die auf der untersten ökonomischen Stufe stehen und deren Unzufriedenheit grundsätzlich ökonomisch und sonst nichts ist. Sondern es sind die, die seinsmächtig genug sind, vorwärtsgehen zu können. Ich denke an die Französische Revolution, wo das Proletariat Hilfestellung leistete, aber das hochgebildete Bürgertum die Revolution machte. Man denke an die franziskanische Revolution, wo es die fortgeschrittensten Formen des Mönchtums waren, die gegen die Kirche revolutionierten. Man denke an Marx' Analyse der Avantgarden, derer, die innerhalb des Proletariats und zum Teil außerhalb des Proletariats die eigentlichen Träger der Utopie sind. Das heißt, die Macht der Utopie liegt in der Macht des Menschen in seiner Ganzheit. Er ist imstande, auf Grund der ontologischen Unzufriedenheit in alle Richtungen des Seins vorzustoßen und die Wirklichkeit umzugestalten. Soviel über die positiven Züge der Utopie, das Ja, das wir zu ihr sagen müssen.

Nun zum *Negativen* der Utopie: Wenn ich vorher von der Wahrheit der Utopie gesprochen hatte, so spreche ich jetzt von der *Unwahrheit* der Utopie. Die Unwahrheit der Utopie ist, daß sie die Endlichkeit und die Entfremdung des Menschen vergißt. Sie vergißt, daß der Mensch als endlicher Sein und Nichtsein vereinigt und daß er unter den Bedingungen der Existenz immer von seinem wahren Wesen entfremdet ist. Darum ist es unmöglich, das wahre Wesen des Menschen als real zu nehmen und damit zu rechnen. Ich denke etwa an das Menschenbild des Fortschritts, das zwar die Endlichkeit des Einzelnen zugibt, wenigstens für dieses Leben, ihm einen Fortschritt über dieses Leben hinaus zugesteht, aber vergißt, daß die Endlichkeit auch in einem Zustand ›nach dem Leben‹ sich jederzeit äußern würde, sofern es sich nicht um Ewigkeit, sondern endlose Fortsetzung der Endlichkeit handelt.

Die Unwahrheit der Utopie ist ihr falsches Menschenbild, und darum kann man die Utopie, sofern sie auf dieser Unwahrheit ihr Denken und ihr Handeln aufbaut, nur damit angreifen, daß man ihr zeigt: der Mensch, den sie voraussetzt, ist der nicht-entfremdete Mensch. Damit setzt sie sich aber in Widerspruch zu ihrer eigenen Behauptung, daß der entfremdete Mensch aus der Entfremdung zurückgeführt werden soll. Und es erhebt sich die Frage: Durch wen soll der entfremdete Mensch zurückgeführt werden? Etwa auch durch entfremdete Menschen? Wieso ist dann die Entfremdung aufgehoben? Und wenn man sagt: überhaupt nicht durch Menschen, sondern durch notwendige ökonomische oder andere Prozesse, dann ist das Verstehen dieser Prozesse selbst wieder ein menschlicher Akt. Auch wenn man sagt, daß Freiheit das Wissen um die Notwendigkeit ist, so steht das Wissen dem Nichtwissen gegenüber, und es muß zwischen beiden eine Entscheidung möglich sein. Wo aber Entscheidung ist, da ist Freiheit. Sonst ist »Freiheit als das Wissen um Notwendigkeit« nur eine Phrase, die verhüllt, aber nicht offenbart, denn in ihr ist nicht verstanden, was Wissen heißt, nämlich jenseits der Notwendigkeit an der Wahrheit selber teilnehmen oder ihr widersprechen zu können, und das setzen wir in jedem Moment voraus. An dieser Stelle liegt die Unwahrheit der Utopie. Denn daß sie in der Zukunft etwas Phantastisches sich ausmalt, ist nebensächlich; wesentlich ist vielmehr, daß sie ein falsches Menschenbild voraussetzt, entgegen ihrer eigenen Voraussetzung. Wir hatten gesehen, daß nahezu alle Utopien von der vollendeten Entfremdung und Sündhaftigkeit der Gegenwart – einer Gesellschaftsgruppe oder eines Volkes oder einer Religion – reden und dann darüber hinausführen wollen, aber nicht sagen, wie das möglich ist, wenn die Entfremdung radikal ist. Das ist der tiefste Grund dafür, daß Utopie Unwahrheit ist, obwohl sie auf der anderen Seite Wahrheit ist.

Und das Zweite, wo ich wieder der Bejahung eine Negation gegenüberstelle, ist die *Unfruchtbarkeit* der Utopie neben ihrer und gegen ihre Fruchtbarkeit. Die Fruchtbarkeit der Utopie war das Finden von Möglichkeiten, die nur durch das Vorstoßen in das Unbegrenzte der Möglichkeiten geschehen kann. Die Unfruchtbarkeit der Utopie ist, daß sie die Unmöglichkeiten nicht als Unmöglichkeiten oder als Oszillieren zwischen Möglichkeit und Unmöglichkeit sieht, sondern sie als reale Möglichkeiten beschreibt und damit in reine Wunschprojektionen gerät, die zwar mit dem wesenhaften, aber nicht mit dem wirklichen Menschen etwas zu tun haben. Das ist die Unfruchtbarkeit der Utopie, und darum haben Theologen und auch philosophische Politiker wie Marx sich mit Recht gegen das Ausmalen der Utopien gewendet und haben die Inhalte der Utopie abhängig gemacht von den Möglichkeiten, die sich als Möglichkeiten inzwischen zeigten, ohne die Realitäten zu überspringen. Sie haben sich dagegen gewehrt, die Utopie als Schlaraffenland zu beschreiben, und zwar weil das Schlaraffenland Utopie für all die ist, die Aktivität als etwas Negatives empfinden; das sind diejenigen, die schon von dem Wesenhaften des Menschen abgefallen sind. Und daraus entsteht dann die Phantastik solcher Utopien. Sie entsprechen nicht wesenhaften Möglichkeiten, sondern phantastisch aufgebauschten Wünschen ihrer Existenz, die in sich selbst der Überwindung bedarf. Das ist die Unfruchtbarkeit der Utopie neben ihrer Fruchtbarkeit.

Und das Dritte ist die *Ohnmacht* der Utopie neben ihrer Macht. Die Ohnmacht der Utopie ist, daß sie unvermeidlich aus den Gründen, die ich nannte, aus ihrer Unwahrheit und Unfruchtbarkeit, zur Enttäuschung führt. Diese Enttäuschung muß aus dem Psychologischen ins Metaphysische erhoben werden. Es ist eine metaphysische Enttäuschung, die wir selbst wieder und wieder erlebt haben und die deshalb so tiefgehend ist, weil sie die Menschen im Innersten zerrüttet hat. Die Enttäuschung ist eine notwendige Folge der Verwechslung des zweideutigen Vorläufigen mit dem eindeutigen Endgültigen. Wir leben aber vorlaufend in die Zukunft immer im Vorläufigen und damit im Zweideutigen. Aus der Fixierung des Vorläufigen als endgültig ergibt sich die Enttäuschung. Und daraus ergeben sich zwei Konsequenzen, die beide auf Grund der Ohnmacht der Utopie zerstörerisch wirken. Die eine ist, daß diejenigen, die enttäuscht sind, vor allem solche Intellektuellen, die sich einmal in ihrem Leben einer Utopie nicht in Form des Vorläufigen, sondern des Endgültigen hingegeben haben und dann zu lernen hatten, daß es sich um ein Vorläufiges und Zweideutiges und gelegentlich eindeutig Dämonisches handelte, dann Fanatiker gegen ihre eigene Vergangenheit wurden. Ich möchte das hier aussprechen, weil hier sachlich wie menschlich eine der traurigsten Erfahrungen der amerikanischen und, wie ich glaube, weithin auch der europäischen Existenz vorliegt. Diese Menschen stellen heutzutage eine der tragischsten Gruppen innerhalb der menschlichen Gesellschaft dar und in gewisser Weise eine der gefährlichsten, weil sie ihren Fanatismus gegen sich selbst notwendig auf jeden übertragen, der an diesem Fanatismus nicht teilnimmt, und den sie darum als heimlichen Freund dessen auffassen, wogegen ihr Fanatismus sich richtet. Das ist die eine Seite, und vielleicht kann man es hier in Europa nicht ausreichend ermessen, in welchem Maß sich diese Zerstörung innerhalb der Intelligenzschicht und damit auch in der Politik auswirkt. Es ist eine der schwersten Folgen der Ohnmacht der Utopie.

Das ist die eine Seite, und die andere Seite ist, daß diejenigen, die in der Utopie stehen, die das Utopische noch bejahen und die innerhalb der Bejahung des Utopischen die Macht haben, es aufrechtzuerhalten trotz seiner Vorläufigkeit und Zweideutigkeit, der Enttäuschung vorbeugen müssen und – um sich zu halten – Terror anwenden müssen. Der Terror ist ein Ausdruck für den Enttäuschungscharakter einer verwirklichten Utopie. Mit dem Terror wird der politischen Auswirkung der Enttäuschung vorgebeugt.

Mit anderen Worten: die Utopie wird durch die ständige Enttäuschung und durch die Reaktion gegen mögliche Enttäuschung zu einer dämonischen Macht in der Gesellschaft. Und es ist wie im Physikalischen wie auch im Seelischen: ein leerer Raum bleibt nie leer. Wenn ein Dämon ausgetrieben ist und der Raum leer bleibt, kommen sieben neue Dämonen. Wenn eine Utopie die Vorläufigkeit absolut setzt, dann entsteht Enttäuschung, und in diesen leeren Raum der Enttäuschung dringen die Dämonen ein, mit denen wir heute zu kämpfen haben.

Das ist die Negativität der Utopie, die ebenso real ist wie die Positivität der Utopie. Aber glauben Sie nicht, daß ich sie als das letzte Wort betrachte, weil ich die Negativität nach der Positivität nenne. Das Positive bleibt, trotz der Macht des Negativen, und das führt mich zum dritten Gesichtspunkt, zur *Transzendenz der Utopie*. Alles Lebendige geht über sich hinaus, es transzendiert sich selbst. In dem Augenblick, wo es das nicht mehr tut, wo es zum Zweck äußerer oder innerer Sicherungen bei sich stehenbleibt, in dem Augenblick, wo es das Experiment des Lebens nicht mehr auf sich nehmen will, verliert es das Leben. Nur wo das Leben riskiert wird und möglicherweise im Hinausgehen über sich selbst sogar verloren wird, kann es gewonnen werden. Diese ontologische Struktur des Seins selbst – daß es über sich selbst hinausgeht und zugleich sich selbst bewahren will – gilt auch für die Utopie. Was jenseits der Wirklichkeit steht, was noch nicht Wirklichkeit geworden ist, steht noch jenseits der Entscheidung, ob es möglich oder unmöglich ist, und darum schwebt die Utopie immer mehr und notwendig zwischen Möglichkeit und Unmöglichkeit. Wenn wir nun an das denken, was ich über die Negativität der Utopie gesagt habe, dann entsteht die Frage: Kann man nicht aus dieser Gesamtsituation, in der die Utopie steht, hinausgehen? Kann man nicht ihr Negatives dadurch überwinden, daß man nicht nur ein Stückchen hinausgeht, sondern daß man radikal hinausgeht? Und radikal hinausgehen heißt: nicht in der Linie des Horizontalen hinausgehen, sondern in der Linie des Vertikalen hinausgehen, über die ganze Sphäre des Transzendierens hinausgehen. Dadurch entsteht das Problem, ob es möglich ist, die Struktur von Selbstbewahrung und Selbsttranszendenz als solche zu transzendieren, sie zu überschreiten in der Richtung nach oben oder besser in der Dimension, die nach oben und unten zugleich geht, aus der Linie und aus der Ebene hinaus. Das ist keine theoretische Frage, sondern das kann an der geschichtlichen Entwicklung der Kultur, aus der die meisten Utopien kommen, aufgewiesen werden.

Wenn wir auf die prophetische Linie sehen, dann sehen wir bei den großen Propheten des Alten Testaments ein merkwürdiges Hin und Her, eine Zweideutigkeit in bezug auf das teilweise Hinausgehen. Wir finden das, was wir Utopie im politischen und sozialen Sinn nennen können, und wir finden das radikale Hinausgehen, das Einbrechen von etwas, was die gesamte horizontale Linie durchbricht, das Göttliche. In den prophetischen Texten ist beides vorhanden. Sie sind politisch, sozial, ökonomisch, geistig; alle diese Elemente sind da, und sie sind zugleich über alles hinausgehend, was aus der Geschichte selber verständlich gemacht werden kann; auch ein apokalyptisches Element ist vorhanden. Es ist das Reizvolle in den Beschreibungen – zum Beispiel des Tierfriedens und des Menschenfriedens bei einem Propheten wie Jesaja –, diese Doppelheit zu sehen, in der das Natürliche und das Wunderbare gemischt und vereint sind. Aber wie alle Utopien, so brachten auch die prophetischen Utopien dem Volke ständig von neuem jene metaphysische Enttäuschung, von der ich sprach, die bis in die Tiefen geht und ähnlich zerrüttende Folgen hatte wie die Enttäuschung über gegenwärtige Utopien. Und so kam es zum nächsten Schritt, den wir für gewöhnlich apokalyptisch nennen, das heißt enthüllend, der visionär enthüllt, was nicht innerhalb der Geschichte, sondern im Gegensatz zur Geschichte sich von oben her als eine neue Schöpfung ereignen wird. Auf der zweiten Stufe wird über die politischen, sozialen Elemente hinausgegangen, ohne daß sie verneint werden. Der nächste Schritt führt dann zum christlichen Endgedanken, wie er im Neuen Testament vorliegt. Hier sind die sozialen Anliegen verschwunden. Was da ist, ist das jenseitige Reich, das in Farben mystischer oder liebender Vereinigung mit dem Göttlichen beschrieben wird. Und dann die vierte Stufe, auf die das Wort Utopie schon nicht mehr angewandt werden kann. Zu ihr gehört die mystische Form des Christentums, die Mystik überhaupt, wo die jenseitige Erfüllung alle endlichen Elemente auslöscht und darum nicht eigentlich Erfüllung, sondern Negation ist.

Wenn wir diese vier Stufen ansehen und fragen, was sie für die Geschichte bedeutet haben, dann finden wir, daß sie, je näher sie dem Politischen waren, desto mehr die negativen und positiven Charakteristika jeder Utopie zeigten: ihre Wahrheit, ihre Fruchtbarkeit und ihre Macht – und zugleich ihre Unwahrheit, ihre Unfruchtbarkeit und ihre Ohnmacht. Je näher wir der mystischen Negation aller Utopie kommen, desto weniger tritt das Politische und das Soziale hervor, desto weniger ist ausgesagt über das wahre Wesen des Menschen und desto geringer ist die Gefahr der metaphysischen Enttäuschung mit all ihren Folgen.

Und darum könnte jemand sagen: Geben wir doch alle Utopie auf, geben wir nicht nur die prophetische Utopie auf und ihre säkularen Folgeerscheinungen, geben wir auch die eschatologische, die apokalyptische Utopie auf, die noch an der Erde, am Politischen und Sozialen haftet, gehen wir über zur christlichen Utopie, falls wir uns nicht dem Jenseits des Utopischen, der mystischen Einswerdung verschreiben wollen. Es gibt vielleicht Menschen, die infolge großer metaphysischer Enttäuschung diesen Weg gehen, und es ist im Verlaufe der Geschichte dieser Weg auf Grund der Enttäuschung gegangen worden.

Aber wenn wir diesen Weg gehen, wenn wir die Utopie mehr und mehr aus der Horizontalen ins Vertikale, ins Transzendente erheben, dann entsteht die Gefahr, und zwar unausbleiblich, daß die Wahrheit und die Fruchtbarkeit und die Macht der Utopie geopfert werden. Das kann in Form eines reaktionären religiösen Konservativismus geschehen, der die Utopie in ihrer Wahrheit mißversteht, sie verneint und die Bejahung des Gegenwärtigen, die Bindung ans Gegenwärtige auch im Politischen predigt. Das kann sich verbinden mit einer rein transzendenten Vision der Erfüllung des Menschen. Aber es verliert dann die Macht über die Geschichte. Wir fanden so etwas vor nach dem ersten Weltkrieg im Luthertum, das diese konservative transzendente Form der Utopie gegen jeden Versuch einer Änderung der gegebenen Wirklichkeit stellte. Wir fanden es in gewissen Formen einer Theologie, die mit einer Offenbarung, die in die Wirklichkeit hereinbricht, jede tatsächliche Änderung der Wirklichkeit verneint. Wir finden es aber auch in der halb religiösen, halb antireligiösen Haltung gewisser Existentialisten, die den Gedanken einer Utopie ablehnen zugunsten des Gedankens einer absoluten Freiheit des Individuellen, ohne vorwärts zu gehen. Das alles geschieht, wenn die Utopie verneint, wenn sie nicht als wahr angesehen, wenn ihre Fruchtbarkeit übersehen und ihre Macht dadurch unterhöhlt werden. Die Folgen sind, wie wir aus der Geschichte wissen, außerordentlich. Eine religiöse Haltung, die die Utopie verneint, hat ganze Völker, teilweise auch das deutsche Volk, zu einer Passivität gegenüber geschichtsverändernden und wirklichkeitsgestaltendem Handeln verurteilt. Und das hatte zur Folge, daß die revolutionär-utopischen Gewalten sich mit ungeheurer Macht gegen eine solche

Haltung stellten und, wie jetzt fast überall in der Welt, davon leben, daß Religionen in ihrem innersten Kern entweder ganz jenseits aller Utopie sind, wie die großen mystischen Religionen des Orients, oder zumindest eine transzendente Utopie haben, in der das Politische ausgeschaltet ist. Wo das der Fall ist, ist die aggressive Utopie eine fast unwiderstehliche Macht in dem Augenblick, wo Erschütterungen ökonomischer, politischer, geistiger Art die ruhenden Kräfte der Abwehr geschwächt haben und nun die Utopie revolutionär hereinbricht.

Das gilt heute für große Teile der Menschheit. Lassen Sie mich zum Schluß einen kurzen Versuch machen, zu formulieren, wie auf der Grundlage dieser drei Tatsachen, der Positivität, der Negativität und der Transzendenz der Utopie, wir uns *zur Utopie stellen* müssen. Das Problem ist für meine Generation lebendig gewesen, als wir aus dem ersten Weltkrieg zurückkamen und als in Deutschland ein transzendent-utopisches Luthertum mit einer ausschließlich immanenten Utopie, dem diesseitigen utopischen Sozialismus, in einem schweren Konflikt stand.

Der Sozialismus hatte die Revolution gewonnen, weil die Kräfte des Konservativen durch den Krieg zerstört oder zerrüttet waren. Demgegenüber hatte das Luthertum, das heißt der weitaus überwiegende Teil der protestantischen Frömmigkeit in Deutschland, sich in eine ablehnende, verstimmte, negative Haltung gegenüber der horizontalen Utopie gestellt und der Utopie vorgeworfen, daß sie Utopie im Sinne der unwahren Utopie sei. In diesem Moment war das Problem Politik und Religion aus der Abstraktheit herausgehoben, es war für uns konkret gestellt. Zwei Dinge standen auf Grund des Kriegserlebnisses und eigenen Nachdenkens für uns fest. Das eine war, daß die Utopie des bloßen Vorwärtsgehens die menschliche Situation in ihrer Endlichkeit und Entfremdung nicht begreift und daß sie deswegen notwendigerweise zu metaphysischer Enttäuschung führen muß. Und die andere Wahrheit stand ebenso fest, daß eine Religion, deren Utopie ausschließlich transzendent ist, nicht ein Ausdruck des neuen Seins sein kann, von dem die christliche Botschaft das Zeugnis ist. Das waren die beiden festen Punkte, von denen wir ausgingen, und auf Grund dieser beiden klaren Negationen versuchten wir nun zu verstehen, was Utopie auf Grund ihrer Wahrheit, ihrer Fruchtbarkeit und ihrer Macht bedeuten kann, ohne ihrer Unwahrheit, ihrer Unfruchtbarkeit und ihrer Ohnmacht zu verfallen und damit der metaphysischen Enttäuschung, die aus dieser Ohnmacht folgt. Und die Antwort war, daß in der horizontalen Linie etwas geschehen kann, etwas Neues, eine Verwirklichung hier und jetzt, unter diesen Umständen, unter diesen Bedingungen, mit diesen Möglichkeiten, und daß wir vorwärts gehen müssen, um diese Möglichkeiten zu sehen und sie in die Wirklichkeit zu überführen. Es war der Gedanke der ›Stunde der Erfüllung‹ von Möglichkeiten, die vorher nicht zur Erfüllung kommen konnten. In dieser Beziehung bejahten wir den Gedanken der Utopie: Die Wesenhaftigkeit des Menschen fordert eine neue Ordnung, und diese neue Ordnung kann geboren werden in einem bestimmten geschichtlichen Moment für eine bestimmte geschichtliche Periode. Das war die eine Seite, und darin widersprachen wir der transzendenten Theologie des Luthertums. Auf der anderen Seite sagten wir: Diese Ordnung ist eine vorläufige und darum eine zweideutige, und darum dürfen wir sie nicht absolut setzen. – Dann kamen die Dinge, die so grauenvoll waren, der Terror und der Fanatismus. Diese Entwicklung zeigt, daß jede Utopie, wenn sie verwirklicht wird, innerhalb der Existenz steht und darum vorläufig und zweideutig bleibt. Man hat uns gesagt, daß, wenn wir einen solchen Gedanken aussprachen, für den wir das griechische Wort ›Kairos‹ gebrauchten (was soviel bedeutet wie rechte Zeit, Stunde der Erfüllung, die vorher nicht da war und nachher nicht mehr sein wird), wir damit die revolutionären Kräfte der diesseitigen Utopie schwächten. Denn die Kraft einer utopischen Bewegung beruht darauf, daß sie unbedingten Glauben fordert und fordern muß; und wenn sie ihn nicht erhält, ist sie nicht fähig, sich zu verwirklichen. Das war vielleicht das schwerste Problem, dem wir uns gegenübergestellt sahen, ein Problem, für das es keine vollkommene Lösung gibt. Aber es gibt eine letztliche Lösung, wenn auch keine vollkommene.

Unter gewissen Bedingungen entsteht ein Fanatismus, der götzendienerisch etwas Endliches absolut setzt; diese Möglichkeit ist immer gegeben, weil die Menschen um der Sicherung ihrer Existenz willen nichts mehr lieben, als sich einem Endlichen ganz hingeben zu können. Und wenn sie es tun, dann entwickelt sich aus dieser vollkommenen Hingabe eine Fülle kämpferischer Kräfte, der Wille zum Märtyrertum, die Bereitschaft zu völliger Unterordnung, vor allem aber das, was man Ideokratie nennen kann, die Herrschaft einer Idee, die gleichsam göttliche Kraft bekommen hat, die einen Gott ersetzt und daher nicht mehr angezweifelt werden darf und Unbedingtheit fordert. Das ist immer eine Möglichkeit, und die Kräfte, die dadurch erweckt werden, dürfen nicht unterschätzt werden. Es sind große Kräfte, aber die Frage ist: Sollen wir um dieser fanatischen Möglichkeit, dieser götzendienerischen Möglichkeit willen solche Kräfte gewähren lassen, sollen wir sie ihren Weg gehen lassen? Eine Zeitlang sind sie uns weit überlegen, aber dann kommt der Augenblick, wo sich zeigt, daß es sich um endliche Formen handelt, die sich absolut gesetzt haben und dann an andere endliche Formen stoßen und in diesem Zusammenstoß zerbrechen. Das scheint mir eine unausweichliche Entwicklung zu sein, und darum stehen wir hier vor dem Problem, die Kräfte des Fanatismus nicht zu benutzen und doch eine unbedingte Hingabe an das in der Stunde Notwendige zu verlangen, eine Hingabe, die weiß, daß das, wofür man sich hingibt, zweideutig und vorläufig ist, und die es darum nicht anbetet, sondern kritisiert und, wenn nötig, verwirft, die aber im Augenblick des Handelns imstande ist, ein ganzes Ja dazu zu sagen. Das ist nicht nur im sozialen Leben so, sondern in jedem Moment unseres eigenen Lebens, wo wir uns einer Sache oder einer Person hingeben. Wenn wir es götzendienerisch tun, dann kommt die metaphysische Enttäuschung. Dann stößt das Endliche, das absolut gesetzt ist, an unser eigenes Endliches und scheitert daran. Wenn wir aber Ja zu etwas sagen, dessen Endlichkeit wir zugleich anerkennen, dann ist die Wahrheit der Utopie auf unserer Seite, und diese Wahrheit wird zuletzt triumphieren. Ich weiß, wie schwer diese Haltung ist, ich weiß das aus den Verhandlungen in jenen Jahren zwischen den Weltkriegen, in denen uns immer wieder von utopischer Seite vorgeworfen wurde, daß wir die Kräfte des Kampfes unterhöhlten, indem wir das Prinzip der unbedingten Kritik in Anwendung brachten. Ich glaube, die Geschichte hat uns recht gegeben.

Das war die eine Antwort auf die damalige Kritik, die Antwort, die ich auch heute noch gebe, wenn auch die konkrete Situation sich weitgehend geändert hat. Die andere bezieht sich auf das Verhältnis von transzendenter und immanenter Utopie oder besser vielleicht, weil diese Worte so viele falsche Nebenbedeutungen haben, von vertikaler und horizontaler Utopie. Man muß den *Gedanken zweier Ordnungen* im Sinn behalten, man muß unterscheiden zwischen einer Ordnung, die in der horizontalen Ebene liegt, der Ordnung der Endlichkeit mit ihren Möglichkeiten und Unmöglichkeiten, ihren Risiken und Erfolgen und ihrem Scheitern, und der anderen Ordnung, für die dieses Wort nur noch symbolisch verwendet werden kann, für die die säkularen und religiösen Utopien vielleicht Symbole haben wie Reich Gottes, Reich der Himmel, Reich der Gerechtigkeit und so fort. Was immer diese Symbole bedeuten mögen, sie dürfen nicht ausgemalt werden, weil kein gegenständlicher Begriff eine sinnvolle Aussage über sie ergeben kann. Aber wir wissen um diese zweite Ordnung, weil beide Ordnungen gegenseitig aneinander teilnehmen. Die vertikale Ordnung nimmt teil an der horizontalen Ordnung: in dem, was in der Geschichte geschieht, verwirklicht sich das Reich Gottes. Es verwirklicht sich und wird zugleich bekämpft, unterdrückt, ausgestoßen. Es ist das kämpfende Reich Gottes in der Geschichte, das nicht enttäuschen kann, weil es an keinem Orte der Geschichte ein utopisches Stehen verheißt, das aber immer wieder in neuen Verwirklichungen da ist und der Wahrheit der Utopie immer recht gibt. Diese gegenseitige Durchdringung der vertikalen und horizontalen Ebenen ist die Lösung des Problems der Utopie. Ein Reich Gottes, das nicht teilnimmt an der Geschichte, an der utopischen Verwirklichung in der Zeit, ist kein Reich Gottes, sondern im besten Fall eine mystische Auslöschung dessen, was Reich sein kann, nämlich Reichtum, Fülle, Mannigfaltigkeit, Individualität. Und auf der anderen Seite: ein Reich Gottes, das nichts ist als der geschichtliche Prozeß, führt zu jener Utopie des Fortschrittes oder der Revolution, deren notwendiger Zusammenbruch die metaphysische Enttäuschung hervorruft.

In der Lehre von den zwei Ordnungen haben wir zwei Elemente: einmal das, worin die Erfüllung allein gesehen werden kann, aber gerade da können wir sie nicht sehen, sondern können nur auf sie hinweisen; und zum andern das, worin sie sich in Raum und Zeit verwirklicht, aber gerade da verwirklicht sie sich nicht, sondern ist nur vorwegnehmend, fragmentarisch, in dieser Stunde, in dieser Form vorhanden. Das war meine doppelte Antwort. Und auch hier möchte ich sagen: Alle Erscheinungen seit dem Ende des ersten Weltkrieges, als diese Ideen entstanden, haben ihnen recht gegeben, und sie scheinen mir auch heute die Lösung zu sein. Ob man heute wie damals von einem Kairos sprechen kann, – darüber zu urteilen steht wohl jemandem nicht zu, der nun schon aus jener Periode heraus- und in eine neue hineinragt. Meinem persönlichen Gefühl würde es entsprechen zu sagen: Heute leben wir in einer Periode, in der der Kairos, die rechte Zeit der Verwirklichung, weit vor uns in der Unsichtbarkeit liegt und ein Hohlraum, ein unerfüllter Raum, ein Vakuum um uns ist. Aber ich möchte Sie bitten, das nur als ganz persönliche Ansicht zu nehmen, die sich mir aufdrängt, wenn ich die Situation nach den beiden Weltkriegen hier und in Amerika miteinander vergleiche. Wichtig sind die Prinzipien, die aus dieser wie aus jener Situation folgen. Wie immer wir die Situation begreifen, wichtig bleibt die Idee, die die Utopie in ihrer Unwahrheit überwindet und in ihrer Wahrheit offenbar macht, oder, wie ich es vielleicht als Zusammenfassung der ganzen Vorlesung sagen könnte: *Entscheidend ist der Geist der Utopie, der die Utopie überwindet.*

Quelle: Paul Tillich, Gesammelte Werke. Bd. VI Der Widerstreit von Raum und Zeit – Schriften zur Geschichtsphilosophie. Stuttgart: Evangelisches Verlagswerk 1961. S. 198–210. (Auf Wunsch der Rechteinhaber folgt der Text einer nach dem wörtlichen Stenogramm leicht bearbeiteten Fassung, die bislang nur vorliegt in P. T., Für und wider den Sozialismus, München u. Hamburg: Siebenstern Taschenbuch Verlag 1969, S. 173–184, und in eine vorbereitete Neuauflage der Gesammelten Werke, Bd. VI, übernommen werden wird.)

MARTIN BUBER

1878–1965

*Der bekannte jüdische Religionsphilosoph hat die vorliegende
Rede, die eine Art Synthese zwischen Predigt und Vortrag
bildet, anläßlich der Verleihung des Hansischen Goethe-Prei-
ses im Juni 1953 in Hamburg gehalten. Martin Buber, der
Religionen als Gehäuse verstand, »in die der Geist des Menschen geschickt ist, damit er nicht ausbreche und seine Welt
zersprenge«, geht von Jesu Spruch vom Zinsgroschen aus, um
die Grenzen des politischen Prinzips abzustecken und auf die
göttliche Wahrheit als die conditio sine qua non in allen
menschlichen Belangen zu verweisen.*

Geltung und Grenze des politischen Prinzips

Es ist den großen unverlierbaren Sprüchen religiöser Botschaft
eigentümlich, daß sie mit Situationen verbunden sind. Ihr Ort
ist nicht jenseits des menschlichen Getriebes; sie entstehen,
wenn sie gesprochen werden. Eine Schar ist gegenwärtig, sei es
eine, die von ehedem um den Sprecher zusammengeschlossen
war, oder eine, die sich im Augenblick um ihn gebildet hat; an
sie wendet sich das Wort, etwa um sie in einer gegebenen
Situation anzurufen oder um eine Frage zu beantworten, die
eben jetzt, im Zusammenhang einer Situation, laut geworden
ist. Anfordernd oder angefordert, redet die Botschaft diese
bestimmten Menschen in ihrer besonderen Lage an; mit diesem Gegenwärtigen befaßt sie sich, und auf es will sie wirken.
Aber nachdem sie erscholl und damit in das Gedächtnis und
die Überlieferung menschlicher Geschlechter eintrat, schöpft
jedes von ihnen aus ihr den Rat und die Ermutigung, die Auf-
rüttelung und den Trost, deren gerade es unter den neuen Bedingungen seines Daseins bedarf. Es erweist sich, daß jener

Spruch, weit hinaus über die Erfüllung seiner Ursprungsabsicht, sehr mannigfache Gaben für die sehr mannigfaltigen Situationen historischen und persönlichen Lebens bereit hat, ja wir dürfen wohl sagen, daß er diese Gaben enthält. Die Botschaft wendet sich an eine Schar, und sie wendet sich an die Menschenwelt, – nicht an eine vage und allgemeine, sondern an die konkrete, die jeweilige, geschichtlich beladene und geschichtlich aufgerührte. Die Interpretation wird dem Spruch erst gerecht, wenn sie zu seiner Absicht in der Stunde, da er gesprochen wurde, seine Entfaltung in all den Stunden seiner Wirkung fügt, und in besonderer Weise gerade die in dieser Stunde, in der sie, die Interpretation, sich vollzieht. Die Geschichte erweitert aber nicht allein, sie vertieft auch die Deutung; denn das Schöpfen nähert sich dem Grunde.

Jesu Spruch vom Zinsgroschen, von dem ich ausgehen will und muß, um Geltung und Grenze des politischen Prinzips dem Anliegen unserer Geschichtsstunde gemäß zu erörtern, ist eine Botschaft dieser Art. Man hat mit Recht verschiedentlich darauf hingewiesen, daß der Sprecher aus dem Bild des Kaisers auf der vorgezeigten Münze die Pflicht ableitet, dem irdischen Herrscher die Steuer nicht zu verweigern; es scheint mir freilich unrichtig, die Bejahung der Pflicht – wie es geschehen ist – dahin zu verstehen, daß diese als eine Rückerstattung bezeichnet werde; denn weder für das zuständige Wissen noch für den gesunden Menschenverstand ist das Geld, das der Staatsbürger erbt oder erwirbt, eine Gabe des Staates aus dessen Eigentum – das Verhältnis des münzenausgebenden Staates zur geldverwendenden wirtschaftenden Gesellschaft, der er das symbolische Tauschmittel zur Verfügung stellt, ist ja ein völlig anderes; und was für uns weit wichtiger ist: das im zweiten Teil des Spruchs anbefohlene Geben an Gott kann nur gezwungenerweise als ein Zurückgeben erklärt werden, ja diese Vorstellung würde den Sinn des Spruchs verbiegen. Vielmehr kann zu Recht nur eine Interpretation bestehen, die ihn unter jene einreiht, an denen, wie zu unserer Stelle gesagt worden ist[1], das griechische Verb bedeutet: »leisten, was man

in Erfüllung einer Verpflichtung bzw. Erwartung zu geben
hat«.

Schon aber setzt notwendigerweise jenes Streben ein, von dem
ich gesprochen habe: sich dem nicht mehr einer Stunde, sondern allen Stunden zugehörigen Urgrund der Botschaft zu
nähern. Wir werden zur Frage genötigt, was das heiße, daß
der Mensch Gott etwas geben könne und solle, Mal um Mal,
wie er Mal um Mal der über ihn herrschenden irdischen Gewalt etwas geben kann und soll; und weiter, was das heiße,
daß als der Gegenstand jener Gabe »das, was Gottes ist« bezeichnet wird, oder in sinngemäßer Wiedergabe des als der
aramäische Wortlaut der Rede Anzunehmenden »das, was
dem Gotte zugehört« oder »zukommt«, – auf einer und derselben Ebene mit dem, was dem Kaiser zugehört oder zukommt. Daß der Mensch dem Kaiser, der Obrigkeit, dem
Staate das zu »geben«, zu leisten gehalten ist, was gerechter-
weise der Staat von seinem Bürger fordert, was nämlich dem
Staate auf Grund des gegenseitigen Verhältnisses als eines
Verhältnisses gegenseitigen begrenzten Anspruchs zukommt,
ist deutlich genug; aber wie kann das, was er Gott zu geben
gehalten ist, damit gleichgestellt werden? Ist denn auch das
gegenseitige Verhältnis zwischen Gott und dem Menschen, in
das jede menschliche Kreatur mit ihrem Dasein eintritt, das
eines gegenseitigen begrenzten Anspruchs? Hat denn der
Mensch überhaupt einen Anspruch an Gott? Wenn er sich an
Gott faktisch wendet, das heißt, wenn er in Wahrheit und
Wirklichkeit betet, kann er doch kaum einen Augenblick lang
in einem Anspruch verharren. Wenn aber Gott einen Anspruch an den Menschen hat, wie könnte der begrenzt werden?
Beginnt man das Bemessen dessen, was ein Mensch zu »geben«
hat, beim Kaiser, soll dann der Rest, oder der aktuelle Teil
des Restes, Gott zufallen? So haben es offenbar die verstanden, die den Spruch dahin auslegten, man habe der weltlichen
Gewalt zu willfahren, solange sie nichts fordert, was im
Widerspruch zu der Gott gezollten Verehrung: zu Bekenntnis
und Dienst steht, also etwa, daß man dem römischen Kaiser

als einem gottartigen Wesen opfere. Aber damit wird doch wohl der göttliche, göttlich anheischende Bereich im Leben des Menschen auf Kult und Konfession reduziert, mit anderen Worten: Gott wird aus dem Herrn des Daseins zum Herrn der Religion gemacht. Beginnen wir hingegen das Bemessen bei Gott, versuchen wir also zunächst ohne Rücksicht auf andere Ansprüche, vorbehaltlos, zu ermitteln, was Gott zukommt, dann treffen wir in der Tiefe der menschlichen Selbsterfahrung auf ein dunkles, aber elementares Wissen des Menschen darum, daß er sich, eben sich selber in der Gesamtheit seiner Existenz Gott schuldet, ein Urwissen, in dem anscheinend die zentrale Kulthandlung, das Opfer, ihren wichtigsten Ursprung hat: der Mensch versteht das von ihm Dargebrachte als den ihm erlaubten sinnbildlichen Ersatz für ihn selber; der Leib des Opfertiers stellt also, wie wir es immer wieder finden, von einer phönizischen Formel bis zu einer des indischen Islam, seinen eigenen Leib dar. Sodann aber treffen wir in der Sprache jener Offenbarung, in deren Tradition Jesus aufgewachsen war und auf die er sich grundlegend berief, das ungeheure Gebot, das er selber als das erste von allen anführt: der Mensch solle Gott »mit seiner ganzen Macht« lieben. Nimmt man den Primat dieses Gebots so ernst, wie Jesus ihn nahm, dann ist primär die Anerkennung eines Sonderbereichs ausgeschlossen, dem der Mensch in konstitutiver Unabhängigkeit von seiner Verbindung mit Gott was immer zu »geben« hätte.

Wollen wir die Unruhe, die das Wort vom Zinsgroschen in uns erregt, nicht dadurch beschwichtigen, daß wir es kurzerhand, wie einzelne Theologen getan haben, unter die »Rätselsprüche« versetzen, dann ist es doch wohl an uns, die geläufige Meinung aufzugeben, wonach hier von einer Teilung zwischen verschiedenen Bezirken der gleichen Sphäre die Rede sei. Fußend auf den Erfahrungen aller der Geschlechter, die in ihren geschichtlichen Entscheidungen dem Spruche Jesu begegnet sind, aber auch auf dem teuer erkauften Selbstverständnis unserer eigenen Generation, müssen wir uns einer anderen Auslegung zuwenden. Ich kann sie nur in der heutigen Begrifflichkeit anzudeuten versuchen, da, soviel mir bekannt ist, keine frühere sich mit ihr abgegeben hat; aber ihr nichtbegrifflicher Grundgehalt ist unter die unausgesprochenen und der Aussprache unbedürftigen Voraussetzungen zu zählen, wie sie jeder zentrale Mensch mit dem Innenkreis seiner Hörer gemein hat.

Die menschliche Person, ontologisch betrachtet, ist nicht eine einzige Sphäre, sondern eine Verbindung von zweien. Damit meine ich aber keinswegs etwa die Zweiheit von Körper und Seele, von denen den einen dem Reich des Kaisers, die andere dem Gottes zuzuteilen der Lehre Jesu widerstritte. Ich meine vielmehr, von jenem deuteronomischen Wort »mit deiner ganzen Seele und mit deiner ganzen Macht« ausgehend, die Sphäre der Ganzheit und die der Sonderung oder Aufteilung. Wenn und insofern der Mensch ganz wird, wird er Gottes und gibt Gott, – er gibt Gott eben seine Ganzheit; alle ihm gewährte Verwirklichung der Ganzheit in irgendeiner Erdensache hängt letztlich und über alle Namengebung hinaus damit zusammen. Sein sterbliches, von der Sterblichkeit geprägtes Leben kann nicht in der Ganzheit verlaufen, es ist an die Sonderung, die Aufteilung gebunden. Er darf und soll aber jener die Weisungen für diese entnehmen. Was er in der Sphäre der Sonderung rechtmäßig tut, empfängt seine Rechtmäßigkeit aus der Sphäre der Ganzheit. In der Predigt des Deuteronomiums folgt bald auf das Gebot der Gottesliebe ein merkwürdiger Doppelsatz. Zuerst wird gesagt, Gott liebe den fremdbürtigen Gastsassen, und dann heißt es: Ihr sollt den Gastsassen lieben. Unsere Liebespflicht zu ihm ergibt sich, in der Sphäre der Sonderung, aus Gottes Liebe zu ihm, dem preisgegebenen Mann, wenn wir in der Sphäre der Ganzheit Gott lieben. So wird je und je auch das Geben an den Staat, das Geben dessen, was ihm in der Sphäre der Sonderung zukommt, von der Sphäre der Ganzheit aus ermächtigt, in der wir Gott das geben, was ihm zukommt, uns selber. Man kann die gleiche Einsicht auch unter anderen Kategorien gewinnen: denen der unmittelbaren und der mittelbaren Beziehung.

Denn das in seiner Ganzheit auf Gott gerichtete Wesen steht in der unmittelbaren Beziehung zu ihm, alle unmittelbare Beziehung hat ihren Seinsgrund darin, und alle mittelbare Beziehung kann nur von da her die Wahrheit des Maßes und der Richtung empfangen. Gebt Gott eure Unmittelbarkeit – sagt uns der Zinsgroschenspruch –, und ihr werdet je und je erfahren, was von eurer Mittelbarkeit ihr dem Kaiser geben sollt.

Seitdem etliche Gegner Jesu, von den Evangelisten stark simplifizierend »die Pharisäer« genannt, ihn darüber befragten, ob der judäische Mensch von Gott aus gehalten sei, die Steuer zu entrichten oder den passiven Widerstand üben dürfe, sind die Situationen, in denen die Geschlechter der Weltgeschichte mit ihren Situationsfragen dem Spruch Jesu begegneten, immer schwieriger und widerspruchsvoller geworden. Es ging nun nicht mehr um die Fremdherrschaft, sondern um die eigene, und nicht um eine Zwangsobrigkeit, sondern um eine, zu deren Legitimität man sich willig bekannte; es ging nicht mehr um gesetzlich geregelte Leistungen, ja überhaupt nicht mehr bloß um die Ausführung von Verordnetem; es ging in zunehmendem Maße um den Menschen selber. Nicht der Staat in seiner empirischen Erscheinung aber erhob zuerst diesen Anspruch, sondern die Staatsdenker, die ihn über die Vielheit seiner empirischen Erscheinungsformen empor ins Absolute erhoben. Das entscheidende Stück des Wegs dahin führt von Hobbes, dem feindlichen Sohn der englischen Revolution, zu Hegel, dem feindlichen Sohn der französischen. Hobbes unterwirft zwar die Auslegung des Wortes Gottes der zivilen Gewalt, hält aber an der unbedingten Überlegenheit des ihr transzendenten Gottes fest, und so kann es hier immer noch, wenn auch de facto nur sekundär und abhängig, das geben, was des Gottes ist. Für Hegel, der darin, »daß der Staat ist«, den »Gang Gottes in der Welt« sieht, in dem die Idee, als der »wirkliche Gott« sich »mit Bewußtsein realisiert«, für Hegel, der den Volksgeist als »das sich wissende und wollende Göttliche« versteht, gibt es jene als von dem, was des Kaisers ist, unterschieden nicht mehr. Hat der Mensch »nur daran sein Wesen«, was er dem Staat verdankt, hat er »allen Wert«, den er hat, »allein durch den Staat«, dann ist folgerichtig er selber der Zinsgroschen, den er dem »Kaiser« schuldet. An Stelle des empirischen Staats, der diesen Anspruch nicht oder noch nicht zu erheben vermochte – in seiner totalitären Form ist er ihm freilich seither schon recht nah gekommen –, tat und tut es im Zeitalter Hegels, das noch andauert, das politische Prinzip. Es tritt nicht mehr, wie jener, dem Einzelnen gegenüber und fordert ihn an, es durchdringt seine Seele und erobert seinen Willen.

Mit dem Namen des politischen Prinzips bezeichne ich das sozusagen praktische Axiom, das in Gesinnung und Haltung eines sehr großen Teils der heutigen Generationen vorherrscht. Als Satz gefaßt, mag es etwa besagen, die öffentlichen Ordnungen seien rechtmäßig die Determinante des menschlichen Daseins. Der Hauptton liegt natürlich auf dem Adverb »rechtmäßig«; das Prinzip will nicht etwa einfach feststellen, daß in der Ära der sogenannten Weltkriege das Schicksal der in ihr Lebenden elementar und immer mehr davon abhängt, was zwischen den Staaten, konkreter ausgedrückt: zwischen ihren Vertretern vorgeht, es will vielmehr festsetzen, daß es sich zu Recht so verhalte, weil die Staatlichkeit eben den Wesensstand des Menschen ausmache, und nicht sie um seinetwillen, sondern er um ihretwillen bestehe. Demnach ist der Mensch wesentlich des Kaisers. Soweit das praktische Axiom waltet, ist der Spruch vom Zinsgroschen faktisch zunichte gemacht. Ob der nach Abzug des Wesentlichen verbleibende Rest noch auf die Rechnung »Gottes« gebucht wird, kann, wo man dieses Nomen so weitgehend entweder aus dem Wortschatz gestrichen hat oder es nur noch metaphorisch oder konventionell verwendet, kaum noch von Belang sein.

In einer so beschaffenen Menschenwelt Geltung und Grenze des politischen Prinzips im Zeichen des Zinsgroschenspruchs erörtern, heißt an den vorgeblichen Absoluta, den Archonten der Stunde, am entscheidenden Punkte Kritik üben.

Es verhält sich ja nicht etwa so, daß in unserem Zeitalter der

Absolutheitscharakter irgendeines Seins schlechthin bestritten
wäre. Die Relativierung der höchsten Werte, die dieses Zeitalter kennzeichnet, hat vor dem politischen Prinzip haltge-
macht. Mehr als das: innerhalb des praktischen Pragmatismus,
der die Grundform der Relativierung ist, ist die erste, indivi-
dualistische Phase, in der die ethischen, noetischen, religiösen
Werte auf ihren Nutzen für das Leben des Einzelnen hin ge-
prüft und nur nach dem Maße dieses Nutzens, in der Beziehung auf ihn anerkannt wurden, durch die zweite, kollektivi-
stische abgelöst worden. Hier wird etwa die Wahrheit nicht
mehr als das mir, sondern als das »uns« Zuträgliche verstanden und behandelt. Dieses »Wir« ist vorgeblich das der Kol-
lektivität, etwa des »Volkes«, faktisch jedoch das der jeweils
Herrschenden. Diese suchen freilich vielfach, im Interesse
ihrer Machtbewahrung und Machterweiterung, im Volk den
Glauben an die seiende Wahrheit, an die sie selber nicht mehr
glauben, zu erhalten. Die individualistischen Relativierungs-
lehren, wie wir sie am grandiosesten von Stirner und Nietzsche
vernahmen, werden – in umgekehrter Reihenfolge als in der
Geschichte der Sophistik – teils durch die kollektivistischen des
Marxismus verdrängt, teils durch die ihnen in manchen Punkten eigentümlich nahestehenden einiger Abarten des Existentialismus, unter denen mir die deutsche Abart, eine ontologische Geschichtsbejahung, besonders wichtig erscheint. Ich
kann hier nur auf das unser Problem unmittelbar Angehende
hinweisen, wobei zu beachten ist, daß nicht bloß Marx, sondern auch Heidegger wesentlich von Hegel herkommt.

Marxens sogenannte »Umkehrung« des Hegelschen Weltbil-
des ist zugleich eine Reduktion, da er, in den Spuren des großen Vico, von allem Seienden, in Natur und Geist, nur das
unserer Erkenntnis zuteilt, an dessen Zustandekommen wir
Menschen geschichtlich teilgenommen haben; damit verbindet
sich eine noch intensivere Historisierung des Seins als bei
Hegel. Scheinbar nun wird hier einzig dem geschichtlichen
Wirtschaftsprozeß eine – wiewohl selbstverständlich nur eben
historisch existente – Absolutheit zugesprochen, und der Staat

gehört nur dem, als solchem relativierten »Überbau« an. Da
aber die politischen Ordnungen hier als der Träger der künftigen Wende aller Dinge erscheinen und die höchstzentralisierte
politische Machtballung als zu deren Bereitung unerläßlich, ist
der uneingeschränkte Staat als das unbedingt Bestimmende
postuliert, bis jenem eschatologischen Mythus zufolge mit dem
Absterben des Staates der Wundersprung aus dem Reich der
Notwendigkeit in das der Freiheit getan werden kann.

Auch der Existentialismus Heideggers wurzelt in Hegels Denken, aber in einer tieferen, ja der tiefsten Schicht. Wie für
Hegel die Weltgeschichte der absolute Prozeß ist, in dem der
Geist zum Selbstbewußtsein gelangt, so sieht Heidegger im
geschichtlichen Dasein die Auferhellung des Seins selber geschehen; weder dort noch hier ist Raum für ein Übergeschicht-
liches, das die Geschichte betrachtet und über sie richtet. Hier
wie dort läßt sich das Geschichtliche von seinem eigenen Ge-
schichtsdenken in letzter Instanz bestätigen; hier wie dort ist
demgemäß die Besinnung auf den kühnsten Begriff des Menschengeschlechts nicht zugelassen, den Begriff der Ewigkeit,
die dem gesamten Geschichtsablauf und damit jeder Geschichtszeit richterlich überlegen ist. Hier wie dort ist die Zeit
nicht vom Zeitlosen umgriffen, und die Zeiten erschauern
nicht vor einem, der nicht in der Zeit haust, der in ihr nur erscheint. Hier wie dort ist das Wissen des Menschen geschwun-
den, daß die Zeit gar nicht als ein Letztseiendes, in sich Selbständiges und sich Zulängliches gedacht werden kann und daß
jedem Versuch, sie als solches – gleichviel ob als endlich oder
als unendlich – zu durchdenken, die Absurdität auflauert.
Wird die Geschichtszeit und die Geschichte verabsolutiert, so
kann es sich leicht ereignen, daß in der geschehenden Geschichte der zeitbefangene Denker dem aktuellen staatlichen
Machtgetriebe den Charakter des Absoluten und in diesem
Sinn Zukunftsbestimmenden zuspricht. Danach mag für ein
Weilchen der Gnom Erfolg krampfhaft grinsend den Gottes-
sitz der Vollmacht einnehmen.

Wie geht es aber zu, daß der Staat überhaupt verabsolutiert werden konnte, da es ihn ja doch lediglich in der Pluralität, als »die Staaten«, gibt, und jeder von ihnen durch den Bestand aller übrigen an seine Relativität gemahnt wird? Hegel konnte den Staat absolut fassen, weil für ihn eben die Historie absolut war und der jeweils in einer geschichtlichen Epoche repräsentativ gewesene Staat ihm die jeweilige Aktualität des Staatseins bedeutete. Man mag dergleichen auch noch bei Heidegger zwischen den Zeilen lesen. Aber in der Konkretheit des gelebten Lebens wird hier eine seltsame Singularisierung vollzogen; sie würde an die Mythen primitiver Stämme erinnern, in denen die Erschaffung der Welt als Erschaffung des schmalen Stammes-Territoriums erzählt wird, – wenn es in diesen Mythen nicht um etwas vom Staat Wesensverschiedenes, um etwas zum Unterschied von ihm Leibhaftes und Geheimnisträchtiges, um das Vaterland ginge. Hegel hat die gewaltige Differenz nicht beachtet; er kann etwa schreiben: »Indem der Staat, das Vaterland, eine Gemeinsamkeit des Daseins ausmacht ...« Ein Mann wie Jakob Grimm hat da natürlicher empfunden.

Es beruht ja aber hinwiederum alle relative Geltung des Staates zum größten Teil gerade auf der Tatsache der Pluralität, da der Schutz nach außen sich zumeist weit nachdrücklicher geltend macht als der nach innen; die feindlichen Gemeinschaften werden zumeist weit stärker spürbar als die gemeinschaftsfeindlichen Elemente in der eigenen. Freilich beläßt der Staat ungern das Maß dieser seiner Geltung in den durch die wirklichen Interessenunterschiede bestimmten Grenzen; er pflegt nicht selten eine Perspektive, die jene Unterschiede der Interessen als radikale Gegensätze erscheinen läßt. Die akkumulierte Herrschaftsmacht liebt es, von einem sozusagen latenten Ausnahmezustand Gewinn zu ziehen; große Sektoren der Wirtschaft neigen begreiflicherweise oft dazu, ihr hierin Hilfe zu leisten; und so tendiert in Zeiten wie der unsern der kalte Krieg dahin, der historische Normalzustand zu werden. Schon im Anbeginn unserer Geschichtsstunde sahen wir Rechtslehrer auftreten, die, diesem Zug der Zeit botmäßig, den Begriff des Politischen dahin definierten, daß hier alles sich nach dem Kriterium »Freund – Feind« ordne, wobei der Begriff des Feindes »die Möglichkeit der physischen Tötung« einschließe. Die Praxis der Staaten hat sich das füglich sagen lassen. Mancher Staat dekretiert die Zweiteilung der Menschheit in lebenswerte Freunde und todeswerte Feinde, und das politische Prinzip sorgt dafür, daß das Dekretierte dem Menschen in Herz und Nieren dringe.

Wohlgemerkt, ich spreche nicht von der Kriegshandlung selber, wo die persönlichen Entscheidungen gewissermaßen vorweggenommen sind und im Abgrund des Geschehens Töten sich mit Getötetwerden verschwistert. Ich rede nur von dem Lebensbereich, in dem die freie Entscheidung unversehens unfrei wird.

Das anschaulichste Beispiel liefert hier jenes wohl merkwürdigste Gebilde innerhalb der öffentlichen Ordnungen, das wir Partei nennen. Leute, die in ihrem Privatbezirk von der skrupulösesten Rechtlichkeit waren, sahen wir Tag um Tag in der Sphäre ihrer Partei, nachdem diese ihnen angegeben hatte, wer der (in diesem Falle innere) »Feind« sei, mit unanzweifelbar ruhigem Gewissen lügen, verleumden, betrügen, rauben, peinigen, foltern, morden. In den Fabriken des Guten Gewissens wird zuverlässig gearbeitet.

Ich habe keinerlei Befugnis zu erklären, das Gruppeninteresse sei unter allen Umständen der sittlichen Forderung zu opfern, zumal mir die grausamen Konflikte der Pflichten und ihre rückhaltlose situationsgemäße Austragung zum Kernbestand eines echten personalen Ethos zu gehören scheinen. Aber das evidente Fehlen eines Seelenkampfes, das Fehlen seiner Wunden und Narben ist mir unheimlich. Ich gehe ja nicht darauf aus, die Geltung des politischen Prinzips materiell zu begrenzen; das ist vielmehr eben das, was sich Mal um Mal, Seele um Seele, Situation um Situation realiter zu begeben hätte; ich meine nur sagen zu dürfen, daß diese Begebenheit offenbar zur Ausnahme geworden ist.

Daß man nicht Gott und dem Mammon dienen könne, ist ein
restlos wahrer Spruch, denn der Mammon umklammert die
Seele und gibt nichts von ihr frei; hingegen meine ich, es sei
möglich, Gott und der Gruppe, der einer angehört, zu dienen,
wenn man nur herzhaft darauf bedacht ist, Gott auch im Bereich der Gruppe zu dienen, so sehr man kann. So sehr man
jeweils kann; »quantum satis« bedeutet in der Sprache der
gelebten Wahrheit nicht Entweder-oder, sondern: So-sehr-
man-kann. Wenn die politische Seinsordnung meine Ganzheit
und Unmittelbarkeit nicht antastet, darf sie von mir verlangen, daß ich ihr jeweils so gerecht werde, als ich im gegebenen
inneren Konflikt glaube verantworten zu können. Jeweils;
denn hier gibt es kein Ein-für-allemal: in jeder Situation, die
Entscheidung heischt, ist die Demarkationslinie zwischen
Dienst und Dienst neu zu ziehen, nicht notwendig mit Furcht,
aber notwendig mit jenem innersten Zittern der Seele, das
jeder echten Entscheidung vorausgeht.
Ein anderes kommt noch dazu. Wenn rechtschaffene Menschen
einer Partei beitreten, tun sie es, weil sie überzeugt sind, diese
strebe dem Ziel allgemeinen Charakters zu, dem sie zustreben,
und dieses Ziel sei nur unter tatkräftigem Zusammenschluß
der Gleichgesinnten zu erreichen. Aber eine Partei besteht aus
Realgesinnten eben solcher Art und aus Fiktivgesinnten, die
aus irgendwelchen Motiven, zumeist wohl aus einem unent-
wirrbaren Rattenkönig von Motiven, in die Partei eingetreten
sind; es mag naturgemäß leicht geschehen, daß die Fiktivgesinnten überwiegen. Wie immer dem sei, dem Realgesinnten
kommt es zu, in der Partei die Macht des Fiktiven zu bekämpfen, ohne die Tatkraft der Partei zu lähmen. Ein dorniges
Geschäft; aber nicht ohne dieses kann man Gott in der Partei
dienen, kann ihm im Bereich der politischen Ordnung das
geben, was sein, was Gottes ist. Am deutlichsten zeigt sich, um
was es geht, wenn Mittel vorgeschlagen werden, deren Wesen
dem Wesen des Ziels widerspricht. Auch hier kann es einem
nicht obliegen, prinzipiell vorzugehen, sondern nur, je und je
in der Verantwortung die Demarkationslinie zu ziehen und

für sie einzustehen; nicht etwa um seine Seele blütensauber zu halten – das wäre ein eitles und segenloses Beginnen –, sondern um zu verhüten, daß Mittel gewählt werden, die geeignet sind, von dem Weg zum Ziel auf einen Weg zu einem andern, diesen Mitteln wesensgleichen Ziel abzulenken; denn niemals heiligt der Zweck die Mittel, wohl aber können die Mittel den Zweck zuschanden machen.

Es dünkt mich, es gebe eine Front, die, nur selten einem von den sie Bildenden bewußt werdend, quer durch alle Fronten dieser Stunde, die äußeren und die inneren, geht. Da stehen sie aneinandergereiht, die Realgesinnten aller Gruppen, aller Parteien, aller Völker, und wissen von Gruppe zu Gruppe, von Partei zu Partei, von Volk zu Volk wenig oder nichts voneinander, und so verschieden die Ziele hier und hier sind, es ist doch *eine* Front; denn es ist der eine Kampf um die menschliche Wahrheit, der da überall gekämpft wird. Die menschliche Wahrheit aber ist ja nichts anderes als die Treue des Menschen zu der Einen Wahrheit, ihr, die er nicht besitzen, der er nur eben dienen kann, seine Treue zu der Wahrheit Gottes. Der Wahrheit treu bleibend, so sehr er kann, strebt er seinem Ziele zu, und die Ziele sind verschieden, sehr verschieden, aber die Linien, die zu ihnen führen, schneiden sich, über die Ziele hinaus verlängert, in der Wahrheit Gottes, wenn der Weg in Wahrheit gegangen worden ist. Die an der Querfront Stehenden, die voneinander nicht wissen, haben miteinander zu tun.

Wir leben in einer Weltstunde, in der das Problem des gemeinsamen Menschengeschicks so widerborstig geworden ist, daß die routinierten Verweser des politischen Prinzips zumeist sich nur noch zu gebärden vermögen, als ob sie ihm gewachsen wären. Sie reden Rat und wissen keinen; sie streiten gegeneinander, und eines jeden Seele streitet gegen ihn selber. Sie brauchten eine Sprache, in der man einander versteht, und haben keine als die geläufige politische, die nur noch zu Deklarationen taugt. Vor lauter Macht sind sie ohnmächtig und vor lauter Künsten unfähig, das Entscheidende zu können.

Vielleicht werden in der Stunde, da die Katastrophe ihre
letzte Drohung vorausschicken wird, die an der Querfront
Stehenden einspringen müssen. Sie, denen die Sprache der
menschlichen Wahrheit gemeinsam ist, müssen dann zusam-
mentreten, um mitsammen zu versuchen, endlich Gott zu
geben, was Gottes ist, oder, was hier, da eine sich verlierende
Menschheit vor Gott steht, das gleiche bedeutet, dem Menschen zu geben, was des Menschen ist, um ihn davor zu retten,
daß er durch das politische Prinzip verschlungen wird.

Quelle: Martin Buber, Werke. Bd. I Schriften zur Philosophie. München:
Kösel; Heidelberg: Lambert Schneider 1962. S. 1097–1108.

Anmerkung

1. Büchsel im Theologischen Wörterbuch zum Neuen Testament, II, 170
   (Anm. M. Buber).

GOTTFRIED BENN

1886–1956

Der einflußreiche Lyriker und brillante Essayist wußte auch in seinen schriftlich fixierten Reden und Vorträgen mit Geschick eine Vielzahl rhetorischer Mittel für seine Zwecke zu beschäftigen. Bei dem hier aufgenommenen Exempel handelt es sich um einen Vortrag, den Benn am 15. November 1955 im Kölner Funkhaus im Rahmen einer öffentlichen Diskussion mit Reinhold Schneider gehalten hat. Die Antwort auf die in dem Vortrag gestellte Frage faßt Benn selbst mit diesem Satz zusammen: »Die Dichtung bessert nicht, aber sie tut etwas viel Entscheidenderes: sie verändert.«

Soll die Dichtung das Leben bessern?

Das für den heutigen Abend gestellte Thema ist von beiden Referenten hierzu, von Herrn Dr. Reinhold Schneider und mir, in ihren Büchern wiederholt erörtert worden. Sie brauchen von Herrn Dr. Schneider nur einige Seiten gelesen zu haben, ebenso von mir, und Sie wissen ungefähr, was wir darüber denken. Ich will also meinerseits nicht mit Wiederholungen beginnen, sondern eine andere Methode anwenden, um dem Thema nahezukommen.

Ich will die Methode anwenden, daß ich zunächst das Thema genau betrachte und mir vor Augen führe – Wort für Wort. *Soll*, das ist nicht anders auszulegen, als daß man hier eine Bestimmung für oder über die Dichtung treffen will, die verbindlich ist. In den Zehn Geboten kommt dies Soll in jeder These des Dekalogs vor, entweder Soll oder Du sollst nicht. Es ist ein hartes Wort, dies Soll aus Kapitel 20 von Moses 2. – Und alles Volk sah den Donner und Blitz, lesen wir, und den Ton der Posaune und den Berg rauchen. Da sie aber solches sahen, flohen sie und traten von ferne. Nun, wir wollen nicht von ferne treten, aber etwas apodiktisch steht es vor uns, dies Soll, und es führt uns sofort zu der weiteren Frage: Wer fragt eigentlich, wer stellt die Forderung, über die Dichtung eine Erklärung zu erwarten. Ist es ein Nationalökonom, ein Pädagoge, ein Geistlicher, ein Staatsanwalt; oder soll es die Vox populi sein, der Consensus omnium oder das demokratische Ideal, demzufolge jeder alles wissen und über alles mitreden soll? Man weiß es nicht, und ich lasse die Frage zunächst unbeantwortet.

Die *Dichtung:* Da es keine Rhapsoden mehr gibt und wir selber keine sind, heißt Dichtung ein Buch, ein Buch mit Dichtung, ein Buch voll Dichtung. Ein solches Buch also soll das Leben bessern oder nicht bessern – das steht noch offen. Nun gibt es viele Bücher, die ganz offensichtlich das Leben bessern wollen, zum Beispiel ökonomische Bücher, in denen die Frage nach einem Ausgleich von Freiheit und Zwang, von individueller Unbeschränktheit und materieller Massengesellschaft erörtert und zum Schluß ein Ausweg gezeigt wird, der bessere Zustände mit sich bringen soll. Oder es gibt ärztliche Bücher über Neurosen, Verdrängung, Managerkrankheit, diese Bücher geben Ratschläge, empfehlen, verbieten, um das Leben zu bessern. In diese Buchreihe müssen wir nun also das Buch voll Dichtung sehen, hinsichtlich dessen uns die Frage auferlegt ist, zu prüfen, ob es bessern soll. Wir können hier das Theater als aufgeblättertes Buch hinnehmen.

Nun kommt das dritte Wort, und das enthält eine Grundfrage: Was ist eigentlich das *Leben* selbst? Was ist gemeint, was davon soll gebessert werden? Seine Physiologie oder seine Affekte, das produktive oder das denkerische Sein. »Leben« ist sehr summarisch, und hiermit beginnt unser Thema heikel zu werden, und es könnte sich hier eine Kritik des Begriffs Leben andeuten, die etwas ungewöhnlich ist, jedenfalls unzeitgemäß, aber wir kommen nicht darum herum, unser Thema auferlegt es uns. Seit langem begann ich darüber nachzudenken, wie seltsam es sei, daß dieser Begriff des Lebens der höchste Begriff unserer Bewußtseins- und Gewissenslage geworden ist. Neben Schillers Vers »Das Leben ist der Güter höchstes nicht« findet man nur wenige kritische Einschränkungen dieser Art. Das Leben: Hier erzittert die weiße Rasse, es ist der letzte Glaubenshalt des augenblicklichen, unseres Kulturkreises. Ist es ein Residuum des biologischen neunzehnten Jahrhunderts, das das heutige Europa verpflichtet, um jedes Leben zu kämpfen, auch um seine armseligste Frist, um jede Stunde mit Spritzen und Sauerstoffgebläse, während wir doch Kulturkreise kennen, in denen das gemeine Leben, das allgemeine Leben überhaupt keine Rolle spielte, bei den Ägyptern, den Inkas oder in der dorischen Welt, und noch heute hören wir von Vorgängen bei gewissen Nomadenstämmen Asiens: Wenn die Eltern lästig werden, steckt der älteste Sohn den Speer durch die Zeltwand, und der Alte wirft sich von innen mit dem Herzen dagegen. Also eine universale, eine anthropologische Forderung ist die von uns erwartete Pflege des Lebens nicht. Nur bei uns, innerhalb gewisser Breitengrade ist es der Ordnungs- und Grundbegriff geworden, vor dem alles haltmachte, der Abgrund, in den sich alles trotz sonstiger Wertverwahrlosung blindlings hinabwirft, sich beieinander findet und ergriffen schweigt. Dies erscheint mir tatsächlich nicht so klar und selbstverständlich, wie es die Allgemeinheit sieht, und zwar aus den ernstesten Gründen. Denn anzunehmen, daß sich der Schöpfer auf das Leben spezialisierte, es hervorhob, betonte und etwas anderes als seine üblichen Gestaltungs-Umgestaltungs-Spiele mit ihm betrieb, erscheint mir absurd. Diese Größe hat doch bestimmt noch andere Betätigungsfelder und wirft das Auge auf dieses und jenes, das weitab liegt von einem so unklaren Sonderfall, kurz für einen so pflanzenentfernten Kulturkreis von rein spirituellem Erlebnismaterial, wie wir es wurden, ist dieser diktatorische Lebensbegriff doch erstaunlich primitiv, fast als ob er aus der Veterinärmedizin stammte.

Dies problematische Leben soll also gebessert werden. Immer größer werden die Schwierigkeiten. In welcher Richtung – in *politischer*, aber das tun doch die Abgeordneten und die Wahlversammlungen? In *technischer*? Aber damit träten wir ja mit auf die Seite der Ingenieure und Krieger, die die Grenzen verrücken und Drähte über die Erde ziehen. In *sozialer*? Ich las kürzlich bei einem englischen Nationalökonomen, daß der Arbeiter in England heute komfortabler und mondäner lebt als in früheren Jahrhunderten die Großgrundbesitzer und die Herren der Schlösser. Er führte das im einzelnen aus: an den Wohnungen, die früher dunkel und eng waren und nicht zu heizen, an der Nahrung, man mußte alles Vieh zu Martini schlachten, da man es die Wintermonate nicht ernähren konnte, an den Krankheiten, denen man ohne Wehr gegenüberstand. Also heute leben die Arbeiter wie die Reichen vor drei Jahrhunderten, und in drei Jahrhunderten wird wieder das gleiche Verhältnis sein und immer so fort, und immer geht es weiter hinan und empor mit Menschheitsdämmerungen und Morgenröten und mit sursum corda und per aspera ad astra, die Armen wollen 'rauf, und die Reichen wollen nicht herunter, das alles ist doch schon gar nicht mehr individuell erlebbar, das ist doch ein funktioneller Prozeß der Tatsache der menschlichen Gesellschaft. Wo sollte dabei bessernd die Dichtung stehen? Oder soll sie in *kultureller* Hinsicht bessern? Nun berühre ich einen Sachverhalt, hinsichtlich dessen ich mit meiner Meinung wohl allein stehen werde. Ich bin nämlich der Ansicht, daß Kunst und Kultur nicht allzuviel miteinander zu tun haben. Ich habe schon oft dafür plädiert, daß man scharf zwischen zwei Erscheinungen unterscheiden sollte, nämlich der des Kunstträgers und der des Kulturträgers. Kunst ist nicht Kultur, Kunst hat eine Seite nach der Bildung, der Erziehung, der Kultur, aber nur, weil sie eben das alles nicht ist, sondern das andere, eben Kunst. Die Welt des Kulturträgers besteht aus Humus, Gartenerde, er verarbeitet, pflegt, baut aus, wird hinweisen auf Kunst, sie anbringen, einlaufen lassen, Kurse, Lehrgänge für sie einrichten, er glaubt an die Geschichte, er ist Positivist. Der Kunstträger ist statistisch asozial, weiß kaum etwas von vor ihm und nach ihm, lebt nur seinem inneren

Material, für das sammelt er Eindrücke in sich hinein, zieht sie nach innen, so tief nach innen, bis es sein Material berührt, unruhig macht, zu Entladungen treibt. Er ist uninteressiert an Verbreiterung, Flächenwirkung, Aufnahmesteigerung, an Kultur. Er ist kalt, das Material muß kaltgehalten werden, er muß die Gefühle, die Räusche, denen die anderen sich menschlich überlassen dürfen, formen, das heißt härten, kalt machen, dem Weichen Stabilität verleihen. Er ist vielfach zynisch und behauptet auch gar nichts anderes zu sein, während die Idealisten unter den Kulturträgern und Erwerbsständen sitzen. Der Kunstträger wird in Person nirgendwo hervortreten und mitreden wollen, für Bessern vollends hält er sich in gar keiner Weise für zuständig – von einigen sentimentalen Ausläufern abgesehen –, »unter Menschen war er als Mensch unmöglich«, das seltsame Wort von Nietzsche über Heraklit – das gilt für ihn.

Oder schließlich soll die Dichtung in *medizinischer* Richtung vielleicht bessern, trösten, heilen? Es gibt viele, die das bejahen. Musik für Geisteskranke und Verinnerlichung durch Rilke bei Fastenkuren. Aber wenn wir bei Kierkegaard lesen: »Die Wahrheit siegt nur durch Leiden«, wenn Goethe schreibt »leidend lernte ich viel«, wenn Schopenhauer und Nietzsche den Grad und die Fähigkeit zu leiden als den Maßstab für den individuellen Rang ansehen, wenn Reinhold Schneider schreibt: »Am Kranken soll die Herrlichkeit Gottes offenbart werden, das Wunder, das er an ihm tut«, und wenn Schneider weiter das Schwinden des Bewußtseins des Tragischen als den Untergang unserer Kultur bezeichnet, darf dann die Dichtung oder der Dichter an einer Besserung dieser tragischen Zustände mitarbeiten, müßte er nicht vielmehr aus der Verantwortung vor einer höheren Wahrheit haltmachen und in sich selber bleiben? Eine höhere Wahrheit in Ihrem Munde, werden Sie mir zurufen, was ist denn nun das? Ich antworte, ich kann mir einen Schöpfer nicht vorstellen, der das, was im Sinne unseres Themas bessern heißen könnte, als Besserung

betrachtete. Er würde doch sagen: Was denken sich diese
Leute, ich erhalte sie durch Elend und Tod, damit sie men-
schenwürdig werden, und sie weichen schon wieder aus durch
Pillen und Fencheltee und wollen vergnügt sein und auf Om-
nibusreisen gehen, und was die Dichtung angeht, halte ich es
mit dem Satz von Reinhold Schneider: »Es gehört zum Wesen
der Kunst, Fragen offenzulassen, im Zwielicht zu zögern, zu
beharren.« Wer die Dichtung so empfindet, der kommt vielleicht weiter. Im Zwielicht – soviel über den Schöpfer und das
Bessern.

Ich habe mich bisher in der Unternehmung einer formalen
Kritik des uns aufgestellten Themas versucht, aber ich werde
dabei nicht stehenbleiben. Ich werde die Essenz selber prüfen
und zu mir sprechen lassen. Vorher aber möchte ich noch zu-
sammenfassend sagen, unser Thema ist eine sehr deutsche
Frage, eine sehr deutsche Formulierung. Ich glaube nicht, daß
diese Frage in Frankreich, Italien oder Skandinavien so gestellt werden könnte. Uns liegt sie nahe, da wir aus unserer
Literaturgeschichte meinen könnten, daß die Dichter selber, sie
als Vorbild, Idol, geschlossenes moralisches Ich, als Vorleben
die Jugend und die Zeit bessern könnten. Es trifft zu, wenn
wir die letzten hundert Jahre unserer Literatur ansehen, so
sehen wir in ihr viele große Männer, aber biedere Gestalten,
wie Storm, Fontane, idyllische, wie Mörike, Stifter, Hesse,
bürgerliche wie Thomas Mann, Gerhart Hauptmann, alles
menschlich edle Figuren, alles Ehrenmänner. Dagegen Dosto-
jewskij spielte Roulette wie ein Maniakalischer. Tolstoi wusch
sich wochenlang nicht, um wie ein Kulake zu stinken. Mau-
passant schrieb, daß ein normaler Mann in seinem Leben dreihundert bis vierhundert Frauen erotisch kennenlerne. Ver-
laine schoß auf offener Straße auf Rimbaud, verwundete ihn
und kam zwei Jahre ins Gefängnis. Von Oscar Wilde wollen
wir erst gar nicht reden. Also auch ein vorbildliches, andere
besserndes Leben kann man aus den Produzenten der Dichtung nicht herleiten.

Um mich noch mehr in die Probleme unseres Themas zu vertiefen, sah ich mich um, was die Dichter selber von ihrer Tätigkeit halten, ob sie sie in die Richtung, andere zu bessern, deuteten. Ich fand das aber nicht bestätigt. Hebbel schreibt: »Dichten heißt die Welt wie einen Mantel um sich schlagen und sich wärmen.« Eine recht egozentrische These. Ibsen sagte: »Dichten heißt, sich selber richten.« Dies Wort ist berühmt, aber ich kann mir nicht viel dabei denken. Bei Kafka hören wir: »Alles, was sich nicht auf Literatur bezieht, hasse ich, es langweilt mich.« Anatole France schreibt: »Wir müssen zum Schluß doch zugeben, daß wir jedes Mal von uns selbst sprechen, wenn wir nicht schweigen können.« Interessant ist eine Bemerkung von Rilke: »Nichts meint ein Gedicht weniger, als in dem Lesenden den möglichen Dichter anzuregen.« Wunderbar ist das Wort von Joseph Conrad: »Dichten heißt, im Scheitern das Sein erfahren.« Zum Schluß noch Majakowski. Er notiert: »Die Arbeit des Dichters muß zur Steigerung der Meisterschaft und zur Sammlung dichterischer *Vorfabrikate* Tag für Tag fortgesetzt werden. Ein gutes *Notizbuch* ist wichtiger als die Fähigkeit, in überlebten Versmaßen zu schreiben.« Beachten Sie an diesem Ausspruch die Worte »Vorfabrikate« und »Notizbuch«. Wir befinden uns hiermit bereits im Vorfeld abstrakter, bewußter, artistischer Kunst. Nirgendwo bei diesem Streifzug erblicken wir oder hören wir von den Autoren etwas von Besserungsbestrebungen in bezug auf andere. Aber Goethe, wird man sagen, der war doch für ein strebendes Bemühen, das allen zugute käme, der war doch für Bildung, Erziehung, Besserung – aber, frage ich dagegen, was war Goethe eigentlich nicht? Und studieren wir seine Gedichte, die vollkommensten, die schönsten – »Warum gabst du uns die tiefen Blicke« oder das Parzenlied und Nachtgesang: »O gib vom weichen Pfühle träumend ein halb Gehör« –, sie zeigen in der höchsten Gelungenheit immer wieder nur die Vollendung des Dichters in sich selbst – daß es eine Vollendung aus sich selbst ist, das behaupte ich nicht.

Aber jetzt stürze ich mich in die Flut, lasse die Wogen über mir zusammenschlagen – soll die Dichtung das Leben bessern? –, ich atme diese humane, diese idealistische, hoffnungsdurchtränkte Essenz in mich ein. Aber, frage ich mich sofort, wie kann denn einer, der dichtet, noch einen Nebensinn damit verbinden? Wer dichtet, steht doch gegen die ganze Welt. Gegen heißt nicht feindlich. Nur ein Fluidum von Vertiefung und Lautlosigkeit ist um ihn. An den Tischen mag geschehen, was will, jeder seine persönlichen Liebhabereien haben, Karten spielen, essen, trinken, selig sein, von seinem Hund erzählen, von Riccione – sie stören ihn nicht, und er stört sie nicht. Er dämmert, er hat Streifen um sein Haupt, Regenbogen, ihm ist wohl. Er will nicht verbessern, aber er läßt sich auch nicht verbessern, er schwebt. Oder er sitzt zu Hause, bescheidene vier Wände, er ist kein Kommunist, aber er will kein Geld haben, vielleicht etwas Geld, aber nicht im Wohlstand leben. Also sitzt er zu Hause, er dreht das Radio an, er greift in die Nacht, eine Stimme ist im Raum, sie bebt, sie leuchtet und sie dunkelt, dann bricht sie ab, eine Bläue ist erloschen. Aber welche Versöhnung, welche augenblickliche Versöhnung, welche Traumumarmung von Lebendigem und Toten, von Erinnerungen und Nichterinnerbarem, es schlägt ihn völlig aus dem Rahmen, es kommt aus Reichen, denen gegenüber die Sterne und Sonnen Gehbehinderte wären, es kommt von so weit her, es ist: vollendet.

Ein beladener Typ! Sie können wahrscheinlich noch über manches nachdenken: L'art pour l'art, Kausalität, Indochina, er kann das nicht mehr, die Welt mag sein, wie sie will, sie geht vorüber, aber er heute auf diesem Breitengrad, dem dreiundfünfzigsten, Durchschnittstemperatur im Juli 19,8, im Januar 0,5 Grad, muß seinen Weg abschreiten, seine Grenzen erleben – *Moira*, den ihm zugemessenen Teil. Arbeite, ruft er sich zu, du hast siebzig Jahre, suche deine Worte, zeichne deine Morphologie, drücke dich aus, übernimm ruhig die Aufgabe einer Teilfunktion, die aber versorge ernstlich. Valéry hatte gesagt, der Vollmensch stirbt aus, heute müßte man sagen, der Vollmensch ist ein dilettantischer Traum, eine voluminöse Allheit, eine archaische Erinnerung. Das Zeitalter Goethes hat ausgeleuchtet, von Nietzsche zu Asche verbrannt, von Spengler in die Winde verstreut – glimmend und schwelend die Luft, aber nicht von Johannis- oder Kartoffelfeuern, vielmehr von den brandigen Scheiten der Kulturkreislehre, der eine Kreis versinkt, ein anderer steigt auf, und wir sind die Puppen und Chargenspieler in diesen solaren Stücken.

Wie schön wäre es für einen, der Dichtung machen muß, wenn er damit irgendeinen höheren Gedanken verbinden könnte, einen festen, einen religiösen oder auch einen humanen, wie tröstlich wäre das für seinen Geheimsender, der die Todesstrahlen ausschickt, aber ich glaube, daß vielen kein solcher Gedanke tröstend zuwächst, ich glaube, daß sie in einer erbarmungslosen Leere leben, unablenkbar fliegen da die Pfeile, es ist kalt, tiefblau, da gelten nur Strahlen, da gelten nur die höchsten Sphären, und das Menschliche zählt nicht dazu.

In dieser Sphäre entsteht die Dichtung. Und damit treten wir vor das Problem der monologischen Kunst. Das Gedicht ist monologisch. Diese Behauptung ist keine Konstitutionsanomalie von mir, auch jenseits des Atlantiks finden wir sie vertreten. In den USA versucht man auch die Lyrik durch Fragebogen zu fördern, man sandte einen solchen Fragebogen an vierzehn Lyriker in den USA, die eine Frage lautete: An wen ist ein Gedicht gerichtet? Hören Sie, was ein gewisser Richard Wilbur darauf antwortete: Ein Gedicht, sagt er, ist an die Muse gerichtet, und diese ist unter anderem dazu da, die Tatsache zu verschleiern, daß Gedichte an niemanden gerichtet sind. Das Gedicht, die Lyrik ist für unsere Frage der beste Test. Ein Gedicht ist immer die Frage nach dem Ich, und alle Sphinxe und Bilder von Sais mischen sich in die Antwort ein. Also der atlantische Kulturkreis heute und hier: Das moderne Gedicht, das absolute Gedicht ist das Gedicht ohne Glauben, das Gedicht ohne Hoffnung, das Gedicht an niemanden gerichtet, ein Gedicht aus Worten, die Sie faszinierend montieren. Und doch kann es ein überirdisches, ein transzendentes, ein das Leben des einzelnen Menschen nicht verbesserndes, aber ihn übersteigerndes Wesen sein. Wer hinter dieser Behauptung und dieser Formulierung weiter nur Nihilismus und Laszivität erblicken will, der übersieht, daß noch hinter Faszination und Wort genügend Dunkelheiten und Seinsabgründe liegen, um den Tiefsinnigsten zu befriedigen, daß in jeder Form, die fasziniert, genügend Substanzen von Leidenschaft, Natur und tragischer Erfahrung leben. Überblicken Sie Ihren Weg: durch die Jahrtausende den religiösen Weg und den dichterisch-ästhetischen Weg: Die ganze Menschheit zehrt von einigen Selbstbegegnungen, aber wer begegnet sich selbst? Nur wenige und dann allein.

Also, werden Sie nun vielleicht denken, der Redner beantwortet die an ihn gestellte Frage schlechtweg negativ. Nein, das tut er nicht. Die Dichtung bessert nicht, aber sie tut etwas viel Entscheidenderes: sie verändert. Sie hat keine geschichtlichen Ansatzkräfte, wenn sie reine Kunst ist, keine therapeutischen und pädagogischen Ansatzkräfte, sie wirkt anders: Sie hebt die Zeit und die Geschichte auf, ihre Wirkung geht auf die Gene, die Erbmasse, die Substanz – ein langer innerer Weg. Das Wesen der Dichtung ist unendliche Zurückhaltung, zertrümmernd ihr Kern, aber schmal ihre Peripherie, sie berührt nicht viel, das aber glühend. Alle Dinge wenden sich um, alle Begriffe und Kategorien verändern ihren Charakter in dem Augenblick, wo sie unter Kunst betrachtet werden, wo sie sie stellt, wo sie sich ihr stellen. Sie bringt ins Strömen, wo es verhärtet und stumpf und müde war, in ein Strömen, das verwirrt und nicht zu verstehen ist, das aber an Wüste gewordene Ufer Keime streut, Keime des Glücks und Keime der Trauer, das Wesen der Dichtung ist Vollendung und Faszination.

Und damit Sie sehen, wie ernst die Situation ist, der ich Ausdruck zu verleihen mich bemühe, schließe ich mit einem Vers

von Hebbel, in dem Sie auch das Wort hören, das meinem Stil
fremd ist, das aber viele von Ihnen vielleicht erhoffen, es ist
ein Vers aus dem Gedicht »An die Jünglinge«, er lautet:

> Ja, es werde, spricht auch Gott,
> denn er macht den nicht zum Spott,
> und sein Segen senkt sich still,
> der sich selbst vollenden will.

Quelle: Gottfried Benn, Essays – Reden – Vorträge. Gesammelte Werke
in vier Bänden. Hrsg. von Dieter Wellershoff. Bd. 1. Wiesbaden: Limes
Verlag 1959. S. 583–593.

THEODOR W. ADORNO

1903–1970

*Der sprachgewandte Soziologe, Musikwissenschaftler und
Philosoph, der seit 1949, nach seiner Rückkehr aus dem amerikanischen Exil, von seinem Frankfurter Lehrstuhl aus die geistige Landschaft der Bundesrepublik entscheidend mitgeprägt
hat, hielt den hier wiedergegebenen Vortrag im Februar 1956
zum 100. Todestag Heinrich Heines. ›Die Wunde Heine‹ dia-
gnostiziert Adorno nicht zuletzt in der Lyrik, und er führt die
Ursachen auf die ungesunden gesellschaftlichen Verhältnisse
zurück. »Die Wunde Heine«, so lautet die ärztliche Prognose,
»wird sich schließen erst in einer Gesellschaft, welche die Versöhnung vollbrachte.«*

Die Wunde Heine

Wer im Ernst zum Gedächtnis Heines am hundertsten Tag
seines Todes beitragen will und keine bloße Festrede halten,
muß von einer Wunde sprechen; von dem, was an ihm
schmerzt und seinem Verhältnis zur deutschen Tradition, und
was zumal in Deutschland nach dem zweiten Krieg verdrängt
ward. Sein Name ist ein Ärgernis, und nur wer dem ohne
Schönfärberei sich stellt, kann hoffen, weiterzuhelfen.
Nicht erst von den Nationalsozialisten ist Heine diffamiert
worden. Ja diese haben ihn beinahe zu Ehren gebracht, als sie
unter die Loreley jenes berühmt gewordene »Dichter unbekannt« setzten, das die insgeheim schillernden Verse, die an
Figurinen der Pariserischen Rheinnixen einer verschollenen
Offenbachoper mahnen, als Volkslied unerwartet sanktio-
nierte. Das *Buch der Lieder* hatte unbeschreibliche Wirkung
getan, weit über den literarischen Umkreis hinaus. In seiner
Folge ward schließlich die Lyrik hinabgezogen in die Sprache

von Zeitung und Kommerz. Darum geriet Heine um 1900 bei den geistig Verantwortlichen in Verruf. Man mag das Verdikt der Georgeschule dem Nationalismus zuschreiben, das von Karl Kraus läßt sich nicht auslöschen. Seitdem ist die Aura Heines peinlich, schuldhaft, als blutete sie. Seine eigene Schuld ward zum Alibi jener Feinde, deren Haß gegen den jüdischen Mittelsmann am Ende das unsägliche Grauen bereitete.

Das Ärgernis umgeht, wer sich auf den Prosaschriftsteller beschränkt, dessen Rang, inmitten des durchweg trostlosen Niveaus der Epoche zwischen Goethe und Nietzsche, in die Augen springt. Diese Prosa erschöpft sich nicht in der Fähigkeit bewußter sprachlicher Pointierung, einer in Deutschland überaus seltenen, von keiner Servilität gehemmten polemischen Kraft. Platen etwa bekam sie zu spüren, als er Heine antisemitisch anrempelte und eine Abfuhr erhielt, die man heutzutage wohl existentiell nennen würde, hielte man nicht den Begriff des Existentiellen so sorgfältig von der realen Existenz der Menschen rein. Aber Heines Prosa reicht weit über solche Bravourstücke hinaus durch ihren Gehalt. Wenn, seitdem Leibniz Spinoza die kalte Schulter zeigte, alle deutsche Aufklärung insofern jedenfalls mißlang, als sie den gesellschaftlichen Stachel verlor und zum untertänig Affirmativen sich beschied, dann hat Heine allein unter den berühmten Namen der deutschen Dichtung, und in aller Affinität zur Romantik, einen unverwässerten Begriff von Aufklärung bewahrt. Das Unbehagen, das er trotz seiner Konzilianz verbreitet, geht von jenem scharfen Klima aus. Mit höflicher Ironie weigert er sich, das soeben Demolierte durch die Hintertür – oder die Kellertür der Tiefe – sogleich wieder einzuschmuggeln. Man mag bezweifeln, ob er so stark den frühen Marx beeinflußte, wie manche jungen Soziologen es möchten. Politisch war Heine ein unsicherer Geselle: auch des Sozialismus. Aber er hat diesem gegenüber den rasch genug zugunsten von Sprüchen wie »Wer nicht arbeitet, soll nicht essen« verschütteten Gedanken ungeschmälerten Glücks im Bild einer rechten Gesellschaft festgehalten. In seiner Aversion gegen revolutionäre Reinheit und Strenge meldet sich Mißtrauen gegen das Muffige und Asketische an, dessen Spur bereits manchen frühen sozialistischen Dokumenten nicht fehlt und weit später verhängnisvollen Entwicklungstendenzen zugute kam. Heine der Individualist, der es so sehr war, daß er sogar aus Hegel nur Individualismus heraushörte, hat doch dem individualistischen Begriff der Innerlichkeit nicht sich gebeugt. Seine Idee sinnlicher Erfüllung begreift die Erfüllung im Auswendigen mit ein, eine Gesellschaft ohne Zwang und Versagung.

Die Wunde jedoch ist Heines Lyrik. Einmal hat ihre Unmittelbarkeit hingerissen. Sie hat das Goethesche Diktum vom Gelegenheitsgedicht so ausgelegt, daß jede Gelegenheit ihr Gedicht fand und jeder die Gelegenheit zum Dichten für günstig hielt. Aber diese Unmittelbarkeit war zugleich überaus vermittelt. Heines Gedichte waren prompte Mittler zwischen der Kunst und der sinnverlassenen Alltäglichkeit. Die Erlebnisse, die sie verarbeiteten, wurden ihnen unter der Hand, wie dem Feuilletonisten, zu Rohstoffen, über die sich schreiben läßt; die Nüancen und Valeurs, die sie entdeckten, machten sie zugleich fungibel, gaben sie in die Gewalt einer fertigen, präparierten Sprache. Das Leben, von dem sie ohne viel Umstände zeugten, war ihnen verkäuflich; ihre Spontaneität eins mit der Verdinglichung. Ware und Tausch bemächtigten sich in Heine des Lauts, der zuvor sein Wesen hatte an der Negation des Treibens. So groß war die Gewalt der entfalteten kapitalistischen Gesellschaft damals schon geworden, daß die Lyrik sie nicht mehr ignorieren konnte, wenn sie nicht ins provinziell Heimelige versinken wollte. Damit ragt Heine in die Moderne des neunzehnten Jahrhunderts hinein gleich Baudelaire. Aber Baudelaire, der Jüngere, zwingt der Moderne selbst, der weiter vorgerückten Erfahrung des unaufhaltsam Zerstörenden und Auflösenden, heroisch Traum und Bild ab, ja transfiguriert den Verlust aller Bilder selbst ins Bild. Die Kräfte solchen Widerstandes wuchsen mit denen des

Kapitalismus. In dem Heine, den noch Schubert komponierte, waren sie nicht ebenso angespannt. Williger hat er sich dem Strom überlassen, hat gleichsam eine dichterische Technik der Reproduktion, die dem industriellen Zeitalter entsprach, auf die überkommenen romantischen Archetypen angewandt, nicht aber Archetypen der Moderne getroffen.

Darüber genau schämen sich die Nachgeborenen. Denn seit es bürgerliche Kunst gibt derart, daß die Künstler ohne Protektoren ihr Leben erwerben müssen, haben sie neben der Autonomie ihres Formgesetzes insgeheim das Marktgesetz anerkannt und für Abnehmer produziert. Nur verschwand solche Abhängigkeit hinter der Anonymität des Marktes. Sie erlaubte es dem Künstler, sich und anderen als rein und autonom zu erscheinen, und dieser Schein selbst wurde honoriert. Dem Romantiker Heine, der vom Glück der Autonomie zehrte, hat der Aufklärer Heine die Maske heruntergerissen, den bislang latenten Warencharakter hervorgekehrt. Das hat man ihm nicht verziehen. Die sich selbst überspielende und damit wiederum sich selbst kritisierende Willfährigkeit seiner Gedichte demonstriert, daß die Befreiung des Geistes keine Befreiung der Menschen war und darum auch keine des Geistes.

Die Wut dessen aber, der das Geheimnis der eigenen Erniedrigung an der eingestandenen des anderen wahrnimmt, heftet sich mit sadistischer Sicherheit an seine schwächste Stelle, das Scheitern der jüdischen Emanzipation. Denn seine von der kommunikativen Sprache erborgte Geläufigkeit und Selbstverständlichkeit ist das Gegenteil heimatlicher Geborgenheit in der Sprache. Nur der verfügt über die Sprache wie über ein Instrument, der in Wahrheit nicht in ihr ist. Wäre es ganz die seine, er trüge die Dialektik zwischen dem eigenen Wort und dem bereits vorgegebenen aus, und das glatte sprachliche Gefüge zerginge ihm. Dem Subjekt aber, das die Sprache wie ein vergriffenes Ding gebraucht, ist sie selber fremd. Heines Mutter, die er liebte, war des Deutschen nicht ganz mächtig. Seine Widerstandslosigkeit gegenüber dem kurrenten Wort ist der nachahmende Übereifer des Ausgeschlossenen. Die assimilatorische Sprache ist die von mißlungener Identifikation. Die allbekannte Geschichte, daß der Jüngling Heine dem alten Goethe auf dessen Frage nach seiner gegenwärtigen Arbeit »ein Faust« geantwortet habe und darauf ungnädig verabschiedet wurde, erklärte Heine selbst mit seiner Schüchternheit. Sein Vorwitz entsprang der Regung dessen, der für sein Leben gern aufgenommen sein möchte und damit doppelt die Bodenständigen reizt, die, indem sie ihm die Hilflosigkeit seiner Anpassung vorhalten, die eigene Schuld übertäuben, daß sie ihn ausgeschlossen haben. Das ist heute noch das Trauma von Heines Namen, und geheilt kann es nur werden, wenn es erkannt wird, anstatt trüb, vorbewußt fortzuwesen.

Die Möglichkeit dazu aber liegt rettend in der Heineschen Lyrik selber beschlossen. Denn die Macht des ohnmächtig Spottenden übersteigt seine Ohnmacht. Ist aller Ausdruck die Spur von Leiden, so hat er es vermocht, das eigene Ungenügen, die Sprachlosigkeit seiner Sprache, umzuschaffen zum Ausdruck des Bruchs. So groß war die Virtuosität dessen, der die Sprache gleichwie auf einer Klaviatur nachspielte, daß er noch die Unzulänglichkeit seines Worts zum Medium dessen erhöhte, dem gegeben ward zu sagen, was er leidet. Mißlingen schlägt um ins Gelungene. Nicht in der Musik derer, die seine Lieder vertonten – erst in der vierzig Jahre nach seinem Tod entstandenen von Gustav Mahler, in der die Brüchigkeit des Banalen und Abgeleiteten zum Ausdruck des Realsten, zur wild entfesselten Klage taugt, hat dies Heinesche Wesen sich ganz enthüllt. Erst die Mahlerschen Gesänge von den Soldaten, die aus Heimweh die Fahne flohen, die Ausbrüche des Trauermarschs der V. Symphonie, die Volkslieder mit dem grellen Wechsel von dur und moll, die zuckende Gestik des Mahlerschen Orchesters haben die Musik der Heineschen Verse entbunden. Das Altbekannte nimmt im Munde des Fremden etwas Maßloses, Übertriebenes an, und das eben ist die Wahrheit. Ihre Chiffren sind die ästhetischen Risse; sie versagt sich der Unmittelbarkeit runder erfüllter Sprache.

In dem Zyklus, den der Emigrant *Die Heimkehr* nannte, stehen die Verse:

> Mein Herz, mein Herz ist traurig,
> Doch lustig leuchtet der Mai;
> Ich stehe, gelehnt an der Linde,
> Hoch auf der alten Bastei.
>
> Da drunten fließt der blaue
> Stadtgraben in stiller Ruh;
> Ein Knabe fährt im Kahne,
> Und angelt und pfeift dazu.
>
> Jenseits erheben sich freundlich,
> In winziger, bunter Gestalt
> Lusthäuser, und Gärten, und Menschen,
> und Ochsen, und Wiesen, und Wald.
>
> Die Mägde bleichen Wäsche,
> Und springen im Gras herum:
> Das Mühlrad stäubt Diamanten,
> Ich höre sein fernes Gesumm.
>
> Am alten grauen Turme
> Ein Schilderhäuschen steht;
> Ein rotgeröckter Bursche
> Dort auf und nieder geht.
>
> Er spielt mit seiner Flinte,
> Die funkelt im Sonnenrot,
> Er präsentiert und schultert –
> Ich wollt, er schösse mich tot.

Hundert Jahre hat es gebraucht, bis aus dem absichtsvoll falschen Volkslied ein großes Gedicht ward, die Vision des Opfers. Heines stereotypes Thema, hoffnungslose Liebe, ist Gleichnis der Heimatlosigkeit, und die Lyrik, die ihr gilt, eine Anstrengung, Entfremdung selber hineinzuziehen in den nächsten Erfahrungskreis. Heute, nachdem das Schicksal, das Heine fühlte, buchstäblich sich erfüllte, ist aber zugleich die Heimatlosigkeit die aller geworden; alle sind in Wesen und Sprache so beschädigt, wie der Ausgestoßene es war. Sein Wort steht stellvertretend ein für ihr Wort: es gibt keine Heimat mehr als eine Welt, in der keiner mehr ausgestoßen wäre, die der real befreiten Menschheit. Die Wunde Heine wird sich schließen erst in einer Gesellschaft, welche die Versöhnung vollbrachte.

Quelle: Theodor W. Adorno, Noten zur Literatur I. Frankfurt a. M.: Suhrkamp 1961. (Bibliothek Suhrkamp Bd. 47.) S. 144–152.

MAX BORN

1882–1970

Der Nobelpreisträger für Physik (1954) wurde am 11. Dezember 1882 in Breslau geboren. Bis 1933 Professor für Theoretische Physik in Berlin, Frankfurt a. M. und Göttingen, legte er mit seinen Schülern Heisenberg und Jordan die Grundlagen der Atomforschung. Er ging 1933 in die Emigration und war zuletzt bis zu seiner Emeritierung 1953 Tait Professor of Natural Philosophy in Edinburgh. 1954 kehrte er nach Deutschland zurück und starb am 5. Januar 1970 in Göttingen. Als einer der maßgebenden Begründer der modernen Physik hat Max Born immer wieder in Vorträgen das notwendige Verhältnis von Naturwissenschaft und Politik betont und an die menschliche Vernunft als das maßgebliche Entscheidungsorgan appelliert. »Es hängt von uns ab«, so mahnt er einmal, »von jedem einzelnen Staatsbürger in allen Ländern der Erde, daß dem herrschenden Unsinn ein Ende gemacht wird.«

Noch eindringlicher als Max Planck weiß Born die komplizierten Ergebnisse der modernen Naturwissenschaft und ihren Einfluß auf die menschliche Praxis darzustellen. Ein Musterbeispiel für seinen pragmatischen Redestil liefert die hier abgedruckte Neujahrsansprache, die Born im Süddeutschen Rundfunk zum Jahreswechsel 1958/59 gehalten hat und mit der er sich gegen die falschen Reden wendet, mit denen »die Massen gelenkt und bewegt« werden.

Rede gegen das Reden

Eine Neujahrsansprache

»Reden ist Silber, Schweigen ist Gold« sagt ein Sprichwort,
das ich in Ehren halte. Heute aber will ich selbst dagegen verstoßen, und zwar gerade, um es wieder zu Ehren zu bringen.
Denn in unserer Zeit sind Worte so wohlfeil, daß sie oft noch
unter den Silberwert sinken. Sie füllen die Zeitungen, über-
schwemmen uns am Radio. Sie gehen zu einem Ohr herein,
zum anderen hinaus, oft ohne während der Passage überhaupt
gehört und verstanden zu werden. Sie verbünden sich mit dem
Bilde in den Illustrierten, im Kino und im Fernsehen, um eine
kurzlebige Wirkung auszuüben, die rasch von neuen Eindrük-
ken abgelöst wird. Und wo das geschieht, entsteht eine Atmosphäre von schnell fertiger Meinungsbildung, in der vernünftige Überlegung keinen Platz hat.

Das sind Gedanken, die das Sprichwort vom silbernen Reden
und goldenen Schweigen unmittelbar auslöst. Aber dann fällt
einem ein: Es gibt doch auch goldene Worte: Große Reden,
tiefe Dichtung, weise Lehren der Vernunft. Der Sinn des
Sprichworts bedarf dieser Ergänzung: Im Zweifelsfalle – im
Zweifelsfalle halte den Mund. Und von solchen Fällen will ich
nun sprechen, wo das Wort nicht der Wahrheit, Schönheit und
Weisheit dient, sondern der Unvernunft, wo es höchstens Silberwert hat oder gar herabsinkt zu ganz billiger Münze, kurz,
zu Blech.

Der Mangel an Vernunft scheint mir ein Merkmal unserer
Zeit zu sein. Wie reich ist sie an Leistungen des Verstandes, an
Einsicht in die Geheimnisse der Natur und der Menschenseele,
an Erfindungskraft – aber wie arm an sinnvollen Zusammen-
hängen und Zielen. In Goethes »Wilhelm Meister« steht der
Satz: »Des Menschen größtes Verdienst bleibt wohl, wenn er
die Umstände so viel als möglich bestimmt und sich so wenig
als möglich von ihnen bestimmen läßt.«

Der heutige Mensch hat das Kunststück fertiggebracht, mit

großem Aufwand Umstände zu schaffen, die so stark sind, daß nicht mehr er sie bestimmt, sondern sie ihn. Die Maschine, die ihm das Leben erleichtern sollte, beherrscht und entwürdigt ihn. Der schöne Gedanke sozialer Gerechtigkeit ist in weiten Gebieten der Erde entartet in Systeme der Unterdrükkung.

Das Reden aber, das Zuviel der Worte, die Propaganda, das ist überall der Hebel, der es wenigen erlaubt, die Massen zu bewegen und zu lenken.

Blicken wir zurück auf das eben abgelaufene Jahr, und fangen wir oben an, bei der hohen Politik.

Die harte Tatsache ist die, daß die Massenvernichtungsmittel, welche die Wissenschaft ermöglicht hat, eine Fortsetzung der Politik in der überlieferten Weise unmöglich machen. Denn diese beruht traditionsgemäß auf dem gewaltsamen Ausgleich der Spannungen, auf Krieg. Ein Krieg im großen bedeutet aber heute nicht Sieg oder Niederlage, sondern allgemeinen Untergang. Die großen Staaten haben genug Atombomben – und daneben chemische und biologische Gifte –, um sich gegenseitig auszurotten; die dabei losgelassene Radioaktivität würde die gesamte Erdoberfläche unbewohnbar machen und Kriegführende wie Neutrale, Tiere und Pflanzen vernichten. Das wissen die Staatsmänner. Die großen, entscheidenden Waffen sind nicht mehr da, um gebraucht zu werden, sondern um die anderen von ihrem Gebrauch abzuschrecken. Da aber doch immer eine kleine Möglichkeit besteht, daß der Gegner einen Vorteil im Angriff oder einen Abwehrtrick ersinnt, muß gerüstet werden unter Aufbietung aller technischer Intelligenz und unter Vergeudung eines gewaltigen Teils der nationalen Produktion. Dabei werden immer mehr Personen an der Rüstung materiell interessiert und widersetzen sich jedem Versuch, aus dieser Lawine des Unsinns auszubrechen. Wirkliche Politik ist aber dabei kaum möglich und wird es von Jahr zu Jahr weniger. Wo sie versucht wird, ist sie ein Balancieren am Abgrund der gegenseitigen Vernichtung.

Es gibt ein Gedicht von Gottfried Keller, das alles dieses, visionär voraussieht. Es stammt wohl aus der Zeit von Alfred Nobels Erfindung oder ihrer Anwendung beim Bau des Gotthard-Tunnels. Denn es trägt den Titel »Dynamit« und lautet so:

Seit ihr die Berge versetzt mit archimedischen Kräften,
Fürcht' ich, den Hebel entführt euch ein dämonisch'
Geschlecht,
Gleich dem bösen Gewissen geht um die verwünschte
Patrone,
Jegliches Bübchen verbirgt schielend den Greuel im Sack.
Wahrlich, die Weltvernichtung, sie nahet mit länglichen
Schritten,
Und aus dem Nichts wird nichts; herrlich erfüllt sich das
Wort.

Diese Bübchen sind unter uns in großer Zahl, aber sie verbergen ihre Greuel gar nicht mehr im Sack. Sie verzichten auf das goldene Schweigen und führen gewaltige Reden: Propaganda, die richtiges Gold einbringt, das sie für ihre kostspieligen Künste brauchen. Ich denke hier vor allem an die Raketenleute, die mit den Weltraumforschern im Bunde sind. Die Begeisterung für kosmische Experimente ist völlig begreiflich, die Sputniks und Explorers sind großartige technische Leistungen, die eine beträchtliche Ernte an wissenschaftlicher Erkenntnis und auch einigen praktischen Nutzen einbringen. Beklagenswert ist nur, daß diese Forschung so eng gekoppelt ist mit militärischen Projekten. Es ist klar, daß die riesigen Kosten der Unternehmung – größer als für irgendein anderes Forschungsgebiet – nur darum bereitgestellt werden, weil die dabei entwickelten Raketen militärisch wichtig sind. Damit aber der Bürger, dem andere Dinge – Wohnung, Nahrung, Gesundheit, Erziehung – näherliegen, nicht aufbegehrt gegen die Verschwendung der Mondfahrer, wird das Wort auf ihn losgelassen, die Propagandarede, die weniger als Silber ist, illustriert vom Fernsehschirm. Wirkliche Wissenschaft arbeitet im Stillen.

Die Ratlosigkeit der Menschen unserer Zeit kommt von einem tragischen Dilemma: jeder ist überzeugt, etwas errungen zu haben, was der Erhaltung wert ist und unter allen Umständen verteidigt werden muß. Zugleich weiß er, daß Verteidigung mit modernen Waffen nur bedeutet, daß alle Errungenschaften mit ihm selbst zugrunde gehen.

Wir im Westen sind die Erben eines jahrtausendealten Ringens um Menschenwürde und Menschenrechte, um Freiheit des Handelns, Denkens und Glaubens. Es ist mir selbst undenkbar, ohne das alles zu leben. Die Menschen im Osten aber haben in Kämpfen, deren Schrecken noch jedem in Erinnerung sind, sich aus feudalen Ketten und unbeschreiblicher Armut befreit und ein System aufgebaut, das ihnen zum ersten Male in ihrer Geschichte großen materiellen Fortschritt und Bildung für alle gewährt. Meine Freunde, die Physiker Fock in Leningrad oder Kun Huang in Peking, und viele andere wollen verständlicherweise ebenso entschieden, wie *wir* für unsere alten Werte eintreten, nicht ein Tipfelchen ihrer neuen Errungenschaften aufgeben. Aber sind die Gegensätze von Ost und West wirklich unüberbrückbar? Doch nur dann, wenn die ökonomischen und sozialen Prinzipien als Dogmen betrachtet werden, wenn man aus ihnen eine Art Religion macht. Dann entsteht jene furchtbare Spannung, die vor Jahrhunderten zu den Religionskriegen führte und Europa verwüstete. Diesmal aber handelt es sich nicht um Verwüstung, sondern um totale Vernichtung.

Das war wohl der Gedanke, der den großen englischen Philosophen Bertrand Russell leitete, als er in der Zeitschrift »The New Statesman« einen offenen Brief an Eisenhower und Chruschtschow veröffentlichte, in dem er sie beschwor, dem kalten Kriege durch eine vernünftige Diskussion ein Ende zu machen. Russell ist schon im ersten Weltkriege als Gegner von Verhetzung und Gewalt aufgetreten und hat dafür leiden müssen. Er ist seitdem führend unter den Kriegsgegnern und Predigern der Vernunft, und sein Name ist groß genug, daß man seine Stimme hören muß. Tatsächlich erschien sogleich im nächsten Heft des »Statesman« ein Brief von Chruschtschow und dann eine Antwort von Dulles, der anstelle von Eisenhower schrieb. Schließlich folgte ein langer Artikel von Chruschtschow und ein resigniertes Schlußwort von Russell. Die beiden führenden Staatsmänner hatten nicht verstanden oder wollten nicht verstehen, was Bertrand Russell am Herzen lag. Beide priesen mit großer Beredsamkeit, ja mit Herzenswärme ihr System, pochten auf ihr Recht, verunglimpften Taten und Absichten der anderen Seite. Worte genug, aber höchstens Silber zu nennen.

Auch ein großer deutscher Philosoph, den ich verehre, hat zu diesen Problemen das Wort ergriffen, Karl Jaspers. Sein Buch »Die Atombombe und die Zukunft des Menschen« ist ein Bestseller. Die Menschen verlangen in ihrer Not nach dem Rate der Weisen. Aber wie viele mögen es fertigbringen, Jaspers' eingehende und gewissenhafte Analyse der Lage zu studieren und aus seiner Mahnung zur Vernunft die richtigen Schlüsse zu ziehen. Denn Jaspers' Vernunft gleicht der Pythia im Apollotempel zu Delphi, deren Orakelsprüche richtig ausgelegt werden müssen – wie jener Rat, den sie dem Krösus gab, ehe er die Perser angriff: Wenn Du den Halys überschreitest, wirst Du ein großes Reich zerstören.

Krösus zerstörte sein eigenes Reich. So sind auch Jaspers' Aussprüche verschiedener Deutung fähig, und die Vertreter des forschen Wettrüstens haben sie in ihrem Sinne auslegen können – schwerlich im Geiste des Weisen von Basel. Das zeigt seine wundervolle Rede anläßlich der Verleihung des Friedenspreises des Deutschen Buchhandels, an der es nichts zu rütteln und zu zweifeln gibt: wenige Worte, goldene Worte.

Der Beispiele von Reden, die unter dem Silberkurs liegen, sind so viele, daß eine Auswahl einprägsamer Beispiele schwer ist. Wilhelm Busch sagt dazu die wohlbekannten Worte:

> Das Reden tut dem Menschen gut,
> Wenn man es nämlich selber tut,

und fährt dann fort:

> Besonders der Politikus
> Gönnt sich der Rede Vollgenuß,
> Und wenn er von was sagt, so sei's,
> Ist man auch sicher, daß er's weiß.

Aber leider sind manche Dinge, die wir haben hören müssen, zu ernst, um sie mit diesem gutmütigen Spott abzutun. So lasen wir in einer Rede des Bundesverteidigungsministers Strauß folgenden Passus: »Ich nenne jeden einen potentiellen Kriegsverbrecher, der durch Schwächung der westlichen Abwehrkraft dem kommunistischen Osten strategische Vorteile verschafft.«

Er hat dann, offenbar als Antwort auf Proteste von politischen Gegnern, etwas retiriert und gesagt, daß der Ausdruck »potentieller Kriegsverbrecher« nicht den Anhängern des Rapacki-Planes gelte, sondern im Hinblick auf die Gedanken des britischen Militärschriftstellers Stephen King-Hall gefallen sei.

Aber Worte haben ein Eigenleben, man kann sie nicht mehr zurückrufen. Die Drohung ist einmal ausgesprochen, und patriotische Männer mit abweichender Meinung haben sie wohl verstanden. Als einer der achtzehn Göttinger Atomphysiker weiß ich wohl, daß sie auch auf uns gezielt ist. Aber sie ist schlecht gezielt. Schon das Wort Kriegsverbrecher stimmt nicht. Es ist am Ende des letzten großen Krieges aufgekommen, und zwar nicht in der Bedeutung von Schädigung der Wehrmacht einer Staatengruppe, wie es Herr Strauß gebraucht, sondern im Sinne von Verbrechen gegen die Menschlichkeit.

Aber Menschlichkeit und Menschenwürde, Freiheit des Denkens und der Meinungsäußerung, das sind gerade die Worte, die der Westen zu verteidigen hat und neben denen die Unterschiede der wirtschaftlichen und sozialen Struktur von sekundärer Bedeutung sind oder sein sollten. Denn die Frage, wer mehr produziert pro Kopf der Bevölkerung und für den Kopf der Bevölkerung, ist praktischer Natur; sie wird sich im Laufe der nächsten zehn oder 20 Jahre im Wettstreit der großen Industriemächte, USA und UdSSR, von selbst entscheiden. Wer mit der Verteidigung eines Vorpostens der westlichen Welt beauftragt ist, sollte auch im Eifer und Ärger eines Wahlkampfes daran denken, was er denn eigentlich verteidigen soll.

Rein militärisches Denken geht an dem Problem vorbei. Die Rede, die Commander Stephen King-Hall, selbst ein erfahrener Militär, vor hohen Offizieren der britischen Streitmacht gehalten hat, erörtert einen Versuch, neue Arten der Verteidigung zu finden. Mag man mit seinen Vorschlägen übereinstimmen oder nicht, man muß sie begrüßen und studieren als einen Schritt hinweg von der veralteten militärischen Tradition, die bei der heutigen Waffentechnik nur zum Untergang aller führen kann.

Schweigen ist Gold, aber zum Schweigen bringen ist Gift. Leider ist der eben erörterte Fall nur einer von vielen Versuchen, Gegner durch behördliche Eingriffe und Drohungen zu drosseln. In den Vereinigten Staaten gab es die McCarthy-Periode, die das Wesen westlicher Lebensformen, Gewissensfreiheit und Menschenwürde bedrohte. Die gesunde demokratische Natur des amerikanischen Volkes hat sich aus diesem Morast gerettet. Bei uns droht ähnliche Gefahr. Eine Neujahrsansprache ist nicht der Platz, diese häßlichen Dinge aufzustöbern. Nur ein Fall sei erwähnt, weil er allen, die Kinder und Enkel haben, am Herzen liegen muß. Der Bayreuther Kinderarzt Dr. Beck hat systematische Untersuchungen über die Zusammenhänge zwischen der Radioaktivität der Luft und der Mißbildung bei Neugeborenen angestellt. Diese Forschungen und seine Person wurden in solcher Weise angegriffen und verleumdet, daß er seine Arbeit eingestellt hat. Es ist ein böses Symptom, aber man darf hoffen, daß auch das deutsche Volk sich besinnen und die Ansätze autoritärer Bevormundung beseitigen wird.

Um nun zur großen Welt zurückzukehren, so kam eine Flut von Reden und Schriften aus Amerika, die eine Lösung der

Verkrampfung der Außenpolitik versprachen, und zwar unter dem Schlagwort »abgestufte Abschreckung«. Es ist eine Theorie, die dem militärischen Patt ein Ende machen soll. Neben den großen strategischen Atombomben sollen die Heere mit kleineren taktischen Atomwaffen versehen werden. Aber beide Arten sollen nicht angewendet werden, sondern nur zur Abschreckung dienen. Man erklärt sozusagen dem Feinde: Wenn du mit einer *kleinen* Atombombe schießt, schieße ich zurück mit demselben Kaliber.

Auf diese Weise sollen auch begrenzte Kriege aussichtslos gemacht und dadurch unwahrscheinlich werden. Hiergegen läßt sich mancherlei einwenden. Zunächst einmal ist die Grenze zwischen »kleinen« und »großen« Bomben sehr unbestimmt. Die Göttinger Achtzehn haben in ihrem bekannten Aufrufe darauf hingewiesen, daß eine sogenannte kleine, taktische Waffe von heute etwa die Wirkung der auf Hiroshima abgeworfenen Bombe hat. Sie sind also blinde Massenvernichtungsmittel und moralisch ebenso verwerflich wie die größten Wasserstoffbomben. Wenn die militärischen Planer solche Betrachtungen mißachten, sollten sie doch die Kriegspsyche berücksichtigen. Der abgestufte Einsatz von Atomwaffen setzt stillschweigend die Zustimmung des Gegners voraus. Was aber, wenn er auf eine kleine Bombe mit einer größeren antwortet – was er vermutlich tun wird? Jeder gewaltsame Konflikt löst Leidenschaften aus, die sich nicht an Regeln der Vernunft oder der Menschlichkeit halten, geschweige denn an Theorien, an die sich keiner gebunden hat.

Leider haben nicht nur Militärs, sondern auch der Weltkirchenrat in Nyborg die Theorie der abgestuften Abschreckung angenommen. Ich habe aber den Eindruck, daß die Diskussion darüber bereits im Abklingen ist.

Nach diesen Beispielen von Reden, die Silberwert haben oder weniger, gibt es nicht auch Anzeichen vom Goldwert des Schweigens?

Völliges Schweigen wäre sinnlos. Was ich meine, ist ruhige Überlegung unter Gleichgesinnten und geschlossene Verhandlungen zwischen Gegnern. Von beidem gibt es Anzeichen, die Hoffnung erwecken.

Da sind z. B. die Pugwash-Konferenzen. Unter diesem Namen gehen Zusammenkünfte von Wissenschaftlern, die ihre Entstehung der Initiative des schon genannten Bertrand Russell verdanken.

Er fand einen Helfer in dem amerikanischen Großindustriellen Cyrus S. Eaton, der Geldmittel zur Verfügung stellte. Die erste dieser Konferenzen fand in dem kanadischen Dorfe Pugwash statt, wo Eaton geboren wurde und jetzt einen Landsitz hat. Auch die zweite Konferenz im Frühjahr 1958 war in Kanada. Beide waren noch klein, aber besucht von Wissenschaftlern vieler Länder. Da es sich zeigte, daß eine Verständigung wohl möglich ist, wurde eine größere Konferenz gewagt. Diese tagte im September zuerst eine Woche in dem Tiroler Städtchen Kitzbühel, wo eine Erklärung erarbeitet wurde, um dann in Wien einen feierlichen Abschluß zu finden. Ich habe an den Kitzbüheler Verhandlungen teilgenommen. Es waren mehr als 70 Mitglieder aus zahlreichen Ländern aller Erdteile, darunter Amerikaner, Russen, Japaner, Inder, Australier. Die Verhandlungen fanden hinter geschlossenen Türen statt, schweigend gegenüber der Öffentlichkeit, und führten zu einer einstimmig angenommenen Erklärung, die keineswegs nichtssagend und farblos ist, sondern den Schwierigkeiten der Lage ins Auge sieht und vernünftige Vorschläge zu ihrer Überwindung macht. Leider hat die Presse hier das Schweigen zu weit getrieben und von der Erklärung kaum Notiz genommen. Der Geist von Pugwash ist ein Symbol der Hoffnung. Einige der Teilnehmer aus Ost und West waren vorher Mitglieder der Sachverständigen-Kommission in Genf, welche die Frage der Kontrolle der Atombombentests untersuchen sollte, auch diese hatte hinter verschlossenen Türen beraten und war zu einer Einigung gelangt.

So gab es im verflossenen Jahr Ansätze zur Besinnung, zur Abkehr von dem Marsch in die Vernichtung. Manche Biologen, Anthropologen und Historiker sind der Meinung, daß das Geschick des Menschen wie das jeder Tierart durch seine unbewußten Triebe und Begierden festgelegt sei. Wäre das richtig, gäbe es wenig Hoffnung, daß die Menschheit die gegenwärtige Krise überlebt.

Dagegen steht das eingangs zitierte Goethewort, es bleibe des Menschen größtes Verdienst, wenn er die Umstände bestimme und sich nicht von ihnen bestimmen lasse. Das ist der Glaube an die Vernunft. Noch immer warnt uns die Pythia: Wenn Du den Halys überschreitest, wirst Du ein großes Reich zerstören. Nur Toren aber können das heute, im Atomzeitalter, mißverstehen. Der Halys ist die Grenze zwischen Verhandlung und Gewalt, zwischen Frieden und Krieg. Wer sie überschreitet, wird mit den Reichen dieser Erde auch sich selbst zerstören.

Der Beginn des neuen Jahres ist ein Abschnitt, an dem man das Treiben und Hasten unterbricht, um sich zu besinnen, wohin es denn führt. Es wäre dem Heil der Welt zuträglicher, wenn die vielen leeren und unbedachten Reden, von denen ich wenige Beispiele angeführt habe, unterblieben und wenn uns die Flut offener und versteckter Propaganda nicht stille Überlegung und Einsicht erschwerten. Das war der Sinn meiner Rede gegen das Reden.

Ich wünsche Ihnen, liebe Hörer, ein gutes neues Jahr 1959!

Quelle: Max Born, Von der Verantwortung des Naturwissenschaftlers. Gesammelte Vorträge. München: Nymphenburger Verlagshandlung ²1965. (sammlung dialog.) S. 75–86.

geb. 1923

Der Romancier, Literaturkritiker, Essayist und klassische
Philologe wurde am 8. März 1923 in Hamburg geboren. Er
studierte an den Universitäten Hamburg und Freiburg, habi-
litierte sich bereits 1950 in Tübingen, wo er seit 1956 Profes-
sor für klassische Philologie und Allgemeine Rhetorik ist.
Unter seiner Leitung entstanden inzwischen im Tübinger Se-
minar für Allgemeine Rhetorik mehrere grundlegende Arbei-
ten über die Zusammenhänge zwischen Literatur, Poetik,
Ästhetik, Rhetorik, Predigt und politischer Rede. Was er in
der Theorie analysiert, appliziert Jens, wie die Sammlung
»Von deutscher Rede« (München 1969) zeigt, auch mit Ge-
schick in der rhetorischen Praxis. Die hier vorgelegte Rede, die
für das Positive in der modernen Literatur plädiert, hielt Jens
zur Eröffnung der Frankfurter Buchmesse im Jahre 1961. Er
selbst hat sie als ein Traktat im rhetorischen Stil bezeichnet.

Plädoyer für das Positive
in der modernen Literatur

»Ein Künstler erträgt keine Wirklichkeit, er blickt weg, zu-
rück...«: diese berühmte, von Nietzsche geprägte und von
Camus an erlauchter Stelle des »L'homme revolté« zitierte
Sentenz scheint heute ins Schwarze zu treffen. Es ist alles im
Fluß, die industrielle Revolution nivelliert das Bewußtsein
der Menschen, aber die Dichter sprechen von Troja. In Ghana,
Brasilien und Griechenland, in Montevideo und auf der
Frankfurter Zeil entstehen die gleichen Bauten und Appara-
turen, Kommunikationsmedien verringern die Spanne zwischen Offenbach und Elisabethville auf die Maße einer ver-
trauten Distanz: aber demonstriert das die Dichtung? In Marl

steht ein einsamer Mann am Kontrolltisch und wartet auf das
Erglühen der Lampen: ein Arbeiter, dem die Devise »Proletarier aller Länder, vereinigt euch« so fern ist wie eine Parole
der Metternich-Ära. Doch zeigt die Poesie diesen einsamen
Mann?

Während man hier den Ausschlag der Geigerzähler verfolgt
und die Elektronengehirne Nachrichten speichern, stehen an-
dernorts Rotraut und Gretchen am Brunnen, marschieren
Schützenbrüder, gehen Bauern in der Leonhardiprozession,
grüßen die verkleideten Chargierten ihren Oberhirten an den
Stufen des Doms. (Doch wo finden wir diesen Gegensatz in
der Dichtung gestaltet?) In Sekundenschnelle tanzt die Zeit
von einem Jahrhundert ins nächste, zeigt viel Vergangenheit
und sehr viel Zukunft, verbindet Romantik und Kälte, lädt
Feuer und Wasser zur Kommunion ein, schminkt den Tod,
vernichtet die Seuchen, erforscht den Himmel und öffnet dem
Aberglauben das Tor und die Tür. (Die Poesie aber sagt da-
von nichts.) Altes und Neues, das Lied der Loreley und die
Morsezeichen des Astronauten, das Summen der Hollerith-
maschinen und die Gesänge, mit denen ein guter Onkel die
Kinder des Abends durch den Äther zu Bett schickt, verwirren
sich und machen die Musik eines Jahrhunderts, in dem das
Gestern und das Morgen so nah zusammenleben, daß für das
Heute kein Raum ist und die Gegenwart ausgespart bleibt.
Was könnte man anderes von ihr behaupten, als daß sie alle
Zeiten vereine und, das Gesicht hinter Masken verbergend,
selber zeitlos erscheine? (Aber die Literatur?) Ich schaue mich
um: ich gewahre Selenzellen und magische Augen, Kontroll-
geräte, Blutkonserven und künstliche Träume; ich sehe, in
Zwanzigerreihen, die bilderschwenkenden Männer, und ich
sehe den schwarzgekleideten Bürger auf dem Wege zur Kirche. Ich frage mich: woher weißt du das alles? Und ich antworte mir: ich kenne, als erstes, die Bilder. Ich kenne das Gesicht des Präsidenten, den Mund Moise Tschombes, kenne
Nehrus Lächeln und die zitternden Hände des Mörders. Ich
kenne, zum zweiten, die Ergebnisse der Wissenschaft. Die

Psychologie hat mich gelehrt, wie die Menschen sich, in bestimmten Lagen, verhalten; die soziologische Methode zeigt mir Verharren und Bewegung der Klassen; sie deutet, statistisch und unwiderleglich, die Situation der industriellen Gesellschaft. Ich halte inne und bemerke nun: was einst zum Herrschaftsbereich der Dichtung gehörte, was von Homer bis Balzac, von der »Ilias« bis zum »Père Goriot«, der Poesie Würde und Bedeutung verlieh: die Beschreibung des Sichtbaren und die Analyse des Unsichtbaren, das Demonstrieren der Bilder und die Erläuterung der Seele – diese Aufgaben eben hat die Literatur den Wissenschaften und der Photographie überlassen. Der Film, nicht die Poesie, zeigt die Aktion der Roboterhirne; die Wissenschaft, nicht die Dichtung, hat die Geheimnisse der Seele enträtselt und das Wechselspiel der Gesellschaft analysiert. Kein Zweifel, der Raum der Dichtung ist schmaler geworden; im Jahrhundert der Wissenschaften bleibt ihr nicht gerade viel Platz. Die Gelehrten sitzen in unserer Zeit auf den Stühlen, die einst den Dichtern vorbehalten waren; *sie* geben dem Tag das Gesicht, *sie* gilt es zu fragen, wenn man wissen will, wer wir sind.

So wären wir denn also einer zweiten Aufklärung nahe, und der alte, so oft gehörte Ruf ertönte noch einmal: dies ist die Stunde der Philosophen und Forscher, dies ist der Augenblick, in dem, mit Musil zu sprechen, die »kritisch-essayistische« Aufgabe wichtiger ist als die künstlerische? So sei es, wie's damals an Thomasius, Leibniz, Wolff, Locke und Hume, an Mendelssohn und Lessing lag, das Dunkel zu lichten ... so sei es heute an Jaspers, Einstein und Bloch, an Heidegger, Russell und Toynbee, das Chaos zu ordnen und dem Widersprechenden, Vielgestaltig-Disparaten ein Gesetz aufzuprägen? So sei, wie einst in Griechenland, mit der Blüte der Porträtkunst und dem Triumph der Wissenschaft der Verfall der Dichtung notwendig vermacht? So wäre es ein Gebot, daß, im prometheischen Rauschzustand der Welterweiterung und Naturunterjochung, die Musen kläglich verstummten? O nein! Mag die Photographie die Oberfläche fixieren, die Philosophie den

Seinsgrund enträtseln, die Wissenschaft Segmentmodelle entwerfen, mögen alle drei den Raum der Dichtung noch so sehr
verengen und dem Schriftsteller jene große Freude des Be-
schreibens nehmen, die allein das Abbildlose schenkt (und wo
gäbe es heute dergleichen?), mögen die Details verzettelt und
inventarisiert worden sein: das Schillernd-Widersprüchliche
und Bunt-Kontroverse der Totalität kann, heute wie je, nur
die Dichtung beschreiben. Gewiß, die Schwierigkeiten haben
sich vertausendfacht, seitdem wissenschaftliche, von Kollek-
tivs meisterlich beherrschte Methoden jede Realitätspartikel
durchröntgten und den frischen Künstlerblick durch die Schaf-
fung der Swingelsituation (»ick bin all dor«) trübten: vertausendfacht aber hat sich auch die Möglichkeit, unsere Zeit
dennoch im poetischen Gleichnis zu bannen ... wenn es dem
Schriftsteller gelingt, die mit Hilfe anderer Medien gewonnenen Resultate als Prämissen jener komplexen Analyse zu begreifen, die nur er – und er allein – versteht. Mit einem Wort:
erst dann, wenn der Poet entschlossen ist, sich die konkurrierenden Medien dienstbar zu machen, wird er sein Erstgebore-
nenrecht am Ende wiedergewinnen und, als ein Einzelner, der
jede Schlacht verliert (weil man ihm ständig zuvorkommt),
den Krieg dennoch gewinnen. Bis dahin freilich ist der Weg
noch weit: überblicken wir die zeitgenössische Literatur, so
stellen wir fest, daß der Schriftsteller entweder (mythisierend,
Utopien, Legenden und Träume erdichtend) »weg- und zu-
rückblickt« oder die Realität zwar anerkennt, sie aber dann,
unverwandelt, mit den Methoden der Reportage und wissenschaftlichen Analyse beschreibt. Wenn ich die Lage, in der wir
uns alle befinden, mit dem Bild vergleiche, das die Poesie von
dieser Situation entwirft, so stelle ich fest, daß es ebenso viele
mythisch-vage Umschreibungen wie in Zeilen gesetzte Photo-
graphien, aber nur ganz wenige Bilder gibt, in denen unsere
Zeit sich gleichnishaft spiegelt.
Seltsam, wie sich, in solchem Augenblick, die Geister zu scheiden beginnen! Während die westliche Literatur die Züge eines
Menschen entwirft, der – im Auto mit dem Rücken zum Fah-

rer sitzend: allein dem Vergangenen zugewandt – die Gegenwart sogleich als Perfekt erlebt und die Zukunft überhaupt nicht bemerkt (ein anderer steuert, der Fahrgast sieht die zurückgelegte Strecke, aber niemals das Ziel) ... während die westliche Literatur also die Vergangenheit in wahrhaft Freudianischer Weise vergrößert (alles Bedeutsame ist schon geschehen), das Präsens als eine Funktion des Perfekts begreift und das Futur kurzerhand amputiert, konstruiert die östliche Dichtung Figuren, deren Selbstverständnis sich ausschließlich aus momentanem Begreifen und utopischer Hoffnung ergibt: sie waren, die sie sind; sie werfen keinen Schatten, haben keine Tiefe und Vergangenheit. Diese, hier wie dort, rigoros schematisierte Sicht bedingt, folgerichtig, eine Lebenseinstellung, deren Beschreibung nicht minder abstrakt anmutet als die Zeitanalyse. Zurückblickend trauert der westliche Held dem Vergangenen nach; seine Gemütslage ist elegisch, sein Temperament schläfrig, seine Verfassung desolat: mag ein anderer steuern – von sanftem Schütteln gewiegt, bleibt er in gleichem Maße träumender Betrachter, wie der östliche Held, gläubig chauffierend und zukunftsgewiß, die Vergangenheit mißachtend, als Aktivist von rechtem Schrot und Korn erscheint. Und nun erst die Beifahrer, Chargen und Gestalten am Rand ... welch ein Bild! Hier Stachanowiten, Planerfüller und Kämpfer, Männer und Frauen, die für die Gerechtigkeit streiten; dort Zwerge und Irre, Trinker und Mörder, schäbige Bürger und suspekte Ganoven ... So also sähe die Wirklichkeit aus? So geographisch-penibel seien Schwarz und Weiß heute zertrennt? Die großen Meister des Ostens, gewiß, Anna Seghers, Brecht und Scholochow, haben auch das Dunkel im Licht nicht geleugnet, sondern das Pathos durch Zweifel und bange Erwägung gedämpft (und immer, wenn sie es taten, wurden ihre Gestalten ebenbildlich und wahr); wo aber ist, umgekehrt, das helle Licht im Dunkel der westlichen Kunst? Ist sie wirklich dazu bestimmt, »die Seele des Menschen zu zerreißen und Massenmörder aller Art hervorzubringen«, wie der Minister Schepilow es einst formulierte?

Machen wir uns die Antwort auf diese Behauptung, die schließlich nicht nur von der marxistischen Orthodoxie, sondern auch vom katholischen Konservatismus und vor allem der völkisch-nationalen Reaktion vorgetragen wurde, nicht zu leicht. Eine These, die zugleich im »Völkischen Beobachter«, der »Prawda« und der »Deutschen Tagespost« stehen kann, braucht darum noch nicht lächerlich, der gemeinsame Feind nicht von vornherein exkulpiert zu sein. In Wahrheit entschuldigt die Tatsache, daß die Nationalsozialisten die ihnen mißliebige Kunst als »entartet« deklarierten, keineswegs jene Manie, mit der die Literatur der Gegenwart (und nicht zuletzt die westdeutsche) sich die Hölle zum Exklusivdomizil gewählt hat.

Ich möchte nicht mißverstanden sein: die Zeit ist aus den Fugen, Vergangenheit und Zukunft sind ineinander verkeilt, das Bild scheint chaotisch, Ungeheuerlichkeiten regieren die Stunde, im Angesicht der weißen Bombe pflegt niemand zu lachen. Und doch hat gerade dieses »Ungeheure« immer einen Doppelaspekt – erinnern Sie sich des Chorlieds: »Vieles ist ungeheuer und ungeheurer nichts als der Mensch«, in dem jenes Bild beschworen wurde, das Europa geprägt und heute wie vor 2400 Jahren Gültigkeit hat. »Ungeheuer«: groß und bedroht, von technischer Allmacht und bescheidener Moralität; hybride und stolz, zum Sturz bereit und gewaltig, ein Koloß, der das Hirn eines Riesen und das Herz eines Zwerges besitzt: ein Wesen, mit einem Wort, das mit sich selbst nicht Schritt halten konnte ... das ist der Mensch, wie ihn die griechische Tragödie, auf dem Scheitel des ersten technischen Jahrhunderts, beschrieb, und das ist auch der Mensch unserer Tage, dessen Antlitz weder, wie in der östlichen Literatur, zur Steingrimasse des ruchlosen Optimisten verflacht, noch, wie vielfach in der westlichen Dichtung, zur Höllenfratze ungestraft entstellt werden sollte. In Wahrheit ist der Mensch weder ein Frevler für alle Zeit noch ein unverrückbarer Gigant ... die Ambivalenz erst, das Janusgesicht des Feuerträgers, der mit seiner Fackel auch den Krieg in Händen hält, gibt dem Sterblichen – nach der modernsten: der griechischen Deutung – Würde und Profil. Nicht Tier und nicht Gott, weder Dämon noch Heiliger, der Ungeheure, mit dem es »nicht geheuer« ist– ihn zu beschreiben ist die Aufgabe, die bisher nur ein Dutzend Schriftsteller in Ost und West gelöst hat: Brecht und Camus, Hemingway und Scholochow, Pavese und die frühe Anna Seghers, Vittorini und Babel ... sehr viel mehr sind es nicht.

Wie also steht es? Zerreißt die westliche Kunst tatsächlich die Seele des Menschen?

Ich glaube, sie tut es – zu einem Teil jedenfalls, wenn auch in weit geringerem Maße als die östliche, deren Lichtgestalten überdies viel höllischer wirken als die makabren Figuren bei uns. Hier das »Un-Geheure«, dort das »Ungeheure« – man verleugnet in jedem Fall die Totalität ... wobei nun freilich nicht zu bestreiten ist, daß der westliche Künstler die Höllenphantasmagorie sehr viel perfektionierter beschreibt als der östliche Autor sein irdisch-uniformes Paradies. Aber auch diese Bemerkung entschuldigt unsere Dämonologen mitnichten – im Gegenteil: je größer die artistische Leistung, desto beklagenswerter die Bequemlichkeit eines Mannes, der es sich leicht macht und das Dunkel nur deshalb nicht verläßt, weil es so dankbar zu beschreiben ist. Statt jeden Sexualanalytiker, Höllenzauberer und Koboldbeschwörer entweder als »entartet, zersetzend und verkommen« oder aber als »Aufklärer, mutigen Entmythisierer und Moralisten« zu apostrophieren, sollte man sich zunächst einmal vergegenwärtigen, daß die Nacht nun einmal leichter als der Tag, das Künstliche viel müheloser als die um und um gewendete Natur, das Böse angenehmer als das Gute, der Teufel viel amüsanter darzustellen ist als Gott. Eine unglückliche Liebe ist leicht zu beschreiben; eine glückliche Liebe – schon schwerer; eine glückliche Ehe jedoch: hier bedarf es, will der Poet nicht bei sentimentaler Predigt verharren, eines Genies von Hofmannsthals Rang. Exorbitantes durch Exorbitantes zu spiegeln erfordert nur ein bescheidenes Talent; aber das Ungeheure im Alltagseinerlei zu fixieren ... das verlangt die Anstrengung eines Giganten.

Die Neonwildnisse der großen Städte, Krematoriumsrituale, Todeswirbel und Slum-Perversionen bieten sich an; wer aber kann nicht nur die Angst, sondern, artistisch weit diffiziler, auch die Freude anschaulich machen? So betrachtet *ist das moralische Problem in Wahrheit technischer Natur:* wer die Hölle niemals verläßt, ist weder – wie sich völkische Kreise auszudrücken belieben – ein »Unterleibsliterat« noch verdient er nur deshalb den Ehrennamen eines Moralisten, weil er sich ein makabres Sujet ausgesucht hat. Er ist vielmehr nichts weiter als ein etwas bequemer Artist, der, unter dem Vorwand sozialkritischer Betätigung, jene Bereiche des Normalen sorgfältig meidet, deren Erhellung so viel mühseliger ist als die Analyse von Zonen, die ein Numinoses schon stofflich enthalten, das der Schriftsteller sonst, mit bescheideneren Objekten beschäftigt, erst kraft der Sprache herstellen muß. In der Tat, wir könnten besseren Gewissens über die »Aufbau«-Dichter lachen, wenn es uns endlich gelänge, unsere so komplexe Wirklichkeit in ihrer Tiefe *und* Breite, ihrer Alltäglichkeit *und* Exzentrizität, ihrem Schrecken *und* ihrer Güte zu schildern. Gerade weil wir zunächst nicht Moral und Gesinnung, sondern die technische Leistung des Schriftstellers zu beurteilen haben, halten wir, das Schwerere fordernd, ein Plädoyer für das Positive in der Literatur und weigern uns, anzuerkennen, daß Zartheit und Liebe, Vertrauen und Freundschaft – Elemente, denen wir auf Schritt und Tritt begegnen – ein für alle Mal der diskreditierenden Darstellung von »Gemeinde«-Dichtern und inferioren Poeten vorbehalten sein sollen. Das Gute ist kein Reservat der Mediokrität; die Moral kein Nistplatz für psalmodierende Spießer; wir können nicht wünschen, daß Sitte und Anstand heute zu Tabus werden, nur weil das Können des Schriftsteller nicht ausreicht, die Moralität zu beschreiben. So sehr wir uns also dagegen wehren, daß die Nachtzonen einer zweiten Tabuisierung verfallen, so nachdrücklich müssen wir verlangen, daß Komplexes komplex bleibt und der schematischen Lichtdarstellung des Ostens nicht von nun an bis in alle Ewigkeit eine gleich abstrakte Schattenanalyse des Westens entspricht. Nur ein Tölpel wird bestreiten, daß der Kitsch auch schwarz, der Höllenpfuhl auch parfümiert sein kann.

In Wahrheit aber spiegelt der Tartarus die Lage, in der wir leben, so wenig wie das schattenlose Firmament. Beide sind, verabsolutiert, lügenhaft und idyllisch: nicht nur der azurne Äther, auch der Sumpf hat längst seine gutgenährten Geibel gefunden.

Doch ist es ein Wunder, daß gerade in Deutschland so viele Autoren das Licht über dem Schatten vergessen? Anders als in Frankreich und Italien haben sie, die man zwang, für eine schlechte Sache zu kämpfen, weder das Résistance-Pathos noch die Revolutions-Entschlossenheit jemals erlebt. Kein heiliges »Nein«, an die Adresse der Unterdrücker gerichtet, hat ihnen die Emphase des Moralisten verliehen; kein Gedanke entzündete sie, daß es sich lohne, den Haß durch die Liebe zu überwinden, keine Erfahrung bezeugte ihnen, welche poetischen Kräfte selbst abstrakte Begriffe wie Solidarität und Freiheit in einem großen Schriftsteller zu wecken vermögen.

Aber sind wir im Westen nicht überhaupt vielfach geneigt, entgegen erlauchter Tradition das pädagogisch-formende Moment der Literatur im gleichen Maße zu unterschätzen, wie man es im Osten auf Kosten spielerischer Entfaltung überbetont? Freilich, um in der Poesie heute didaktisch wirken zu können, bedarf es sowohl moralischer als auch artistischer Unantastbarkeit. In einer Stunde, da der Schriftsteller weder Repräsentant noch Gegner oder Erzieher einer Klasse ist (denn unsere Gesellschaft kennt keine sichtbaren Klassen), in einem Augenblick, da er nicht einmal mehr reinen Gewissens für eine politische Partei oder ein Staatswesen optieren kann, gibt ausschließlich die meisterliche Integrität der Stimme des Poeten Gewicht und Bedeutung.

Ganz allein, nur dem Gewissen und den Geboten des Takts unterworfen, ist er vielleicht der letzte, der wenigstens den Versuch unternimmt, im Bösen das Gute, im Guten das Bessere und im Besseren die Idealität zu erkennen. Es gehört Geduld dazu, heute noch mit der sanften Unbarmherzigkeit des Erasmus zu sprechen, Fanatismus und Vereinfachung zu bekämpfen und das Extrem, wo immer es die Totalität auch zu zerbrechen droht, entschlossen zu verneinen. Es verlangt Tapferkeit, im Massenzeitalter jene Einsamkeit nicht zu fürchten, die Voraussetzung neuer Gemeinsamkeit ist.

In einer dunklen Zeit besteht das »Ja« der Poesie darin, mit Mut, Beharrlichkeit und Konsequenz ein »Nein« zu wiederholen, das zwar keinen Weg weisen kann, aber vielleicht doch jene Panne bewerkstelligen wird, die den hangabwärts rollenden Wagen vor dem Absturz bewahrt. Wer die »Ja«-Schreie der entfesselten Menge, die man vor 20 Jahren befragte, ob sie ihren eigenen Untergang wolle, noch deutlich im Ohr hat, wird sich ohnehin hüten, jedes »Ja« als ein »Ja« und jedes »Nein« als ein »Nein« zu verstehen. Es gibt nun einmal Augenblicke – und dieser Augenblick gehört dazu –, in denen es der Beruf des Schriftstellers ist, alles in Frage zu stellen, weil die wahrhaft diabolische Uniformität – höllische Hölle und himmlischer Himmel – auf keine andere Weise besiegt werden kann. So betrachtet, führt der Versuch der großen Autoren, das Janusgesicht des Jahrhunderts zu zeichnen, folgerichtig zur Absage ans Übermaß, das Stabilität und Balance zerstört, zu jener durchaus positiven Negation, die den Blick auf die Totalität freigibt, indem sie, heilsam aporetisch, die Gegenseite wieder ins Spiel bringt. Ich glaube freilich, daß der Schriftsteller unserer Tage nicht nur die Methode der bejahenden Verneinung und nicht nur die Rolle des Warners mit Sokrates teilt. Als hemmend-kritisches und wachsam-agiles Element ist er dem Staat vielmehr wie eine Geißel und ein Rochenstachel an die Seite gelegt ... und es wäre schlimm für den Staat, wenn er das heilsam-verletzende »Nein« der Dichter nicht mehr ertrüge. Es wäre bedenklich, wenn diese Poeten schweigen müßten, die auf den Märkten spazieren, Folgerungen bedenken, zum Nachdenken zwingen und den Leuten sagen, daß sie zwar etwas zu meinen glaubten, doch in Wahrheit unwissend seien ... es wäre schlimm, wenn man ihre Stimme nicht mehr ertrüge und die Redenden, müde der ewigen Warnung, zum Stummsein verdammte. Es wäre schlimm, weil es dann keinen mehr gäbe, der sagen könnte, was das sei: der große, von der Dignität des zögernden »Nein« getragene und zugleich »Ja« zum eigenen Untergang rufende, vielfach »ungeheure« Mensch.

Dies zu verhindern, ist unser Amt; ein bescheidener Versuch in einer düsteren Zeit. »Meine Generation weiß«, sagte Albert Camus 1957 in Stockholm, »daß sie die Welt nicht neu erbauen wird. Aber vielleicht fällt ihr eine noch größere Aufgabe zu. Sie besteht darin, den Zerfall der Welt zu verhindern.«

Wir fügen hinzu: wer den Zerfall der Welt verhindern will, hat nicht nur den totalitären Kräften in politicis Paroli zu bieten und alle Einseitigkeit zu verneinen, er muß sich auch – auf literarischem Feld – gegen jeden Versuch wehren, eine Kanonisierung des einen, auf Kosten des anderen, zu erreichen. Wenn ich hier ein Plädoyer für das Positive halte, so müßte ich in Leipzig, Bukarest und Passau selbstverständlich betonen, daß auch das Dunkelste oder Entsetzlichste durch die große Poesie, deren Wesen die Wahrheit ist, analysiert werden will; denn es gibt keinen Bezirk der Realität, der poetisch nicht gebannt werden könnte.

Heute, wo man dabei ist, die Wirklichkeit auf die Kürze von Formeln zu reduzieren, wo der Fanatismus zu Simplifizierungen führt und das »Entweder-Oder« die Stunde regiert, vertritt der große Schriftsteller, als Beschwörer des Janusgesichts und Verteidiger der Totalität, in Leben und Werk jenes »Sowohl als auch« und »Einerseits-andererseits«, das, allen Leugnungen zum Trotz, unsere Zeit in besonderem Maß charakterisiert, Voraussetzung eines lebenswürdigen Daseins ist und deshalb, im Wort der Poesie komplex gespiegelt, vor allem bewahrt werden sollte.

Quelle: Walter Jens, Literatur und Politik. Pfullingen: Neske 1963. (Opuscula 8.) S. 23–32.

MARTIN NIEMÖLLER

geb. 1892

*Der am 14. Januar 1892 in Lippstadt (Westfalen) geborene
evangelische Theologe war im Ersten Weltkrieg U-Boot-
Kommandant. 1931 wurde er Pfarrer in Berlin-Dahlem, 1933
gründete er den Pfarrernotbund, aus dem dann die Beken-
nende Kirche hervorging. Von 1937 bis 1945 war er als ent-
schiedener Gegner des Dritten Reichs in KZ-Lagern inhaf-
tiert. Nach 1945 beteiligte er sich maßgebend an der Neuord-
nung der Evangelischen Kirche, war von 1945 bis 1956 Leiter
des kirchlichen Außenamtes, von 1947 bis 1964 Kirchenpräsi-
dent der Evangelischen Landeskirche in Hessen und Nassau.
1957 wurde er zum Präsidenten der Deutschen Friedensgesell-
schaft gewählt, 1961 in Neu-Delhi zu einem der sechs Präsidenten des ökumenischen Rats der Kirchen. Einer breiteren
Öffentlichkeit wurde Niemöller nicht nur durch seine oft
eigenwilligen Stellungnahmen zu politischen Fragen, sondern
vor allem auch durch seine eindrucksvolle Prediger- und Red-
nerbegabung bekannt.*
*Die hier vorgelegte Gedenkrede hielt Martin Niemöller zum
15. Jahrestag der Gründung der »Vereinigung der Verfolgten
des Naziregimes« am 17. März 1962 in Frankfurt a. M.*

Gedenkrede für die Opfer
der nationalsozialistischen Herrschaft

An dieser Stätte gedenken wir heute, am 15. Jahrestag der
Gründung der »Vereinigung der Verfolgten des Naziregimes«
aller derer, von denen in den Tagen jenes unmenschlichen Regimes das Opfer des Lebens gefordert und gebracht wurde.
Für alle unter uns, die damals ohnmächtige Zeugen solcher
unmenschlichen Haltung und Handlung sein mußten, die

innerlichst mitzuleiden verurteilt waren, ohne doch dem Bruder, der Schwester Mitmensch das Leiden abnehmen oder auch nur erleichtern zu können, brechen bei solchem Gedenken alte Wunden schmerzhaft, ja grauenvoll wieder auf. Wer vermöchte sich dem zu entziehen? – Man sagt wohl, daß die Zeit alle Wunden heilt – nun: Für die Heilung dieser Wunden reicht unser menschliches Erdenleben – 70 Jahre und wenn's hoch kommt, so sind's 80 Jahre – einfach nicht aus. Für eine Weile mag sich das Leid hinter einem Vorhang verbergen; aber – es ist da, es bleibt; und ein kleiner Windstoß weht den Vorhang hinweg, und das große Erschrecken von einst wird plötzlich wieder drohend gegenwärtig. So drohend, so gegenwärtig, daß wir fragen, ob denn das Vergangene wirklich vergangen sei; oder ob wir nicht die Aufgabe, die uns damals wurde, das Vermächtnis, das uns die Toten hinterließen, noch immer erst zu erfüllen haben, damit wir ihres Leides und ihres Opfers im Frieden und mit einem beruhigten Gewissen gedenken können?! – Denn nur dann wird der bittere Schmerz zur stillen Trauer, nur dann das leidenschaftliche Mitleiden zur andächtigen Verehrung ihres Leidens; und danach sehnen wir uns ja. Und wir wissen zugleich: soweit haben wir's noch nicht gebracht; an dieser Stätte ist unser Herz in diesem Augenblick keineswegs mit dem Frieden einer andachtsvollen Trauer ausgefüllt, so daß nichts anderes daneben Platz hätte.

Uns quält vielmehr die ernste Frage: War es nicht doch alles ganz vergeblich und umsonst? Hat sich tatsächlich im Grunde etwas gewandelt; hat sich etwas Entscheidendes ereignet; haben wir, die wir übriggeblieben sind, das zustande gebracht, wozu wir übriggelassen wurden? – Hat das alles, was uns damals erschreckte bis ins Mark, wahre und echte Folgen gezeitigt und eine Gesundung herbeigeführt oder wenigstens eingeleitet? – Wir kommen an solchem Fragen gar nicht vorüber, wenn wir ehrlich sind und einander offen in die Augen schauen! Worum es damals gegangen ist und worum es heute in Wahrheit geht, ist doch wohl dies: Das unmenschliche und darum verbrecherische System, wie es das Naziregime von damals darstellte und war, ist vorbei und vorüber; und als es im Jahre 1945 von uns genommen wurde, da lag – trotz Hunger und Entbehren, trotz Schande und Not – der Weg wieder offen vor uns und unserem Volk und vor dem ganzen Menschengeschlecht; und wir haben's gewußt, wohin es gehen müßte: hinweg von der Unmenschlichkeit, hinaus aus der Wüste, in die man uns gebracht hatte, um uns darin umzubringen oder umkommen zu lassen, und hindurch zu einem besseren, menschlichen Dasein! – Und wir haben allerdings gemeint, wir Verfolgten wüßten etwas davon und hätten dazu aus unserer Leidenserfahrung einiges beizusteuern; und sicherlich hatten wir vor den andern, die keine Verfolgung durchzumachen gehabt hatten, zweierlei voraus:

Wir wußten nämlich aus eigener Erfahrung, wie sich die Unmenschlichkeit des vergangenen Systems in der Praxis gezeigt und ausgewirkt hatte: Das System wollte sich total durchsetzen und alle Menschen, die sich ihm dabei nicht ganz und gar zur Verfügung stellten und zum blinden, kritiklosen Gehorsam auslieferten, aus seinem Wege wegschaffen. Dazu behandelte es sie eben nicht als Menschen, und das heißt: nicht als Personen, die eigene Ansichten, eigene Gedanken, eigene Überzeugungen haben und haben müssen, wenn sie als freie Menschen in eigener Verantwortung existieren sollen; es gab für den Menschen im Dritten Reich nur noch die Existenz als Funktionär des Systems. Wer es nicht sein konnte, war ein Schädling und Staatsfeind und wurde aus der Volksgemeinschaft ausgestoßen – nicht erst, wenn er durch staatswidriges Handeln straffällig geworden war, sondern bereits, wenn erkannt wurde, daß er sich sein Denken nicht vorschreiben ließ. Und das ist im tiefsten Grunde ein unmenschliches Verhalten, weil es dem Menschen seine Freiheit, sein Personsein und damit sein Menschsein nicht mehr lassen will. Und das andere kam alsbald hinzu: Der Mensch hatte in jenem System keinen eigenen Wert mehr, sondern sein Wert wurde einzig und allein danach bemessen, wie es mit seinem Nutzen für die Zwecke des Systems aussah: »Du bist nichts; das System ist alles!« Der Mensch, den das System als wertlos oder gar als dem System abträglich beurteilte, wurde an einen Ort gebracht, wo er noch in irgendeiner Weise als Zwangsarbeiter ausgenutzt werden konnte, eine Nummer, aber kein Mensch mehr, ein Arbeitstier, ein Stück Maschine. – Und von da ergab sich ohne weiteres die Unmenschlichkeit, daß man keinen Unterschied mehr gelten ließ zwischen dem asozialen Verbrecher und dem Gesinnungs-Opponenten; es gab nur noch den Unterschied im Nutzeffekt. – All diese Unmenschlichkeit, die kein Recht mehr kannte, für die menschliches Leiden und Sterben gleichgültig wurde, und die darum aller Grausamkeit und allem Sadismus die Bahn freigab, entsprang letztlich einem grenzenlosen Machtstreben, dem es nur um die unbedingte, totale Gewaltherrschaft zu tun war. – Von daher wissen wir, die Verfolgten des Naziregimes, etwas davon, daß alle Gewaltpolitik, die Menschen als Feinde sieht, zur Unmenschlichkeit führt; und dies Wissen sind wir unseren Mitmenschen schuldig, weil wir es ihnen voraushaben.

Das andere, was wir voraushaben, ist dies, daß uns die Unmenschlichkeit in jenen Jahren so unerträglich geworden ist, daß wir uns mit ihr nicht mehr abfinden können; wir wollen und müssen – auch wo es Opfer kostet – gegen sie angehen. Es gibt ja solche Unmenschlichkeit, die dem Menschen seine Freiheit nicht lassen will, sondern verlangt, daß er sich seine Ansichten, sein Denken und seine Überzeugung von denen vorschreiben läßt, die über ihn herrschen, auch sonst; und auch jene andere Unmenschlichkeit ist keineswegs mit dem Naziregime ausgestorben, die über den Menschenwert, die Menschenwürde hinweggeht, wo es ihr nützlich erscheint. Man braucht dazu ja nur Ideale anzupreisen, deren Verwirklichung auch Menschenopfer erfordert und sie auch rechtfertigt, wenn das Ideal erst einmal allgemeine Anerkennung gefunden hat. Das mag dann ein Kreuzzug zur Rettung des Christentums sein oder auch eine Weltrevolution zur Durchsetzung des kommunistischen Programms:

Was gilt da noch der Mensch, was wird aus seinem Wert, wo bleibt seine Würde? – Viele Menschen unserer Tage lassen sich Würde und Freiheit nehmen, ohne darüber zu erschrecken und ohne sich dagegen zu wehren. Wir können das nicht mehr, und wir treten dagegen auf als Zeugen, die es ihren Brüdern, die mit dem Leben dafür zu zahlen hatten, schuldig sind, ihr Vermächtnis in Ehren zu halten und die Aufgabe zu erfüllen, die sie uns hinterlassen haben.

Deshalb aber stehen wir heute an diesem Opfermal mit dem klaren Bewußtsein, daß wir von den Toten gefragt sind, ob wir den Menschenbrüdern, mit denen wir hier noch auf Erden leben, wahrhaft zu einem Leben in Menschlichkeit und Mitmenschlichkeit zu helfen entschlossen sind. Und darum kommen wir nicht daran vorbei, vor allem zu warnen und im Rahmen des uns Möglichen gegen alles das zu kämpfen, was heute wieder der Unmenschlichkeit Tür und Tor öffnen will. Das Menschsein ist überall da in Gefahr, wo der Mensch zum Mittel für fremde Zwecke erniedrigt wird, und das geschieht in aller totalen Machtpolitik, ob sie sich auch religiös oder weltanschaulich tarnt; es geschieht überall, wo man die kriegerische Gewaltanwendung vorbereitet oder auch nur in Rechnung stellt: Da wird der Mensch zum Faktor, zum Ding, zum Mittel, und er wird nicht mehr als Mensch erkannt und anerkannt. – Darum treten wir für die Menschenrechte, für das Recht freier Überzeugung und freier Meinungsäußerung ein; darum bestehen wir auf dem Recht der Gewissensfreiheit und der Glaubensfreiheit; darum wollen wir keine Haßpropaganda und keinen Kalten – noch gar heißen – Krieg, sondern Frieden und Freundschaft.

Wir sind gewiß: Nur so erfüllen wir das Vermächtnis derer, die einst Opfer der Unmenschlichkeit eines Systems geworden sind, das nur sich selber wollte und darüber den Menschen verachtete und nicht mehr Mensch sein ließ. Wir müssen dem

Menschen helfen, daß er Mensch sein darf; wir müssen einander helfen, daß wir Menschen und Mitmenschen sein dürfen. Darin – und nur darin – ehren wir unsere Toten; darin – und nur darin – haben wir den Frieden einer andachtsvollen Trauer. Gott stehe uns bei und helfe uns dazu!

Quelle: Martin Niemöller, Eine Welt oder keine Welt. Reden 1961–1963. Frankfurt a. M.: Stimme-Verlag 1964. S. 87–90.

ADOLF ARNDT

geb. 1904

Der am 12. März 1904 in Königsberg geborene einstige
›Kronjurist‹ der SPD war nach Abschluß seiner Ausbildung
zuerst Landrichter, dann von 1933 bis 1944 Rechtsanwalt.
1945 wurde er Oberstaatsanwalt in Marburg und war bald
darauf im hessischen Justizministerium tätig. Von 1949 bis
1969 war er Mitglied des deutschen Bundestages, seit 1956
Mitglied des Parteivorstandes der SPD und außerdem Vorsitzender des Verfassungsrechtsausschusses des Bundestages.
1963/64 war er Senator für Kunst und Wissenschaft in Berlin.
Adolf Arndt gehört zweifelsohne zu den begabtesten Rednern
im öffentlichen Leben der Bundesrepublik. Er verbindet in
seinem rhetorischen Stil forensische, homiletische und herme-
neutische Technik, also »Plädoyer, Exegese und Textinterpre-
tation« (Hans Mayer). Ein anschauliches Paradigma seiner
»literarischen Redekunst« liefert die hier aufgenommene Rede
zum 30. Jahrestag des Ermächtigungsgesetzes, die Arndt am
23. März 1963 in Berlin gehalten hat. Sie verläuft in einer spi-
ralförmigen Progression: der erste Satz, ein Zitat, bringt die
These, von der Arndt ausgeht und zu der er zurückkehrt, sobald er sein Thema in genau bemessenen Reflexionsschritten
ausgeleuchtet hat, auf eine anschauliche Formel. Sie hat am
Ende der Rede nicht mehr die gleiche Bedeutung wie zu Anfang, sondern eine neue und wesentliche Dimension hinzu-
gewonnen.

Unsere geschichtliche Verantwortung
für die Freiheit

Tradition bewahren, heißt nicht: Asche aufheben, sondern eine Flamme am Brennen erhalten.

An diesen Ausspruch des französischen Staatsmannes Jean Jaurès[1] sollten wir uns erinnern, wenn wir heute nach dreißig Jahren wieder die Worte hören, durch die sich Otto Wels[2], damals Vorsitzender der SPD, zum Rechtsstaat und zum Rechtsbewußtsein, zu den Grundsätzen der Menschlichkeit und der Gerechtigkeit, zur Freiheit und zum Sozialismus bekannte, zur Heilsamkeit und Notwendigkeit der Kritik, zu Ideen, die – wie er sagte – ewig und unzerstörbar sind.

Als Otto Wels seine Rede hielt, konnte es den Anschein haben, als ob die Flamme der von ihm ewig und unzerstörbar genannten Ideen in Deutschland erloschen sei und als ob er nur noch Asche aufzuheben gedachte.

Seine Rede schien nichts als ein Nachruf auf Vergangenes, dessen gewaltsame Zerstörung in der Geschichte weit früher einsetzte, spätestens damals, als vor rund einem halben Jahrhundert Europa sich zu zerfleischen begann und am Vorabend des ersten Weltkrieges der französische Sozialist Jean Jaurès als erster Blutzeuge den Kugeln eines Fanatikers zum Opfer fiel, weil Jaurès die Versöhnung der Völker im Frieden am Herzen lag und er an das Ewige und Unzerstörbare in den Grundsätzen der Menschlichkeit glaubte.

Tradition bewahren, heißt nicht: Asche aufheben, sondern: eine Flamme am Brennen erhalten.

Heute, ein Menschenalter nach der Rede von Otto Wels, blikken wir mit stockendem Atem auf Asche zurück, eine Wüste an Asche.

Allzumenschlich wäre es, angesichts dieser Vernichtung, überwältigt vom Erinnern an die unvergeßlichen Qualen des Unrechts, eingedenk des namenlosen Frevels, der diesen Tod im Massenmord und im Völkermord heraufbeschwor – allzumenschlich wäre es, nicht nur uns schuldig zu wissen zur Klage, sondern uns in Beschuldigungen und Anklagen zu erschöpfen. Wir würden nur Asche aufheben.

Nach drei Jahrzehnten müssen wir uns zu dem geschichtlichen Abstand durchringen, der uns die Freiheit schenkt, nicht mehr Asche aufzuheben, sondern die Flamme am Brennen zu erhalten. Diese Flamme leuchtet uns zur Versöhnung.

Daß wir heute an diesem Jahrestage zusammenkamen, kann nicht den Sinn haben, untereinander zu rechten, wer von den Frauen und Männern einst in jenem bereits entmachteten und umzingelten und wehrlosen Reichstage in seinem Gewissen richtiger entschied, wenn nur wirklich das Gewissen schlug, sei es, daß die einen ihr Gewissen befahl, hoffnungsloses Blutvergießen zu vermeiden und den Weg des Überlebens zu wählen, sei es, daß die anderen sich in ihrem Gewissen verpflichtet wußten, zum Opfergang bereit zu sein.

Der 23. März darf für alle, die sich heute zu den Ideen bekennen, welche vor dreißig Jahren an diesem Tage von Otto Wels bezeugt wurden und denen danach eine ehrfurchtsgebietende Schar von Blutzeugen aus allen Teilen unseres Volkes erstand – dieser 23. März darf kein Tag der Zwietracht sein. Von jetzt an muß gerade dieser Tag ein Tag bleiben, an dem sich alle vereinen, die guten Willens sind, die Flamme am Brennen zu erhalten. Denn wie des Brotes bedarf unser Volk der Versöhnung, der inneren Versöhnung mit sich selber, der Bitte um Versöhnung an alle Völker, die unter dem unseren litten, ich wage noch mehr: der Versöhnung mit seiner eigenen Geschichte, einer begnadigten Versöhnung, die kein verantwortungsloses Vergessen ist, sondern die im Angesicht der Asche, die auf den Spuren unserer Geschichte mit all ihren Schrecknissen uns vor Augen liegt, gerade darum die geschichtliche Aufgabe annimmt und sich auf die Schultern lädt, auf daß wir uns für die Freiheit verantwortlich wissen als der Flamme die am Brennen zu erhalten ist.

Dieser Aufgabe gegenüber begegnen wir in unserem Volke noch geteilten Auffassungen.

Da reden manche leichthin und selbstgerecht oder auch voller Selbstmitleid daher, man müsse sich zu seiner Geschichte bekennen. Sie meinen es nationalistisch und wollen damit sagen, was uns denn schon die Vergangenheit anginge, die keiner mehr ändern könne und die, wenn nicht gar besser, so doch auch nicht wesentlich schlechter sei als bei anderen Völkern auch. Das aber ist eine Feigheit, sich mit fremdem Versagen zu entlasten. Wer so spricht, wünscht ohne Verantwortung nur im Augenblick zu leben und weiß weder, was ein Volk noch was Geschichte ist und wie ein Volk sich in der Geschlechterfolge durch seine Geschichte bildet. In Wahrheit ist es Flucht aus der Geschichte, wegen der Angst, sich um das bekümmern zu müssen, was in der Geschichte geschah. Es fehlt der Mut zur Bitte um Versöhnung an die anderen Völker, die unter unserem Volke litten. Man wähnt, wenn man die Flamme ausgehen läßt, sei das alles nicht mehr sichtbar. Welcher Irrtum, etwas sei nicht mehr da, bloß weil man nicht hinsieht. Er ist da, der Berg von Kinderschuhen in Auschwitz.

Von jüngeren Menschen kann man hören: Was haben wir denn damit zu tun? Als sich das alles ereignete, da waren wir ja erst Kinder oder noch gar nicht geboren. Uns kann doch niemand dafür verantwortlich machen. Zuweilen sind diese scheinbar jungen Stimmen in Wahrheit altkluge Stimmen. Aus ihnen spricht dann die Verstocktheit eines Vaters oder Großvaters, der es sie so gelehrt hat, weil er das Eingeständnis scheut, welche Aufgabe er seinem Sohn oder Enkel vererbte. Oder es ist wirklich Unerfahrenheit, die hier laut wird, aus der Überheblichkeit: uns jungen Menschen kann so etwas ja nicht geschehen. Das wiederholt sich doch nicht. Natürlich ist es bedenklich, daß unsere Eltern sich einer Schar von Verbrechern nicht gewachsen zeigten, aber wir werden es schon besser wissen. Deshalb darf man uns das eigene Leben nicht verleiden und sollte endlich aufhören, uns mit den alten Geschichten in den Ohren zu liegen. Man weckt damit unseren Argwohn, daß vielleicht alles ganz anders war.

Solchen jungen Menschen, die so denken, darf ich sagen: Ja, es war in der Tat alles ganz anders, und es ist unsere Schuld, es euch gegenüber noch versäumt zu haben, das zu leisten, worauf es ankommt: nämlich nicht zu versuchen, wen und was wir alles anklagen und auf welche Weise wir die Verantwortlichkeiten abstufen können, damit immer ein anderer oder eine andere Gruppe mehr Ursache als wir selbst haben sollen, sich an die Brust zu schlagen, sondern die Pflicht der Älteren gegenüber den Jüngeren ist es, die einsehbare und glaubwürdige Erklärung zu finden und zu geben auf die Frage: Wie war das möglich? Es heißt, dem verständlichen und nüchternen Erklären ausweichen, wenn man behauptet, dämonische Gewalten hätten sich unserer bemächtigt. Es ist Aberglaube, sich auf Dämonen zu berufen. Damit wird nur verschleiert, daß sich das Unnatürliche auf ganz natürliche Weise ereignete, und daß es an Tagen geschah, die genauso waren, wie jeder Tag sonst. Auch gab es damals in Deutschland nicht mehr Verbrecher als vorher oder nachher oder in anderen Ländern. Sicher haben die Vorgänge Gesindel hochgespielt und Raum für Verbrechen aufgesperrt. Doch Gesindel wird es überall und zu allen Zeiten geben.

Diese jungen Menschen haben recht, wenn sie sich nicht einreden lassen wollen, und wenn sie sich nicht davon betroffen fühlen, daß man ihnen erzählt, damals seien die Dämonen ausgebrochen oder damals hätte es zuviel und zu gerissenes und zu mächtiges Gesindel gegeben oder damals hätte es eine Generation überfallen, die törichter war als zu anderen Zeiten und die sich in einer angeblich spezifisch deutschen Fehlentwicklung befand, für die man die erlauchtesten Ahnen nennt. Nein, es war wirklich alles ganz anders. Nach meiner Überzeugung ist die schlichte Wahrheit, die uns den eigentlichen Grund zum Nachdenken und zur Besinnung gibt, die: Es waren Menschen wie du und ich.

Auch jene Menschen, die daran glaubten, und die dann in einem hintergründigen Sinne mit daran glauben mußten.

Ich bitte, in dieser schwersten aller für unsere Geschichte wesentlichen Wahrheiten nichts weniger zu finden als einen allgemeinen und zu billigen Freispruch. Die Frage, ob und in wieviel persönliche Schuld jeder einzelne Mensch fiel, bleibt unberührt. Auch schließt diese Wahrheit keineswegs aus, daß es eine Kerngruppe von Verbrechern gab, die wie ein Magnet andere Verbrecher anzog und mit ihnen gemeinsam von vornherein gewissenlos und absichtlich auf Verbrechen ausging. Am allerwenigsten soll mit dieser Wahrheit der Ausrede Vorschub geleistet werden, daß man damals das alles nicht hätte durchschauen können und außerstande gewesen sei, kommen zu sehen, was kam. Im Gegenteil, gerade weil unser Volk auch damals genau ebenso aus gleichartigen Menschen bestand, wie du und ich es sind, hätte nicht zu geschehen brauchen, was geschah, und kann – dies ist die entscheidende Folge – heute und morgen, wenn auch in anderem Gewande, wieder geschehen, was damals geschehen ist.

Es wird auf diese oder jene Weise mit mehr oder minder katastrophalen Folgen immer zu geschehen drohen und geschehen können, wenn ein Volk glaubt, Asche aufheben zu können, statt die Flamme am Brennen zu erhalten, und seine geschichtliche Verantwortung versäumt, seine Verantwortung dafür, daß die ewigen Ideen der Menschlichkeit und Gerechtigkeit bewahrt werden, namentlich seine geschichtliche Verantwortung für die Freiheit, wie sie jeweils der Zeit entspricht.

Die Verantwortlichkeit ist hier die geschichtliche genannt, also als eine besondere Verantwortlichkeit neben anderen gemeint, weil ein Mensch geschichtlich lebt: je im Augenblick, immer in der Zeit, aber nicht nur in der Zeit, sondern auch ins Ewige über die Zeit hinaus. Diese dreifache Weise, in der jeder seinem Wesen nach geschichtlich lebende Mensch mit der Zeit verknüpft ist, müssen wir uns vor Augen halten, um die Lage unseres Volkes vor seinem Zusammenbruch im Jahre 1933 zu verstehen. Damals ebensowenig wie 1945 gab es einen angeblichen Nullpunkt. Diesen angeblichen Nullpunkt gab es nicht und gibt es nie, diese ungeschichtliche Möglichkeit für ein Leben des Volkes nur im bloßen Augenblick. Wir begreifen nichts, wenn wir nicht den geschichtlichen Horizont sehen, von dem her unser Volk seinerzeit kam und eine schwere Last ungelöster Fragen mit sich trug. Die Fülle und das Gewicht dieser Fragen klarzulegen, ist Sache der Wissenschaften und bedarf hier keiner Erörterung. Worauf es in diesem Zusammenhang ankommt, ist die Erkenntnis, daß niemand von uns auf dieser Welt geschichtslos ist und sich willkürlich so verhalten könnte, als ob mit ihm erst die Geschichte anfinge. Ob einer will oder nicht, jeder ist vor Fragen gestellt, die andere vor ihm durch ihr geschichtliches Verhalten aufgeworfen haben. Entscheidend ist hierzu die Einsicht, daß wir uns gegenüber dieser jeweiligen Lage in entgegengesetztem Sinne verhalten können. Wir können entweder die uns aus unserer Geschichte jeweils überkommenen Fragen als von unserem Willen unabhängig und uns vorgegeben anerkennen, also uns der geschichtlichen Verantwortung stellen und aus unserer Freiheit die eigene Antwort darauf geben, durch die wir neue Anfänge für die Lösung der Fragen setzen. Oder wir können uns einbilden, daß wir in Absage an unsere Geschichte uns die Fragen willkürlich erfinden dürften, für die dann angeblich zwangsläufige Antworten behauptet werden, bei denen uns keine Freiheit gelassen sei. Der zweite Weg ist der 1933 beschrittene Abweg, ist der Irrweg jeder totalitären Bestrebung, ist der blinde Schritt in das Nichts.

Wie war das möglich, – eine bohrende Frage, wie das möglich war. Für diese Möglichkeit gibt es eine Erklärung, die verständlich macht, warum Menschen, die so sind wie du und ich, blindlings das eigentlich Unmögliche wählen und sich damit in die Unmenschlichkeit verstricken. Die Erklärung findet sich in der ungeheuren Faszination, die von der Erwartung ausgeht, man könnte sich von den geschichtlich aufgegebenen Fragen und dem gefahrvollen Wagnis, sie selber neu zu beantworten, entlasten, ja eine paradiesische Entlastung von aller Not mit einem Male ein für allemal erreichen, indem man geschichtslos in eine Endzeit eintritt.

Was geht uns denn die Geschichte an; dies war genau das Zauberwort des Nationalsozialismus, der seine Gläubigen durch nichts so erleichterte wie dadurch, daß er die Wirklichkeit mit ihrer Mühsal schlechtweg leugnete und alles, was die Menschen quälte, als Blendwerk des zu diesem Zweck als Sündenbock ausgedachten absoluten Feindes hinstellte. Wer aber Menschen durch die Vorspiegelung, sie in eine Endzeit des Geschichtslosen und Endgültigen zu führen, entzeitlicht, der entmenscht sie. Der Ausbruch der Unmenschlichkeit als einer stets bereiten Möglichkeit des Menschen ist dann weder Beiläufigkeit noch Zufall; sondern aus dem Selbsthaß der zur Unmenschlichkeit verleiteten Menschen wachsen das Bedürfnis, stellvertretend Menschenopfer zu bringen, und die Gier nach Menschenjagd bei denen, die sich im tiefsten Grunde selber nicht leiden können, weil sie nicht fähig sind, die eigene Geschichte und sich selber und die Mitmenschen zu ertragen. Es hat denselben Grund, warum der totalitäre Kommunismus mit Hilfe seiner Ideologie der Einheit von Theorie und Praxis in zwei Zungen sprechen muß, indem immer ungewiß bleibt, ob sich seine Aussagen auf das Gegenwärtige oder auf das Unwirkliche nach dem Ende der Zukunft jenseits der Zeit beziehen.

Daß wir uns vor eine geschichtliche Verantwortung gestellt sehen – und der 23. März ist ein rechter Tag dazu, dessen eingedenk zu werden –, hat also nichts unmittelbar damit zu tun, ob und inwieweit der einzelne Mensch in der Vergangenheit Schuld auf sich lud oder ob er zur Zeit jener geschichtlichen Ereignisse, aus denen uns Fragen und Aufgaben überkommen sind, schon mündig oder überhaupt schon geboren war. Geschichtliche Verantwortung wendet sich nicht zurück an das Unabänderliche, das gewesen ist, sondern sie entspringt daraus, daß sich Geschichte unwiderruflich ereignete, und ruft uns, die jeweils überkommenen Aufgaben für die eigene, uns erreichbare Zukunft in unser Bewußtsein aufzunehmen und um ihre Lösung zu ringen. Geschichtliche Verantwortung übernehmen heißt deshalb nicht, daß alles ständig so bleiben müßte, wie es auf uns gekommen ist, nicht, ein Abgeschlossenes als Verhängnis hinnehmen. Geschichtliche Verantwortung bedeutet insbesondere nicht, die Geschichte zu vergötzen. Geschichtliche Verantwortung besagt vielmehr, daß auch unsere Antworten, die wir auf die uns aus unserer Geschichte als Volk erwachsenen Fragen geben, Antworten sind, denen Geschichtlichkeit eigen ist, und die darum zeitgerecht sein sollten, um hilfreich zu sein, da die Zeiten einander nicht gleichen und menschliche Lösungen von gestern sich, weil der Mensch niemals vollendet ist, heute oder morgen als unzureichend oder falsch erweisen. Eine geschichtliche Verantwortung übernehmen, hat deshalb den Sinn, nicht dasselbe, was als Menschenwerk in der Vergangenheit richtig war oder hätte richtig sein können, zu wiederholen und daran festzuhalten, sondern den Mut zum Ungleichen zu haben und damit die Gefahr der Freiheit zu wagen.

Wir sind nicht frei von unserer Geschichte, soweit sie unauslöschliche Wirklichkeit wurde, aber wenn wir nicht die Gefangenen des geschichtlich Vergangenen bleiben wollen, dürfen wir uns frei wissen zur eigenen Geschichte in der Gegenwart, damit wir eine Zukunft haben, die über uns hinausweist. Zukunft gewinnt nur, wer die Herausforderungen der Vergangenheit annimmt, nicht stillsteht, sondern den Mut zum Unbekannten aufbringt.

Eine der merkwürdigsten Erfahrungen aus der Geschichte lehrt uns, daß wir je mehr ins Unbekannte hinausgestoßen werden, je weniger wir uns zutrauen und je enger wir uns an das Bekannte oder vermeintlich Bekannte klammern, um nur ja, wie es heißt, keine Experimente zu machen. Alle menschliche Geschichte ist ein unablässiges Ringen zwischen dem Urtrieb, das Überleben zu sichern, und dem Berufensein des Menschen, sich selber zu wählen, um nicht bloß zu vegetieren, sondern aus Freiheit eine Lebenskunst zu leisten, die seine Würde wahrt.

Auch insoweit können uns die Ereignisse, die in das Jahr 1933 führten und sich in der Zeit danach verkörperten, verständlich werden und zu einem Lehrstück. Niemals ist unser Volk so ins Unbekannte geraten wie seit 1933, und es hat schon seine bruchstückhafte Richtigkeit damit, daß außer den absichtlichen Verbrechern damals keiner der Betörten wußte, ja, auch nur ahnte, wohin der Weg ging. Aber der Grund dafür, daß unser Volk sich so vollends ins Unbekannte verirrte, liegt gerade darin, daß der Urtrieb zum Überleben überhand genommen hatte und kaum je die Scheu vor dem Unbekannten, das hätte gewagt werden müssen, so überwältigend war wie damals. Denn in ihrer Widersprüchlichkeit und Unwahrhaftigkeit trat ja die totalitäre Bestrebung nicht als das Neue, sondern als der angebliche Widerruf aller Neuerungen und im Gewande des Altbekannten auf, verkleidete sich friderizianisch und versprach das Höchstmaß an Ordnung als das geläufigste Heilmittel zur Sicherheit. So gelang es, immer mehr Menschen dazu zu verleiten, ihre politische Freiheit für das Linsengericht des Versprechens zu verkaufen, man werde durch wohlbekannte Ordnungsstrenge ihnen weitgehend die Last des beängstigenden Lebensrisikos abnehmen.

Auch insoweit ist nichts bloß Zufall oder unvorhersehbares Verhängnis, was dann als Greuel über uns kam. Hier ebenfalls sollten wir begreifen, wie das möglich war; denn wir werden hier einer Erkenntnis begegnen, die uns nicht die Beruhigung erlaubt, wir hätten da nur einmal Unglück gehabt, doch könnte das nicht wiederkehren, weil es an den zeitgebundenen Voraussetzungen dafür fehle.

Das Grundsätzliche daran und das fortdauernd Bedrohliche ist die Erfahrung, daß es im technischen Zeitalter des zwanzigsten Jahrhunderts dem Menschenwitz gelang, zum Staat als mitmenschlicher Lebensform sozusagen den Gegenstaat zu erfinden, das heißt, den Staat nicht mehr von seinem Frieden stiftenden und rechtsbewahrenden Wesen zu verstehen, den Staat – welcher Art und Form auch immer – nicht mehr als ein dem Menschen ebenbildhaftes Gestaltwerk, das für sich steht, sondern den Gegenstaat, der Instrument oder Apparat ist, um die Menschen in ihrer Daseinsangst zu füttern, aber sie dadurch zugleich als Kostgänger derer zu erniedrigen, die sich die Macht nahmen, diese Kafkasche Strafkoloniemaschine zu handhaben, und eins unter keinen Umständen aufkommen zu lassen: das Offensein für den Geist, der da weht, wo er will. Dieser Gegenstaat ist es dann, der in einer Perversion der Ordnung alles reglementiert und auch vorschreibt, was Wahrheit ist.

Wer die Zeichen der Zeit kennt, spürt er nicht auf einmal, daß nicht mehr nur von fernen Jahren die Rede ist, von einem denkwürdigen Tage, der ein Menschenalter zurückliegt? Das instrumentale Mißverstehen des Staates, die düsteren Schatten des Gegenstaates, der keine Würde mehr in sich selber als rechtlicher Gestalt geistigen Lebens findet, sondern eine Apparatur ist, die Wohlstand zu produzieren hat oder sonst verschrottet und durch ein anderes Gerät ersetzt wird, sind mitten unter uns.

Auch heute ist unsere Gegenwart dadurch gezeichnet, daß sich in ihr das unendliche Ringen fortsetzt zwischen dem gewiß notwendigen Urtrieb, unter allen Umständen das bloße Überleben mit bekannten Mitteln zu sichern, und dem Berufensein des Menschen, als Geschöpf aus Leib und Geist im mitmenschlichen Leben seine Würde zu wahren.

Und wieder stößt uns das unverzichtbare Anklammern an das Bekannte und Bewährte, die rechtmäßige Bereitschaft zum bewaffneten Selbstschutz, hinaus in das Unbekannteste: das Erfinden der Todesmittel von unausdenklicher Tragweite und Blitzgeschwindigkeit und das unabsehbare und in seiner Kostspieligkeit unverhältnismäßige Abenteuer der Weltraumfahrt.

Dies ist unsere geschichtliche Wirklichkeit, die wir anzunehmen haben. Ihre Fragen sind uns vorgegeben. Wir lösen sie nicht, indem wir sie leugnen. Wir bestehen nur, wenn wir darauf antworten aus der Helligkeit des Bewußtseins, daß es außer in den Abgrund keinen Weg gibt, der aus unserer Geschichtlichkeit hinausführt ins Zeitlose. Ich darf diese Ausführungen noch einmal kurz zusammenfassen.

Unser Volk stand 1933 vor vielen ungelösten Fragen, die ihm aus seiner Geschichte damals überkommen waren. Es waren ungelöste Fragen, die seinerzeit unserem Volke tiefe Not bereiteten: die Folgen eines verlorenen Weltkrieges, die Feindschaft und das Mißtrauen unserer Nachbarvölker, die langjährige Massenarbeitslosigkeit, die innenpolitische Zwietracht, der Mangel an demokratischem Bewußtsein und andere Sorgen mehr. Aber nicht diese Nöte waren das Besondere. Immer werden gute und schlechte Zeiten miteinander abwechseln. Jederzeit kann es einem Volke zustoßen, daß es in arge Nöte gerät.

Das Wesentliche, was 1933 geschah, ist in einem ganz anderen Merkmal zu finden: in der blendenden Versuchung, man brauche einfach nur nicht wahrzuhaben, was wahr ist, und sich der Aufgabe zu entziehen, wirkliche Lösungen für die offenen Fragen mühselig und redlich zu erarbeiten, sondern man könne das Erbe der Vergangenheit ausschlagen und sich ein Traumreich gründen und dadurch aus der eigenen Geschichte einen Sprung hinaustun ins zeitlos Ungeschichtliche. Alle vermeintlichen Bewältigungen der damals anstehenden Fragen durch die nationalsozialistischen Zauberer waren in Wirklichkeit Vergewaltigungen und Scheinlösungen. Auf kurze Sicht funktionierte das phantastisch. Aber das Phantastische war nichts als eine vorübergehende Selbsttäuschung. Ungetan blieb, was eigentlich notwendig war: Deutschland auf friedlichem Wege wieder in die Familie der europäischen Kulturnationen zurückzuführen und unserem Volke die innere Freiheitlichkeit zu erringen, wie sie einem Volke im technischen Zeitalter zukommt, damit es seine Probleme versteht und bewußt durch Mitverantwortung eines jeden sein eigenes Schicksal gestaltet. Im Zeitalter der Selbstbestimmung ist es nur dann möglich, diese Selbstbestimmung zu leisten, wenn man die geschichtlich gestellten Fragen anerkennt, auf die zu antworten ein Volk selbst bestimmen soll und will.

Wer also heute sagt: »Als das Unrecht geschah, war ich ja noch gar nicht dabei; was geht's mich an?« – der begeht denselben Fehler wie die Verführten des Jahres 1933, und zwar auf doppelte Weise: Erstens flieht er vergeblich aus seiner Verantwortung für die eigene, durch die Vergangenheit geprägte Gegenwart und gibt die Verantwortung an die Toten zurück, die ihm nicht mehr helfen können. Zweitens versäumt er es, die ihm aus der Geschichte zuteil gewordenen Fragen zu erkennen und zu beantworten. Unbeantwortete Fragen aber sind wie ungeheilte Wunden. Sie eitern und enden in Pest und Verwesung.

Deshalb wiederhole ich: Niemand kann nur im Augenblick leben, sondern jedermann lebt geschichtlich auf dreifache Weise: als einer, der im Augenblick des Heute da ist, als einer, der in der ständigen Fortdauer der Zeit die von gestern überkommenen Fragen für morgen zu beantworten hat, und als einer, der über die Zeit hinaus auf das Ewige hinweist, auf die unzerstörbaren Ideen, die Otto Wels anrief.

Dieser Verantwortung genügt nicht, wer sich bloß dem Urtrieb hingibt, der nach nichts weiter giert als dem nackten Überleben. Nach 1933 wurde der Urtrieb nach Überleben trügerisch gestillt, indem man die Betörten für ihren Tod im zweiten Weltkriege vorarbeiten ließ. Das notwendige Überleben findet seinen Sinn erst als Voraussetzung für ein Dasein, wie es einem Menschen als sein Leben, sein menschengerechtes und mitmenschliches Leben würdig ist, weil der Mensch nicht nur aus Fleisch ist, sondern innerlich erstickt, wenn seinem Geist nicht Raum gegeben wird. Wie sollte ein Mensch denn seine jeweils geschichtlichen Aufgaben erkennen und lösen, wenn er sich dieser Aufgaben und seiner selbst nicht bewußt wird, das heißt geistig die Fragen erarbeitet und beantwortet?

Im niemals abreißenden Ringen zwischen dem Urtrieb nach Überleben und dem Berufensein des Menschen zum menschenwürdigen Leben, das von seinem geistigen Leben ausgezeichnet ist, beobachten wir, daß, je stärker der Urtrieb nach Überleben aus wachsender Angst vor den Bedrohungen der augenblicklichen Lage anschwillt, um so heftiger das Fürchten vor dem Geist wird, der sich nicht fesseln läßt und ins Unbekannte ruft. Alles Geistige wird als Widersacher des Überlebens verleumdet. Wie bösen Spott und Hohn erntete doch Otto Wels, als er damals sagte: »Kritik ist heilsam und notwendig.«

Denn Geist ist Flamme, die am Brennen erhalten werden will, Flamme, die mit ihrem Licht alles dem Blick preisgibt, wovor der Urtrieb nach Überleben die Augen verschließen möchte, um die Gefährdungen, die allzu menschlichen Schwächen, die Fehler, zunächst die kleinen Unaufrichtigkeiten und schließlich die unmenschlichen Verbrechen nicht zu sehen, um sie nicht wahrzuhaben.

Von der geschichtlichen Verantwortung zu reden, bliebe daher eitles Stückwerk, sprächen wir nicht aus, wofür wir geschichtliche Verantwortung zu übernehmen haben: für die Freiheit, deren unser Geist bedarf wie unser Leib der Luft zum Atmen.

Nimmt der Urtrieb nach Überleben überhand, wie es vor dreißig Jahren geschah, und verleitet er uns zur Flucht aus unserer Geschichte in eine falsche Wunschtraumwelt des zeitlos Endgültigen und in die vorgetäuschte Ordnung der uns von uns selbst erlösenden Apparatur eines Gegenstaats, so beginnt es mit dem untrüglichen Zeichen, daß der Mensch festgelegt werden und daß immer weitere Bereiche dem Fragen, Forschen und Prüfen seines Geistes entzogen und verboten werden sollen.

Alles Geistige ist Anstoß. Deswegen wird es dann als anstößig verächtlich gemacht und des Verräterischen beschuldigt.

Kritik wird als zersetzende Kritik angeschwärzt. Historisch läßt sich genau verfolgen, wann das Schmähwort von der zersetzenden Kritik entstand. Es ist der scheußliche Wechselbalg, den der politische Antisemitismus im vorigen Jahrhundert erzeugte. In Wahrheit ist Kritik nur Kritik, und hat Kritik nur Sinn, wenn sie zersetzt. Denn sie ist heilsam allein, wenn sie immer wieder unerbittlich aufdeckt, wie viele menschlichen Urteile und Annahmen mit der Zeit zu Asche wurden, die aufzuheben sinnlos und erstickend ist. So ewig die Ideen sind, die Otto Wels beschwor, so zeitgebunden und vergänglich ist alles Menschenwerk, das im Fluß der Geschichte unternahm, jeweils diesen Ideen ihre irdische Form zu geben. Unaufhörlich sinken diese Formen dazu herab, aus einer Idee, die sie verkörpern sollten, sich zu einer Ideologie als Abfallprodukt zu entwerten. Da hilft kein Tabu, diese Asche nicht anzurühren. Kritik ist dazu da, diese Tabus zu brechen, damit die Flamme am Brennen erhalten wird.

Aber nicht nur die Kritik soll durch das üble Beiwort ›zersetzend‹ mundtot gemacht werden. Die Verfolgung des Geistigen wird dann noch dadurch gesteigert, daß jene, welche die Zeit anhalten wollen, von Intellektuellen reden, als ob es ein Schimpf wäre, Intellektueller zu sein, als ob nicht jedermann durch seine Arbeit am Schöpferischen des Menschengeistes mitwirkt und in diesem Sinne je nach seinem Maß ein Intellektueller ist. Der Vorwurf, der gegen die Intellektuellen erhoben wird, heißt: Ächtet sie, weil sie denken, denn Denken, noch dazu selbständiges Denken, ist gefährlich!

Und damit bin ich abermals mitten in unserer Gegenwart. Denn heute vom Jahre 1933 sprechen zu wollen, ist nicht damit getan, daß man die Asche von damals aufhebt, sondern sich der Gegenwärtigkeit unserer Geschichte bewußt wird und die Flamme am Brennen erhält.

Ich bitte, mich nicht mißzuverstehen, als ob ich nun jeden, der sich jetzt daran beteiligt, Kritik als zersetzend anzuschwärzen oder den Begriff des Intellektuellen wie ein Schimpfwort zu gebrauchen, als einen bewußten Gegner der Freiheit hinstellen wollte. Viele wissen nicht, was sie tun. Auch 1933 ist die Freiheit weniger ihren verbrecherischen Feinden zum Opfer gefallen als dem Mangel an verständigen Freunden, die Menschen waren wie du und ich. Die Weimarer Republik hatte auch unter den Intellektuellen kaum Freunde, während der furchtbare Anschauungsunterricht seit dem Zusammenbruch im Jahre 1933 das günstige und von mir hier betonte und gelobte Ergebnis zeitigte, daß heute der freiheitlich-soziale Rechtsstaat in der überwiegenden Mehrzahl unserer Intellektuellen Freunde gefunden hat, die zu seinen getreuesten gehören.

Ich nannte das Jahr 1933 als den Zeitpunkt des Zusammenbruchs. Auch das gehört hierher. Denn es sollte Schluß sein mit dem Gerede, das den Zusammenbruch auf 1945 datiert. Ein Zusammenbruch ist ein geistiges Ereignis, wobei das Geistige das Rechtliche und das Ethische mit einschließt. Zusammengebrochen unter der nicht aufgenommenen Last seiner Geschichte ist unser Volk nicht, als seine Machthaber 1945 die Waffen streckten, sondern 1933, weil es in der Zeit zuvor seine geschichtliche Verantwortung für die Freiheit versäumt und sich selbst wehrlos gemacht hatte gegenüber dem Rechtsbruch, durch den ein Verbrecher sich eine stets rechtlos gebliebene Gewaltherrschaft anmaßte. Doch auch hier setzt schon wieder eine gedankenlose Trübung des Geschichtsbildes ein durch die ebenso läppische wie verwerfliche Legende, der rechtlose und auch schon machtlos gewordene ehemalige Gewalthaber hätte 1945 im fast völlig besetzten Deutschland nach seiner Laune für ein paar Wochen uns noch ein Staatsoberhaupt bescheren können.

Aber nicht, um Männer, die trotz guten Willens nicht wissen, was sie tun, hier als Gegner der Freiheit bloßzustellen, sagte ich, was es mit der Menschenjagd auf die Intellektuellen auf sich hat, sondern aus einer Freundschaftspflicht zur Warnung.

Wir müssen uns alle, wie wir uns zur freiheitlichen Demokratie bekennen, in dem Wissen vereinen: Mit der Brandstiftung am gedruckten Wort fängt es an, scheinbar, an einem Tag wie jeder andere, doch kann die gegen den Geist gezielte Brandstiftung jederzeit zur uferlosen Feuersbrunst führen, aber zu spät fragt man, wie war das möglich?

Wir haben die zu wecken, die nicht wissen, was sie tun. Die Männer, die für das Zweite Deutsche Fernsehen in Mainz einen Entwurf der Richtlinien verfaßten, halten sich gewiß gutgläubig für verfassungstreue Demokraten. Aber ihr Entwurf liest sich wie eine in mangelhaftem Deutsch geschriebene Regierungserklärung des seinem Grabe entstiegenen Fürsten Metternich.

Ich sehe den Grund dafür darin, daß man wieder einmal in das geschichtslose Wunderland eines vollendeten Friedens ausweichen will, statt unsere Geschichtlichkeit so zu begreifen, daß der Geist in der Flamme des redlich ausgetragenen Konflikts brennt und zum Leuchten kommt. Da steht zum Beispiel das gutgemeinte, aber ahnungslose Verbot, der Frieden zwischen den Kirchen dürfe nicht gestört werden. Ich glaube sagen zu dürfen, mir liegt nichts ferner, als Zwietracht zwischen den Kirchen zu säen. Aber nach solchen Richtlinien dürften weder Martin Luther noch der Begründer des Jesuitenordens, der heilige Ignatius von Loyola, in Mainz zu Wort kommen.

Nicht das Festlegen auf Ausschluß von allem, was uns im Schlaf der Sicherheit stören könnte, führt jeweils zu Friedensschlüssen in unserer Zeitlichkeit, sondern die Wahrhaftigkeit und Menschlichkeit unserer freien Auseinandersetzung. Die Brutstätten der Feindschaft und der blutigen Kriege sind die faulen ›Frieden‹, wenn wir es im Unvollendbaren unseres Menschenseins nicht lernen, mit Konflikten zu leben.

Ich darf einmal weit in die Geschichte unserer europäischen Tradition des Geistes zurückgreifen. Am Morgen abendländischen Denkens steht im Altertum Sokrates, der kein Tabu hinnahm, sondern mit bedingungsloser Unerschrockenheit kritisch alles auf seinen Grund hin befragte. Wenn wir es mit unseren Worten heute ausdrücken, was diesem griechischen Weisen die Todesstrafe eintrug, so waren es die überheblichen und selbstgerechten Anklagen seiner Verfolger: er sei ein Intellektueller, ein Linksintellektueller, ein Anstifter zum Nihilismus, der die Jugend verderbe, sie der Gottheit entfremde und sie verleite, zügellos zu werden.

Mit der Ächtung des unbefangenen und schöpferischen Geistes beginnt es und endet damit, daß man Menschen in Gaskammern zum Verstummen bringt, wie man Sokrates zwang, den Giftbecher zu leeren.

In diesen Tagen ist im Hinblick auf die zwanzigjährige Wiederkehr der Hinrichtung des Münchner Professors Huber und der Studenten Alexander Schmorell, Christel Probst, Willi Graf und der Geschwister Scholl die berechtigte Frage aufgeworfen: Ihre Freiheit, haben wir sie erworben?

Als Hans Scholl mit dem Ruf starb »Es lebe die Freiheit!«, daß dieses letzte Wort weithin im Gefängnis von Stadelheim zu hören war, »Es lebe die Freiheit«, meinte Hans Scholl in seiner Sterbestunde wirklich eben das, was wir heute als unsere Freiheit in Anspruch nehmen?

Helmut Thielicke[3] hat darauf erwidert: die von uns selbst gelebte Freiheit sei gegenwärtig sich selbst der größte Feind.

Ich bin bereit, dieses Wort ernst zu nehmen und zu prüfen, ob tatsächlich ein Unheil mißverstandener Freiheit an uns frißt, besonders weil ein Übertreiben der Pressefreiheit, wie Thielicke warnt, zu einem Austoben derer führe, die über die Publikationsmittel verfügen.

In dieser Stunde und tagaus, tagein sind wir zur Rechenschaft gefordert, ob wir in Wahrheit um die Freiheit wissen, die ein so edles Gut ist, daß in den Jahren der Unterdrückung Menschen für sie ihr Leben ließen. Denn das ist doch die Frage, ob wir die mit diesem Opfer begründete Tradition wahren.

Wieder darf ich an die Anfänge der Freiheit in der Antike erinnern. Mehr als zwei Jahrtausende europäischer Geschichte sind verstrichen, seit der athenische Staatsmann Perikles eine Antwort gab, die für immer, solange Menschen um Freiheit bemüht sind, ihr Gültigsein behält.

Inmitten eines Vernichtungskrieges, der für Athen um Sein oder Nichtsein ging, hielt Perikles nach überlieferter Sitte seine Rede auf die Gefallenen.

Bevor ich mich den Toten zuwende, um sie zu preisen, sagte Perikles, will ich von dem Staat sprechen, in dem wir leben, von seiner Verfassung – sie heißt Volksherrschaft – und von der Lebensform, durch die wir Athener groß wurden und die uns die Kraft gibt, mehr auf unseren Mut zu vertrauen als auf Staatsgeheimnisse, deren Kenntnis einem Feind vielleicht nützlich sein könnte.

Und nun wiederhole ich wörtlich, was Perikles sagte:

»Wir lieben das Schöne und bleiben schlicht. Wir lieben den Geist und werden nicht schlaff … Denn nicht im Wort sehen wir eine Gefahr für die Tat – Gefahr sehen wir darin, uns nicht, bevor wir handeln, zuerst zu belehren, indem wir reden … Die größte innere Kraft ist mit Recht denen zuzusprechen, die am klarsten die Schrecken und Freuden erkennen und darum den Gefahren nicht ausweichen.«

Dies waren die Worte des athenischen Staatsmannes Perikles vor mehr als zweitausend Jahren in seiner Rede auf die Gefallenen.

Am Anfang steht das Bekenntnis der Liebe zum Schönen. Sollte es uns nicht aufhorchen lassen, die wir uns angewöhnt haben, das Schöne abzutun, als ob es fast überflüssiges Beiwerk sei, und abfällig urteilen, ein auf das Schöne gerichteter Gesichtspunkt sei ja doch bloß ein ästhetischer und, wer um Schönheit besorgt sei, nur ein Ästhet!? Erhalten wir mit derartiger Geringschätzung, mit der wir uns von den Intellektuellen und den Literaten abwenden, wirklich die Flamme am Brennen, die noch in Friedrich Schillers Briefen über die ästhetische Erziehung des Menschen (1794 veröffentlicht) so hell strahlt?

»Denn die Kunst ist eine Tochter der Freiheit!« schreibt Schiller, und will ihre Vorschrift von der Notwendigkeit des Geistes empfangen, nicht vom Nutzen, dem Idol der Zeit.

So rief uns noch Schiller zu dem Mut auf, nicht angstvoll zu beanspruchen, daß Kunst, eine Tochter der Freiheit, gebunden werden müsse, um dem Nutzen zu frönen, das heißt in der Sprache unserer Tage, um der Sucht nach Sicherheit preisgegeben zu werden, die überall ihre Verbotstafeln aufrichten will.

Es ist kein Zufall, daß die Unterdrückung der politischen Freiheit stets mit der Unterjochung der Freiheit im künstlerischen Schöpfungswerk einsetzt. So war es bei uns 1933. So ist es heute noch im sowjetischen Kommunismus, wo der Künstler sich untersuchen lassen muß, ob er die Grenze des für die Gegenstaats-Partei Erträglichen überschreitet. Ein so mächtiges Instrument wie die Kunst, erklärte dieser Tage Soboljew, der Vorsitzende des sowjetischen Schriftstellerverbandes, darf man nicht seinen ideologischen Widersachern in die Hand geben.

Hier wird der Gegensatz offenbar, daß die einen in jedem Schaffen ein Instrument sehen, das für ihre Herrschaft nützlich sein soll, die anderen jedoch mit Perikles bekennen: wir lieben das Schöne, weil Kunst eine Tochter der Freiheit ist – ach, nicht die Verschönung ist damit gemeint, nicht die Schönfärberei, nicht das angeblich Positive oder Progressive, sondern das freie, um des eigenen Gewissens willen neue Werk, das den Gefahren nicht ausweicht und (um an die Worte des Perikles zu erinnern) die Schrecken und die Freuden am klarsten erkennen läßt, wobei Perikles die Schrecken zuerst nennt.

Die erschreckende Kunst, die sich vor den Schrecken der Zeit nicht scheut, sie ist das Vermächtnis der Botschaft, die uns Hans Scholl mit dem Ruf »Es lebe die Freiheit!« auf die Seele band, das Schöne, das der Glanz des Wahren ist, des Wahren auch und gerade im Scheitern, im Leiden, im Einsam-Ausgesetzt-Sein, in der Klarheit unserer Not.

Wir lieben den Geist; denn nicht im Wort sehen wir eine Gefahr – so die Rede des Perikles auf die Gefallenen.

Gewiß fällt dabei Asche ab. Gewiß werden auch Worte mißhandelt und für niedrige und böse Absichten und Lüste verschlissen. Aber zählt das? Zählt das wirklich?

Ist darum wahrhaft die Freiheit, die wir leben, selbst ihr eigener Feind, so daß wir abermals um vermeintlicher Rettung willen in die Versuchung geraten, die Flamme zu löschen, nur damit uns keine Asche beschmutzt?

Wenn der Sieg zur Erde herabkommt, werden seine Flügel schmutzig. Es gibt auch keinen Sieg der Freiheit, ohne daß unsere Allzumenschlichkeit sie an den Rändern besudelt. Aber das ist kein Vorwurf gegen die Freiheit, sondern nur gegen uns selber, die wir noch nicht frei genug zu leben wissen. Denn wir wünschen uns, daß die Freiheit nicht weh tut. Deshalb verlangen wir nach einer sterilisierten Freiheit, einem chemisch gereinigten Krankenhaus der Freiheit, einer Freiheit, die nichts wagt. Ich glaube, daß mit dem Ruf »Es lebe die Freiheit!«, die Freiheit in der Fülle ihrer Kraft beschworen wurde, die Freiheit, die auch schmerzt, weil sie die Freiheit zur Wahrheit ist.

Dem Mitmenschen Freiheit zu lassen, soweit nur uns seine Rede nicht kränkt, was wäre das für eine billige Freiheit?

Daß der Mitmensch mit seinem Wort bis ins Innerste treffen kann, daß er mich verletzt, daß er mich ganz in Frage stellt, ist Freiheit, die allein ihren Namen verdient.

Denn die Ewigkeit und Unzerstörbarkeit der Ideen, auf die sich Otto Wels heute vor dreißig Jahren berief, sie fordern uns heraus, ohne Unterlaß auf der Suche nach der Wahrheit zu bleiben, die von uns stets nur in unserer Geschichtlichkeit erstritten, erlitten und erkämpft wird. Sie fordern uns heraus, immer von neuem das zu wagen, was den Menschen menschlich werden läßt: Abstand zu nehmen von uns selber und selbst uns bis ins letzte in Frage zu stellen, um uns in unserem Scheitern zu gewinnen.

Es ist ein vernichtender Irrtum, daß Freiheit in den Raum des Gleichgültigen, des Unernsten, des Beliebigen gehöre oder dorthin verbannt werden könnte. Das wäre nichts als Narrenfreiheit. Das hieße, daß entweder alles ein bloßes Einerlei sei, wo es auf nichts mehr ankommt und ›man‹ sich dem Augenblick ergeben kann, oder daß wir durch ein unbedingtes Tabu das Wesentliche außer Frage stellen, wo wir unfrei sind, um uns sonst die Freiheit als eine Art private Spielerei zu gönnen. Für eine derart verniedlichte Freiheit zu leben oder zu sterben, würde niemand einfallen. Von Freiheit kann erst die Rede sein, wo die Wahrheitsfrage zur Sprache gebracht wird und das freie Wort uns als Ärgernis ans Herz stößt.

Dieser Anruf, der die Freiheit leben ließ, mahnt uns, daß wir unsere geschichtliche Verantwortung für die Freiheit erkennen und auf uns nehmen, um die Antworten zu geben, um die wir infolge der unabänderlichen Vergangenheit gefragt sind:

wachsam zu sein für die unserer Zeit entsprechende politische Freiheit, wieder zu begreifen, was unsere Staatlichkeit im Dienst am Recht und zum Frieden bedeutet.

Die geschundene Republik von Weimar wäre ihren Feinden nicht erlegen, hätten die sich ihr nicht halben Herzens versagt, die ihre Freunde hätten sein sollen.

Ist nicht unter den Zeugen, die unter den Foltern des Unrechts und um der Freiheit willen ihr Leben allzufrüh lassen mußten, Kurt Schumacher[4]?

Er hat uns gelehrt, unseren Staat zu lieben, einen Volksstaat, der keine bloße Nutzveranstaltung ist, kein mechanischer Apparat zur Verminderung des Lebensrisikos, kein Instrument, sondern der als eine fortdauernde Gemeinschaft, die über uns hinausweist, als ein sozialer Staat der Freiheitlichkeit wachsen und von uns erfüllt werden soll.

Unsere geschichtliche Verantwortung für die Freiheit richtet sich nicht danach, ob wir gestern uns in Schuld verstrickten, ob wir so oder so dabei waren, sondern fragt uns, was uns jetzt aufgegeben ist, damit wir heute nicht schuldig werden.

Damit kehre ich zu meinem Eingang zurück und sage: zuerst schulden wir, um frei zu werden, die Versöhnung.

Ich spreche jetzt ein Wort, das wir schon zu lange schuldig blieben. Ich weiß, daß noch manch einer, der ausgestoßen wurde, fern von uns lebt, zuweilen ist es auch die Tochter oder der Sohn, Menschen, die bei uns ihre Heimat haben und sich sehnen, hier die Stätte ihres Abends oder ihrer neuen Arbeit zu finden, unter ihnen auch Menschen, die nach wie vor in deutscher Sprache sich mühen, an unserem geistigen Leben teilzunehmen. Ich spreche jetzt dieses Wort als der in unserer deutschen Hauptstadt Berlin für Wissenschaft und Kunst verantwortliche Senator. Ich bitte alle diese Menschen um Versöhnung und um ihre Heimkehr.

Ich schließe mit dem Gedenken an jeden, der nicht mehr zurückkehren kann.

Ich gedenke ihrer mit den Worten eines sowjetrussischen Dichters, der sich in seinem Gedicht »Babij Jar« stellvertretend diese Sorge aufs Herz lud, Jewtuschenko. In seinem Gedicht heißt es:

> »Über Babij Jar, da steht kein Denkmal.
> Ein schroffer Hang – der eine unbehauene Grabstein.
> Mir ist angst. Ich bin alt heute,
> so alt wie das jüdische Volk.
> Ich glaube, ich bin jetzt ein Jude ...
> Und bin – bin selbst ein einziger Schrei ohne Stimme
> über tausend und abertausend Begrabene hin.
> Jeder hier erschossene Greis: ich.
> Jedes hier erschossene Kind: ich.
> Nichts, keine Faser in mir, vergißt das je.«

Hier unterbreche ich die Worte des Gedichtes. Es hört auf mit dem Bekenntnis, daß er, der Dichter, darum ein wirklicher Russe sei, weil er sich so eins weiß mit den Geopferten.
Ich bewundere diese Hingabe, die das eigene Ich in das Du des anderen, des Verfolgten, eingehen läßt und von sich sagen kann: Deshalb bin ich ein wirklicher Russe.
Wann kommen wir so weit, den atemberaubenden Satz zu sagen:
Deshalb bin ich ein wirklicher Deutscher?
Ich weiß aber nicht, ob wir beim Deutschen und beim Russen und bei der Vergangenheit stehenbleiben dürfen. Ich will nicht Jewtuschenko verbessern, sondern ich hoffe, daß er und daß alle auf dieser Erde, die guten Willens sind, mit mir und aus mir sprechen, wenn ich dem Gedicht noch etwas hinzufüge, nicht um Zwietracht, sondern um der Wahrheit und der Versöhnung willen in der Gegenwart und aus dem Gedicht und zu dem Gedicht hinzu sage (nämlich noch einmal zwei Zeilen aus dem Gedicht lese und dann zwei Zeilen anfüge):

> Dreyfus, auch er, das bin ich.
> Ich glaube, ich bin jetzt sie: Anne Frank.
> Peter Fechter, er auch, das bin ich,
> um wahrhaft ein Mensch zu werden.

Wenn der Dichter bekennt »das bin ich«, und wenn wir es mit ihm geloben, so beanspruchen wir damit nicht, uns auf die Höhe der Blutzeugen zu stellen, die aus allen gepeinigten Völkern emporstiegen, ob sie nun Franzosen waren oder Russen, ob Polen und Tschechen oder Holländer oder Deutsche, ob Juden oder Christen oder atheistische Humanisten, jeder ein Europäer, jeder ein Mensch. Wenn der Dichter bekennt »das bin ich«, und wenn wir es mit ihm geloben, so erkennen wir, daß ein jeder Opfergang in seiner einsamen Einsamkeit ein auf das Ganze hinweisender Opfergang für alle war, die sich davon getroffen wissen.

Denn das Trugbild vom Ausscheiden aus der Zeit, dessen Versuchung vor dreißig Jahren übermächtig wurde, ließ vergessen, daß alle Kräfte aus dem Hinweis auf das Ganze leben, und verführte zu der Verblendung, ein jeder könne für sich, nur für sich, retten, der eine seinen Glauben oder seine Lehre vom Naturrecht, der andere seine Gewerkschaftsbewegung oder was auch immer, sozusagen insular außerhalb der Geschichte.

Wenn der Dichter bekennt »das bin ich«, und wenn wir es mit ihm geloben, so bekennen wir, daß wir nicht nur im Augenblick leben können, sondern im Geschichtlichen stehen und darin zeitgerecht über die Zeit hinaus zu wirken haben, jeweils an der Zeitform der Ideen, die Otto Wels ewig nannte.

Vor dreißig Jahren schienen diese Ideen zu Asche geworden. Heute ist Asche, was damals so übermächtig schien. Ringsum eine Hinterlassenschaft an Asche, aber auch das Erbe der Zeugenschaft.

Denn wenn der Dichter von den Toten, die er nennt, und von denen, die keine Namen mehr haben, bekennt, »ich bin es«, und wenn wir es ihm geloben, so heißt dies, daß wir uns mit diesem Augenblick an in unsere Geschichte hineinstellen und über sie hinaus, den ewigen Ideen verpflichtet, die gegenwärtige Aufgabe auf uns nehmen, das Innerste dafür aufzubieten, daß wir Gewähr dafür leisten, glaubhaft zu werden in der Kraft, die einen Rückfall in das Ungeheuerliche ausschließt.

Hier begegnen wir unserer geschichtlichen Verantwortung für die Freiheit, weil angesichts der Übermenschlichkeit der Naturkräfte, über die zu unserer Zeit der Mensch verfügt, die politische Freiheit notwendig ist zur Suche nach der Wahrheit, die uns das Bewußtsein des Wirklichen erhellt und zeigt, wie jeder zu seinem Teil und nach seiner Kraft über Recht oder Unrecht mitentscheidet.

Diesseits der Wüste voller Asche, die hinter uns liegt, nehmen wir damit die Tradition auf, die im Opfergang der Toten begründet ist.

Tradition bewahren, heißt nicht: Asche aufheben, sondern: eine Flamme am Brennen erhalten.

Quelle: Adolf Arndt, Geist der Politik. Reden. Berlin: Literarisches Colloquium 1965. S. 176–196.

Anmerkungen

1. Französischer Sozialist (1859–1914), war Professor für Philosophie in Toulouse, von 1885 bis 1889 Abgeordneter der radikalen Linken, später mehrmals bis zu seiner Ermordung Mitglied der Kammer. In der 1905 vereinigten sozialistischen Partei vertrat er den Revisionismus. Er setzte sich auch für eine deutsch-französische Verständigung ein.
2. Otto Wels (1873–1939) war von 1931 bis 1933 Vorsitzender der SPD und lehnte am 23. März 1933 für seine Fraktion das Ermächtigungsgesetz für Hitler ab. Er emigrierte bald darauf nach Prag, 1939 nach Paris.
3. evangelischer Theologe (geb. 1908), seit 1954 Professor in Hamburg.
4. Seit 1946 Vorsitzender der SPD, seit 1949 Oppositionsführer im Bundestag. Wandte sich gegen Adenauers Europapolitik und setzte sich vor allem für die Wiedervereinigung Deutschlands ein. Von der KZ-Haft (1933–45) waren schwere körperliche Schädigungen zurückgeblieben, denen er siebenundfünfzigjährig am 20. August 1952 erlag.

CARLO SCHMID

geb. 1896

*Der am 3. Dezember 1896 in Perpignan (Frankreich) ge-
borene Völkerrechtler und SPD-Politiker gehört zu den bedeutendsten Rednern und Persönlichkeiten des deutschen Bundestages, dessen Vizepräsident er von 1949 bis 1972 – mit
einer dreijährigen Unterbrechung – war. 1946 wurde er Professor für öffentliches Recht in Tübingen, 1953 Professor für
politische Wissenschaften in Frankfurt a. M. Nach 1945 trat
er politisch beim Aufbau von Württemberg-Hohenzollern
hervor, wo er 1945/46 auch Regierungschef, Kult- und Justizminister war. Seit 1946 im Vorstand der SPD, 1948/49 führendes Mitglied des Parlamentarischen Rats, seit 1949 Mitglied des deutschen Bundestags, wurde er 1964 zu einem der
stellvertretenden Fraktionsvorsitzenden im Bundestag gewählt. Von 1966 bis 1969 war er Minister für Angelegenheiten des Bundesrates und der Länder.*
*Die Rede »Zur auswärtigen Kulturpolitik« hat Carlo Schmid
am 11. Dezember 1963 in der 4. Legislaturperiode des Bundestages gehalten. Seine Partei hatte eine Große Anfrage
wegen der auswärtigen Kulturpolitik eingebracht, worüber in
dieser 101. Sitzung debattiert wurde. Carlo Schmid umreißt
in großen Zügen den Zusammenhang von Kultur und Politik
und beleuchtet die Relevanz dieses Zusammenhangs für die
Außenpolitik.*

Zur auswärtigen Kulturpolitik

Herr Präsident! Meine Damen und Herren! Es tut mir leid,
daß der Herr Minister unsere Beratung verlassen mußte,
sicher aus triftigen Gründen. Ich hätte ihm gern einige Komplimente gemacht über seine Ausführungen – es hätte ihn viel-

leicht gefreut, wenn er sie selbst hätte anhören können –, wie
ich gleichermaßen meinen Vorrednern Komplimente machen
möchte, deren Fachwissen das meine weit übersteigt und vor
deren Realismus ich mich fast ein wenig glaube schämen zu
müssen. Denn ich werde von solch praktischen und handfesten
Dingen nicht viel sprechen können. Aber ich hatte mich auf
diese Debatte so gefreut, daß ich, obwohl ich sachlich dem
schon Gesagten nicht viel hinzuzufügen habe, auf die Freude
nicht verzichten möchte, hier vor diesem Hause sprechen zu
dürfen.

Beifall.

Wenn ich das Wort »Kulturpolitik« höre, beschleicht mich fast
immer ein Unbehagen, verband sich doch mit diesem Wort vor
nicht langer Zeit die Vorstellung, eine spezielle Vorstellung,
gelegentlich auch eine akademisch geäußerte Vorstellung, der
Staat könne Kultur machen und habe sie zu machen. Wenn ich
gar von »Kulturpolitik im Ausland« reden höre, da steigen
vor mir so Gespenster auf, die mit dem Finger nach außen
zeigen und verkünden: Wir müssen doch denen draußen unsere Kultur bringen; denn »Am deutschen Wesen soll einmal
die Welt genesen«. Es ist gar nicht lange her, daß diese Gespenster noch recht lebendige Menschen gewesen sind. – Sie
lächeln mir zu, Herr Kollege Friedensburg[1], Sie scheinen
meine Meinungen, meine Befürchtungen und meine Gespen-
sterangst zu teilen.

Ich weiß, daß in diesem Saal niemand so denkt, und ich sage
das wirklich, wie ich es meine. Aber vielleicht ist es nicht
schlecht, sich zu erinnern, daß die Zeiten nicht sehr fern sind,
in denen in Deutschland viele so gedacht haben, in denen es
geradezu als ein Schibboleth[2] für gutes Deutschtum galt, so zu
denken und so zu sprechen. Was uns das gekostet hat, im Innern und außen, ich glaube, das wissen wir heute alle. Denn
sehr vieles von dem, was in dieser Welt an Schrecklichem in
unserem Namen geschehen ist und geschehen konnte, ist mit
durch diese Art des Verabsolutierens des Staates und gerade

des Staates in bezug auf Geistiges möglich geworden, nicht geschehen, aber möglich geworden.

Der Staat kann keine Kultur machen. Er kann bestimmte Lagen auf dem Felde der Kunst, der Wissenschaft als politische Potentiale in Ansatz bringen, wenn ich so sagen darf. Aber Kultur wird gelebt, wird nicht gemacht. Sie wird im Mutterschoß des Volkes gelebt von vielen einzelnen, die sich in dem Wissen zur Gemeinschaft verbunden fühlen, daß sie identische Menschheitswerte auf gleiche Weise, auf gemeinsame Weise lieben und entschlossen sind, sie auf dem ihnen zugeordneten Boden zu verwirklichen.

Wenn Fichte recht hatte, wird aus diesem Willen heraus ein Volk zur Nation und damit geschichtsmächtig und, ich glaube, damit auch etwas, das eine lebendige Kultur hervorzubringen vermag, die niemand zu machen braucht und die niemand machen kann.

Wenn ich das Wort Politik so häufig in Verbindung mit anderen Worten höre – Kulturpolitik, Sozialpolitik, Außenpolitik –, dann habe ich gelegentlich die Sorge, daß man aus diesen Wortverbindungen heraus eines vergessen könnte, nämlich: daß all diese Dinge nicht besondere Arten der Politik sind, sondern einfach Modalitäten des einen Wortes, des einen Begriffes, den man Politik heißt. Politik ist nichts anderes als die Bestimmung der Lebensordnungen des Volkes im Staate und die Bestimmung der Stellung des Volkes im Koordinatensystem, in dem alle Staaten dieser Welt verflochten sind.

Innen- und Außenpolitik, Kulturpolitik, Sozialpolitik, alle diese Wortverbindungen bedingen sich, der Substanz nach, gegenseitig. Das Innere des Staates bestimmt die Möglichkeiten des Staates, nach außen zu wirken. Sie kennen vielleicht alle – um von den Finanzen zu sprechen, von denen heute erfreulicherweise wenig gesprochen worden ist – das Wort eines bekannten und berühmten französischen Außenministers: Macht mir gute Finanzen, und ich mache euch gute Außenpolitik. Oder das Wort, das unsere Schulmeister mit Recht gern im Munde führten: daß Königgrätz gewonnen worden sei durch die deutschen Schulmeister. Da haben Sie beides, nicht wahr: daß das Innere die Möglichkeit, nach außen und außen zu wirken, bedingt.

Umgekehrt schafft die Außenpolitik, das, was man dort erreicht, um die Stellung seines Staates zu begründen im Kontext der Weltpolitik, den Raum für das, was wir im Inneren zu leisten, zu tun, zu formen, zu bilden vermögen. Das Wort Rankes vom Primat der Außenpolitik hat nur diesen einen Sinn.

So kann in der Tat auch der Stand der Kultur in einem Volk ein außenpolitischer Faktor sein, ein Potential, wie man so gerne sagt, wobei ich unter »Kultur« ganz schlicht verstehe: In welchen Formen, mit der Verkörperung welcher Werte, mit welchem Grad der Fruchtbarkeit für uns selber und für andere verwirklichen wir, vergegenwärtigen wir unsere schöpferischen Kräfte? Dabei meine ich das Wort »vergegenwärtigen« in dem Sinne, in dem man oft das Fremdwort gebraucht: verrepräsentieren wir uns in unseren schöpferischen Kräften? Der Grad einer solchen Kultur kann recht bestimmend sein für die Reichweite des politischen Armes eines Staates.

Was der Stand einer Kultur, ihre spezifische Art, in anderen für Gefühle weckt, Sympathien, Antipathien, kann positive oder negative Dispositionen oder Trends schaffen, die so mächtig wirken können wie das, was man gelegentlich die materiellen Interessen der Staaten nennt. Denn eines ist nicht zu vergessen: daß, was wir für unser Interesse halten, glauben ansehen zu müssen, uns sehr häufig im Lichte unserer Sympathien bewußt wird oder überhaupt erst in diesem Lichte Gestalt gewinnt.

Beispiel: Was bedeutet es für die Reichweite, die politische Reichweite Großbritanniens, daß die Welt gefunden hat, daß das, was sie »british way of life« nennt, eine Sache ist, die den Menschen zu steigern vermag! Was bedeutet es für die Reichweite Frankreichs, die politische Reichweite Frankreichs, daß Frankreichs Hauptstadt Paris heißt, in der ganzen Welt geliebt, auch dort, wo man weiß, wie hart diese Stadt sein kann, wie grausam sie sein kann, als die Stadt der Künste, als die Stadt des guten Geschmacks, die Stadt des »savoir vivre«, der Lebensart, und auch der »douceur de vivre«, der Süßigkeit des Lebens! Denken wir an Rom, die Bedeutung Roms für Italien! Ich will niemanden kränken und werde sicher niemanden kränken, wenn ich sage, daß der Grund, weswegen vor dem Ersten Weltkrieg Italien mit seinen relativ schwachen militärischen Kräften – die zählten doch damals besonders viel – in den Kreis der Großmächte aufgenommen wurde, dem Respekt zu verdanken ist, den man glaubte einem Volke nicht verwehren zu können, das der Welt so unendlich viel gegeben hat im Felde von Kunst und Wissenschaft. Ein großer englischer Historiker hat vor dem Ersten Weltkrieg Italien einmal eine »Respektsgroßmacht« genannt, und ich glaube, dieses Wort ist gut und ehrenvoll für Italien.

Ich spreche von Deutschland. Was hat es alles für die Möglichkeiten, hinauszuwirken über unsere Grenzen hinaus, in der Zeit, als wir noch kein Deutsches Reich waren, bedeutet, daß uns die Welt sah nach dem, was das Buch der Madame de Staël, das Buch über Deutschland, von uns gezeichnet hat! Wir waren damals vielleicht einer echten Großmacht näher als später in der Zeit, wo man glaubte, Blut und Eisen seien die hauptsächlichsten Beweger der Geschichte. Ich weiß durchaus, was in der Geschichte dieses Volkes notwendig war und nicht zu umgehen war. Aber vielleicht haben wir in den Zeiten vorher, als wir noch das Deutschland der Madame de Staël waren und von der Welt so gesehen wurden, was kulturelle Wirkung anbetrifft und über diese hinaus Erhöhung unseres Ansehens in der Welt, mehr gehabt als nachher. Nun, das nur nebenbei.

Wenn dem aber so ist, brauchte man eigentlich, so glaube ich, Kultur nicht nach außen zu tragen, brauchte man sie nicht nach außen vorzuführen, sicher nicht. Ihre Wirkung auch für die Außenpolitik beginnt zu Hause. Abgesehen davon: Außen vorführen kann man nur, was man hat und was man ist. Trotzdem, ein Volk hat sich auch im Ausland darzustellen. Es kann nicht mehr damit rechnen, daß man es nur bei sich selber anschauen will. Es wird auch, von außen betrachtet, sehr häufig nicht so richtig gesehen, wie es gesehen werden müßte, um richtig beurteilt zu werden; denn zwischen diesem Innen und Außen stehen eben seit einigen Dingen, die auf unser Schuldkonto zu schreiben sind, einige verzerrende Glaswände, die das Bild trüben, das man von uns haben sollte. Und da ist es schon gut, wenn wir nach außen gehen und zeigen, wie wir sind. Die Regierung hat die Aufgabe, dies möglich zu machen, dem einen Rahmen zu geben, auch einen institutionellen Rahmen zu geben, Ort und Zeit zu bestimmen, Mittel zur Verfügung zu stellen, Prioritäten aufzustellen, zu lenken und auszuwählen. Diese Dinge würde ich Kulturpolitik im Ausland nennen und nicht sehr viel mehr als das.

Jener Talleyrand[3], den man so gern zitiert, pflegte seinen Botschaftern eine einzige Instruktion mitzugeben: »Faites aimer la France.« – »Eure Aufgabe besteht darin, in eurer Person und durch eure Tätigkeit Frankreich liebenswert zu machen.« Das ist nicht nur ein Bonmot gewesen; das war, glaube ich, eine vortreffliche politische Instruktion an Diplomaten, die ins Ausland geschickt werden. Insoweit ist es eine Aufgabe von uns allen, wenn wir ins Ausland gehen, uns so aufzuführen, so zu sprechen und so darzustellen, daß in unserer Person und durch uns das Volk, das Land, dem wir angehören, liebenswert erscheint. Aber trotzdem gibt es hier einige besondere Fachprobleme, möchte ich sagen, eine Spezialisierung des Problems; das betrifft eben die Außenpolitik als solche.

Wie kann man und mit welchen Mitteln die Menschen draußen immer wieder davon überzeugen, daß Deutschland ein Land ist, das liebenswert ist, mit dem auch in andere als kommerzielle Beziehungen, als Beziehungen der Techniker untereinander zu treten einen Sinn haben könnte, ein Land, durch dessen Kontakt man vielleicht selber eine Steigerung erfahren könnte, so wie sehr viele glauben, es zu erleben, wenn sie eben an Frankreich denken? Ich denke an das Wort eines großen Amerikaners, eines der Stifter Amerikas: »Jeder hat zwei

Vaterländer, seines und Frankreich.« Auch das ist nicht einfach als Bonmot abzutun. Dieses Wort bringt wirklich einiges, recht vieles, zum Ausdruck, das sich in dieser Welt politisch recht real und recht konkret ausgewirkt hat.

Eines sollten wir von vornherein ausschließen, wenn wir an Kulturpolitik im Ausland denken, etwas, von dem manche früher geglaubt haben, das sei ihr Hauptzweck: den Versuch, eine Irredenta[4] zu schaffen oder Irredenta zu organisieren oder von außen her eine Irredenta halten zu wollen. Und das zweite: Wir sollten alles vermeiden, was da aussehen könnte, als wollten wir eine Art von Bindestrich-Politik betreiben, Bindestrich-Amerikaner, Bindestrich-Italiener, Bindestrich-undsoweiter-Leute schaffen. Wir dürfen durch unsere kulturpolitischen Bemühungen keine Deutsche schaffen wollen.

Wer an dem teilnimmt, was wir zu bieten imstande sind, soll dadurch ein besserer Bürger seines Landes werden können. Und was haben wir denn zu bieten? Wir haben sehr viel zu bieten. Freilich werden viele von uns der Meinung sein, daß das, was andere von uns glauben mit Vorzug bieten zu sollen, nicht das Richtige ist. Jeder von uns hat seine Vorlieben, jeder von uns hat seine Kriterien, seine Kategorien. Das ist gut so. Aber wir sollten vielleicht an ein Wort denken, das ein großer Franzose, Jean Jaurès[5], um die Jahrhundertwende ausgesprochen hat. Als in der französischen Linken Stimmen laut wurden, es ginge doch nicht an, daß man Versailles feiere, das doch von dem Tyrannen Ludwig XIV. unter Ausbeutung von Hunderttausenden braver Menschen erbaut worden sei, sagte er: »Tout ce qui est national, est nôtre«. Alles, was zur Bildung unserer Nation geführt hat, gehört uns allen gemeinsam und allen zusammen.

Daran sollten wir denken, wenn wir uns fragen: Wie soll denn dieses Deutschland nach außen hin vergegenwärtigt werden? Und da meine ich, daß es für einen Sozialdemokraten durchaus wohlgetan ist, etwa Friedrich den Großen zu rühmen, wie es Ihnen (nach rechts) gut anstände, etwa einige der großen Männer der deutschen Arbeiterbewegung zu rühmen. Denn wenn dieses Deutschland das ist, was es heute ist, ist es auch diesen Menschen zu verdanken, daß es so ist, wie es ist. Ich glaube, wenn wir so denken, dann wird manches nicht mehr passieren, was früher häufig passiert ist und was heute leider Gottes manchmal noch passiert.

Ich sagte, wir haben viel zu bieten. Was sollen wir bieten? In was sollen wir uns darstellen? Nun, ein Volk ist etwas sehr Komplexes, ich möchte sagen, in all dem, in dem wir schöpferisch geworden sind. Das ist zunächst einmal die Kunst. Warum wollen wir nicht das schöpferische Vermögen unseres Volkes zeigen – wir können das und können dabei manchen Wettbewerb bestehen –, die Wissenschaft zeigen, was darin an geistiger Disziplin steckt, nicht nur an sogenannten Leistungen und Erfolgen – das ist vielleicht nicht einmal so sehr das Entscheidende –, die Bildung, die Weite, die Tiefe, den Reichtum dessen, was wir Deutschen – muß ich sagen: einst? – an Bildung hatten, an Bildung zu verkörpern imstande waren, auch an Universalität, an Weltläufigkeit und an Weltgehalt? Ich glaube, daß es draußen manche gibt, die gern daran teilnehmen würden.

Wir haben auf einem ganz anderen Gebiet Zeugnisse der Gediegenheit und der Redlichkeit unseres Arbeitens vom kleinen Werkstück bis zum größten hin zu bieten. Auch das ist etwas, in dem ein Volk sich darstellt.

Und last not least der Sport. Ich meine das wirklich so: der Sport, der vielverlästerte. Ich sage das trotz der Sportbeilagen mancher Zeitungen, die zu lesen nicht immer Freude bereitet. Aber ich sehe im Sport auch einen Ort, an dem ein Volk sich vergegenwärtigt, an dem ein Volk sein schöpferisches Vermögen darzustellen vermag. Ich werde darüber noch einiges zu sagen haben.

Gehen wir zurück zur Kunst, zur Musik. Wo nach diesem zweiten Krieg, nach all dem Schrecklichen, was damals geschehen ist, wir unsere Musik nach außen getragen haben, da schien auf einmal vergessen zu sein, was an Bösem an unserem Namen hing, da wurden die Leute aufgeschlossen, da konnte

man wieder mit ihnen sprechen, wenn man den Versuch dazu
in der gebotenen Bescheidenheit und Scham machte. Da ist es
nicht bloß die große symphonische Musik und die Kammer-
musik; auch die moderne Musik sollten wir draußen hören
lassen. Denn auch hier haben wir Deutsche, glaube ich, besondere Schöpferkraft bewiesen, die draußen anerkannt wird.
Und wenn ich von uns Deutschen spreche, mögen mir das unsere österreichischen Freunde nicht verübeln: in diesen kulturellen Dingen sind wir doch immer noch etwas, das zusam-
mengehört.

Denken wir, wenn wir von der Musik sprechen, auch an das
deutsche Lied, nicht bloß an die großen Opern. Vergessen wir
nicht, daß die Franzosen daraus ein französisches Wort gemacht haben – le lied –; damit bezeichnen sie gerade diese
spezifische Art von Musik, die von uns in Deutschland, sagen
wir von Beethoven über Schubert, Wolf und Brahms, der
Welt geschenkt worden ist.

Das Theater! Wo wir mit Theater hingekommen sind, war es
genauso. Auch dort wurde neidlos anerkannt, daß wir Deutsche hier etwas zu bieten haben, etwas, das das Urteil über uns
vielleicht verändern müßte. Ich habe jüngst in einer großen
Pariser Zeitung gelesen, in der von einer deutschen Theater-
aufführung die Rede war und wo der Schlußsatz war: Vielleicht sollten wir doch über die Deutschen anders denken, als
man das bisher landauf, landab glaubte tun zu sollen.

Auch da möchte ich etwas sagen, was wohl nicht jedem gefallen wird: man soll nicht gleich laut aufschreien, wenn ein deutsches Theater im Ausland Bert Brecht spielt. Sehen Sie, dieser
Bert Brecht ist ein großer deutscher Dichter, ein Mann mit
einer sehr verhängnisvollen politischen Leidenschaft – sicher,
war er! Aber es war ein wirklicher Dichter, einer der wenigen
echten Dichter, die wir in den letzten Jahrzehnten gehabt
haben. Und so sieht man ihn auch draußen. Man schreibt diesen Mann nicht auf das Konto Kommunismus, sondern auf
das Konto deutsche Leistung. Ich glaube, wir sollten den Mut
haben, das als eine solche Leistung gelten zu lassen. Ich möchte

sagen, auch in diesen Dingen gibt es weder ein ideologisch gespaltenes noch ein politisch gespaltenes Deutschland, sondern da gibt es eben Deutschland.

Beifall.

Wir können unsere deutschen Maler, unsere deutschen Bildhauer getrost draußen ausstellen. Wir sollten es vielleicht häufiger tun, als wir es machen. Ich habe es selbst erlebt, wie das in Paris gewirkt hat, als man als eine der ersten deutschen Ausstellungen eine große Ausstellung der sogenannten deutschen Primitiven gemacht hat, also der Künstler vor der Renaissance. Das war eine Offenbarung für die Franzosen. Sie hatten nicht gedacht, daß so etwas im finsteren Deutschland jenseits der Wälder möglich gewesen sein könnte. Und die Ausstellung der deutschen Expressionisten, die jüngst in Paris gewesen ist, hat genauso gewirkt. Es schlägt für uns zu Buche, wenn ein so begabtes und im Felde der Kunst so schöpferisches, so reiches Volk wie die Franzosen sagt: Auch die Deutschen sind keine Bettelmänner auf diesem Feld, auch die Deutschen haben aus eigenem etwas gebracht und nicht nur als unsere Schüler und gar als unsere Kopisten.

Aber bei allen diesen Dingen gebe man immer nur die erste Qualität nach draußen! Non multa, sed multum, lieber einige Dinge weniger, einige Aufführungen weniger, kleinere Ausstellungen, weniger, aber dafür wirklich das Beste, Dinge, die sich mit dem Besten draußen vergleichen lassen.

Es wurde von meinem Freund Kahn-Ackermann[6] von den Gesprächen mit Dichtern aus der Sowjetzone gesprochen, die stattgefunden haben, von denen, wie er meinte, nicht genug Notiz genommen worden sei. Ich glaube, er hat recht. Wir sollten auch solche Dinge tun, hier und draußen. Ich glaube, wir sollten den Dialog ruhig wagen. Denn es gibt eine Reihe von Ländern – Italien, Frankreich –, in denen – leider Gottes, wenn Sie wollen – ein großer Teil der Intelligenzia der Meinung ist, man müsse nach Osten schauen, wenn man zeitgenössisch, lebendig, kulturell schöpferisch werden wolle. Wenn wir den Leuten zeigen, daß man gar nicht so weit dort hinüberzuschauen braucht, sondern daß man auch im Gespräch mit uns auf Dinge stoßen kann, die ganz und gar aus dieser Zeit sind und vielleicht sogar in die Zukunft weisen, könnte das, meine ich, auch politisch zu Buche schlagen. Es gibt in Rom eine Institution der Zonenregierung, das Centro Thomas Mann – Zentrum Thomas Mann –, von dem nun wirklich wie von einem Magneten diese ganze Intelligenzia Roms angezogen wird. Die Leute – ich habe mit ihnen gesprochen – sind tatsächlich der Meinung, daß von den Deutschen nur von dort her, von Pankow her, irgend etwas Neues, etwas nach Gerhart Hauptmann, wenn nicht gar nach Goethe, zu erwarten sei.

Ich meine, wir sollten diesen Dialog ruhig wagen, sollten dieses Gespräch führen. Ich hoffe, daß wir uns behaupten können. Sollten wir uns dabei nicht behaupten können, werden wir vielleicht auch daraus etwas lernen, nämlich lernen, daß es so mit unseren Bemühungen um uns selbst nicht weitergehen kann.

Nun, die Wissenschaft! In der Wissenschaft bleibt man zu Hause. Aber man sollte doch die Möglichkeit schaffen, daß man unser deutsches wissenschaftliches Bemühen von draußen her kennenlernt, besser kennenlernt, als es heute der Fall ist. Wir dürfen doch nicht vergessen, welches politische Potential, welcher Sympathiekredit uns durch die großartigen Leistungen der deutschen Wissenschaft im 19. Jahrhundert und im ersten Drittel dieses Jahrhunderts zugewachsen ist. Es hat etwas für uns bedeutet – auch politisch –, was das Urteil der französischen Oberschicht z. B. über die Deutschen anbetrifft, daß die französischen Universitäten am Ende des 19. Jahrhunderts glaubten, sich auf dem Modell der deutschen – gerade auf dem Gebiet der Naturwissenschaften und auch gewisser Geisteswissenschaften – reformieren zu sollen. Man studierte früher in Deutschland, wenn man glaubte, die Wissenschaft ernst nehmen zu sollen. Wie ist es heute? Heute studiert man in den Vereinigten Staaten von Amerika, in Großbritannien, in Frankreich, in Rußland! Man studiert auch in

Deutschland, aber längst nicht mehr mit diesem absoluten Wertakzent, den man früher diesem Studium gegeben hat.

Ich glaube, wir sollten hier einiges tun, um abzuhelfen; nicht um Kultur zu machen, wie gesagt, aber um Raum zu schaffen, um Mittel zu geben.

Stiftungen könnten hier viel helfen; Stipendien könnten viel helfen, nach innen und nach außen. Wir könnten mit diesen Stipendien Ausländer zu uns bekommen, und vielleicht würden wir bessere bekommen, und vielleicht würden wir sie leichter bekommen, wenn diese Dinge nicht unmittelbar vom Staat in die Hand genommen würden. Es müßte so sein wie in Amerika; ich denke an die Ford Foundation. Die Thyssenstiftung, die Duisbergstiftung sind solche Stiftungen. Aber ich glaube, es sollten mehr sein und sie sollten mehr Mittel haben.

Noch wichtiger wäre, daß deutsche Gelehrte an ausländische Forschungsanstalten oder an Universitäten gehen, nicht nur um Entwicklungshilfe zu leisten – natürlich ist das wichtig, vordringlich wichtig; ich brauche darüber kein Wort zu verlieren, daß das meine Meinung ist –, sondern man sollte diesen Menschen die Möglichkeit geben, langfristig ins Ausland zu gehen, nicht als »verlorener Haufen«, der vergessen wird, wenn er ein paar Jahre draußen war; sie sollen mit einer Equipe, mit einer Mannschaft hingehen, damit sie über das hinaus wirken können, was sie als einzelne gerade noch tun könnten.

Wir sollten dabei nicht nur an die Naturwissenschaften und an die Medizin denken; wir sollten auch z. B. an die Philosophie denken. Vergessen wir doch nicht, daß wir Deutschen in der Welt doch schlechthin als das Volk der Philosophie der Moderne galten. Auch das hat uns einen Sympathiekredit gegeben, den wir nicht geringschätzen können. Ich glaube wirklich, wir sollten auch daran denken.

Nun kommen manche, heben den Finger und sagen: Aber, wir sind doch ein föderalistischer Staat, all diese Dinge, die Du da präkonisierst, stören unsere föderalistische Struktur und passen nicht. Ich will dazu ein ganz freies und offenes Wort sagen. Diese Dinge – Kulturpolitik im Ausland – haben nichts mit der inneren Kulturpolitik der Länder zu tun, das ist deutsche Außenpolitik,

Zustimmung des Abg. Dr. Martin[7].

und Außenpolitik gehört zur Kompetenz des Bundes; ganz schlicht!

Abg. Dr. Martin: Das ist aber sehr umstritten!

– Ich weiß es, und ich erlaube mir, meine Meinung dazu zu sagen. Oder glauben Sie wirklich, daß die Frage, wie eine deutsche Schule in Mexiko oder in Bangkok aussehen soll, etwas ist, was die Kulturhoheit Hamburgs oder Hessens oder Bayerns interessieren könnte, wenn man nicht nur an Ämterpatronage denkt?

Zuruf von der Mitte: Aber die kümmern
sich darum!

– Haben Sie schon gefragt, wenn sie das tun, wie sie es können? Ich glaube, das sind Dinge, die in der Bundeskompetenz liegen, und hier sollte der Bund seine Kompetenz in Anspruch nehmen.

Beifall im ganzen Hause.

Er kann es auf den verschiedensten Gebieten, auf die verschiedenste Weise. Ich sprach schon von den Stiftungen; es wären auch noch andere Dinge zu nennen. Sie haben schon viele Details gehört, und ich will nicht weiter bei diesen Details verweilen.

Nur soviel möchte ich hier sagen: Warum soll der Bund nicht eine Bundeslaufbahn für Lehrer an deutschen Auslandsschulen und für Leiter deutscher Kulturinstitute im Ausland schaffen,

Beifall.

eine Bundeslaufbahn, wie die Franzosen eine nationale Laufbahn für diese Zwecke geschaffen haben? Dort riskiert eine Schule nicht, daß man nach drei Jahren den Lehrer abberuft, weil es an der Zeit ist, daß er wieder nach Hause kommt; dort kommt der Mann von Stockholm nach Kopenhagen, und dann wird er vielleicht nach Warschau versetzt. Kurz und gut, dort können Erfahrungen weiter verwertet werden, und es kann etwas wie ein Korpsgeist geschaffen werden, was der Sache nicht schadet. Ich meine, wir sollten das wagen. Wer macht mit von denen, die Beifall geklatscht haben, falls man im Bundestag einen entsprechenden Antrag für ein solches Gesetz einbringt? Ich frage: wer von Ihnen macht mit?

Abg. Dr. Martin: Ich mache mit!

– Ausgezeichnet! Wir sprechen uns wieder.

Sehr gut! bei der SPD. – Abg. Dr. Martin: Herr Professor, es ist im Grundgesetz leider nicht drin!

– Das Grundgesetz ist interpretationsfähig. Darf ich Ihnen ein kleines Beispiel erzählen, wie man interpretieren kann, wenn man es mit seinem Staat ernst meint: In der Verfassung der Vereinigten Staaten steht kein Wort, daß die Union berechtigt sei, direkte Steuern zu erheben. Aber es steht darin, daß die Union verpflichtet ist, eine Flotte zu bauen. Nun, was sie an Einnahmen bekam, das reichte nicht aus.

Zuruf rechts: Stiftung Flotte! – Heiterkeit.

– Da würde ich widerraten. Aber ein großartiger Richter, der Richter Marshall[8] vom obersten Bundesgericht, hat vor rund 120 Jahren ein Urteil gefällt, das dahingeht: Wenn die Verfassung der Union die Verpflichtung auferlegt, eine Flotte zu unterhalten, dann muß die Union auch die Möglichkeit haben, sich das Geld dazu zu verschaffen, diese Flotte zu bezahlen; also kann sie direkte Steuern erheben, wenn sie auf andere Weise nicht zu Geld kommt. – Das ist, glaube ich, schöpferische Jurisprudenz, durch die die Verfassung nicht verdreht und verkehrt wird, sondern durch die die Verfassung im Sinne ihrer Schöpfer interpretiert wird.

Ein Weiteres – ich habe auch davon schon gesprochen –, mit dem wir uns im Ausland darstellen können, ist unser technisches Können. Deutschland als das Land des Made in Germany von einst ist etwas, das sich, glaube ich, draußen vorstellen kann, und das ist etwas, das auf die Vorstellungen rückwirkt, die man von Deutschen überhaupt hat: Deutschland als das Land der Qualität. Nur sollten wir um Gottes willen nicht glauben, wir seien die einzigen, die technisch etwas können und die Qualität zu schaffen vermögen. Wir sind durchaus nicht die einzigen; bei weitem nicht! Aber wir gehören auch zu denen, die das können, und wir sollten das zeigen. Wir sollten Ausstellungen, technische Leistungen zeigen; wir sollten das vielleicht mehr als heute draußen zeigen. Wir sollten es nicht nur auf Messen zeigen, wo wir hoffen können, daß uns etwas abgekauft wird; wir sollten es auch so zeigen, ohne Hoffnung, daß es gekauft wird. Ich habe in Island erlebt, daß mir Isländer sagten: »Die Sowjetzone bringt dauernd Ausstellungen technischer Art.« Die glauben allmählich, die sind die einzigen, die so etwas können. »Ihr tut das nicht, weil es etwa 80 000 Mark kostet. Das Geld bringt man nicht auf.« Ich habe an das Auswärtige Amt berichtet; mir wurde gesagt: »Leider ist es so; aber das Geld ist eben nicht aufzubringen.« Ich glaube, daß Geld, das auf diese Weise ausgegeben würde, gut angelegtes Geld wäre.

Nun, Deutschland, das Land der guten Leistung, sollte nicht selbstgefällig werden auf Grund dieses Wissens um seine Leistungsfähigkeit, man sollte das nicht dazu benutzen, auch dem Ausland gegenüber seine Schätzung der Technik zu überwerten. Es ist nicht gut, wenn man glaubt, am Deutschen die Fähigkeit zum Roboterdasein nach außen hin anpreisen zu sollen; auch das geschieht ja manchmal.

Ich sprach vom Sport. Auch dieser schafft unter Umständen politische Geltung. Denken Sie daran, welchen Zuwachs an politischem Kredit und Potential das kleine Finnland erhalten hat, als seine Läufer auf Olympischen Spielen Sieg um Sieg nach Hause brachten. Wir haben in Amerika zum erstenmal wieder in breiten Massen Resonanz gefunden als Germans, als die Boxweltmeisterschaft an einen Deutschen fiel, an jenen Schmeling. Nun, denken Sie von mir, wie Sie wollen, nachdem ich das gesagt habe. Ich sage das, weil es meine Meinung ist, daß ein Volk sich auch auf diese Weise nicht nur in Erinnerung bringen kann, sondern etwas auszumachen vermag. Man soll dabei nicht nur zeigen, daß man im Wettkampf siegen kann, man soll dabei zeigen, *wie* man siegen kann – das scheint mir das Wichtige zu sein –, und wir sollten dabei nicht nur Starleistungen vorführen, sondern wir sollten Mannschaftsleistungen vorführen. Wie haben die Russen davon profitiert, daß sie mit ihren Mannschaften bei fast allen großen internationalen sportlichen Wettbewerben immer mehr an die Spitze gekommen sind!

Abg. Dr. Friedensburg: Weil sie nicht an
die Amateurregeln gebunden sind!

– Ja, ich weiß es. Nun, da gab es früher schon Kontroversen. Wenn man etwa sagte: »Die Kavallerieoffiziere sind doch keine Amateure, wenn die bei den Olympischen Spielen mitreiten; das ist ihr Beruf, dafür werden sie bezahlt«, hat man trotzdem mit Recht gesagt: »Es sind Amateure«. Was Sie hier gegen den Postangestellten oder Eisenbahner einwenden, der viel frei bekommt, um trainieren zu können, das konnte man auch von anderen sagen. – Ich brauche hier nicht zu sagen, daß mir der reine Amateur der liebste Sportler ist.

Wie gesagt: nicht in erster Linie mit jedem Mittel siegen wollen, sondern zeigen, wie man auch auf dem grünen Rasen das Humane zu verwirklichen vermag. Ich glaube, das kann man zeigen, und das hat man schon gezeigt.

Meine Damen und Herren, ich habe Sie wohl schon zu lange aufgehalten. Ich weiß, das alles kostet Geld, sicher viel Geld, wahrscheinlich mehr Geld, als wir heute dafür ausgeben können. Aber ich glaube, das zahlt sich aus, diese Investitionen lohnen sich. Vielleicht können wir eines Tages das Geld, das wir für bestimmte Dinge heute aufwenden und aufwenden müssen, nur noch aufwenden, weil uns der Ruf, den wir uns im Ausland zu verschaffen vermocht haben, uns eine Stellung gegeben hat, die uns diese Möglichkeiten erlaubt. Umgekehrtes könnte bedeuten, daß wir das eines Tages nicht mehr könnten. Das alles stellt Fragen nach der Organisation. Die will ich hier nicht erörtern. Das alles erfordert Phantasie, Mut zu Neuerungen. Wir brauchen nicht immer in den alten Formen zu handeln, so sehr sie sich auch bewährt haben mögen.

Es gibt andere Formen, die der Zeit angepaßter sein mögen. Mir schwebt immer etwas vor wie das British Council, diese großartige Organisation, die praktisch all das in Händen hat, was man Kulturpolitik im Ausland nennt, oder gewisse Stiftungen, wie die Ford Foundation und anderes. Und wenn hier unsere Landesregierungen sagen sollten, daß man damit den Föderalismus aushöhle, – nun, die Max-Planck-Gesellschaft z. B. hat doch den Föderalismus nicht ausgehöhlt, obwohl sie ihn auf manchen Gebieten völlig überflüssig gemacht hat. Man sollte diese Dinge einmal in allgemeinerem Zusammenhang und ex professo erörtern. Ich bin für die Zusage des Herrn Außenministers dankbar, daß er dies besorgen will. Der Auswärtige Ausschuß ist sicher der rechte Ort dafür.

Aber man sollte diese Dinge vielleicht noch in einem anderen Zusammenhang erörtern; denn hier geht es doch um recht Diffiziles, um recht Komplexes. Wir können uns das ein anderes Mal überlegen. Heute ist dafür nicht die Zeit und nicht der Ort.

Zunächst geht es darum, daß man das Vorhandene richtig koordiniert und richtig aufbaut. Dann geht es darum, daß man die rechtlichen Voraussetzungen für angepaßtere Formen schafft und daß man da und dort versucht, auf ein anderes Geleise überzuwechseln von dem alten, das zu ausgefahren sein mag.

Einige Vorschläge, was da geschehen könnte, sind in dem Resolutionsentwurf Umdruck 370 enthalten, der Ihnen vorgelegt worden ist. Ich will die Punkte nicht im einzelnen durchgehen und begründen. Ich bitte Sie, diesem Antrag zuzustimmen. Ich glaube, es ist ein Antrag, dem jeder in diesem Hause zustimmen kann.

Alles, was heute an organisatorischen Maßnahmen vorgeschlagen worden ist, ist wichtig, und sicher ist manches davon vortrefflich. Aber das Entscheidende liegt ganz woanders. Die entscheidende Frage scheint mir zu sein, ob wir in Deutschland selbst uns selber in einer Weise darzustellen vermögen, die uns bei Menschen anderer Länder anziehender erscheinen läßt. Es wird viel gewonnen sein, wenn man den Verkehr mit uns nicht nur deswegen glaubt suchen zu müssen, weil man es für Handelszwecke glaubt nötig zu haben oder weil man deutsche Techniker braucht. Das ist zwar gut und wichtig, und so etwas kann man weiterbauen; aber nur wenn wir dazu kommen, auch aus allgemeineren, aus schlechthin humanen Gründen heraus den anderen anziehend zu erscheinen, wird auf die Dauer politischen Nutzen bringen, was wir von uns im Ausland zeigen. Wie gesagt: Kultur beginnt zu Hause zu wirken, und Kulturpolitik hat in erster Linie zu Hause zu beginnen.

Allgemeiner Beifall.

Quelle: Carlo Schmid, Bundestagsreden. Hrsg. von Hansjoachim Daul. Bonn: AZ Studio 1966. S. 305–316.

Anmerkungen

1. Ferdinand Friedensburg (1886–1972), CDU-Politiker, von 1952 bis 1965 Mitglied des deutschen Bundestags, von 1946 bis 1951 stellvertretender Oberbürgermeister von Berlin.
2. Merkmal, Erkennungszeichen.
3. Charles Maurice Herzog von Talleyrand-Périgord (1754–1838), einer der letzten Vertreter des Ancien régime, war französischer Außenminister zeitweise unter Napoleon; nach dessen Sturz gelang es ihm auf dem Wiener Kongreß, wieder Frankreichs europäische Stellung zu festigen.
4. Urspr. ›unerlöstes‹ Italien (1859/60, 1866); übertragen: jede politische Bewegung, die den staatlichen Anschluß abgetrennter Gebiete an das Mutterland erstrebt.
5. Siehe Anm. 1 der Rede von Adolf Arndt (S. 1108).
6. Georg Kahn-Ackermann (geb. 1918), Journalist und SPD-Politiker, Mitglied der Beratenden Versammlung des Europarates.
7. Berthold Martin (geb. 1913), Psychiater und CDU-Politiker, seit 1957 Mitglied des deutschen Bundestages; Vorsitzender des Bundestagsausschusses für Kulturpolitik und Publizistik.
8. John Marshall (1755–1835), amerikanischer Jurist, von 1801 bis 1835 oberster Bundesrichter.

GÜNTER GRASS

geb. 1927

Der international bekannte Romancier, am 16. Oktober 1927 in Danzig geboren, studierte an den Kunstakademien Düsseldorf und Berlin, wo er seit 1956 als freier Schriftsteller, Maler und Graphiker lebt. Der rhetorische Einsatz läßt sich schon bei seinem ersten Roman, der »Blechtrommel« (1959), konstatieren. Mühelos hat ihn inzwischen der Schriftsteller Grass auf seine politischen Äußerungen übertragen. Über seine Wahlreden und politische Aktivität zwischen 1965 und 1967 bemerkte er rückblickend: »Ich habe Reden gehalten, Briefe geschrieben, das Land auf und ab bereist. Mein Teil war es, auszusprechen, zu irren, zu verlieren, neu anzusetzen. Das Ziel meiner Bemühungen hieß: Skepsis, Kritik und tätige politische Unruhe gegen Beschwichtigungen, Sicherheitsversprechen und Verfassungsbruch zu setzen. Mir kam und kommt es darauf an, diese kritische politisch-tätige Unruhe in die Sozialdemokratische Partei Deutschlands hineinzutragen, damit Kritik nicht Selbstzweck wird und teilhat am allgemeinen Stillstand, sondern Veränderungen bewirkt.«

Ein Exempel für seinen argumentierenden, aber auch suggestive Mittel nicht verschmähenden, häufig listig auf Pointen hinarbeitenden Redestil liefert die hier vorgelegte Rede, die Grass anläßlich einer Tagung der Gruppe 47 in Princeton im April 1966 gehalten hat. Er beleuchtet kritisch das Verhalten der Schriftsteller in der Gesellschaft, indem er die Illusion, die Wunschvorstellung mit der nüchternen Realität konfrontiert, und faßt sein politisches Bekenntnis in diese Sentenz: »Seien wir uns dessen bewußt: das Gedicht kennt keine Kompromisse; wir aber leben von Kompromissen. Wer diese Spannung tätig aushält, ist ein Narr und ändert die Welt.«

Vom mangelnden Selbstvertrauen
der schreibenden Hofnarren
unter Berücksichtigung nicht vorhandener Höfe

Denn fremd und selten genug stehen sie sich gegenüber: die übermüdeten Politiker und die unsicheren Schriftsteller mit ihren rasch formulierten Forderungen, die immer schon morgen erfüllt sein wollen. Welcher Terminkalender erlaubte den Mächtigen auf Zeit, Hof zu halten, utopischen Rat einzuholen oder sich, närrischen Utopien lauschend, vom kompromißreichen Alltag zu erholen? Gewiß, es gab die schon legendäre Kennedy-Periode; ein Willy Brandt hört bis heutzutage erschöpft und angestrengt aufmerksam zu, wenn Schriftsteller ihm Fehler von einst aufrechnen oder düster von zukünftigen Niederlagen unken. Beide Beispiele sind mager und beweisen allenfalls, es gibt keine Höfe und also keine Berater und Narren. Doch, wie zum Spaß angenommen: es gibt ihn, den schreibenden Hofnarr, der gern bei Hofe oder in irgendeinem Außenministerium persönlicher Berater sein möchte; und angenommen, es gibt ihn nicht: der schreibende Hofnarr ist vielmehr die Erfindung eines seriösen und langsam arbeitenden Schriftstellers, der sich in Gesellschaft fürchtet, als schreibender Hofnarr verkannt zu werden, nur weil er seinem Bürgermeister ein paar Ratschläge gegeben hat, die nicht befolgt wurden; und beides angenommen: es gibt ihn und gibt ihn nicht, gibt ihn als Fiktion und also wirklich: ist er der Rede wert, der schreibende Hofnarr?

Shakespeares und Velasquez'[1] närrisches Personal musternd, also das Barock und seine zwergenhafte Machtkomponente betrachtend, – denn Narren haben ein Verhältnis zur Macht, Schriftsteller selten – rückblickend also wünschte ich, es gäbe ihn, den schreibenden Hofnarr; und ich kenne eine Reihe Schriftsteller, die das Zeug hätten, diesen, wie die Geschichte beweist, politischen Hofdienst abzuleisten. Nur sind sie allzu genierlich. Wie etwa einer Raumpflegerin das Wort »Putzfrau« nicht paßt, paßt ihnen der Titel »Narr« nicht. Narr ist nicht genug. Simpel als Schriftsteller wollen sie steuerlich veranlagt werden; und selbst hoch hinaus will niemand greifen und »Dichter« genannt werden. Die selbstgewählte gutbürgerliche, also mittlere Position erlaubt, angesichts der unbürgerlichen Asozialen, also der Narren und Dichter, die Nase zu rümpfen. Wenn immer die Gesellschaft Narren und Dichter fordert, – und die Gesellschaft weiß, was ihr fehlt und schmeckt, – wenn immer, in Deutschland zum Beispiel, ein Lyriker oder Erzähler anläßlich einer öffentlichen Diskussion von einer alten Dame oder von einem noch jungen Mann als »Dichter« angesprochen wird, beeilt sich der Lyriker oder Erzähler – der Vortragende eingeschlossen – bescheiden darauf hinzuweisen, daß er Wert darauf lege, Schriftsteller genannt zu werden. Kleine verlegene Sätze unterstreichen diese Demut: »Ich übe mein Handwerk aus, wie jeder Schuster es tut.« – »Sieben Stunden lang arbeite ich jeden Tag mit der Sprache, wie andere brave Leut' sieben Stunden lang Ziegel setzen.« – Und je nach Stimmlage und östlicher wie westlicher Ideologie verteilt: »Parteilich nehme ich meinen Platz ein in der sozialistischen Gesellschaft; ich bejahe die pluralistische Gesellschaft und zahle Steuern als Bürger unter Bürgern.«

Wahrscheinlich ist diese manierliche Haltung, dieser Gestus des Sichkleinmachens, zum Teil eine Reaktion auf den Geniekult des 19. Jahrhunderts, der in Deutschland, bis in den Expressionismus hinein, seine streng riechenden Treibhauspflanzen hat gedeihen lassen. Wer will schon ein Stefan George sein und mit glutäugigen Jüngern umherlaufen? Wer schlägt die Ratschläge seines Arztes in den Wind und lebt wie Rimbaud heftig konzentriert und ohne Lebensversicherung dahin? Wer scheut nicht dieses allmorgendliche Treppensteigen hinauf zum Olymp, diese Gymnastik, der sich Gerhart Hauptmann noch unterwarf, diesen Kraftakt, den selbst Thomas Mann – und sei es, um ihn zu ironisieren – bis ins Greisenalter vollbrachte?

Modern angepaßt leben wir heute. Kein Rilke turnt mehr vor

Spiegeln; Narziß hat die Soziologie entdeckt. Genie ist nicht, und Narr darf nicht sein, weil der Narr ein umgestülptes Genie ist und allzu genialisch. Da sitzt er also, der domestizierte Schriftsteller, und fürchtet sich bis zum Einschlafen vor Musen und Lorbeer. Seine Ängste sind Legion. Wiederholen wir: die Angst, Dichter genannt zu werden. Und die Angst, mißverstanden zu werden. Die Angst, nicht ernst genommen zu werden. Die Angst zu unterhalten, d. h. genossen zu werden: eine in Deutschland erfundene und mittlerweile auch in anderen Ländern wuchernde Angst, Lukullisches von sich gegeben zu haben. Denn wenn der Schriftsteller auch ängstlich bedacht ist, Teil der Gesellschaft zu sein, legt er doch Wert darauf, diese Gesellschaft nach seiner Fiktion zu formen, wobei er der Fiktion als etwas Dichterisch-Närrischem von vornherein mißtraut; vom »Nouveau Roman« bis zum »Sozialistischen Realismus« ist man, von Sekundärchören unterstützt, redlich strebend bemüht, mehr zu bieten als bloße Fiktion. Er, der Schriftsteller, der kein Dichter sein mag, mißtraut seinen eigenen Kunststücken. Und Narren, die ihren Zirkus verleugnen, sind wenig komisch.

Ist ein Schimmel mehr Schimmel, wenn wir ihn »weiß« nennen? Und ist ein Schriftsteller, der sich »engagiert« nennt, ein weißer Schimmel? Wir haben es erlebt: er, weit weg vom Dichter und vom Narren und mit der adjektivlosen Berufsbezeichnung nicht zufrieden, nennt und läßt sich »engagierter« Schriftsteller nennen, was mich immer – man verzeihe mir – an »Hofkonditor« oder »katholischer Radfahrer« erinnert. Von vornherein, und das heißt, bevor er den Bogen in die Maschine spannt, schreibt der engagierte Schriftsteller nicht Romane, Gedichte und Komödien, sondern »engagierte Literatur«. Kein Wunder, wenn es angesichts solch deutlich firmierter Literatur daneben, darunter und darüber nur noch nichtengagierte Literatur geben soll. Der nicht unerhebliche Rest wird als l'art pour l'art diffamiert. Falscher Beifall von rechts ködert falschen Beifall von links, und die Angst vor dem Beifall der jeweils falschen Seite läßt, gleich dreimal gestützten Zimmerlinden, die Hoffnung grünen, es gäbe ihn, Vorhang auf Vorhang, den Beifall der richtigen Seite. Solch wirre und angstverquälte Berufsverhältnisse lassen die Manifeste sprießen und absorbieren, an Stelle von Angstschweiß, Bekenntnisse. Wenn, zum Beispiel, Peter Weiss, der doch immerhin das Buch »Der Schatten des Körpers des Kutschers« geschrieben hat, plötzlich erkennt, er sei ein »humanistischer Schriftsteller«, wenn also ein mit allen Sprachwässerlein gewaschener Dichter und Poet dazu nicht bemerkt, daß dieses Adjektiv als Lückenbüßer schon zu Stalins Zeiten verhunzt worden ist, wird die Farce vom engagiert-humanistischen Schriftsteller bühnenwirksam. Wäre er doch lieber der Narr, der er ist.

Sie werden bemerken, daß ich mich ganz und gar provinziell an deutsche Verhältnisse klammere, also einen Mief bewege, an dem ich Anteil habe. Dennoch vertraue ich darauf, daß es auch in den Vereinigten Staaten von Amerika Dichter, Schriftsteller, engagierte und humanistische, und den rasch diffamierten Rest gibt, womöglich sogar schreibende Narren; denn dieses Thema wurde mir hierzulande gestellt: Persönlicher Berater oder Hofnarr.

Das »oder« mag wohl bedeuten, daß der Hofnarr niemals persönlicher Berater sein kann, und daß der persönliche Berater sich auf keinen Fall als Hofnarr fühlen sollte, wohl mehr als engagierter Schriftsteller. Er, der große Wissende, er, dem die Finanzreform kein böhmisches Dorf ist, er, dem Streit der Parteien und Fraktionen enthoben, er spricht jeweils das letzte beratende Wort. Nach jahrhundertelanger Feindschaft versöhnen sich die fiktiven Gegensätze. Geist und Macht wandeln Händchen in Händchen, etwa dergestalt: Nach vielen schlaflosen Nächten ruft der Bundeskanzler den Schriftsteller Heinrich Böll in seinen Kanzler-Bungalow. Wortlos, vorerst, nimmt der engagierte Schriftsteller Anteil an den Sorgen des Kanzlers, um dann, sobald der Kanzler in seinen Sessel zurücksinkt, knapp und unwiderstehlich zu beraten. Nach der Beratung federt der Bundeskanzler erlöst aus seinem Sessel, schon bereit, den engagierten Schriftsteller zu umarmen; doch dieser gibt sich abweisend. Er will ja kein Hofnarr werden und ermahnt den Kanzler, Schriftstellers Rat in Kanzlers Tat umzusetzen. Die verblüffte Welt erfährt am nächsten Tag, Bundeskanzler Erhard habe sich entschlossen, die Bundeswehr abzumustern, die DDR und die Oder-Neiße-Linie anzuerkennen und alle Kapitalisten zu enteignen.

Von solchem Erfolg ermuntert, reist der humanistische Schriftsteller Peter Weiss, von Schweden kommend, in die soeben anerkannte DDR ein und meldet seinen Besuch beim Staatsratsvorsitzenden, Walter Ulbricht, an. Dieser, wie Ludwig Erhard um guten Rat verlegen, empfängt den humanistischen Schriftsteller sogleich. Rat wird erteilt, Umarmung abgelehnt, Rat wird in Tat umgesetzt; und am nächsten Tag erfährt die verblüffte Welt, daß der Staatsratsvorsitzende den Schießbefehl an den Grenzen seines Staates annulliert und die politischen Abteilungen aller Gefängnisse und Zuchthäuser in volkseigene Kindergärten verwandelt habe. So beraten, entschuldigt sich der Staatsratsvorsitzende bei dem Dichter und Liedersänger Wolf Biermann und bittet ihn, mit lustigen und frechen Reimen seine, des Staatsratsvorsitzenden, stalinistische Vergangenheit zu zersingen.

Mit solch gewaltigen Leistungen können natürlich Hofnarren, sollte es sie geben, nicht konkurrieren. Habe ich übertrieben? Natürlich habe ich übertrieben. Doch wenn ich an die Wünsche und oft genug halblaut gemurmelten Wünsche engagierter und humanistischer Schriftsteller denke, habe ich gar nicht so sehr übertrieben. Auch fällt es mir leicht, mich in meinen schwächsten Momenten in ähnlich wohlgemeinter, also engagierter und humanistischer Weise agieren zu sehen: Nach verlorener Bundestagswahl ruft der Kanzlerkandidat der Opposition ratlos den hier vortragenden Schriftsteller zu sich. Dieser hört zu, erteilt Rat, läßt sich nicht umarmen; und am nächsten Tag erfährt die verblüffte Welt, daß die Sozialdemokraten das Godesberger Programm vom Tisch gefegt haben und an seine Stelle ein Manifest setzten, das scharf, funkelnd und endlich wieder revolutionär die Arbeiterklasse ermuntert, Ballonmützen aufzusetzen. Nein, es kommt nicht zur Revolution, denn bei aller Schärfe ist dieses Manifest so sachlich, daß weder Kirche noch Kapital sich den Argumenten verschließen können. Kampflos wird den Sozialdemokraten die Regierung übertragen usw. usw. Ähnliche Wünsche und Leistungen, nehme ich an, ließen sich auch in den Vereinigten Staaten von Amerika realisieren, wenn z. B. Präsident Johnson meinen Vorredner, Allen Ginsberg², zu Rate zöge.

Diese kurzatmigen Utopien finden nicht statt, die Realität spricht anders. Es gibt keine persönlichen Berater, es gibt keine Hofnarren. Ich sehe nur – und mich eingeschlossen – verwirrte, am eigenen Handwerk zweifelnde Schriftsteller und Dichter, welche die winzigen Möglichkeiten zwar nicht beratend, aber handelnd auf die uns anvertraute Gegenwart einzuwirken, wahrnehmen oder nicht wahrnehmen oder halbwegs wahrnehmen. Dieser in sich gemusterten, von Ehrgeiz, Neurosen und Ehekrisen geschüttelten Vielgestalt gegenüber hat es keinen Sinn, pauschal vom Verhalten der Schriftsteller in der Gesellschaft zu sprechen. Hofnarr oder persönlicher Berater, beide sind Strichmännchen, wie sie auf den Notizblöcken gelangweilter Diskussionsredner entstehen. Dennoch wird mit ihnen ein Kult betrieben, der, zumal in Deutschland, beinahe sakral anmutet. Studenten, Gewerkschaftsjugend, Evangelische Jugend, Oberschüler und Pfadfinder, schlagende und nichtschlagende Verbindungen, sie alle werden nicht müde, zu Diskussionen aufzurufen, in denen es um die vielvariierte Frage geht: »Soll sich der Schriftsteller engagieren?« – »Wie weit darf sich ein Schriftsteller engagieren?« – »Ist der Schriftsteller das Gewissen der Nation?« Sogar erklärte Literaturliebhaber und leidenschaftliche Kritiker wie Marcel Reich-Ranicki, den wir heute noch hören dürfen, werden nicht müde, die Schriftsteller zu Protesten, Erklärungen und Bekenntnissen aufzurufen. Nicht etwa, daß man von ihnen verlangt, sie sollten angesichts Parteien Partei ergreifen, etwa für

Günter Grass

oder gegen die Sozialdemokraten sein, nein, aus Schriftstellers
Sicht, gewissermaßen als verschämte Elite, soll protestiert, der
Krieg verdammt, der Frieden gelobt und edle Gesinnung gezeigt werden. Dabei lehrt einige Branchenkenntnis, daß
Schriftsteller exzentrische Einzelwesen sind, auch wenn sie sich
auf Tagungen zusammenrotten. Zwar kenne ich viele, die mit
rührender Anhänglichkeit die revolutionären Erbstücke hüten
und also den Kommunismus, dieses weinrote Plüschsofa mit
seinen durchgesessenen Sprungfedern, für nachmittägliche
Träumereien benutzen, aber auch sie, die Progressiv-Konser-
vativen, sind aufgespalten in Ein-Mann-Fraktionen, und jeder liest seinen eigenen Marx. Andere hinwiederum mobili-
siert kurzfristig der tägliche Blick in die Zeitung und das Entsetzen beim Frühstück: »Man müßte was tun, man müßte was
tun!« Wenn es der Ohnmacht an Witz mangelt, wird sie weh-
leidig. Dabei gibt es die Menge zu tun und mehr, als sich in
Manifesten und Protesten ausdrücken läßt. Und es gibt auch
die Menge Schriftsteller, bekannte und unbekannte, die, weit
entfernt von der Anmaßung »Gewissen der Nation« sein zu
wollen, gelegentlich ihren Schreibtisch umwerfen – und demokratischen Kleinkram betreiben. Das aber heißt: Kompromisse anstreben. Seien wir uns dessen bewußt: das Gedicht
kennt keine Kompromisse; wir aber leben von Kompromissen. Wer diese Spannung tätig aushält, ist ein Narr und ändert
die Welt.

Quelle: Günter Grass, Über das Selbstverständliche. Reden – Aufsätze –
Offene Briefe – Kommentare. Neuwied u. Berlin: Luchterhand 1968.
S. 105–112.

Anmerkungen

1. Diego de Velasquez (1599–1660), spanischer Maler, malte seit Ende der
   dreißiger Jahre mit besonderer Vorliebe die am Hofe lebenden Narren
   und Zwerge.
2. amerikanischer Lyriker (geb. 1926), führender Vertreter der Beat-
   Generation, gesellschaftskritische Arbeiten.

ERNST BLOCH

geb. 1885

Der originelle, am 8. Juli 1885 in Ludwigshafen geborene Philosoph studierte neben seinem Fachgebiet auch Musik und Physik, promovierte 1908 bei Oswald Külpe mit einer Dissertation über den Neukantianer Heinrich Rickert. Er hörte bei Georg Simmel in Berlin, bei Max Weber in Heidelberg, kam dort in Berührung mit Karl Jaspers und lernte vor allem den späteren Freund Georg Lukács kennen. Bloch lebte längere Zeit als Privatgelehrter, Journalist und freier Schriftsteller in München, Bern und Berlin, wo er unter anderem mit Brecht, Weill und dem jungen Adorno in Kontakt stand. Vor den Nationalsozialisten floh er 1933 ins Ausland; über die Stationen Zürich, Paris und Prag gelangte er 1938 schließlich nach Amerika. Hier gründete er mit Döblin, Feuchtwanger, Heinrich Mann, Brecht den Aurora Verlag und begann mit der Arbeit an seinem Hauptwerk »Das Prinzip Hoffnung«. 1948 nahm er den Ruf der Universität Leipzig an, wo er bis zu seiner Zwangsemeritierung im März 1957 Philosophie lehrte. Seit 1961 lebt er als Professor für Philosophie in Tübingen.
Ernst Bloch gehört wie Nietzsche in die nicht gerade zahlreiche Reihe der sprachgewandten deutschen Philosophen. Er ist außerdem ein Redner, der sein Publikum für seine Ideen und Gedanken einzunehmen weiß. Die Ansprache »Widerstand und Friede« hat Bloch anläßlich der Verleihung des Friedenspreises des Deutschen Buchhandels im Oktober 1967 in Frankfurt a. M. gehalten. Im Stil dieser Ansprache mischen sich Elemente der akademischen Rede mit solchen der Predigt (wie Bloch überhaupt gleich dem von ihm als »Theologe der Revolution« vorgestellten Thomas Müntzer gerne die revolutionären Inhalte der biblischen Tradition zitiert), und er bildet bis in die Sprachfiguren das zentrale Thema des Philosophen ab: die Dialektik der Hoffnung.

Widerstand und Friede

Nur sanft sein, heißt noch nicht gut sein. Und die vielen Schwächlinge, die wir haben, sind noch nicht friedlich. Sie sind es nur im billigen, schlechten Sinn des Worts, sind es allzu leicht. Ja, als kleine Kinder ließen sie sich nichts gefallen, diese begehren auf, daß man wunder meint, was es derart mit uns auf sich habe. Aber danach kamen auf zehn Aufstände tausend Kriege, und die Opfer blieben brav. Daneben überall die vielen Duckmäuser, sagen nicht so und nicht so, damit es nachher nicht heißt, sie hätten so oder so gesagt. Leicht gibt sich bereits als friedlich, was mehr feig und verkrochen ist.

So hat man jedenfalls nicht gewettet, wenn man auf ruhige Luft setzt. Ja, auch was lange und duckmäuserisch beim Ofen sitzt, konnte und kann zu den Hunden gehören, die besonders leicht hinter dem Ofen hervorzulocken sind. Der verdrückte Kleinbürger hat gezeigt, in seinem Ernstfall, wie pazifistisch er sein kann. Und auch vorher, selbst außerhalb dessen gibt es einen schmierigen Frieden, nicht nur einen schmutzigen Krieg. Ebensowenig, selbstredend, stimmte es bei der anderen, der jeweils herrschenden Seite, wenn sie sich als ruhesam, diesesfalls als rein defensiv ausgab. So auch als Polizei liebend gern ein Freund des Publikums, selber ohne Tadel, ein guter Vater des reibungslosen Verkehrs. Um so ausschließlich die nicht so rechten, also linken Leute, die auf dieser Seite sich auflehnenden als gewalttätig auszugeben. Nur sie begehen dann Landfriedensbruch, sozusagen primär, erscheinen allein als gewalttätig. Gleich wie wenn auch in ruhigen Zeiten, wenn der Knüppel noch unbewegt im verdeckenden Sack bleibt, das Vater-Ich eine Bergpredigt wäre. Ungewalttätig durchaus, es sei denn, Gewalt werde ihm geradezu aufgezwungen, eine bloße Repression gegen die allein angreifende Opposition. Doch hat bereits Thomas Müntzer gesagt, als er das Gewaltrecht des Guten verteidigte: »Unsere Herren machen es selber, daß der gemeine Mann ihnen feind wird und sich empört und das heißen sie dann Aufruhr. Wohlan, ich will aufrührerisch sein«, und wies auf die Wechsler im Tempel hin oder was ihnen hernach von berufener Stelle geschah. Allerdings: »Leid, Leid; Kreuz, Kreuz ist des Christen Teil«, hatte Luther dagegen gesagt, er bezog das aber, als ob sie keine Christen wären, durchaus nicht auf die Fürsten und Herren von damals. Denen sei ja eben zur puren Repression des »Herrn Omnes« das Schwert von oben her gegeben: für die Mühseligen und Beladenen, die Erniedrigten und Beleidigten blieb dann nur noch, als fehlte ihnen beides, die »Geduld des Kreuzes«. Als ob sie nicht schon genug Geduld nötig hätten. Und was oben losgeht, das ist nicht etwa Gewalt, das ist Repression der Sünde, die wird zurückgedrängt – also Folter, Inquisition, Zuchthäuser, Rädern von unten herauf, Verbrennungen, Todesstrafen für Holzdiebstahl – alles ist nichts weiter als kleine Repressionen für die Sünden. Indes, es erhellt: wie friedlicher Wandel ein anderes als der von Filzpantoffeln ist oder auf ihnen, so ist umgekehrt Kampf fürs Gute nicht von dergleichen Art Gewalt wie die des Kriegs und seiner Herrschaft. Als häufiges Gemisch von Limonade und Phrase wäre Pazifismus nicht das, was er für viele Demokraten zu sein hat: Widerstand der sozial-humanen Vernunft, aktiv, ohne Ausrede.

Um dazu nicht entmannt zu sein, muß zwischen Kampf und Krieg dringend unterschieden werden. Ersterer ist als sozialer auf absehbare Zeit nolens volens geburtshelferisch, will mit fälliger Frucht an den Tag. Er reicht vom Streik bis zu Umwälzungen, von denen die folgenreichste die bürgerliche war, die antifeudale Befreiung. Ihr Kampf war freilich weder in der englischen noch amerikanischen noch französischen Revolution ein abstrakter Putsch noch eine Fetischisierung des Kampfs selber, die dann permanente Revolution hieße. Mithin dieser Kampf, der nicht erst bei Jesus in der Bibel vorgeht, dieser Kampf, wie ja bekannt, begann in den Sklavenaufständen des Altertums, in den Sklaven-, Bauern- und Leibeigenenbewegungen des Mittelalters, in der englischen, der amerikanischen, der französischen, der russischen Revolution,

eine ganze, wenn es paradox zu sagen erlaubt wäre, Adels-
kette revolutionärer Überlieferung, die ebenfalls durch die
Menschheit geht und nicht betont wurde. Also der rote Faden
buchstäblich, der die menschliche Geschichte durchzieht. Der
Kampf ging ja zu einem großen Teil *gegen* die Kriegsmittel
und Machtmittel des Kriegs, die gegen die Armen und Unterdrückten aufgerufen und aufgeboten worden sind. Mittels des
Kampfs, durch ihn hindurch soll ja seine Frucht gerade als
Ende, als Gewinn des Kampf-Widerstandes, hergestellt werden, das ist: als sozialer Friede. Vor allem der russische Re-
volutionskampf war nirgends erobernd wie ein Krieg, sondern eben nur geburtshelferisch für jene nicht mehr antagoni-
stische Gesellschaft abgezielt, womit die alte schwanger ist.
Sehr früh wurde diese menschenfreundliche Art des Kampfes
gefeiert, vordem bis heute. Auch sie ist ehrwürdig, nicht nur
Nimrod, der die Menschen »zuerst mit Mein und Dein über-
mocht«, der starke Jäger, hat seine Tradition. Die starke andere beginnt beim ältesten biblischen Propheten, bei Amos um
800 v. Chr. sogleich mit Feuer und Regenbogen. »Darum
(Amos 2,6; 5,24), daß sie die Gerechten um Geld und die
Armen um ein Paar Schuhe verkaufen... Es soll aber das
Recht offenbart werden und die Gerechtigkeit wie ein starker
Strom.« Auch Jesaja hält es in diesen beiden Punkten nicht
viel anders, wie denn fast alle Propheten, um keines Kirchhoffriedens willen, gegen die Ahabs und Isabels aufgestanden
sind. Das sind alte Geschichten, samt den Schwertern, die zu
Pflugscharen, den Lanzen, die zu Sicheln werden; »und wird«,
sagt Jesaja 2,4, »kein Volk wider das andere ein Schwert aufheben und werden hinfort nicht mehr Krieg lernen«. Alte Geschichten, aber zu einem Leben hin, »wo die Tyrannen ein
Ende haben und der Gerechtigkeit Frucht Friede sein, wo
niemand schreckt«. Alte Geschichten gewiß, doch die Verhältnisse sind nicht so, daß dergleichen nicht als fast völlig unabgegolten aus der Zukunft her, aus einem Kampf um die Zukunft heftig postuliert. Ersichtlich bleibt hier ein sehr früher
riesiger Resonanzboden, auch für verhinderte Marxleser, ein

Plus für den Kampf um echten sozialen Frieden aus Aufklärung. Vor allem aber wirkt das aufreizende Jesuswort darin: »Ich bin gekommen, daß ich ein Feuer entzünde auf Erden, was wollte ich lieber, es brennte schon« (Luk. 12,49), ein Kampffeuer für die Mühseligen und Beladenen, ohne Frieden »mit Belial und seinem Reich«. Hat den wenig profithaften Ruf in sich: »Was ihr dem geringsten meiner Brüder tut, habt ihr mir getan«; reeller Kampf für den Frieden, ist ebenso unverwechselbar, in seinem ganz unwölfischen, einzig moralischen Widerstandsrecht, vom Krieg toto coelo verschieden. Auch vom Defensivkrieg, praktisch schon deshalb, weil mindestens zwischen den hochgerüsteten Großstaaten keiner zu den Frömmsten gehört, die nicht in Frieden leben können, wenn es dem bösen Nachbarn nicht gefällt. Und wenn eine Kirche bisher auf beiden Großseiten die Waffen gesegnet hat, auch die der Nazis, also echtesten Krieges, so war es von da zu den Pforten der Hölle schließlich nicht weit. Einleuchtend weit aber vom Kampf dagegen; als welcher eben in Gesellschaften, die sich seit dem alten Amos nicht so grundlegend geändert haben, die Befreiung aus Krieg und Furcht nicht von jenen Mächten erwartet, die diese Furcht erst erzeugt haben und erzeugen. Auch das, erst recht das ist dann ein »Wort zum Sonntag«, an dem die Herren unserer Welt, von den Kreuzigungen bis Auschwitz, den Autodafés bis Vietnam, ja durchaus nicht ruhen. Es muß ihnen zur Ruhe verholfen werden.

Die neuerdings bittersten Sätze gegen den Krieg hat Kant geschrieben, erfolglos wie gleichfalls bekannt. Desto richtender, fordernder, stehen sie vor uns, in einer noch dickeren Luft, nun über die ganze Erde gespannt. Wobei erst recht der Unterschied, der vielleicht doch rettende, zwischen Kampf, nämlich dem freizügigsten damals, und den Machtkriegen durchgreift. So wenn der unbedingte Antibellist Kant so ganz andere Worte und Weisen über das damalige französische Ereignis findet als über jeden Krieg, ausnahmslos. Im *Streit der Fakultäten* sagt Kant über sein Preußen und was damit nicht nur feudal zusammenhängt: »Denn für die Allgewalt der Natur oder vielmehr ihrer uns unerreichbaren obersten Ursache ist der Mensch nur eine Kleinigkeit. Daß ihn aber auch die Herrscher von seiner eigenen Gattung dafür nehmen und als eine solche behandeln, indem sie ihn teils tierisch, als bloßes Werkzeug ihrer Absichten belasten, teils in ihren Streitigkeiten gegeneinander aufstellen, um sie schlachten zu lassen – das ist keine Kleinigkeit, sondern Umkehrung des Endzwecks der Schöpfung selbst.« Die gleiche Schrift aber sagt über das Gewaltrecht des Guten in der Französischen Revolution folgende, an dem radikalen Pazifisten Kant nicht weniger unvergeßliche Sätze, noch 1798: »Die Revolution eines geistreichen Volks, die wir in unseren Tagen haben vor sich gehen sehen, mag gelingen oder scheitern; sie mag mit Elend und Greueltaten dermaßen angefüllt sein, daß ein wohldenkender Mensch sie, wenn er sie zum zweiten Male unternehmend, glücklich auszuführen hoffen könnte, doch das Experiment auf solche Kosten zu machen nie beschließen würde – diese Revolution, sage ich, findet doch in den Gemütern aller Zuschauer (die nicht selbst in diesem Spiele mit verwickelt sind) eine Teilnehmung dem Wunsche nach, die nahe an Enthusiasmus grenzt, und deren Äußerung selbst mit Gefahr verbunden war, die also keine andere als eine moralische Anlage im Menschengeschlecht zur Ursache haben kann.« Die Differenz zur Beurteilung der Machtkriege liegt auf der Hand, und die sogenannten Befreiungskriege? – gegen deren Früchte wurde 1848 genau in der Paulskirche abzurechnen versucht. Wohl aber gibt es eine Verbindung des kategorischen Imperativs mit der Erstürmung der Bastille; beim gleichen Kant, der das Gewalttätige am Krieg durchaus nicht als bloßen Schönheitsfehler beurteilte und dieses selber am wenigsten aus moralischer Anlage hervorkommen ließ. Vielmehr ist bereits im Titel Kants Entwurf *Zum ewigen Frieden* auf eine internationale Kodifizierung von Nicht-Krieg gerichtet, worin auch bei weniger moralischer Anlage der Herrschenden die Politik keinen Schritt tun könnte, ohne zuvor der Moral gehuldigt zu haben. Das war rebus sic stantibus eine noch

abstrakte Utopie (trotz wie wegen des erstmaligen Vorschlags
eines Völkerbunds in dieser Schrift); es fehlt noch die ökonomische Analyse des Kriegtreibenden. Doch dafür fehlt die andere Denunzierung, auch Adresse nicht, nämlich die mit Ökonomischem nicht ganz erschöpfte Macht. Fast als ein vor, gar
in dem Kriegsfall Regierendes an-Sich, ob mit oder auch ohne
namentlichen Thron. Derart befindet der Entwurf *Zum ewi-*
gen Frieden, um seinetwillen: »Daß Könige philosophieren
oder Philosophen Könige werden, ist nicht zu erwarten, aber
auch nicht zu wünschen; weil der Besitz der Macht das freie
Urteil von Vernunft unvermeidlich verdirbt.« Noch über den
Krieg (der ultima ratio regis) hinaus wird hier von Gewalt als
einem persönlichen oder auch amtlichen Besitz gesprochen,
einem sich weiterhin einer ganzen eigenen Schicht von Hof-
schranzen oder von Bürokratie mitteilenden, welcher bei sich
selber das freie Urteil der Vernunft verdirbt, am erwünschten
Hammelvolk darunter autoritär hindert. An dieser Stelle besonders läßt Kant die rein ökonomischen Kriegsursachen aus,
doch diesenfalls mit einem gerade heute bemerkenswertem
Grimm: er denunziert noch einen anderen Faktor, den ver-
dinglichter Herrschaft *als solcher.* Zweifellos, ohne die miteinander streitenden Profitinteressen hätte es mindestens
keine Initialzündung zu modernen Kriegen gegeben. Auch
setzten sich mindestens in der Neuzeit, trotz dem ideologischen Gewäsch, Kriegsziele von eindeutig ökonomisch schluk-
kender Art. Trotzdem trifft die Kantische Denunzierung des
Gewalt-Besitzes, als eines gegebenenfalls auch ökonomisch un-
sinnigen oder unsinnig werdenden Faktors, jenes erzbellikose
Motiv, das zum ökonomischen hinzukommt, es sogar institutionell überholen kann. So unvernunfthaft, daß dann verbis-
sen kriegführende Macht dessen, was sich als Militarismus ver-
selbständigt hat, Ökonomisches eher als Ideologie denn als
Unterbau in sich haben mag. Paradox genug, wie die Macht
schmeckt, wie sie unvernünftig, also doppelt gefährlich werden kann; indes Marx hätte geradezu heutzutage die Kantische Warnung kaum übersehen. Um des Friedens willen, der

nicht aus purem Profittrieb, sondern aus der daraus entspringenden reinen Machthaberei beschädigt ist. Wozu uns im ersten und zweiten Weltkrieg Deutschlands, dann im so viel kleineren, doch konzentriert entsetzlichen Amoklauf Vietnam ein genügend absurdes Exempel anblickt. Verdinglichte Macht, gar mit dem bekannten Druck auf den Knopf, verdient mehr als je die Bitterkeit, womit Kant über einen Hauptfaktor geschrieben, der die Vernunft verdirbt, noch über den bloßen Geschäften des Herrn Julius Caesar.

Um auf vielfach anderes zu kommen, hat Kant auch an einer lange unerwarteten Stelle nicht recht? Einen inneren, keinen äußeren Krieg angehend, erbarmungslos Feinde erfindend, brauchend; das nicht nur durch einen Alleinherrscher, wie er immer um seiner selbst willen da ist. Sondern auch die Macht besonderer Bürokratie gehört dazu, der Apparatschik als anders herrschende Klasse, eigens verdinglicht. Keine Rede sei freilich davon, daß Diktatur des Proletariats selber zu einer solchen übers Proletariat hinführe, nachdem das Verhältnis Knecht – privater Herr aufgehoben. Jedoch eine Selbstunterhaltung von Macht an sich läßt leicht auch bei Sozialisierung, gar Nationalisierung der Betriebe, ja durchaus mit ihr, den Machtstaat sich erhalten, der am besten die *sozialistische* Vernunft verdirbt. Ist sie doch die geplante Vernunft zum wirklich zwischenmenschlichen Frieden, zu nur noch *nicht*-antagonistischen Widersprüchen, als dem wirklichen Salz des Lebens. Wonach auch, bei ermöglichtem Ende der Klassen, der Herrschaft der Menschen über Menschen, gerade das militante Zentrum der Opposition überflüssig zu werden hätte. Oder wie die sozialistische Vernunft ohne Apparatschiks sagt: »Der Staat stirbt ab, er verwandelt sich aus einer Regierung über Personen in eine Verwaltung von Sachen und Produktionsprozessen.« Das stärkste Machtgift dagegen ist und bleibt aber, nach so viele Jahren, ersichtlich eine auf ihren Stühlen fast für sich etablierte Befehlsgewalt. Dergleichen involviert zwar keinerlei Krieg, wie er die Westtradition der herrschenden Macht begleitet, wohl aber das selbstzweckhaft Gewordene eines verdinglichten Belagerungszustands, kurz jenes Autoritäre, das als solches genau der linken Jugend in der Welt unerträglich geworden ist. Den künftig möglichen Trägern des sozialistischen Friedens also, doch mit Individuum als keiner Strafsache und mit jener wirklichen Solidarität, die nicht nur die Mühseligen und Beladenen zu stillen hätte, sondern im gleichen Zug des endlich aufrechten Gangs die Erniedrigten und Beleidigten zu emanzipieren. »Aufklärung«, sagt Kant unabgegolten, »ist Ausgang des Menschen aus selbstverschuldeter Unmündigkeit«; erst dann werde der befreite Mensch, mit der Gesellschaft des Friedens voll. Womit hörbar zwar noch nicht die ökonomische, wohl aber die mindestens so aktuelle innenpolitische Abhängigkeit getroffen ist; die im Westen keineswegs liberalisierte, im Osten vorerst noch exaggerierte. Wobei genau der junge Marx, in seiner *Einleitung zur Kritik der Hegelschen Rechtsphilosophie*, die eigentlichen Kriegsopfer der Unterdrückung, ja Hierarchie, mit einem gleichsam konkreten Kant ansprach – die Lage der arbeitenden Klasse, aber auch Metternich und den Zarismus meinend. Mit dem von Marx selber so genannten kategorischen Imperativ contra Gewalt: »alle Verhältnisse umzuwerfen, in denen der Mensch ein erniedrigtes, ein geknechtetes, ein verlassenes Wesen ist«. Das ist keinerlei balsamisch geblasener Trompetenton für einen ewigen Frieden mit nichts als Palmenzweigen schon unterwegs. Doch wird selbst die Religion, deren Kritik dem neuen kategorischen Imperativ hier vorhergeht, nicht nur balsamisch gefaßt, als »Opium des Volkes«, sondern ebenso, cum grano Münzerischer Erinnerung, als »Ausdruck des wirklichen Elends«, ja zum Teil als »Protestation gegen das wirkliche Elend«. Sie selber gab sich nicht überall nur als Friede mit dieser Welt, mit imaginärem Heiligenschein um ihr Jammertal. Statt Ketzergeschichte, Sprengung, Vermenschlichung, kein Jammertal lassend, aber auch kein Diesseits als bloße kalte Schulter oder bloß Druck und Stoß. Wonach erst recht der kategorische Imperativ des jungen Marx, um des wirklichen Friedens willen, sein Diesseits nicht als bloße Kahlheit hat: »Die Kritik hat die *imaginären* Blumen an der Kette zerpflückt, nicht damit der Mensch die phantasielose, trostlose Kette trage, sondern damit er die Kette abwerfe und die *lebendige Blume* breche.« Die erbitterten Sätze Kants, mit denen er den Frieden nicht imaginär, sondern so erreichbar wie moralgemäß fassen wollte, gehen dergestalt in unerniedrigter Vernunft weiter. Noch als Utopikum, gewiß – im Hinblick auf Negroes, Vietnam, Sibirien –, es gibt aber, bei Strafe unseres Untergangs, kein fällig interessanteres. Ist es schon zulange verdammt, ein Fernziel zu sein, so bleibt keines auch evidenter als: Friede auf Erden statt bloßer Friedensschlüsse (eigentlich Waffenstillstände), und endlich ein Wohlgefallen.

Nur, trotz allem, es geht kein Tanz vor dem Essen. Den nächsten Schritt zu besorgen, darauf kommt es zuerst und ursächlich an. So sind die damit bedeuteten Nahziele friedensfördernder Art, bis zur gemeinsamen Freiheit *vom* Erwerb statt *des* Erwerbs, nicht überschlagbar. Am wenigsten um damit scheinbar schneller ans Ziel zu kommen, an eine Gesellschaft, wo nicht mehr homo homini lupus zu sein hätte. Gewiß haben nicht nur die schlechten Verhältnisse »den« Menschen »verdorben«, so daß deren Veränderung allein schon reichte. Doch der bekannte Aggressionstrieb, vom individuellen bis zum Kriegsverbrechen tauglich, kann beschäftigungsloser werden, sobald er sich nicht auch lohnt. Sobald die sozialen Anreize zu ihm, die sozialen Prämien und Karrieren durch ihn rein institutionell außer Betrieb sind. Wonach etwa kraft eines ausreichend produzierten gesellschaftlichen Reichtums für alle (was technisch jetzt schon angehen könnte) eine Ausnutzung des Nächsten nicht mehr nützlich wäre. Weshalb auch eine neue Machtklasse auf einem politisch immer leereren, auch anachronistischer werdenden Feld verbliebe. Sozialismus im Westen, Demokratie im Osten machten wohl jede offene wie schlecht versteckte Kommandogewalt über unseren, gar gegen unsere Köpfe so wenig aktuell wie es Reichsäpfel und Erbfolgekriege sind. Zweifellos, die Kategorie Fortschritt steht heute schlecht im Kurs, und sie hat sich ebenso oft blamiert wie sie billig und banal sein konnte. Aber deren selber billige oder umgekehrt Sisyphus bemühende Ablehnung zeigt wie oft nur an, daß kein Engagement für Nahziele wirkte. Oder daß man die Geschichte besonders deshalb als bloßen statischen Dreckhaufen anzusehen beliebte, weil man selber unfähig war, an *Nahzielen* Geschichte zu machen. Als Vermittlung gerade der Fernziele, wie sie am wenigsten vergessen sein dürften, denen genau aber das Fortschrittsdenken, als das durch Nahziele vermittelte Prozeßdenken, Treue hält. Eine Treue, zu der eben auch jener Kantsatz zuständig ist, wonach die Stelle, welche wir in der künftigen, sei es intelligiblen, sei es noch transzendenten Welt einnehmen, sehr wohl durch die Art bestimmt ist, wie wir unseren hiesigen Posten ausgefüllt haben. Und andererseits bewirkt die Besorgung der Nahziele im Fortschritt, also als relative Zwecke in sich selbst, daß nicht die jeweils lebende Generation – »analog« der Verheizung für ein kommandiertes »Kriegsziel« – für Fernziele ganz jenseits unseres kurzen Lebens verheizt werden kann. Damit es wirklich gibt, woran man sich halten kann, muß wohl das Fernziel entwickelt werden wie das Nahziel präpariert, aber so, daß das Nahziel immer in Bezug zum Fernziel steht und das Fernziel im Nahziel anwesend ist. Das andere ist Barbarei und bringt nun den Kampf für Fernziele nicht in eine Antithese zum Frieden, sondern zur Identität mit dem Krieg. Deshalb aber müssen in jedem Nahziel die Fernziele mehr als nur implicite anwesend sein, nämlich über ihre bloße conditio sine qua non hinaus als partizipierbar vorscheinen. Ja, wenn das fälligste Fernziel, also das Utopikum einer Ermöglichung von Platz für realen Humanismus, wenn dieses gesellschaftliche Fernziel nicht den jeweiligen Nahzielen des gesellschaftlichen Fortschritts im Visier ist, dann hört das Nahziel auf, eine Stufe zum Ziel zu bleiben, es wird opportunistisch schwankendes Rohr. Immer wieder hat gerade der Friede, radikal wie kostbar genug gefaßt, das Eigentümliche, daß er beides, Nahziel wie Fernziel in sich benachbart haben muß. Deshalb

ist in ihm zwar jede mörderische Spannung gesetzlich abgeschafft, doch der Friede ist keineswegs ohne neue Spannung,
wenn die bisherigen, die bloß *antagonistischen* Widersprüche
in ihm aufgehoben sind. Friede ist deshalb auch keineswegs,
wie bloßer Nicht-Krieg, die Ruhe als mögliche Schalheit.
Diese Frage wird schon jetzt brennend, hier in der pluralisti-
schen Gesellschaft, drüben in der monolithischen Gesellschaft;
und daß der Sinn des Lebens nicht da ist, zeigt die Langeweile
hier wie dort. Und das Warten auf Godot, es ist immerhin ein
schöner Zug, daß das noch nicht verschwunden ist. Vielmehr:
die Ruhe – dieses tiefste Fernziel im Frieden selber – wird
dann erst das Problem des vollen Beisichseins. Erscheint als
das Problem der noch völlig utopischen Gegenwelt zur Ruhe
des Todes und doch als immer neu versuchtes Lösewort zu
echter, gerade uns selber enthaltender Stille. Friede in solch
höchster Anti-Schalheit hat derart, in seiner eigentümlichen
Transparenz von Nahziel und Fernziel, sogar die am meisten
metaphysische Beziehung des höchsten Guts gefunden; folgerichtig gehört Dona nobis pacem nicht zuletzt hierher. So vieles also hat das Fest des Friedens schon bedeutet, indes es noch
kaum je das Fest eines Kriegsbeginns gab. Inter arma silent
musae, das heißt, die Kriege mögen bisweilen Lokomotiven
der Weltgeschichte sein, aber nur die Werke des Friedens zählen in der Kultur. Desto eigener wirkt seine schwere Geburt
mitsamt der Karikatur des Kirchhoffriedens, bis hin zum ge-
nerellen Atomtod als besonders gründlichem Gestilltsein –
corruptio optimi pessima, auch hier. Dabei gilt doch das so
wenig satanisch wesende Fernziel Friede ebenso in allen So-
zialutopien wie gar »Über allen Gipfeln ist Ruh« im Gedicht
aller höheren Religionen, erst recht aller Tiefe.
Was erst heraufkommt, ist selten schon voll bedingt, gar aus-
gemacht. Seine Ferne ist noch geschehend, also zeitlich, nicht
räumlich, liegt in der Zukunft. Der Inhalt des so Fernen ist
sowohl als ein uns guter wie aber auch als ein uns vernichtender noch im Schwange, unausgetragen unfertig; er kann jedoch, wenn es reifer darin zugeht, in etwas vorbemerkt wer-

den. Als befürchtet Übles, daher tunlichst mit uns zu Verhinderndes, als erhofft Gutes, daher mit uns tunlichst zu Beförderndes. Hoffnung, vor allem Dialektik der Hoffnung hat zum Unterschied vom negativ Kapitulierenden das Stolze und vielsagende Unentsagende, daß sie bekanntlich auch am Grab noch aufgepflanzt werden kann, ja daß sich sogar wider die Hoffnung hoffen läßt. So leicht und wertlos kann sie aber als bloßes wishful thinking auch sein, daß der Satz dann stimmt: Hoffen und Harren macht manchen zum Narren. Denn begriffen vielsagend wird die Hoffnung erst als geprüfte, unabstrakte, dem objektiv-real Möglichen vermittelte. Dergestalt, daß danach gerade auch der Satz stimmt: Eine Landkarte, worauf das Land Utopia fehlt, verdient nicht einmal einen Blick. Am wenigsten wieder hat Kant das verleugnet; sondern in den *Träumen eines Geistersehers* findet sich, wenn auch bei Gelegenheit eines mehr jenseitig metaphysischen Knotens, als unschätzbarer, nun nicht mehr zu übersehender Text: »Ich finde nicht, daß irgendeine Anhänglichkeit oder sonst eine vor der Prüfung eingeschlichene Neigung meinem Gemüte die Lenksamkeit nach allerlei Gründen für oder wider benehme, eine einzige ausgenommen. Die Verstandeswaage ist doch nicht ganz unparteiisch, und ein Arm derselben, welcher die Aufschrift führt: *Hoffnung der Zukunft* (bei Kant gesperrt), hat einen mechanischen Vorteil, welcher macht, daß auch leichte Gründe, welche in die ihm angehörige Schale fallen, die Spekulationen von an sich größerem Gewichte auf der anderen Seite in die Höhe ziehen. Dieses ist die einzige Unrichtigkeit, die ich nicht wohl heben kann und die ich in der Tat auch niemals heben will.« Ein Bekenntnis Kants, mit dem ironisch gebrauchten Wort »Unrichtigkeit«, wobei aber solch bloßer Kantianismus uns hier so wenig angeht, daß der große Satz auch außerhalb Kantianischer Begründung wahr ist, ja den nicht »mechanischen Vorteil« hat, immer wahrer zu werden. Das genau heute bei der schweren Geburt, worin das Licht steht, bei falschem Frieden mit einer Welt bloßer Vorhandenheit; die Weichen müssen neu gestellt werden, die Kraft zur Hoffnung erforscht, so daß die »leichten Gründe«, welche nach der großen Intuition Kants »Spekulationen von an sich größerem Gewicht« zugunsten der Hoffnung in die Höhe ziehen, zweifach sehr viel schwerer werden. Indem das Engagement der Hoffnung erstens nicht mehr abstrakt an den Gang der Ereignisse herangebracht wird, und zweitens die Wissenschaft von der Welt dieser Ereignisse nicht mehr auf einen mechanistischen Sektor beschränkt wird, worin nichts Neues geschieht. Sondern wo die »Anlage zur besseren Zukunft«, als das in ihr noch Ungeschehene, die bloße Abgeschlossenheit einer Fakt- und Mechanismuswelt auch *konstitutiv* »ergänzt«, ja prozeßhaft-dialektisch sprengt. Dann also kann gerade auch die »Unrichtigkeit« von Hoffnung sich umkehren, indem nun die bloße Faktwelt als unrichtig geworden, ja als unwahr erkennbar wird. Ohne appeasement damit, doch voll Allianz mit allem möglicherweise Heilenden, Heilsamen, wie es keinesfalls geworden, doch ebenso noch nicht vereitelt ist. Unzufriedensein, nicht Zufriedenheit, leicht einzuwickelnde, mißt auch der Hoffnung Frieden ihren wahren Rang in dieser Welt.

Denn Wahrheit, dies ernsteste Wort, ist mit dem Vorhandenen nicht erschöpft. Tausend Jahre Unrecht machen keine Stunde Recht, tausendfach reproduzierter Krieg entwertet nicht, was ihn endlich aufheben will und könnte. Item, es gibt noch eine andere Wahrheitsschicht als die bloße kontemplative Anpassung des Gedankens an soziale Tatsachen, und dieser besseren Wahrheit wollen wir auch im Widerstand gegen alles imperiale Unrecht in der Welt gemäß sein, gemäß handeln. Die *Präliminar- und Definitivartikel zum ewigen Frieden* treten so erst nach wahrheitsgemäßer Abschaffung all der hohen Verbrechen in Kraft, die so besonders faktisch sind. Die gegen den Willen fast der ganzen, hierin fast rätselhaft ohnmächtigen Menschheit das Blutvergießen (gar schwach und altmodisch ausgedrückt) als einziges am Leben halten. Daß aber auch der Friede ein anderes als Nicht-Krieg sei und werde, dazu gehört kausale wie erst recht finale Aufklärung ohne Unterlaß, eine solche also, die sich auch gar nicht davor scheut, in die so exakte wie weckende Phantasie zu greifen. Pax vobiscum, das ist bis jetzt nur ein Gruß, bestenfalls ein zwischenmenschliches Portal; wieviel wahrer wäre das als Haus. Und wenn die Verhältnisse die Menschen bilden, so hilft nichts als die Verhältnisse menschlich zu bilden; es lebe die praktische Vernunft.

Quelle: Ernst Bloch, Politische Messungen, Pestzeit, Vormärz. Werkausgabe. Bd. II. Frankfurt a. M.: Suhrkamp 1970. S. 433–445.

HANS MAGNUS ENZENSBERGER

geb. 1929

Der am 11. November 1929 in Kaufbeuren im Allgäu ge-
borene Lyriker, Essayist und Kulturkritiker studierte in Er-
langen, Freiburg, Hamburg und an der Sorbonne Literatur-
wissenschaft, Sprachen und Philosophie. 1955 promovierte er
mit einer Dissertation über Clemens Brentanos Poetik. Von
1955 bis 1957 war er Rundfunkredakteur in Stuttgart; es
folgten Reisen nach USA und Mexiko. Von 1957 bis 1959
lebte er als freier Schriftsteller in Norwegen, 1959/60 in Ita-
lien und 1960/61 als Verlagslektor in Frankfurt a. M. Danach
zog er sich wieder nach Norwegen zurück. 1963 unternahm er
seine erste Reise nach Rußland, 1965 nach Südamerika, 1968
bis 1969 hielt er sich in Cuba auf. Über verschiedene Publika-
tionen und vor allem über seine 1965 gegründete Zeitschrift
»Kursbuch« lieferte Enzensberger der studentischen Protest-
bewegung und der sich um die Mitte der sechziger Jahre kon-
stituierenden Neuen Linken entscheidende Impulse. Seine
Essays und Kommentare sind mit demselben sprachlichen
Raffinement wie seine Lyrik auf öffentliche Wirkung hin ge-
arbeitet. Er beherrscht die verschiedenen Spielarten der Rhe-
torik und weiß sie für seine Zwecke vor allem schriftlich ein-
zusetzen. Die hier abgedruckte Rede hat Enzensberger am
28. Mai 1968 in Frankfurt a. M. gehalten; mit einem Mini-
mum an Vokabeln überredet sie zur Agitation, zur politischen
Handlung.

Notstand

Diese Versammlung, viele liebe bekannte Gesichter, hat einen
Schönheitsfehler. Sie tagt zwar vor der Kamera, aber hinter
verschlossenen Türen. Die Avantgarde im Kampf gegen die
Notstandsgesetze steht draußen. Sie hat nämlich keine Ein-

trittskarten bekommen. Offenbar sollen wir unter uns bleiben. Offenbar will man uns traktieren wie eine Horde von
Geistesfürsten. Offenbar halten uns die Veranstalter für pro-
minent. Offenbar soll hier ein Unterschied gemacht werden
zwischen dem sogenannten Druck der Straße und dem Protest,
der sich im Sperrsitz ein gutes Gewissen macht.

Diese geschlossene Gesellschaft ist die gespensterhafte Karikatur einer andern Honoratioren-Versammlung. In der Frankfurter Paulskirche haben sich 1848 ein paar hundert bürgerliche Professoren, Schriftsteller und Advokaten versammelt.
Es war kein einziger Student und kein einziger Arbeiter dabei.

Sie wissen ja, wie die Geschichte ausgegangen ist. Die Herren
haben im Herbst 48 die Armee rufen und vor den Türen der
Paulskirche auf die gewöhnlichen Leute schießen lassen. Dann
haben sie sich mit der preußischen Reaktion verbündet. Ge-
holfen hat es ihnen wenig; denn am Ende haben die Soldaten
sie zum Dank mit dem blanken Säbel auseinandergetrieben.

Das ist eine lehrreiche Geschichte. Ihre Moral hat der damalige Bundeskanzler, Friedrich Wilhelm IV., unübertrefflich
formuliert. Er sagte nämlich, und damit hat er recht behalten
bis auf den heutigen Tag: »Gegen Demokraten helfen nur
Soldaten.«

Das ist, auf den alten historischen Kern gebracht, der Inhalt
der Notstandsverfassung. Und warum muß erst die Polizei,
und dann der Bundesgrenzschutz, und dann das Militär gegen
Demokraten helfen? Weil die Herrschaft einer winzigen Minderheit, die Herrschaft des Kapitals, mit andern Mitteln nicht
mehr aufrechtzuerhalten ist. Deshalb enterbt das sieche Parlament sich selber; deshalb verkündet das System ganz offen
das Ende seiner Legitimität. Und deshalb hat es keinen
Zweck, wenn die lieben bekannten Kulturpersönlichkeiten
unter sich bleiben und das anmelden, was bekannte Kulturpersönlichkeiten eben anmelden, nämlich Bedenken. Die Notstandsverfassung wird keinen Sperrsitz respektieren. Sie wird
solche Versammlungen wie diese hier mit Tränengas ausein-

andertreiben, wenn es erst soweit ist. Die Kapitalisten und die Partei- und Gewerkschaftsbosse, die uns regieren, werden nicht auf uns hören. Sie werden sich taubstumm stellen, genauso wie De Gaulle und Pompidou, bis wir zusammen mit den Studenten und den Arbeitern auf die Straße gehen und uns ein bißchen deutlicher äußern. Auf der Straße gibt es keine Prominenten mehr, und zum Streik brauchen wir keine Eintrittskarte.

Die Lehre ist klar: Bedenken sind nicht genug, Mißtrauen ist nicht genug, Protest ist nicht genug. Unser Ziel muß sein: Schaffen wir endlich, auch in Deutschland, französische Zustände.

Quelle: Tintenfisch 2. Jahrbuch für Literatur. Hrsg. von Michael Krüger u. Klaus Wagenbach. Berlin: Wagenbach 1969. S. 19 f.

WERNER HEISENBERG

geb. 1901

Der bekannte Physiker und Nobelpreisträger wurde am 5. Dezember 1901 in Würzburg geboren. Nach dem Studium der Physik in München und Göttingen war er 1924/25 als Rockefeller-Stipendiat bei Niels Bohr in Kopenhagen. Bereits 1927 wurde er Ordinarius für Theoretische Physik in Leipzig, 1941 in Berlin (außerdem Direktor des Kaiser-Wilhelm-Instituts für Physik). 1946 begründete er das Max-Planck-Institut für Physik in Göttingen, 1958 übersiedelte er mit seinem Institut nach München. Wie Max Planck und Max Born hat auch Werner Heisenberg in vielen Vorträgen und allgemeinverständlichen Aufsätzen zu den zentralen Problemen Stellung genommen, die durch die sprunghafte Entwicklung der Naturwissenschaften, besonders der Atomphysik, entstanden sind.

In dem vor der Vereinigung Deutscher Wissenschaftler 1969 in München gehaltenen Vortrag schildert Heisenberg in vorsichtiger Analogie zu gesellschaftlichen Revolutionen Phasen der physikalischen Revolution, und zwar in einer Weise, die an den Stil Sigmund Freuds erinnert. Er fordert den Hörer vor allem durch mäeutisch gestellte Fragen zum Mitdenken auf und appelliert an den abwägenden Verstand. In dieser Art von pragmatischer Rede wird keine Meinung dogmatisiert oder ein Ergebnis verabsolutiert, sondern werden Einsichten angeboten oder vorgeschlagen, die sich bewußt der kritischen Überprüfung unterstellen und den Hörer zur eigenen Reflexion auffordern.

Änderungen der Denkstruktur
im Fortschritt der Wissenschaft

Es soll sich im folgenden um Änderungen der Denkstruktur im Fortschritt der Naturwissenschaft handeln. Ich muß gestehen, daß ich mir ursprünglich eine etwas aggressivere Formulierung meines Themas überlegt hatte. Ich wollte als Thema wählen: »Wie macht man eine Revolution?«, aber ich hatte dann doch Angst davor, daß Sie etwas zu viel von meinem Vortrag erwarten könnten, vielleicht auch davor, dann die falschen Hörer zu bekommen. So habe ich es also bei dem vorsichtigeren Thema »Änderungen der Denkstruktur« bewenden lassen. Aber man wird wohl zugeben müssen, daß es sich gerade in den letzten hundert Jahren um so radikale Änderungen der Denkstruktur in der Geschichte wenigstens unserer Wissenschaft, der Physik, gehandelt hat, daß man durchaus von einer oder sogar von mehreren Revolutionen sprechen kann; und in diesem Sinne: »Änderung der Denkstruktur« will ich das Wort »Revolution« hier verwenden.

Vielleicht sollte ich zunächst historisch die Änderungen in der Denkstruktur schildern, die sich seit der Newtonschen Physik vollzogen haben. Es ist vernünftig, dabei die Newtonsche Physik als Ausgangspunkt zu nehmen; denn die Methodik der neuzeitlichen Naturwissenschaft, Experiment und exakte Beschreibung der Phänomene und ihrer Zusammenhänge, hat sich ja erst mit dieser Physik gebildet und entwickelt. Damals also interessierte man sich für die Bewegung von Körpern unter dem Einfluß von Kräften. Durch die großen Erfolge der Newtonschen Naturwissenschaft und die oft – allerdings nicht immer – anschauliche Evidenz ihrer Aussagen war die Vorstellung entstanden, daß man letzten Endes alle physikalischen Phänomene von dieser Begriffsbildung her würde verstehen können. Die wichtigsten Begriffe waren also Zeit, Raum, Körper, Masse, Ort, Geschwindigkeit, Beschleunigung,

Kraft. Die Kraft war eine Wirkung von einem Körper auf einen anderen Körper.

Eine Zeitlang konnte man die Newtonsche Mechanik auch unter Beibehaltung dieses Begriffssystems noch wesentlich erweitern. Die Hydrodynamik z. B. ging aus der Newtonschen Mechanik hervor, indem man nur den Begriff des Körpers etwas allgemeiner faßte. Das Wasser war natürlich kein starrer Körper. Aber man konnte die einzelnen Volumenelemente in der Flüssigkeit doch wieder als Körper im Sinne der Newtonschen Physik auffassen, und so gelang es, eine mathematische Darstellung der Kinematik und der Dynamik der Flüssigkeiten zu finden, die sich an der Erfahrung bewährte. Man gewöhnte sich an ein Denken, das stets nach den Bewegungen von Körpern oder kleinsten Materieteilen unter dem Einfluß von Kräften fragte.

Erst im 19. Jahrhundert stieß man an die Grenzen einer solchen Art des Denkens und Fragens. Die Schwierigkeiten entstanden an zwei verschiedenen Stellen und in sehr verschiedener Weise. In der Elektrizitätslehre erwies sich der Begriff der Kraft, die ein Körper auf den anderen ausübt, als ungenügend. Es war vor allem Faraday[1], der darauf hinwies, daß man die elektrischen Phänomene besser versteht, wenn man die Kraft als eine Funktion von Raum und Zeit ansieht, wenn man sie in Parallele setzt zu der Geschwindigkeitsverteilung oder der Spannungsverteilung in einer Flüssigkeit oder einem elastischen Körper. In anderen Worten: wenn man zum Begriff des Kraftfeldes übergeht. Ein solcher Übergang schien vom Standpunkt der Newtonschen Physik her nur dann erträglich, wenn man annahm, daß es im Weltraum, gleichmäßig verteilt, eine Substanz Äther gäbe, deren Spannungsfeld oder Verzerrungsfeld dann mit dem Kraftfeld der Elektrodynamik identifiziert werden konnte. Aber ohne einen solchen hypothetischen Äther war die Elektrodynamik von der Newtonschen Begriffswelt her nicht zu interpretieren. Erst im Laufe der Jahrzehnte merkte man, daß dieser hypothetische Äther eigentlich völlig unnötig war, daß er in den Phänomenen gar nicht in Erscheinung treten kann oder darf und daß es daher richtiger ist, dem Kraftfeld eine eigene physikalische Realität unabhängig von allen Körpern zuzuschreiben. Mit der Einführung einer solchen physikalischen Realität war aber dann der Rahmen der Newtonschen Physik endgültig gesprengt. Man mußte andere Fragen stellen, als man sie in der früheren Physik stellen konnte. Ganz allgemein kann man vielleicht sagen, daß eine Änderung der Denkstruktur äußerlich dadurch in Erscheinung tritt, daß die Wörter eine andere Bedeutung erhalten, als sie vorher hatten, und daß man andere Fragen stellt als früher.

Der zweite Ort, an dem die Unzulänglichkeit der alten Newtonschen Begriffsbildung in Erscheinung trat, war die Wärmelehre, wobei allerdings die Schwierigkeiten hier viel subtiler, weniger leicht sichtbar waren als in der Elektrizitätslehre. Alles schien zunächst einfach zu gehen. Man konnte Statistik über die Bewegungen vieler Moleküle treiben und damit die Gesetzmäßigkeiten der phänomenologischen Wärmelehre verständlich machen. Erst als man darangehen wollte, die zu einer solchen Statistik gehörige Unordnungshypothese zu begründen, bemerkte man, daß man dabei den Rahmen der Newtonschen Physik verlassen mußte. Der erste, der dies in aller Schärfe gesehen hat, war wohl Gibbs[2]. Aber es hat Jahrzehnte gedauert, bis sich die Gibbssche Auffassung der Wärmelehre, in einem gewissen Umfang wenigstens, durchgesetzt hat, und vielleicht erscheint sie auch heute noch vielen befremdlich und unverständlich. Jedenfalls erfordert ihr Verständnis eine Änderung der Denkstruktur, weil in ihr der Begriff der Beobachtungssituation auftaucht, der in der Newtonschen Physik fehlt, und weil man daher häufig, ohne sich dessen bewußt zu werden, andere Fragen stellt.

Die wirklich radikalen Änderungen in den Grundlagen des physikalischen Denkens sind aber erst im 20. Jahrhundert durch die Relativitätstheorie und die Quantentheorie erzwungen worden. In der Relativitätstheorie stellte sich heraus, daß der Zeitbegriff der Newtonschen Mechanik nicht mehr anwendbar ist, wenn es sich um Phänomene handelt, bei denen Bewegungen mit sehr hohen Geschwindigkeiten eine Rolle spielen. Da die Unabhängigkeit von Raum und Zeit zu den Grundvoraussetzungen des früheren Denkens gehört hatte, mußte diese Struktur des Denkens sich ändern, wenn man die Beziehungen zwischen Raum und Zeit, die von der Relativitätstheorie gefordert werden, anerkennen wollte. Der absolute Begriff von Gleichzeitigkeit, wie er in der Newtonschen Mechanik als selbstverständlich vorausgesetzt wurde, mußte fallengelassen werden und durch einen anderen, vom Bewegungszustand des Beobachters abhängigen, ersetzt werden. Die so vielfach ausgesprochene Kritik an der Relativitätstheorie, ihre erbitterte Ablehnung durch einige Physiker und Philosophen, hat ihre Wurzel an dieser Stelle. Die Änderung in der Struktur des Denkens, die hier gefordert wurde, ist von ihnen einfach als unzumutbar empfunden worden. Sie ist aber trotzdem die Voraussetzung für ein Verständnis der heutigen Physik.

Schließlich sind noch viel höhere Anforderungen in der Quantentheorie gestellt worden. Die ganze objektive Beschreibung der Natur im Newtonschen Sinne, bei der man den Bestimmungsstücken des Systems, wie Ort, Geschwindigkeit, Energie, bestimmte Werte zuschreibt, mußte aufgegeben werden zugunsten einer Beschreibung von Beobachtungssituationen, in denen nur die Wahrscheinlichkeiten für gewisse Ergebnisse angegeben werden können. Die Worte, mit denen man über atomare Phänomene redet, wurden also problematisch. Man konnte von Wellen oder von Teilchen sprechen und mußte gleichzeitig einsehen, daß es sich dabei keineswegs um eine dualistische, sondern eine durchaus einheitliche Beschreibung der Phänomene handelt; der Sinn der alten Wörter wurde in einem gewissen Umfang verwaschen. Es ist bekannt, daß selbst so bedeutende Physiker wie Einstein, v. Laue, Schrödinger[3] nicht bereit oder nicht in der Lage waren, diese Änderung in der Struktur ihres Denkens zu vollziehen.

Im ganzen wird man also rückschauend feststellen können,

daß es in diesem Jahrhundert zwei große Revolutionen in unserer Wissenschaft gegeben hat, die die Fundamente der Physik verschoben und damit das ganze Gebäude dieser Wissenschaft verändert haben. Wir müssen nun fragen, wie solche radikalen Veränderungen zustande gekommen sind oder – um es mehr soziologisch, aber damit auch recht schief auszudrükken – wie es eine scheinbar kleine Gruppe von Physikern vermocht hat, den anderen diese Änderungen in der Struktur der Wissenschaft und des Denkens aufzuzwingen. Denn daß die anderen sich zunächst dagegen gewehrt haben, ja wehren mußten, bedarf keiner Erwähnung. Ich muß hier gleich einem naheliegenden Einwand vorbeugen, der an dieser Stelle nur zum Teil mit Recht erhoben wird. Man könnte sagen, daß dieser Vergleich einer Revolution in der Wissenschaft mit einer Revolution in der Gesellschaft völlig abwegig sei, weil es sich in der Wissenschaft schließlich um richtig oder falsch, in der Gesellschaft aber um wünschbar oder weniger wünschbar handelt. Dieser Einwand mag teilweise berechtigt sein. Immerhin wird man zugeben müssen, daß an die Stelle der Begriffe »richtig« oder »falsch« in der Gesellschaft auch »möglich« und »unmöglich« treten könnten; denn unter den gegebenen äußeren Umständen wird keineswegs jede gesellschaftliche Form möglich sein. Die historische Möglichkeit ist also ein objektives Richtigkeitskriterium wie das Experiment in der Wissenschaft. Aber wie dem auch sei, wir haben zu fragen, wie diese Revolutionen zustande gekommen sind.

Vielleicht darf ich mit der Geschichte der Quantentheorie beginnen, da ich sie am genauesten kenne. Als man im letzten Drittel des vorigen Jahrhunderts zu der Überzeugung gekommen war, daß man sowohl die statistische Wärmelehre als auch die elektromagnetische Strahlung voll verstanden hatte, mußte man schließen, daß es nun auch gelingen müßte, das Gesetz der Strahlung des sogenannten »schwarzen Körpers« abzuleiten. Hier stellten sich aber unerwartete Schwierigkeiten heraus, die ein Gefühl der Unsicherheit hervorriefen. Die unmittelbare Anwendung der sonst als zuverlässig erwiesenen

Gesetze der statistischen Thermodynamik auf die Strahlungstheorie führte zu einem absurden Resultat, das gar nicht richtig sein konnte. Das hatte nun keineswegs zur Folge, daß ein Physiker oder eine Gruppe von Physikern Alarm geblasen und zum Umsturz der Physik aufgerufen hätten. Davon war keine Rede. Denn die guten Physiker wußten, daß dieses Gebäude der klassischen Physik so fest gefügt, durch Tausende von Experimenten in seinem Zusammenhang so sicher verankert war, daß eine gewaltsame Änderung nur zu Widersprüchen führen konnte. Also tat man das Vernünftigste, was man in solchen Fällen zunächst tun kann, man wartete ab, ob sich nicht durch die Weiterentwicklung neue Gesichtspunkte ergeben, die im Rahmen der klassischen Physik zu einer Lösung der Schwierigkeiten führen können. Unter denen, die sich mit diesen Problemen beschäftigten, gab es dann einen Physiker, einen ausgesprochen konservativen Geist, der mit dem reinen Abwarten nicht zufrieden war, sondern der glaubte, daß man durch immer sorgfältigere, immer gründlichere Analyse des Problems vielleicht zu diesen neuen Gesichtspunkten kommen könnte. Das war Max Planck. Auch Planck dachte gar nicht daran, die klassische Physik umstoßen zu wollen, sondern er wollte nur über dieses eine, offensichtlich noch ungelöste Problem der Strahlung des »schwarzen Körpers« Klarheit gewinnen. Schließlich entdeckte er zu seinem Schrekken, daß er zur Deutung dieser Strahlung eine Hypothese machen mußte, die nicht in den Rahmen der klassischen Physik paßte, die vom Standpunkt dieser alten Physik her eigentlich völlig verrückt aussah. Er versuchte dann später seine Quantenhypothese zu mildern, um die Widersprüche zur klassischen Physik weniger eklatant zu machen. Aber damit hatte er keinen Erfolg.

Erst dann wurde der nächste Schritt getan, der den Beginn einer wirklichen Revolution ankündigte. Einstein stellte fest, daß die der klassischen Physik widersprechenden Züge der Planckschen Quantentheorie auch bei anderen Phänomenen, z. B. bei der spezifischen Wärme des festen Körpers oder bei der Lichtstrahlung sichtbar werden. Von da ab breitete sich die Quantentheorie in die Struktur der Atome, in die Chemie, in die Theorie des festen Körpers hinein aus, und an mehr und mehr Stellen erkannte man, daß die Quantenhypothese offenbar einen wesentlichen Zug der Natur beschrieb, den man bis dahin übersehen hatte. Man fing an, sich damit abzufinden, daß wenigstens vorläufig unvermeidbare innere Widersprüche ein wirkliches Verständnis der Physik unmöglich machten.

Sie wissen, wie es dann weiter gegangen ist. Erst am Schluß, Mitte der zwanziger Jahre, wurde klar, wie radikal der Umbau war, der am ganzen Gebäude der Physik, insbesondere an ihren Fundamenten vorgenommen werden mußte. Erst um diese Zeit machten sich dann auch starke Widerstände gegen die fertige Theorie geltend. Bis dahin brauchte man die Quantentheorie ja gar nicht wirklich ernst zu nehmen, da sie noch voll innerer Widersprüche steckte und daher sicher nicht endgültig sein konnte. Von der zweiten Hälfte der zwanziger Jahre ab aber war sie geschlossen und widerspruchsfrei. Wer sie verstehen wollte, mußte, wenigstens im Bereich der Physik, die Struktur seines Denkens ändern, er mußte andere Fragen stellen und andere anschauliche Bilder verwenden als früher. Sie wissen, daß dies vielen Physikern die größten Schwierigkeiten bereitet hat. Selbst Einstein, v. Laue, Planck, Schrödinger waren nicht bereit, den neuen Zustand nach der Revolution als endgültig anzuerkennen. Aber ich betone nochmals, es gab zu keinem Zeitpunkt in dieser Geschichte der Quantentheorie einen Physiker oder eine Gruppe von Physikern, die einen Umsturz der Physik herbeiführen wollten.

Aber vergleichen wir diese Entwicklung der Quantentheorie mit anderen, früheren Revolutionen in der Geschichte der Physik. Fragen wir also, wie ist die Relativitätstheorie entstanden? Der Ausgangspunkt war hier die Elektrodynamik bewegter Körper. Da man die Hertzschen Wellen[1] als Schwingungen eines hypothetischen Mediums Äther auffaßte – oder von der Newtonschen Begriffswelt her auffassen mußte –, so mußte man sich fragen, was passierte, wenn in einem Experi-

ment Körper im Spiel sind, die sich relativ zum Äther bewegen. Man kam dabei zu recht unübersichtlichen Vorschlägen, die schon wegen ihrer Kompliziertheit falsch aussahen.
Es wäre natürlich hier sehr reizvoll, darüber nachzugrübeln,
wann eine vorgeschlagene Formel falsch aussieht und wann
nicht. Aber ich will davon Abstand nehmen und lieber daran
erinnern, daß der Begriff »Bewegung relativ zum Äther«
schon damals vielen Physikern verdächtig schien, weil man
den Äther ja sonst nie beobachten konnte. Die Physiker hatten
den Eindruck, irgendwie ins Gestrüpp geraten zu sein, und
man war daher froh, daß man die Bewegung der Erde relativ
zum Äther durch das berühmte Michelsonsche Experiment[5]
untersuchen konnte. Das Ergebnis war bekanntlich, daß man
auch hier vom Äther nichts mehr merkte. Die Folge war, daß
sich unter den Physikern eine allgemeine Skepsis gegen die
Äthervorstellung und die auf ihr begründeten Berechnungen
verbreitete. Aber auch damals gab es keine Gruppe von Physikern, die nun etwa Alarm geschlagen und den Umsturz der
bestehenden Physik verkündet hätten. Im Gegenteil, man be-
mühte sich, eine Lösung im Rahmen der damaligen Physik zu
finden und jedenfalls so wenig wie irgend möglich an ihr zu
ändern. Daher machte Lorentz[6] den Vorschlag, in bewegten
Bezugssystemen eine scheinbare Zeit einzuführen, die mit der
im ruhenden Bezugssystem gemessenen Zeit durch die berühmte Lorentztransformation verknüpft ist, und anzunehmen, daß für Gangunterschiede zwischen verschiedenen Licht-
strahlen diese scheinbare Zeit maßgebend sei. Erst dann bemerkte Einstein, daß sich das ganze Bild unendlich verein-
fachte, wenn man die scheinbare Zeit der Lorentztransformation mit der wirklichen Zeit identifizierte. Damit wurde aber
die Lorentztransformation zu einer Aussage über die Struktur
von Raum und Zeit. Wenn man diese Aussage für richtig
hielt, bedeuteten die Wörter »Raum« und »Zeit« etwas anderes als in der Newtonschen Physik. Der Begriff der Gleichzeitigkeit war relativiert, und die Struktur unseres physikalischen Denkens, das ja die Begriffe »Raum« und »Zeit« vor-

aussetzt, war geändert. Auch gegen diese Revolution machten sich nachträglich starke Widerstände geltend, die zahllose Diskussionen über die Relativitätstheorie ausgelöst haben. Im Augenblick kommt es mir aber nur darauf an zu betonen, daß auch diese Revolution in der Physik zustande gekommen ist, ohne daß irgend jemand die Absicht gehabt hätte, das Gebäude der klassischen Physik zu zerstören oder radikal zu verändern.

Gehen wir noch ein Stück weiter in der Geschichte zurück zur Maxwellschen Theorie[7] und zur statistischen Wärmelehre, so wird uns heute schon kaum mehr bewußt, daß es sich auch damals um tiefgreifende Veränderungen in der Struktur des physikalischen Denkens gehandelt hat. Aber man kann diese Veränderungen heute kaum unabhängig von den späteren in Relativitätstheorie und Quantentheorie vollzogenen Änderungen betrachten. Die Einführung des Feldbegriffs durch Faraday und Maxwell war sozusagen der erste Schritt zur Einführung des Feldes als selbständige physikalische Realität durch die spätere Abschaffung der Äthervorstellung, und in der Gibbsschen Form der statistischen Wärmelehre war schon der Begriff der Beobachtungssituation vorweg genommen, der später in der Quantentheorie eine so entscheidende Rolle gespielt hat. Daß es sich um wichtige Änderungen in der Struktur des physikalischen Denkens gehandelt hat, ist vielleicht nachträglich wieder am deutlichsten an dem Widerstand zu erkennen, der diesen Theorien lange Zeit entgegengesetzt worden ist. Doch von dieser Seite des Problems soll erst später die Rede sein. Auch in diesen beiden Fällen gilt, was vorher von Relativitätstheorie und Quantentheorie gesagt wurde: In keinem Stadium der Entwicklung war irgendein Physiker auf den Umsturz der bestehenden Physik bedacht. Im Gegenteil, lange Zeit hatte man die Hoffnung, die neuen Phänomene im Rahmen der Newtonschen Physik verstehen zu können, und erst in der Schlußphase zeigte sich, daß die Fundamente in der Physik verschoben worden waren.

Nun also ein Wort über die starken Widerstände, die jeder

Änderung in der Struktur des Denkens entgegengesetzt werden. Wer in der Wissenschaft arbeitet, ist gewöhnt, im Laufe des Lebens neue Erscheinungen oder neue Deutungen von Erscheinungen kennenzulernen, vielleicht sogar selbst zu entdecken. Er ist darauf vorbereitet, sein Denken mit neuen Inhalten zu füllen. Er kann also gar nicht konservativ im üblichen Sinne an Altgewohntem festhalten wollen. Daher geht es beim Fortschritt der Wissenschaft im allgemeinen ohne allzu große Widerstände und Streitigkeiten ab. Anders aber ist es, wenn neue Gruppen von Phänomenen Änderungen in der Struktur des Denkens erzwingen. Hier haben selbst sehr bedeutende Physiker die größten Schwierigkeiten. Denn die Forderung nach der Änderung der Denkstruktur kann das Gefühl erwecken, es solle einem der Boden unter den Füßen weggezogen werden. Ein Gelehrter, der jahrelang mit einer von Jugend auf gewöhnten Denkstruktur große Erfolge in seiner Wissenschaft errungen hatte, kann nicht bereit sein, einfach aufgrund einiger neuer Experimente diese Denkstruktur zu ändern. Im günstigsten Fall kann hier nach einer jahrelangen gedanklichen Auseinandersetzung mit der neuen Situation eine Bewußtseinsänderung eintreten, die den Weg in die neue Art des Denkens öffnet. Ich glaube, man kann die Schwierigkeiten an dieser Stelle gar nicht hoch genug einschätzen. Wenn man die Verzweiflung erlebt hat, mit der in der Wissenschaft kluge und konziliante Menschen auf die Forderung nach einer Änderung der Denkstruktur reagieren, kann man sich im Gegenteil eigentlich nur wundern, daß solche Revolutionen in der Wissenschaft überhaupt möglich gewesen sind.

Aber wie sind sie dann zustande gekommen? Die nächstliegende, aber wahrscheinlich noch unzutreffende Antwort würde lauten: weil es in der Wissenschaft »richtig« und »falsch« gibt und weil die neuen Vorstellungen eben richtig sind und die alten falsch. Diese Antwort setzt voraus, daß sich in der Wissenschaft immer das Richtige durchsetzt. Aber das trifft ja keineswegs zu. So ist z. B. die richtige Vorstellung vom heliozentrischen Planetensystem, die Aristarch entwickelt hatte, verlassen worden zugunsten der geozentrischen Auffassung des Ptolemäus, obwohl diese falsch war. Noch unzutreffender wäre natürlich die andere Begründung für den Erfolg der Revolutionen: Sie setzen sich durch, weil die Physiker sich gern der Autorität einer starken revolutionären Persönlichkeit, wie etwa Einstein, anschlössen. Davon ist sicher gar keine Rede; denn die inneren Widerstände gegen eine Änderung der Denkstruktur sind viel zu stark, um durch die Autorität eines Einzelnen überwunden zu werden. Die richtige Begründung lautet wohl: Weil die in der Wissenschaft Tätigen einsehen, daß sie mit der neuen Denkstruktur größere Erfolge in ihrer Wissenschaft erringen können als mit der alten; daß sich das Neue als fruchtbarer erweist. Denn wer sich einmal für die Wissenschaft entschieden hat, der will vor allem vorankommen, er will dabei sein, wenn neue Wege erschlossen werden. Es befriedigt ihn nicht, nur das Alte und oft Gesagte zu wiederholen. Daher wird er sich für die Fragestellungen interessieren, bei denen sozusagen »etwas zu machen ist«, bei denen ihm erfolgreiche Tätigkeit in Aussicht steht. In dieser Weise haben sich Relativitätstheorie und Quantentheorie durchgesetzt. Freilich wird damit ein pragmatisches Wertkriterium zur letzten Instanz erhoben, und man kann nicht absolut sicher sein, daß sich dabei immer das Richtige durchsetzt. Das berühmte Gegenbeispiel ist wieder die Ptolemäische Astronomie. Aber jedenfalls sind hier Kräfte am Werk, die stärker sein können als die inneren Widerstände gegen eine Änderung der Denkstruktur.

Kehren wir vom Endstadium einer Revolution in der Wissenschaft nun noch einmal zu ihrem Anfangsstadium zurück. An den Beispielen, die ich angeführt habe, kann man, glaube ich, erkennen, daß in der Geschichte niemals der Wunsch bestanden hat, das Gebäude der Physik radikal umzubauen. Vielmehr steht am Anfang immer ein sehr spezielles, eng umgrenztes Problem, das im traditionellen Rahmen keine Lösung finden kann. Die Revolution wird herbeigeführt durch Forscher, die dieses spezielle Problem wirklich zu lösen versuchen, die aber sonst in der bisherigen Wissenschaft so wenig wie möglich ändern wollen. Gerade der Wunsch, so wenig wie möglich zu ändern, macht deutlich, daß es sich bei dem Neuen um einen Sachzwang handelt; daß die Änderung in der Denkstruktur von den Phänomenen, von der Natur selbst erzwungen wird, nicht von irgendwelchen menschlichen Autoritäten.

Ist es erlaubt, diese Analyse auch auf andere Revolutionen, etwa in der Kunst oder in der Gesellschaft, zu übertragen? Ich will also jetzt am Schluß auf meine zu Anfang gestellte Frage zurückkommen: »Wie macht man eine Revolution?« Und ich will für einen Moment, sozusagen versuchsweise, ohne Diskussion mit den Historikern, annehmen, daß die Antwort in allen Bereichen gleichzeitig gelten kann. Dann würde die Antwort lauten: indem man versucht, so *wenig* wie möglich zu ändern. Wenn man nämlich erkannt hat, daß es ein Problem gibt, das sich im traditionellen Rahmen nicht lösen läßt, dann muß man, so scheint es, alle Kräfte auf die Lösung nur dieses einen Problems konzentrieren, ohne zunächst an Änderungen in anderen Bereichen zu denken. Dann ist – wenigstens in der Wissenschaft – die Wahrscheinlichkeit am größten, daß daraus eine echte Revolution entstehen kann, sofern überhaupt die Notwendigkeit für neue Fundamente besteht. Aber das hatten wir ja eben vorausgesetzt, und ohne diese Notwendigkeit geschieht ganz sicher nichts, was einer Revolution vergleichbar wäre. Ich möchte es den Historikern unter Ihnen überlassen, darüber nachzudenken, ob die eben ausgesprochene Antwort auch in der Geschichte gilt. Immerhin könnte ich als Beispiel für diese Ansicht etwa die Reformation der Kirche durch Luther anführen. Die Reformbedürftigkeit der damaligen Kirche war von ihm und anderen bemerkt worden, hatte aber zunächst kaum Konsequenzen. Luther hat aber dann erkannt, daß beim Ablaßhandel mit den religiösen Überzeugungen der Menschen Schindluder getrieben wurde, und er hielt es für absolut nötig, hier Abhilfe zu schaffen. Luther hatte nie die Absicht, die Religion zu ändern oder etwa gar die Kirche zu spalten. Luther hat zunächst alle Kräfte eingesetzt, dieses eine Problem des Ablaßhandels zu lösen, und daraus folgte dann, historisch offenbar unvermeidlich, die Reformation.

Warum soll es aber falsch sein, den Umsturz alles Bestehenden zu fordern, wenn hinterher doch eine Revolution stattfindet? Die Antwort ergibt sich aus dem Gesagten beinahe von selbst: Weil man dabei in Gefahr geriete, kritiklos auch dort ändern zu wollen, wo die Naturgesetze für alle Zeiten eine Änderung unmöglich machen. In der Naturwissenschaft versuchen nur die Phantasten und Narren, etwa die Erfinder eines Perpetuum mobile, die bestehenden Naturgesetze einfach zu ignorieren, und dabei kommt natürlich gar nichts heraus. Nur wer sich bemüht, so *wenig* wie möglich zu ändern, kann Erfolg haben, weil er dadurch den Sachzwang sichtbar macht; und die kleinen Änderungen, die er schließlich als absolut notwendig erweist, erzwingen dann vielleicht im Laufe der Jahre oder Jahrzehnte eine Änderung in der Struktur des Denkens, also eine Verschiebung in den Fundamenten.

Ich habe Ihnen diese Analyse der historischen Entwicklung unserer Physik vorgetragen, weil ich besorgt bin, daß das heutige Modewort »Revolution« zu mancherlei Irrwegen verführen kann, zu deren Vermeiden eine Betrachtung über die Geschichte der neueren Physik hilfreich sein könnte. Aber wie gesagt, ich überlasse es Ihnen, darüber nachzudenken, wie weit man Revolutionen in der Wissenschaft und Revolutionen in der Gesellschaft vergleichen darf; eine solche Analogie kann immer nur halb richtig sein, aber sie ist ja hier auch nur hervorgehoben worden, um zum Nachdenken anzuregen.

Quelle: Werner Heisenberg, Schritte über Grenzen. Gesammelte Reden und Aufsätze. 2., erweiterte Auflage München: Piper 1973. S. 275–287.

Anmerkungen

1. Michael Faraday (1791–1867), bedeutender englischer Physiker und Chemiker; ihm gelang unter anderem die Entdeckung der Induktions-

erscheinungen (1831), und er legte die Grundlagen für eine Theorie des elektromagnetischen Feldes.

2. Josiah Willard Gibbs (1839–1903), amerikanischer Physiker, der in der Wärmelehre den Begriff der Phase einführte (Gibbssche Phasenregel).

3. Max von Laue (1879–1960), Erwin Schrödinger (1887–1961), beides bedeutende Physiker und Nobelpreisträger.

4. Mit den von ihm entdeckten ›Hertzschen Wellen‹ schuf der deutsche Physiker Heinrich Hertz (1857–94) die Grundlagen der heutigen Funktechnik.

5. Benannt nach dem amerikanischen Physiker Albert Michelson (1852 bis 1931), der 1881 mit einem Experiment die Unabhängigkeit der Lichtgeschwindigkeit von der Erdbewegung bewies.

6. Hendrik Antoon Lorentz (1853–1928), holländischer Physiker und Nobelpreisträger, stellte 1895 die Elektronentheorie auf, erklärte das Michelsonsche Experiment durch die nach ihm benannte ›Lorentzkontraktion‹ und stellte mit der ›Lorentztransformation‹ eine Formel für den Übergang von einem ruhenden Koordinatensystem zu einem gleichförmig-geradlinig zu diesem bewegten auf.

7. die von dem englischen Physiker James Clerk Maxwell (1831–79) entwickelte Theorie der elektromagnetischen Erscheinungen.

Autorenregister